松岡　完　著

ケネディとベトナム戦争

反乱鎮圧戦略の挫折

錦　正　社

ケネディとベトナム戦争

――反乱鎮圧戦略の挫折――

ディエンビエンフー
中国
北ベトナム
ハノイ
〔トンキン地方〕
ビルマ
トンキン湾
海南島
ラオス
南シナ海
ビエンチャン
北緯17度線
フエ(ユエ)
第1軍管区
タイ
ダナン
ホーチミン・ルート
〔アンナン地方〕
第2軍管区
バンコク
カンボジア
中央
南ベトナム
メコン川
高地
ニャチャン
第3軍管区
プノンペン
サイゴン
ビエンホア
シャム湾
アプバック
第4軍管区
カマウ半島
メコンデルタ
〔コーチシナ地方〕
カマウ岬
国　境
地 方 境
軍管区境

ベトナム戦争の舞台

略語一覧

AATTV	Australian Army Training Team Vietnam	豪訓練使節団
AID	Agency for International Development	国際開発庁
ANZUS	[Security Treaty between]Australia, New Zealand and the United States of America	アンザス（太平洋安全保障）条約
AP	Associated Press	ＡＰ通信
ARPAC	Army, Pacific	太平洋陸軍
ARVN	Army of the Republic of Vietnam	ベトナム政府軍
BPP	Border Patrol Police	国境監視警察
BRIAM	British Advisory Mission	英軍事顧問団
CG	Civil Guard	民間防衛隊
CI	Counterinsurgency	反乱鎮圧
CIA	Central Intelligence Agency	中央情報局
CIDG	Civilian Irregular Defense Groups	民間非正規防衛隊
CINCPAC	Commander in Chief, Pacific	太平洋軍司令官
CIO	Central Intelligence Organization	中央情報機関
COIN	Counterinsurgency	反乱鎮圧
COPROR	Committee on Provice Rehabilitation	地方復興委員会
DIA	Defense Intelligence Agency	国防省国防情報局
DRV	Democratic Republic of Vietnam	ベトナム民主共和国
FAR	Forces Armée du Royaume (Royal Armed Forces)	ラオス王国軍
GVN	Government of Vetnam	ベトナム政府
ICC	International Control Commission	国際監視委員会
INR	Bureau of Intelligence and Research	国務省情報調査局
JCS	Joint Chiefs of Staff	統合参謀本部
JGS	Joint General Staff	統合参謀司令部
IRA	Irish Republican Army	アイルランド共和国軍
ISA	Office of Assistant Secretary of Defense for International Security Affairs	国防省国際安全保障局
MAAG	Military Assistance Advisory Group	軍事援助顧問団
MACV	Military Assistance Command, Vietnam	軍事援助司令部
MIT	Massachusetts Institute of Technology	マサチューセッツ工科大学
MRC	Military Revolutionary Council	軍事革命評議会
NLF	National Liberation Front	民族解放戦線
NSAM	National Security Action Memorandum	国家安全保障行動覚書
NSC	National Security Council	国家安全保障会議
PACAF	Pacific Air Force	太平洋空軍
PACOM	Pacific Command	太平洋軍司令部
PPC	Policy Planning Council	国務省政策企画委員会
RVN	Republi of Vietnam	ベトナム共和国
SACSA	Special Assistant for Counterinsurgency and Special Activities, JCS	反乱鎮圧・特殊活動担当特別補佐官
SDC	Self Defense Corps	村落自衛隊
SEALs	Sea, Air, Land Forces	シールズ（海軍特殊部隊）
SEATO	Southeast Asia Treaty Organization	東南アジア条約機構
SG（CI）	Special Group for Counterinsurgency	反乱鎮圧特別研究班
UPI	United Press International	ＵＰＩ通信
USIA	United States Information Agency	文化情報局
USOM	United States Operations Mission	経済援助使節団
VDC	Volunteer Defense Corps	国防義勇軍
VNA	Vietnamese National Army	ベトナム国軍
VNAF	Vietnamese Air Force	ベトナム空軍
VNN	Vietnamese Navy	ベトナム海軍
VNSF	Vietnamese Special Forces	ベトナム特殊部隊
VOA	Voice of America	アメリカの声放送

目次

第I部　ゲリラ戦争の主役

序論　泥沼の起源

1　ベトナム戦争とアメリカ

屈辱の経験

ベトナム戦争（Vietnam War）は二〇世紀を彩る大事件の一つだった。勝者は北ベトナム、つまりベトナム民主共和国（ＤＲＶ　現ベトナム社会主義共和国）と民族解放戦線（ＮＬＦ）、いわゆるベトコン（Viet Cong）。敗者はベトナム共和国（ＲＶＮ）、いわゆる南ベトナムとアメリカ合衆国（以下アメリカ）。相対的に弱小と見られた存在が、超大国とそれに支えられた政府を堂々と打ち破ったことは、全世界に大きな衝撃を与えた。それは世界史的な意味を持つ出来事だとさえいわれる[1]。

それはアメリカが建国以来、事実上初めて味わった敗戦だった。第二次世界大戦（World War II）後まさに世界に君臨していた国にとって最大級の屈辱であり、外交・軍事上の挫折にとどまらず、巨大な負の象徴となった。アメリカはいまもなおその後遺症、ベトナム症候群（Vietnam Syndrome）と格闘を続けている[2]。

しかもこの戦争は「人類の歴史をつうじて最も血なまぐさい戦争の一つ」だったと、その代名詞的存在だったマクナマラ（Robert S. McNamara）国防長官は述懐している。[3]

ベトナム人を含むインドシナ半島での死者、負傷者、難民などはいずれも十万、百万単位で数えられている。その実数を把握することじたいが困難なほどである。[4]

アメリカの戦死者も五万八千人を超えた。行方不明者は二、二〇〇人あまり。戦傷者はほぼ三〇万人前後。身体障害が残る元兵士がほぼ二万三千人。精神的な後遺症に苦しむ者は四〇万人。[5]

戦費については、折々の貨幣価値を反映しながら、一千億ドルあまりから六千億ドルあまりまでさまざまな数字が挙げられてきた。間接経費を含めれば九千億ドルを超えるとの試算すらある。国防費の膨張、インフレ、不況、ドルの価値低落、治安低下、社会の混乱など、アメリカが被った損失は計り知れない。[6]

ジョンソンの戦争

これほどの惨害をもたらした戦争がいつ始まったかについては諸説がある。明確な宣戦布告もなく、「頭文字が大文字のWで書かれない」いわば半人前の戦争だったからである。[7]

おそらく最も一般的なのは、ジョンソン（Lyndon B. Johnson）大統領（在任一九六三〜六九年）のもとで、戦争が著しく拡大したことを重視する見方だろう。[8]

戦争の起点、少なくともその本格化ないしアメリカ化の重要な転換点はいくつも挙げられる。たとえば一九六三年末。不慮の死を遂げたケネディ（John F. Kennedy）大統領（在任一九六一〜六三年）から、彼がベトナムを引き継いだ直後である。[9]

一九六四年。八月初め、北ベトナム魚雷艇が米駆逐艦を攻撃したとされるトンキン湾事件（Tonkin Gulf Incident）、アメリカ議会によるトンキン湾決議（Tonkin Gulf Resolution）、そして報復爆撃の年。[10]

一九六五年。アメリカが北ベトナム爆撃（北爆）を本格化し、地上兵力を大規模に送り込んだ年。[11]

トルーマンとアイゼンハワーの戦争

歴史をさかのぼって責めを負わされた一人が、冷戦（Cold War）初期のトルーマン（Harry S. Truman）大統領（在任一九四五～五三年）である。そもそもの発端は一九四五年。ベトナム民主共和国独立宣言の主役、ホー・チ・ミン（Ho Chi Minh）の承認要求を黙殺した。[12]

さもなくば一九五〇年。フランス植民地支配の傀儡バオ・ダイ（Bao Dai）を元首とするベトナム国（State of Vietnam）を承認し、フランスへの軍事援助を開始、軍事援助顧問団（ＭＡＡＧ）を設置した。[13]

アイゼンハワー（Dwight D. Eisenhower）大統領（在任一九五三～六一年）も槍玉に挙がる。[14]

一九五四年。ジュネーブ会議（Geneva Conference）が南北ベトナムを分割するのと前後して、北緯一七度線以南にゴ・ジン・ジェム（Ngo Dinh Diem）を指導者に擁立、強力な反共国家建設に乗り出した。[15]

一九五五年。ベトナム共和国を成立させ、東南アジア条約機構（ＳＥＡＴＯ）を誕生させた。[16]

一九五六年。南北統一のための選挙実現を阻止した。[17]

ちなみにワシントンのベトナム帰還兵記念碑は一九五九年から戦死者を数えている。[18]

一九五九年、それは北ベトナム労働党が南の武力解放を決断した年でもある。[19]

同様に、戦争の原因を北ベトナムの侵略に求める立場から重視されるのが、南ベトナムで民族解放戦線が結成された一九六〇年である。[20]

ケネディの戦争

だが筆者も含め、ケネディがベトナム問題に取り組み始めた一九六一年を、ベトナム戦争開始あるいはアメリカ化の分水嶺と見なす者は少なくない。一九五四年のジュネーブ協定（Geneva Accords）で課せられた六八五人（ケネディ政権はもっぱら八八八人とみなしていた）という枠を無視して軍事顧問を大量に送り込み、ベトナム防衛にかける決意を繰り返し表明したからである[21]。

アメリカ政府が死傷者の集計をとり始めたのは一九六一年一月一日から。戦死傷者への補償もこの年以降が対象である。アメリカ各地のベトナム戦争あるいは戦没者記念碑も、戦争を一九六一～七五年とするものが多い[22]。

一例が、ケネディの後を継いだジョンソンがホワイトハウスの情報分析室からほぼ毎日受けとっていた、ベトナムの現況報告である。そこでは一九六一年一月一日を起点として米軍の損害統計が累積されていた[23]。

ケネディ政権が軍事援助司令部（ＭＡＣＶ）を設立、戦争遂行にいよいよ本腰を入れた一九六二年を重視する見方もある[24]。

戦争の激化、戦況の著しい悪化、南ベトナムのゴ・ジン・ジェム政府崩壊などから一九六三年を重視する者も少なくない。政権発足直後であれ末期であれ、いずれもケネディがベトナム戦争を開始したと見る立場である[25]。

2　ケネディ戦略の失敗

危険に直面

ケネディはユーモアや機知に富んだ言動で知られる人物だった。その彼は大統領時代、「私が就任した時は問題が山ほどあった。さて私の後任はどんなものを引き継ぐだろうか」と冗談まじりに語ったことがある。ある演説で「私は下院にいた頃、トルーマン大統領はいったいどうしてあんなに厄介事に首を突っ込むのかと不思議に思っていた。いま、それがようやくわかってきた」と聴衆を笑わせたこともあった[26]。

退任するアイゼンハワーは次期大統領ケネディに「簡単な決定など存在しない。簡単なものなら、大統領のもとまでやってこない」と教えを垂れた。就任後、ケネディが東南アジアで最初に遭遇した危機の舞台はラオスである。そのラオスと少なくとも同じ程度に「不確かで、危険だらけ」な場所、それがベトナムだった[27]。

ケネディはベトナムを「彼の抱える問題のうち最悪のものだと見ていた」と、マサチューセッツ工科大学（ＭＩＴ）教授からホワイトハウスのスタッフをへて、国務省政策企画委員会（ＰＰＣ）を率いたロストウ（Walt W. Rostow）はいう。ハーバード大学教授からケネディの特別補佐官となった歴史学者シュレジンガー（Arthur M. Schlesinger, Jr.）は、ベトナムを「すべてのうち最も厄介な問題」と表現した。ケネディの演説起草者ソレンセン（Theodore C. Sorensen）大統領特別顧問や、マクジョージ・バンディ（McGeorge Bundy）国家安全保障担当大統領補佐官によれば、ケネディ政権をこれほど分裂させた問題はなかった[28]。

最悪の遺産

ベトナムは、ケネディが大統領就任で「引き継いだ時に比べて改善できず、おそらく悪化した形で後継者に遺した唯一の外交政策課題」（ソレンセン）だった。のちにベトナム戦争報道でピュリツァー賞を受ける『ニューヨーク・タイムズ』記者ハルバースタム（David Halberstam）は、ケネディがこの世を去るちょうど一カ月前、「ベトナムを除けば」すべてうまく運んでいたのだという。裏を返せば、ベトナムこそ唯一、最大の問題だった[29]。

ロストウによれば、ベトナムとアメリカ国内の人種問題が後継者ジョンソンを「深刻な状況」で待ち構えていた。とりわけベトナム「以上に複雑、困難、危険なものはなかった」とマクナマラ国防長官も述懐する。一九六三年秋、ケネディは、「最も困難な外交政策課題」（ソレンセン）を遺して黄泉《よみ》に旅立ったのである。[30]

一九六一年一月二〇日、大統領就任にあたって「たいまつは新しい世代のアメリカ人に引き継がれた」と宣言したケネディは、新政権のさまざまな課題が「最初の百日間ではなし遂げられないだろう。最初の千日間でも、この政権の任期中でも、おそらくこの地球上におけるわれわれの生涯の間にもなし遂げられないだろう。だが始めよう」と述べた。ベトナムはまさにそのとおりの――ケネディの意図に反して――展開を示した問題の一つだった。[31]

ケネディが鳴り物入りで導入した反乱鎮圧（Counterinsurgency）戦略とそれにもとづく特殊戦争（Special War）を「数少ない真の成功の部類」と評価する見方もないではない。しかしマクジョージ・バンディの兄、ウィリアム・バンディ（William P. Bundy）国防次官補は、ベトナムへのケネディの対応を「失敗」の一語で片づけている。ベトナムはアメリカ国内の人種差別問題と並んで「ケネディの希望のうち最大のものを打ち砕いた」のだとロストウはいう。[32]ほかならぬケネディ自身、「ベトナムを彼の外交政策上の努力にもかかわらず、最も失敗したものと見ていた」とサリンジャー（Pierre E. Salinger）報道官は回顧する。「疑いなく、彼はベトナムを最大の失敗と気づいていた」とシュレジンガーも考えている。[33]

もっともノルティング（Frederick E. Nolting, Jr.）駐南ベトナム大使がいうように、歴代政権のベトナム介入史が「失敗だらけ」だったとすれば、ケネディばかりを責めるわけにもいかないだろう。だがそれでもベトナム政策の破綻が、彼の最も永続的な悪しき遺産となったことはつとに指摘されてきた。[34]

軍事的破綻の年

一九六三年。それは前年まで順調に進んでいた――少なくともワシントンからはそう見えた――ケネディの戦争が、軍事的側面で破綻した年にほかならない。それまで曲がりなりにも機能しているように見えたアメリカの対ゲリラ戦略がその限界を露呈してしまう。一九六三年一一月二二日にこの世を去るまで、ケネディはそこから抜け出す道を指し示すことができなかった。

ケネディ政権末期、南ベトナムの反政府勢力は確実に「力を獲得しつつあった」とケネディの懐刀だったソレンセンはいう。ロストウによれば、アメリカがベトナムで「長く、危険な」道をたどるであろうことは、この時点ですでに明らかになっていた。この国では一九六三年までに、すべてが「明確に爆発の方向に」進んでいたのだと、テイラー（Maxwell D. Taylor）統合参謀本部（ＪＣＳ）議長はのちに上院外交委員会で述べている[35]。

ケネディはベトナム介入を取り返しのつかないところまで拡大・深化させたのか。あるいは戦闘部隊派遣を思いとどまるなど限定的規模にとどめていたのか。介入の愚を悟ったケネディが段階的撤退計画を始動させたと考えるべきか。あるいはベトナムから手を引くことなど現実的な選択肢ではなかったと見なすべきか。そして「もし」ケネディが暗殺されなかったら大規模な戦争はなかったのか。たとえ彼が生きながらえたとしても戦争泥沼化は回避できなかったのか……。ケネディ政権の約千日間をめぐる議論はいまだ尽きることがない[36]。

本書もまたその延長上に立つが、視点をもっぱら南ベトナムの農村や山岳地帯、ジャングルや沼沢などにおける戦争の展開に固定する。一九六三年、すなわちベトナム戦争本格化の一歩手前というべき段階で顕在化した軍事情勢の著しい悪化、ケネディの認識と対応——端的にいえば挫折——を見つめ直し、そこからなにがしかを学びとろうとする試みである。そこからはベトナム後も、そして冷戦後も繰り返されてきた、またおそらく将来にわたって目撃されることになろう、アメリカの対外介入に共通する特質が導かれることだろう。

代理・政治・情報戦争

一九六三年秋、クーデターでジェムを倒した一人チャン・バン・ドン（Tran Van Don）将軍は、ベトナムで展開される戦いは反共主義者と共産主義者、二つのベトナム人集団どうしのものであり、「あらゆる手だてを用いながら、われわれ自身の間で片づけなければならない」問題だったと述べている。自由諸国と共産主義との世界的抗争の最前線に位置する国を守るのは南ベトナム政府とその軍隊であり、けっしてアメリカではないはずだった。現地の軍事力を鍛え上げ、彼らの手によってゲリラを殲滅させることがケネディの主目標だった。逆にいえば、それができなかったからこそアメリカはみずからベトナムの戦いに身を投じざるをえなかったのである[37]。

第Ⅰ部の主役は、民兵・警察などを含むベトナム政府軍（ＡＲＶＮ）である。冷戦における代理戦争の担い手として南ベトナムの治安維持にあたる彼らはどのような問題点を抱えていたか。ケネディ政権はそれをどのように是正しようとしたか。その過程でアメリカと南ベトナムの間にいかなる摩擦が生じたか。政府軍強化失敗の責めは誰に負わされたか。その責めは本当は誰が負うべきものだったか。アメリカがそこで試みた戦い方とは何だったか。

かつてフランスはジャングルや泥田でのホー・チ・ミン率いるベトナム独立同盟、いわゆるベトミン（Viet Minh）との戦いを「汚い戦争（La Sale Guerre）」と呼んだ。ケネディ政権もこの戦いに多種多様な名を与えた。いわく「破壊活動戦争（Subversive War）」。「地下戦争（Subterranean War）」。「物陰戦争（Warfare in the Shadows）」。「消音戦争（Muted Warfare）」。「消耗戦争（War of Attrition）」。「隠密侵略（Covert Aggression）[38]」。

それ以外にもさまざまな描写がある。「最も汚く、つかみどころのない類の戦争」。アメリカ人には「消化しにくい」性格を持つ「醜悪な、どろどろとした、いつまでも決着のつかない」戦い。「汚い、むずかしい戦争」。「陰鬱な、苛立ちをもたらし、神経を悩まされる闘争」……。その見えにくさ、わかりにくさは、戦場で兵力の優越を競う単純な戦いでなかったところに由来する[39]。

第Ⅱ部はこの政治戦争の展開を検証する。農民の心を得るために何が必要とされたか。「戦略村（Strategic Hamlet）」の建設、「チュウホイ計画（Chieu Hoi Program）」による敵の誘降、「民間非正規防衛隊（ＣＩＤＧ）」の名を冠された山岳民族部隊編成などの試みはいかなる結末を迎えたか。失敗の原因はどこに求められたか。政治と軍事、二つの問題のせめぎ合いの中でケネディ政権はいかに対応したか。とりわけ米軍首脳の態度はいかなるものだったか。戦争はいかにして軍事化の度を強めていったか。

ベトナム戦争は「情報失格」の戦争と呼ばれることがある。「戦争、つまり勝っているのかどうか」がケネディ政権にとって「本当の問題」だったのだと『ニューヨーク・タイムズ』記者ハルバースタムはいっている。とりわけ初期には南ベトナム国内情勢についての情報が「まったく欠けていた」とテイラー統合参謀本部議長は振り返る。「深刻な情報ギャップ」のためにベトナムで本当は何が起きているのかというわれわれの認識にいつも曇りが生じていた」と国家安全保障会議（ＮＳＣ）のコーマー（Robert W. Komer）も悔しそうである。[40]

第Ⅲ部で問題にするのはアメリカによる戦況把握である。軍事情勢の進捗ぶりについて政権内でどのような議論が展開されたか。彼らは突然勃発した政治危機、いわゆる仏教徒危機（Buddhist Crisis）が戦争に及ぼす影響をどう捉えたか。ジェム政府崩壊は戦況把握にいかなる影響を及ぼしたか。あいつぐ視察団の派遣は効果があったのか。この情報戦争における困難にケネディ政権はいかに対処したか。彼らはいかにして戦場の現実に目を塞ぐにいたったのか。

三つの観点からの分析を踏まえ、結論では戦争政策の破綻に表出したケネディ外交の特質、とりわけ今日にいたってもなお教訓とすべき、その限界――責任転嫁、自己過信、知識欠如――を指摘したい。

註記

（ⅰ）本文、とくに引用文中の「ベトナム政府」「ベトナム政府軍」「ベトナム軍」などは、原則としてそれぞれ「南ベトナム政府」「南ベトナム政府軍」「南ベトナム軍」などをさす。

（ⅱ）ＡＲＶＮは狭義には南ベトナム陸軍を意味するが、空・海軍などが小規模であることから、多くの場合政府軍と同義に用いられる。

第Ⅰ部　ゲリラ戦争の主役

――代理戦争が直面した壁――

第一章　南ベトナム政府軍の惨状

1　アプバックの戦い

敵殲滅の好機

一九六三年は、ベトナム戦争史上決定的となった戦いの一つで幕を開けた。時は一月二日。所はベトナム共和国、いわゆる南ベトナムの首都サイゴン（現ホーチミン）南西の小集落アプバック。アプバックの戦い（Battle of Ap Bac）、ベトナムではミトの戦い（Battle of My Tho）と呼ばれるものである。[1]

アメリカ人軍事顧問はそれまで、ある大佐のいうゲリラの「薄汚い下劣な戦い方」に手を焼いていた。ジャングルや沼地などで神出鬼没の連中を相手にゲリラ戦争（Guerrilla War）を戦うのではなく、圧倒的な兵力を投入して敵を正面から粉砕できる日を待ち望んでいた。[2]

そこに到来したのが、フェルト（Harry D. Felt）太平洋軍司令官（ＣＩＮＣＰＡＣ）の言葉を借りれば、民族解放戦線すなわち「ベトコンが立ち止まって戦うことを選んだ初めての事例の一つ」だった。アプバックの戦いは、敵を罠にかけて「計画どおりの戦闘」に誘い込む絶好の機会と受け止められたと、ヒルズマン（Roger Hilsman）国務省情報調査局（ＩＮＲ）長（一九六三年四月から極東担当国務次官補）はいう。[3]

集結した敵は三〇〇人前後。南ベトナム政府軍はほぼ一〇対一から一五対一、どう少なく見積もっても四対一の数的優位にあった。武装兵員輸送車、大砲、ヘリコプター、戦闘爆撃機などの支援もあった。しかも攻撃部隊は政府軍の中でも最強をうたわれる師団だった[4]。

朝七時半。政府軍は村を三方から包囲、いよいよ波状攻撃で敵を追いつめる時がやってきた。作戦開始直前、軍事援助司令部を率いるハーキンズ（Paul D. Harkins）司令官は「敵軍をまんまと罠に陥れた。三十分後には叩いてやる」と意気軒昂だった[5]。

大損害を被る

ところが深い霧の中、政府軍はものの見事に敵の待ち伏せ攻撃を食らった。ワシントンの統合参謀本部は、友軍が敵の「予想外に頑強な抵抗」に遭遇したと報告している[6]。

最初から最後まで、戦いの主導権は敵に握られていた。ヘリで水田に降り立った政府軍部隊は射的の的も同然だった。あるヘリのパイロットはその体験を「まったくの地獄」と表現している。将兵は泥田に身を伏せたまま、犠牲を増やすばかりだった。敵の退路を断つはずの空挺部隊は村の反対側に到着し、何もできなかった。最後は村を制圧したが、敵は姿を消してしまう。しかも占領後に政府軍の砲撃が加えられたため、味方に損害が出る始末だった[7]。

公式には敵の戦死者は一〇一人。だが政府軍の戦死者も六五人、戦傷者は一〇〇人にのぼった。アメリカ人も軍事顧問三人が戦死、八人が負傷した。虎の子のヘリも五機が失われ、三機に損害が出た。この戦いは、フェルトのいう「南ベトナム戦争で最も犠牲と損害の多い戦闘の一つ」となってしまった[8]。

アメリカ国内では、突然ベトナムの戦況が「新聞の一面でとり上げられ、テレビでも夜のニュースショウでドラマ仕立てで放映されるようになった」と、のちにピュリツァー賞を受けたＵＰＩ通信記者シーハン（Neil Sheehan）は述懐する。[9]

ＡＰ通信記者マルコム・ブラウン（Malcolm W. Browne）は、こちら側がこれまで「もっとも高価な敗北」を被ったと書いた。『ニューズウィーク』は「ここ一年あまりで政府軍が味わった最悪の敗北」と描写した。各紙は軍事顧問に犠牲が出たことも含めて、この「大敗北」「大失態」を容赦なく報じた。のちに『ニューヨーク・タイムズ』記者ハルバースタムはそれを「気も遠くなるような敗北」と、英紙『サンデータイムズ』記者ナイトリー（Phillip Knightley）は「屈辱的敗北」と表現している。[10]

アメリカ人にとってはまさに「寝耳に水」（ハルバースタム）の出来事だった。ノルティング駐南ベトナム大使によれば、当時アメリカ人は「軍事的後退など想像もしておらず……同盟国の後退についてもそうだった」からなおさらだった。[11]

この「ベトナムでの爆発音」はワシントンに共鳴現象を、そして「アプバックのトラウマ」を生み出したと中央情報局（ＣＩＡ）のベトナム作業班長クーパー（Chester L. Cooper）はいう。ダンガン（Ralph A. Dungan）大統領補佐官は、こうした失態が繰り返されれば「議会に問題を生じさせる可能性がある」と懸念した。ケネディ政権が展開する特殊戦争戦略の破綻ないし限界が顕在化したことから、国民の間にも広く「わが国のベトナム政策の正当性について深刻な疑念」が感じられるようになった。[12]

勝利と断定

ハーキンズも、直後にホノルルからサイゴンを訪れたフェルトも、敵が逃走し、村を奪回したのだから作戦は成功だったと記者に力説した。[13]

国防省（ペンタゴン）は、完全に破壊されたヘリは一機だけで、大損害を出した敵の中核部隊はしばらく機能不全に陥るはずだと発表した。アンダーソン（George W. Anderson）海軍作戦部長も戦いの結果を勝利と断定した[14]。敵の損害が味方より大きかったのだから勝利――これがケネディ政権の論法だった。夏になっても、「双方の損害を比較すれば、ベトコンの勝利を喧伝する主張には根拠がない」とされた[15]。

実際にアプバックの結末は、戦争にたいして影響を与えなかったといわれる。民族解放戦線がすぐさま活性化したわけでもなかった。当時『タイム』も、一週間後には南ベトナムの戦いは普段どおりに戻ったと報じた[16]。

2　看過できぬ敗北

意気上がる敵

だが一九五〇年代にベトナムで勤務経験を持つ国務省極東局のカッテンバーグ（Paul M. Kattenburg）によれば、アプバックはゲリラが得た「初めての大規模な軍事的勝利」だった。たとえアメリカが誇る最新の科学技術を駆使した兵器があっても、南ベトナム政府軍など物の数ではない。敵の火力や機動力がいかに強力でも、十分対抗できる。民族解放戦線ははっきりとそれを証明したのである[17]。

それは「重要な宣伝上の得点」でもあった。フェルトは、彼らがこの「士気高揚につながる勝利」を宣伝材料にするのではと懸念した。事実、民族解放戦線は記念切手を発行してこの勝利を祝った[18]。

自信を深めたのは、北ベトナム、つまりベトナム民主共和国指導者も同じである。戦争後に刊行された歴史教科書は、敵軍の十分の一でしかない解放軍がアメリカ指揮下の政府軍を初めて打ち負かし、「南部の軍と人民がアメリカの『特殊戦争』戦略を完全に打ち負かすことができる可能性が確認された」としている[19]。

アプバックの戦いを機に、民族解放戦線は守勢から攻勢に転じた。南ベトナム全土で戦いが激化し、その潮流が変わった。直後、ＣＩＡは敵が兵力を増大させ、効率を向上させ、積極果敢に攻勢に出ていると報告した[20]。

その影響はメコンデルタ（Mekong Delta）全体で感じられた。そこは一九六二年一〇月の時点で、民族解放戦線の兵力の五七％、政府軍兵力の五三％が展開する重要な戦場だった。アプバックの戦い以降、住民の多くが公然と民族解放戦線を支援するようになった。一九六三年夏までには、とくにデルタ北部で解放戦線側に立つか中立を標榜する村落が増えた。デルタに限らず、全土で民族解放戦線に身を投じる者が多くなった[21]。

戦争後にベトナムで刊行された歴史教科書によれば、各地でアプバックと「競争して敵を殺し、功名を立てる」運動が起こった。政治闘争も強化され、それが五月以降ゴ・ジン・ジェム政府の屋台骨を揺るがす仏教徒危機に、最後は政府崩壊につながったといわれる。とすればそれは、南ベトナムの命運を決めた重要な勝利だった[22]。

欠陥を露呈

部隊の指揮官や政府首脳、とくにジェム大統領の義妹で事実上のファーストレディ（ジェムは独身だった）であるゴ・ジン・ニュー夫人（Madame Ngo Dinh Nhu）らは、作戦に同行したアメリカ人軍事顧問を槍玉に挙げた[23]。

軍事顧問は逆に政府軍を糾弾した。訓練の不足、組織体制の不備、攻撃精神の欠落、損害への恐怖感、優越した空軍力の浪費、規律の弛緩、指導力の欠如、指揮系統の混乱などである。アプバックで起きた事件とは、政府軍の欠陥と無力ぶりが白日のもとにさらされたということにすぎなかった[24]。

たとえば情報収集。敵の兵力は想像以上だった。逆に敵は政府軍の攻撃を正確に予期していた。無線、それも暗号を用いない通信が傍受されていたからである[25]。

たとえば機動力。国務省極東局に設けられたベトナム作業班を一九六二年六月から率いたウッド（Chalmers B. Wood）は、政府軍が「わがほうの顧問が望んだようには迅速に動かなかった」と報告した。「もしもっと速く動いていればベトコン一個大隊を捕虜にできたかもしれない」のにと、彼は心底残念そうだった[26]。

たとえば戦意。攻撃部隊の指揮官は当初前進命令を拒否した。兵士たちはわずか一マイル（約一・六キロ）を進むのに四時間を費やした。水田の泥の中に身を埋め、ろくに戦おうとしなかった。指揮官は攻撃命令を無視し、現地の省（州もしくは県に相当）知事は救援のための民兵派遣を拒否した。戦う意欲を示したのはアメリカ人軍事顧問ばかりという有様だった[27]。

日常的な失態

ＣＩＡのベトナム作業班長クーパーは、この敗北が例外ではなかったことが本当の問題だったという。アプバックの戦いとは、それ「以前に発生し、それ以後にも繰り返された、同じような無数の出来事の、たんに劇的な例の一つ」にすぎなかった。実際に、政府軍はこの年初めの一週間で続けざまに四つの後退を経験した[28]。

アプバックの戦いについて記者に聞かれた軍事顧問のバン（John Paul Vann）中佐は、「みじめな出来具合いだ。いつものようにね」と漏らした。『ニューヨーク・タイムズ』のハルバースタム記者によれば、それは「もっと小さな規模で過去一年、毎日」繰り返されていたことの再現だった[29]。

アメリカ国内の報道も手厳しかった。こちらが待ち望んだ形で、先手をとって始まった戦いにもかかわらず、惨敗を喫したこと。政府軍の組織は貧弱で、拙劣な行動しかとれないこと。士気も低く、意欲も戦意も低いこと。砲爆撃に依存しすぎていること。アメリカ側の助言に従うどころか、軍事顧問の前進命令をしばしば拒むこと。要するに今回の敗戦は一過性の、些細な失態ではなく、彼らの日常的な欠陥の反映にすぎないこと。問題の根はゴ・ジン・ジェム政府そのものにあること。戦いの主役がこの体たらくでは、アメリカが勝てる日はけっして近くないこと。それどころか長く、困難な闘いが予想されること。そもそもこちら側がいま敗れつつあること[30]。

だがハーキンズ軍事援助司令官は声明を発表、勇猛果敢な政府軍将兵への批判を強く戒め、アプバックを敗戦と見なす報道を非難した。ハーキンズもフェルト太平洋軍事司令官も、記者はもっと広い視野を持てと訓戒を垂れた。[31]ボール（George W. Ball）国務次官の不安は、軍事顧問による政府軍批判が「ベトナム政府（GVN）を動転」させはしないかという点に向けられた。ケネディ大統領はとくに、政府軍に勇気が欠けているという報道に懸念をつのらせていた。問題は山積しており、何らかの手を打つ必要があった。[32]

3　山積された課題

兵力が足りぬ

問題の第一は兵力である。たしかに南ベトナム政府軍は一九六二年一月の一七万六千人あまりから、一二月には二一万四千人にまで拡大していた。民兵も一一万人から一七万二千人に増強された。[33]

一九六三年初め、正規軍に民兵、山岳民族を組織した民間非正規防衛隊、ジェム大統領の弟ゴ・ジン・ニュー（Ngo Dinh Nhu）が率いる共和国青年団（Republican Youth）などを加えれば、じつに五〇万人近くが武装していた。[34]

これに対して、民族解放戦線の兵力は一九六二年初めで一万六五〇〇人。年末から一九六三年初頭にかけては二万人から二万五千人の間と見積もられた。[35]

数だけ見れば政府軍は十分な優位にあった。一九六三年二月、ウッドは「通常兵力であろうと民兵であろうと、ベトナム政府の戦闘作戦では兵力不足をきたしていない」と断言した。[36]

だが民族解放戦線の裾野の広さが彼らの前に立ち塞がっていた。民兵、パートタイム的に活動する兵士、支持者などを含めれば少なくとも一〇万人が彼らの側に立っていた。[37]

しかも、ハーキンズが一九六二年夏に問題にしたように、政府軍には本当に戦力となる士官・下士官が不足していた。アメリカは彼らを海外で訓練するよう促し、南ベトナム国内でも将校教育の態勢が拡大された。しかし一九六三年を迎えても、指揮官に人手が足りない状態は未解決のままだった[38]。

苛酷な算術

一九六二年末に現地を視察したマンスフィールド（Mike Mansfield）民主党上院院内総務らの報告は、たとえ兵力の優位があっても「ベトナム政府が直面しているような類の戦いでは迅速な勝利の保証とならない」とした。ロストウ国務省政策企画委員長はそれを「ゲリラ戦争の苛酷な算術」のせいだとする[39]。

ゲリラが相手の場合、正規兵は少なくとも一〇対一の数的優位が必要だというのが当時の常識だった。ただし、この比率については一〇、一五、二〇対一などさまざまな数字が挙げられている[40]。

英領マラヤ（現マレーシア）で英軍は、敵の一二・五倍の兵力を擁して初めて反乱を鎮圧できた。兵力比は一五対一だったとも、三〇～三五対一だったともいわれる。ベトナムでアメリカに協力したゲリラ戦専門家、トンプソン（Robert G. K. Thompson）英軍事顧問団（ＢＲＩＡＭ）長は、マラヤでは当初四・五対一だった比率を最後には五〇〇対一にまで持っていったと自慢げである[41]。

ケネディは一九六二年一二月の記者会見で「とくに南ベトナムのような難しい戦場では一〇対一ないし一一対一が必要だ」と述べた。ロストウによれば、「国境が開け放し」のまま、この「安上がりな交換比率」を敵が利用できるうちは勝利など夢物語だった[42]。

消える装備

問題の第二は武器・装備である。政府軍は兵力だけでなく装備の面でも「途方もない力を備えている」はずだとウッドは確信していた。だがマンスフィールドらの視察報告がいうように、装備面の優位は戦況改善にまったく役立っていなかった。[43]

それどころか、政府軍の武器は戦闘の中で民族解放戦線に捕獲され続けた。UPI通信のシーハン記者によれば、政府軍はアメリカ製の武器をゲリラに供給する「導管」だった。「政府の気前のよさのおかげ」でゲリラの武装が強化されていったと『ニューヨーク・タイムズ』のハルバースタム記者も皮肉っている。[44]

いや、戦闘で失われるのならまだましだった。現地を訪れたヒルズマン国務省情報調査局長と国家安全保障会議のフォレスタル（Michael V. Forrestal）の報告では、兵器や装備のかなりの部分は「ベトナム政府の兵站部で消える」不思議な特性を持っていた。サイゴンのタクシー運転手が月四〇ドルを稼ぐのに、兵士の月給は一五ドルほど。だから彼らは市場で弾薬などを売り払い、生活の足しにした。[45]

4　戦闘能力に疑問

行進はできても

南ベトナム政府軍が抱える問題の第三は訓練である。ケネディは上院議員時代、インドシナで勝つためには「現地軍を信頼できる、十字軍的な勢力にする」必要があると強調した。「頼りになる将校団に率いられた」そうした軍隊がなければフランスは勝てないとも主張した。[46]

その彼の政権が現地軍を重視したのは当然である。ゲリラ戦争の発生を食い止め、効果的な対抗手段を準備するための時間を稼ぎ、実際にゲリラと戦い、米戦闘部隊の投入を回避するうえで重要な兵力だったからである。[47]

一九六二年三月、ハーキンズ軍事援助司令官は現地を訪れたヒルズマンに、政府軍将兵が「よく訓練され、精力に満ち、活力を持った戦士」だと述べた。七月、彼はマクナマラ国防長官らに、民兵も含め政府軍の訓練が「おおむね予定より早く」進んでいると報告した。南ベトナムのジェム大統領にも、訓練計画が「非常にうまく進んでいる」と胸を張った。[48]

だが、現地で活動する豪訓練使節団（ＡＡＴＴＶ）のセロング（Francis P. Serong）大佐の見方は違っていた。ゲリラ戦専門家として彼は一九六二年秋、政府軍の将校たちが十分な訓練を受けておらず、間違いを恐れ、積極的に行動を起こすことも責任を果たすこともしないと指摘している。[49]

シーハンによれば、正規軍は「行進ができるほどには訓練されていた」けれども、その練度は「もし戦争が起こっていなければ十分だったかも知れない」程度だった。小銃やカービン銃の照準を目標に合わせられる兵士さえわずかだった。「政府が式典を演出できる程度に戦争のやり方を学んでいたら、ベトコンは何年も前に滅ぼされていただろう」と、元『タイム』記者で、サイゴンの大使館で広報を担当していたメクリン（John A. Mecklin）参事官ものちに嘆息している。[50]

隣国ラオス王国軍（ＦＡＲ）も南ベトナムと同様だった。訓練はきわめてお粗末。勝利もめったにおさめられない。ウィンスロップ・ブラウン（Winthrop G. Brown）駐ラオス大使は、アメリカが「間違った国民を相手に、間違った軍隊を訓練している」と感じていた。[51]

ＣＩＡは一九六二年五月に「ラオス軍には国内のどこであろうと、明確な敵の攻撃に抵抗する能力がない」と判断した。翌年初め、国務省情報調査局は「ラオス人自身に、自国防衛に効果的に貢献する能力がないこと」を問題視した。[52]

敵発見もままならず

問題の第四は情報である。一九六二年半ば、敵について得られる情報は「依然として不満足」な水準にとどまっていた。情報源の確保も、情報の収集も、伝達も、分析も、評価もである。村落防衛の基礎となるはずの情報収集は壊滅状態にあるとセロング大佐は嘆いた[53]。

原因の一端は、南ベトナム政府内の組織にあった。省知事は複数の組織からもたらされる生の情報を吟味することなく直接大統領官邸であるジアロン宮殿（Gia Long Palace）に、あるいはサイゴンの統合参謀司令部（ＪＧＳ）にもたらしていた。一〇を超える情報機関がたがいに協力することなどほとんどなかった[54]。

一九六二年夏、政府軍は一〇回の出動のうち九回は敵を発見できないと、秘密警察や情報機関を一手に押えるゴ・ジン・ニューはおかんむりだった。政府軍が主導権を発揮しようにも、ゲリラの基地がいったいどこにあるかわからなかった[55]。

利用する地図は、一九五四年当時フランス軍が使っていたもの。行動の基礎となる状況報告は数週間前のもの。ゲリラの情報は手に入らず、逆に政府軍の情報は敵に筒抜け。政府内のあらゆる組織に民族解放戦線の情報員が巣くっていた。農民も進んで政府軍の動きをゲリラに知らせていた[56]。

それでも統合参謀本部の反乱鎮圧・特殊活動担当特別補佐官（ＳＡＣＳＡ）である海兵隊のクルラック（Victor H. Krulak）将軍は一九六三年二月、前年夏頃以来情報活動に「一貫して改善があった」と述べている。ハーキンズが一九六三年五月にジェム大統領に伝えたところによれば、一九六二年九月以降、通信体制に「顕著な改善」が見られた。だがそれが十分かどうかは別の話だった[57]。

作戦指揮に齟齬

問題の第五は戦争指揮の能力や組織である。一九六二年九月下旬、ジェム大統領はサイゴンを訪れたテイラー大統領軍事顧問（一〇月から統合参謀本部議長）に、「有能な軍指導者の出現」を誇った。一二月初め、国務省情報調査局の分析でも彼らは「東南アジアで最高の部類に属する」人々だと認められていた[58]。

ところが実際には一九六二年一〇月初め、軍人・文官を問わず南ベトナム政府組織の問題は、今後克服しなければならない「明白な弱点」として捉えられていた。ノルティング大使は一二月中旬、政府軍の「能力の増大が十分に活用されていない」ことを憂慮した[59]。

複数の組織がばらばらに行動する結果、「兵力の非経済的な活用」が生じた。各部門が秘密裏に作戦計画を練っており、空の支援が不十分でもお構いなしに地上作戦が展開されることがあった[60]。

作戦指揮の誤りから、戦場には実際に必要とされる兵力の半分ないし三分の一ほどしか向けられなかったとメクリンは述懐する。シーハンによればとくに「参謀組織の脆弱さ」は歴然としていた。軍事顧問たちも、政府軍に明確な指揮系統が存在しないことに不満だった[61]。

貧弱な民兵

ゲリラを鎮圧する鍵の一つが民兵だった。農村の防衛にあたる村落自衛隊（ＳＤＣ）と、やや広範な地域のパトロールや攻撃を受けた村落への支援を主任務とする民間防衛隊（ＣＧ）である。彼らを十分活用できれば、正規軍を攻撃作戦に振り向けられるはずだった。一九六二年一月、マクナマラやレムニツァー（Lyman L. Lemnitzer）統合参謀本部議長らは、民兵強化に「高い優先順位の関心」を向ける必要を痛感していた[62]。

四月、とくに村落自衛隊は多くの点でベトナムという「問題全体の鍵」だと国務省極東局のベトナム作業班長代理ヒーブナー（Theodore J. C. Heavner）はノルティングに伝えた。訓練済みの村落自衛隊は、一九六二年一月には皆無だったが九月には九六六小隊、一二月には一、六二七小隊となった。訓練済みの民間防衛隊は一月の三三から九月には二五五、一二月には三七二中隊に増えた[63]。

だが国務省情報調査局は一九六三年初め、東南アジア全域で民兵育成が困難に直面していると指摘した。社会構造、民兵活用という伝統の欠如、中央政府への不信などのためである[64]。

南ベトナムでも民兵は一九六二年までは索敵の努力などほとんどせず、防御陣地にこもり切りだった。その背景には民兵の置かれた惨状があった。クルラック将軍のいう「ベトナムの誰よりも最も訓練が行き届かず、最も組織だっておらず、最も貧弱な武装しかない」兵力だという事実である[65]。

報酬の安い彼らは、農民から鶏や豚などを奪って生活の足しにせざるをえなかった。昇進の望みもなく、敬意も払われず、やりがいも感じられなかった。政府軍からの支援も不十分で、幹部も能力に問題があり、訓練も行き届かなかった。そのうえ、民兵の指揮権をめぐって省政府の官僚と政府軍の司令官が争いを演じていた[66]。

南ベトナムと並ぶ東南アジアにおける反共の砦タイでも、民兵である国防義勇軍（ＶＤＣ）は「書類上の組織」にすぎなかった。訓練も教育もままならず、武器も物資も不十分だった。一九六三年を迎える頃、彼らは事実上「自然死」を遂げつつあった[67]。

5　戦意なき軍隊

士気に疑問符

一九六二年初め、ボール国務次官はヤング（Kenneth T. Young）駐タイ大使に、ラオスと異なり「南ベトナムでは人々は戦う意欲を持っており、政府は直面する脅威に対処する適切な手だてを講じる用意がある」と自信を示した。この年夏の初め頃まで、南ベトナム政府軍将兵の士気向上が続いたとヒルズマン国務省情報調査局長はいう。それはアメリカの大規模な援助に刺激されて生じた「最も劇的な変化」だと、国務省極東局のベトナム作業班長ウッドとその代理ヒーブナーは秋に指摘した。政府軍が示す積極果敢な攻撃精神についてハーキンズ軍事援助司令官は「ベトナム軍が概して長く外にとどまるようになった」と報告した。[68]

彼らの行動は著しく改善され、士気も高まり、夜間の活動も増えた。年末までには政府軍に「戦う精神と意欲」が認められた。組織再編の努力も実を結びつつあるように見えた。一九六二年秋以降、「それまでベトコンが安全だった地域」でも政府軍は攻撃作戦を展開するようになったと、一九六三年早々にウッドは頬をゆるめた。[69]

だが国務省にとっても統合参謀本部にとっても、戦いの主役であるべき政府軍が拠点防御に専心し、いわば「静止状態」ないし「固定姿勢」でいることは早くから懸念の種だった。「ベトナム政府軍の大部分は固定した場所に縛りつけられていた」とＣＩＡのベトナム作業班長クーパーは回顧する。一九六三年を迎える頃までに、「南ベトナム人が彼ら独自のゲリラ戦術を用いてベトコンと戦うつもりがないこと」が大きな問題となっていた。[70]

たとえばベトナム海軍（ＶＮＮ）には沿岸警備、海路による浸透阻止、メコンデルタでの地上作戦支援などの任務があった。だが彼らは「サイゴン川に錨を下ろしっぱなし」だった。船を港から出すこと。一定期間航海させること。水や食糧をきちんと用意すること。三日間海に出ても船酔いしないようにすること。これらが求められた。[71]

戦闘忌避の達人

軍事援助顧問団で最新兵器・技術を担当するロウニー（Edward L. Rowny）将軍によれば、政府軍将兵は「心底から敵ともみ合いなどしたくないし、十分に安全でいたいと願っており、本気の戦闘などまったくしたくない」ことを隠さなかった。攻撃作戦に固執する将校が兵士に殺され、部隊が武器とともに敵に身を投じることもあった[72]。

大使館のメクリン広報担当参事官によれば、政府軍にとってゲリラは「八フィート」つまり二メートル四〇センチを超える大男のような存在だった。政府軍兵士は「ゲリラと一対一で戦う危険に脅えて」おり、大部分の時間を「休憩」に費やしていた。国務省情報調査局によれば、政府軍の脱走者は一九六二年だけで二万九九二四人を数えた[73]。

隊内にとどまる兵士が役に立つかどうかはまた別の問題だった。一発も撃たずに哨戒を終える。敵陣地に強襲作戦を敢行するはずが、一日経ってもまったく移動せず、テントの中で食事を楽しむ。昼食後はフランス植民地時代からお定まりの昼寝。休憩はほぼ三時間に及ぶ。軍事顧問のバン中佐によれば、政府軍は一日の三%を訓練に、一三%を戦闘に、作戦の後始末に一〇%を費やしていた。残りの七四%は何もしない時間である[74]。

指揮官は猛烈な砲爆撃の後でなければ進撃を命じず、しばしば砲爆撃だけで作戦を終わらせていた。損害を被れば面子を失うからである。兵士にとって戦いは日常であり、入隊は就職と同じだった。だからわざわざ命を危険にさらす必要など感じなかった[75]。

攻撃命令を出させない、あるいは命令を受け取らない方法はいくらでもあった。軍事顧問に無線機を渡さない。助けを求める無線にいっさい答えない。村落に無線を与えないなどである。政府軍部隊は省都から、地方官吏は兵営もどきの建物から、外に出ようとしなかった[76]。

戦場の茶番劇

戦場に身をさらす場合でも、彼らは「戦闘を避ける巧妙な方法を開発」(メクリン)していた。敵のスパイが事前に攻撃を察知できるよう、作戦開始前に延々命令確認の作業を繰り返す。行軍中は声高な話し声や不必要な発砲でみずからの存在を周囲に知らせる。まず敵の逃げ道を用意し、砲爆撃で政府軍到来を予告してから行動する。敵が確実にいなくなってから進撃を開始する。敵がいないと判明している場所にだけ攻撃をしかける。[77]

一九六三年初め、ＣＩＡは「攻撃部隊が現れた時にはベトコンはいなくなっていることがあまりにもしばしば」だと報告した。ある軍事顧問は「敗れた敵に名誉ある逃げ道を与える」のは「昔ながらの仏教徒の慣習」だとあきらめ顔だった。彼は、自分の部隊に「これほど仏教徒が多いとは思わなかった」と皮肉たっぷりだった。ちなみにジェム大統領の義妹ニュー夫人は、カトリックの従軍司祭はいても仏教の従軍僧がいない理由を、「非暴力」を説いてまわるような連中がいては将兵の士気にかかわるからだと説明したことがある。[78]

ＵＰＩ通信記者シーハンは政府軍を「海を進む船」にたとえている。海を進む巨船がつくる大波を避けるように、ゲリラは政府軍をやり過ごした後、悠々と元の場所に戻れたからである。のちの大統領ニクソン（Richard M. Nixon）は、米軍が「索敵撃滅（Seek Out and Destroy）」戦略を追求しているのに南ベトナム軍は「索敵回避（Search Out and Avoid）」に懸命だったと批判している。こうした茶番劇の徴候はすでにケネディ時代に表面化していた。[79]

夜戦など論外

朝戦場に出ても夕食までには基地に戻り、快適なベッドで眠る。それが政府軍将校のやり方だった。期待の新兵器ヘリコプターの出撃も同様に「勤務時間内」だけで、夜の残業などとんでもなかった。[80]

彼らの最優先事項は「朝まで生き延びること」だった。生き延びたい一心から、彼らは「夜間パトロールに出るかわりに兵舎にこもっていた」のだとクーパーはいう。たとえ夜間に出動しても、基地「付近の土手でうたた寝をする」（シーハン）のがせいぜいだった。[81]

メクリンにいわせれば、政府軍は「夜を恐れて」いた。彼らは陣地に兵力を張りつかせたままだったから、ゲリラは「完全な行動の自由」を享受していた。とくに夜はそうだった。政府軍がどこから来るかもわかっており、待ち伏せ攻撃も容易だった。政府軍が守るべき農民たちはこうして見捨てられた[82]。

　夜も行動せよ。勇敢に戦え。軍事顧問がいくら尻を叩いてもたいてい徒労だった。「長期間にわたって、また夜間に作戦を行いたくないというベトナム人の傾向を正そうと懸命に努力」する軍事顧問だったが、「ごく一部しか成功していない」と、現地を訪れたヒルズマン国務省情報調査局長と国家安全保障会議のフォレスタルは一九六三年初めにケネディに報告している。こうして日中は政府軍が全土の五〇％を、夜間はゲリラが七五％を支配するといわれる状態が生まれた[83]。

ラオス軍もご同様

　南ベトナム政府軍と同様、ラオス王国軍にも戦う意欲はなかった。ボール国務次官がヤング駐タイ大使に、共産勢力の侵略に抵抗するラオスの「現地国民の意志と能力」に疑問を呈したのは一九六二年一月下旬のこと。南ベトナムで活動する軍事援助顧問団のマクガー（Lionel C. McGarr）団長も、かつてフランスを打ち破った連中を相手に戦うには「まったく意欲も能力もない」様子の隣国の友軍に不安を隠せなかった[84]。

　その少し前、フェルト太平洋軍司令官は、アメリカが支えてきたラオス軍が「まったく非効率」であるがゆえに、和平実現をめざすアメリカの動きが「凍結」状態に陥っているとし、「唯一の代案は米軍をラオスに投入するか、この国が共産軍に蹂躙されるのを座視するか」だと論じた。ラスク（Dean Rusk）国務長官も、彼らは領内に居座る「北ベトナムの共産軍を封じ込めることができない」と指摘し、とるべき道は「ラオスが失われるか、わが国が介入するか」しかないと述べた[85]。

　ラオス休戦実現間近の一九六二年五月末、ＣＩＡもラオス軍が「まだ政府が手にしている地点のどこであろうと自力では効果的に守れない」こと、対照的に敵であるラオス愛国戦線、いわゆるパテトラオ（Pathet Lao）が「現在ラオス領内にいる北ベトナム軍の支援を受けて、まだラオス王国軍が占領している主要都市すべてをすぐに奪取できる」ことを指摘した。しかもこの点、共産側もこちら側も同じ意見だった。[86]

ラオス内戦の終息に貢献し、極東担当国務次官補から一九六三年四月に政治担当国務次官となったハリマン（W. Averell Harriman）はケネディ大統領図書館のインタビューで、笑いながら次の話を紹介している。アメリカが支える右派の指導者プーミ・ノサワン（Phoumi Nosavan）将軍が彼らのある敗走について語ったそうだ――前回は武器を捨てて逃げたが、今回は武器を持って逃げたから「大きな改善」だ。統合参謀本部の研究によれば、一九六二年秋に軍事援助顧問団がラオスを後にしてからは、ラオス王国軍はますます無力化していた。[87]

ラスクはのちに、「ラオス軍は非常に弱く、戦いを好まなかった」とこぼしている。彼らはラオス領内に居座る北ベトナム軍を「身長一〇フィート」つまり三メートルあまりにも感じ、怯え切っていた。[88]

しかもラオス軍首脳は権謀術数と派閥抗争に明け暮れ、アメリカの援助物資を売り払って利を得ていた。ここでもアメリカが供給する武器や装備はパテトラオの手に渡っていた。[89]

＊　＊　＊

南ベトナムでも、ラオスでも、タイでも、共産侵略に対処しようとするアメリカの努力の前に大きな壁が立ち塞がっていた。ほんらい戦いを担うはずの現地軍が抱える脆弱さである。ことにゲリラ戦争のさなかにある国で、それは深刻な問題だった。南ベトナム政府軍を一刻も早く鍛え上げることが、一九六三年をつうじて本格的な課題となる。いかにしてこの目標を達成するか。そもそもそれは実現可能なのか。これがケネディが直面した問いだった。

第二章　空転する強化策

1　改善と限界

てこ入れの副産物

一九六三年夏までに、民族解放戦線の兵力は二万五千人ないし三万人に達した[1]。

これに対峙する南ベトナム政府軍は、九月の時点で二一万七千人あまりを数えた[2]。

だがゲリラと戦ううえで兵力不足に悩むアメリカ側では、約二年で五七万五千人という大軍を構築する案すら出現していた。この年春、トンプソン英軍事顧問団長は、政府軍の兵力徴募が容易になったと指摘した。とすればこれほどの大増強も不可能ではなかったかもしれない。だが現実には、南ベトナムの軍事力はすでに「この国の社会・経済・政治的状況から見れば不釣り合いなほどの規模で」（トンプソン）膨張しつつあった[3]。

しかもアメリカによるてこ入れの「唯一の具体的成果」とは、盗まれたものであれ戦場で捕獲されたものであれ、ゲリラがより高度な兵器を手にし、いっそう強力になったことだった。ホノルルの太平洋空軍（ＰＡＣＡＦ）は一九六三年末、敵の能力が増大したのは「実質的には政府軍から捕獲した物資のおかげ」だとしている[4]。

一九六四年初め頃の話だが、ゲリラの背に担がれた袋には、星条旗と友好を示す握手の絵が描かれ、「米国民の贈り物」と記されていた。彼らの履き物はホーチミン・サンダル（Ho Chi Minh Sandal）と呼ばれたが、材料のゴムはフランスのミシュラン製からアメリカのグッドイヤー製に変わった。彼らはアメリカが供給した旋盤、ドリル、発電機、発動機などを使って武器や地雷を製造した。北ベトナムのボー・グエン・ザップ（Vo Nguyen Giap）将軍は、この「アメリカ製武器の補給係と補給施設」の恩恵に謝意を表している。[5]

ソレンセン大統領特別顧問は「米軍兵力の増員、装備の拡充を実施するたびに、そのうちどれだけがベトコンの兵員、作戦行動の増大によって相殺されるか」を正確に判断すべきだったと反省している。だが現実には、彼らはお構いなしに武器装備を注ぎ込み続けていた。[6]

訓練を急ぐ

ＣＩＡのベトナム作業班長クーパーによれば、アプバックの手痛い経験は、政府軍を「まず効果的なプロフェッショナルの軍隊に変える」必要をアメリカ側に痛感させた。彼らの訓練は「劇的に拡大」され「加速」された。全国規模の作戦計画を作成し、それを基礎に「空軍の一部を除いて、全員を訓練する」（ハーキンズ軍事援助司令官）ことが目標となった。ケネディ政権初期の国務次官ボウルズ（Chester A. Bowles）にいわせれば、ケネディ大統領は「南ベトナム軍を近代化する」ための「訓練教官」として、最後は一万六千人もの軍事顧問を送り込むにいたる。[7]

一九六三年初め、ホイーラー（Earle G. Wheeler）陸軍参謀総長は、たしかに敵は「頑強で、無慈悲で、よく訓練され、規律を仕込まれた戦士」だが政府軍も「急速に戦い方、打ち負かし方を学びつつある」と言明した。その少し前、ＣＩＡの分析も、ホイーラーらの現地視察報告も、訓練の強化ぶりを賞賛した。ところが同じ報告が、ベトナム空軍（ＶＮＡＦ）は「依然として未熟」でありパイロットも不足していると指摘していた。訓練こそが「今後のいかなる計画にとっても最も重要な側面の一つ」だとハーキンズは五月半ばになってもゴ・ジン・ジェム大統領に力説しなければならなかった[8]。

それでも一九六三年九月、統合参謀本部内の分析は、過去一年半にわたって政府軍強化が進んできたと自信満々だった。たとえばパイロットや技術者の養成である。八月から省庁横断のベトナム作業班長となった国務省極東局のカッテンバーグにも、少なくとも大きな齟齬を生じさせることなく訓練計画が進んでいると思われた。一一月、ティムズ（Charles J. Timmes）軍事援助顧問団長（一九六二年三月からマクガーの後任）は、政府軍訓練という任務はすでに完了、彼らは「可能な最大限プロフェッショナル」になったと断言した[9]。

ところが、現地を何度か視察したテイラー統合参謀本部議長によれば、政府軍のうち戦闘能力を持つのはせいぜい六、七割だった。たとえば南ベトナム海軍は、訓練も能力も臨戦態勢も貧弱だったと軍事援助顧問団で海軍部門を担当したドラクニック（Joseph P. Drachnik）は述懐している[10]。

ラオス王国軍も同じ問題を抱え続けた。統合参謀本部の分析によれば、休戦成立後に軍事援助顧問団がラオスを去ったとたん、彼らが「効果的な訓練計画を実施し続ける能力が消失」してしまったからである[11]。

国務省極東局のベトナム作業班長ウッドの分析では、タイは、正規軍や民兵の強化によって一九六三年夏までに「かなりの進歩」を示したはずだった。しかしやはり南ベトナムと同様に、ゲリラの脅威に十分立ち向かう力を備えることはなかったといわれる[12]。

好ましい循環

アプバックの戦いと前後する時期の作戦について、ウッドは「情報収集の改善」を報告している。一九六三年を迎える頃には、政府軍の情報組織も大幅に拡充されていた。統合参謀本部で反乱鎮圧を担当する海兵隊のクルラック将軍のもとには二月初め、現場で働く情報担当者が増えたとの報告があった[13]。

一九六三年初め、ホイーラーら統合参謀本部視察団の目に映ったのは、好ましい循環だった。軍事作戦が成功する。政府への信頼と勝利への確信が高まる。民衆からの有益な情報提供が増える。政府軍がいっそう有利になる。実際に、情報の収集も分析も長足の進歩を遂げていると彼らは見た[14]。

二月、ハーキンズはジェム大統領に、「軍事・政治両面で敵にかんする情報はますます効率的になっている」と指摘した。彼はフェルト太平洋軍司令官にも、情報が質量ともに改善されつつあると述べている。トンプソン英軍事顧問団長もフェルトに向かって同じ見方を示した[15]。

南ベトナムで仏教徒危機が始まった五月八日、ケネディは「ベトナム政府はベトコンの居場所についてますます自発的な、優れた情報を得るようになっている」と記者会見で強調する予定だった。一週間後、ハーキンズはジェムに、いっそうの情報改善、通信体制の拡充と迅速化を進めればさらに大きな成果がもたらされるとの期待を伝えた[16]。政府は国民に、敵の情報を当局に簡潔に伝える訓練を施すことになった。「コメの根」での情報活動が「正しい方向に向かう一歩」だとアメリカ側は歓迎した。七月、「軍事情報は改善を続けており、民間人による自発的な貢献が報告されている」ことが指摘された。情報の収集であれ分析であれ、問題は解決した様子だった[17]。

だがハーキンズは五月、ジェムに「間違った、あるいは不完全な情報にもとづき、まったく接敵のないままに終わる作戦が多すぎる」と指摘していた。実際のところ、政府軍は「まるで幽霊と戦っているよう」だった[18]。

2　なお残る課題

頼れぬ指導者

一九六三年初めまでに、南ベトナム政府軍の戦術・機動力・積極性・作戦の効率・組織面などに改善が見られた[19]。

二月、クルラック将軍のもとには、二四時間態勢で運用される軍団および師団の作戦センター設立の誇らしげな報告が届いた。三月、軍事援助司令部は政府軍の作戦が拡大し効率が上昇していると高く評価した。四月、ＣＩＡは軍組織も文官機構もともに効率を増大させていると報告した。国務省極東局のベトナム作業班長代理ヒーブナーも同じ考えだった。[20]

だが二月、ある軍事顧問はハーキンズにこう苦言を呈している。政府軍の作戦能力、効率、組織、装備、訓練は過去一年で顕著な改善を見せた。だが、そもそもの始まりがいかにひどかったかを忘れてはならない。いまなお指導者たちの質には問題があり、戦争全体にそれが影響している。良好な「農民＝兵士関係」の構築は作戦成功の基礎をなすはずだが、ウッドは二月末、それがまだ「重要な、もっか継続中の問題」だと認めていた。[21]

夏を過ぎ、一〇月末を迎えても事情は変わらなかった。ロッジ（Henry Cabot Lodge, Jr.）大使はある情報源から、将軍たちの多くは「フランスに訓練された軍曹が将軍の軍服を着ている」のと変わらないと聞かされた。[22]

司令官クラスは「まったく信頼できない」連中だった、政府軍は「おおむね無能であり、腐敗していた」とカッテンバーグはいう。しかも彼らは「金権体質」に冒されていた。彼らにとって軍とは「ビジネスの場」にすぎず、部下の昇進も金しだいだった。[23]

将校クラスも同様の問題を抱えていた。テイラー統合参謀本部議長によれば彼らは「しばしば専門的な訓練に欠けており、自分たちの欠点を直すことよりもそれを取り繕うことに興味がある」有様だった。大使館のメクリン広報担当参事官も彼らが「フランス仕込みの傲慢さ」を刷り込まれ、自分たちの無知を覆いかくしていたとじつに辛辣である。[24]

彼らの多くは都市の上・中流階級の出で、フランス語をしゃべるカトリック教徒だった。社会的な特権を享受する彼らと、農村から徴兵され、仏教徒がほとんどである兵士たちとの間に、一体感など存在しなかった。[25]

総合計画が必要

ウィリアム・バンディ国防次官補がいうように、求められたのは政府軍が「ゲリラの行動に対して効果的に作戦を遂行できるようにする」ことだった。トンプソンも「アメリカ人と南ベトナム人に、作戦について全体的な戦略計画をつくらせること」こそが本当の課題だと見ていた。[26]

一九六二年七月、ベトナム対策関係者が一堂に会したホノルル会議（Honolulu Conference）で、包括的作戦計画策定の方針が決まった。翌月、太平洋軍司令部（ＰＡＣＯＭ）はサイゴンの軍事援助司令部に計画作成を命じた。[27]

一一月、計画はベトナム側の了解を得た。一九六二年末、国務省情報調査局は「ベトナム政府が反乱鎮圧のための効果的な戦略概念を考案し、事実上それを実施すべく国家的努力を開始している」ことを高く評価した。[28]

ところが一九六三年を迎えてもなお「欠けている最も重大なもの」が懸念されていた。それは「包括的計画」である。戦略的な概念の開発と適用、作戦計画の立案、警察力の活用、民間人との協力、敵の投降促進、空軍力の活用、報道対策など、なすべきことは山ほどあった。現地を視察したばかりのヒルズマン国務省情報調査局長は「計画は存在するのか？答えは否だ。たがいに競合する計画が五つも六つもある。その結果混乱は大きい」と述べている。[29]

一月二五日、「南ベトナム総合計画（Comprehensive Plan for South Vietnam）」とそれにもとづく「全国作戦計画（National Campaign Plan）」がサイゴンの軍事援助司令部から太平洋軍司令部に、そして統合参謀本部に提出された。二月二二日、この計画を基礎とする具体的な攻撃作戦計画について、南ベトナムの統合参謀司令部との間に合意が成立した。[30]

それはもともと「ベトコンの反乱を支配下に置くための段階的な戦略計画」として準備されたものだった。まず敵兵力を粉砕し、さもなくば北方に封じ込める。次に政府軍を南方に向ける。最後はメコンデルタに敵を追いつめ、孤立させる。そのためには「真の全国規模の努力」（ハーキンズ）が必要だった。[31]

壮大な画餅

統合参謀本部の承認は三月七日。テイラー統合参謀本部議長はマクナマラ国防長官に、この計画にもとづく政府軍の増強が「東南アジア内部で望ましい軍事的均衡にとって不可欠な一部」だと述べた[32]。

だがそのわずか二日後、フェルト太平洋軍司令官は「包括的計画の欠如」を問題視するハーキンズの見解を統合参謀本部に伝えている。だからその後も検討と改訂が必要だった[33]。

五月のホノルル会議までに全国作戦計画の第一段階はほぼ終了し、七月一日付で第二段階開始の命令が下った。この計画にもとづいて「ベトナム政府がそのやり方を完全に改め、将来を見据え、『全国作戦計画』について全土に雄弁に語るのなら、まだ戦争に勝てる可能性はある」と、トンプソンは見た[34]。

一〇月四日、マクナマラとテイラーの現地視察を受けて、国家安全保障会議が開かれた。とりわけメコンデルタに力点を置きながら全土で作戦のテンポを上げ、段階的な平定作戦（Pacification）を進め、攻撃部隊の兵力を可能な限り増強し、民兵の訓練を加速し、あわせて戦略村計画をいっそう強化するなどの対策が検討された。とどのつまり、この段階にいたっても包括的な作戦計画は十分機能していなかったのである。南ベトナム総合計画にせよ全国作戦計画にせよ、従来の作戦計画と同様の欠陥を多く含んでおり、ただの一度もきちんと実施されたことはなかったといわれる[35]。

3　敢闘精神移植に失敗

本物の軍隊に

アプバックの戦いと前後する時期の作戦について、国務省極東局のベトナム作業班長ウッドは「ベトナム人が接敵を続ける能力の増大」が見られたと、ハリマン極東担当国務次官補に嬉々として報告している。アプバックの敗戦直後、政府軍はこれまで訓練と経験を積んだおかげで作戦の効率を向上させ、より攻撃的になったとノルティング駐南ベトナム大使は報告している。捕虜から得られた情報でも、政府軍が案に相違して受け身でもなく、意味ある軍事行動をとれないわけでもないことに敵は戸惑っていた。グエン・ジン・トゥアン（Nguyen Dinh Thuan）国務相はトンプソンを相手に、政府軍が「ジャングルでの長時間の作戦にますます慣れてきた」と胸を張った[36]。

ワシントンではテイラーやヒルズマンも同じことを感じていた。アンダーソン海軍作戦部長は政府軍が「ギアを上げつつある」と述べた[37]。

一九六三年初め、現地視察を終えたばかりのヒルズマンと国家安全保障会議のフォレスタルは、軍事顧問の増派、ヘリの供給、空からの支援増大、新たな武器などのおかげで政府軍が自信を深め、積極的に攻勢をとりつつあるとした[38]。

統合参謀本部が送った視察団は、もっぱら受け身だった政府軍が、一九六三年初めには戦いの主導権をとるようになったと指摘した。視察団を率いたホイーラー陸軍参謀総長は帰国後、ベトナム人が「効率的に戦っている」こと、そして「全土で毎日戦っている」ことを強調した[39]。

高水準の戦意

経験豊かな『ニューヨーク・ヘラルドトリビューン』の女性記者ヒギンズ（Marguerite Higgins）によれば、政府軍は「プロのように」行動し始めた。ハーキンズはジェム大統領に、政府軍は若く、意欲に燃え、指揮官たちが勝利をめざす能力も士気も上々だと絶賛した。ノルティングものちに、戦わない政府軍という批判は間違いだったとメディアを非難している[40]。

二月、統合参謀本部で反乱鎮圧を任されたクルラック将軍は、政府軍の士気の高さを誇らしげに報告した。ラスク国務長官はこの「士気の劇的な改善」を全在外公館に伝えた[41]。

この頃、「全土で毎日無数の小規模戦闘作戦」が行われていた。二月下旬、ハーキンズはジェムに、一九六二年秋以降政府軍が示した改善と進展を誇り、いまやこちら側が敵に対する「圧力を戦線のあらゆる場所で増大させる手段」を手にしていると豪語した[42]。

政府軍はますます活動を強化し、かつての敵支配地域に作戦を拡大していた。こちら側が先手をとった作戦が増えているという確信は強まるばかりだった[43]。

三月、トンプソンは英外務省に、一年前と比べ政府軍が機動力と攻撃性を増大させており、戦いの主導権も握っていると報告した。四月初め、彼はワシントンを訪れ、政府軍の士気高揚に満足の意を示すとともに、味方に「かつてないほど主導権がある」と太鼓判を押した[44]。

フォレスタルは「全体としては、あたかも政府軍はベトコンよりうまくやっているように見えたといわざるをえない」と当時を振り返っている。四月、ＣＩＡも攻撃作戦の大幅な増大を報告した。ラスクはベトナム人たちが「決意を固め、実際によく戦っている」と言明した[45]。

五月初め、国際監視委員会のゴブルドゥン（Sri Ramchundur Goburdhun）議長（インド代表）は、南ベトナム政府軍が「共産側と同程度に頑強」だと評価した[46]。

積極作戦を展開

六月から七月、軍事作戦は一年前の倍かそれ以上の水準で続けられていた。『タイム』も政府軍の機動力や攻撃力の増大を報じた[47]。

八月、国務省極東局のベトナム作業班長代理ヒーブナーは、政府軍が敵を圧迫し続けており、こちらが主導権をとった作戦が前年の二倍のペースで行われ、敵の士気は低下していると、まさにご満悦だった。軍事作戦の攻撃性と効率が向上し、食糧難に陥った敵が戦闘より食糧生産に気をとられているとの報告もあった。省庁横断のベトナム作業班長となった国務省極東局のカッテンバーグも政府軍らの攻撃能力が向上を続けていると判断した。彼らの軍事作戦は依然として「高水準で継続中」だった[48]。

ハーキンズは九月、規模を拡大した敵の攻撃に迅速に対処するなど政府軍は「見事な成果」を上げていると誇らしげだった。頼りなげだった南ベトナム空軍も、出撃回数を月百回程度から千回程度に急増させた。一〇月初め、四つの「軍管区のすべてで軍事面のテンポの上昇」が見受けられ、どの部隊も月のうちほぼ二〇日は出動しているという心強い数字が報告された[49]。

この戦いを成功裡に終わらせるには「勝つのだというベトナム人の決意」（ハーキンズ）が不可欠なことは明らかだった。だが国務省高官があいついで述べたように、犠牲をいとわず戦う意欲はすでに存在していた[50]。

九月末から一〇月初めに現地を視察したマクナマラ国防長官とテイラー統合参謀本部議長の報告によれば、一九六三年後半、政府軍が主導権をとった攻撃作戦は前年に比べても二倍近い伸びを示した。ベトナム人たちはみな「誇り高く、意欲に燃えた兵士たち」なのだと二人はケネディに保証した。政府軍は最後まで「将来の勝利のための希望」と、そして「ベトコンによる全土支配にとっての巨大な障害」と見られていた[51]。

脱走と徴兵忌避

だが一九六三年四月、クルラック将軍は、捕獲した敵の文書をもとに、武器装備面の優位にもかかわらず政府軍には戦闘意欲が欠けていると敵が認識しているとの報告を受けた[52]。

戦意と積極性にあふれているはずの政府軍からは、一九六三年八月までに二万二三七六人、一〇月までに約二万七千人が脱走した。これに頭を痛めたケネディはある時、「もし南ベトナム軍が持ちこたえられないようなら打つ手はない」と、クルラックに漏らしたという。[53]

若者とくに農民の息子も、その家族も、徴兵されて遠隔地に追いやられるのを嫌い、民族解放戦線に加わるほうを選んだ。大使館のメクリン広報担当参事官によれば、徴兵逃れのために指を切断する若者さえいた。安い給与、食糧の不足、劣悪な住宅、不十分な休暇なども理由となった。[54]

戦争はどこへ行った

じつのところアメリカが直面していた「唯一の問題」は、「戦争に勝っていない」ということ、いや戦争が「戦われてさえいない」ということだった。一九六三年春を迎えた頃、「戦争は動きを止めてしまったようだった。政府軍は行動を起こさなくなった」と『ニューヨーク・タイムズ』のハルバースタム記者は記している。軍事顧問たちが大部隊でなく小部隊による効果的な行動を、そして夜間のパトロールをいくら求めても無駄だったと『タイム』は一九六三年五月に報じた。[55]

ハルバースタムによれば、敵が「事実上戦わずして」メコンデルタ一帯を手に入れたのは、政府軍の無能のおかげだった。一九六三年夏に現地情勢を目の当たりにしたカッテンバーグはのちに、当時の政府軍を「嫌々ながらの軍隊」と呼んでいる。損害を出したくない指揮官は、相変わらず意図的に敵との遭遇を避けていた。[56]

九月、ニューヨークを訪れたベトナムの野党指導者チャン・バン・トゥン（Tran Van Tung）は、「戦うだけの十分な理由」がありさえすれば、三〇万人の兵力を擁する政府軍は難なく勝てるはずだと語った。ところが「暴君の統治を守り、永続化する義務がある限り」将兵が身命を賭して戦うことなどしょせん無理だった。「ベトナム人は要するに、ジェムやニュー、ニュー夫人のために戦うつもりなどない」（メクリン）という状況はなんら改善されなかった。[57]

アメリカが戦意を供給

南ベトナムはアメリカと手を携えて、共産主義者との戦いをもっと積極的に推し進め、状況を逆転しなければならない。政府軍部隊はもっと戦場に長く滞在し、敵を壊滅するまで接触を維持し、最後まで敵を追わなければならない。つねに戦い続け、一瞬たりとも努力を緩めてはならない。「全面攻勢」をかけなくてはならない。ハーキンズ軍事援助司令官はジェム大統領やその右腕グエン・ジン・トゥアン国務相、政府軍の将軍たちに向かって訴え続けた。だが、アメリカが必死に敢闘精神を植えつけなければならなかったところにこそ、本当の問題があった。[58]

一九六三年夏、国務省極東局のベトナム作業班長代理ヒーブナーは戦略村計画を賞賛し、「食糧や人員の徴募を求める共産主義者の要求に対して自衛する手段を――そして意志を――全国民に与えることで、共産主義の『民族解放戦争（National Liberation War）』という基本戦略に対処し、これを打ち破りつつある」のだと誇らしげに語った。[59]

だがこの年秋、テイラー統合参謀本部議長はジェム大統領に、「司令部の兵士がベトコンをやっつけることはない――ジャングルでライフルを持った歩兵がそうするのだ」と、当たり前の事実を訴えなければならなかった。味方は「こちら側の地歩を保つ以上のことはほとんど何もしていないよう」だとロッジ大使は慨嘆した。[60]

ジェム政府打倒クーデター発生の前々日、ロッジはワシントンに、いましばらく「現状維持の作戦を続けられるし、またそうすべき」だと報告している。彼がベトナム側に望める最大限の努力がそれだった。[61]

ジェム政府崩壊直後、あるベトナム人は現地を訪れたコルビー（William E. Colby）元ＣＩＡサイゴン支局長に、「根本の問題」は「ベトナム人に動機づけを与え、活力をもって反共戦争を遂行し民主的にこの国を発展させる」ようにすることだと語った。だがそもそも抵抗の意志や動機までもアメリカが供給しなければならないところに、そしてそれを問題と感じられないところに、困難の本当の原因があった[62]。

CIAビエンチャン支局によれば、ラオス王国軍の戦意も南ベトナム政府軍と大差なかった。敵に遭遇したり、あるいはそう思っただけですぐさま拠点を放棄し、退却にかかるのがつねだった。「あ、これは何ですか?ラオス海軍のようですな」――一九六三年一〇月、ワシントンを訪れ、ケネディとともにヨットでポトマック川を南下しながらラオス情勢について意見交換中のマクミラン（Harold Macmillan）英首相が、高校生たちの漕ぐ一群のボートのもたつきぶりを見た時の感想である[63]。

依然脆弱な軍隊

一九六三年春、南ベトナムは「依然として地方のテロリズムとゲリラ戦争に対して非常に脆弱」だった。八月末、すでに退役していたバン元軍事顧問は、ベトナム政府が地方を平定できるまで一〇年はかかるだろうと述べた[64]。九月末、政府軍の重鎮ズオン・バン・ミン（Duong Van Minh）将軍は南ベトナムを訪れたテイラーに向かって、国土の状態についての「深い懸念」を表明している。軍事計画は多くの困難に直面している。国民と、戦場で戦う軍の相互理解も不十分だ。サイゴンから各地への指揮系統も機能していない。軍司令官と省知事の間で責任が二分されている。「最後の勝利」など疑わしい限りだ。この頃政府軍の能力は「任務を果たすには不十分と考えられる」状態のままだった[65]。

代理戦争の担い手・南ベトナム政府軍の育成による勝利獲得という試みは頓挫した。大統領の弟で司法長官のロバート・ケネディ（Robert F. Kennedy）はのちに、「わが国の援助と支援によって発展可能な政府と社会をつくり……反乱を根こそぎにするという南ベトナム政府の試み」が失敗したからこそ、戦争が大規模したのだと述べている[66]。

しかも当時ケネディ政権がその失敗を十分に認識していたとはいいがたい。マクナマラ国防長官がのちに作成を命じた秘密報告書、いわゆる『ペンタゴン・ペーパーズ（*The Pentagon Papers*）』によれば、政府軍がアメリカの期待どおりに発展していないという事実はかなり後になるまでわからなかったのだという。[67]

ケネディ政権が軍事顧問を著しく増やした結果、政府軍はたしかにさまざまな面で改善を見せた。ただしその速度は「ベトナム政府軍の崩壊という脅威の増大を未然に防ぐには不十分」だったと、のちに平定作戦を担当することになる、国家安全保障会議のコーマーは述懐する。『ニューヨーク・ヘラルドトリビューン』のヒギンズ記者は、「われわれは一インチずつ進んでいるのだ」という軍事顧問の言葉をよく耳にしていたが、彼らは苛立つ自分自身にいいきかせていたのかもしれない。[68]

4　民兵と警察

村落防衛の主役

南ベトナムでもタイでも、「無数の小さな村落の安全を確保するうえで不可欠」なのは民兵だった。したがってその訓練と教育、そして武装が急務だった。[69]

民兵訓練に力こぶを入れた結果、南ベトナム政府軍全体の効率が上がったと指摘されている。統合参謀本部の視察団は一九六三年初め、規模拡大、訓練充実、役割増大など民兵の強化における進捗を報告した。この頃、彼らの訓練は目標を上回る速度で進んでいた。治安が確保できた地域では、民兵の徴募も問題なく進んだ。[70]

国務省情報調査局の分析では、鳴り物入りで導入された戦略村計画の成功も、大部分は民兵の「再活性化」がうまくいったおかげだった。三月、トンプソン英軍事顧問団長は、民兵訓練の努力が「報われ始めた」と見た。軍事援助司令部も南ベトナム政府も、とくに村落自衛隊が「反乱鎮圧作戦で重要な役割を演じている」と見た。[71]

七月の状況進捗報告では、民兵の訓練は予定通り進んでいた。九月、村落自衛隊は一〇万人、民間防衛隊はほぼ八万人に達していた。九月初め、テイラー統合参謀本部議長はケネディに、正規軍の戦闘への投入が減っているかわりにレンジャー部隊や民兵の活用が増えていると報告した。[72]

損害も増大

いいことばかりではなかった。アメリカのてこ入れもあって、民兵は積極的に作戦に参加するようになったが、そのかわり損害も増えた。ある作戦で味方の損害一、四〇〇人のうち正規軍がわずか五〇人だった時、ハーキンズ軍事援助司令官は政府軍の健闘ぶりに大満足だった。だが現場をよく知る軍事顧問のバン中佐によれば、政府軍のかわりに貧弱な民兵が犠牲になっただけだった。[73]

四月、国務省極東局のベトナム作業班長ウッドは、極東担当国務次官補に昇任直後のヒルズマンに、武器や訓練が民兵に行き渡り始めたと報告した。だが同時に、戦略村防衛に必要な人員からすれば訓練済みの民兵は少なすぎ、たとえ銃が手に入っても弾薬が足りないなどの問題が残っていると指摘した。六月になっても、彼は民兵に訓練と武装を与えるべきだと力説しなければならなかった。[74]

九月初め、省ごとの復興を担当するアメリカ人たちによる地方復興委員会（ＣＯＰＲＯＲ）では、武装なしの民兵に守られた戦略村が焼き討ちにあった例が紹介された。九月末、彼らの訓練は予定の六八％、武装供給は四八％という有様だった。[75]

とくに激戦地メコンデルタにおける民兵訓練の加速は、一九六三年一〇月になっても、一一月になっても、アメリカ側の重要な検討課題の一つだった。ある省で、八月に訓練を終えたとされる民兵が手にしている武器は手榴弾だけだという事例が紹介されている。[76]

ジェム政府がメコンデルタに送り込んだ民兵は、住民にとってはよそ者にすぎなかった。しかも金をせびるわ、断れば防衛を拒むわといった始末。一九六三年一一月のホノルル会議でハーキンズは、戦闘による政府軍の武器喪失と捕獲の割合をほぼ三対一だと報告しているが、その際武器を失うのは大部分が民兵だった[77]。

警察力に期待

民兵と同様、ハリマン政治担当国務次官によれば「防衛の第一線」に位置する警察力の活用も重要だった。それは反乱鎮圧特別研究班（SG（CI））が最も重視した課題の一つだった。ケネディは「海外で地元の警察力を……支援し、装備を供給することに関心を抱いていた」とコーマーはいう[78]。

発展途上世界全体で、警察が「過剰に暴力を行使することなく秩序を維持する」ことが期待された。敵のゲリラがどこに潜んでいるかもわからない状況で政府軍のなすべきことは「アメリカの大都市のスラム地区、たとえばハーレムの一角で警察が直面する問題」と同じだと、大使館のメクリン広報担当参事官はのちにその考え方を説明している[79]。

一九六二年二月、ケネディ政権は「国内治安に貢献し共産主義者が支援する反乱に抵抗する」重要な資産、その「不可欠な要素」として発展途上世界における警察力育成の方針を打ち出した。六月、世界各国の警察にかんする現状調査、人材育成、少数民族の活用、情報組織の改善などが決まった。八月、海外における治安維持の方針が確立し、各国警察の訓練にいっそう拍車がかかった[80]。

一九六三年春、ノルティング駐南ベトナム大使はワシントンに、南ベトナム総合計画「以外にも、相互補完的な全国的諸計画をこれと並行して発展させること」が重要であり、警察強化がその一つだと伝えている。ゲリラ鎮圧の進展と並行してじょじょに警察力を地方でも充実させ、民兵と同様に軍の機能を代替させる予定だった[81]。

警察力育成のために大々的な援助が行われ、その組織運営にも大幅な改善が求められた。ベトナムに限らない。東南アジア各国で警察力は「正しく訓練され、作戦目的にかなった装備が与えられれば、反乱鎮圧を行う潜在的な力を持つ」存在として期待された[82]。

さらにケネディ政権はパナマ運河地帯（中南米諸国が対象）とワシントン郊外に国際警察学校（International Police Academy）を設立した。その目的は治安維持だけでなく「自由世界の警察の指導者および将来の指導者」を育てることだった[83]。

南ベトナムでもフエ（ユエ）やニャチャン、ビエンホアなど各地で警察訓練が進められた。だが実際には警察の強化も思うようには進まなかった。それは民兵と並んで南ベトナム防衛の最大の弱点だったと指摘されている[84]。

5　山岳民族部隊

中央高地の戦士

ホーチミン・ルート（Ho Chi Minh Trail）、すなわちベトナムとラオス・カンボジア国境の山路を経由する敵の浸透と戦うべく鍛えられたのが民間非正規防衛隊である。中央高地（Central Highlands）の山岳民族を鍛えて編成した兵力である。彼らは、もともと素晴らしい狩猟家だった。彼らの協力なしにはどのような軍隊でも効果を上げられないといわれたほどである[85]。

彼らは第一次インドシナ戦争（First Indochina War）では植民地支配継続をもくろむフランス、独立をめざすホー・チ・ミン指揮下のベトミン、その双方から動員された。だから両者の影響をまず遮断することが、彼らを戦士に鍛え上げる第一歩だった。統合参謀本部で反乱鎮圧を担当するクルラック将軍は一九六二年夏、「戦士たる潜在的有用性」を持つ山岳民族は、村落を防衛する民兵と並んでこの「戦争の決定的要素」になるとマクナマラ国防長官に指摘した[86]。

彼らは政府軍や民兵の働きを補完する「重要な反乱鎮圧の戦力」として期待された。彼らは「国境警備を可能にし、その結果政府軍を拠点防衛の任務から解放して軍事面の人員節減に効果を生み出す希望」を担っていたとテイラーはいう[87]。

彼ら山岳民族部隊は、アレクシス・ジョンソン（U. Alexis Johnson）政治担当国務次官代理の言葉によれば、ケネディ政権による「発展途上諸国の現地でグリーンベレー（Green Berets）のような兵力を訓練する政策」の反映だった。コーマーによれば「とりわけ効率のよい現地兵力活用」の一環だった[88]。

山岳民族を鍛える

一九六三年初め、ほぼ一五万人もの山岳民族が訓練されたといわれた。この数字は、中央高地制圧の努力進展を示す重要な成果として、アメリカ国内でも広く報道された[89]。

この数字はかなり過大だったようである。それでもさまざまな報告によれば、一九六二年秋ないし年末までにほぼ三万五千人ないし三万九千人、一九六三年五月で四万人、六月で四万四千人の訓練が完了した[90]。

彼らは続々と動員されていった。一九六二年末までには二千人近くが、それからほぼ半年後には五千人近くが、ラオス・カンボジアとの国境地帯で警備にあたっていた[91]。

タイの国境地帯も同様である。一九六三年六月、反乱鎮圧のための特別訓練が国境監視警察（ＢＰＰ）を対象に本格化した。九月までにその兵力は五、八〇〇人に達した[92]。

賞賛の陰で

ノルティングはのちに、山岳民族の活動は「いつも完璧というわけではなかった」にしても、「非常に優秀で、非常に成功した」と述懐している。彼は一九六三年初め、山岳民族の組織化・武装化の結果「ベトコン中核兵力がその態勢を維持するのがむずかしくなった」とワシントンに伝えた。国務省情報調査局長から極東担当国務次官補となったヒルズマンも、彼らが敵にとって「頭痛の種だったことは間違いない」という。[93]

クライン（Ray S. Cline）ＣＩＡ情報担当副長官によれば、彼ら山岳民族による「秘密ラオス軍」はきわめて安上がりな「大成功」だった。グリーンベレー隊員は、南ベトナムの正規軍より彼らを信頼していたとさえいう。[94]

ところが実態としては山岳民族部隊は崩壊しており、その最大の目的である国境監視にも思ったほどの貢献はできなかったといわれる。彼らは「何よりも補給線を断ち切ることができなかった。そうした能力がなかったのだ」と、彼らを賞賛したはずのヒルズマン自身がのちに認めている。[95]

計画開始から一年近くたっても「ラオスとカンボジアを経由する浸透に対して国境を閉じる問題は依然として未解決」だとテイラーは述べている。一九六三年初めになっても浸透は止まらなかったし、山岳民族部隊の組織化も不十分だった。トンプソン英軍事顧問団長は三月、彼らがたいしてあてにならないと認めざるをえなかった。[96]

✽　✽　✽

アプバックの戦いで露呈され、それ以前から日常的に戦争遂行を阻害していた南ベトナム政府軍のさまざまな欠陥を、アメリカ人はけっして放置しなかった。たしかに情報活動や警察力強化など、比較的成果が上がった分野もある。だが訓練や作戦指揮、包括的な作戦計画の作成、将兵の戦意高揚、民兵や山岳民族部隊の育成など、多くの問題は容易に解決しなかった。しかもアメリカが口を挟めば挟むほど摩擦が増大し、それが戦争の停滞につながっていった。

第三章　仮面の下で

1　良好な関係

軍事顧問を高く評価

ケネディ大統領は「ベトナムでの軍務には最もすぐれた士官を送りたいと主張した」とテイラー統合参謀本部議長はいう。実際に一九六二年一二月、国務省極東局のベトナム作業班長代理ヒーブナーは南ベトナムで活動する軍事顧問たちの資質を高く評価していた。クリスマスを迎える頃、ノルティング駐南ベトナム大使の目には「わがチームの努力は成功しているように」見えた。それを根拠に、大使を交替して帰国したいと国務省に伝えたほどである。[1]

一九六三年一月、統合参謀本部の視察団は軍事顧問の活動が「どこでも一貫して高い質」を維持していると報告した。視察団を率いたホイーラー陸軍参謀総長には、彼ら「第一級のチーム」の努力は質量ともに「真に印象的」だった。[2]

四月初め、訪米したトンプソン英軍事顧問団長はケネディに向かって、彼らの素晴らしい働きに太鼓判を押した。同じ頃サイゴンではノルティングがゴ・ジン・ジェム大統領に、アメリカは「わが国の代表部のどの部門にも、派遣できるまさに最良の人材」を送り込んでいると大いばりだった。[3]

ノルティングは軍事顧問たちと「ベトナム政府との間に良好な協力関係が打ち立てられ、平定や安定確保のうえでかなりの進捗があった」と振り返っている。一九六二年二月、ジェム大統領は両国の協力関係強化が国民にも軍の士気と敢闘精神にもいい影響を与えていると述べた。三月、国務省はモース（Wayne Morse）上院議員の質問に答え、両国が「非常に緊密でより効果的な関係」にあると伝えた[4]。

一〇月、国務省極東局のベトナム作業班長ウッドとその代理ヒーブナーは、ベトナム政府が「反乱鎮圧計画の策定でわれわれと効果的に協力している」と報告した。年末、現地を訪れたアレクシス・ジョンソン政治担当国務次官代理の目にも、アメリカ人軍事顧問とベトナム人の関係は「きわめて印象的」だった[5]。

円滑な共同作業

一九六三年の新年祝賀会。ジェムはノルティングに、「アメリカがベトナムに与えてくれる助力に本当に感謝していること」をケネディに伝えて欲しいと依頼した。これを聞いたラスク国務長官はおおいに相好を崩した[6]。

一九六三年初め、統合参謀本部の視察団が現地を訪れた時、その一年前に両国間に存在していた「よそよそしさと猜疑の念」はすっかり消え去っていた。両国間には「共同の努力のあらゆる主要な分野で素晴らしい関係が存在」し、アメリカ側の助言はたいてい受け入れられていた[7]。

ホイーラーは二月、軍事顧問とベトナム側の関係は「おおむね現実に望みうる最大限、健全かつ有益」だと語った。訓練・作戦計画・指導者育成などは「全体として、大隊レベルにいたるまで非常にうまく機能している」と国防省も考えていた[8]。

ホワイトハウスも両者は「依然として非常によい」協力関係にあると見なしていた。四月初め、ノルティングは両国合同の努力が「円滑かつ効果的に動いているように思える」とジェムの弟ゴ・ジン・ニューに語った[9]。

サイゴンの大使館で広報を担当するメクリン参事官によれば、ベトナム人にとっては「面子」が非常に大事だった。彼らの誇りを理解する一人がノルティング大使だったといわれる[10]。

アメリカ側はベトナム人の「顔を立てる」よう心がけていた。ベトナム人に何かを押しつけることはなかった。任務の大部分は彼らがこなしていた。ノルティングや、国防省国際安全保障局（ＩＳＡ）で極東問題を扱ったハインツ（Luther C. Heinz）は異口同音にこういっている[11]。

一九六三年一月末、ハリマン極東担当国務次官補がノルティングに伝えたように「ベトナム人を侮辱しないことがいかに重要かをアメリカ人要員に説明」することが肝要だった。二月、ノルティングはグエン・ジン・トゥアン国務相に、アメリカ側が「どのような形でもベトナム政府の主権を侵害しないよう非常に慎重」に行動すると約束した。ベトナム人の感情を刺激しないよう、米軍将兵はベトナム人の彼女と別れのキスを禁じられていた。それは軍事顧問の傍若無人ぶりに苛立つジェム政府が、ハーキンズ軍事援助司令官に求めたことだった[12]。

四月までには、「アメリカの大規模介入」と「アメリカ側とベトナム側要員の緊密な協力関係」のおかげで戦況が著しく好転していた。トンプソンにとっても、両国の「良好な関係」は喜ばしかった[13]。

善意と協力

仏教徒危機が勃発し、アメリカとジェム政府の間に事態解決の手法などをめぐって波風が立っても、ノルティングは両国の「善意と協力」関係についてなお楽観的だった。五月一七日、彼とジェムが発した共同声明は、両者が「緊密に調整」しながらゲリラ鎮圧の努力を進めると強調した[14]。

ほどなくノルティングにかわって大使館の責任者となったトルーハート（William C. Trueheart）代理大使は、ベトナム人たちが「これまでになくアメリカの助言を受け入れ、また求めるようになった」との報告に心を躍らせていた。

六月末、統合参謀本部で反乱鎮圧を担当したクルラック将軍が現地を訪れた。その報告でも、両者はたがいに敬意を払いつつ、効率的に仕事を進めていた[15]。

アメリカ人は政治的な活動はむろん、政治について語ることも避けた。もっともベトナム側も、アメリカ人と政治について話そうとはしなかったが[16]。

秋になってもハーキンズ司令官は、両国の「高度な敬意と信頼」を疑わず、双方には協力と理解の空気があると請け合った。再度現地を訪れたクルラック将軍は、両者の「効果的」な関係がいわゆる仏教徒危機によっても打撃を受けていないと自信満々だった。ロッジ大使もマクナマラ国防長官も同じ見方だった[17]。

一〇月初め、マクナマラはテイラー統合参謀本部議長とともに、ケネディ大統領に「ベトナム側と素晴らしい関係」が維持されていると報告した。クーデター直前までそれはまったく変わらなかった[18]。

2　強まる軋轢

対立の引き金

だが早くも一九六二年春、現地を訪れた経験豊かな記者のシャプレン（Robert Shaplen）は、アメリカ側とベトナム側の関係が「どちらにとっても容易ならざる状態」にあると気づいていた。この年秋、豪訓練使節団のセロング大佐は、アメリカ人軍事顧問とベトナム人の間に相互信頼など存在しないと感じた[19]。

両者の関係こそ「アメリカがベトナムで抱く欲求不満の核心」だったとメクリンは述懐している。ニュース映画にジェム大統領が登場すると、軍事顧問の間にブーイングの嵐が巻き起こるほどだったという[20]。

一九六三年早々、アプバックの戦いが両者の関係を一気に悪化させた。助言を聞かず同じ過ちを繰り返す南ベトナム政府軍将兵に、軍事顧問は苛立ちを強めるばかりだった。いや逆に、両者の緊張関係こそが敗戦の原因の一つだったという。もっともフェルト太平洋軍司令官は「われわれの間にはおおむね相互理解がある。多少憤激が生じるとしても例外にすぎない」と、依然大船に乗った気でいた[21]。

四月、ラスク国務長官は、ベトナム側と、彼らに助言を試みるアメリカ人との間に「時に意見の相違がある」ことを認めた。八月下旬、メクリンは新任のロッジ大使に、軍事顧問だけでなく、文官を含む現地のアメリカ人たちが「ベトナム政府への侮蔑の念」を抱いていると伝えた[22]。

埋められぬ溝

軍事顧問が抱える問題は多かった。第一に、言葉である。もともとベトナム語ができない。習得する計画もない。通訳も足りない。意思疎通ができない。その反動として、軍人としての資質ではなく英語力だけでベトナム人を重用する傾向があったと、一九六三年秋にジェム政府を打倒した一人チャン・バン・ドン将軍はいう[23]。

たとえば一九六二年六月末、現地で活動する二、六〇〇人あまりのうち、ベトナム語を習得した者は約三〇%だった。北米・北極地域の七五%、南米・カリブ海の七二%、欧州の七一%、極東・太平洋の六〇%、アフリカ・中東の五二%と比べても、かなり劣る数字である[24]。

第二に、一九五〇年代からケネディ政権初期にかけて、ジェム政府の樹立と支援に活躍したゲリラ戦専門家ランズデール（Edward G. Lansdale）将軍のいう「文化的な溝」の存在である。「アメリカ人軍事顧問がいるところにはいつも、意思疎通、摩擦、意見の相違といった問題が存在」していた[25]。

ジェムの弟、ゴ・ジン・ニュー大統領顧問は現地を訪れたマニング（Robert J. Manning）広報担当国務次官補に、ベトナム人にとってアメリカ人は「新しい、奇妙な、異質な存在」だといっている。たとえば缶詰を平気で食べるアメリカ人を、ベトナム人は「野蛮」な連中だと軽蔑していたという。[26]

第三に、両者が持つ「まったく異なる軍事哲学」（ランズデール）である。たとえば両国の特殊部隊は「百八十度ちがった哲学」を持ち、共同作戦の中で「苦い空気」が生まれていた。両国の考え方や計画に見られる矛盾は当時も報じられていた。[27]

国防省国際安全保障局の極東担当ハインツはベトナム側の対応について、「彼らはわれわれのやり方をとらなかった。われわれがやるような方法をとったことなど一度もなかった」とさえ述べている。アメリカと南ベトナム、それぞれが「二つの、まったく別の戦争」を戦っていたようなものだったと国家安全保障会議のコーマーはいう。『ニューヨーク・タイムズ』記者ハルバースタムによれば、少なくとも「戦術について基本的な意見の食い違い」が存在していた。[28]

猛反発を招く

アレクシス・ジョンソン政治担当国務次官代理が得た教訓は、反乱鎮圧について「最も大事で、かつ微妙な要素」とは「関係国の政府にそれを採用させること」だということだった。軍事顧問は、欲求不満を内に抱えながら切歯扼腕していた。「助言する力」がすなわち「指揮する力」に転じることはついぞなかったからである。[29]

軍事顧問たちの仕事は「売り手市場でないところで米軍の戦術を売り込む」こと、「耳を傾ける気のないベトナム人将校」を相手に助言を与えることだったと、ハルバースタムやUPI通信のシーハン記者はいう。[30]

アプバックの戦いでは、軍事顧問に面と向かって「アメリカ人の命令など受けない」と宣言するベトナム人将校もいた。しかもこれ以後、南ベトナム政府軍は「時を追って……いい加減な仕事をするようになり、米国の勧告と良識をきまって無視するようになって」いったとハルバースタムは記している。彼らが相手では「アメリカ側の説得はほとんど役に立たなかった」と、東南アジア各地を取材した記者のシャプレンは述べている[31]。

のちの大統領ニクソンは、「誇り高きベトナムの民族主義者」であるジェムがみずからの独立性を維持しようと、アメリカの助言をあえて無視したのだという。ジェムは軍事顧問という名の「経験不足の『短期滞在者』」たちがあれこれ口出しすることを忌み嫌った。弟のニューは一九六三年五月、この「破壊活動戦争についてアメリカ人がわれわれに助言できるとは思わない。アメリカ人にはわれわれほども知識がないのではないかと考えている」と明言した[32]。

戦場のベトナム人にとっても、軍事顧問は「冗談のタネ」だった。長年戦ってきた自分たちのほうがゲリラの扱いを知っている。彼らから学ぶものなどほとんどない。第三軍管区司令官から一九六三年夏に参謀総長代理となったチャン・バン・ドン将軍は、「同じ敵ともう何年も戦ってきた」自分たちが、「欧州や朝鮮での戦争については熟知しているが、ゲリラに直面したことなどない善意の人々」から戦い方を教えてもらう必要などなかったと述べている[33]。

一九六三年九月、訪米中だった事実上のファーストレディ、ニュー夫人は「興奮気味で、未成熟で、冒険好きな若い士官」を揶揄した。彼らは「自分たちが魔術師だといつも信じ込んでいるが、じつは見習いにすぎない」連中だと彼女は描写した。アメリカ政府が彼らを制御できさえすれば、この戦争は「かなり早く勝てるだろう」というのが彼女の託宣だった[34]。

権力の座から追われようとする日の朝、ジェムはロッジ大使に、「ハーキンズ将軍は素晴らしい人物だが、彼の顧問たちの一部は気に食わない」と語った。とくに南ベトナム政府軍の欠陥をあれこれあげつらうことで知られるバン中佐が槍玉に挙げられた[35]。

説得の限界

八月末にマニング広報担当国務次官補が述べたように、アメリカ側には自分たちが「主権国家であるベトナムを運営してはいない」のだという大前提があった。アメリカが求めるほどの大々的な協力が、主権国家南ベトナムとしてはむずかしいことも重々わかっていた[36]。

九月半ば、ケネディからジェムあてに用意された書簡は、アメリカが持つ影響力の限界を雄弁に物語っている。それは両国の「偉大な協力事業」について、この「戦いは本質的にベトナム人のものであり、アメリカのものではない」と強調していた。ジェムが「外国支配を受け入れているという植民地的精神」の醸成を避けたい気持ちはよくわかる。自分はすべてのアメリカ人に、ベトナムの独立を十分尊重するよう命じている[37]。

大使館のメクリン広報担当参事官によれば、ベトナムでの戦いを成功に導くためには、「ベトナム人の誇りを刺激しないような機転、顧問的役割にふさわしい新たな一連のやり方を考え出す想像力、ベトナム側であろうとアメリカ側であろうと生じる無数の障害を克服するだけの忍耐力」が必要だった[38]。

工夫の一つが「ヘリコプター外交」である。作戦にヘリを出して欲しいのなら、こちらのいうことも少しは聞けというわけである。ヘリは敵を殲滅するだけでなく、友軍に影響力を行使する武器でもあった。ＣＩＡのベトナム作業班長クーパーによれば、ベトナム人にいうことを聞かせようと思えばヘリを餌につるしかなかった[39]。

こうした努力がいつも報われたわけではない。ベトナム人が最後まで首を縦に振らず、ヘリを出さなかったために作戦計画に齟齬が生じることもあった。しかも「ベトナムの司令官は自分の方針に固執する米軍顧問を締め出すことができた」とハルバースタムはいう。そして「やがてそのアメリカ人は更迭される」のがつねだった[40]。

残された道

果てしのない苛立ちから、軍事顧問たちはじょじょに「脇にどいていろ。俺が自分でやってやる」（クーパー）という態度をあからさまに示すようになる。アプバックの戦いに敗れた後、アメリカ国内の報道にもベトナム人に戦争を任せておくことじたいを疑問視する論調が現れた[41]。

一九六三年秋には、軍事顧問の役割「再定義」とその活動の大幅拡大が検討課題となっていた。すでにアメリカの威信がかけられ、大量の軍事顧問が投入されていることから、それまで以上にアメリカ人が「参加を拡大する必要」は当然視されていた[42]。

軍事分野だけではない。たとえば農業生産の増強についても、「ベトナム人のチャンネルを経由」することはたしかに大事だが「この努力の成功に不可欠な範囲で、アメリカ人要員による直接の行動」が求められていた[43]。

一九六二年秋、南ベトナムではパイロットが不足しており、戦闘任務による飛行の三〇％はアメリカ人が行っていることが報じられた。一九六三年春、ラスク国務長官は「ベトナム人はわれわれの支援がなければ空から戦争を遂行することができない」と指摘し、訓練をいっそう強化する必要を訴えた[44]。

空だけではない。あくまで助言役としてベトナム特殊部隊（ＶＮＳＦ）、いわゆるレッドベレー（Red Berets）に同行したはずのグリーンベレー隊員は、激しい撃ち合いの中でしばしば事実上の指揮官として振る舞わなければならなかった[45]。

一九六三年一〇月、現地のある仏企業経営者はロッジに、「米軍士官がその場にいて、勇敢な行為を実例で示さない限り、ベトナム軍部隊はほとんどベトコンと接近することさえない。米軍士官だけが、ベトナム政府軍を戦わせることができる」と述べている。政府軍の重鎮ズオン・バン・ミン将軍はオーストラリア人記者バーチェット（Wilfred G. Burchett）に、将兵がしばしば「守備隊につくのを拒否」し、「アメリカの将校が行動に参加しないと、彼らは前進しなくなっている」とこぼしている[46]。

3　反乱鎮圧の資金調達

穴埋めが必要

アメリカ＝南ベトナム間に生じた摩擦の典型が、戦費負担をめぐるものである。一九六三年、反乱鎮圧に必要な経費の見積もりは約二〇～二四億ピアストル（およそ二八〇〇万～三三〇〇万ドルに相当）。だが南ベトナム政府が出す予定の金額は約一一～一三億ピアストル（およそ一五〇〇万～一八〇〇万ドルに相当）程度だった。当然のことながら、アメリカ側は穴埋めの努力をベトナム側に求めた[47]。

一九六八年までに治安維持に必要な額は、累計九億七八〇〇万ドル。ところが同じ期間、アメリカによる軍事援助の総額見積もりは八億一〇〇〇万ドル。一億六八〇〇万ドル分をどこかから工面する必要があった。ここでも「ベトナム政府による赤字補塡」（ウッド国務省極東局ベトナム作業班長）が求められた[48]。税収増、輸入制限、輸出促進、非軍事分野の支出削減など、彼らが自力でもできることは山ほどあった。そうすればアメリカの援助も削減できるはずだった。だがジェム政府は赤字歳出に抵抗した。資源を不要不急の分野に浪費した。戦争を遂行し将来に備える経済計画もつくらなかった[49]。

業を煮やしたアメリカは一九六三年二月、一九六四年度の政府軍増強費、八億四六〇〇万ピアストル（一一七五万ドル）の支出を要求した。だが彼らがこれに応じるかどうかは「現段階では予見できない」と大使館のマンフル（Melvin L. Manful）政治担当参事官は危惧している。案の定、二月下旬にグエン・ジン・トゥアン国務相は減額を求め、ノルティング大使にあっさり断られた[50]。

あいつぐ要求

焦るアメリカは三月、一四億ピアストル（およそ一九四四万ドル）の負担さえ求めた。ノルティング大使がワシントンに訴えたように、必要な額をベトナム側に出してもらわない限り、反乱鎮圧の資金繰りが軌道に乗るとは思えなかった[51]。

ラスクによれば、南ベトナム政府が金を出すかどうかは「ベトナム民衆の支持を獲得し、ベトコンを孤立化させる努力の心臓部」だった。この問題での合意は「勝利の公式」を構成する「不可欠な要素」だと経済援助使節団（ＵＳＯＭ）のフィリップス（Rufus C. Phillips）は述べた[52]。

三月初め、グエン・ジン・トゥアン国務相はノルティング大使に、反乱鎮圧の財源について原則的な同意を伝えた。だがテイラー統合参謀本部議長はマクナマラ国防長官に、資金を無理に捻出すれば「南ベトナムの経済的不均衡」を生じかねないと警告した[53]。

実際にほどなく、ゴ・ジン・ニューの反対を理由に話は白紙に戻ってしまう。彼にいわせれば、両国関係の現在の「雰囲気」はそうした協力には向いていなかったからである。ノルティングは資金問題で「ジェムを説得しあるいは動かすことに失敗」したとワシントンに報告した[54]。

四月四日、ノルティングはジェムに、アメリカの支援増大と引き替えにベトナム側が資金を供給することは一九六一年に合意済みだとし、せっかくうまく運んでいる戦略村計画も資金が調達できなければ挫折しかねず、そうなれば戦争が長期化すると脅した。圧力戦術にともなう「重大な危険」も承知のうえの行動だった。この時ジェムは平静な態度で、あらゆる資金を探し求め、必要なら借り入れをしても戦略村計画や地方開発（Rural Development）計画は遂行すると述べている[55]。

脅迫による合意

四月五日、この「信頼の本当のテスト」に、ノルティングはジェム大統領の「友人かつ支援者として」ある方策を用意した。それはあからさまな脅迫である。財源問題で合意するのはベトナム側の「義務」だ。もし彼が拒否すれば「ベトナム＝アメリカ間の信頼は渦を巻いて低落するだろうし、アメリカの援助も停止されるだろう。過去一年半以上にわたり得られた得点も台なしになってしまう危険が本当にある」[56]。

ノルティングは「こちらが本気だとジェムに確信させる行動」が必要だと確信していた。彼は、ジェムの合意が得られなければアメリカによる南ベトナム軍事予算への支援予定額を七五億ピアストル（およそ一億四一七万ドル）から、一三億ピアストル（およそ一八〇六万ドル）を削るようワシントンに提案さえしている[57]。

四月九日、トゥアン国務相は資金捻出の意向を示した。ノルティングは「ジェム大統領の態度が和らいだこと」に安堵をおぼえた。一七日、ノルティングは、ようやく「反乱鎮圧の資金問題が解決される道筋ができた」と報告した。二六日、「現状で得られる最高の妥協」が目前だとノルティングは意気軒昂だった[58]。

五月一〇日、ノルティングはトゥアンに、ベトナム側による資金供給が反乱鎮圧計画を成功に導く「合理的な基盤」になると力説した。一七日、ジェムとノルティングの共同声明は、ベトナム政府が最大二三億ピアストル（およそ三一九四万ドル）を追加支出すると発表した[59]。

ノルティングはこの合意に「ワシントンでは大きなインパクト」が感じられたと自画自賛している。国務省極東局のベトナム作業班長ウッドやその代理ヒーブナーはのちに、それが「最も重要な経済面での得点」であり、「われわれは南ベトナム政府から事実上望むすべてを手に入れた」と振り返っている。国務省極東局のコレン（Henry L. T. Koren）東南アジア課長によれば、その後のベトナム側の動きも「大変心強い」ものだった。ジェムは「たとえ赤字支出や特別な手続きが必要になっても」約束は実行すると大見得を切った[60]。

4　国家の誇りをかけて

試験に落第

ノルティング大使はかねて、かりに資金をめぐる合意が成立したところで「本当に機能するかどうか疑問」だと認めていた。過去の経験が、「少なくとも用心が必要」だと彼に教えていたのである。[61]

合意発表の寸前、ヒーブナーは「必要な勢いを維持するため、ベトナム政府に今後も圧力をかける必要があるだろう」し、「南ベトナム政府の努力が不十分であれば、われわれはなんらかの非常に困難な決定を迫られる」可能性すらあると主張した。彼は今回の合意が「幻想」に終わる可能性を懸念し、アメリカ側の努力は「依然継続中」だと気を引き締めていた。ケネディ政権はジェム政府の言質などたいして信用しなくなっていた。[62]

合意にいたる過程じたいがワシントンの「舌にまずい味を残した」とノルティングはいう。だがそもそもベトナム側が合意到達を遅らせたのは、アメリカ側への不満を劇的な形で示す試みだったともいわれる。[63]

資金問題は「相互の信頼のテスト」（ラスク）にほかならなかった。合意成立直前、ヒーブナーはこう懸念している。たしかに南ベトナム政府に支出を要求している金額は全体からすればたいした割合ではない。だが、この問題で妥結に達することができなければ「全面的な『信頼の危機』問題を再開」させかねない。[64]

その結果判明したのは、「ベトナム政府とワシントンが、一連の同じ経済的事実や状況を異なった見地から見ている」という事実だった。同じ問題でも双方の解釈は時にまったく違っていた。だが七月末になってもなお「きわめて困難な経済・財政・政治問題が今後数年間にわたって前途に横たわっている」（ノルティング）状態に変わりはなかった。[65]

しかもアメリカ側の立場の弱さが如実に反映されていた。ウッドがいうように、資金問題に限らず「もし対決を求めれば、現在の協力にもとづく計画を駄目にしてしまう」という不安。極東担当国務次官補に昇任直後のヒルズマンがいうように、たんに資金がないという理由で「非常な成功をおさめることがいま約束されている努力に揺らぎを生じさせたくない」という、そしてアメリカ側が求める金額は「わが国がベトナムの戦いに投資してきた総額と比べればまったく少額」だという発想。これでは弱者の恫喝をはねつけることも容易ではなかった。[66]

真の目的

アメリカの本当の目的はジェム政府の懐から資金を絞り出す以上のところにあった。両国が「合同で管理する財布」（ウッド）を手にすることである。[67]

ノルティングがグエン・ジン・トゥアン国務相に訴えたように「共同の資金を確保し、それを効率的に運用する手続きを確立するという、ベトナム政府の確固たる約束」を得ることが必要だった。「能率的な予算手続き」を整備すること、つまりベトナム側が慣れ親しんだやり方を根本から変えることが求められたのである。[68]

ヒーブナーはノルティングが「壮大な仕事」に成功したと手放しだった。それというのも、省政府へのアメリカの「干渉」は認めない、金も出さないというジェムを動かし、長い間の懸案だった「経済および財政問題全般」の解決に導いたからである。[69]

ニッツェ（Paul H. Nitze）国防次官補によれば、財源計画の作成にあたっては国際開発庁（ＡＩＤ）や大使館が「最大限に関与する機会」の確保が求められた。ヒーブナーがいうように、アメリカは「ベトナム政府の信頼と協力」を必要としていた。だが同時に「戦争遂行の努力のゆくえについて最大限の影響力を保持しなければならない」ことも確かだった。[70]

まさにそれが問題だった。二月、トゥアンはノルティングに、資金を合同で活用すればまるでアメリカが南ベトナム政府の財政を支配しているように見え、主権の侵害になると抗議している。ゴ・ジン・ニューが三月末に財源問題への同意を撤回したのも、アメリカとの「緊密協力」と両国間に醸成されつつある「空気」への恐怖が動機だと見られた[71]。

ジェム大統領も、「財政面および手続き面で、アメリカとベトナムのあまりに緊密な関係」を前提とするアメリカの提案を警戒した。資金捻出はともかく、アメリカに「ベトナム政府の資金の使い道について十分な発言権を与えるようなやり方」は絶対に受け入れられなかった[72]。

ウッドの言葉を借りれば、「わが国に彼の資金を管理させたくない」ジェムは、たとえば戦略村計画遂行のために「アメリカとの共同資金」に金を出すつもりなどさらさらなく、あくまでも「ベトナム政府の金で」推し進めるつもりだった。ジェムは、この問題で譲れば「アメリカに南ベトナムの予算を渡すことになり、本質的に政府を植民地状態におとしめることになる」（ノルティング）ことを恐れたのである[73]。

主権侵害を警戒

ジェムの頑迷な姿勢の根本にあったのは、彼の統治する国がアメリカの「保護国」に見えることへの嫌悪だった。ことの本質はベトナムの「主権と管理権」であり、アメリカ側もそれは十分に承知のうえだった。すでに三月、ニューは大使館のメクリン広報担当参事官に向かって、「アメリカの気まぐれ——あるいはもっと悪いもの」に対する「うんざりするような欲求不満」をあらわにしていた[74]。

四月、ジェムによる軍事顧問撤収要求が事態をいっそう深刻にした。トゥアンは、ジェムには「現段階で基本的関係の変更を提案する意図はまったくない」とノルティングに弁明した。だがその直後、ニューは兄が「フランス支配に対する反動と抵抗にその障害の大部分を費やしてきた」人物であり、「保護国あるいは『共同統治』の影らしき気配」すらとうてい受け入れられないのだと述べている。ベトナム人にとってこれは「独立戦争」も同然なのだと五月、『タイム』は対米関係を分析した[75]。

ノルティングは資金調達について、それが「主権を傷つけるもの」であるがゆえにアメリカの提案が拒否されているのだと報告した。彼らにとって資金の管理権をアメリカと分かち合うことは「ベトナムの主権と彼らの権力のレバーの制御力を侵害するもので受け入れられない」ことだとヒーブナーも述べている。五月、ベトナム政策関係者によるホノルル会議でノルティングは、反乱鎮圧の資金問題が生じさせたベトナム側の「過敏さ」について、それが「民族主義の増大」やアメリカの東南アジア政策への失望にも由来していると指摘した[76]。

まるで保護国

ジェムはノルティングに、「とくに下のレベルで、またベトナム政府のあらゆる活動において見られることだが、アメリカ人はその数と熱意のゆえに、アメリカが南ベトナムを『保護国』と見なしているという印象を、ベトナム政府の組織内部にも国民の間にもつくり出している」と不快感をあらわにした。「これほど多くのアメリカ人が当地にいることが、アメリカの保護国という印象を生み出しているのだ」というわけである。

しかもアメリカ人の押しつけがましいやり方が、ゲリラ鎮圧に「遅延と混乱」を生じさせている。現に「人々はアメリカ人が政府そのものだと考え、私の地方官僚の権威を無視している」との苦情が、地方官僚から寄せられているのだ。「ベトナム政府自身の資源についてアメリカの発言権や管理権を受け入れることはできない。そうすれば政府中に、そしてすべてのベトナム人に、ベトナムは『保護国』になったのだと解釈されてしまう[77]」。

どうやらジェムは「地方レベルで、あからさまにアメリカに依存しているように見えなければ」うまくやれると信じているようだった。だが対等な見てくれを維持することさえむずかしくなっていた[78]。

資金や物資を握られることで、ベトナム人に不遇感や劣等感も生じていた。両国関係、とりもなおさず優劣もしくは従属関係の「制度化」にニューは強く反対した[79]。

隣国ラオスでも同じ問題が発生していた。一九六三年早々、この国をパテトラオと北ベトナムから守るため隠密に活動するアメリカ人たちが「まるでラオスが主権国家でないように平気で振る舞うようになった」ため、右派の指導者プーミ・ノサワン将軍からも、休戦実現後の連合政府を率いる中立派のスワンナ・プーマ（Souvanna Phouma）首相からも嫌われているとの報告があった[80]。

＊　＊　＊

あれこれと口を出す軍事顧問はベトナム側に嫌悪された。だが本当の問題は、この地に重みを増していくアメリカの存在そのものだった。ゲリラとの戦い方にせよ、その資金調達にせよ、思わぬ反発にアメリカは驚愕し、苛立ちを強めた。その中で、アメリカが南ベトナム政府軍を強化して敵と「戦わせる」ことと、みずから「戦う」ことの間に存在した溝が乗り越えられていった。しかも戦場で発生する齟齬の責めを負わせるべき存在が求められ続けた。

第四章　戦士育成の障害

1　諸悪の根源

最良の戦士

アメリカを悩ませていたのは、敵である民族解放戦線すなわち「ベトコンが意欲に燃え、頑強で、無慈悲で、よく訓練され、教義を叩き込まれた戦士」（ホイーラー陸軍参謀総長）であることだった。だがもしそうなら、南ベトナム政府軍に身を投じた若者もなんら遜色ないはずだった。ＵＰＩ通信記者のシーハンがいうように、「二十代になったばかりの農村青年たち」だという点ではまったく同じだったからである。[1]

実際に、ベトナム人兵士の間には忍耐力も、愛国心も、戦う意欲も見受けられた。ラスク国務長官は、ベトナムの重要性を訴えた演説で、ベトナム人が「勇敢で頑強」であり「最良の部類」の兵士たちだとする豪訓練使節団のセロング大佐の評価を紹介している。[2]

ラスクが一九六三年二月に記者会見で指摘したのは、彼らが「フランスから自由を求める戦いにおいてみずからが頑強な戦士だと証明した」人々だということである。国務省極東局のベトナム作業班長代理ヒーブナーも八月、彼らが独立の獲得と維持を求めて戦い続けてきたことを賞賛した。のちに南ベトナムで権力を握るグエン・カオ・キ

（Nguyen Cao Ky）将軍は、中国人を「打ち負かしたのはアジアではほとんどわれわれだけ」だと誇らしげである。(3)

もともと南部ベトナム人は政治や経済には不向きだが、軍人向きの性格なのだという。トンプソン英軍事顧問団長はロッジ大使に、イギリスがかつて鎮圧に辛酸をなめたマラヤ人を除けば、ベトナム人は「世界で一番暴力的な人々」であり、「東南アジアでは本当に戦う意志を持った唯一の民族」だといっている。(4)

政府の欠陥

にもかかわらず大使館のメクリン広報担当参事官がいうように、現実の戦場では「ベトコンは政府軍の兵士より優秀な戦士であり、大義のために死ぬ覚悟を持ち、いっぽう政府軍の兵士は重大な局面でも気合いに欠けるという事実」はいかんともしがたかった。(5)

国務省情報調査局は一九六二年末、南ベトナムが共産主義の脅威に立ち向かえず国内の安定を達成できずにいる「理由の一部」として、「ベトナム共和国政府が防衛上の努力において潜在的な外からの脅威に焦点をあてすぎ、国内の脅威にほとんど関心を払わなかったこと」を指摘した。(6)

政府の迂闊さ以上に重要なのは、ゴ・ジン・ジェム政府に国民の支持がなく、統治が非効率的なことだった。この重大な不利を克服するには「一〇〇万人に届くほどの兵力」が必要だとメクリンには思われた。一九六三年幕開け、アプバックの戦いでの大敗北は、ゲリラが易々と村に入り込めたことからもたらされた。ジェムが行った土地改革の失敗や地主優遇政策、強制的な大規模移住などが農民の反感を買っていたからである。(7)

枯葉作戦の失敗も、ジェム政府がおかした間違いが人々の心を遠ざけたせいだった。十分な替え地を用意せずに山岳民族の穀物を破壊する。宣伝も行き渡らないままに作戦に踏み切る。その後にパンフレットを配布する。(8)

ラオスも同じである。左派のパテトラオ、すなわちラオス愛国戦線や、中立派の軍隊が活力にあふれた戦いを展開するのに引き比べ、右派だけがまともに戦おうとしない理由も、やはり指導者の無為無策にあるとされた。[9]

気まぐれな命令

何もしないどころではない。軍事顧問は、政治的考慮のために軍事作戦が阻害されることに不満たらたらだった。ジェムとニューは軍事戦略の策定に支配的役割を演じ、大規模な作戦はみずから承認したうえで実施させ、『ニューヨーク・タイムズ』記者ハルバースタムによれば、しばしば「気まぐれから」作戦の中身を変更させていた。軍務経験もなく、軍の扱い方も知らないジェムの口出しは「軍事作戦を遂行する能力に直接影響」を及ぼしていた。[10]

ジェムが日常的に行う「軍事問題への不当な政治的干渉」はかねて頭痛の種だった。一九六三年九月になっても、統合参謀本部の分析は、軍事問題での権限委譲を好まず、一族の影響力を野放しにし、軍事への干渉を続けるジェムに苦々しげだった。[11]

多くの部隊が防御陣地に引きこもったままなのもジェムのせいだった。彼は第二次世界大戦でフランスが防御に固執した「マジノ線（Maginot Line）的な考え方」（メクリン）から脱却できなかった。ニューは「地上の長い壁」を構築するのだと述べ、実際にそれを「マジノ線」と呼んだ。[12]

政府軍がろくに攻撃作戦を行わないのもジェムのせいだった。メクリンは政府が「軍に主導権をとらせまいとした」と回顧している。国務省情報調査局長から一九六三年四月に極東担当国務次官補となったヒルズマンによれば、ジェムはアメリカ人の「『それゆけどんどん』式の攻撃精神」を警戒し、「ゆっくり進め」の方針を採用していた。[13]

武器が敵の手に渡るのも、ジェムのせいだった。彼は政府の存在とみずからの威信を誇示したい一心から、ジェムは敵の支配地域に政府軍拠点を設け、その死守を命じていた。それは敵に蹂躙された瞬間に「ベトコンの酒保」（メクリン）と化す運命にあった。[14]

民兵の弱体もジェムのせいだった。無数の小さな拠点に民兵を配備し続けたからである。ハーキンズ軍事援助司令官は、かえって敵の攻撃目標になると反対したが、フランス統治時代からの伝統を変えさせることはできなかった。[15]

民兵に武器を与えるかどうかを最終的に決めるのは南ベトナム政府だった。ところが一九六三年九月、第四軍管区（主にメコンデルタ）を担当するフイン・バン・カオ（Huynh Van Cao）司令官は彼らに近代兵器、たとえばカービン銃を与えてはならないと述べている。もちろん武器がゲリラの手に渡らないための用心だった。彼らは「自家製の」武器で戦えばよいではないかというのがカオの言い分だった。[16]

損害回避を最優先

一九六三年初め、ある作戦は敵の士官三人を戦死させ六〇人を捕虜にするという大きな成果を上げた。だがジェムは喜ぶどころか、味方が士官一人と数人の兵を失ったことに激怒、指揮官を厳しく叱責した。たとえどんな小さなものでも「敗北」など許容できなかったからである。[17]

激戦の末に多くの損害を出した指揮官は解任された。だから彼らは危険を冒そうとはせず、あらかじめ決められたとおりの行動をお座なりにこなすことだけを心がけた。[18]

アプバックの戦いで、指揮官だったカオは、死傷者など出したくないと明言した。アメリカ人の指示などより、ジェムの顔色のほうがはるかに大事だった。士官も部下を戦場に出したがらず、一人を失っただけで即刻帰還命令が出た。元軍事顧問のバン中佐はこの年秋、兵士や下士官には敢闘精神があったのだが、将校が攻撃しないことを決めたのだと語っている。部隊が損害を被ったが最後みずからの出世の道が断たれるとすればしかたなかった。[19]

二月初め、ラスク国務長官は記者会見で、大きな危険を冒し、損害を上に報告して面目を失うよりは、戦果など求めず現状維持をよしとする空気の存在を認めた。直後、ホイーラー陸軍参謀総長はハリマン極東担当国務次官補に、損害など出したくないジェムが「ベトコンとの戦闘で攻撃的な行動をとることに過度に慎重」であり、士官たちも「もし攻撃に出ればその結果生じる損害を理由に批判されることを恐れている」と伝えた(20)。

ジェムにとって政府軍は、アメリカがいうような共産主義と戦うための兵力ではなく、「自分たちの政体を守る護衛兵」だった。それは一族の「支配力の頼みの綱」であり、「保険」だったとUPI通信記者シーハンはいう。ニューは、大攻勢をかけるとすれば戦略村計画が完成した後だとしていた。「正規軍はのちのちの戦略的作戦における攻撃部隊として温存」しておくというのが彼の理屈だった(21)。

ジェムが何度か軍によるクーデター未遂事件を経験したことも影響した。彼は、多くの損害を出したことが軍の不満をつのらせたのだと考えたからである。家族の一員を失った国民を政府から離反させるのも好ましくなかった。ちなみに一九六〇～六二年の損害累計は三万二千人を超えた。一九六二年だけで四、四〇〇人が命を失った(22)。

2　ゲリラ戦に不適応

ベトナム人の心理

ワシントンはゲリラとの戦い方を十分理解していたのだが、南ベトナム政府軍が通常戦争（Conventional War）的な作戦に依存しすぎていたとする者もいる。政府軍の並みいる将軍たちの誰一人「ゲリラ戦争の本質を理解しているようには見えなかった」と、CIAで極東での作戦を担当していたコルビー（一六九二年六月までサイゴン支局長）はいう(23)。

一九六二年末、国務省情報調査局は、政府軍が「小部隊による行動や情報収集」ではなく「大規模な行動と火砲および空軍力の活用」に力点を置きすぎていると報告した。一九六三年初め、ヒルズマン情報調査局長と国家安全保障会議のフォレスタルによる視察報告も同様に、大規模作戦への依存傾向に強い懸念を表明した(24)。

大使館のメクリン広報担当参事官は、この手の作戦には政府の力を誇示するという「心理的」意味があったという。『タイム』によれば、一九六三年初め、彼らが決定的な敗北を喫したアプバックの戦いも、そもそもきわめて日常的な索敵掃討（Search and Clear）作戦の一環として始められたものだった。[25]

一九六三年一一月、ジェムが消えたことが大きな希望を抱かせた。権力を握ったズオン・バン・ミン将軍は、敵が恐れているのは「大部隊が関与する華々しい戦闘」ではなく「現存の戦略村の内外を問わず彼らの支援組織を阻害し破壊する、小規模な戦闘行動と民生活動（Civic Action）作戦」だと理解していたからである。[26]

ところが何も変わらなかった。ミン将軍が過度に在来型の組織編成について「軍団・師団レベルに巨大な参謀組織のピラミッド」が存在すると嘆いたのは、ケネディ暗殺のわずか四日前のことだった。[27]

通常兵力を求める指導者

かねてジェム大統領は政府軍の通常兵力化を喜々として進めたといわれる。彼だけではない。一九六三年初め、国務省情報調査局は各国の軍指導者に軒並み「通常の、威信発揚型の軍隊」を好む傾向があると指摘した。大規模な軍隊を維持し、ジェット機や戦車を保有することが、彼らの威信に直結していたからである。[28]

一九六二年末、ジェム政府がジェット機Ｔ33を求めたことがある。主目的は写真撮影をともなう偵察だとされたが、本当の理由は隣国への対抗意識だった。国務省極東局のベトナム作業班長ウッドにいわせれば、「カンボジアがすでにジェット機を持っているので、彼らも同様にジェット機を持てば士気が向上する」という論理である。自国民に政府の力を誇示する意味からも、ジェムや弟のニューは熱心にジェット機を求めた。[29]

ケネディ政権はこの要求を容れなかった。Ｔ33は実情に適した機種ではない。写真撮影能力はアメリカ人のほうが優れている。ジュネーブ協定違反である。カンボジアとの国境を侵犯し、両国関係を悪化させる恐れがある。共産陣営が北ベトナムにジェット機を与える口実になる。紛争の拡大と長期化につながる。一度譲れば、次には偵察用でなく武装したジェット機が求められるだろう。こう懸念されたからである[30]。

だがその過程では、軍事援助司令部も太平洋軍司令部も、ノルティング大使も供与に賛成している。対ゲリラ作戦能力向上、とくに正確な空爆には高速のジェット機による情報収集が不可欠だ。アメリカが隠密裏に行うより、ベトナム政府の手で堂々とやってもらうほうが好ましい。ベトナム人パイロットが熟練すれば、いずれ彼らに任務を移譲することもできる。これがベトナム人の戦争だというアメリカの主張にも沿う。だから国務省極東局のベトナム作業班長代理ヒーブナーは三月、ジェット機導入問題が今後も繰り返し蒸し返されるだろうと予感していた[31]。

顕著な技術依存

南ベトナム政府軍は科学技術に――それを提供するアメリカに――頼り切りだった。ジェムやニューは、ナパーム弾や枯葉剤などに夢中だった。ジェット機と同様、彼らの力を誇示し、国民の政府への服従を促す道具としてである[32]。

メクリンによれば、ベトナム人司令官たちには「まるで松葉杖のように、新しいアメリカの装置に頼る傾向」が顕著だった。彼らは「機械や装置があれば、危険や物理的困難は最小限のまま簡単に勝利を得られると期待」しているように見えた[33]。

フォレスタルは「わが軍もベトナム軍も、ベトコンと戦うのにあらゆる機械的手段を（砲撃、空軍力、ナパーム弾――手に入るものなら何でも）用いようとしたこと、そして民衆にたいして注意を払っていなかった」ことを「本物の困難につながりかねない」きわめて大きな問題の一つだったという[34]。

近代兵器を手にした政府軍将兵はそれだけで身の安全が確保されたような幻想を抱き、ゲリラ戦争に必要な戦術など見向きもしなかったと、ある軍事顧問はこぼしている。アメリカが努力を払えば払うほど、政府軍はヘリや大砲などに依存し、勝利はじょじょに遠ざかっていったと、サイゴンでロッジ大使の補佐役をつとめた外交官のレイク（Anthony Lake）はいう。「アメリカ人が増えるごとに、われわれベトナム人は戦争遂行を指揮する能力を失っていった」と、ジェム政府打倒に参加した一人チャン・バン・ドン将軍は多少自己弁護気味に述懐している。[35]

3　内なる敵

干渉と監視

南ベトナム政府軍内部には通常の命令系統に加えて、ジェム大統領から各省知事をへて、統合参謀司令部や各地の司令官さえ経由せずに、戦場の部隊に達する命令系統が存在していた。省知事と、省内に展開する部隊の司令官は矛盾などお構いなく、直接ジェムのもとにさまざまな報告を行っていた。[36]

ジェムはアメリカ側の求めに応じてこうした状況を改善するどころか、軍の指揮系統をいっそう混乱させるべく余念がなかった。理由はただ一つ、軍が一致団結してジェムに歯向かう事態の出現を避けるためである。ジェムは軍首脳をけっして信用せず、能力活用を図ることもなかった。[37]

ジェムや弟のニューは、大統領官邸であるジアロン宮殿から、各部隊の指揮官や各省長まで直通の無線電話を設け、あらゆる部隊に監視の目を光らせ、彼らの分断を図っていた。小隊以上のすべての組織にニューが指揮するカンラオ（Can Lao）党員や心理戦争の要員が張りついていたと、オーストラリア人記者バーチェットはいう。しかもカンラオ党員たちは将兵の政治教育を一手に引き受けていた。[38]

ベトナムには「一本の木は丘をつくらないが、三本の木は高い山をもつくる」という諺がある。ジェムは反ジェムの山をけっして許さなかった。フランス統治時代の名残りである密告制、さらにジェム政府が活用した秘密警察によって、軍人たちの間には、今日の友も明日の敵だという相互不信が蔓延していた。[39]

忠誠心が最優先

一九人の将軍はすべてジェムが任命した人々だった。その基準はただ一つ、ジェムとその一族に対する忠誠心だった。ヒルズマン極東担当国務次官補はのちに彼らを「政治的」将軍と呼んでいる。ＣＩＡのベトナム作業班長クーパーにいわせれば、将校の多くも「軍服を着た政治家」にすぎず、ひたすら「ジェムとニューへの個人的奉仕」に血道を上げていた。[40]

ＣＩＡは一九六三年初め、「反乱鎮圧の努力の全体的な効率が、政府の政治的な手法によって阻害され続けている」と懸念した。その手法とは、有能な指揮官を重要な地位から追うこと、かわりに能力はともかくジェムへの忠誠心は申し分ない人間をその地位に就けることなどである。[41]

四月、「プロフェッショナルとしての能力」より「ジェムへの忠誠心」が優先された結果、「中隊レベルおよび下士官の間に、経験豊かな、攻撃精神を持った指導者が不足していること」が政府軍の「最大の弱点の一つ」となっていることが指摘された。それどころかジェムは好き勝手に司令官や軍首脳を任免していた。[42]

戦闘で有能ぶりを発揮しても、昇進にはつながらなかった。それどころか「作戦が成功すれば経歴に傷がつく恐れがあった」とメクリンはいう。激戦もいとわないほど部下の信望を集めるような指揮官は容易に忠誠心を疑われ、すぐに異動させられた。ベトナムの一等乗客は将軍や大佐ばかりだという冗談すらあった。[43]

ジェムは実動部隊をみずからの支配下に置いていた。ジェムの許可なしに一定規模以上の部隊の移動は認めなかったから、臨機応変の対応など望むべくもなかった。逆にジェムは好きなように、前線の司令官にも断りなく部隊を移動させていた。[44]

南ベトナム特殊部隊は、最も肝心なゲリラとの戦いには向けられなかった。彼らはもっぱら大統領官邸であるジアロン宮殿を警護するか、あるいは秘密警察の役割を演じていた。[45]

制約につのる不満

南ベトナム空軍機の武装も、飛行も制限されていた。制限が撤廃されたのはジェム政府が倒れた後のことである。[46]

一九六二年二月、空軍の一部がジェム打倒をめざしてジアロン宮殿を爆撃して以来、五〇〇ポンド爆弾の搭載は禁じられていた。まるで母親が子供に危険な玩具を与えないようなものだとメクリンは述べている。[47]

一九六三年九月、ハーキンズ軍事援助司令官はジェムに五〇〇ポンド爆弾の使用許可を求めた。ジェムはこの時「もしそれが本当に必要なら、そしてそれで戦争が勝てるのなら」許可を出してもいいと述べた。だが彼の口調は「半分冗談交じり」だった。そうすれば「ココナッツ農園での戦争がたいへん容易になる」とハーキンズが食い下がってようやく、ジェムも首を縦に振った。[48]

政府軍は「サイゴンの、そしてとりわけジェムとニューの親指で押さえつけられており、何もできなかった」とクーパーは回顧する。ジェム後に権力を握った一人であるチャン・バン・ドン将軍がいうように、すべては「ゴ・ジン・ジェムの軍への不信と、一つの組織にあまりに大きな権力を集中させたくない欲求」に起因していた。彼の回顧録への序文でコルビー元ＣＩＡサイゴン支局長が触れたように、軍はまさに「国家内国家」だったからである。[49]

政府軍は民族解放戦線やアメリカと並んで、ジェムの権力基盤を脅かし、そしてジェムにとってかわりうる存在だった。ジェム自身の生存のためには、戦争遂行も軍の効率も犠牲にされた。[50]

ジェムの干渉に、将校たちの間にも「非常な不満」が感じられていると一九六三年夏にＣＩＡは報告している。だが将軍たちは文字どおり「片目をサイゴンに向けながら戦っている」状態だった。これではとても戦争どころではなかった[51]。

一〇月下旬、統合参謀司令部のグエン・クオン（Nguyen Khuong）大佐はあるアメリカ人中佐に、政府軍は「勝つための装備も知識も能力も持っている」けれども、「現政府が権力の座にある限り、戦争に勝ちたいとは思わないし、勝つとも思えない」と語った[52]。

4　なおも遠い改善の日

重荷が消えた

経済援助使節団のフィリップスはこう論じた。「ベトナム人は戦う意欲を持っているし、戦う能力もある。われわれが戦うだけの値打ちのある政府を与えてやりさえすれば、それだけで規模のいかんを問わず米軍を投入する以上の価値がある」。彼は「ベトナム人に戦う価値のあるものを与える必要性」を強調した。ではどうすればよいのか。その答えが一九六三年一一月、軍首脳によるクーデターだった[53]。

クーデター発生当日、ラスク国務長官はケネディ大統領らに「大きな問題は、いかにして対ベトコン戦争勝利を迅速に達成する努力にすべての者を結集できるか」だと語っている。翌日にも「重要な問題は、ベトコンを相手の、ベトナムでの戦争をいかに進捗させるか」だとする確信を披瀝した[54]。

テイラー統合参謀本部議長もハーキンズに「よりいっそう効率的に戦争を遂行できるような強力な政府」の出現を熱望する姿勢を示した。新しい指導者たちには「戦争遂行の決意」とともに「新たな活力」を示してもらわなければならないと、ラスクもロッジ大使に伝えた[55]。

一九六三年秋、軍首脳はクーデターにかかり切りだった。それでも「反乱鎮圧の努力に絶え間なく注意を向ける必要を見失うことはなかった」とハーキンズはいう。いまや「軍事的な反乱鎮圧の努力のテンポと効率が早期に急増するという希望」が生まれた[56]。

クーデターが見事な展開を示して成功したことが、そうした希望をいっそう強めた。ある米軍の将軍は、すべてを指揮したズオン・バン・ミン将軍をぜひ米陸軍に欲しいものだと語った。ロッジは「クーデター作戦のやり方に非常に感銘を受けた」ようだとチャン・バン・ドン将軍は回顧する[57]。

ハーキンズはドンにこう語っている。「大統領旅団一、五〇〇人を打倒するにあたってクーデター部隊が示した勇気と決意のほどは、ベトコン大隊三～四〇〇人と戦ううえで発揮されれば、南ベトナムに残存するベトコンをほどなく打ち破れるだろう」。それが皮肉だったのか、心底からの願いだったのかはわからない。だが現地の米軍筋によれば、クーデターを観察する限りベトナム人の戦争遂行能力には問題はなかった。ロッジも「これほどの作戦をやってのけられる将校や兵士たちであれば、彼らが本気で臨めば戦場でもうまくやれるに違いない」と太鼓判を押した[58]。

やる気満々

予備兵力や工兵部隊を十分に活用すること。とくにメコンデルタでは海軍や民間防衛隊の舟艇を生かすこと。民兵を含む軍の訓練を重視すること。作戦の速度を上げること。防御専念の姿勢から脱却すること。指揮系統における迂回経路をなくすこと。軍司令官と省知事、二重の指揮系統を一本化すること。飛行機の搭載武装にかんする制限を撤廃すること。政治的な干渉を排除すること。軍内部の監視網を「除草」すること。「すぐに新チームの注意をベトコンに集中させる」こと。やるべきことは山ほどあった。ただ残念なことに、ほとんどすべてが「過去においてわれわれが支援してきたのと同じ軍事面の改善」（ハーキンズ）の積み残しだった[59]。

それでも新政府は、自分たちの「最初の任務は共産主義者との戦い」だと宣言した。チャン・バン・ドンは、ほどなく部隊は元の場所に戻るとハーキンズに請け合った[60]。

将軍たちはあいついで、「全速力で」戦争に取り組む意欲を表明した。ロッジはワシントンに「政府は戦争遂行を強化する予定」だと、嬉々として報告した[61]。

ミン将軍は二年ほどで国土を平定したいと力強く語った。主要都市で政府の基盤を確立する。サイゴンとダナンなどを結ぶ通信線を確保する。軍事作戦によって経済繁栄が可能な状態をつくり出す。最後は敵を粉砕する[62]。

前副大統領であるグエン・ゴク・ト（Nguyen Ngoc Tho）新首相は、軍事・政治・経済・社会などあらゆる面でメコンデルタを重視する計画をフィリップスに披瀝した。強制労働を止めさせる。住民の士気を高める。政府への信頼を勝ちとる。村落レベルで経済・社会開発を行う。最南端のカマウ半島で敵の基地を攻撃する[63]。

高まる期待

ケネディが死を迎える数時間前、マクジョージ・バンディ国家安全保障担当大統領補佐官はホワイトハウスで、新政府が「戦争継続に努力を集中」していると述べた。とくに「デルタでの戦争に焦点を当て、ベトコンの資源の大本を叩く決意を固めた様子であること」が心強い徴候だった[64]。

ロッジは「戦争は短期化する見込み」だとワシントンに打電した。ただしそこには「将軍たちが団結したままであれば」との条件がついていた。トンプソン英軍事顧問団長も「もし将軍たちが団結を保てるのなら」クーデターは戦争勝利に役立つと見ていた[65]。

ハーキンズはクーデター発生直後から、政府軍の「驚くべきまとまり」を感じとっていた。マクナマラ国防長官らベトナム政策関係者が定期的に集まるホノルル会議（一一月二〇日）でロッジは、将軍たちの団結ぶりと戦争遂行に向けた決意のほどを請け合った[66]。

戦争遂行を阻害してきた旧来の体制、たとえば政治的考慮による将官や士官の任免は、効率優先、適材適所を基礎に改められる気配が見られた。従来の軍管区の境界線にも若干の修正が加えられた。ゲリラ戦争遂行のため、対米協力を続ける姿勢も再確認された[67]。

早くも限界が

しかしハーキンズはクーデター翌日、攻撃作戦のテンポが激減したと報告している。小規模作戦はほぼ通常のレベルで続けられたものの、大規模作戦は「スランプ」「比較的凪いだ」「穏やかな凪」と描写される状態に陥っていた。司令官たちが政府の組織化や政策形成などに没頭していたからである[68]。

重要な課題の一つ、指揮系統の一本化も一朝一夕には実現できなかった。一一月二〇日のホノルル会議では、ズオン・バン・ミン将軍が「もっとまっすぐな指揮系統を確立」したい意向を持っていることが報告された。だがそれはいくつかの課題の一つとして指摘されるにとどまっていた[69]。

一一月半ば、グエン・ゴク・ト首相はフィリップスに、「地元でベトコンを探し出す」ためには「攻撃的な地方の民兵」が必要だと語っている。同じ頃、あるベトナム人は民兵と正規軍が一体となって作戦を進めなければならないと力説した。それがまったくできていなかったからである[70]。

民兵の軽視はジェム政府崩壊後も直らなかった。それこそが「作戦上の最大の誤りの一つ」だったと、国家安全保障会議のコーマーはいう。民兵は南ベトナム防衛上、最大の弱点の一つだったと指摘されている[71]。

ハーキンズの災難

政府軍と米軍との間には引き続き「素晴らしい」関係が保たれていた。アメリカ人軍事顧問に対するベトナム側の態度も和らいだ。軍事顧問たちも、ベトナム人との距離感が縮まり、彼らとの間に「きわめて心から許し合った、率直な」関係が生まれたように感じた[72]。

チャン・ティエン・キエム（Tran Thien Khiem）参謀総長は、「ベトコンを相手とする活動を協力しあって前進させる」と対米積極協力に意欲を示した。ミン将軍もアメリカ側からの助言を歓迎し、両国の「軍事面における関係は健全」だと満足げだった[73]。

だが、ベトナム人がアメリカ人に協力的であり、その助言を受け入れる姿勢が明確だとしても、それが「どこまで効力を持ち続けるか判断するには尚早」だとハーキンズは感じていた[74]。

しかも当のハーキンズは軍指導者たちの目に「旧秩序の象徴」と映っていた。彼は、両国の軍関係者の間に顕在化しつつあった軋轢の象徴でもあった[75]。

ケネディは記者会見でハーキンズをかばったが、将軍たちがハーキンズへの信頼を回復したわけではなかった。もっともハーキンズの側もミンらへの嫌悪を隠さなかったから、おあいこだったろう[76]。

摩擦の背後には、自分たちこそが国家を運営するのだという意欲があるとＣＩＡは分析した。ラスク国務長官も、ベトナム人がアメリカ人に「助言を求めず、たとえ求めてもそれを受け入れない」可能性を懸念していた[77]。

荒療治のかいもなく

一九六四年初め、ラスクとマクナマラはこう振り返った。「一一月のクーデター以降、南ベトナムでは軍事作戦は無視された。不安定な時期が続き、政府の混乱と政治・軍事問題の両面で統治の弱体をベトコンが利用した。反乱鎮圧計画に深刻な後退が生じ、とくにデルタではそうだった[78]」。

クーデター後、政府軍はゲリラの脅威に十分対応できず、その結果将兵の士気も、規律も、その振る舞いも悪化していた。新政府そのものがたいして戦争遂行に熱心でなかったともいわれる。ジェム排除は政府軍の問題をほとんど何も除去しなかったのである[79]。

　ジェム放逐という「カンフル注射は失敗した」と『ニューヨーク・タイムズ』記者ハルバースタムは述べている。戦況はいまや「かつてないほど破滅的な事態」に陥っていた。ベトナム人は「アメリカ人がやってきたのを目の当たりに見たし、敵がより強力になるのも見てきた。いまや彼らは戦いに疲れているのであった」[80]。

　政府軍が戦場で主導権を取り戻すことはなかった。ケネディ暗殺から一週間ほど後、ロッジ大使は、ズオン・バン・ミン将軍らが「戦争に邁進する意欲満々であり、そのためにあらゆる手だてを尽くす覚悟であることは疑いない」と報告した。だがこれと前後してベトナムを訪れた国務省極東局のカッテンバーグ（八月初めから省庁横断のベトナム作業班長）が目にしたのは、事実上「すでに敗北した軍隊」だった[81]。

　一二月中旬、あるベトナム人はロッジにこう語った。あなたには「ベトナム政府の運営と戦争に責任」がある。いまやこの国は「戦争も国家も崩壊しつつある」。勝てるか勝てないかはあなたしだいだ。ここは「ベトナム政府の管轄権を手にすべき」だ。新政府もその指揮下の軍も、いかに無力な存在と化していたかの表れである[82]。

5　勝利を阻む国

嘆息ばかり

大使館のメクリン広報担当参事官にいわせれば、南ベトナムは「恐るべき敵を相手に戦争を、しかもひどい戦いぶりをしている国」だった。その改善はさしものアメリカといえども手にあまる難事業だった[83]。

一九六二年早々、レムニツァー統合参謀本部議長はマクナマラに、アメリカがいずれ「ジェムの問題ある性格の多くが、個人的ではなく民族的なものだと気づくかもしれない」と伝えている。つまり、アメリカが支えるべき側のベトナム人全体が、敵側のベトナム人よりも劣っているという解釈への逃避は早くから見られたのである。[84]

南ベトナムという国の成り立ち、生まれてまだ一〇年にもならないこともその理由の一つとなった。アプバックの戦いに惨敗を喫した直後、『ＵＳニューズ＆ワールドリポート』は南ベトナムがしょせん「戦争のいまの段階で真にプロフェッショナルな軍隊を生み出すには、あまりに新しい国」でしかないのだと論じている。[85]

無法者の天国

ベトナム人が住む土地そのものも槍玉に挙げられた。たとえば、最も重要な戦場であるメコンデルタである。地理的に北ベトナムから最も遠く、共産側が十分強大な勢力を築けなかったこの地域は、たいして重要でなかったとの説もある。だがすでに一九六二年、民族解放戦線はここにその兵力と作戦を集中していた。[86]

一九六三年春までに、民族解放戦線の勢力は急速に増大した。四月、デルタ最南端のいくつかの省は敵に制圧された。ＣＩＡはこの頃、メコンデルタ平定は「非常に困難だろう」と予測している。[87]

一九六三年夏、ハルバースタムはデルタに新たな敵の大隊が現れ、ほとんど政府軍の反撃を受けることなく勝利をおさめるのを目の当たりにした。政府軍のある大佐は、これでは第一次インドシナ戦争と同じだ、いや「あの時よりもずっと悪いだけだ」と彼に語った。[88]

九月、グエン・ジン・トゥアン国務相はデルタの戦況について「こちら側はほとんど進捗を示していない」とロッジに語った。民族解放戦線が作戦行動をデルタに集中させた結果、治安などまったく存在しなくなった。ダン・ドゥック・コイ（Dang Duc Khoi）情報局長官代理はこの頃、メコンデルタでいまや「ベトコンはほとんどどこにでも自由に往来でき、ベトナム政府軍はまったく釘づけ」の状態だと語った。[89]

第一に、そこは湖沼や水田だらけで、政府軍お得意の機動力が効果を失った。彼らが近づけないような沼沢やジャングルなどを中心に、敵の拠点が多く残存していた。しかも乾季を除けば地域全体が湖も同然となった[90]。

一九六三年夏、サイゴンの大使館や軍事援助司令部はメコンデルタを「そこで政府側が作戦行動を行うのに最も困難」な地域だと見た。九月末にはジェム大統領自身、マクナマラ国防長官らに「泥田か、さもなくば人もほとんど通れないようなココナッツ農園の深い森からなる地域で、戦争を遂行するのは困難」だとこぼした[91]。

ハルバースタムはそこを「すばらしい無法者の天国」であり「昔から賊のかくれ場所」だったとしている。『USニューズ＆ワールドリポート』誌のいう「ゲリラ戦術にとっての楽園」でゲリラを追尾するのは、バケツ一杯の水の中から涙の一滴を探すようなものだったとさえいう[92]。

第二に、そこにはトンプソン英軍事顧問団長のいう、「蜘蛛の巣のような水路」が無数に張りめぐらされていた。毎日新聞特派員団の報告は、その全長をある箇所では四千キロと、別の箇所では五千キロと記している。アメリカ政府の委託研究は、南ベトナム全土の水路が総延長四、六〇〇キロ、その三分の二がメコンデルタに存在すると見積もった。地図にも記されていない水路が無数に存在し、正確な全長など誰にもわからなかった[93]。

一〇月初め、テイラー統合参謀本部議長はジェムに、この水路を十二分に活用すべきだと提言した。政府軍が縦横に往来でき、同時に敵の移動を阻止する「高速道路」としてである。だがそれは机上の空論だった。現実にはそれは、南シナ海やシャム湾からメコン川をさかのぼる網の目状の水上ネットワークであり、ゲリラにとって「カンボジアの聖域にいたる高速道路」となっていた[94]。

政府の支配を拒絶

第三に、その豊穣な大地は、たとえば枯葉剤を利用して敵の食糧源を断つ戦術の効果を阻害した。「飢餓を武器にできない」ことがアメリカを苦しめた。メコンデルタでゲリラを追いつめるのは「アメリカのスーパーマーケットで大食漢に食物を買わせないのと同じくらいむずかしかった」とハルバースタムは記している。[95]

第四に、デルタ住民はもともと中央政府の支配を受けつけず、権力に強く抵抗してきた。抗仏戦争（第一次インドシナ戦争）を最後まで戦い抜いたのも彼らだった。彼らは「世界の中で最も経験豊かなゲリラ戦士」だとオーストラリア人記者のバーチェットはいう。[96]

ハーキンズ軍事援助司令官は、そこには「他のほとんどの省に比べてベトコンが多く、人々は説得がむずかしい。彼らはたんに政府が嫌いなのであり、コメと魚さえ手に入ればあとは放っておいて欲しいのだ」と見ていた。[97]

ヒルズマン極東担当国務次官補によれば、彼らは「中央政府から政治的に遠ざけられてきた」人々だった。フランスに、バオ・ダイに、そしてジェムに裏切られてきた彼らは「誰も信用しない」のだと、ジェム政府で副大統領だったグエン・ゴク・ト首相は述べている。南ベトナム政府は概して統治機構の未整備や行政官の経験不足といった弱点を抱えていたが、とりわけそれはメコンデルタで目立っていたとトンプソンはいう。[98]

国境地帯の地勢

山岳地帯でホーチミン・ルート遮断に失敗した大きな理由も地勢にあった。かつて共産勢力の侵略を告発する白書作成を担当し、マクギー（George McGhee）ついでハリマン政治担当国務次官の補佐官をつとめたジョーデン（William Jorden）が反乱鎮圧対策の協議の場でいったように、そもそも「ラオスからの浸透を止めるのはきわめて困難」な任務だということである。試みにベトナム＝ラオス国境の上空を飛んでみればよい。そこには、

何マイルにもわたる山々と険しい峡谷が眼下に折り重なっている。地域全体が、踏み入ることもできないほど

繁った森に覆い尽くされている。ときおり小屋が見え、あるいは三つか四つ程度の小屋の群れが目にとまるが、それがどこかは特定できない。……ラオス国境がどこにあるのか、誰にもまるでわからない。縮尺の異なる地図を三つ使っても、国境線は一〇マイルほども違う場所に引かれている。[99]

現地のハーキンズから、統合参謀本部で反乱鎮圧を担当する海兵隊のクルラック将軍のもとには、「現実的に可能な将来、ラオス・カンボジアと接する南ベトナムの約九〇〇マイルの国境沿いに、越境による浸透を阻止できるとは考えていない」との報告が届いた。[100]

国家安全保障会議のフォレスタルは、「南ベトナムには国境を管理する十分な資産（軍事的資産）がないという直接の理由」を指摘している。そもそも一、五〇〇キロ近い国境線、二、四〇〇キロもの海岸線に警戒の網を張りめぐらすことなど「ベトナム人が最大限ダイナミックな努力を払ってもたいして困難は減じない」難題だと、一九六三年初めに統合参謀本部の視察団も認めていた。三月、統合参謀本部の反乱鎮圧担当者は「国境作戦に振り向けるべき戦闘部隊の不足」を訴えた。ある軍事顧問はホーチミン・ルート遮断には「米陸軍一個師団が必要」だと語った。[101]

✻　✻　✻

南ベトナム政府軍の弱体の原因はもっぱらジェム政府、いやジェム個人の資質に求められた。だが指導者の首をすげ替えても、ほとんど何も変わらなかった。そこでケネディ政権は、ベトナムという土地、あるいはそこに住む人間、つまりアメリカとは無関係の何物かが成功を阻害しているという考え方にしがみついた。だがじつのところ、本当に問題にすべきものは別のところにあった。ワシントンに由来する、政府軍強化の方法そのものである。

第五章　通常化された軍隊

1　政府軍の構造

通常戦争に備え

国防省国際安全保障局で極東を担当するハインツは、第二次世界大戦期の師団を彷彿とさせるような、「確かにこの種の戦争には向かなかった」組織のあり方が、南ベトナム政府軍の欠陥の一つだったという。ＣＩＡのベトナム作業班長クーパーは、「ベトナム軍は彼らが戦っているような類の戦争向けに組織をつくられず、装備を与えられず、訓練もされていなかった」と述べている。政府軍は「混乱した、怠惰な存在」として揶揄の対象となっていた。[1]

一九六三年二月、ラスク国務長官は記者会見で、政府軍が「いまだに野戦型組織に固執している」ことに強い不満を表明した。ゲリラ戦専門家であるトンプソン英軍事顧問団長も、政府軍が「通常戦争型の構成」をとっており「まったく役立たず」であることに強い危惧をおぼえていた。[2]

ハリマン極東担当国務次官補（四月から政治担当国務次官）によれば、南ベトナムのゴ・ジン・ジェム大統領はアメリカが「兵士を朝鮮型の戦争を遂行すべく訓練している」ことに不平を漏らしていた。ゲリラ型の戦力、たとえばレンジャー部隊の充実を求めるジェムを、アメリカ側が強引に押し切ったのだと指摘されている。抵抗を続ければ援助打ち切りの可能性すらあったからである。[3]

とすれば、政府軍を通常兵力化させた本当の原動力は、ジェムの欲求ではなかった。ラスクによれば、それは「フランスの軍事的伝統の中に身を置いた経験」と並んで「米軍事訓練顧問団の九年間」のなせるわざだった。つまりアメリカの欲求、少なくともアメリカ人とベトナム人の共同作業がもたらしたものだった。[4]

第三軍管区司令官、参謀総長代理、国防相などをつとめたチャン・バン・ドン将軍は、アメリカ人は朝鮮戦争（Korean War）型の北からの侵略という考え方に心を奪われていると見ていた。アメリカは「北ベトナムが指揮する反乱ではなく、北朝鮮型の侵攻への対処を念頭に置いた完全な通常軍」（トンプソン）を整える必要を痛感していた。ＣＩＡで一九六二年六月までサイゴン支局長だったコルビーや、クーパーも、「武力攻撃」に、それも「朝鮮型の戦争」に対応することが最優先課題だったと認めている。[5]

当時は、北ベトナムが「東南アジアで最も手強い軍事力」を公然と南に投入する可能性が懸念されていた。しかも北ベトナム軍は「日本の神風パイロットのよう」に、勇敢だが冷静なコスト考慮もなく、犠牲もいとわず行動する、じつに恐るべき存在だと思われていた。[6]

米軍を鏡映し

国家安全保障会議のコーマーにいわせれば、南ベトナム政府軍は米軍を「鏡映し」にした存在となった。いや最初からアメリカ流の戦略・組織・装備・訓練などを与えられ、同じく国家安全保障会議のフォレスタルの目には「アメリカモデル」にもとづいた、いわばミニ米軍として建設されてきた。それは一九五五年、ベトナム国軍（ＶＮＡ）の訓練をフランスから引き継いで以来、アメリカが一貫して求めてきたことである。[7]

アメリカは戦争をアメリカ化し、同時にそれを戦うべき軍隊もアメリカ化しようとした。ケネディ政権下でも、まだフランス式教育を施していた海軍士官学校のやり方をアメリカ式に変えさせるなど努力が続いた。[8]

フランス式だろうがアメリカ式だろうが、一九五〇年代をつうじて「それが直面している挑戦にはそぐわない、通常型の南ベトナム政府軍の建設」（コーマー）が着実に進んだ。一九五〇年代末まで「局地的規模でのゲリラ戦争」用の兵力ではなく「通常兵力の建設」が優先されたとウィリアム・バンディ国防次官補も述懐している。[9]

ケネディ政権でも同じだった。ゲリラの発見や追尾には、最新のジェット機より速度の遅い、長時間飛べるプロペラ機が有用と思われた。インドシナやアルジェリアで手痛い目にあったフランスの軍人からもそうした意見が示された。だが、大規模な空爆を好む米空軍はまったく興味を示さなかったとギルパトリック（Roswell L. Gilpatric）国防副長官はいう。「対ゲリラ戦術は教えられたが、無視された」と、ケネディの側近ソレンセンはじつに悔しそうである。[10]

繰り返された過ち

ドン将軍は、「鈍重な通常兵力」の限界はフランスの敗北で立証済みなのに、「なぜアメリカ人のために同じ過ちを繰り返さなければならないのか」とベトナム人たちがいぶかしんでいたという。自己正当化を割り引いても、真実の一部は突いている。[11]

政府軍のアメリカ化が成功しているように見えた頃でさえ、前途には暗雲がただよっていた。フランス式のつばの広い帽子と異なり、アメリカ式の軍帽はスコールやジャングルの無数の小枝から兵士を守れなかった。体格のまったく違うベトナム人兵士には、押しつけられた重い装備は苦痛の種でしかなかった。のちに民族解放戦線は「アメリカの影響で、その組織から軍服や装備まで、みな重くて融通がきかず、敏捷さと機動性に欠けていた」政府軍を頭からなめてかかるようになった。だがそれも一朝一夕の出来事ではなかった。[12]

トンプソンは「アメリカの軍人が顧問として行った試みのうち一つとして」政府軍の間違いを正し、あるいは彼らの弱点をなくすことはできなかったとしている。彼が率いる英軍事顧問団は、アメリカが通常戦争に傾斜して行っている政府軍の訓練をなんとか修正しようと躍起だった。[13]

スイッチバック作戦

民兵も同じ運命をたどった。コーマーによれば、軍事援助顧問団は一九五〇年代末から、民兵を政府軍の指揮下に置くよう求めていた。訓練や武装供給を担当するアメリカ側の窓口も、経済援助使節団から軍事援助顧問団に変わった。一九六三年春には軍事援助司令部が彼らの活動に責任を持つことになった。ただし肝心の軍事顧問たちは正規軍の訓練に熱心なあまり、民兵にはたいして興味を示さなかったという。[14]

ジェム政府崩壊後、新政府はアメリカ側の提案を受け入れ、民兵指導者の訓練担当をそれまでの南ベトナム特殊部隊（レッドベレー）から政府軍に移した。新政府で国防相となったチャン・バン・ドン将軍によれば「正しい調整のもと、ともに手を携えて戦いを遂行できるべく」民兵は全面的に政府軍の管理下に置かれた。だがその結果、トンプソンによれば、民兵が通常兵力化したばかりでなく、軍が主役、民兵や警察は脇役となってしまった。アメリカが参考にしたはずのマラヤの反乱鎮圧では、軍が民兵や警察を支援していたのだが。[15]

山岳民族部隊も民兵と同様の運命をたどった。当初、彼らに武器や訓練を供与したのはＣＩＡだった。米軍の直接的な関与、およびその暴露を避け、またさまざまな事態に柔軟に対応するためである。[16]

だが一九六二年七月、マクナマラ国防長官が主宰するホノルル会議は、民間非正規防衛隊すなわち山岳民族部隊の訓練を今後は国防省が担当すると決めた。「スイッチバック作戦（Operation Switchback）」である。秋から年末にかけて、米陸軍特殊部隊（グリーンベレー）がじょじょに山岳民族の訓練への関与を拡大していった。[17]

山岳民族訓練はグリーンベレーの主要任務の一つとなった。ただし建前は、あくまでも訓練の補助者だった。[18]

一九六三年一月までに、山岳民族部隊育成の責任は米陸軍にほぼ移譲された[19]。

七月一日、正式にスイッチバック作戦は完了した。補給や訓練なども含め、山岳民族部隊支援の責任は完全に国防省に、そして現地では軍事援助司令部に移行した。訓練済みの兵力は五万二千人以上に達していた[20]。

山岳民族部隊は攻撃的作戦を遂行すべく、国境地帯の各地に送り込まれた。しかし一九六三年半ば頃までには、ＣＩＡが熱心に進めてきた山岳地帯平定の努力は徒労に帰したという[21]。

こうした動きの背後にはフェルト太平洋軍司令官のいう「ベトナム政府が民間非正規防衛隊について完全に責任を負うことができ、成功が確実となれば、米軍要員は撤収される」という皮算用があった[22]。

一一月二〇日のホノルル会議直前、「可能な範囲でできる限り、現在非正規兵力が担っている機能を、正規につくられた軍事力に委ねるべき」だとの考えが表明された。そうなればたとえば山岳民族部隊は「通常の指揮系統に対応でき、アメリカの援助や助言も通常の軍事援助計画を用いて行える」という利点があった。今後通常兵力がその任務を引き継ぐことができれば、山岳民族の兵力じたいを削減してもよいとさえ思われていた[23]。

ＣＩＡ対国防省

一〇月初め、現地訪問を終えたマクナマラとテイラー統合参謀本部議長は、南ベトナム特殊部隊による国境の監視や山岳地帯の偵察への支援を、ＣＩＡから軍事援助司令部の管轄に移すよう勧告した[24]。

とりあえず国境内での監視活動については一一月一日付で責任が移行され、越境をともなう活動などについてはなお検討を進めることになった。こうした一連の決定は軍の影響力を大きく増大させ、非通常戦争（Unconventional War）や政治戦争に重きを置くＣＩＡを弱体化させた[25]。

ケネディ暗殺の直前、国防省とＣＩＡは、越境してラオス南部で行われる作戦の責任も一二月一日以降、軍事援助司令部が引き受けることで合意していた。ヒルズマン極東担当次官補は懸念を表明したが、ゲリラ戦争を通常戦争として戦う流れは着々と出来上がっており、ジョンソン政権に引き継がれていった[26]。

だがその副産物が、ＣＩＡサイゴン支局と軍事援助司令部、ＣＩＡと国防省の対立である。ＣＩＡは軍が準軍事作戦など知らないことに、軍はＣＩＡがグリーンベレーを山岳民族訓練の道具扱いし、ほんらい果たすべき攻撃作戦に活用しないでいることに、それぞれ満腔の不満を抱いた。一九六三年五月末になってもフェルトは、軍事援助司令部とＣＩＡサイゴン支局が「たがいに協力と支援の精神」で任務を遂行するよう求めなければならなかった[27]。

しかも米軍は山岳民族部隊を変質させ、失敗させた。軍事援助司令部は、特殊作戦の性質や反乱鎮圧に求められる特殊な条件を理解していなかったといわれる[28]。

2　ゲリラとの戦い方

掃討掌握

一九六二年春、現地を訪れたスタール（Elvis J. Stahr, Jr.）陸軍長官は、ベトナム人が「ゆっくりと、だが着実に反乱鎮圧および民生活動の技術をうまくこなしつつある」と感じた。一九六三年初めには、南ベトナムでもタイでも「より効果的な反乱鎮圧能力の育成をめざす……積極的手だて」が講じられていた。それが「戦闘状況下で試験されている」南ベトナムにおける戦いの帰趨は、とりわけ重要だった[29]。

注目すべきは、掃討掌握（Clear and Hold）作戦の進展である。その眼目は「じょじょに、組織立てて、広範囲に」安全な地域を拡大していくことである。ハリマン政治担当国務次官の回顧によれば、「ベトコンが背後にまわり込めないような」形で一定地域を確保することが必要だった。反乱鎮圧にとって、掃討掌握こそ最重要の概念だったと指摘されている。[30]

掃討作戦後に支配地域保持の役割を与えられたのが戦略村である。最初の戦略村建設計画、日の出作戦（Operation Sunrise）こそ掃討掌握作戦のモデルだったといわれる。[31]

統合参謀本部の視察団は一九六三年初め、掃討掌握作戦や戦略村建設の進展などを情勢改善の証拠とした。ＣＩＡの分析は「政治＝軍事両面の『掃討掌握』作戦の結果」を「心強い」ものだと評価した。二月、ハーキンズ軍事援助司令官はジェム大統領に掃討掌握作戦の進展を報告した。[32]

作戦全体に占める掃討掌握作戦の比率は、一九六二年四～一二月はわずか六％（三一〇回のうち一九回）だった。ヒルズマン国務省情報調査局長と国家安全保障会議のフォレスタルは一九六三年一月、掃討掌握の割合が少なすぎるとケネディ大統領に報告した。だが一九六三年一月～二月中旬の一カ月半、それは全作戦回数の四七％（三二回のうち一五回）に上昇した。[33]

二月初め、国務省極東局のベトナム作業班長ウッドは極東担当国務次官補だったハリマンに、南ベトナム政府軍による作戦の八四％が中隊以下、五八％が小隊以下の規模で行われていると報告した。五月、ハーキンズはジェムに、戦闘部隊の大部分が「掃討し掌握する」作戦に従事していると請け合った。[34]

索敵撃滅

実際に戦場で幅をきかせていたのはその対極、大規模な軍事力を投入して敵主力に痛打を加え、その消耗を目的とする戦い方だった。当時は呼称もさまざまだったが、のちに索敵撃滅（Search and Destroy）戦略として悪名をはせる。[35]

マクナマラとテイラーは、それを「永続的な価値をほとんど持たない」戦法と見た。しかもその分、掃討掌握作戦がお留守になった。一九六三年四月、トンプソン英軍事顧問団長は、掃討掌握作戦が「現段階のところたいした結果を勝ちとっていない」とロバート・ケネディ司法長官やハリマンらにこぼしている[36]。

同じ頃、ほどなくハリマンの後任として極東担当国務次官補となるヒルズマンは、大規模な戦闘ではなく、掃討掌握作戦と警察力の活用によって安全な地域をじょじょに拡大すべきだとラスク国務長官に訴えた。政府軍が敵主力部隊を追いかける間に、敵は着々と村落内部に力を築いていた[37]。

フォレスタルによれば、ゲリラが相手では、索敵撃滅作戦は「きわめて非生産的」だった。「ベトコンと遭遇することは滅多になく、村を襲撃してはそこを炎上させて立ち去るのがつねのようなもの」だったからである。ＣＩＡは一九六三年早々、反乱鎮圧が「農民の憤りをつのらせるようなやり方で」行われていると懸念している。索敵撃滅にかわって掃討掌握作戦を行うよう繰り返し主張していた一人が、トンプソンである。だがその彼ですら、村落とゲリラの関係を断ち切るためには「もっと多く殺すこと」が必要だと考えていた[38]。

ゲリラは政府軍による大規模な掃討作戦を巧妙にかわしていた。もちろん掃討掌握作戦は「ときたま」うまくいくこともあったと大使館のメクリン広報担当参事官はいう。だがたいていは、政府軍が「恐怖と破壊だけ」をもたらした後に、ゲリラが現れては反政府宣伝を行った。農民の目には民族解放戦線が「確立された権威」と、政府軍は「ならず者」として映った。その結果、もともと政府に好意的だった者でさえ敵に味方するようになった[39]。

政府軍とは対照的に、民族解放戦線は小規模な攻撃をかけては退散し、また待ち伏せ作戦を駆使した。中・大隊規模の作戦能力は有していたが、それを意図的に避けていたのである。だが国務省極東局のベトナム作業班長代理ヒーブナーは、連中が「ゲリラ組織」から「より通常型」の段階に移行できずにいるだけだと高をくくっていた[40]。

好みの作戦に固執

一九六三年初め、現地を視察したヒルズマンは「軍部が依然として掃滅型作戦に依存しすぎている」ことを問題視した。彼は五月、大規模に部隊を展開する作戦では、小規模作戦ほど結果を残せないとノルティング大使にこぼした。のちにも彼は、「米軍は依然としてベトコンの後を追い、ベトナム人にもベトコンを追うよう助言していた。彼らは大統領が勧告した計画をやっていなかったのだ」と批判している。[41]

索敵撃滅作戦に傾斜し、南ベトナム政府軍にも同じ道を歩ませた主役こそ軍事援助顧問団や軍事援助司令部、とどのつまり米軍そのものだった。民族解放戦線の「目標は民衆」だったが、政府軍や米軍の「目標はベトコン」だったとフォレスタルはいう。「大規模戦闘」症候群とも呼ばれるこの欠陥は、十字軍的な熱情とともに「アメリカ式戦争」の重要な要素だった。[42]

こうしたやり方が「朝鮮戦争型の戦争や固定された拠点向きではあっても、ジャングルに覆われた農村部で攻撃しては姿を消すというゲリラ活動が用いる戦術にほとんど適用できない」ことはわかっていた。しかし四月、ＣＩＡは政府軍が「依然としてゲリラ軍を相手に通常戦争的な戦術を手広く活用している」と指摘した。[43]

アメリカ側も手をこまねいていたわけではない。五月、ハーキンズはジェムに、政府軍の作戦がたいてい「壮大すぎ、大部隊をあまりに多く使いすぎる」と苦情を訴えた。一〇月にはテイラーがジェムに、「もっぱら小規模な歩兵タイプの組織によって戦われる、小部隊による戦争」への適応が求められるとし、とくにメコンデルタで「秩序だった掃討掌握作戦の必要性」があると力説した。[44]

一〇月初め、現地視察から帰国したマクナマラとテイラーは索敵撃滅型の作戦ではなく「掃討掌握作戦」に力点を置くよう勧告した。だがこの時期になってもなお、二人がこうした基本原則を強調しなければならないこと、それじたいが問題だった。[45]

ケネディ暗殺後の一九六三年一二月初め、ヒルズマンは陸軍大学で、戦略村計画と掃討掌握作戦の密接な関係を説いている。だが戦略村計画とはまったくかかわりなく「撃ち合いの戦争」が進行することへの彼の懸念はまったく解消されなかった。[46]

火力と機動力

この種の戦争を遂行するうえでアメリカと南ベトナム政府軍が依存した手段の第一が火力、つまり大規模な砲爆撃である。一九六三年四月、ヒルズマン極東担当国務次官補はラスクに、これまで「大規模作戦、砲爆撃、鈍重な大隊規模の部隊に力点」が置かれてきたことに警告を発している。[47]

誰よりも米軍自身に、圧倒的兵力の展開、技術的優位に裏打ちされた膨大な火力の活用に対する圧倒的信頼が染みついていた。それはアメリカが経験してきた幾多の戦争がつくり出した伝統だった。[48]

第二が機動力である。ベトナムこそ科学技術の粋を集めた機動力の実験室だった。ヒルズマンは国務省情報調査局長だった一九六二年早々、「機動力、奇襲、小部隊による作戦が基本」だとした。軍事顧問の一人は、「機動力が依然として改善の鍵」だと一九六二年末に述べている。だから「より軽装備の、機動力を増した兵力」をつくり出す必要があったのだと国防省国際安全保障局で極東を担当したハインツはいう。[49]

一九六二年夏、ハーキンズはジェムに「勝つための唯一の方法とはひたすら攻撃、攻撃、攻撃すること」だとの哲学を披瀝した。秋には、勝利には「三つのＭ」が必要だとした。兵力（Men）・資金（Money）・資材（Material）である。ジェム政府崩壊後、ハーキンズは「準軍事作戦の減少」を期待している。むしろよりあからさまになったのは、戦争通常化への欲求だった。[50]

ボール国務次官はのちに「戦争の非人格化」、つまり自分たちが「資源配分の実習としてとらえすぎた」ことを反省している。その結果南ベトナムに生まれたのは「アメリカに支えられた巨大な軍事機構」だった。大量の兵器や弾薬。それらを消費し続ける軍隊。彼らを支える兵站。アメリカなしでは戦争などできなかった。ＵＰＩ通信のシーハン記者はのちに、ケネディが抱く「軍事顧問や特殊部隊、ヘリコプター部隊、戦闘爆撃機のパイロットを送りこめばサイゴン政府に力を注入できるという錯覚」が介入を促したと批判している。[51]

隣国も同じだった。「アメリカがラオスで訓練し装備を供給していたのは、南ベトナムと同じく、対ゲリラ兵力ではなく、通常兵力の軍隊だった」とヒルズマンはいう。皮肉なことに、民族解放戦線の元幹部チュオン・ニュー・タン（Truong Nhu Tang）によれば、北ベトナム軍もまた通常戦争を主任務としており、南でのゲリラ戦争には不向きな戦力だった。[52]

3　空の戦争

空軍力の出番

のちにベトナム戦争は、空軍力への間違った確信と過剰な依存の典型例だと厳しく批判された。だがまさに空の戦争こそ、「空の文化」を反映し、「空の覇権」をめざすアメリカ人好みの戦争だった。それは「アメリカ式戦争」の重要な要素だったし、その萌芽はケネディ時代にあった。[53]

まず偵察。一九六三年一月までに、偵察の充実によって敵の行動に対する反応時間が「劇的に短縮」された。三月、統合参謀本部は「南ベトナムにおける反乱鎮圧作戦の加速が成功をおさめるには不可欠」だとして連絡機・偵察機部隊の増派を支持した。五月以降、赤外線写真機を備えたＲＢ57が昼夜を問わず偵察を可能にした。[54]

輸送。統合参謀本部は一九六三年三月、空輸を月平均二一九万トンマイルから四三六万トンマイルに倍増させるべきだと提言した。治安が悪化し、陸路が十分に使えないためである。Ｃ123輸送機中隊があいついで派遣され、政府軍の機動力向上に貢献した。[55]

地上戦闘の支援。第二次世界大戦、ギリシャ内戦、朝鮮戦争といった経験から、ゲリラが相手でも空からの攻撃は効果的だと考えられていた[56]。

ひたすら爆撃

だが一九六三年初め、軍事援助顧問団で新兵器や新技術の供与を担当するロウニー将軍は、現地を訪れたヒルズマン国務省情報調査局長に「空軍が必ずしもつねに十分な近接航空支援を行っているわけではない」と不満顔だった。空軍は、陸軍が行う地上作戦の支援に消極的だった。空の作戦をめぐって陸軍が空軍の領域を侵すのではないかという空軍側の疑念も払拭できなかった。二月初め、統合参謀本部で反乱鎮圧を担当するクルラック将軍が「空の作戦における協力」の必要を訴えなければならなかったほどである[57]。

むしろ空軍が血道を上げていたのは「ベトコンの拠点ないし基地と考えられる地上目標に対する個別の空爆」である。一九六三年三月、アメリカ人パイロットによる爆撃は一日五回のペースで行われていた。民族解放戦線の支配地域、いわゆる解放区では、ひとすじの煙でも空からの目標になるため、夜明け前にすべての火を消していた[58]。

戦略村付近では砲爆撃は制限されたが、政府軍がそれをつねに守るとは限らなかった。実際問題として、戦略村を一歩離れればそこはもう「自由砲爆撃地域（Free Fire Zone）」だった[59]。

なるほど自由砲爆撃の対象にも制約はあった。政府軍が自由に到達できない場所。敵が支配しあるいは優勢な場所。省知事が目標として選別し、ベトナム側・アメリカ側双方の司令系統によって（最後はジェム大統領自身に）承認された場所。陸路でなかなかたどり着けない、ほとんど住民のいない場所。だがあるベトナム人大佐にいわせれば、「ベトコンはつねに森林帯にいる」のに、空軍は「いつも村を爆撃したがる」傾向があった[60]。

効果は論争の的

のちにベトナムで空軍を指揮するモーマイヤー（William W. Momyer）将軍によれば、空軍力が勝利をもたらせるか否かについては激しい対立があった。空爆作戦を続けるべきか。少なくとも現段階以上に強化すべきか。一九六三年春、政権内で議論の的になったのもそれだった[61]。

そもそも、容易に近づけない敵拠点を爆撃した成果をどう評価するか。それは困難きわまりない課題だった。一九六三年三月、ラスク国務長官は賛否両論それぞれに根拠があり、なお検証が必要だと結論づけた[62]。

敵の浸透路遮断に大規模空爆を用いるべきかどうかも議論を呼んだ。ヒルズマンの見るところ、それは「ゲリラ戦争の本質をめぐる基本的な意見対立の象徴」だった。軍事顧問のバン中佐によれば、ゲリラ戦で最善の武器はナイフ、次善がライフルだった。最悪は爆撃機、それに次ぐのが大砲だった。そもそもゲリラを相手の政治戦争で砲爆撃に依存しなければならないことじたい、政府側が敗北の道を歩んでいる証拠だった[63]。

第一に、空爆の効果には疑問があった。フェルト太平洋軍司令官は三月初め、空軍力の活用には「現在も」そして「今後も」問題があると述べた。ラスクは、空爆が効果的なのは「敵の兵力や補給線、兵站が高度に組織化され、十分判別でき、したがって空からの攻撃に脆弱な場合」であるのに「ベトナムはそうではない」ことを問題にした。ハーキンズ軍事援助司令官も「筋金入りのベトコンが二、三人もいれば、テロ戦術を用いることで村をベトコン支配下に置くことができる」と認めた。だがそうした村はしばしば爆撃対象からはずされていた[64]。

五月、豪訓練使節団のセロング大佐は国務省高官に向かって、空爆が「ベトナムの現状のもとでは有効とは思えない」と「かなりの疑念」を示した。ルメイ（Curtis E. LeMay）空軍参謀総長ものちに「ゲリラ戦争では空軍にできないことも多い」と認めている。たとえば爆撃だけでは敵の浸透路を遮断できなかった[65]。

過剰なコスト

第二に、コストも大きすぎた。政府軍を経由してアメリカ製の武器を入手した結果、民族解放戦線の防空能力が向上した。撃墜される米軍機も時を追うごとに増えていった。一九六三年一〇～一一月だけで一〇〇機以上が敵の対空砲火によって被害を受けている(66)。

第三に、空爆はゲリラよりむしろ民間人に多くの犠牲を生じさせていた。一九六二年末、国務省情報調査局は「地上で敵との接触がないにもかかわらず空爆を過剰に用いているため、多くの無辜の農民を殺し続けている」ことを懸念した。目標をゲリラに絞ろうにも、「ベトコンの兵員を一般大衆から切り離すことの難しさ」という問題は消えなかった(67)。

第四に、政治的な悪影響があった。敵が楽々兵員を集められるのは「空からの攻撃に対する人々の憤り」が原因ではないか。空軍力の活用に際しても「これが政治戦争」だということをけっして忘れてはならない。ラスクはノルティング大使にこう強調した(68)。

国務省極東局のベトナム作業班長ウッドは、住民のいる地域で空爆が「ベトコン陣地を破壊するうえで何かを得られる以上に、おそらくわれわれに対する好感を失わせている」と指摘した。この「政治＝軍事戦争」で人々の心を得るためには爆撃は必ずしも必要ではない。いや、むしろ「戦争に敗れる可能性を増大させうる」ものだと彼は警告した。アメリカ人がベトナム人の頭上に爆弾や機銃弾やナパーム弾の雨を降らせていることが広く知られれば「アジアにおけるアメリカの威信」にも傷がつくと懸念された(69)。

「サイゴンでは少なからぬアメリカ人が、住民のいる地域への砲爆撃は時には利益をもたらすが、それ以上に心理面での損失のほうが大きいと考えていた」と大使館のメクリン広報担当参事官はいう。トンプソン英軍事顧問団長も「ベトコンの攻撃を受けているのでない限り」居住地域への爆撃に反対した(70)。

空爆有用論

しかし空爆は続けられた。ギルパトリック国防副長官は「われわれはみな、空爆のドクトリンないし戦術が効果的なものだと信じていた。つまり空軍はこの種の任務を効果的に果たせると信じていた」と述べている。[71]大規模な通常作戦を戒めるヒルズマンでさえ、「数的優位、補給、空軍力の面で政府軍が持つ優位」を活用すべきだと信じていた。政治的な悪影響に警鐘を鳴らすウッドもまた、爆撃そのものは正当な手だてであり、まったく問題はないので、現行の手続きや制約を遵守したうえで続行すべきだとしていた。[72]

第一に、その抜群の効果を無視できなかった。一九六三年早々、政府軍による攻撃作戦の成功には米陸軍航空隊の貢献が「不可欠」だったとされた。敵の自由な移動を封じ込め、彼らを守勢に追いやり、南ベトナム征服の時間表を遅らせつつあるとされたのである。[73]

捕虜への尋問などから、空軍力への対処が「ベトコンが直面する最も深刻な問題の一つ」であることもわかっていた。「空軍力がベトコンに対して有効であり、彼らがそれを恐れていることには疑問の余地はない」というのがラスクの判断だった。[74]

現地で空軍部門の顧問たちを率いるアンシス（Roland H. Anthis）将軍によれば、空からの攻撃が十分に行えなければ、アメリカは「『無気力』戦争への道をまっしぐら」だった。ハーキンズはフェルトに、空からの攻撃が「現在のところ、ベトコンの拠点の一部に到達できる唯一の戦力」だと訴えた。[75]

ノルティングも「否定的な証拠がほとんどなく、むしろその効果について積極的な証拠がある」として、空からの攻撃作戦継続を力説した。爆撃作戦は、敵の拠点を「無辜の民衆の生命を危険にさらすことなく破壊できる」手段だった。敵の行動に制約を加え、武器・物資・食糧の蓄積や貯蔵を困難にし、作戦に必要な物資の製造を阻害し、訓練や医療を中断させ、士気と戦闘能力を低下させるなど、さまざまな利点があった[76]。

トンプソン英軍事顧問団長もワシントンを訪れ、空爆が「ベトコンが作戦遂行のため兵力を集中させないようにする脅し」として「不可欠」だと主張した。こうした戦術的な空軍力の活用こそ、村民の自衛を助け、地上の政府軍を支援する「鍵となる要素」だというのが彼の論法だった[77]。

非難は的はずれ

第二に、政治的悪影響は否定された。空爆はけっして「無差別殺人」ではない。敵のテロ攻撃を考えればある程度の犠牲はやむをえない。通常の戦闘以上に空爆が住民の犠牲を生じさせたという証拠もない。情報の質が向上し、正しい目標が選定され、爆撃の精度も上がっている。少なくとも、他のさまざまな作戦と比べて空爆が民衆を反政府の側に追いやっているとはいえない。ハーキンズやノルティングはこう主張した[78]。

ワシントンの感覚では、彼らは「無関係な農民を殺すことで生じる政治的な悪影響を最小限にするよう、空爆の目標を選定する必要については十分に配慮」していた。ラスクは一九六三年三月、改善の余地はあるものの、目標選定や誤爆防止などの措置は「非常に慎重に実施され、改善されている」と評価した[79]。

ハーキンズによれば、南ベトナムの統合参謀司令部が最終的な承認を与えるまでに、攻撃目標については十分な検証が行われていた。ノルティングも、間違いが皆無とはいえないが、情報はあらゆる段階で十分確認されているとした。彼は目標の選定や攻撃は「慎重に、多くの安全装置つきで」実施されていると請け合った[80]。

五月、ホノルル会議でアンシス将軍はマクナマラ国防長官らに、爆撃任務の詳細やその成果について力説し、友軍の犠牲を最小限に押さえたまま確実に目標を攻撃する方法として、積極的な爆撃への支持を得ようとした[81]。

4　裏切られた期待

面従腹背

ケネディ政権は反乱鎮圧戦略を掲げ、発展途上世界で頻発するゲリラ戦争に勝利すべく一丸となったはずだった。軍が反乱鎮圧に力こぶを入れるさまに、ケネディはとりわけ喜んでいたという。だが軍事的・物理的な対処を重視する米軍はこの新戦略を形ばかり受け入れたにすぎず、むしろその無力化に尽力していたと批判される。[82]軍は反乱鎮圧に「リップサービスは行ったが、たいして本気ではなかった」とコルビーＣＩＡ元サイゴン支局長はいう。陸軍の野戦教本に反乱鎮圧やゲリラ部隊の編成などの記述が現れたのはようやく一九六三年のこと。平定作戦を含む政治戦争など、国家安全保障会議のコーマーにいわせれば「通常戦争的な軍の大きな犬のちっぽけな尻尾」扱いでしかなかった。[83]

鳴り物入りのグリーンベレーは、軍内部では「ケネディ夫人（Jacqueline B. Kennedy）の小銃隊」と揶揄された。おそらくその背景には、エリート扱いされた彼らが、従来の陸軍の慣習さえ無視するような気質を持っていたこともあろう。[84]

一九六三年夏、大統領はマクナマラに、西ドイツ（ドイツ連邦共和国）駐留の特殊部隊を「われわれは最善の形で活用しているだろうか」と問いかけた。「ゲリラの活動がほとんど起こりそうにない場所」に彼らを置くのは「無駄な努力」であり、「ゲリラの活動がその強さを増している低開発世界全体で存在を誇示し訓練にあたらせる」ほうが望ましいはずだった。ケネディは体のいいサボタージュに直面していたのである。[85]

軍人事の誤算

政権発足時の統合参謀本部議長レムニツァーをはじめ、米軍首脳はがちがちの通常戦争信奉者だらけだった。ケネディは、大統領軍事顧問をへて一九六二年秋にレムニツァーの後任となったテイラーに期待した。ケネディ兄弟の厚い信任を受けた彼は、軍首脳との橋渡し役であり、政権の花形的存在でもあった。マクナマラは「制服組の地政学者兼安全保障担当補佐官としてはこれまで会った中で最も賢明な人物」だったとのちに彼を高く評している。「ケネディの将軍」とあだ名されるほど大統領のお気に入りだった[86]。

テイラーはのちにみずからを「ゲリラ戦争への関心と努力を増大させようとする大統領の突き棒」だったとしている。ギルパトリック国防副長官によればテイラー自身、反乱鎮圧に「非常な興味」を示していた[87]。

しかしテイラーはケネディを失望させた。やはり彼も通常戦争信奉者の域を出なかったからである。彼自身がゲリラ戦争に用意した処方箋とは結局、紛争の軍事化ないし通常戦争化にほかならなかったといわれる[88]。

統合参謀本部で反乱鎮圧を担当した海兵隊のクルラック将軍も、ケネディが期待をかけた一人である。クルラックはのちに、自分の第一の課題が「軍の各部門に、これはたんなるゲリラ戦争の繰り返しではないのだと納得させること」だったと述べている[89]。

クルラックは第二次世界大戦中、南太平洋でケネディ中尉指揮の魚雷艇が戦っていた時の上官である。大統領からも弟のロバートからも気に入られ、マクナマラからも高い評価を得て、大きな影響力を持った。当時としては数少ないゲリラ戦専門家との世評を得た人物だった[90]。

ところがじつは彼には特殊戦争の経験など皆無だった。テイラー（クルラックはその最も主要な補佐役の一人だった）やハーキンズ（テイラーの子飼いといわれた）との関係を犠牲にしてまで、新種の戦争にのめり込む気もなかった。彼の目的は海兵隊の反乱鎮圧能力を誇示し、大統領との関係を武器に他部門より優位に立つことにあったといわれる[91]。

5　本能と経験

昔なじみの戦争

自分も含め、軍首脳は「紛争の性格を誤って理解していた」とマクナマラはのちに告白している。現地のアメリカ人たちは、ゲリラ戦争の現実に「自分自身で心理的に目を塞いでいる」状態だったと大使館のメクリン広報担当参事官はいう。彼らのゲリラ戦争に対する理解不足と不適応はつとに指摘されてきた[92]。

最大の理由は、米軍にゲリラ戦争経験が乏しいことだった。『ニューヨーク・ヘラルドトリビューン』のヒギンズ記者がいうように、知能や学歴がいかに高くても「ベトナムの憂鬱な東洋的現実を直接に体験するかわりにはならない」というわけである[93]。

　にもかかわらず米軍は新時代の挑戦を真剣に受け止めなかった。それはギリシャでもフィリピンでもマラヤでもキューバでも展開されてきた、「古くからあるゲームの新しい名前」にすぎないとテイラー統合参謀本部議長は鼻であしらった。のちケネディ図書館のインタビューで彼は、軍が「これが新種の戦争だと認識せず、たんに旧態依然たる戦争の変形にすぎないと主張した」と認めている。反乱鎮圧とは「小規模戦争、ないしゲリラ作戦の一形態」でしかない。われわれにはアメリカ先住民（Native Americans）との「長い戦いの経験」がある[94]。

　シャウプ（David M. Shoup）海兵隊司令長官は、反乱鎮圧なるものが最近注目されているが、海兵隊にとってはなんら新しいものではないと豪語した。ゲリラとの戦いなど、昔から自分たちが行ってきた上陸作戦に含まれているからである。ある海兵隊員はゲリラを相手の戦いなど「新しくも、センセーショナルでもない」と片づけた[95]。

　アメリカには二種類の将軍がいる。一方は反乱鎮圧の教訓をまだ学んでいない者。他方はけっして学ばない者。当時はこうした軽口が流行っていた。一九六二年六月までＣＩＡサイゴン支局長だったコルビーは、アメリカ人は「人民戦争（People's War）の戦い方を最後は学んだし、成功もできたのだが、ただ遅すぎた」のだと語っている[96]。

　軍人ばかりではない。メクリンもゲリラ戦争について「人類史と同じくらい古い」戦いだといっている。アメリカ人にとっても、相手がアメリカ先住民から共産主義者になったにすぎない、しかも敵は同じ戦術を用いているというわけである。ロストウ国務省政策企画委員長も、それを「共産主義者が創造した軍事的・心理的魔術の一形態」と誤解することを強く戒めている[97]。

　テイラーによれば、「陸軍だろうが海兵隊だろうが、学校では普通ゲリラ戦争の講座があるし、そうした訓練など長年やっている。しかも、通常戦争の訓練をよく受けた兵士なら、ゲリラ戦争に必要とされる資質にも熟達できる」というのが軍首脳の反応だった。デッカー（George H. Decker）陸軍参謀総長も「よい兵士ならゲリラを扱える」と自信満々だった。しかも一貫して敵のゲリラの兵力、その粘り強さ、戦闘能力などを過小評価した[98]。

　クルラックは軍内部の空気をこう要約した。「叛徒？ゲリラ？テロ？そんなものはアメリカには不思議でも何でもない。それらに対処できる、熟達した戦士が多数いるのだ。彼らに戦わせればよい[99]」。

処方箋はいつも同じ

　みずからの軍事力への限りない自信が米軍の態度を決めた。いや軍人・文官を問わず「武力こそ万能の方策」と考えていたとＵＰＩ通信記者シーハンはいう。国家安全保障会議のコーマーによれば「反乱鎮圧という状況における通常戦争的な軍の考え方の弱点」が正されることはなかった[100]。

　マクナマラはのちに、アメリカの軍事力がいかに巨大とはいえ、この種の戦いで効果を発揮するには限界もあることを自分たちが認識しなかったと反省している。だが一九六三年夏から省庁横断のベトナム作業班を率いた、国務省極東局のカッテンバーグのいう「アメリカの軍事力をもってすればいかなる挑戦にも応じられるという巨大な幻想」は、ケネディ政権にあまりにも支配的だった[101]。

一九六三年早々、国務省情報調査局の分析では、「通常兵力」と「ゲリラおよび対ゲリラ作戦のための兵力」の均衡が強調されていた。だが現実には大幅な組織改編ではなく、歩兵機動部隊、レンジャー部隊、落下傘部隊など「通常兵力の組織全体のパターンの内部に特殊な部隊を育成」すればよいとする安易な考え方にたどり着いたのである[102]。

一九六三年一一月、現地の指揮官が特殊作戦の経験など皆無の人物に交替させられてしまったこともある。年末までに、南ベトナムにおけるグリーンベレーの兵力は一〇〇人程度に減った。本当の問題は彼らをどう活用するか、軍内部で最後まで明確な指針が確立しなかったことだとアレクシス・ジョンソン政治担当国務次官代理はいう。軍は現地でグリーンベレーを持てあましていた[103]。

生涯を通常戦争の中で過ごしてきたハーキンズ軍事援助司令官の脳裏には、他のやり方などなかった。実際にベトナムでも彼は米軍伝統のやり方を押し通した。そもそも反乱鎮圧を主任務とするはずの軍事援助司令官に、ケネディ政権の志向など意に介することなくそうした人物を任命したところに、軍の意志がはっきりと表れている[104]。

そもそも通常戦争への傾斜は一九五〇年、つまりアメリカがフランスへの軍事援助を開始した時に始まったという。のちベトナムでの航空戦を指揮したモーマイヤー将軍は「一九六三年当時私が腹蔵なく話し合った多くの将官達は、もはや南ベトナムの戦いは通常戦争の域に達しつつあると認識していた」と述懐している。対応すべき兵力構成も訓練も装備も戦略も、通常戦争に強く傾斜した[105]。

二百年の伝統

ベトナムで試みられたのは、組織や訓練、戦略や戦術なども含め、米軍が「二世紀以上にもわたって」（コルビー）

慣れ親しんできたやり方だった。国家安全保障会議のフォレスタルは「戦争を通常戦争に、そしてアメリカの事業に変える」のは「ペンタゴンの抑えがたい本能」なのだと述べたことがある。それは米軍にとってモーゼ（Moses）の「十戒」のようなものだったとさえいう。だから軍にとって反乱鎮圧はまるで天動説にかわって地動説が登場したようなものだったとさえいわれる[106]。

戦闘部隊を堂々と投入し、敵の軍事力を粉砕してしまえばどんな紛争もすぐに片がつく。それにかわりうる手段など存在しない。これが長い歴史の中で形成された彼らの戦争観だった[107]。

通常戦争を想定して育て上げられた軍首脳が、ベトナムでも同じことを繰り返したのは当然である。ある将軍がいったように、フランスの失敗も要するに「殺し方が足りなかったのだ」というわけである[108]。

そもそもアメリカ自身に「通常兵力への生来の関心というべきもの」があった。少なくとも、彼らがベトナム人に教えたのは、戦間期に起源を持つ考え方が、第二次世界大戦や朝鮮戦争の影響を受けることなく生き残ったものだという。それまで成功を重ねてきたやり方に、大きな変更の必要など認められなかった[109]。

ケネディ政権が展開したのは、ゲリラ戦争の実態とも政治的考慮とも関わりなしに遂行される「アメリカ式戦争」だった。アメリカ自身の歴史と文化がそこに反映されていた。フォレスタルによれば、ケネディは「本質的には内戦である状況なのに、われわれが大規模な軍事的手段によって戦争を遂行し、あるいはジェムの戦争遂行を支援している――蠅か何かを殺そうと懸命な象のようになっている」ことを懸念していた[110]。

しかも皮肉なことに、用いるべき通常兵力はケネディ政権下で急速に強化されていた。ある国防省高官は「もしマクナマラがわが国の通常戦争能力を実際に拡充しなかったら、おそらくベトナムには介入しなかっただろう。介入しようにもできなかったのだから」と述べたという。だが彼らの眼前には使える道具があり、その結果得られる勝利にはつゆほどの疑いもなかった。「アメリカが南ベトナムの軍事的蹂躙を避けられるということにはまったく疑いはなかったと思う」とラスク国務長官は回顧する。[111]

第二次世界大戦と朝鮮戦争

米軍自身が、反乱鎮圧戦略にもとづく自己変革を形ばかりのもの以上は拒んだ。彼らはベトナムの実情など無視して、第二次世界大戦や朝鮮戦争のような通常戦争的な対処、すなわち大規模な作戦による敵兵力の殲滅に終始したと批判されている。[112]

一九六二年早々、レムニツァー統合参謀本部議長はマクナマラ国防長官に、「東南アジア本土でのいかなる戦争」であろうと「米軍が豊富な経験を持ち、第二次世界大戦と朝鮮戦争でその優越を示した」のと同じ型の戦争になると述べた。米軍の骨の髄まで染み込んだ通常戦争志向は、二度の世界大戦と朝鮮戦争の経験によってさらに補強された。[113]

統合参謀本部で反乱鎮圧を担当するクルラック将軍ですら、第二次世界大戦での欧州戦線のイメージでベトナムを見ていた。のちにベトナムで五〇万人を超える米軍を率いるウェストモーランド（William C. Westmoreland）も、自分たちが「第二次世界大戦のレンズを通して」この戦争を見ていたと述懐する。[114]

冷戦がその傾向に拍車をかけた。米軍、とくに陸軍の最も主要な任務の一つが、欧州でのソ連を相手とする通常戦争だったからである。しかも一九五〇年、朝鮮戦争が勃発する。彼らは「朝鮮戦争に影響を受けすぎた」のだとコーマーはいっている。[115]

次の戦争も同じ

アメリカが今後直面するのも、同じような戦場のはずだった。そこに出現したのがベトナムだった。[116]

ボール国務次官は、ベトナムが「多くの者にとって、朝鮮戦争の繰り返しに見えた。それは一九六〇年代初め、まだ鮮烈な記憶だった」と回顧する。朝鮮戦争で第八軍の参謀長をつとめたハーキンズなどはその典型である。「われわれは第二の朝鮮戦争に向かっていると思っていたのだが、これは違った国だった」というのがテイラー統合参謀本部議長の反省の弁である。[117]

南ベトナムのゲリラ戦争は、北緯一七度線を越えて襲来する共産主義者のきたるべき南進の序曲以外の何物でもなかった。だからゲリラ対策などほとんど無視されていた。朝鮮戦争こそ、次の戦争のモデルであり、懸念の的だった。ギルパトリック国防副長官は、「地上戦闘、つまりアジアでの地上紛争には、われわれは対処する用意がなかった」からだとその理由を説明している。[118]

百歩譲って新種の戦争への備えが必要だとしても、植民地時代以来、アメリカは肝心要の非通常戦争を繰り返し遂行し、勝利をおさめてきた。独立戦争（Revolutionary War）しかり、西部開拓におけるアメリカ先住民との戦いしかり、南北戦争（Civil War）しかり、米西戦争（Spanish-American War）しかり、フィリピン鎮圧しかりである。[119]

とくに第二次世界大戦後、ギリシャ内戦、マラヤ（主役はイギリスだったが）、フィリピンのゲリラ鎮圧の記憶がケネディ政権に大きな影響を与えたといわれる。国務省極東局のカッテンバーグにいわせれば、「マレーシアやフィリピンでうまくいった反乱鎮圧の技術はベトナムでも役立つだろうという信念」には揺るぎないものがあった。[120]

＊　＊　＊

南ベトナム政府軍が民族解放戦線の敵でなかった大きな理由は、そのあり方がゲリラ戦争に適していなかったからである。だがそうさせたのはアメリカであり、とりわけ米軍だった。彼らは反乱鎮圧の名のもとできわめて通常色の濃い戦争を戦うべく、火力、機動力、空軍力などを惜しげもなく投入した。しかもベトナムは、世界に冠たる科学技術力を反映した、新時代の戦争への適応力を試す場でもあった。

第六章　アメリカ式戦争の実験室

1　ヘリコプター戦争

革命をもたらす

ベトナム戦争を象徴するものの一つが、ヘリコプターである[1]。

一九六一年末にはその形状から「空飛ぶバナナ」と呼ばれるCH21が、ついでCH34が、一九六二年秋にはより速く、小回りもきき、ロケット弾や機関銃で武装したUH1が導入された[2]。

AP通信記者アーネット（Peter Arnett）は彼らを「実験ヘリ部隊」と呼んだ。ゲリラ相手にその威力がどこまで通じるかが試されたからである[3]。

一九六二年末には一二〇〜一五〇機ほどの米軍ヘリが活動していた。一九六二年七月〜一九六三年七月の一年間で出撃は約一〇万回に達し、のべ兵員二七万五千人、物資九千トンを運んだ[4]。

ハーキンズ軍事援助司令官は一九六三年半ば近く、昨年は「百回単位」の出撃だったが今年は「千回単位」だと自慢げだった。この頃までに武装ヘリは「しばしば戦闘機の役目を果たし、地上掃射を行うようになっていた」と『ニューヨーク・タイムズ』記者ハルバースタムはいう。アメリカの介入拡大という点からしても、ヘリの導入はきわめて重要な出来事だった[5]。

それ以上に、大使館のメクリン広報担当参事官によれば、ヘリの登場はこの戦争に「劇的なまでに新たな次元」をもたらした[6]。

第一に、輸送力の革命。大部隊を比較的短い時間で、地上輸送が困難な場合でも戦場に、時には敵の支配地域奥深くまで送りこめるようになった。とくに山岳地帯、ジャングル、湖沼地帯では重宝だった[7]。

アメリカは初めて南ベトナム政府軍を「必要とされる場所ならどこへでも」運べるようになった。ジャングルの奥でさえベトコンの「聖域」でなくなり、敵は明らかに「動揺しているように見えた」とメクリンはいう。ヘリによって「さもなくば近づけない地域に浸透することができ、ゲリラ兵力から主導権を奪う」ことが可能になったと国防省は一九六三年初め、誇らしげに発表した[8]。

第二に、戦術および戦略面の革命。その中核が空中機動性（Air Mobility）である[9]。

神出鬼没のゲリラには、奇襲攻撃こそが成功の「鍵」だった。マラヤでのイギリスの経験によれば、ジャングルを一〇時間行軍するのと同じ成果を、ヘリなら一〇分間飛ぶだけで達成できるはずだった[10]。

ヘリは政府軍が用いる戦術の中心に据えられた。ヘリによる「立体進攻」作戦は効果抜群だった。一九六二年の早い段階で、ヘリは軍事的な潮流をはっきりと変えた。ハーキンズは武装ヘリ部隊を「私の指揮下にある最も不可欠な部隊」と絶賛した[11]。

ヘリと武装兵員輸送車

国務省情報調査局長から極東担当国務次官補となったヒルズマンのいう「ファンタスティックな機動力」をもたらしたのは、ヘリだけの手柄ではない。輸送機、通信機などを含むアメリカの総合力が「ベトナム人の戦術的機動性を著しく向上させた」のである。とりわけヘリがもたらした機動力と大規模空爆の組み合わせは、戦争を変えつつあったとされる。[12]

地上での期待の星、Ｍ113水陸両用武装兵員輸送車との連携が大きな効果を上げた。一九六三年五月初め、ヒルズマンは、ベトナムの自衛能力向上に貢献した行動として「ヘリコプターとＭ113」の導入を挙げている。[13]

Ｍ113は一九六二年三月以降、続々とベトナムに送り込まれた。当初は兵員輸送が主任務で「戦場でのタクシー」扱いだったが、ほどなくその速力、火力、機動性などから敵に「緑のドラゴン」と恐れられるようになった。とくに水田や運河だらけのメコンデルタでは、ヘリとともに大活躍だった。機関銃を備え、一二名の歩兵を乗せて最高時速六〇キロ以上（水中は六キロ程度）で戦場を駆けまわっていた。[14]

ハーキンズは一九六三年五月、Ｍ113が「素晴らしい戦闘車両」だと手放しだった。ゴ・ジン・ジエム大統領に対してもそれが「計り知れない価値」を持ち「ベトコンとの戦争できわめて困難な状況下でよくやっている」と伝えている。[15]

問題がなかったわけではない。むき出しの機銃射撃手は弱点の一つだった。ガソリンエンジンを搭載し、アルミ製の薄い装甲しか持たない車両は燃えやすかった。狙撃にも地雷にも脆弱で、小火器や手榴弾だけでもうまくやれば破壊できた。しかも作戦行動中、田畑の作物を踏みつぶして農民の敵意を買った。[16]

反撃するゲリラ

民族解放戦線は最初、ヘリにどう対処すべきかまったくわからなかった。迷信深い彼らにとって、突然姿を現し自分たちに襲いかかるヘリは空の怪物も同然だったという。とくに最初の数カ月、ゲリラは逃げまどい、時に隠れ場所から飛び出してヘリの餌食になった。[17]

彼らは大きな痛手を被り、破竹ともいうべき勢いが止まった。彼らはこの時、三度目の重大な危機に直面していたという。ちなみに一度目は第二次世界大戦直後の飢饉、二度目は一九五〇年代後半、アメリカによるジェム政府の急速な強化である。一九六三年一月、捕虜から得た情報として、「ヘリボーン作戦がベトコンの士気に大きな影響を与えてきた」こと、ゲリラがつねにみずからの危険を感じていることなどが報告された[18]。

だがほどなく彼らは、ヘリの速度や上昇率、旋回性能、操縦パターンなどを踏まえ、対策を講ずるようになった。ヘリを発見すると味方に狼煙で知らせる。兵力を分散して被害を最小限に食い止める。早期警戒態勢をとり、偽装によってヘリの攻撃目標を攪乱する。対空砲火を充実させる。地上に障害物を置いて着陸を阻む[19]。

彼らは逃げまどうより、反撃するほうがはるかに効果的だと悟った。この変化がアプバックの戦いにおける勝利につながったのだという。しかも彼らはこの戦いから、今後ヘリを迎え撃つうえでさらに有益な教訓を得た[20]。

弱点を突かれる

低空飛行時や発着時、とくに回転翼に一撃を加えられるとヘリも弱かった。着陸地点の制約、速度の低さ、航続距離の短さ、砲弾丸搭載量の少なさ、騒音の大きさ、故障発生率の高さなど、多くの弱点を抱えていた[21]。

ゲリラはヘリが十分活躍できないジャングルの奥深くや山岳地帯で力を蓄え、ヘリの着陸予定地点に地雷や竹槍を敷設し、待ち伏せ攻撃をかけた[22]。

国務省極東局のベトナム作業班長ウッドは一九六三年四月、「わが方の損害は大部分がヘリ作戦で生じている」こと、とくに「ヘリにとって最も危険な地域はデルタであり、そこにベトコンの大部分が存在している」ことを懸念した。武装したＵＨ１など「アマチュアの攻撃兵器」にすぎない。速度や火力を考えれば飛行機のほうがましだ。彼は、「それ以外の装甲の薄い運搬手段と比べても、ヘリにはもはや価値はない」とまでヘリをこき下ろしている[23]。

対策としては、地上から小火器が届かない高さで飛ぶこと、目的地まで直線飛行を避けること、事前に写真偵察でヘリ着陸予定地点を熟知しておくこと、その周辺をあらかじめ掃討あるいは爆撃し、安全地帯を確保しておくこと、武装ヘリを同行させることなどしかなかった(24)。

ヘリ初撃墜は一九六二年二月初め。一九六三年三月までに敵の対空砲火で二〇機が失われた。別の統計によれば、一九六二年には四機、六三年には九機のヘリが失われた。ヘリ作戦による米軍将兵の損失は一九六一～六二年で七人、六三年で三五人である(25)。

たちまち失速

遅くとも一九六三年初頭までにはヘリ投入の効果が失われ、民族解放戦線が主導権を奪回していた(26)。一九六三年四月初め、訪米したトンプソン英軍事顧問団長はケネディ大統領に、ヘリが「ベトコンの集結を阻止し、ベトコンを驚かすには有益な道具」ではあっても「大規模な勝利にはつながらない」と指摘した。実際にこの年前半、敵はヘリへの対処法を学びつつあった。一九六四年早々のことだが、民族解放戦線のグエン・フー・ト（Nguyen Huu Tho）議長は、アメリカが展開する特殊戦争の動揺を示す証拠として、戦略村の破綻と並んでヘリの効果喪失を挙げている(27)。

さまざまな弊害も表面化した。第一に、ヘリの導入は燃料や機器整備を含め、経費の膨張をもたらした。酷使されたヘリはしばしば故障した。修理や整備は民間企業に委託され、余計に経費がかかった(28)。

第二に、ヘリへの過剰な依存が生じた。政府軍将兵は空中に停止するヘリからなかなか地上に飛び降りようとしなかった。アプバックの戦いでの失態もその一つの表れだった(29)。

第三に、ヘリの大々的な活用は長期的な、目立たない形で戦争遂行を阻害した。たしかに政府軍は貧弱な道路に依存しなくてすむようになった。だが国民のほぼ八割はまさにそうした貧弱な道路や水路沿いに住んでいた。そこを使おうとすれば当然必要だったはずの、住民の慰撫も、地域的な掌握も軽視された[30]。

ヘリが空を自由に飛び回ったところで、彼らが輸送した部隊がそのまま陸上で機動力を発揮できるわけでもなかった。しかし「未発達の国は、わがほうがヘリコプターによる機動力の優越と、無線通信能力の優越を活用するうえで理想的な場」だという発想が、こうした弊害にまったく目を塞がせていた[31]。

2　枯葉作戦

眺望確保

ベトナム戦争のもう一つの象徴がランチハンド作戦（Operation Ranch Hand）、つまり枯葉剤散布である。ケネディは一九六一年夏に枯葉剤の試験的散布開始を、一一月にはその継続を正式に承認した。一九六二年一〇月初めには穀物破壊を目的とする薬剤散布も承認された[32]。

当初許可されたのはあくまでも「限定的実験」だった。これが「実験計画」ないし「パイロット計画」だという認識はその後も維持された。眺望はどれほど確保できるのか。穀物はどの程度破壊できるのか。住民はどのような反応を示すか。国際世論はどう動くか。どう対処すれば効果があるか。着々とデータが蓄積されていった[33]。

一九六三年三月、ラスク国務長官は政権「最高首脳」の強い意向として、眺望確保と穀物破壊の詳細なデータ、今後の見積もり、作戦継続の是非についての勧告、軍事的効果を最大にし政治的悪影響を最小にできる方策などについて、サイゴンの大使館に意見を求めた[34]。

枯葉剤散布の目的は第一に眺望確保である。一説には、枯葉作戦の九〇％はそのためだった。国務省内の研究によれば、樹木の脱葉によって眺望が増せば、味方の発砲により適した状況が生まれ、同時に敵の待ち伏せ攻撃の可能性が減じるはずだった。身を隠すことができなくなった敵を排除できるとも考えられた[35]。

マクナマラ国防長官は「通信ラインをきれいにして、反乱鎮圧作戦を支援すること」「ベトコンが支配する地域から選んだ場所で、空からの眺望を改善すること」「砲撃対象地域の掃討を支援し、近距離からの待ち伏せ攻撃の可能性を減少させること」を目的に挙げている。国防省国際安全保障局のハインツによれば、実際に作戦は「地上の通信ラインに沿って」行われていった。具体的には鉄道・道路・水路・軍事施設などに近接する地域である[36]。

穀物破壊と威信誇示

目的の第二は穀物破壊である。「ベトコンに打撃を与える最も効果的な方法は、彼らから食糧を奪うこと」だとラスクはケネディに伝えた。ジェム大統領の弟で政府の実権を握るゴ・ジン・ニューは、ゲリラが食糧難から山岳民族を圧迫し、彼らの離反を招くと算盤をはじいた[37]。

国家安全保障会議のフォレスタルによれば、穀物に限って打撃を与えることは技術的に十分可能だった。一九六二年夏、レムニツァー統合参謀本部議長は「人々を爆撃しても殺しても焼き出してもよいというのに、飢えさせてはいけないというのは奇妙なこと」だと論じた。この年秋、サイゴンの大使館や軍事援助司令部などは、共産側による「食糧戦争」非難を考慮してもなお、それをうわまわる「軍事的利点」があると主張した[38]。

枯葉作戦はかねて「ジェムお気に入りのプロジェクト」でもあった。彼は一九六二年三月、ハーキンズ軍事援助司令官に、穀物破壊作戦の継続を強く要求している。一九六三年六月にも、軍事作戦を展開中の地域で穀物破壊にアメリカの支援を緊急に求めている。九月末、サイゴンを訪れたマクナマラとテイラー統合参謀本部議長に、「一〇月末までに攻撃をかけなければ、新たに穀物が収穫され、何カ月も敵を支えることになってしまう」と訴えるほどの力の入れようだった[39]。

第三に、軍事力と科学技術の優位を誇示する目的もあった。ニューによれば、とりわけ山岳民族の目には枯葉剤は「強力な兵器」に映るはずで、その威力を目の当たりにすれば「ベトナム政府のほうがより強大であり、味方をしなければならない」と彼らは考えるはずだった。ランチハンド作戦がもともと「黄泉作戦（Operation Hades）」の名を冠されていたところに、そうした発想が見てとれるかもしれない[40]。

疑問の声も

一九六三年三月半ば、反乱鎮圧特別研究班は「枯葉剤使用の継続を軍事的に正当化できる理由の再検討」で合意した。四月初め、ケネディはホワイトハウスを訪れたトンプソン英軍事顧問団長に、「枯葉作戦と穀物破壊計画についてもう一度再検討」を依頼している。枯葉剤の効果には疑問の声もないではなかったからである[41]。

第一に、眺望確保の効果は「部分的」なものでしかない。ゲリラの「待ち伏せ攻撃が隠れ場所として利用するのは、概して葉ではなくむしろ地形」である。どうしても樹木を取り除くのなら「手で切り倒すほうが簡単かつ効果的で、おそらく経費もかからない」。一九六三年四月、国務省内の研究はこう指摘した[42]。

その少し前、訪米したトンプソンはケネディに、「たとえ葉が枯れても、十分な枝や幹が残っていればベトコンは身を隠すことができる」と指摘した。五月下旬、豪訓練使節団のセロング大佐も「道路の両側少なくとも数百ヤードにわたって下草をなくさない限り、待ち伏せ攻撃は減らせない。それは現実的に不可能である」と見た。葉が落ちた後も枝や幹は残ったし、ゲリラが身を隠すのは道路の曲がり角、丘の向こう、谷などだった[43]。

第二に、穀物破壊の効果にも疑念があった。すでに一九六二年五月早々、ヒルズマン国務省情報調査局長は大統領軍事顧問のテイラー将軍に、それが「戦争の現段階ではたいして役に立たない。戦略村計画が実行されないうちは、ベトコンは依然として非共産主義の村に近づけるからだ」と述べている。七月、彼はハリマン極東担当国務次官補に、穀物破壊が「効果を上げようとすれば、計画は大々的に行われることになるが、ベトコンが現在のように広範囲に分散しているうちは、政府に大規模な計画が実施できるかどうかは疑問である」と伝えた[44]。

一九六三年五月、セロングは「穀物破壊が有効な戦術だというのは疑わしい」との結論を下した。フォレスタルはのちに、森林を素通しにすることも、食糧を破壊することもままならなかったと述懐している[45]。

内外の非難を懸念

第三に、化学戦争に対する国際世論の非難という「政治的反動」（ヒルズマン）を引き起こす危険があった[46]。マロウ（Edward R. Murrow）文化情報局（ＵＳＩＡ）長官は一九六二年夏、アメリカ国内では「化学・生物戦争」に対して「少なくとも核戦争によって引き起こされるのと同程度に激しい感情的な反応」が予想されるとした。事実、内外のメディアも、のちにベトナムでの非人道的行為を告発する哲学者ラッセル（Bertrand Russell）のような人々も、薬剤使用に厳しい目を向けつつあった。一九六三年四月、トンプソンはケネディに、「得体の知れない化学物質の使用にはアジア人は無条件に嫌悪を抱く」ことを指摘した[47]。

民族解放戦線も、北ベトナムも、中国やソ連なども毒物使用を糾弾した。リンドン・ジョンソン副大統領の補佐官バリス（Howard L. Burris）大佐は一九六三年春、ジョンソンに「この比較的無害な作戦に対して、共産世界全体で反対宣伝が激化している」と伝えている[48]。

三月、北ベトナムは国際監視委員会（ＩＣＣ）にこの問題を提訴した。ノルティング大使はこの「『有害化学薬品』論争」に国際監視委員会が関与することに反対した。国際監視委員会の一員カナダも同意見だった[49]。

四月、国際監視委員会から南ベトナム政府に、この件で問い合わせがあった。北ベトナムの告発も無視できず、議長国インドも調査に応じる姿勢に転じつつあった[50]。

だがそうした調査はおそらく長引き、ハノイの宣伝に資するところになろうと懸念された。だからサイゴンの大使館は、調査の阻止が「緊急に必要」だと主張した。だがまんいち調査が行われるとすれば、国際世論の手前「われわれは国際監視委員会の調査を阻止する努力を積極的に行うべきではない」ことはノルティングも認めていた。アメリカにとって国際監視委員会の「雑音」（フォレスタル）は厄介な問題であり続けた[51]。

3　正当化の論理

お構いなしに前進

推進派は動じなかった。穀物破壊は「最善の情報によって正確にベトコンの耕作地もしくはベトコンの支配地だと指し示せる具体的な場所に限って」行われる。「山岳民族にも間接的な影響がある」ことは認めざるをえないが、「高地でベトコン支配地域をかなり正確に指し示すことは可能」だ。「ベトコンの穀物と山岳民族の穀物の区別」を行ったうえで薬剤を散布すればよい。一九六二年秋、ノルティングとハーキンズはこう主張した[52]。

一九六三年三月、ラスク国務長官は枯葉作戦非難の「政治的影響は現在のところ無視できる程度」だと見ていた。だが「朝鮮戦争で化学戦争が非難された時のような、大々的な試みに転じる潜在的可能性」も否定できなかった[53]。四月、国務省内の分析は共産側の宣伝がこれまで「ベトナムの国内でも国外でもたいして意味のある影響を及ぼしていない」と指摘した。いまさら薬剤散布を中止したところで連中の非難は止みはしない。もし中止すれば図に乗ってさらに宣伝を強化するだろう[54]。

フォレスタルも同じ論法で、「この種の作戦を始めたことで、われわれはすでに宣伝の嵐を呼び起こしてしまったのである。もしいま中止すれば、おそらく宣伝はさらに続き、なんであれ薬剤使用がもたらす軍事的効果をみずから拒むことになってしまう」とケネディを説得にかかった。ハノイの宣伝がもたらす影響を懸念するマロウでさえ、「積極的にではないが」枯葉作戦継続に賛成票を投じた。[55]

三月、ノルティングは、いまのところ民衆に悪影響は見られず、国際社会で人道的な問題が持ち上がるとも思えないと楽観的だった。いや、共産陣営による非難は「ベトコンが傷つけば傷つくほど継続し、増大するだろう」と彼は気にもとめていない。ダン・ドゥック・コイ南ベトナム情報局長官代理も「ベトコンの宣伝による反応はその効果を示すよい証拠」だとむしろ意気軒昂だった。[56]

北ベトナムによる非難は否定せよ。ただし相手にするな。アメリカが南ベトナム政府に求めたのはこれだった。一〇月末のことになるが、サイゴンのアメリカ側出先機関からは「非難宣伝のコストは相対的に低い」ので気にする必要などないという考え方が示された。[57]

薬剤は人畜無害

あの手この手の正当化も試みられた。第一に、使用される薬剤はまったく無害である。これは枯葉作戦ではなく「除草作戦」だ。薬剤は「アメリカでも世界のその他の地域でも行われているのと同じ」ものだ。「世界のたいていの場所」で購入できる、ごく「標準的な商品」にすぎない。動物にも人間にも土壌にも「まったく無害」である。これが一九六三年春、大統領の記者会見を含む内外世論への反駁のため準備された回答だった。七月、薬剤使用に反発するアメリカ国内の聖職者たちに向けても、同様の反論がなされた。[58]

マロウはサイゴンの大使館に、この「化学薬品はアメリカ国内でも広く使われている」ことを説明するよう指示した。カナダ外務省も三月末、現地で活動する国際監視委員会の自国メンバーに、「世界中で民間に使われている化学薬品」を軍需物資と見なして非難するのは馬鹿げているとの見解を伝え、ポーランドがこの問題を政治的に利用していると非難することを命じた。三月、ワシントンでは国務省も国防省も、枯葉剤がいかに人畜無害かを強調した[59]。

　四月末、英外務省はジュネーブ協定の共同議長国であるソ連に、この種の「除草剤」は「イギリス・アメリカ・ソ連その他で広く使われており、人畜無害」であり、共産側による非難宣伝には根拠がないとの見解を伝えた。ボール国務次官はロンドンの大使館に、ソ連では一九六五年までに四万トンに及ぶ除草剤が必要となるが、その半分は枯葉作戦に使われるものと同じだとの情報を伝えている[60]。

　じつは四月中旬、フォレスタルはケネディ大統領に「ベトナムで用いられてきた薬剤は、アメリカ国内で広く使われているのと同じ、普通の除草剤」だと述べていた。ケネディ政権内には、外向けの強弁でも宣伝でもなく、かなり本気で枯葉剤が無害だと信じる者がいたのである[61]。

　南ベトナム政府も反撃に出た。撒かれているのはアメリカでもソ連でも使われ、世界中で農民が購入できるごく普通の除草剤だ。政府軍将兵が誤って薬剤を身に浴びてもまったく害は出ていない。三月、ファン・バン・タオ（Phan Van Tao）情報局長官はサイゴンで大々的な記者会見を開き、共産側の非難は事実無根だと一笑に付した。住民の前でみずからの腕に薬剤を塗布するという派手な宣伝さえ行われた。三月、ＶＯＡ（アメリカの声放送）は、北ベトナムの非難は「まったくのつくりごと」だとするジェム大統領のインタビューを放送した[62]。

　各地でパンフレットが配布され、ラウドスピーカー搭載の飛行機が宣伝につとめていた。薬剤の無害さを示す展示会も開催された。四月、当時原子力局長だったブー・ホイ（Buu Hoi）教授はサイゴンで記者会見を開き、薬剤が人間にも動物にも無害だと断言した[63]。

危険性には配慮

第二に、散布は十分慎重に行っているとして正当化された。国防省国際安全保障局のハインツは、薬剤が「人間に向けられたことも、害が生じたこともない。森林に撒かれただけだ。それもほとんどは深いジャングルに散布された。ベトナムにはそうしたところがたくさんあったのだ」と述べている[64]。

一九六二年秋、ワシントンを訪れたグエン・ジン・トゥアン国務相はケネディに、薬剤を散布するのは「ベトコンが一五年もの間利用してきた地域」だと説明した。「ベトコン陣地は近づけない地域にあり、そこには無辜の住民も現地の部族も住んでいない」。念を入れて事前に住民に説明もし、警告もしている。農作物などに被害が発生すれば、早急に補償を行う体制もできているが、そのような事例はまだ一つもない。南ベトナム政府はこう胸を張った[65]。

一九六三年五月初め、南ベトナム政府は国際監視委員会に書簡を送り、北ベトナムの非難には根拠がないとした。それどころか、かえって南ベトナム侵略から国際世論の目をそらす意図があると糾弾した[66]。

第三に、枯葉剤使用のやむなきにいたったのは、ゲリラの脅威ゆえのことだとされた。連中の待ち伏せ攻撃から政府軍将兵が身を守り、その移動を容易にするためだ。敵の食糧調達を妨害したり待ち伏せ場所を奪ったりするのは、マロウにいわせれば「反乱鎮圧のごく普通のやり方」であり、何の問題もなかった[67]。

カナダも、枯葉剤散布は北ベトナムが支援する「敵対的活動への自衛のためにとられる手段」にすぎないとの立場だった。ジェムはマクナマラ国防長官やテイラー統合参謀本部議長に、枯葉剤は「たんなる勝利への道具」にすぎないと述べた。「穀物破壊も脱葉計画もともに有益で、戦争の早期終結には必要である。……もしこの戦争をさらに何年も長引かせたいのであれば、こうした計画を止めてしまえばよい」というのが彼の論理だった[68]。

4　散布は続く

上々の成果

一九六二年秋、マクナマラはケネディに、マングローブの森では九〇～九五％、常緑樹林や灌木地帯では六〇％の脱葉効果があると説明した。一九六三年三月、ラスク国務長官は「軍事的効果はまだ不明」だとしながらも、水平線上の見晴らしが「六倍」も向上し、敵の活動が減少気味であることを高く評価した[69]。

マングローブの森を相手なら枯葉作戦は十分成功している。樹木の生育期に適量を使えば今後も効果が期待できる。それは治安改善に貢献している。少なくとも「数多くの反乱鎮圧キットの道具の一つ」として有用だ。これが四月、統合参謀本部の判断だった[70]。

根拠はサイゴンからの報告だった。三月、ノルティング大使は枯葉作戦が「治安状況に広範な影響を与えているように思える」とした。七月には、マングローブでは六～七〇％ほど視界が向上したと報告している。ノルティングの後任となったロッジ大使もこの年秋、枯葉作戦が軍の作戦に「好ましい直接の、しかも持続的な影響」があると報告した[71]。

穀物破壊について、最終的な結論は避けながらもラスクは「食糧が不足している地域では、軍事的な意味で非常に効果的」だとした。国務省内の分析も「食糧の不足する地域でベトコンに打撃を与えるうえで潜在的な重要性を持つ」と認めた[72]。

テイラーは、穀物破壊の「軍事・技術的に素晴らしい」成果を激賞した。フォレスタルはケネディに「ベトコンの戦闘員に食糧を与えない」という「明らかな軍事的価値」を強調した。枯葉剤が「おおむね成功した手だて」と見られたからこそ散布が続けられたのだと、ハインツはいう。[73]

唯一の気がかりは政治的な悪影響だった。だが枯葉作戦それじたいも、共産側の宣伝もほとんど南ベトナム国内には影響を及ぼしておらず、国際社会の反応も「無視できる程度」だと判断された。[74]

制約に苛立ち

内外の批判を避けるには、枯葉作戦は「選択的かつ慎重に管理された」（マクナマラ）計画でなければならなかった。一九六二年末まで、散布地域の選定にはホワイトハウスの承認が必要だった。軍の要求は認めつつ、そこに厳しい条件をつけて介入の程度を制御しようという、ケネディ政権の特徴が指摘されている。[75]

ノルティングは一九六三年三月、国務省にこう請け合った。散布は「ベトコンの軍事および補給作戦に打撃を与えられると判断できる」場合、「明確な、かつ正当化できる軍事的効用がある」場合のみ行われる。つまり敵が食糧を得る場所か、政府軍を待ち伏せている場所だけだ。敵の打撃が最大に、住民の被害が最小になるよう、選定には十分慎重を期している。[76]

それでも安心できないラスクは五月、作戦実施にいくつもの条件をつけた。回数を限定すること。地勢・植生が薬剤散布に最適な場所や、敵の占領地域だと判明している場所、敵が食糧不足に苦しんでいる場所、人々の居住地から遠い場所に限ること。住民のいる地域で散布が必要でも、軍事的利点が明白で、樹木除去に薬剤しか頼れないような事例に限ること。もちろん十分な補償や避難計画を実施することなどである。[77]

だがその一年以上前、早くも一九六二年二月の段階で、マクガー軍事援助顧問団長はフェルト太平洋軍司令官に、「薬剤使用にアメリカが課している制限にベトナム人が苛立ちを増している」と報告している。この年夏、マロウ文化情報局長官は「もしベトナムで枯葉剤を使えば勝てるが使わねば負けるのだとすれば、使うべき」だとした。ラスクもケネディに「それなしにベトナム人がベトコンを鎮圧できるのでない限り、新技術の活用をこちらからむざむざ放棄すべきではない」と進言した。[78]

ノルティングもハーキンズ軍事援助司令官も、敵のほうが枯葉作戦で被る打撃は大きく、たとえば中央高地で巻き添えを食った山岳民族も慰撫できるとしていた。それどころか「少なくとも山岳民族の一部は、ベトコンを助けたくないために彼らの穀物破壊を歓迎するだろう」とさえ主張した。国務省極東局のベトナム作業班長ウッドによればいったんは「国務省で撃ち落とされた」はずの穀物破壊作戦が、一九六二年夏に復活する。[79]

国防省国際安全保障局のハインツは、枯葉作戦はベトナム人の戦いを支援する「多くのものの一つ」にすぎず、当時反対などまったくなかったと述懐する。それは「軍事的に必要な行動として正当であることは疑いない」（マロウ文化情報局長官）、安価にゲリラという脅威を除去する手段でしかなかった。[80]

白紙委任状を

一九六二年一一月、マクナマラはハーキンズとノルティングに枯葉作戦の監督を委ねるよう大統領に進言し、アレクシス・ジョンソン政治担当国務次官代理もこれに賛同の姿勢を見せた。一九六三年三月、ハーキンズとノルティングは目標決定を始め、枯葉作戦の実施を現場の判断に任せるようあらためて求めた。四月までにサイゴンからの要求は「穀物破壊を含むあらゆる薬剤散布作戦の権限」に拡大した。国務省内の検討も、今後も詳細な計画の監視を続けること、ゲリラが居住しそれ以外に食糧を得られない地域に限定すること、宣伝活動や補償を十分に行うことなどを条件に、枯葉作戦の権限を現場に与えるよう提案した。[81]

四月までに「枯葉剤散布（除草作戦）に限り」全権は与えられていたが、国務省と統合参謀本部はさらに、穀物破壊作戦の「白紙委任状」をサイゴンに与えるよう求めた。五月初めまでに、大使と軍事援助司令官は枯葉作戦を開始する権限を手にした。穀物破壊のみ、事前に極東担当国務次官補および国防省の了承が必要だった。[82]

七月末、大使館と軍事援助司令部は九月末までのデータをもとにワシントンが枯葉剤を「将来も使用するかどうか判断」するよう提案した。一〇月末、サイゴンからは穀物破壊作戦の権限拡大の要求が届いた。「化学薬品による脱葉および穀物破壊作戦はベトコンに対する効果的兵器」だと信じる彼らは、「現在の承認手続きがあまりに遅すぎる」ことに苛立ちを隠さなかった。[83]

嫌悪感を乗り越えて

ケネディは枯葉剤を嫌悪していたといわれる。穀物破壊の実態を知り、統合参謀本部を相手に「まさに荒れ狂った」こともあったという。国家安全保障会議のフォレスタルによれば、そもそもケネディは「この手のことに関わりたくなかった」のである。できることなら枯葉剤など使いたくない者は彼一人ではなかった。一九六三年一〇月末、省庁横断のベトナム作業班長である国務省極東局のカッテンバーグは、薬剤散布の被害への補償などを急ぐとともに「化学薬品を使わない枯葉作戦」に力点を置くべきだと主張した。[84]

だが注目すべきは、農民から穀物を奪い、場合によっては身体に害を及ぼすなどの「深刻な障害」を考えてもなお「一定条件下では効果的な穀物破壊計画がもたらす利点のほうが大きい可能性がある」と、慎重派のヒルズマン国務省情報調査局長ですら、早い段階から考えていたことである。敵が食糧確保に汲々とするようなことになれば、枯葉作戦にともなう「政治的代価は受け入れられる可能性がある」というわけである。[85]

アメリカはその後、一九七一年までほぼ一〇年間にわたって枯葉作戦を続けた。二四〇〇万ヘクタール（ほぼ関東全域に匹敵）に、七万トンないし九万トンの有害物質をまき散らしたのである。[86]

それを最初に始めたのがほかならぬケネディだった。政権内の反対論も重々承知だが、「軍の助言者たちにいつもノーというわけにはいかない」というのが彼の言い訳だった[87]。

ナパームの炎

枯葉剤と比べて「土壌や人命にとってより破壊的」な兵器もあった。ナパーム弾である。実際にベトナム戦争で使われたものは、八〇〇〜八五〇度もの高熱が一五分間、六千平方メートル（幅一キロ、長さ二キロの範囲ともいう）を焼き尽くした[88]。

ハーキンズはそれを「神の恐ろしさをベトコンに骨の髄まで叩き込む」うえで「非常に効果的」な兵器と見ていた。ヒルズマンは、彼が「理論上は少なくとも彼らが共産主義者であり、したがって無神論者だということを忘れていた」ようだと皮肉っている[89]。

一九六二年五月、大統領軍事顧問だったテイラー将軍は「ナパーム弾と枯葉剤の間に違いはない」と述べた。しかしヒルズマンは「枯葉剤を使えば化学戦争という非難を招きかねない。朝鮮戦争の時もそうした宣伝活動があったし、村民たちも非難を受け入れやすい」と反論、大統領もこれに同意した。ナパーム弾はむしろ枯葉剤より使いやすかった[90]。

ナパーム弾を使った後の写真を見せられたケネディはその残虐さを嫌悪したという。フォレスタルによれば、ケネディは枯葉剤もナパーム弾も対人地雷も、なんとか軍に止めさせようと尽力したのだが押し切られてしまった。それほど「政治的欠陥をともなう軍事的装置の使用について大統領の許可を求める軍からの圧力」（ヒルズマン）は強かった。ナパーム弾はその後も使われ続けたのである[91]。

5　ハイテク依存の限界と弊害

新兵器の実験室

一九六二年七月、テイラーはケネディに「反乱鎮圧計画に関わる技術者と装置の実験室」として南ベトナムは有望だと述べた。彼は「大統領は繰り返し、ベトナムの状況を利用して反乱鎮圧に関連する技術や装置の研究や実験を行いたいという欲求を力説」したと回顧している。戦場で有効性が試されていない多くの戦術や科学技術がベトナムにもたらされ、日々その結果と教訓をもとに改廃が行われた[92]。

国防省では「反乱鎮圧用の新たな技術」の研究開発に拍車がかかった。国務省政策企画委員会の考えでは、ゲリラ戦争に適した装備・技術・戦術の開発は、どれをとっても高い優先順位にあった[93]。

たとえば小柄な南ベトナム政府軍将兵が野戦で用いるための軽量通信機。近距離で有効な軽いライフル銃。毒ガス兵器。対人兵器「レイジードッグ（Lazy Dog）」。大雨を降らせて敵の人員や物資の輸送を阻もうと、気候調節も試みられた[94]。

一九六二年秋までに政府軍の主要部隊はすべて電話で結びつけられた。敵が旧式の通信機を用いて行う連絡を傍受し、その発信位置を特定できる装置も投入された。通信者ごとにキイの打ち方の癖まで把握できたという。攻撃を受けた戦略村が救いを求めるための警報態勢も続々と整備された[95]。

海や河川でゲリラを補足するため、小回りのきく小型ボートも重宝された。第二次世界大戦で若きケネディ中尉が艇長をつとめた魚雷艇ＰＴボートも、アメリカ国内に残っているものをかき集めてベトナムに送られた[96]。

ベトナム伝統の帆舟《ジャンク》を用いる部隊も拡充された。一九六三年五月、合計六四四隻ものジャンク部隊が、北緯一七度線付近やシャム湾、メコンデルタで監視の目を光らせているとハーキンズはジェム大統領に請け合っている。[97]

国防省の研究開発担当部門はこの「奇妙な形の戦争」（ギルパトリック国防副長官）に貢献しようと懸命だった。赤外線射撃装置、超小型ロケット（いわば吹き矢の近代化）、爆発ガス、蛍光塗料の手榴弾などの開発、ヘリの装甲や軍用食の改善など、一九六二年に研究開発の対象となった装置や兵器は三二一種を数えた。[98]

一九六三年春、『ニューズウィーク』記者の一人が、開発中の対人兵器を入手した。地面の少し上で爆弾が破裂、小型の矢が四方八方に飛散するものである。それは国防省のある大佐が、机の引き出し一杯の中から彼に寄こしたものだった。ケネディの隣人だったブラッドリー（Benjamin C. Bradlee）ワシントン支局長は記者からこれを借りて、確認のため大統領に見せた。ケネディは最初「感心して見ていたが、やがてガク然」となった。[99]「だれかトンマが、くれたんだって？」と驚愕、「いったい、何をしてるっていうんだ！」と激怒したのである。

無力さも露呈

厄介なことに、新兵器の効果は多くの場合、ごく一時的なものだった。マクナマラ国防長官はのちに「われわれは当時――それ以来ずっとそうだが――近代的なハイテクの軍事的装備、それらを備えた軍隊、ドクトリンが非通常型の、きわめて強い動機を持った人民の運動に直面した場合の限界を認識できなかった」と反省している。[100]

ケネディ政権末期までに、そうした限界は明らかだった。いやもっと早くからわかっていた。ゲリラ戦争について「われわれが持っている知識の多くはベトナムには適用できない。われわれの力をどう用いるべきか、軍が掃討を終えた後の地域をどう保持するか、学ばなければならない。人々を自衛のためにどう動員するか、発見しなければならない。ゲリラを民衆から切り離す方法を見つけなければならない」と国務省極東局のベトナム作業班長ウッドとその代理ヒーブナーが分析したのは一九六二年一〇月、ケネディ暗殺の一年以上も前のことである。[101]

一九六三年初め、アプバックの戦いで惨敗を経験した軍事顧問の間にも、アメリカがもたらす兵器や訓練の効果について疑問の声が上がっていた。ＵＰＩ通信のシーハン記者によれば「自分たちの高度の西欧的軍事技術がここではほとんど用をなさないことがわかってきた」からである[102]。

現地で助言にあたるトンプソン英軍事顧問団長はかねて、「装置」ではなく「脳と足」、つまり人間の力こそが大事なのだと、ケネディを含むアメリカ側首脳に力説していた。ヒルズマンもゲリラ戦争とは「主として脳と足の戦争」なのだと表明した。機械装置だけでは戦争に勝てはしないとの批判記事も現れた[103]。

科学信仰の反映

ケネディ政権は、ベトナムやラオスで跳梁跋扈する共産ゲリラ、彼らの政治的優位に科学技術の力で挑もうとした。発展途上世界のどこでも同じだった。一九六二年八月、国務省は、国境を越えた敵の浸透阻止について「この問題に近代技術のすべての資産を応用するための継続的な研究と実験」に対して強い期待を表明した[104]。

一九六三年五月、中南米諸国の空軍首脳を迎えた時、ケネディは、民族解放戦争なるものは「かなり昔から行われてきた類の戦いだが、対処するには高度な技術が必要」だと述べた。だがヒーブナーが八月末に述べたように、「軍事戦術面の助言に加えて、われわれはベトナム人に、彼らが持っていない技術的熟練と装備を供給している」という認識があった。問題は、ベトナム人技術者やヘリ・パイロットの養成を「ベトコンが待ってくれない」ことくらいだった[105]。

圧倒的な科学技術やそれに携わる専門家たちへの確信。世界最先端の技術をもってすれば解決不可能な問題はないという自信。それはベトナム戦争だけでなく、宇宙開発、環境保全、疾病撲滅など、いたるところに見受けられる特徴だといわれる[106]。

こうした信仰を具現化した人物が、マクナマラだった。『ニューズウィーク』のワシントン支局長ブラッドリーは彼が「物事はすべてハイテクを用いた解決法でなんとかなると考えていた」という。[107]

誰よりもケネディ自身がそうだった。スパイ小説『００７』シリーズのファンだった彼はＣＩＡに、ジェームズ・ボンドのような諜報員に一度会わせてくれと頼んだことがあるという。彼はそこに登場する新奇な、かつ小説上は効果的な装置にも目がなかった。[108]

科学技術依存の底流には、その効果への確信に加えて、それを活用した成功が可能だという尊大な思い上がりがあった。資金と助言、武器と技術を与えれば、あとはたいして犠牲を払う必要などないというわけである。[109]

ソレンセン大統領特別顧問は「アメリカが、この古いけれども新しい戦争に備えて、効率的に訓練・武器・指導力を提供できるとケネディは信じていた」と述懐する。介入に懐疑的だったボウルズ駐インド大使（前国務次官）でさえ、「大胆な政治計画に適度の米軍のコミットメントを添え、そこにほんのわずか幸運がともなえば」東南アジアで潮流を変えられると述べていた。[110]

✻　✻　✻

アメリカ建国以来培われてきた、そしてこれまで幾多の勝利をおさめてきた通常戦争的なやり方は一朝一夕には変わるべくもなかった。だがベトナムではそこに新たな要素が注入された。ヘリや枯葉剤を始め、ゲリラの追尾や殲滅に有効と思われる最新科学技術の投入である。戦争の通常化と並んでそれもきわめてアメリカ伝統の戦い方だった。南ベトナムの敗北とは、とりもなおさず米軍の、そしてアメリカ自身の敗北だったのである。

第Ⅱ部　ハーツ・アンド・マインズ

――政治戦争における齟齬――

第一章　国家建設競争の焦点

1　農民を相手の戦争

主戦場は農村

サイゴンの大使館で広報担当参事官だった元『タイム』記者メクリンによれば、この戦いにおける真の舞台は「水田と村落」だった。人口のほぼ八〜九割、一二〇〇万人以上が地方の農民だったからである。[1]農村はベトナム社会の基礎をなす。長老を中心に一体性を保ち、人々の帰属意識の対象である。それはリンドン・ジョンソン副大統領の補佐官バリス大佐にいわせれば、「ベトナムの社会構造の根本」に位置していた。[2]ヒルズマン国務省情報調査局長は一九六二年早々、これが「本質的に村落の支配をめぐる戦い」だと規定した。ボール国務次官も四月末、経済人たちを前に「村落や都市」で、そして「人々の精神と心情」で勝利を得るのだとの決意を披瀝した。[3]

前後してワシントンを訪れたトンプソン英軍事顧問団長も、「貧弱な統治組織」しかない中央政府ではなく、農村こそが「ベトナムにおける最良の行政単位」であり「ベトナム情勢にとっての鍵」だと指摘した。コルビー元ＣＩＡサイゴン支局長も「村落基本のやり方」を是としている。ゴ・ジン・ジェム南ベトナム大統領も一九六二年初め、マクガー軍事援助顧問団長に向かって、村落レベルで「最も緊急にとるべき行動」の必要を認めた[4]。

現地を視察したヒルズマンと国家安全保障会議のフォレスタルは一九六三年初め、農民の態度こそが「戦争全体の基本問題」だと再確認した。同じ頃、国務省極東局のベトナム作業班長ウッドはハリマン極東担当国務次官補に、アメリカは最大限「地方レベル」で戦っているのだと伝えた。サイゴンからは大使館のリンデン（Robert W. Rinden）経済担当参事官が、南ベトナムの政府と国家が存続するためには「軍事的な潮流を逆転させて国民的な精神を糾合」すること、「統治哲学を何らかの形で修正し、国民の好意と支援を得る」ことしかないと指摘した[5]。

ラスク国務長官は二月、農村が「社会・経済計画の焦点」だと全在外公館に伝えた。サイゴンの大使館に対しても三月末、敵を孤立化させる努力の「心臓部」に存在するのが農村だと強調した。国務省極東局のベトナム作業班長代理ヒーブナーは、ゲリラの脅威が減少しアメリカが介入を縮小できるかどうかは「ベトナム国民しだい」だと論じた。反乱鎮圧戦略の成否を握る鍵は「住民管理」にあったからである[6]。

ジェム政府崩壊の三週間後、ロッジ駐南ベトナム大使は「結局のところ戦争に勝つも負けるも農村部」だったと振り返っている。つまり「われわれが本当にやってきたのは人々の心を得る努力」だった[7]。

村にはびこるゲリラ

厄介なことに、農村は民族解放戦線、いわゆるベトコンの「組織や支援の基礎」でもあった。南ベトナムと並ぶ反共国家タイでも、共産主義者による破壊活動の目標は、「より強力なタイを建設する基本要素」である農村と農民だった[8]。

民族解放戦線は「農民の間に浸透し、破壊活動を行うことによって、彼らを政府から離反させる」（メクリン）ことをめざしていた。彼らの不安や政府不信、反米感情を煽り、後方の攪乱によって政府軍の弱体化を図る戦術である。

だから「民衆の支持を得るためには、いつの間にかはびこっている民族解放戦線の影響力を村落から除去しなければならなかった」と、第三軍管区司令官から参謀総長代理となり、ジェム政府打倒後には国防相をつとめたチャン・バン・ドン将軍はいう[9]。

ハーキンズ軍事援助司令官の述懐によれば、民衆の心を得るためには、「村落の中に諜報員を入れて、誰がベトコンかを見つけ出し、彼らの企みを台なしにする」のが一番だった。だがそれは無理な相談だった。ゲリラは自由にいつでも農村に近づけたし、農民の間から仲間を募ることもできたからである[10]。

敵は「政府の力のまさに根源——民衆、民主的な制度、資源」を攻撃しているのだと、一九六三年早々に現地の状況を目の当たりにしたホイーラー陸軍参謀総長は訴えた。CIAの分析では、依然として農民は「ベトコンの軍事組織を支える主要な存在」だった[11]。

フェルト太平洋軍司令官は、地方住民こそ「ベトコンの物資と情報の源泉」だと見た。逆に、彼らこそ「ベトコンの目標を打ち破るうえで潜在的には最強の力」だった。民族解放戦線から「活発な土着の基盤」を奪うことがさまざまな軍事作戦の目標だった[12]。

民衆と兵士の溝

困ったことに、南ベトナム政府軍が作戦行動をとると、「ベトコンの場合と比べても、民衆との関係により大きな害をもたらすことが多かった」とメクリンはいう。しかもウッドによれば、南ベトナム政府は軍の作戦で犠牲になった民間人への補償制度さえまったく整備していなかった[13]。

政府軍は「組織的に民衆の怒りを買っていた」と『ニューヨーク・タイムズ』のハルバースタム記者はいう。農民の暮らしなどお構いなしに大規模作戦を行う。鶏や家鴨を盗む。もっとも、ゲリラの報復を恐れ、政府軍に協力したのではなく「盗まれた」ことにする場合もあったから、被害の程度は若干割り引く必要があろう[14]。

一九六二年夏、ラスクは南ベトナムのブー・バン・マウ（Vu Van Mau）外相に、「ゲリラとの戦いにおいてベトナム軍に民衆の十分な支持を確保すること」が不可欠だと指摘した。しかし政府軍の将校は農民のことなどほとんど何も知らなかった。兵士は農民出身とはいえ、自分の村から遠く離れた場所にはなじみなどなかった。農民にとって政府軍は外国の占領軍も同然だった[15]。

この点、敵は対照的だった。民族解放戦線の元幹部チュオン・ニュー・タンによれば、民族解放戦線はこの戦いの政治的側面を「最優先」していた。農民の心を得るべく、兵士には徹底した政治教育が施され、厳しい規律が課せられた。金銭の授受は公正に行え。針一本でも盗むな。宿を借りても住居を荒らすな。酒は飲んでも酔うな。農民に礼儀正しく接せよ。彼らの敬意と愛情を得るため努力せよ[16]。

南ベトナム政府軍のチャン・バン・ドン将軍はある農民から、民族解放戦線の兵士は「われわれの子供であり、兄弟であり、われわれの村の一員」なのだと聞かされた。別の農民は「ベトコンはわれわれと同じような暮らしを送り、われわれと同じ姿で、われわれと住まいも同じだ。彼らの情報を与えるなどというのは無理だ」と語った[17]。

2　民心確保の努力

政府への忠誠心を

上院議員時代、「現地民衆の心からの支持」を得る必要を強調したケネディ。彼の政権を、「ハーツ・アンド・マインズ（Hearts and Minds）」すなわち民心獲得を重視する考え方が席巻した[18]。

ノルティング大使は、自分たちが「人々の心を得る広範かつ深遠な計画なしには、ベトコンを打倒するとか国土を平定するとかは不可能」だと十分承知していたという。ロストウ国務省政策企画委員長によれば、ゲリラ戦争とは「武器のみを用いて戦われるのではなく、村や丘に住む人々の頭の中で戦われる」ものにほかならず、とりわけ「地方政府を運営する人々の精神と政策」が大事だった。[19]

一九六三年初め、ヒルズマン国務省情報調査局長と国家安全保障会議のフォレスタルは大統領に、この戦争の「戦略的目的」は「たんにベトコンを殺すことではなく、人々の心を得ること」だと力説した。「ゲリラ戦争で確実に成功する唯一の手だては農民の心を得ること」（ヒルズマン）だった。一月末、国務省情報調査局は「人々の忠誠と支持」なしには勝利はおぼつかないし、敵がそれを得てしまえば打ち破るのは不可能だとした。二月、ラスクは全在外公館に「長期的には、この戦いは農民の忠誠心を獲得した側のものとなろう」と打電した。[20]

民生活動

無数の「村落を政府の行政と管理のネットワークに結びつける」（ヒルズマン）鍵が、民生活動である。純粋に軍事的戦いと区別して「もう一つの戦争（The Other War）」と呼ばれることもある。[21]

一九六二年末の国家安全保障行動覚書一一九号（ＮＳＡＭ119）はそれを、当該国の軍隊が「その社会の経済的基盤を強化し、軍隊と国民の連携を打ち立てるうえで、不可欠な手段」と捉えた。危機に見舞われているか、あるいはゲリラによる破壊活動の脅威が間近に迫っている地域で、民生活動への期待が膨らんだ。それは援助の供与、政治改革の実施、準軍事活動の拡充、警察力の強化、平和部隊（Peace Corps）の派遣など、すべてにかかわる重要な活動だった。ケネディ大統領は現存の、また今後の軍事・経済援助に民生活動計画が導入されること、アメリカ人の訓練チームがその「触媒」として機能することを望んだ。[22]

マクナマラ国防長官を補佐するゲリラ戦専門家ランズデールは一九六二年三月、重要な点として、第一に政府軍が民衆の友情を勝ちとること、第二に村落を反共ベトナムの強力かつ意欲的な構成要素に変えること、第三にそこで恒久的な統治構造をつくること、第四に人々の自助努力を支援することを挙げた。ラスクは四月、ノルティングに「ベトナムで成功できるかどうかは、かなりの部分、民生活動計画の成否にかかっている」ことを強調した。[23]

国務省情報調査局の分析によれば、民生活動がめざすのは「共産主義者の甘言に抵抗する欲求と意志をつくる」こと、あわせて「人々が抱く政府のイメージを強化する」ことだった。そのためには大規模な宣伝が不可欠だった。南ベトナムでもニュース映画、ラジオ番組、雑誌、ポスター、パンフレットなどが駆使され、廉価のラジオも頒布された。[24]

サービスを提供

教育・農業・住宅・交通・通信・衛生・医療などさまざまな分野で行政サービスを提供し、農民に政府との一体感を築き上げること。それは、農民の意識や社会のあり方そのものをつくり変える大事業だった。ベトナムに限らず東南アジアの村落レベルで最も緊急の課題は「全般的な社会開発」だと国務省情報調査局は分析した。経済的にも政治的にも恩恵を被った彼らは、自分たちの村を、そして国を守りたいと思うようになるはずだった。[25]

民生活動はベトナムに限らず東南アジアでも中南米でも、中東やアフリカといった「未踏査の地域」でも実施された。とくにアメリカのお膝元・中南米が最初の舞台となった。一九六三年秋までに、世界二五カ国でさまざまな事業が行われていた。[26]

南ベトナムには、農民の生活水準向上のため「村落レベルでより直接的に、すぐにインパクトを与える」ような経済援助が投入された。アメリカの余剰農産物が続々と送り込まれた。作物の種も肥料も豚も分配された。農民への資金貸与も増えた。灌漑施設もつくられた。医療サービスの提供、学校や市場の建設、道路や井戸づくりも実施された。[27]

一九六三年早々、アメリカ人医療チームが活動を開始した。技術者や社会開発の専門家も協力した[28]。五月初め、ハーキンズ軍事援助司令官は医療計画が「うまくいっている」とマクナマラらに述べている。医療チームは環境への適応、言葉、文化の違い、ベトナム側の医学水準との格差などに直面したが、一九六三年だけで六九万人、一九六四年一〇月秋までに一五〇万人を超える患者を診療した。四つの計画があいついで、あるいは同時進行で一九七二年まで続けられた[29]。

援助やサービスがかえって受け身姿勢を助長し、対米依存姿勢を強めさせることのないよう、人材育成が急がれた。必要なのは教師、医師、技術者、民生活動専門家、農業指導者、行政担当者などだった。国防省の分析によれば、武装や軍事訓練の供与がめざすのも、住民を「地方の援助や教育における進捗を実現する道具」とすることだった[30]。

ゲリラ投降を誘う

国境を越えた敵の浸透を阻止するためには「国境沿いに効果的な諜報の網」を築かなければならず、そのためには中央高地に住む山岳民族を味方につける必要があった。民間非正規防衛隊として彼らを組織したのもそのためである[31]。

一九六二年中頃から夏にかけて、政府側の保護を求める山岳民族の増大が繰り返し報告された。大使館のメクリン広報担当参事官によれば、一九六二年だけで一〇万人を超える山岳民族が敵の手から逃れて中央高地を脱出してきた。この年秋の報告では、六人に一人の割合で山岳民族がこちら側についた[32]。

人々の心を得るための努力は、敵である民族解放戦線もその対象とした。一九六三年四月一七日、ジェム大統領はチュウホイ計画開始を宣言した。チュウホイとは「正しい道に戻る」ないし「手を拡げて待つ」という意味である[33]。

大々的な宣伝や親族の呼びかけなどにより、ゲリラの脱走を誘う。降伏してきた者からは情報をとる。あわせて彼らに政治的再教育を施す[34]。

ジェム大統領の弟で政府の実力者ニューの説明によれば、それは段階的なゲリラ鎮圧作戦の中核に位置する計画だった。第一に敵のゲリラ、とりわけ幹部をこちら側につける。第二に、敵を無力化・孤立化させ、和を乞う以外にない状況に追いやる。第三に、敵を粉砕する。[35]

ロストウ国務省政策企画委員長によれば、敵兵力の誘降はゲリラ戦争ではしばしば効果的な手だてだった。ライス（Edward E. Rice）極東担当国務次官補代理は孫子の兵法を引用しながら、中国内戦で共産党が捕虜を優遇して戦局を有利に導いたことを指摘した。ベトナムではこちら側が同じことをやればよいはずだった。[36]

いよいよ始動

一九六二年のうちに各地で投降促進事業が始められ、一二月には政府の省庁間戦略村委員会で正式に承認された。九月、訪米したグエン・ジン・トゥアン国務相はケネディを前に、「ベトコンの脱走者はどんどん増えている」と胸を張った。一九六三年二月の報告によれば、一九六二年だけで投降者は一、六〇〇人を数えた。[37]

一九六三年一月には、限定的規模ながらチュウホイ計画が事実上始動した。旧正月《テト》を祝うジェムのメッセージでこの計画が強調されたことから、国内の新聞でも大々的に取り上げられるようになった。[38]

アメリカ側には、南ベトナム政府の計画が不十分なこと、たとえばせっかく味方に引き入れた者への尋問方法にも改善の余地があることなどを懸念した。宣伝に力こぶを入れるよう圧力を及ぼす必要も感じていた。だが「自力で前進したいという強い傾向」を示すベトナム側は、アメリカ側の関与をはねつけるのに忙しかった。[39]

それでもトンプソン英軍事顧問団長とともにアメリカ側は、南ベトナム政府と協力して計画前進に余念がなかった。トンプソンは、投降者の尋問方法や待遇改善などについて提言を行った。[40]

一一月には国務省極東局のベトナム作業班長ウッドが、一二月には国防省が、脱走の増大に手放しの喜びようだった。

ハーキンズ軍事援助司令官は「幹部を含むベトコンの脱走率がますます増大」しているとジェム大統領に伝えた[41]。

国防省は三月末、敵の脱走急増が政府軍の活性化と並ぶ「勇気づけられる兆候」だとした。アメリカ国内の悲観的な記事への反論として、敵投降者の増大を挙げてはどうかとウッドの代理であるヒーブナーも提案した[42]。

四月初め、ホワイトハウスにケネディを訪ねたトンプソンはチュウホイ計画を高く評価した。ラスク国務長官はニューヨークでの演説で、「ベトコンからの脱走が上昇している」と意気軒昂だった。二月から四月までに、一、七〇〇人もの民族解放戦線兵士やその支持者が政府側に寝返っていたと報じられた[43]。

五月、軍事援助司令部は「依然としてベトコンの降伏が高い数字であること」に意を強くした。国際監視委員会の議長国インドのゴブルドゥン代表も、計画が成果を上げることに確信を表明した。ウッドは七月、投降数の「著しい増加」が、捕獲した敵の文書や投降者の尋問によって裏づけられたと意気揚々だった[44]。

3　戦略村計画

勝利の鍵

約二、五〇〇にのぼる南ベトナムの農村は、いくつかの地区に分かれる。その地区はさらにいくつかの集落から構成される。この集落が最も小さな共同体であり、行政単位でもある。集落は全土で一万四～六千ほどになる[45]。

この集落レベルでゲリラと戦う鍵となるのが、戦略村だった。一万あまりの集落を新設し、農民をそこに集める。鉄条網・竹槍・壕・監視塔など防御施設を整える。小火器や通信機などを住民に供給する。民兵を組織し訓練する。身分証明書を発行して住民の出入りを監視、夜間外出も禁止する。敵に渡らないよう食糧も厳しく管理する。さまざまな行政サービスによって生活水準を向上させ、政府への信頼と支持を確立する[46]。

一九六三年初め、ＣＩＡの分析はそれを「政治分野で……最も重要」な計画と規定した。国際開発庁で極東を担当するジャノウ（Seymour J. Janow）やアレクシス・ジョンソン政治担当国務次官代理によれば、またヒルズマン極東担当国務次官補や大使館のメクリン広報担当参事官の回顧でも、戦略村の成功こそ反乱鎮圧の「中核」であり「心臓部」だった。[47]

ジェム政府はそれを、「対ゲリラ戦の礎石」と見なし、それゆえにすべてを自分たちに任せてもらいたい意向を示した。国務省情報調査局によれば、この計画は「包括的な反乱鎮圧の努力の焦点」となっていた。一九六三年夏、現地を訪れたマニング広報担当国務次官補はケネディに、戦略村が問題解決の「解答」だとする理解が拡がっていると報告した。[48]

この計画の首尾は農民の支持獲得のうえで重要な地方開発の成否に、そしてジェム政府の命運に直結していたといわれる。九月初め、サイゴンのアメリカ人たちによる地方復興委員会で、ある少佐はそれが地方平定の「唯一の手段」だと断言した。[49]

ジェム死後のある分析は、この「ベトナム政府の計画」が一九六三年四月以降、「ベトナムにおける反乱鎮圧の努力の基石」だったと評価した。一二月初め、ＣＩＡのベトナム作業班長クーパーは、戦略村計画が「ジェム政府による反乱鎮圧の努力の礎石」だったと総括した。[50]

アグロビルを継承

ベトナムだけではない。ラスク国務長官がケネディに報告したように、隣国ラオスでも「パイロット版『防御村（Defended Village）』計画」が持ち上がっていた。[51]

住民を一定区画に集めるのは珍しい戦法ではない。中国大陸で日本軍が行った「清郷工作」やイスラエルの自衛村落、イギリスによるマラヤの反乱鎮圧がその例である。第一次インドシナ戦争ではフランスも同じことを試みた。共産側も当時から同じようなやり方を用いていた[52]。

だが戦略村にはより直接的な淵源があった。第一に「アグロビル（Agroville）」である。ゲリラから農民を守り、彼らの忠誠を勝ちとるべく、一九五九年に始められた農民移住計画である。ただし一九六一年までに二〇あまりの村がつくられ、ほぼ三万二千人を収容しただけだった[53]。

戦略村は本質的にはアグロビル計画の「後継」であり、同時にその「大幅な修正版」だったとノルティング大使はいう。その修正とは、建設されるべき集落をより小規模にしたこと、軍事面の努力を重視したことなどである[54]。

イギリスの経験

第二の淵源は、イギリスによるマラヤ反乱の制圧である。戦略村とはマラヤの「新しい村（New Village）」――ラスクによれば「要塞化された『新しい村』」、ハリマン極東担当国務次官補（のち政治担当国務次官）によれば「防御村」――のベトナム版だった[55]。

ジェム大統領は一九六三年秋、戦略村計画発足当初にイギリスから「価値ある助言」を受けたと振り返っている。国家安全保障会議のフォレスタルによれば、戦略村とはその大部分をトンプソン英軍事顧問団長が考案し、「ニューが拾い上げた」ものだった[56]。

一九六三年三月、ハリマンはラスクに、トンプソンの計画がジェムに受け入れられ、「いまやアメリカ＝ベトナム政府合同の反乱鎮圧計画の中心」をなしていると伝えた。ワシントンやサイゴンのアメリカ人たちはトンプソンの提案に「非常に共感を抱いた」と、のちに平定作戦を担当することになる国家安全保障会議のコーマーはいう[57]。

トンプソンが政治的問題に関与しなかったこと。ジェムだけ、もしくはジェムとグエン・ジン・トゥアン国務相だけを相手に提言を行ったこと。ジェムとの会見ではフランス語の通訳を同伴したこと。こうした配慮が、彼の助言に重みを与えた。彼はケネディの信頼も得ていた。[58]

共同作業の果実

じつは戦略村計画の主導権はトンプソンではなく、南ベトナム政府にあったという。トンプソンの影響力も部分的なものにとどまり、彼の計画はベトナム側によってかなりの修正を施されたと指摘されている。[59]

ＣＩＡの極東担当だったコルビー（一九六二年六月までサイゴン支局長）は、自分がこの計画を生み出し、ＣＩＡが中心になって取り組んだのだと主張している。だが初期にはアメリカ側にすら計画の詳細が伝えられなかったようである。アメリカ側は当初必ずしも好意的ではなく、とくにマクガー軍事援助顧問団長などは、まるで外から呼ばれた医者が主治医に何の相談もなく患者の治療にあたり、しかも結果に責任を負わないようなものだと反発していた。[60]

だがライス極東担当国務次官補代理はラスクに、トンプソンがサイゴンの大使館でも軍事援助司令部でも「非常に尊敬されている」と報告し、彼が率いる英軍事顧問団の助言が反乱鎮圧の計画立案のうえで「計り知れない価値」を持つと賞賛していた。ノルティングは、自分たちがトンプソンと緊密に協力しながら「多くを学んだ」と述懐している。[61]

一九六二年秋、国務省極東局のベトナム作業班長ウッドやその代理ヒーブナーは、戦略村計画を「英軍事顧問団、わが国の軍事顧問たち、そしてベトナム政府の子供」だと見なした。トンプソンが伝えるイギリスの経験と、フランス統治時代を含むベトナムの過去と、アメリカ自身による近代化論にもとづく発展途上世界開発の努力やゲリラ対策研究などが結合したのである。実際にトンプソンも、ジェムやニューも、アメリカ人も、めざすところは非常に似かよっていた。[62]

ちなみにゲリラの投降を誘うチュウホイ計画も、戦略村計画と同じくトンプソンの発想にニューが飛びついたものだという。それはマラヤでも効果を発揮した方法でもあった[63]。

マラヤとフィリピン

アメリカ側がこの計画を推進した理由は第一に、マラヤがベトナムによく似ているという考え方にあった。「われわれはマラヤで用いられた反乱鎮圧の技術がベトナムにもなにがしか役に立つと考えた」とラスクは回顧している。トンプソン率いる英軍事顧問団の存在が歓迎されたとすれば、「マラヤにおける彼らの経験からできるだけ多くを得たい」からだった[64]。

第二に、マラヤはフィリピンにも似ていた。しかもアメリカはそこで、マラヤでのイギリスに劣らぬ成功をおさめたのだという自信があった。フィリピンで反乱を鎮圧できたやり方こそ「まさにベトナムで勝利をもたらせたはずの政策」だったとサイゴンの大使館で広報を担当したメクリン参事官はいう[65]。

第三に、こうした過去の成功例はベトナムにも移植が可能だという確信があった。アメリカが過去の経験を踏まえつつ軍事・経済援助を提供し、現地政府がそれなりに尽力しさえすれば、共産主義者の反乱など簡単に打ち破れるというわけである。こうしてマラヤにおけるイギリスの、フィリピンにおけるアメリカの成功体験が、ベトナムで新たな試みに結実した。同じくチュウホイ計画にも「マラヤとフィリピンの経験からいくつかの概念」が活用されていると感じたのが、国務省政策企画委員会のロバート・ジョンソン（Robert H. Johnson）である[66]。

4　戦争と同盟国

支援を募る

米英協力の象徴という文脈も無視できない。英軍事顧問団、通称トンプソン使節団は一九六一年秋、ジェム政府の招きを受け、アメリカとも協議のうえ六人の規模で発足したものである（一九六五年に解散）。ただし当初はサイゴンでもワシントンでも必ずしも歓迎されていなかったともいわれる[67]。

一九六三年四月のトンプソン訪米は、ベトナムでの戦争遂行への協力という観点から「イギリス側の最も有益な進展」（ウッド国務省極東局ベトナム作業班長）と受け止められた。同じ頃、英海軍の重巡が南ベトナムに寄港、支援の姿勢を示した。英政府は六月、英仏両国の医療チームの資金として一四〇万ドル相当の長期借款を声明した。イギリスの積極関与を望んでいたケネディ政権は大歓迎した。マクミラン英首相がケネディ大統領と合意したように、イギリスはアメリカと「極東、とくにベトナム問題について全般的な協力を維持する」姿勢だった[68]。

一九六三会計年度（一九六二年七月～一九六三年六月）、各国の支援はオーストラリアが贈与二八〇万ドル、カナダが贈与五〇万ドル、フランスが贈与・借款など三八〇〇万ドル、西ドイツが贈与・借款など一六六五万ドル、日本が贈与三九〇〇万ドルおよび借款一四九〇万ドル（いずれも第二次世界大戦の賠償）、ニュージーランドが贈与二〇万ドル、イギリスが贈与六〇万ドルといったところである。また、ライスが一九六三年六月に挙げた数字によれば、日本（五四〇〇万ドル）とフランス（五〇〇〇万ドル）が援助国の双璧をなしていた[69]。

一九六三年初めの時点で、援助に応じていたのは一二カ国。だがラスクによればその総額はせいぜい一億ドル程度、同盟国の協力は「アメリカが負っている重荷に比べれば……たいして見事とはいえない」ものでしかなかった。「諸外国はベトナム支援をもっとできるし、そうすべき」だと彼は全在外公館に伝えている。[70]

ケネディ政権にとって、イギリス以外は多くの西側諸国が援助に「多かれ少なかれ消極的」であり、援助額も不十分だった。「進捗はあるが、なすべきことはなお多く残されている」状況が懸念されていたのである。ラスクは四月、より多くの国に貢献増を期待すると表明した。[71]

一九六三年夏までにさらにオーストラリアは戦略村や地方復興などの援助に、ニュージーランドは軍事援助に、西ドイツは借款に応じ、ワシントンを喜ばせた。[72]

人的貢献も

重要なのは物的援助ばかりではない。国務・国防両省は一九六三年初め、民兵強化への協力などについて第三国の貢献を検討している。たとえ限定的な規模であっても、そうした支援は有益なのだとウッドは力説している。南ベトナム政府が「通常兵力も準軍事兵力も警察も——治安維持軍の能力増大に必要とされるさまざまな専門的技量に欠ける」以上、それを補うことは焦眉の急だったからである。ノルティング大使によれば、サイゴンのアメリカ人たちも諸外国から「軍事面および準軍事面の援助」を求める手だてを模索していた。[73]

アレクシス・ジョンソン政治担当国務次官代理と、ウィリアム・バンディ国防次官補は一九六三年初め、「政治的見地」から第三国が人員を送ってくれることが大事だという点で一致した。二人は、アメリカ以外の国が「ベトナムにおける闘いとの一体化を増すことが持つ価値」も確認した。[74]

その眼目は、規模はどうであれ彼らを「参加国自身の旗の下で公然と」活動させることにあった。「より公然たる」（ウッド）支援が求められたのは、「共産主義者の侵略から自国の独立を守ろうとする闘いにおける南ベトナム政府への支援」がアメリカ以外から寄せられることが何よりも必要だったからである。[75]

イギリス以外にオーストラリアも訓練使節団を送り、南ベトナム政府軍の訓練に協力した。フランス、西ドイツ、ニュージーランドは医療チームを、フィリピンは通信技術者を送った[76]。六月、ＡＮＺＵＳ《アンザス》（太平洋安全保障）条約理事会で、ハリマン政治担当国務次官はオーストラリア・ニュージーランド両国の支援に「大きな政治的価値」があると高く評価した[77]。

逆に、受け入れる形の支援もあった。フィリピンは技術者の、マラヤは民兵や警察の、台湾（中華民国）は特殊作戦支援要員の訓練を引き受けた[78]。

より直接的に戦闘に関与する、パイロット派遣の可能性も検討されていた。対象となったのは、台湾、フィリピン、オーストラリア、ニュージーランドといった諸国である。たとえば台湾人パイロットを活用する場合、南ベトナム空軍には統合せず、ラオスで極秘裏に活動したＣＩＡ傘下の組織エアアメリカ（Air America）を用いて、あくまでも民間人という形を維持することが求められた[79]。

台湾は軍事訓練や技術援助に加えて、戦闘部隊一個師団を派遣してもよいと積極的だった。だがそこには南ベトナムを経由した「大陸反攻」という、恐ろしい紐がつく可能性があった。それでも統合参謀本部は一九六二年末、南ベトナム空軍の増強と並んで台湾人パイロットの活用をケネディ大統領に訴えている。ＣＩＡで極東を担当するコルビー前サイゴン支局長によれば、すでに台湾人の熟練パイロットがベトナム人に夜間飛行を訓練していた[80]。

5　遠大な目標

魚を水から追い出せ

戦略村の「基本目的」は、「ベトコンから民衆を物理的にも思想的にも切り離す」ことにあった。民族解放戦線と民衆とのつながりを断ち切り、新たな人員も、食糧も、情報も、武器も手に入らないようにすることが肝要だった[81]。

戦略村の生みの親の一人トンプソン英軍事顧問団長も、その基本目的が「物理的にも政治的にも叛徒を民衆から孤立させること」にあったという。とりわけメコンデルタで戦況が不利なのは「戦略村内部に巣くうベトコンの手先や支援者を根絶やしにし、民衆をベトコンから切り離す真剣な努力がなかった」からだと彼は見ていた[82]。

ウッドによれば、ベトナムは、「共産主義者の魚が農民という海を泳がなければならない」とする毛沢東戦術がそのまま適用された場だった。戦略村はその「ベトコンという魚のいる水を干上がらせる」手段だったと、大使館のメクリン広報担当参事官はいう。アメリカは「ベトナムの農民という海を、ベトコンという魚が住むのに適さないようにする」（ウッド）ことをめざした。国務省高官があいついで声明したように、ゲリラを「水から追い出された魚」にするための「網」、それが戦略村だった[83]。

物理的に遮断

計画開始の頃、ヒルズマン国務省情報調査局長は「この戦いは、たんに南ベトナムを北の侵略から守ろうと封印を試みるだけでは勝つことはできない。この戦いは、ベトコンを現地における彼らの力の源泉から切り離すことによって、つまり彼らに農村や民衆と接触をさせないことによって勝たねばならない」と述べた[84]。

ジェムも、軍事戦略上「戦略村の役割が決定的である。その目的は、物理的にも道義的にも共産主義者を民衆から切り離し、連中を、敵意を抱く民衆に対峙する外国からの派遣部隊におとしめてしまうところにあるからである」と言明した。一九六二年秋、ほどなく統合参謀本部議長となるテイラー大統領軍事顧問がサイゴンを訪れた際、彼やノルティング、ハーキンズらを前に、ジェムの弟で政府の実力者ニューは「ベトコンを村落から追い出してしまえば、あとは特殊ゲリラ部隊を創設して、いま連中がやっているように彼らを狩り立て、彼らに恐怖を与え、待ち伏せ攻撃をかけることができよう」と豪語した。[85]

農民の囲い込みと敵との物理的遮断は、明確な前線が存在しないゲリラ戦争に、人為的に前線を創り出す試みだったといわれる。ニューも、敵の有利さを打ち消すためにはそれが必要だと言明した。とすればそれはアメリカがゲリラ戦争への対応と信じながら、じつは追い求めていた通常戦争化の一環でもあった。[86]

政治的基盤が重要

一九六三年五月、極東担当国務次官補に昇任後ほどないヒルズマンは、現地で一年近く勤務したある少佐の言葉を紹介している。「たんにベトコンを殺すだけでは南ベトナムで勝つことはできない」。勝つための唯一の方法は「民衆の支持を得ること」だ。戦略村こそその手段だ。こうした概念がますます現地では理解されつつある。[87]

戦略村建設の責任者となったニューは、これがたんなる治安維持の手段ではないと力説した。それは共産主義だけでなく国内の分裂や低開発などを相手とする戦争の「基本的要素」だというわけである。[88]

アメリカ側の考えでも、それは「たんに武装強化した村落以上のもの」だった。経済援助使節団のフィリップスも「村落レベルで人々の支持という政治的基盤を建設する願ってもない機会」として期待した。もしこれがうまくいけば、「農民から大統領にまで届く、ベトナムにおける新たな政治的関係の基礎ができる」可能性があった。[89]

戦略村計画の、そして反乱鎮圧戦略の成否を決める「長期的な鍵」は、農民に「意味のある、継続的な支援」を与えられるか、しかもむやみな指揮命令や過剰な管理を避けられるかだった。トンプソンによれば、第一に「民衆の保護」、第二に「人々を団結させ、彼らを政府側の積極的な活動に関与させること」こと、第三に「社会・経済・政治分野における開発」が求められた。国務省極東局のベトナム作業班長代理ヒーブナーにいわせれば、その手段とは南ベトナム政府に「省庁横断の、政治・経済・社会面における対応」をとらせることだった。[90]

最優先すべきは「戦略村計画および体系的な平定計画」だった。ベトナムに限らず「その国の経済的・社会的欠陥に対する直接の攻撃」「草の根における政治意識の育成」「中央政府当局と村落レベルの民衆との間により効果的な関係の涵養」が重要だった。[91]

社会変革に熱狂

ヒルズマンによれば、共産主義の脅威に対抗すべく「草の根の民主主義を強化」する試みはマラヤでもフィリピンでも成功し、そしていま南ベトナムで進行中の大事業だった。一九六三年夏、国務省高官はあいついで、戦略村こそ「共産主義の脅威に対する、組織横断の政治・経済・軍事的な対応」だと表明している。[92]

そのためには、戦略村が「大きなイデオロギー的・組織的な道具」となることが早くから求められた。そこを舞台に住民が一致団結して敵を打ち負かすことである。[93]

一九六三年初め、統合参謀本部の視察団は、戦略村が農民に「ベトコンに対する防衛と隔離の初歩的な体制を供給するだけでなく、ベトナム政府が政治・経済・社会革命を遂行できる手段」だと規定した。だから戦略村は農民に「自分自身と家族の物理的安全」と「社会・経済面の進歩の手だて」をともに与えるはずだった。[94]

国務省情報調査局長だったヒルズマンと国家安全保障会議のフォレスタルによれば、村落レベルでの生活改善こそ、アメリカが困難に満ちたジャングルを切り開く「鋭利な刃」だった。マンスフィールド民主党上院院内総務ら議員たちもその視察報告で、戦略村計画について、農民がゲリラを支援するのは「政府を支持しその行政に参画することによってじつに素晴らしい社会・経済・政治的利益が得られることを農民が知らないから」だとの前提に立っているとした。[95]

ＡＰ通信記者アーネットは、戦略村を「社会的・経済的実験」と呼んでいる。それは農民を変え、社会を近代化する国家建設（Nation Building）の大プロジェクト、進歩のための同盟（Alliance for Progress）や平和部隊と同じ試みだったといわれる。したがって戦略村建設は独立した計画ではなく、経済面では戦乱のため困難に直面する地方の復興、軍事面では掃討掌握作戦の強化など、広範な努力と手を携えて前進すべきものだった。[96]

マンスフィールドが一九六二年末の現地報告で大統領に述べたように、それは「新たな概念」ないし「アメリカによる新たなアプローチ」の具現化だった。戦略村こそまさにケネディ流軍事戦略の真骨頂だったと指摘されている。[97]

戦略村は、ソ連の指導者フルシチョフ（Nikita S. Khrushchev）が喧伝する、民族解放戦争支援への対抗策の目玉でもあった。世界中で革命を鎮圧するための戦略の演習でもあった。大規模に米軍を投入することなく、アメリカが助言と支援を与えるだけで、ベトナム人自身が勝てるという幻想の表れでもあった。[98]

社会工学的発想、伝統的社会の根本的改変とそのアメリカへの同化、近代化モデルの適用など、戦略村はきわめてアメリカ的な実験だったといわれる。『ニューヨーク・ヘラルドトリビューン』の女性記者ヒギンズにいわせれば「アメリカの開拓者たちが、あたりをうろつくインディアンから自分たちを守るためにつくった防御柵の極東版」だった。「丸太」が「竹」に変わったにすぎなかったのである。[99]

ジェムとニューの革命

コルビー元ＣＩＡサイゴン支局長はのちに、ニューが戦略村建設の「結果として出てくる政治革命にますます夢中になった」と述べている。だがニュー自身によれば、戦略村計画とはそもそも、彼およびジェム政府がめざす、共産主義でも欧米流の自由や民主主義でもない独自の統治法、すなわち「『人位主義（Personalism）』哲学の主流」に位置するものだった。ジェムも、「低開発諸国に適用すべき政治・社会・軍事の三重革命」を実現するのだと高らかに宣言した。[100]

ニューはこれを「共産主義を打倒する一方で、低開発国が直面する問題を克服する手段」と捉えた。彼は戦略村をてこに「政治革命」あるいは「地方の民主革命」を起こすつもりだった。国務省情報調査局も、「戦略村計画は地方に社会・経済・政治革命を生み出すだろう」とするニューの姿勢を評価していた[101]。

一九六二年九月、統合参謀本部議長に就任直前のテイラーをサイゴンに迎えた時、ニューはいま眼前に「政治・社会革命」が進行中だと胸を張った。年末、彼はケネディ大統領の要請で現地視察に訪れたマンスフィールドに向かって、戦略村とは「ベトナムにおける戦争を利用して進歩と民主主義を勝ちとる試み」にほかならず、治安確保など「戦略村の哲学に内包される社会・政治革命がもたらす結果の一つ」でしかないと意気軒昂だった[102]。

一九六三年早々、大使館のリンデン経済担当参事官は、戦略村計画は人位主義にとって「理想的な基盤」であり、「人位主義の実験の道具」であるように見えた。彼は実際にそれが「人位主義哲学を統治ドクトリンとして適用することに勢いをつけたようだ」と感じていた。ただしそれが本当に民主化の方向に向かうのか、あるいは上意下達の体制を強めるのかは、彼にもわからなかった[103]。

未曾有の実験

一九六三年初め、『USニューズ&ワールドリポート』誌のインタビューでニューは、戦略村の役割は「主として政治的、経済的、社会的なもの」だと述べた。四月、ジェムは戦略村計画が、南ベトナム政府が推し進める「人位主義革命の精神を体現」するものだと宣言した。五月、ジェムとノルティング大使の共同声明は「治安維持の必要」に加えて「戦略村計画で想定されている、全土にわたる経済・社会面の改善をもたらす必要」のゆえにアメリカの援助や軍事顧問の存在があることを確認した。アメリカ側も、経済援助使節団のフィリップスが「心理的革命」と表現したものに心を躍らせていた[104]。

六月末、ジェムはトルーハート代理大使を相手に「戦略村計画をつうじてベトナムで実行されつつある、根本的な社会・政治革命」について熱弁を振るった。政府高官も、「地方における社会・経済・政治革命」によって経済的困難を克服し、民主主義を根づかせ、地方行政を効率化し、農民の社会的地位を変えるのだと力説した。[105]

七月、ニューは現地を訪れたマニング広報担当国務次官補や大使館のメクリン広報担当参事官らに、「低開発地域で民主主義を創造しようという試みのむずかしさ」を指摘したうえで、戦略村計画はそれに挑むものだと豪語した。開発と民主化という「矛盾」をいかに解決するか、その方法がここにあるというわけである。[106]

この計画は「国家的規模で社会がみずから発展を遂げるという、ベトナムの地方における生活では、かつてなかった実験」にほかならない。七月初め、国務省情報調査局はこう定義していた。こうして「合計一万六千のベトナムの村落が小規模な武装基地につくりかえられ、新たな民主主義が底からつくり出されることになった」のだと、のちにジェム政府を倒した一人チャン・バン・ドン将軍は述懐する。[107]

＊　＊　＊

発展途上地域を舞台に、もっぱら農民を相手とし、彼らの心を得ることをめざす戦争。そこでの勝利をめざすケネディ政権にとって、物理的にゲリラと農村を切り離し、農民の忠誠心を勝ちとるための期待の星が戦略村計画だった。南ベトナム全土で進められた民生活動や、山岳民族の慰撫、チュウホイ計画などがそれを補完した。ところが華々しく登場した戦略村建設計画は、思わぬ齟齬に直面することになる。

第二章　戦略村の光と影

1　防衛強化に貢献

国土を覆う計画

一九六二年一月三日。ゴ・ジン・ジェム大統領の弟ニューは、一九六三年初めまでに一万四千カ村の戦略村を新設、事実上南ベトナム全土を戦略村で覆い尽くすという計画を発表した。ジェム六一歳の誕生日祝いとしてである。二月三日、省庁間戦略村委員会が設置され、政府挙げての取り組みが開始された[1]。

その第一歩がメコンデルタを舞台に始まった。日の出作戦である。国務省情報調査局長だったヒルズマンによれば、それは「軍人＝文官共同による体系的な反乱鎮圧作戦」の一環だった[2]。日の出作戦は戦略村計画全体のモデルであり、縮図だった。のちベトナム社会主義共和国による戦史は、それをアメリカによる特殊戦争の開始と位置づけている[3]。

初期の計画はかなり「怪しげ」だったとトンプソン英軍事顧問団長は一九六三年春、英外務省に報告している。だがアメリカ側の見方は違っていた。その前年末、国務省極東局のベトナム作業班長代理ヒーブナーは、計画がじつに「いいスタートを切った」と振り返った。五月にはトルーハート代理大使がサイゴンから、計画が「最優先」課題として各省で進捗していると報告した。同じ頃、計画はまさに「勢いを得ようとしている」と国防省も分析した[4]。

国務省情報調査局によれば、戦略村計画は「いまや優先されるべき国家的政策」だった。それは「中央政府の全面支持を享受」しており、政府はその「すべての資源をこの全国的戦略村計画の発展に投入」していた。その成果は将来への大きな期待につながった[5]。

一九六二年末、当初の目標にはやや及ばなかったものの、完成した戦略村は四、五〇〇に達し、全人口の四三％、六〇〇万人あまりを吸収していた。ニューは現地を訪れたマンスフィールド民主党上院院内総務に、三年後には全計画が完成すると豪語した。一九六二年はまさに「戦略村の年」だとジェム政府は宣言した[6]。

一九六三年初め、ジェム政府が「戦略村計画をベトコンとの闘いにおける主要な武器として前進する決意」にはまったく揺らぐ気配はなかった。開始から一年後、約五千の戦略村に七〇〇万人、地方人口のほぼ六割が居住しており、その数はさらに増え続けた[7]。

ジェムやニューの大言壮語から時間が経過すると、建設目標数は一万あまりにやや下方修正された。それでも一九六三年八月を迎える頃、建設された戦略村は七千を超え、全人口の七割以上がそこに住んでいた。九月までに、八千カ村以上となった[8]。

安全が増大

一九六三年初め、ある大使館員は南ベトナムの国会議員の一人から、人々が最も望んでいるのは「安全」だと聞かされた。戦略村計画の第一目標もそれであり、経済・社会的な手だてはその後だというわけである[9]。

計画開始から一年もしないうちに、民族解放戦線は農民から遮断され、戦略村は彼らの圧力に耐えられるようになった。ゲリラは食糧や情報、人員などの確保に困難をきたし、支配地域の一部を失った[10]。

民族解放戦線が地道に築き上げてきた農村での政治工作もいったん無に帰した。一九六二年九月、ジェムはサイゴンを訪れたテイラー大統領軍事顧問に、戦略村が「ベトコンの収入源を枯渇させつつある」と語った[11]。

一九六二年末、ブイ・バン・ルオン（Bui Van Luong）内相は、治安の改善や国民の士気向上などを議会に報告し、戦略村が「敵の破壊活動を著しく阻害」したと断言した[12]。

一九六三年一月下旬、捕虜から得た情報として、戦略村のせいで民族解放戦線が兵員の徴募や食糧・装備の調達に困難をきたしていることが報告された。ジェムの右腕ともいわれたグエン・ジン・トゥアン国務相はトンプソンに、いよいよ敵の「正規部隊に損害を与える機会」が到来しつつあると語った。戦略村の成功に浮かれた南ベトナム政府は、旧来の村落制度の廃止すら検討していた。もっとも大使館のマンフル政治担当参事官は、さすがにこれは実現しないだろうと冷静だったが[13]。

二月初め、ラスク国務長官は戦略村建設の結果「以前はベトコンによるテロの支配下もしくは従属下」にあった地域が「いまや安全」になったとした。三月には、計画進展につれて「ベトコンはますます人々から切り離されていく」はずだとの期待を表明した[14]。

敵が「戦略村に対して強力な宣伝およびテロ作戦」を展開していたことは事実である。だがハーキンズ軍事援助司令官の解釈では、それこそ「この計画が連中に打撃を与えている」何よりの証拠だった。同じ頃、トンプソンはジェム大統領に、この勢いで計画が進めば、次はメコンデルタに散在する敵拠点を一掃できると述べた。彼は英外務省に対しても、「もし……ベトコンが今年末までに戦略村計画への解答を見出せなければ、彼らは『民衆の基盤』を再び手中におさめる可能性を失い、今以上にジャングルの基地への退却を余儀なくされるだろう」とバラ色の見通しを伝えていた[15]。

敵は敗北寸前

四月初め、ワシントンを訪れたトンプソンは、戦略村計画が「皆の期待をはるかに超えて成功」している証拠として治安回復を挙げ、ケネディ大統領を喜ばせた。CIAは、戦略村は政府の支配地域拡大に貢献し、共産側に大きな脅威を与えていると分析した。ラスクはニューヨークでの演説で「共産主義者はもはや……農民の海を泳ぐ魚ではない。一つ一つの茂みはもはや彼らの仲間ではない。彼らはしだいに飢えつつある。ベトナムの農民にとって彼らはしだいに勝者とは見えなくなりつつある」と大見得を切った[16]。

五月、ハーキンズはジェム大統領に「戦略村は他の何にもまして、ベトコンを人々から孤立させる役に立ってきた」と胸を叩いた。アレクシス・ジョンソン政治担当国務次官代理は六月、戦略村によってベトナム人の多くが「初めて自衛手段を得た」と述べた。月例の状況報告にも、この「本物の前進」が記された[17]。

国務省情報調査局は七月早々、「農民がみずからを守れるようにするというさしあたっての目的」は「地方の大部分ではすでに達成済み」だと分析した。敵の補給能力は低下し、食糧や物資の不足などから士気は低下、農民から物を盗むようになっていた。国務省極東局のベトナム作業班長ウッドも、戦略村計画の前進に「非常に勇気づけられている」一人だった[18]。

統合参謀本部の反乱鎮圧・特殊活動担当特別補佐官クルラック将軍は、敵が兵員徴募などに困難をきたしていると報告した。ニューは現地を視察したマニング広報担当国務次官補らに、戦略村計画がこちら側に勢いをつくり出したと語った。八月上旬、敵は大きな打撃を受けていると見られた[19]。

夏も終わる頃、ニューは「戦略村のせいで実質的にベトコンは敗れた」と確信していた。地方住民への支配拡大についても、敵の孤立化についても、戦略村計画は八〜九月にかけて「ゆっくりだが重要な進歩」を遂げた[20]。

九月末、ジェムはマクナマラ国防長官やテイラー統合参謀本部議長に、戦略村が「戦争のあらゆる側面に影響」したと誇った。二人はケネディへの報告で、戦況好転の二つの要因の一つに戦略村を挙げた。もう一つは「アメリカによる助言および支援の努力」である。[21]

2　農民を魅了

住民を味方に

一九六三年二月、ラスクは戦略村が「農民に経済的・社会的利益をますますもたらすにつれ、政府へのより積極的な支持を勝ちとることが期待される」と胸を膨らませた。この頃までにすべての省で復興計画がつくられている。三月の状況報告によれば「村落建設に引き続いて、政治・経済・社会分野の計画が急速に開始」された。テイラーはマクナマラに、山岳民族の動員（民間非正規防衛隊）と戦略村の建設、この二つの計画が補強し合えば「国民の九〇％」が政府に忠誠を誓うようになるとの見込みを伝えた。[22]

四月、アレクシス・ジョンソンが述べたところによれば、「政府と国民の目に見えない絆」が生まれつつあった。政府支配下の人口が増え、その士気が高まり、政府側の勝利への確信も強まり、政府軍に情報が自発的に提供されるなど、計画成功の徴候はいくつもあった。国務省極東局のベトナム作業班長代理ヒーブナーも八月初め、戦略村が「ベトナム政府の地方住民への接触と支配を大きく増大させた」と評価した。[23]

五月、ノルティング大使はグエン・ジン・トゥアン国務相に、戦略村計画が「地方住民の安全と福利にすでに非常に貢献してきた」と伝えた。それは「共産主義者による反乱の最終的な除去と、ベトナムにおける地方社会の再活性化を約束する」ものだった。村落の自給自足をめざす計画も、戦略村建設とともに進んだ。クルラック将軍は七月、ある省では予定数の戦略村が完成し、「問題は大部分、軍事問題から経済発展に移行している」とした。それは事実上、戦略村計画の「将来の姿をさし示すもの」として期待された(24)。

人材育成、たとえば新人教師の養成や元教師の再訓練も順調だった。村落における行政機構の整備に加え、行政を担当する官吏の訓練計画も加速された。ヒーブナーによれば、「初めて真に地方的な行政組織の建設」がなされたのである。一九六三年五月、経済援助使節団のフィリップスは官吏の態度に「大幅な改善」が見られたと報告している(25)。

民主化を促進

一九六二年秋、ウッドとヒーブナーは、ベトナムの「政治的空気は変わった」と見た。戦略村計画によって政府は「より大きな社会的サービスを農民に提供し、村落レベルで民主主義を導入する大々的な努力」を行っている。その一例が、秘密投票による村落幹部の選任である(26)。

アレクシス・ジョンソンは一九六三年六月、ベトナム人が初めて「自治というものを味わい、選挙や民生問題への参加を経験している。彼らはこれまで無縁だった厚生面や教育面の恩恵を享受している。彼らは一致協力している。彼らはよりよい生活がこの世に存在し、それが可能だということを知りつつある。そして彼らはそのために働きたいと思っており、それを守りたいという意思を示してきたのである」と誇らしげだった。七月、国務省情報調査局は、戦略村がやがて「自由と自治」をもたらすだろうと分析した(27)。

九月末、マクナマラとテイラーを前に、ジェムは「戦略村計画のおかげで草の根民主主義の成長が見られる。この国の制度はまだ完璧ではないが、戦略村計画によって強化されてきた。二〜三年もすればベトナムは模範的な民主主義になるだろう」と鼻高々だった。具体的成果の一つとして、戦略村での選挙実施が挙げられた(28)。

計画開始直後、サイゴンのトルーハート代理大使は戦略村計画と、村落の社会・経済開発計画は「正しい方向をめざす」ものではあるが、ただし治安回復にせよ農民の支持にせよ成否は「その効果的な実施」しだいだと指摘している。しかし五月、当時国務省極東局のベトナム作業班長（ウッドの前任者）だったコットレル（Sterling J. Cottrell）は現地視察から戻り、「われわれは正しいやり方を見つけた」と意気揚々だった。[29]

一九六二年五月、現地視察を終えたマクナマラは、この計画が効率よく進められていると強調した。一〇月初めには、多少貧弱な部分はあるが、計画全体としては「共産主義者に対して大きな得点を挙げる見込みがある」との報告があった。[30]

国務省情報調査局は一九六二年末、支配人口や村落が増えるなど「全体として、計画はうまくいっている」ようだと判断した。ヒーブナーは「政治・経済・軍事的手段の混合体」である戦略村の建設こそ「ベトコンを打ち破る最善の希望」だとした。[31]

3　未来への希望

進捗は続く

一九六三年初頭、ノルティングやトルーハートらは「南ベトナム政府が、そしてとりわけ弟のニューが戦略村計画を推進している活力」に意を強くしていた。二月初め、現地を視察したばかりのホイーラー陸軍参謀総長は、戦略村こそ情勢好転の「おそらく最大の要因」だと声明した。[32]

三月末、トンプソン英軍事顧問団長はホノルルの太平洋軍司令部を訪れ、戦略村計画が過去半年、期待以上にうまく進んでいると豪語した。四月、「政府とベトコンの間で展開されている競争」（ヒルズマン極東担当国務次官補）は順風満帆だった。五月初頭、フィリップスは戦略村の建設や地方の復興計画が「きわめて顕著な進歩」を示しており、このままきちんと進みさえすれば成功することは「証明済み」だとした。[33]

豪訓練使節団のセロング大佐も成功に酔う一人だった。一九六二年六月までＣＩＡサイゴン支局長をつとめ、その後極東全域でＣＩＡによる工作を統轄していたコルビーも、「戦略村計画はあらゆる点から見て、地方で共産側からイニシアチブを奪い、全力を挙げて進行していた。共産側は……農村の真空地帯を埋める競争では、もはや勝っているとは思われなかった」と述懐する。[34]

政治危機などどこ吹く風

五月、南ベトナムに深刻な政治的混沌、いわゆる仏教徒危機が発生する。だが、国際開発庁の極東担当ジャノウにいわせれば「非常に有望な」戦略村計画への確信は傷つかなかった。ハーキンズ軍事援助司令官はジェム大統領に、今後数カ月で戦略村計画が「戦争における転換点の一つ」になるはずだと断言した。[35]

七月初め、国務省情報調査局はこの計画を「成功」と分析した。農民の懸念はすっかり消え去った。民兵は戦略村防衛に意欲を燃やしている。共産主義者の脅迫や徴税から逃れようと、戦略村建設を歓迎する者も増えた。政府に必ずしも従順でなかった山岳民族でさえ、自発的に山を降り、戦略村に救いを求めるようになった。[36]

現地視察を終えたマニング広報担当国務次官補がケネディ大統領に伝えたところによれば、戦略村計画は「まだむらはあるが、進歩は本物」だった。ＣＩＡの分析でも「確固たる進歩」は疑いえなかった。[37]

夏も終わる頃、経済援助使節団は中央高地での「非常な進歩」を報告した。トンプソンは視察に訪れたマクナマラに「戦略村は機能すると証明された」と断言した。ハノイ放送による激しい戦略村非難は、むしろ断末魔の悲鳴も同然だと受け止められた。[38]

一〇月半ば過ぎ、ロッジ大使は戦略村建設と並行して村内の選挙が実施され、経済的な支援も農民に快く受け入れられていると報告した。こうした「具体的成果の結果、少なくとも地方レベルで、村民と政府との一体感が増進することが期待できる」と彼は胸を躍らせていた[39]。

計画はつねに「前進し続けていた」。少なくとも「害よりは益を多くもたらした」。テイラー統合参謀本部議長や、サイゴンの大使館で広報を担当したメクリン参事官はこう証言する。戦略村計画に対する楽観が政権を支配し、報道もこれを最も希望に満ちた計画として扱っていた。たしかにこの計画は大きな成功をおさめたと、のちになっても指摘されている[40]。

山岳民族を慰撫

山岳民族を味方につけようと、アメリカ人が見る限り南ベトナム政府も全力を尽くす姿勢だった。サイゴンのトルーハートは一九六二年九月、ワシントンに設けられた省庁横断の東南アジア作業班の会議に出席した際、政府が国民に向かって彼らと山岳民族は平等なのだと訴えたことを「最大の政治的行動」だと賞賛した[41]。

一九六二年末、現地を視察したマンスフィールド民主党上院院内総務はケネディに、全般的に悲観すべき状況の中で山岳民族対策には「例外的な進捗」が見られると伝えた。この時彼は、山岳民族がいずれの側につくかは「北から南への補給路にとってかなりの戦略的意味」があると指摘している。彼は一九六三年二月、議会にも「山岳民族と友好的な絆を育成するうえでかなりの進捗があったようだ」と報告した。これと前後してウッドは、敵の手から逃れてくる山岳民族の増加、そして彼らがもたらす情報の増大を好ましい徴候として挙げている[42]。

政治危機がかなり深刻化した一九六三年九月末でも、山岳民族と南ベトナム政府の協調はこの戦争で「最も勇気づけられる展開の一つ」だった。ハーキンズは、それまで移住に嫌々だったある部族が自発的に移住を受け入れ、政府の保護を求めるようになったと嬉々として報告している[43]。

ジェム政府が倒れた後、サイゴンからは山岳民族の生活状況改善における「ゆっくりだが着実な進歩」が報告された。一一月下旬、ハーキンズは四〇万人が政府の支配下に入ったと報告している。しかも、彼らの自衛に貢献し、彼らとともに暮らし、危険を分かち合う現地のアメリカ人たちは大きな信頼を得ていた[44]。

だが現実は、ワシントンの脳裏に描かれた図とはかなり違う部分があったようである。南ベトナム政府自身が認めるように、山岳民族の組織化に「最大の問題」が存在していた。計画開始から一年で政府側につく山岳民族は半減したとも、三分の一以下に落ち込んだともいう[45]。

フェルト太平洋軍司令官によれば、一九六三年五月末になっても、山岳民族の間で「政府の存在や統治などほとんどなく、ベトナム共和国の主権も十分認識されていない」状態だった。政府側に身を投じる山岳民族の勢いも、一九六三年夏までにはかなりの衰えを示すようになった[46]。

輝くチュウホイ計画

ゲリラ投降を促すチュウホイ計画は比較的うまくいっていたようである。五月初めのホノルル会議にベトナム政策関係者が結集した際、ハーキンズは敵の脱走率上昇を報告した。計画が「満足のいく形で進展」していることへの満足は、同じ頃大統領の記者会見に備えた資料にも反映されていた。セロング大佐もこの「よい計画」が「うまく進捗している」と判断した[47]。

投降者数は着実に増えていた。ゲリラも、彼らを支える人々も、じょじょに減少した。一月から六月までに敵の脱走は月平均二〇〇〇人から四五〇〇人に増加した。国務省情報調査局の分析では、四月から八月までに敵兵士以外に一万三七〇〇〇人が政府側についた[48]。

九月初め、経済援助使節団の報告はチュウホイ計画の成功を伝えた。九月末、ジェム大統領はマクナマラ国防長官やテイラー統合参謀本部議長を相手に、敵の脱走が増えたのは「南ベトナムに本物の進歩」があったからこそだ、南の生活が北の悲惨さと比べていかに豊かなのかを知った幹部が、続々と白旗を掲げているのだと得意顔だった。一〇月初めの『USニューズ&ワールドリポート』は二月以降、脱走者一万人、難民七千人が敵の支配から離れたと報じた。チュウホイ計画は南ベトナム政府によるさまざまな試みのうち、数少ない成功例だったという。[49]

4　村落防衛の実像

落陽作戦

鳴り物入りで始まり、華々しい成果を上げたはずの戦略村計画は、じつはすぐさま大変な困難に直面していた。よりによって民族解放戦線が強い地域で建設が始められたからである。一九六二年五月、国家安全保障会議のフォレスタルはケネディに、日の出作戦が「予想された困難に突入」しつつある可能性を伝えた。一一月までにこの作戦は事実上崩壊した。むしろ「落陽」作戦の名がふさわしかったと皮肉られる体たらくだった。[50]

一九六二年末、マンスフィールドはケネディの求めでベトナムを訪れた。「大統領はベトナムを知る私にこの計画が有効に機能しているかどうかを確認させ、次の一手はどうすべきかの助言を期待していたのだろう」と彼は考えている。日の出作戦の実態に驚愕したケネディは「とてもよい考えだと思われたものにいったい何が起こったのか」(フォレスタル)を知るため、続けてヒルズマン国務省情報調査局長とフォレスタルを現地に送る。[51]

一九六三年を迎える頃、ゴ・ジン・ニューはノルティング大使に、建前としては存在する約一万五千の戦略村のうち、その名に値するものは「いまのところ三〇%以下」だと認めた。二月、セロング大佐が語ったところによれば、二〇%以下だった。五月初め、「状況は改善されつつあるが、あまりにも遅く、戦争勝利に求められる、持ちこたえられるような類の村落を多数生み出すにはいたっていない」と経済援助使節団のフィリップスはいっている。[52]

政府が仏教徒危機への対応に忙殺される間に、「戦略村計画はめちゃめちゃになってしまっていた」とコルビー元ＣＩＡサイゴン支局長はいう。この年夏、仏教徒危機のために計画は「大きく速度を減じた」とノルティングの後任となったロッジは報告した。夏も終わる頃、満足のいく戦略村は「五〇％を超えない」というのが、現地で援助を担当するアメリカ人の判断だった。[53]

九月、多くの省で状況は「まだ危険とはいえないまでも、深刻」だとトンプソン英軍事顧問団長はジェムを脅した。一〇月下旬、ハーキンズ軍事援助司令官は好ましい徴候として、南ベトナム政府が「戦略村計画を効果的に強化する必要を認識している」ことを挙げた。だがジェム政府打倒クーデター直前の時期に、それが問題になることが本当の問題だった。[54]

一九六三年秋、ニューがトンプソンを戦略村「計画の父」と賞賛した時、彼は「こんな子供たちを認知したことはない」とそっけなかった。アメリカ側の推進者の一人だったヒルズマンは、ケネディ大統領図書館のインタビューでこの計画を「まやかしで、うまくいかず、失敗で……ぺてんで、いんちきで、役立たず」だったと切り捨てた。それは『ニューヨーク・タイムズ』記者ハルバースタムにいわせれば「本質的にペーパー・プラン」でしかなかった。[55]

質は千差万別

トンプソン英軍事顧問団長によれば、じつは一九六二年後半でさえ、戦略村建設は「ひどくつぎはぎだらけ」の状態だった。月例の状況報告は一九六二年九月に、国務省情報調査局は年末に、ＣＩＡは一九六三年四月に、国務省極東局のベトナム作業班長ウッドは七月に、戦略村の質的なばらつきを指摘している。[56]

一九六三年一〇月、ロッジ大使は戦略村の「多くは基準に満たないが、あらゆる面から見て本当に素晴らしいものもあることは疑いがない」と報告した。裏を返せば、全体としては玉石混淆でしかなかったのである。[57]

大きな問題は地域単位の差だった。トルーハート代理大使は一九六三年五月のホノルル会議で、第一〜第三軍管区つまり南ベトナムの北・中部では計画は好調だが、第四軍管区つまりメコンデルタでは大きな困難に直面していると報告した[58]。

同じ頃、戦略村計画を含め、デルタでの「見かけの進捗は幻想」にすぎないとフィリップスはいっている。メコンデルタは「戦略村計画の真のテスト」（ヒルズマン）の舞台となるはずだった。だがそこは事実上敵の支配下にあった[59]。かりに全土で進捗があったにしても、メコンデルタだけが取り残される状態はその後も続く。大使館の政治担当参事官だったメンデンホール（Joseph A. Mendenhall）は六月、国務省極東局に移った。九月、再度現地を訪れた彼は、トルーハート代理大使やベトナム側の責任者の一人ホアン・バン・ラク（Hoang Van Lac）大佐の言葉として、デルタの戦略村が「めちゃくちゃ」であり、多くの省で計画は「崩壊状態」だと伝えた[60]。

ハルバースタム記者は、メコンデルタに「戦略村計画といえるようなものは存在しなかった」という。アメリカ側は、あらためて実態調査を行い、強制移住の撤廃や政治的・経済的手だての強化などによって農民により魅力的な計画づくりを図ろうとしたが、すでに時遅しだった[61]。

見かけ倒しの村

早くから懸念されたのが防御力の欠如である。一九六二年夏、ＣＩＡは、無数の戦略村の中には「事実上の要塞」も存在しているが、それ以外は「形ばかりの柵その他の防護措置しかなく、簡単にベトコンに突破されるものもある」という実情を報告している[62]。

国家安全保障会議のフォレスタルは、日の出作戦がつくり出したのは「村」ではなく「鉄条網で囲んだ区域」にすぎなかったと述懐している。一九六二年九月、トンプソンはジェムに、戦略村の改善強化と多数の村々の一体化を進め、計画の勢いを保つよう訴えた。戦略村内部の体制と外に対する防御の両面で、理想と現実の格差解消が必要だった[63]。

一九六二年一〇月、フエのヘルブル（John J. Helble）総領事の報告は、ベトナム中部で大部分の戦略村が「ほとんど純然たる見せかけ」にすぎず、村の周囲四分の一程度を覆ったにすぎないと伝えた。つくる側にすれば、防御の「象徴」たる鉄条網さえあればよかった。統合参謀本部議長となってほどないテイラーは一一月、予定数一万一千のうち建設済みは三分の一足らず、しかも十分な防御と管理がなされているのはわずか六〇〇だと報告した[64]。

村の周囲に鉄条網を放り出し、住民にお座なりに武器を分け与えるだけで戦略村一丁上がりという場合もあった。『ニューヨーク・タイムズ』のハルバースタム記者はあるアメリカ人に、ベトナム人は「君のまわりに有刺鉄線を張りめぐらして、君を戦略村だというだろうよ」といわれた[65]。

合格点はごく一部

一九六三年初め、現地の状況を目の当たりにしたヒルズマンとフォレスタルは、四千にのぼる戦略村の多くが「竹製の柵以上のものではない」と論じた。国防省は民兵の訓練強化を最優先課題としなければならなかった。ＣＩＡのベトナム作業班長クーパーがある戦略村を視察した際、村内に泊まることを彼に勧める者も、同宿してくれそうな省長も皆無だった[66]。

一九六三年四月、ウッドは「ベトコンの小規模攻撃を打ち破れない限り、戦略村計画は成功しないだろう」と、極東担当国務次官補となったヒルズマンに伝えた。しかし五月、『タイム』は六千を数える戦略村のうち敵の攻撃に耐えうるのは三分の一以下だと南ベトナム政府自身が認めていると報じた。少なくとも「物理的防衛」にかんする限り「質的にばらつき」があることは明らかだった[67]。

ジェム政府崩壊後、グエン・ゴク・ト副大統領は、新政府発足時には八、六〇〇カ村のうちまともなものは二〇％しかなかったと振り返った。たとえばメコンデルタの二つの省では、四三二一の戦略村のうち生き残れそうなのは二〇％だけだと報じられた。本当に防御力を備えた戦略村は一割程度だったともいう。[68]

攻撃目標に

戦略村は「ベトコンの主たる攻撃目標」となった。彼らは大規模な攻撃作戦を繰り返した。[69]現地を視察したマッコーン（John A. McCone）ＣＩＡ長官は一九六二年六月、「ベトコン軍が戦略村の防衛を打ち破る新たな技術を現在開発中」である可能性について警告した。重火器を用いて大部隊による攻撃をかけ、政府軍が救援に駆けつける前に戦略村を破壊しようとする気配があった。ベトナム社会主義共和国側の戦史によれば、一九六二年だけで一、六〇〇の戦略村が破壊された。[70]

一九六三年三月、トンプソンは民族解放戦線の戦略村への対応が「緩慢であり、これまでのところ効果を上げていない」と英外務省に報告した。だが五月、統合参謀本部の反乱鎮圧・特殊活動担当特別補佐官クルラック将軍は戦略村が敵の攻撃目標になっていると聞かされた。実際に一九六三年に入ると、戦略村攻撃は彼らの最優先目標となっていた。夏から秋にかけてその傾向はますます強まった。[71]

といって緊急に対処が必要だとも思えなかった。戦略村への攻撃は、住民すなわちゲリラがその心を得ようと懸命な対象に危害を加えることを意味する。ウッドにいわせれば、にもかかわらず民族解放戦線は戦略村に攻撃をかけざるをえない苦しい立場に追いやられていた。国務省情報調査局も七月、「共産主義者がそれを破壊しようとたいへんな努力を払っていること」が、戦略村成功の証だとしている。[72]

しかし解釈をどう弄ぼうと、九月に経済援助使節団のフィリップスがホワイトハウスでの協議で報告したように

「戦略村は守られておらず、十把一絡げにやられている」事実は変わらなかった。マッコーンは、メコンデルタの戦略村は五割しか守られていないとアイゼンハワー前大統領に伝えた[73]。

一〇月、現地のある仏企業の経営者はロッジ大使に、戦略村は「貧しい農民に夜の安眠という機会を与えるという点でよい考え」だが、現実には「防御は貧弱であり攻撃面でも価値はない」と述べた。しかも攻撃を受けた戦略村も、多くの場合表面は平静を保っていたから、被害の実情把握もままならなかった[74]。

じつは一九六三年をつうじて敵は「ほとんど意のままに」戦略村に攻撃をしかけていたのだとキャロル（Joseph F. Caroll）国防省国防情報局（DIA）長はマクナマラ国防長官に報告している。だがそれは一二月も半ばのことだった。一九六三年までに二、九〇〇近い戦略村が破壊された[75]。

内に潜む敵

じつのところ多くの場合、襲撃じたい不必要だった。ゲリラはすでに村内に入り込んでいたからである。あるアメリカ人将校の言葉を借りれば、戦略村は「とっくの昔にベトコンが支配」していた。さもなくば周辺地域全体をすで制圧していた。一九六二年末、視察のため現地に到着したヒルズマン国務省情報調査局長は「戦略村はその境の内側に共産主義者を囲い込みながら出来上がっており、そうした共産主義者を追い出す手だてなどまったくない」と見た[76]。

一九六三年春、ある反政府派ベトナム人は戦略村が「大変危険」な状態だと見ていた。「アメリカもベトナム政府も知らないし、また直視しようともしないが、戦略村計画はベトナム人の共産主義者（ベトコン）にひどく浸透されている」からだった。国務省極東局のメンデンホールは九月、現地視察の結果、戦略村が「内側の裏切りに遭っている」事実をヒルズマン（四月から極東担当国務次官補）に伝えた。出入り口を開け放しにし、敵に防御計画を漏らすなどである。実態としては、戦略村はむしろ民族解放戦線の拠点だった。戦略村の防衛は内側から崩れ去っていた[77]。

有刺鉄線と竹

自衛のため戦略村に武器を供給すれば、そこから敵の手に渡った。多くの場合農民は「当局には報告しないまま、ベトコンをそのまま村内に入れ、求められるままに物資を与えていた」とヒルズマンとフォレスタルは一九六三年初めに報告している。「鉄条網で囲まれ政治宣伝を投薬された村の内部には、ベトコンが手つかずで残ったまま」（ヒルズマン）だった。[78]

戦略村を本気で守ろうとすれば、政府軍を張りつけなければならなかった。だからＡＰ通信のアーネット記者にいわせれば、戦略村は経費や手間に引き合わない「厄介な存在」と化した。[79]

しかも外からの支援はしばしば遅れるか、まったく来なかった。脆弱な戦略村はあまりに多く、駆けつけるべき政府軍部隊はあまりに少なかった。トンプソン英軍事顧問団長は政府軍による作戦が戦略村計画を支援するような形になっていなかったことが「中心的な失敗」だったという。[80]

メコンデルタを中心にいたるところで見受けられたのが、「村落防衛を軍事面の計画の中に知的に統合できない」という欠陥だった。ある外国人の目に、アメリカによる「有刺鉄線」を用いた支配と映ったものは、ゲリラの「竹」による支配の前に敗れ去ろうとしていた。[81]

一九六三年一一月のクーデター後、とくにメコンデルタで戦略村は民族解放戦線の「戦闘村」に姿を変えてしまった。それも、燎原の火のように。[82]

一一月二〇日のホノルル会議でハーキンズ軍事援助司令官は「ベトコンを識別し、彼らが共産主義者の細胞となるのを阻止するため、訓練を受けた諜報員を戦略村に送り込む」べきだと勇ましかった。しかし軍事援助顧問団で海軍部門を担当したドラクニックがのちに指摘するように「どいつが共産主義の手先なのか知るすべなど金輪際存在しない」以上、手はなかった[83]。

5　鉄条網の中の戦い

力ずくで進む建設

アグロビルの失敗を糧に、戦略村建設にともなう移住は農民全体の五％程度に抑えられるはずだった。そもそも、住民の移住などたいした問題ではなかったとの見方もある[84]。

だが結局は一部住民の移住が五〇％、大規模な移住が三〇％、根こそぎの移住が一五％を占めたとトンプソンはいう。豪訓練使節団のセロング大佐によれば「史上最大規模の人口移動の一つ」が生起したのである[85]。

ノルティング大使は、自分は強制移住の証拠など見たことがない、かりにあったとしてもほんのわずかだった、人々は戦略村を歓迎していたのだと述べている。国防省国際安全保障局の極東担当ハインツも、一部は意思に反する場合があっても「多くの人々は自発的に移住した」という。当時も、多くの人々がみずからの意思で、社会・経済・政治的利益を求めて移住しているのだというのがケネディ政権の言い分だった[86]。

戦略村建設の華々しい緒戦、日の出作戦では二〇〇あまりの家族のうち、説得に応じて移住したのは七〇だった。残りは強制移住を迫られた[87]。

全土で農民は、ある日突然力ずくで、銃剣に追い立てられた。家も財産も焼かれた。砲爆撃さえ用いられ、田畑には毒物がまかれた。見せしめに長老が処刑されることもあった。彼らは補償を与えられるどころか、戦略村建設のための献金を求められる始末だった[88]。

人々の土地への愛着が重要な意味を持つ国で、それも先祖伝来の土地やそこに存在する祖先の霊から無理やり農民を切り離す「愚かな」（フォレスタル）行為がどのような結果をもたらすか、火を見るより明らかだった。とくにメコンデルタでは、もともと住民が無数の運河に沿ってばらばらに住んでいたから、困難は大きかった。農民は押し込められた戦略村から自分の田畑まで何キロも歩く羽目になったのである。[89]

まるで強制収容所

移住後に彼らを待っていたのは無償の強制労働だった。施設づくり、軍事訓練、警備、集会などのためである。協力を拒めば厳しい刑罰が与えられた。ただし官吏の子弟はしばしば労役を免除された。[90]

農業生産は伸びなかった。いや、国務省政策企画委員会のロバート・ジョンソンによれば、村民は農作業に出ることもままならなかった。戦略村への移住のおかげでコメ生産の低下が心配される始末だった。「概して、農民はこの計画全体の目的を完璧なまでによく理解し、その実現のため進んで役立とうとしていた。たとえその建設のために一日中働かなくてはならないほどであっても」というトンプソンの述懐が、じつに虚しく響く。[91]

シュレジンガー大統領特別補佐官は、戦略村を「農民たちが時には銃剣を突きつけられて囲いの中に入れられ、そこで強制労働をさせられている、陰鬱な収容所」と描写した。記者たちはそれを「臨時キャンプ」「高価な収容所」などと命名した。ジェム後に政府を率いたズオン・バン・ミン将軍ものちに「鉄条網にかこまれた収容所」と呼んだ。[92]たしかにブイ・バン・ルオン内相が一九六二年末に議会で報告したように、強制労働の日数が制限され、補償が規定されるなどの措置はとられていた。だがそれは現実には守られていなかったし、この後も守られる様子も見えなかった。その後も強制労働の実態を示す報告がアメリカ側に届いていたのである。[93]

夜になり官吏や兵士の目が消えると防御柵や防御設備を壊すのが、農民のささやかな抵抗だった。一九六三年五月に勃発した仏教徒危機の背後にも、戦略村への反発があったという。民衆の手で壊されてはつくり直すの繰り返し

——まるで賽の河原である。[94]

はびこる圧政

一九六二年秋に現地を視察した国務省極東局のベトナム作業班長代理ヒーブナーは、戦略村が「ベトナムの地方に民主主義をこれまで——おそらくこれからもそうだろうが——もたらしてこなかった」と報告した。なるほど南ベトナム内務省は全土に自由選挙、秘密投票などを指示した。だが実際にどうするかはまったく省知事の胸しだいだったのである。[95]

多くの地域で戦略村は「ベトコンに対抗する新たな希望」どころか「政府の圧政の象徴」となってしまったと大使館のメクリン広報担当参事官はいう。戦略村を攻撃する民族解放戦線が「ロビン・フッド（Robin Hood）のように」見えたと、ある南ベトナム政府高官は『ニューヨーク・タイムズ』のハルバースタム記者に語っている。[96]

計画の生みの親の一人であるトンプソンが最も重視したのは、身分証明書による住民の管理だった。だがその実態は管理以上のものだった。村内への出入りは厳しく監視され、食糧も敵の手に落ちないよう一日分ずつしか支給されなかった。しかも身分証明書の発行など無意味だった。紛失すれば大変なことになるので、人々は外出時も大事に自宅に保管していたからである。[97]

よしんば強制的な移住や労役がなかったにせよ、住民は政治・経済・社会面の利益をほとんど受容できなかった。最も重要な土地の配分すらろくに行われず、むしろ戦略村は地主を保護する道具となった。[98]

腐敗の温床

戦略村は腐敗の温床でもあった。建設・運営資金は官吏の懐を潤し、膨大な資材も途中でしばしば姿を消した。官吏は建築資材などを法外な値で農民に売りつけた[99]。

すでに一九六二年秋、大部分の戦略村では「防衛も社会＝政治改革も最も薄っぺら」な状態だった。一九六三年初め、ベトナム視察から戻ったヒルズマン国務省情報調査局長と国家安全保障会議のフォレスタルはケネディ大統領に「戦略村計画が、それが求める犠牲に見合うだけの十分な政府のサービスを提供しているかどうか……誰も本当のところはわからない」と報告した[100]。

とりわけメコンデルタでは、戦略村は「誇張された、安ぶしん」でしかなかったとハルバースタムは描写する。農民は敵の攻撃に無力な戦略村に押し込められ、医療奉仕にしても教育奉仕にしても約束違反に憤激していた。一〇月、現地視察を終えたマクナマラ国防長官とテイラー統合参謀本部議長も、学校建設、医療品や肥料の配布などの措置がともなわない限り、戦略村は「名目上政府の支配下」にある区域にすぎないと気づいた[101]。

一九六三年初め、南ベトナム内務省のある担当者の指摘によれば、戦略村の規模が五〇〇人程度にとどまっているところに問題があった。経済活動の必要性からいえば、三千人が自給自足の最小単位と考えられたからである。だがその是正などなされなかった。八月、ヒーブナーや国務省極東局のベトナム作業班長ウッドは、戦略村計画が「もっぱら治安維持の試み」にとどまり、「経済・社会的側面の前進はおそらく緩やかすぎる」こと、農民の不満の種が「まったく手つかず」のままであることに苛立ちを隠せなかった[102]。

哀れな末路

ジェム政府倒壊は、戦略村計画に「最後の一撃」（トンプソン）を与えた。「共産主義者がやらなかったことを新政府がやった」のだと、コルビーＣＩＡ元サイゴン支局長は混乱の中で建設計画に大きな齟齬が生じたことを批判する[103]。

クーデターから一〇日後、あるベトナム人は民族解放戦線が南ベトナムの中部に設けられた戦略村の多くで「まるで政府のような権威」を持ちつつあるとアメリカ側に伝えた。その間にも民族解放戦線は毎日、戦略村を一つまた一つとつぶしていった。八月まで大使だったノルティングは戦略村が「攻撃を受け、一掃され始めた」と述懐している。ハリマン政治担当国務次官によれば、「戦略村という概念全体を打ち破ったのだという事実」が民族解放戦線の士気を著しく高揚させた(104)。

国務省でハリマンの補佐役をつとめ、のち駐ラオス大使となるサリバン（William H. Sullivan）のように、戦略村は「ベトコンの活動によってではなく、住民自身の手で破壊された」のだと見る者もいる。本当の問題は、戦略村が人々の政府への支持を生み出せず、農民の離反を食い止められなかったことにある。戦略村はむしろ彼らに不快感を与え、彼らの暮らしをかき乱し、生活水準を低下させ、彼らの政府への敵意をつのらせた(105)。

ジェム政府が倒れた後、ファム・ダン・ラム（Pham Dang Lam）外相はロッジ大使に、戦略村が「おおむね不人気」だといっている。グエン・ゴク・ト前副大統領は、もともとは「強力な反共」だった農民たちの態度がジェムのせいで「消極的」もしくは「中立」に変わってしまったと述べている。それを媒介したものの一つが、戦略村だった(106)。

✽　✽　✽

戦略村計画は華々しい成果を上げたように見えた。チュウホイ計画も同様である。だが戦略村の内実はまったく違っていた。多くの場合ゲリラに蹂躙され、あるいはいつの間にか内部への浸透を受けた。強制移住に始まる弾圧や腐敗などは農民と政府との距離を拡げた。だがアメリカ人の目から見る限り、彼らが程度の差こそあれ農民や山岳民族の心に手を伸ばせなかったのには理由があった。ジェム政府の暗愚とベトナム人の気質である。

第三章　暴走するジェム政府

1　誤った手法

民心は置き去り

経済援助使節団のフィリップスによれば、南ベトナムで戦略村計画が始まった頃、その内容について資料を持つアメリカ人は皆無だった。とすれば、ベトナム人が勝手に「まずい計画」を推し進めたことになる。国務省情報調査局も一九六二年末、南ベトナム政府指導者が戦略村を「万能薬」扱いする傾向に危惧をおぼえていた。[1]

計画着手後ほどなく、彼らが「アグロビルに特徴的だった失敗を相変わらず数多く繰り返している」ことが判明したと、国務省極東局のベトナム作業班長代理ヒーブナーはいう。防御力不足、強制移住、厳重すぎる監視、不十分な補償、そして農民の反感などである。それどころか戦略村は農民の間に、散々な結果に終わったアグロビルよりも「大きな敵意をつのらせた」と、元民族解放戦線幹部のチュオン・ニュー・タンは述懐する。[2]

たとえば強制移住。日の出作戦開始直前、ゴ・ジン・ジェム大統領は「地方の民衆をたがいに離れた農家にばらばらに住まわせるのではなく、防御可能な単位ごとに再編する必要」を強調し、住民の移住こそ「現段階ではゲリラ鎮圧の不可欠な要素」だと断言していた。移住にともなう労働に報酬を払う必要など認めなかった。[3]

あるいは強制労働。グエン・ゴク・ト副大統領はのちに、彼がその実態をジェムに伝えた時の有様について語っている。ジェムはそれを言下に否定し、「自発的」労働を示す農民の署名つきの書類を見せた。だがそれは省知事がでっち上げたものだった。[4]

民心の把握もお座なりだった。一九六二年末、マンスフィールド民主党上院院内総務はケネディ大統領に、戦略村における「下からの」民主化など「リップサービス」にすぎないと報告した。経済援助使節団のフィリップスによれば、民主主義など経験したこともない官吏の多くは、民衆を「離反させずにはおかないようなやり方を用いないことには計画を実行できない」と考えている様子だった。彼らは村落の経済・社会開発などにも興味はなかった。[5]

理解なき突進

早くも一九六二年半ば、戦略村計画が「中央政府による指揮監督、調整、物資面の支援が不足し、省や地方の官吏の間に誤解があることから、深刻な困難に直面している」ことはわかっていた。一九六三年早々、南ベトナムのある国会議員は、戦略村計画は「正しく実施されれば非常に優れた政策」だが、現実には山ほどの問題に遭遇していると大使館の一人に語った。捕虜からの情報として、政府が生活水準の向上や政府への信頼強化などの手だてをうまく講じていないこと、家や財産の放棄を余儀なくされた農民が不満のかたまりであること、その結果多数が民族解放戦線の側に立っていることなどがサイゴンから報告された。[6]

一九六三年八月に第三軍管区司令官となったトン・タト・ジン（Ton That Dinh）将軍は、ジェム政府打倒後、「理論上はよい」政策だったものが「党派的精神によって進められ、民衆にとって有害」になったと述べた。同じく参謀総長代理となったチャン・バン・ドン将軍もやはりのちに、「考え方そのものは秀逸だったが、前政府は戦略村計画を間違ったやり方で行っていた」とした。新政府の指導者ズオン・バン・ミン将軍も、自分は「つねに基本概念に賛成してきた」が「前政府によって誤って適用され、ニュー氏個人が政治的利益を得るために利用された」とした。一九六四年初め、ＣＩＡは「ジェム政府の政治的手法が政府による反乱鎮圧の努力の効果全体を弱めた」と振り返っている。死人に口なし、というべきか(7)。

人材不足

成功に「最も重要な要素」は、この「計画の基本原則を理解した、より効率的かつ献身的な現地の指導者たち」だった。だが戦略村を管理しようにも、訓練を受けた官吏の不足が当初から大問題だった(8)。

フィリップスは一九六三年五月、戦略村という「概念についての理解の欠如と、それを実現しようという十分な意志の欠如」を齟齬の原因に挙げている。しかも省庁どうしが足を引っ張り合っていた。「全体の計画もなかったし、すぐれた省知事に恵まれた場合に省レベルであった以外は、調整もまったくなかった」とするのはトンプソン英軍事顧問団長である(9)。

もちろん現場に立つ官吏の訓練は進められた。マクナマラ国防長官とテイラー統合参謀本部議長は一九六三年秋、戦略村建設に成功できなかった省知事は、この計画をよく理解する者に交替させられたと報告した。だが事態改善にはつながらなかった(10)。

一九六三年一〇月までＣＩＡサイゴン支局長だったリチャードソン（John H. Richardson）は、ジェムの弟で政府の実力者であるニューを「偉大な民族主義者」と賞賛し、彼が「戦略村計画を理解している唯一の男」だと語ったことがある。裏を返せば、彼以外誰もこの計画を把握していなかったということである(11)。

ニューは部下を集めて計画を説明したが、彼らの多くは「矛盾したニューの理論に面くらった」だけだった。さもなくば「物理的側面だけ」つまり防衛ばかりに気をとられていたとリチャードソンの前任者コルビーはいう。その結果、一九六三年夏に国務省情報調査局が懸念したように「戦略村にかんする民衆の誤解」が拡がった[12]。

2　非現実的な速度

油滴のごとく

ヒルズマン極東担当国務次官補がのちに語ったところによれば、戦略村計画は「より安全な場所から治安の悪い地域にじょじょに拡大」する手はずだった[13]。

ただし拡げ方には一つの条件があった。「油滴（Oil Blot）」理論の適用である。後方に敵の存在を残さないよう、じわりじわりと安全な地域を増やすこと。布や紙に油の染みが拡がるイメージを抱けばよい[14]。

あまりに急激な、敵の拠点を残したままの計画拡大を懸念し、日の出作戦の猪突猛進ぶりに危惧を抱いたのがトンプソンである。一九六二年四月、ワシントンを訪れた彼は「猛進すべきでない」と力説した[15]。

それでも一九六二年夏、ＣＩＡは戦略村が「概してベトコン兵力の主要な集結地から遠い、より安全な地域で建設されつつある」と報告している。一九六二年後半になっても、まだ過剰拡大の徴候は見られなかったという。一九六三年初め、トンプソンはヒルズマンに、一九六二年初頭には「ベトナム人があまりに多くの場所で多くのことをやりすぎて計画を危険にさらすのではと心配していたが、自分は間違っていた」と認めている[16]。

トンプソンは、ジェムやニューが「ベトコンがどれほど浸透しているかを把握せず……村落内部からこれを除去するための手だてをとろうとしなかった」と批判している。彼らは「保護を与え、人々を団結させこちらに引き込み、開発を進めるという三つの目的、さらにはゲリラ部隊を民衆から孤立させるという究極目的を達成するのに必要な手だてを別に講じない限り、戦略村を建設したところで何も得られないことが理解できないようだった」。何のために戦略村をつくるのかなどにお構いなく、建設それじたいが目標となった[17]。

突貫態勢

一九六二年末までに、急ぎすぎの弊害が顕在化していた。トンプソンは南部、とくにメコンデルタを重視したが、ジェムやニューは中央高地と沿岸地帯を優先し、しかも全土を一気に戦略村で覆い尽くそうとした[18]。

一九六三年一月末、南ベトナム内務省のある担当者は、「約一万四千の集落を直接管理することなど不可能」だし、「現存の二、八〇〇カ村を監督するのはまったく困難」だとぼやいた。トンプソンはグエン・ジン・トゥアン国務相に、建設計画の勢いは維持しつつ、「デルタの中でも非常に開発が進み人口も多い地域で、まだ残るベトコン支配地域の穴を一掃することがとりわけ必要であること」を訴えた[19]。

三月、トンプソンは英外務省に、「戦略村計画を完成させたいという欲求」そのものに最大の危険が潜んでおり、成果を焦ることは「大きな間違い」だと指摘した。月末、ホノルルの太平洋軍司令部を訪れた彼は、「ベトナム政府がいまやあまりに多くを、あまりに急ぎすぎる」ところに「最大の危険」が存在すると警告した。彼はジェムにも、敵の拠点を取りこぼしてはならないと訴えた[20]。

四月初め、反乱鎮圧特別研究班で「ベトコン支配の穴を後方に残したまま」建設が進められていることが報告された。トンプソンによれば「手を拡げすぎ」の状態で、「治安はいっこうに改善しないまま」だった[21]。

強まる危惧

五月、豪訓練使節団のセロング大佐は国務省首脳を前に、戦略村計画は「あまりに速く前進しすぎており、ベトコン兵力の危険な穴を後ろに残している」と警告した。そのために政府軍の兵力も浪費されていた。十分な準備も監督もなしに進む無茶なやり方が「反乱鎮圧作戦の全体を危うくしかねない」と、国際開発局で極東を担当するジャノウはベル（David E. Bell）長官に強く訴えた。[22]

建設は面の拡大ではなく線の延長として進み、ゲリラの支配地域を放置した。ハリマン政治担当国務次官によれば、「道路や運河に沿って、その間の地域にベトコンが作戦できる領域を残しながら」拡げられたのである。[23]

一九六三年九月になっても、経済援助使節団は戦略村の「過剰拡大」と「健全な計画・徹底的な実施の欠如」を指摘しなければならなかった。地方復興委員会では、ある省で南部から北部へと建設を進めるはずが、政府の命令によってまず北部と東南部の敵支配地域から開始することになった例が紹介されている。[24]

同じ頃トンプソンはジェム大統領に、「戦略村計画があまりに迅速に行われてきたため、努力が分散し、あまりに広大な地域に村をばらまく結果となっている」と戒めた。ジェムとニューは計画の速度緩和に合意し、敵の攻撃に対する抵抗力がつくまで新設は控えると約束した。[25]

マクナマラ国防長官とテイラー統合参謀本部議長は一〇月初め、とくにメコンデルタでは今後防御できないところ、民生活動計画が不十分なところには戦略村をつくらない新たな方針について報告した。ニューは一〇月一七日の記者会見で、計画の速度を緩め、現存の村を強化する姿勢を示した。だが約二週間後、政府そのものが倒されてしまう。[26]

過剰拡大

一一月二〇日、マクナマラを始めベトナム政策関係者が一堂に会したホノルル会議でロッジ大使は、戦略村が「あまりに急速に、労力面で過大なコストをかけて推進されすぎてきた」と述べた。トルーハート代理大使も、計画の「拡げすぎ」を批判した。[27]

マラヤの場合、一二年をかけて五〇〇あまりの村が建設され、五〇万人を収容したにすぎない。これと比べても常識はずれの速度だった。ケネディ暗殺から一週間あまり後、サイゴンでズオン・バン・ミン将軍はロッジに、戦略村建設は「あまりに薄く拡げすぎ」だったと述べている。[28]

アメリカは油滴理論を忠実に適用しようとしたが、実際には「すぐにあらゆるところが油滴だらけ」（トンプソン）になった。毎日新聞特派員団の現地報告によれば、アメリカが「落とした油の一滴の上にベトコンの一滴が重なり合い、いつ消されてしまうかもしれない」状態だった。[29]

ラスク国務長官ものちに「われわれがそれをあまりに拡げすぎ、急がせすぎた」ことを反省している。だが責任の所在は明らかだった。ジェムとニューのために、ほんらい「健全な概念」だった戦略村計画は「一度もきちんと試されることはなかった」のだとヒルズマンは断言している。全土に支配を固めようとニューが急ぎすぎ、手を拡げすぎたことはジョンソン政権でも指摘された。[30]

計画の推進力

戦略村計画の推進力となったのは政府の実力者ニューである。[31]当初彼はこの計画に冷淡だったが、アメリカの大規模な資金供給を知り、豹変したのだともいう。彼は戦略村に「本物の活力」（ロストウ国務省政策企画委員長）を注入した。大使館のメクリン広報担当参事官によれば、ベトナム政府内に設けられた省庁間戦略村委員会は「ニュー委員会」と呼ばれた。[32]

一九六二年六月末、ニューは「私がそもそも戦略村計画を考え出したのだ」と経済援助使節団のフィリップスに述べている。翌年夏に赴任したロッジ大使にも、ニューは戦略村の発明者は自分だと繰り返した。ＣＩＡサイゴン支局によれば、この「破壊活動に対応する戦争」に勝利することが彼の「最大の関心事」だった。[33]

ニューは実務をファム・ゴク・タオ（Pham Ngoc Thao）大佐に委ねた。ところがこの人物は民族解放戦線の手先だったとされる。彼は社会の混乱と、政府と農民の離反を促すため故意に計画を急がせたのだという。だとすればニューもまた被害者の一人だったのかもしれない[34]。

だがそれ以上に、本当に問題だったのは、ニューが計画全体像の進展や各地の実情など構わず「全土をいちどきに『戦略村』で覆い尽くす」のに余念がなかったことである。「あまりに多くをあまりに急いでやろうとした」結果、「あまりにでたらめ」なやり方がまかり通った[35]。

現場に送り込まれた官吏は上からの圧力におびえ、民衆の被害や苦難など気にも止めなかった。「民衆に憎まれることを恐れるな。民衆に気に入られようとするな」というのが、ニューが下した命令だったからである[36]。

計画は省知事どうしの必死な「競争」の様相を呈した。とくにメコンデルタでは一九六三年四月に政府が省知事に下した、建設を急げという命令が大きな困難を生んだ。フィリップスによれば、中央からの「非現実的な要求」が省知事を「明らかに計画を台なしにしかねない行動」に駆り立てたのである。彼らの成果は質ではなく量で評価されたからなおさらだった[37]。

秋までには、少なくとも一部の省知事が「熱意のあまりか、あるいはその他の理由で」安全でない場所にまでひたすら建設を進めていることが判明した。省知事はサイゴンからの命令に従ってそれぞれ戦略村をひたすら建設し、そして次々と敵の手に失っていった[38]。

農民支配の道具

戦略村建設は、国家安全保障会議のフォレスタルによれば「大部分政治的」な目的で進められた。それは「一党体制にもとづいた政治的な権力基盤」（トンプソン）をつくることである。より具体的には、ニューが「個人的に支配する政治体制を地方に築き上げる」（ロストウ）ことを意味していた[39]。

チャン・バン・ドン将軍によれば、戦略村計画には「隠された意図」があった。反政府的な民族主義者たちを粉砕し、与党カンラオの党員を村から省にいたるレベルに送り込み、政府の基盤を強化することである。トンプソンも、ニューがその指揮下にある「カンラオ党や共和国青年団をつうじて、政治的な民衆の支持を底から勝ちとるのではなく、政治支配を上から押しつけようとした」とする。[40]

一九六二年半ば、大使館の政治担当参事官だったメンデンホールはグエン・ゴク・ト副大統領に、戦略村は「素晴らしい考え」だが「いまそれが実施されているやり方」に問題があると伝えた。トもこれに同意し、「農民を離反させないような方法で」計画を実施する必要に言及した。[41]

だが一九六二年末、国務省情報調査局によれば、政府は「もっぱら農民への支配増大を目的としているよう」だった。一九六三年四月、ＣＩＡはニューが戦略村を「ベトナムの地方における社会再建の大きな一歩」というにとどまらず、農村で「政治的支配を強化する手段」と見なしているとした。[42]

政府の権威を誇示

五月、ワシントンを訪れた豪訓練使節団のセロング大佐は、ジェムが「ベトナム政府の存在を誇示するため」に、ベトコンの拠点を残すことなど気にせずひたすら前進していると述べた。彼にいわせれば、ジェムは「彼の政府の存在を支配が及ばない地域まで拡大したい欲求」のとりこだった。大事なのは、中央政府の権威を長い間受けつけなかった場所に「旗を立てる」ことだった。[43]

あるベトナム人はロッジに、戦略村の過剰拡大は「できる限り早急に全土にニューの支配を拡大するため」だったからだと伝えた。農民への行政サービスなど、徹底的な住民管理からすれば二の次でしかなかった。いや全国民の管理のために、全土で早急に戦略村を完成させなければならなかったのである。同じ計画を追求しながら、ジェム政府とアメリカはまったく違うものを見ていた。それが両者の間に緊張関係を生んだ[44]。

九月末、地図を示しながらジェムは、マクナマラ国防長官やテイラー統合参謀本部議長にまくし立てた。急速な拡大には「十分かつ正当な理由」がある。安全確実な場所にかまけて、たとえば中央高地を一時的にでも軽視すれば、そこが敵の攻撃基地になる。そこから東進されれば国土が二分されてしまう。敵の勢力圏にあえて戦略村をつくるのは、敵が自由に動きまわれる領域を狭めるための「計算ずくの危険」なのだ。自分はこの「賭」に満足している。急ぐな、拡げるなという助言を聞かなかったからこそ、いま戦争がうまくいっているのだ[45]。

3　民間非正規防衛隊とチュウホイ計画

つのる敵対感情

山岳民族を味方につけることができなかった責めも、ジェム政府と山岳民族との間にかねて存在していた憎悪と嫌悪に帰せられた。一九五〇年代以降、中央高地へのベトナム人の移住が両者の緊張を高めた。北からの難民に土地を与えるため、ジェム政府は山岳民族先祖伝来の土地を、時に非合法な形で取り上げたからである[46]。

しかも政府は彼らに定住農耕を強制し、言葉や生活習慣、姓名すら改めさせる強制的な同化政策を強行した。ベトナム独立同盟、いわゆるベトミンとつながりを持つ者は処罰の対象となった[47]。

ノルティング大使によれば、ジェムには、かつて省知事として山岳民族を扱った経験があった。だから彼らを民間非正規防衛隊として動員する計画など「あまり努力しすぎるな」、しまいには独立要求を突きつけられるのが落ちだ、という態度だった[48]。

弟のニューも、民間非正規防衛隊が自分たちの山岳民族への支配を危うくすると懸念していた。現地視察直後のヒルズマン国務省情報調査局長によれば、ジェム政府は「山岳民族と、彼らが武器を持ちすぎることに神経質」であり、「地域がもっと安全になれば武器は取り上げる」心づもりだった。[49]

形の上では、彼らの訓練にあたるのは南ベトナム特殊部隊、いわゆるレッドベレーだった。だが準備不足の彼らには、必要とされる技術も指導力もなかった。国務省極東局のメンデンホールによれば、ある省知事が政府の指示そのままに、CIAがかつて彼らに供給した武器の一部を返せと要求し、両者の関係をいっそう悪化させたこともあった。[50]

アメリカ側はなんとか両者の関係を改善しようとした。だが南ベトナム政府側は、こうした「少数民族の間での、アメリカのいかなる活動にも疑念」を向ける始末だった。[51]

信頼得られず

最後までジェム政府は山岳民族の信頼を得られなかった。政府が倒れても、彼らはまったく無関心だった。[52]

一一月、ベトナム政策関係者が一堂に会したホノルル会議でも、政府に対する山岳民族の「深く染み込んだ猜疑の念」や「ベトナム政府の支配に抵抗し、ベトナムの中央高地に自治政府を樹立しようとする傾向」がアメリカ側の心配の種だった。一九六四年以降彼らは公然と政府に反乱を起こす。その素地はケネディ政権期に出来上がっていた。[53]

国務省情報調査局は一九六三年初め、東南アジア大陸諸国の山岳民族が「遅れた人々で、民族的にも言語的にも文化的にも国民の大多数から弁別されている。彼らは社会・経済水準の底辺に位置している。彼らは東南アジアの忘れられた人々である」と説明した。問題は「共産主義者」だけが彼らを忘れていなかったことである。[54]

抗仏戦争時代、ベトミンは山岳民族と協力関係にあった。ベトナム南北分断後も、共産側は彼らの内部に工作員を送り込み、そこに勢力を維持していた。[55]

一九六三年から六五年にかけて、山岳民族部隊のキャンプ周辺で、民族解放戦線は高水準の作戦を展開したという。

しかも彼らは山岳民族がジェム政府に抱く不満を熟知し、活用した[56]。
少数民族は「モミ」、民族解放戦線はそれをあさる「ネズミ」、アメリカとジェム政府はネズミを追い払おうと懸命な「ネコ」だとされた。山岳民族が民族解放戦線と連繋して政府軍の哨戒所や強制収容所を襲うこともあった[57]。

誘降計画に気乗り薄

ジェム大統領は当初チュウホイ計画に乗り気でなく、その結果一九六三年までずるずると実施を延期した。もっとも『タイム』によれば、ジェムは計画開始に最善の機会を待っていただけだとうそぶいていた。リンカーン（Abraham Lincoln）大統領も南北戦争勃発から奴隷解放宣言（Emancipation Proclamation）を発するまで、最適の時宜を模索して二年も待ったではないかというわけである[58]。

政府軍は降伏した敵のゲリラなど信用できないと、計画そのものに反対していた。実際に投降者や捕虜は犯罪者扱いだった。収容所に閉じ込められたままの場合、あるいは尋問前に殺害される場合すらあったという[59]。

チュウホイ計画にも失敗があり、その原因はベトナム側の拙劣なやり方にあるとされた。ホノルル会議の資料では「ベトナム政府の側の関心が欠如していること」と「それ以外の問題にかかり切りであること」が齟齬を生じさせたのだと片づけられている[60]。

4　土地改革も頓挫

土地こそがすべて

ベトナムには「一握りの土地は一握りの黄金と同じ」という諺があるという。とすれば国民の大多数を占める農民を政府側につかせるには、土地問題を放置するわけにはいかなかった[61]。

もちろんジェムもそれを知っていた。実際に彼は一九五〇年代半ば、土地改革に着手している。小作料の引き下げ、大土地所有の制限、農地の再配分などである。ＣＩＡのベトナム作業班長クーパーによれば、それは「ベトナム政府の初期で最も有望な業績」となるはずのものだった[62]。

だが恩恵を受けた小作農は全体の一〇〜一五％程度で、大多数の農民にはむしろ不利益がもたらされた。かつてベトミンの手で追われた地主が土地を取り戻し、すでに土地を得ていた農民は地主不在の時期も含め、あらためて地代を支払わなければならなかった[63]。

土地改革はかえってジェムへの批判と反抗、政府からの離反を生み出した。敵に宣伝の口実を与え、その支持集めに貢献したのである[64]。

しかもこの不十分な試みですら頓挫した。一九六一年末までに収用された土地は六五万ヘクタール。うち分配されたのは二四万ヘクタール。一九六二年末の段階で農民の手に渡った土地は予定のせいぜい四割に満たない程度（三〜四分の一程度とも、一割以下ともいう）。しかも分配の対象は水田に限られ、ゴム農園も山林も手つかずだった[65]。

一九六〇年になっても、国民の二％が農地の四五％を、一五％が七五％を所有するといういびつな構造は変わらなかった[66]。

一九六三年初め、統合参謀本部の視察団は「ベトコンはこの社会の不満を抱く周辺層から自発的協力者を獲得し続けることができる」現状を懸念した。政府が保有する土地は、住民を集めた戦略村から遠く離れた場所であることが多く、分配も容易ではなかった。ある担当者によれば一九六三年五月の段階でもなお、ジェムは土地改革を「継続中の計画」だとしていた。もちろん、それがいつ完了するかはまったく未定だった[67]。

最後まで無策

一九六三年秋、ＣＩＡのベトナム作業班長クーパーは、政府の手元に土地がありあまっていると指摘した。収用した土地の四割以上は政府が保有していた。これを再配分すれば、地方での政府支持強化、国際社会でのジェム政府のイメージ向上につながると期待された[68]。

ロッジ大使は「膨大な数の、ごく普通の農民が土地を所有できる効果的計画」が「ベトナム政府にとって最重要の目標」だと主張した。農民に国家との一体感を与え、政府に情報や食糧を提供させることが「戦争遂行の努力を高揚させる政治的・心理的な新たな道具」だったからである。だがそれはジェム政府崩壊の二日前だった。ケネディの死からほぼ二週間後、「農民の支持を引きつける重要な手段」である土地配分は未解決の課題だった[69]。

ケネディ政権初期の国務次官で、一九六三年夏にインド駐在大使となるボウルズはのちに「土地改革などの諸改革を行っていればベトナム情勢は改善できたはず」だったと悔やんでいる。そうできなかった理由は明らかだった。ハリマン政治担当国務次官の補佐役だったサリバンは、もしジェムが「与えられた最善の助言を活用していたら、おそらくすべてを実効化できただろう」と考えている[70]。

官僚機構もジェムも土地改革にはほとんど興味を示さず、すでに「終わった問題」だと考えていた。それは豊かな地主層がジェムの支持基盤だったからでもある[71]。

ベトナム中部（アンナン）出身のジェムは南部（コーチシナ）の農民のことなどまるで知らなかった。「ジェム政府が戦争に敗れつつある主要な原因の一つは、彼らが田舎で何が起きているかをまったく理解しなかったところにある」と、大使館のメクリン広報担当参事官は述べている。ジェム期の農村部は抵抗勢力にとって豊かな土壌となっていた[72]。

成長する国家内国家

対照的に、民族解放戦線は小作農への土地分配がいかに重要かを理解していた。一九六三年初め、ＣＩＡは敵が「政府の国内における政治的弱点を積極的に利用」して「農民とみずからを一体化しようと懸命に努力」していると指摘した。春には、共産側が展開している戦いの本質は「政治的破壊活動」だと見た[73]。

彼らは一九六三年末ないし六四年末までにほぼ二〇〇万ヘクタールの土地を農民に配分した[74]。

その効果はじつに大きかった。貧農の若者は、政府軍に徴募されることを嫌い、土地と引き換えに民族解放戦線のもとに結集した。一九六三年一一月、ホノルル会議に先立つ分析は、土地の無償配分が敵の兵員徴募、そして兵力維持のうえで「おそらくより重要な要素の一つ」だとした[75]。

農民は親しみを込めて彼らを「解放《ジャイ・フォン》さん」と呼んだという。彼らのほうが政府などより、よい生活を保証してくれると信じられていた。ゲリラは「農民の着る黒いパジャマを着て村の中へ入っていった」のだと、のちの南ベトナム首相グエン・カオ・キはいう[76]。

彼らは農民の生活改善を支援し、貧富の差や独裁への不満などを利用した。民衆の置かれた窮状こそ彼らの強力な味方だった。彼らは「民族主義の大義を代表していると主張できる」（トンプソン英軍事顧問団長）立場にあったのである。その力は「シチリアのマフィアのように」（メクリン）拡大していった。農民は、苛酷な地主による支配がなく、土地が手に入り、税金も安い民族解放戦線の支配地域（解放区）に住むほうを好んだ[77]。

軍事援助司令部のスタッフによれば「ベトコンの組織は完璧」であり、政府として十分機能していた。現地視察の経験を持つサリバンの目には、一九六三年末の時点で「南ベトナムの国境内にベトコン人民共和国（People's Republic of the Viet Cong）が存在している」絶望的な状況が映っていた。統治機構や軍組織を備え、徴税を行い、水路を管理するなど、すでに「十分確立され中身のある存在」と化した解放区に、彼は舌を巻くしかなかった[78]。

5　ジェム期もジェム後も

政治の重要性を理解

ハーキンズ軍事援助司令官は一九六二年夏、「戦争はすべてが軍事というわけではない」とジェム大統領に訴えた。橋を架け、井戸を掘り、医療面の支援を与えるなどの民生活動を、軍が支援すべきだというわけである。翌年二月にも彼はジェムへの書簡で「軍事的努力は戦闘のたった半分でしかない」とし、「軍事的諸計画と並行して、その他の政府による諸計画がなくてはならない。たとえば公共衛生、教育、農業支援、心理戦争等々である」と力説した。[79]

だがノルティング大使によれば、そんな必要はなかった。彼もジェムも「軍事面の措置は手段であり、それが成功すれば本当の仕事、つまり両国合同による計画の経済・政治・社会的側面に取りかかることができるはず」だと考えていたからである。[80]

一九六三年五月の『タイム』は、心理的側面が敵を殺すことより重要である可能性をジェムが認識していると報じた。彼はこの年夏、『ニューヨーク・ヘラルドトリビューン』の女性記者ヒギンズにこう語った。これは「総力をかけた、そして多種多様な」戦争だ。「しばしば戦闘と相容れず、敵の道義的消耗を図る戦争」でもある。そして「政治・経済・外交・軍事あらゆる領域を包含する戦争」なのだ。[81]

のちに彼をクーデターで権力の座から追い落とすチャン・バン・ドン将軍も「共産主義者を相手の戦争に勝とうとするのなら、軍事的手段だけでは十分ではなかった。われわれの民族解放戦線との闘いは、政治・経済・文化・社会面も同様に考慮しながら遂行しなければならなかった」と述懐している。[82]

聞く耳を持たず

ところが一九六三年三月、統合参謀本部で反乱鎮圧を担当するクルラック将軍のもとには、政府が「ベトナム国民の熱狂的な支持を十分勝ちとるにはいたっていない」とする軍事援助司令部の評価が届いていた[83]。

その一カ月ほど前、国務省極東局のベトナム作業班長ウッドは、ジェムが「彼の軍隊が非常に改善された結果、軍事面で得たものを政治的にしっかり固める措置など懸念する必要はないと考えている」と指摘していた。四月、ＣＩＡの分析によれば、どうやらジェムは、政府軍が十分に改善された以上「軍事的進捗を得るための政治的基礎固めのことなど心配する必要なしに」作戦を展開できると考えているようだった[84]。

一九六三年夏、ヒギンズ記者のインタビューにジェムはこう答えている。農民は、戦略村のような「守られた基地」があると感じてからやっと、ゲリラの情報を寄こすようになった。つまり「最優先すべきは農民を暗殺や殺人から守り、政治について考えられるようにすること」なのだ。政治面も大事だが、「安全が存在しない限り意味をなさない」。ジェムは別の機会に、「工場などはいくらでも建設できるが、安全でなければそれは共産主義者のためになるばかりだ」とも語っていた[85]。

ハリマン政治担当国務次官は当時の「非常に困難な状況」を、のちにこう描いている。「安定した政府を見つけられなかったため、各省政府の強化が非常に困難になり、そのため南ベトナムを共産主義者の浸透——ベトコンの浸透から救うために必要とされるような社会・経済的な計画を実施できなかった[86]」。

一九六三年初め、ベトナムを視察したホイーラー陸軍参謀総長らは、この戦いに政治・経済・社会的側面が絡み合っていることを「ジェム大統領は十分に理解しているが、部下の多くはそうではない」と報告している。統合参謀本部の反乱鎮圧担当者たちも、政府軍の司令官たちには民生活動への理解がなく、政府の指導者層にも統治技術が欠けていると見ていた。ノルティングも、「ベトナム人官吏の一部は、基本は政治だというこの戦争の特質にさほど敏感ではない」と、むしろジェムに同情的だった。ラスク国務長官も「ベトナム人官吏の多くは率直にいって、この戦争が持っている基本的には政治的な性格について認識していない」と見ていた[87]。

一〇月も半ば過ぎ、たとえば土地改革について、ロッジ大使は「報告すべきことは皆無」だと伝えた。この時点でも、政治的側面が重視されている徴候はたいして感じられなかった[88]。

反乱鎮圧の柱

一九六三年一一月、ジェム政府崩壊がここでもアメリカに希望を与えた。新指導者の一人ズオン・バン・ミン将軍は「この戦争は武器によっては勝てない。心を糾合しなければならない」と力強く語った。「民衆のハーツ・アンド・マインズを勝ちとらない限り、戦争には勝てない」とも説いた。彼は経済援助使節団のフィリップスにも「ベトコン相手の派手な戦闘ではなく、平定作戦が軍の主たる任務であることを理解することが……重要」だと述べた[89]。

クーデター直後、ハーキンズは、新政府の指導者たちが今後とるべき「戦略の柱」として戦略村計画を支えるだろう、とくにズオン・バン・ミン将軍は「社会的・経済的重要性」を理解していると報告した。「戦略村を平定作戦の全体的な概念に合致させる」ことをめざせばよいとするミンの姿勢にアメリカ側は安堵した[90]。

新政府首脳は繰り返し、戦略村計画は継続されると太鼓判を押した[91]。

一一月二〇日のホノルル会議までに、戦略村計画の進捗と、新政府がこの計画を効率的に管理しベトコンの魔手から守れる能力を示す「明白な証拠」が集まっていた。ロッジ大使は席上、新政府首脳が「ベトコンとの闘いは軍事問題というだけでなく、同時に政治・心理問題でもあることを熟知しているといっている。彼らは戦争勝利を助ける要因として、社会・経済問題を非常に重視している」と報告した。トルーハート代理大使は、新政府は計画を監督すべく省庁間の組織を新設しており、今後も努力を続けるだろうと述べた。この種の事業はその後南ベトナム歴代政府に引き継がれていった。[92]

装いも新たに

ただしジェム政府とあまりに一体化していたこの計画には、新政府によって「かなりの規模で改変」が施される見込みだった。何よりも、旧体制からの決別を示すべく「戦略村」の名を改めることが求められた。一一月二〇日、ハーキンズは「戦略村計画全体が徹底的な再検討中」だと報告している。[93]

計画達成を急ぎすぎず、とりあえず建設済みの戦略村を強化し安全の確保を図ること。軍人と文官の協力を推し進めること。強制労働を減らし、労務には報酬をきちんと支払うこと。社会的側面を重視すること。教育施設を新たにつくること。人々の生活水準を向上させること。貧弱な戦略村は撤収するかあるいは移動させること。民兵の武装・訓練を強化すること。優先順位を確立し、まずメコンデルタ、とくにサイゴンの南方および南西方を強化することなど、なすべきことは山ほどあった。[94]

ケネディが暗殺される一一月二二日の朝、マクジョージ・バンディ国家安全保障担当大統領補佐官はホワイトハウスのスタッフ会議で、戦略村が「戦争遂行の努力の中心であり続けなければならない」ことは誰もが知っていると述べた。だがヒルズマン極東担当国務次官補は故大統領の葬儀に訪れた南ベトナムのチャン・カン・タン（Tran Chanch Thanh）特使に、「ベトコンに対処するにあたって、純粋に通常戦争的なやり方に足をとられる危険を回避」すべく戦略村計画を進めよと力説している。ミン将軍らもジェムと同様、「政治や社会面の計画が軍事的側面と同程度に重要だということを理解しているようにはまったく見えなかった」と、東南アジア各地を取材した経験豊かな記者シャプレンはいう。[95]

かけ声も空しく、戦略村計画は事実上中断してしまったといわれる。だがたとえ細々とではあっても、計画は続けられていた。役にも立たない戦略村を建設するため、人々は相変わらず強制労働に駆り出されている。「ベトコンは毎日戦略村に入り込んでいる。人々はベトコンを受け入れている」。各地で混乱が続いている。ジョンソン政権下でもこうした報告があいついだ。指導者がかわっても、何も変わらなかったのである。[96]

6　ベトナム人気質が仇

農民はなぜ離反

ジェムが消えても問題が解決しないとすれば、ベトナム人という存在そのものに責めを負わせるしかなかった。それはアメリカ人の実感でもあった。土地改革にせよ戦略村建設にせよ、彼らのやり方にはつねに資金不足、野心過剰、ぶざまな運営といった特徴があったとアレクシス・ジョンソン国務次官代理は憤慨している。[97]

統治する側のベトナム人だけでなく、心を勝ちとる対象であるはずの農民も問題視された。第一に、きわめて内向きな姿勢である。国務省情報調査局長だったヒルズマンと国家安全保障会議のフォレスタルは一九六三年早々、ベトナムの農民が概して政治になど無関心だと報告している。[98]

村の外での出来事には無関心。自分や家族が平和で快適な暮らしを送ることしか頭にない。政府と民族解放戦線のいずれの側にも立ちたくない。自分たちに構わないで欲しい。こうした農民の傾向はつとに指摘されている。ラオスも似たり寄ったりだった。[99]

一九六三年四月、極東担当国務次官補に昇格したばかりのヒルズマンは、そもそも「東南アジアの村落は内向きの存在であり、全国政府であろうが共産主義思想であろうがほとんど、あるいはまったく一体感を持っていない――村落は物理的・政治的・心理的に隔絶されている」と報告している。東南アジアに限らずアジア全土で、都市部と農村部の政治的な、また行政面での絆の弱さが共産主義者に利用されているというのが彼の認識だった[100]。

一九六三年秋、ロッジ大使は「ベトナムの大地では二〇年以上もの間、なんらかの形で戦争が続いてきたのであり、人々はこれまで以上に自分たちを放っておいて欲しいと思っているようだ」とあきらめ顔だった。ジェム政府が倒れた後、彼はホノルル会議で「地方の人々は依然として無関心」だと嘆いた[101]。

政府など無意味

第二に、村落社会と中央政府の間には大きな断層が存在していた。ベトナムでは中央政府が意味を持ったことは一度もなく、農民には中央政府への忠誠心もなかった。彼らが政府の存在を意識するとすれば、地方官吏の腐敗や横暴が生み出す反感が関の山だった。郡や村の官吏は、夜は都市部に引き揚げてしまうのがつねだった[102]。

歴史的にベトナムの村落は高度な自治能力を備え、独立・閉鎖性が強い。だがジェムは一九五〇年代、権力を国土のすみずみに行き渡らせようと、それまで農民が選んでいた村長を中央政府の任命制にし、農村の自治を破壊し、農民の怒りを買っていた。ジェムにいわせれば、農村の民主主義を破壊したのはフランス人であり、共産主義者だったが[103]。

農民には、政府のために戦う動機など存在しなかった。その心や支援の手が政府や政府軍に向けられることもなかった。一九六三年四月、ラスク国務長官はトンプソン英軍事顧問団長に「普通の農民が立ち上がり、胸を叩いて、ゴ・ジン・ジェムのために自分は今日何ができるかと問うことなどない」とこぼしている[104]。

ジェムとケネディ、二人の指導者があいついでこの世を去った後、ワシントンでは過去の反省点の一つとして、各省や地方の官吏に「農民がいつもこづきまわされていた」ことが挙げられた。民族解放戦線の結成やゲリラ戦争の激化も、そもそもの原因は農民が抱くジェム政府への不満にあり、その意味ではジェム自身が生み出したものだったと指摘されている。[105]

第三に、冷戦イデオロギーなど彼らには無意味だった。農村は基本的に「反共」だが農民は親ジェムとはいえない。民族解放戦線に身を投じた者も共産主義のために戦っているわけではない。トンプソンは一九六二年春、アメリカ側にこう伝えた。[106]

一九六三年夏、南ベトナムの外交官ブー・バン・タイ（Vu Van Thai）はハリマン政治担当国務次官に、「ベトナム国民は自由と独立のためであれば戦う用意があるが、反共主義そのもののためには戦わないだろう」と語った。一九六三年秋、チャン・ティエン・キエム参謀総長は「ベトナム人は誰が勝つかなど興味がない。たんに平和を欲しているだけだ」と述べた。[107]

少数民族を蔑視

山岳民族を味方につけられなかった理由も、南ベトナム政府の彼らに対する「嫌悪と、思いやりの欠如」に求められた。一九六三年四月、ＣＩＡによる分析でも、「ベトナム人と山岳民族の猜疑と軽蔑という伝統的感情がこの努力を阻害している」ところにあった。[108]

山岳民族はみずからを「モン（Hmong）」と称したが、ベトナム人は蔑視感情もあらわに「モイ（Moi）」（野蛮人）、「カー（Kha）」（奴隷）などと呼んでいた。[109]

山岳民族の訓練を担当する南ベトナム特殊部隊には彼らへの蔑視が染みついていた。一九六三年三月、マクギー政治担当国務次官の補佐官ジョーデンがハリマン極東担当国務次官補に伝えたように、「平均的なベトナム軍の兵士や士官、政府官僚に、彼ら部族を人間以下の存在としてではなくそれ以上に扱う必要があると納得させるには、大変な努力が必要」だとこぼしている。山岳民族もまたベトナム人に敵意を抱いていた。[110]

ジェム政府が倒れた後、ある政府軍の大佐は、山岳民族が新政府の「革命」にまったく動かされていないと報告している。第二軍管区司令官だったグエン・カーン（Nguyen Khanh）将軍によれば、彼らは「クーデターと新政府について知っていることは確か」だが、「将来について明確な関心を示していない」と述べた。サイゴンでのベトナム人の動きなど、まったく彼らの心には響かなかったのである。[111]

敵も味方も失敗

山岳民族にも問題がなかったわけではない。もともと言葉・文化・宗教など多くの面でベトナム人からかけ離れた存在だった。政府も国法も彼らにとっては存在しないも同然だった。しかも山岳民族部隊（民間非正規防衛隊）の小隊や分隊の指揮を彼ら自身に任せるとその無能ぶりが判明した。部族間の伝統的な対立も効果的な兵力運用を妨げた。[112]もし同じベトナム人の一方が成功し、他方だけが失敗したのであれば、たしかに計画失敗の責めはジェム政府の愚かさに帰すこともできよう。だがあながちそうとばかりもいい切れない。民族解放戦線は山岳民族を服従させるためしばしば力を用いており、彼らもまた山岳民族から見れば、「山賊同然」の存在だったと指摘されている。山岳民族の土地をとり上げ、彼らとの関係を悪化させたのも政府と同じだった。[113]

少なくとも、山岳民族の間に、民族解放戦線に味方する者と、独立を求める者の間で深刻な分裂が生じたという。どうやら政府側に立つ者は目立つほどにはいなかったようである。あるアメリカ人大佐は現地で、山岳民族はどちらの側にもつきたくないのだと感じていた。[114]

山岳民族にとって、共産主義者であろうとなかろうとベトナム人はことごとく反感と憎悪の対象だった。しかも植民地統治時代、フランスの分断策によって両者の距離はいっそう拡がっていた。[115]

＊　＊　＊

戦略村計画も、山岳民族の慰撫も、チュウホイ計画も、土地改革も、ジェム政府の過剰なやる気、あるいは逆に意欲の欠如、運営の無能、政治的側面への無関心などのために失敗した。ベトナムの農民が政治や戦争に無関心なこと、彼らが山岳民族を蔑んでいることも槍玉に挙がった。だが、アメリカ人は目を塞ごうとしていたが、挫折の本当の原因は別のところにあった。それは政治戦争に臨むアメリカ自身の哲学や対処法である。

第四章　新種の戦争

1　一九六〇年代の脅威

猛威ふるうゲリラ

サイゴンの大使館で参事官として広報を担当した元『タイム』記者メクリンは、ケネディ政権が発展途上世界で直面した脅威を「ゲリラギャップ（Guerrilla Gap）」と呼んだ。一九五〇年代末、戦略核兵器の分野でソ連に対する劣位が喧伝されたミサイルギャップ（Missile Gap）論争をふまえた表現である。ゲリラの存在は「ある部分は原爆に匹敵」するほどの、「われわれの地球規模の安全保障体制全体にとって非常に重大な、看過できない脅威」とされた。[1]

ケネディは下院議員として一九五一年にインドシナを訪問して以来、発展途上世界における共産主義の軍事的圧力が「間接侵略、とくにゲリラ戦争」の形をとるに違いないと確信していた。上院議員時代の一九五四年にも、この「どこにでもいると同時にどこにもいない敵」の恐ろしさに警鐘を鳴らした。[2]

一九五〇年代、アイゼンハワー政権もゲリラ戦争対策をけっして無視していたわけではない。しかし相対的に優先順位は低く、ソレンセン大統領特別顧問によればゲリラ対策は「西側の装甲の最も弱い部分」だった。[3]

一九六二年二月にサイゴンを訪れた大統領の弟、ロバート・ケネディ司法長官は記者会見で、ベトナムでの戦いは

「テロ・暗殺・待ち伏せ・浸透」によって行われる「新しい戦争」だと強調した。彼はタイのサリット・タナラット（Sarit Thanarat）首相に、共産主義との戦いの帰趨は「非通常戦争を戦う能力しだい」で決まると兄が信じていることを伝えた。同じ二月一九日、ワシントンでは大統領が「共産主義者の間接侵略に対処するための計画に最大の関心と力点」を置くよう関係機関に求めた。[4]

民族解放戦争

一九六二年六月、ケネディ大統領は陸軍士官学校卒業式で「新種の戦争、その激しさにおいて新しく起源において古い——ゲリラ・破壊活動・反乱・暗殺による戦争、戦闘ではなく待ち伏せによる戦争、侵略ではなく浸透によるもの、正面切った交戦ではなく敵の侵食と疲弊をめざすもの」に対処する必要を強調した。一九六三年五月、中南米諸国の空軍首脳を前にして、南ベトナムで生起しているような「準軍事もしくはゲリラ闘争」を「六〇年代にわれわれが直面する最大の挑戦の一つ」と呼んだ。[5]

ケネディの前に立ち塞がる挑戦が民族解放戦争だった。ソレンセンによればそれは、「政治的破壊活動と限定的な軍事行動の間に位置するトワイライトゾーン」で生起し、新興独立諸国の基盤を掘り崩してしまう、じつに厄介な代物だった。マクナマラ国防長官もこれが「政治的破壊活動と準軍事活動のトワイライトゾーン」に位置する戦いであり、「しばしば戦争ですらまったくない」と描写した。[6]

ロストウ国務省政策企画委員長によれば、ケネディがゲリラ戦争に関心を抱いたのは「ソ連が中南米、アフリカ、アジアでそれに関わっていた」からである。国務省極東局のベトナム作業班長ウッドによれば、「共産主義者と競争し、彼らを打ち負かすというわが国の能力についての最終試験」を構成する重要な科目の一つが、「彼らが自由に選ぶ場所や国々で、他国が彼らを軍事的に、また時には政治的に打破するのを助けられる」かどうかにあった。[7]

難事業に挑む

キューバ、コンゴ、ラオス、ベトナムなど、アメリカが発展途上世界で直面した危機は多かれ少なかれ「ゲリラ戦争の要素」を含んでいた。とりわけベトナムはゲリラ戦争の特徴、たとえば明確な前線が存在しないこと、数多くの小規模な戦いがいたるところで日常的に繰り広げられていること、誰もが前線に立たされているも同然であることなどを備えていた。大統領特別補佐官となった歴史学者シュレジンガーにいわせれば、ベトナムこそ民族解放戦争がもたらす「最も困難な事例」だった[8]。

ルメイ空軍参謀総長はのちに、この種の戦いでは敵、すなわち破壊者の側が最初から有利だと指摘している。ケネディは一九六二年末の記者会見で「ゲリラ戦争を戦ううえでは非常な困難がある」と率直に認めた[9]。

ラスク国務長官は一九六三年二月初め、ベトナムのように「国外から支援を受けたゲリラの動きに対処すべく求められる活動ほど困難で、不愉快で、苛立ちのつのる類のものはない」と述べた。三月には「この種の戦争は厳しく、対処しづらいもので、ある程度長期化するであろうことはわかっている」とした[10]。

だが一九六三年六月、ヒルズマン極東担当国務次官補は、共産側は「破壊活動の技術」に熟達しているが、自由世界も「政治・経済・心理戦争」にはかなり経験を積んできたのだと自信をのぞかせた。マクジョージ・バンディ国家安全保障担当大統領補佐官も九月、「軍事的、準軍事的、政治的な——共産主義の破壊活動を相手とする、非常に困難かつ重要な戦い」に勝利する決意を披瀝した。「それが容易ではなく困難だから」（ケネディ）という理由で宇宙開発、つまり月への一番乗りをめざした精神は、ベトナムでも遺憾なく発揮された[11]。

2　試される新戦略

柔軟反応の産物

ケネディが大統領として最初に発した質問の一つが「ゲリラ戦争はどうなっているのだ？」だった。緊急に必要なのは「まったく新しい戦略、これまでとまったく異なる兵力、したがって新たな、従来とまったく違う軍事訓練」だった[12]。

シュレジンガーは、アイゼンハワー政権の大量報復（Massive Retaliation）戦略を「すべてか無かの戦略」だとのちに批判している。これにかわる、小規模・限定戦争（Limited War）への対処法が反乱鎮圧戦略である。「ＣＩ」とも略称される。当時、空軍は別の略称「ＣＯＩＮ」を用い、陸軍は「特殊戦争」、海軍は「非通常戦争」と呼んでいた[13]。

それは核戦争、通常戦争、ゲリラ戦争、政治戦争、心理戦争などあらゆる脅威に対抗すべくケネディ政権が採用した柔軟反応（Flexible Response）戦略の重要な柱だった。ルメイはベトナム戦争末期、アメリカの「軍事活動を形づくったのはこの柔軟反応政策」だったと断言している[14]。

紛争が通常戦争へ、あるいは核戦争へとエスカレートする危険を未然に防ぎ、あわせて「内戦へのアメリカの軍事介入の可能性を最小限に食い止める」戦略でもあった。そのために現地軍の育成、第三国や国際組織の支援なども含め、脆弱さを抱える国で「均整のとれた能力」育成が必要とされた[15]。

反乱鎮圧とは「軍事的手段に訴えるな」というケネディのメッセージだったとヒルズマンは回顧する。コルビー元ＣＩＡサイゴン支局長のいう「大規模な軍隊の衝突にかわるものの模索」である。テイラー統合参謀本部議長はのちに上院外交委員会で、ケネディ政権が「南ベトナム軍以外にわが空軍を使わずに、またわが戦闘部隊を導入せずに、南ベトナムでベトコンの脅威に対処」できると期待していたと述べている。[16]

各地で勃興する民族主義との衝突を回避し、発展途上諸国と緊密なつながりを保ったうえでアメリカの覇権を維持するための手段でもあった。その背景には核の手詰まり状態がある。全世界で共産主義の脅威に対抗し、冷戦に勝利できる防衛体制が必要だが、核に依存しすぎ、ソ連との軍事対決を招いてはならない。だから一九六二年一〇月のキューバ危機（Cuban Missile Crisis）の経験が、アメリカを反乱鎮圧にいっそう駆り立てたのだという。[17]

ベトナムは実験場

ボール国務次官は、こうした「燃え上がるアマチュア熱」に冒された者たちにとってベトナムはまさに「実験室」だったとする。テイラー統合参謀本部議長はこの地を「破壊活動をともなう反乱、すなわちホー・チ・ミンのドクトリンがあらゆる形で用いられている、現在進行中の実験室」と呼んだ。ルメイはのちに、反乱鎮圧を含む柔軟反応戦略や限定戦争戦略がベトナムで「重大な試験のさなか」にあるのだと力説した。[18]

ケネディ政権は発展途上世界で反乱鎮圧戦略が十分機能することを、ベトナムで証明しなければならなかった。とりわけキューバ侵攻、いわゆるピッグズ湾事件（Bay of Pigs）の惨めな失敗の後、反乱鎮圧こそが「キューバの敗北を埋め合わせ、ベトナムで勝利を得る」絶好の道具となった。みずからの汚名をそそぎ、アメリカの公約への信頼性を確保する必要もあった。[19]

南ベトナムのゴ・ジン・ジェム大統領も一九六三年初め、めざすところは「共産主義に対して、核戦争の場や通常戦争の場だけでなく、破壊活動による戦争という分野でも――共産主義はそこでは絶対に自分たちは無敵だと信じているが――自由世界は彼らを打ち破れるという証拠を示すこと」だと述べた。弟のニュー大統領顧問は八月末、ロッジ大使に「世界規模で共産主義者が掲げる目標」を考えれば「ゲリラ戦争における勝利の重要性」は明らかだと強調した。この戦いは、アメリカとベトナム、双方にとって価値ある試練だった。[20]

一九六三年秋までにベトナム情勢は、少なくとも大使館のメクリン広報担当参事官の目には、西側先進工業諸国と、共産側が弱体な発展途上国に対して用いるゲリラ戦術との「避けられない対決」の場と映っていた。「南ベトナムにおける競争の進捗という問題」こそ、アメリカにとっては「最重要」だった。[21]

成否が世界に影響

テイラーによれば、アメリカは、共産主義者のいう民族解放戦争が「安くつき、否認でき、安全」であるどころか「高くつき、危険で、しかも失敗に終わる運命にある」のだと実証する意欲に燃えていた。その結果、「『解放戦争』不敗の神話を打ち砕き、南ベトナムの独立を確保できるまで」戦い続けることになった。[22]

共産陣営は発展途上世界を支配すべく、中国内戦や第一次インドシナ戦争で成功した戦術にさらに磨きをかけてベトナムに臨んでいる。それはまず防御に専念し、ついでゲリラ戦争を展開し、最後は攻勢に出るという毛沢東の人民戦争理論の応用である。[23]

ノルティング大使は、「もし……新興国でこの種の仕事をなし遂げられれば、ベトナムにとってだけでなく、抑制・叡智・熟慮をもって援助すればアメリカに何ができるかという好例としても素晴らしい成果となるはず」だったと述懐する。脅威の打破と国家建設に賭けられているのは一国の命運ではなく、世界の将来だった。[24]

一九六三年八月下旬、国務省極東局のベトナム作業班長代理ヒーブナーは、共産側が南ベトナムを「テストケース」と見なしているとし、「あらゆる低開発国がこの推移を見守っている。もし南ベトナムが陥落すれば、この種の侵略に抵抗しようという彼らの意志は弱まり、自由世界の力と決意を形づくる構造のすべてが打撃を受けるだろう」と警告した。[25]

北ベトナムのボー・グエン・ザップ将軍はのちに、「南ベトナム革命は、世界革命の欠くことのできない一部分」だとした。ホー・チ・ミンも「このベトナム南部を実験場とする『特殊戦争』は一度失敗すれば、彼らはいかなる場所でも失敗するだろう」と、「世界中の民族解放運動に対する……国際的な意義」を強調した。[26]

3　百花繚乱

反乱鎮圧特別研究班

一九六二年一月一八日、反乱鎮圧特別研究班が発足した。それは、大統領軍事顧問だったテイラーによれば、「南ベトナムにおける計画を指揮し、同時に世界中を視野に入れて第二のベトナムになりかねない状況を予想」できるような、省庁横断の体制を求めた結果である。ベトナムでは「従来と異なったやり方が渇望されていた」のだとアレクシス・ジョンソン政治担当国務次官代理はいう。ちなみに当初はテイラーが、ついで一九六二年秋からジョンソン、一九六三年春からハリマン政治担当国務次官がその指揮役となる。[27]

発足から一年あまりのち、ジョンソンは「地球規模で共産主義の反乱という脅威を探査し、その脅威に対抗すべく早急な行動が確実にとられるようにする」ことが研究班の目的だとした。ケネディの懐刀だったソレンセン大統領特別顧問はそれを「冷戦新戦略委員会」と呼んでいる。伝統的な冷戦文化の反映、アメリカには効果的なゲリラ対策を生み出す社会工学的な技術があるという発想の表れだったと指摘されている。[28]

特別研究班はテイラー、ロバート・ケネディ司法長官、ジョンソン、ギルパトリック国防副長官、レムニツァー統合参謀本部議長、マッコーンＣＩＡ長官、ベル国際開発庁長官らによって始動した。[29]

中でも「最も強力」な人物、「主たる動力」がロバート・ケネディである。ジョンソンには、ゲリラ対策の「弾み」

が大統領自身とロバートのどちらからどれほどきたのか、よくわからなかったほどである。国家安全保障会議のフォレスタルによれば「反乱鎮圧」という言葉を考案したのもロバートだった。ソレンセンは、ロバートの特徴として、反乱鎮圧への熱意やあくなき勝利の追求などを挙げている。(30)

流行の担い手

反乱鎮圧特別研究班の始動と並行して、ロストウ国務省政策企画委員長、ヒルズマン国務省情報調査局長、ハリマン極東担当国務次官補、ビッセル（Richard M. Bissell, Jr.）ＣＩＡ計画（秘密工作）担当副長官らが、反乱鎮圧のいわば先導者集団となった。そして誰よりもこの問題に個人的に強い関心を抱いていたのが、大統領ケネディだった。ケネディは反乱鎮圧という名の宗教における祭司、弟ロバートやテイラーらは使徒も同然だったという。(31)

ラスク国務長官によれば、ワシントンでは反乱鎮圧が「一種の流行」に、そして「格好よい」ことになった。ワシントンのベテラン記者ロバーツ（Chalmers M. Roberts）はそれをケネディ政権の「パスワード」、アレクシス・ジョンソンは「新式の魔法」、ボール国務次官は「きらきら輝く新しい玩具」と描写している。(32)

人々は先を争って、毛沢東や林彪、ゲバラ（Ernesto “Che” Guevara）、ボー・グエン・ザップらの著作、はてはアイルランド共和国軍（ＩＲＡ）の教本や孫子の兵法書などまで読んだ。とくに国防省では毛やゲバラが「必読書」扱いで、省内の書籍部ではゲリラ戦争関連の本がたちまち売り切れたという。早くから毛の理論に関心を抱いていたのがほかならぬ大統領だった。(33)

だがゲリラ戦専門家トンプソン英軍事顧問団長は、少なくとも当初、毛沢東の著作を実際に読んだアメリカ人になど会わなかったという。まして内容を理解した者がどれほどいたか疑問である。のち民主党の大統領候補となるマクガバン（George S. McGovern）上院議員によれば、それは「とても粋」に見えただけのことだった。(34)

新ドクトリンの聖典

反乱鎮圧特別研究班が発足して半年近く経っても、ごく希な例外を除けば「友好諸国におけるアメリカの国内防衛の計画や活動を統合し調整する概括的な計画はまったく存在しない」状態だった。八月二四日、国家安全保障会議が「反乱鎮圧の国家的ドクトリン」を承認したのはその対策である。『海外におけるアメリカの国内防衛政策（U.S. Overseas Internal Defense Policy）』と題する文書である。「共産主義者に使嗾され、支援され、指揮された反乱」を「現在および予見できる将来において、アメリカにとって最も切迫した国家安全保障問題」だと規定し、その特質とアメリカのとるべき基本戦略を分析したものである。[35]

テイラーによれば、この文書は「破壊活動をともなう反乱が存在するところではそれに対抗し、まだその脅威におかされていないが弱体かつ脆弱な社会構造を持つ諸国ではその発生を阻止するためのドクトリン」にほかならなかった。のちに統合参謀本部内で行われた研究はそれを「未発展の社会がみずからの自由を守りたい、共産主義であれそれ以外の専制的な支配や抑圧を免れた生活様式を打ち立てたいとする欲求を擁護し、支援する」手だてだとした。そのために各国駐在のアメリカ組織は個別の事情に合わせた具体的計画を練らなければならなかった。[36]

ケネディ政権当時それは「反乱鎮圧聖書（CI Bible）」と呼ばれていた。「われわれは福音を宣布しなければならなかったのだ」と、アレクシス・ジョンソンは当時の空気を振り返っている。この文書は一九六二年九月、ワシントンの政権内や在外公館など国外の組織に広く配布された。それはほぼ一九六〇年代末まで、反乱鎮圧の最も基本的な戦略だった。[37]

懸念すべき地域は枚挙にいとまがなかった。一九六二年夏、テイラーはケネディに「国内に潜在的な反乱状況を抱える国」を列挙した。東南アジアではビルマ（現ミャンマー）やカンボジア。アフリカではカメルーン。中東ではイラン。中米ではグアテマラ。南米ではコロンビア、エクアドル、ベネズエラである。[38]

とりわけラオス、南ベトナム、タイの三カ国は最重要の懸案だった。ことに南ベトナムでは、新たな計画が「長期間にわたり、活力をもって追求されれば、ベトコンの脅威は対処可能な程度にまで減じるはず」だと、一九六二年九月の情勢報告は期待した。[39]

政府を総動員

反乱鎮圧特別研究班設立の主要な目的の一つは、米軍を含む政府内の各組織にそれに呼応した訓練や装備、戦略を用意させ、状況に応じた対応を可能にし、必要な計画を練らせることにあった。それは「あらゆる政府組織を一つにまとめた」委員会だったとロバート・ケネディ司法長官は述懐している。[40]

ケネディ兄弟は、ゲリラ対策について省庁間の効果的な調整が存在せず、柔軟に行動できないことに苛立っていた。統合参謀本部で反乱鎮圧を担当するクルラック将軍がいうように、政府の全精力をゲリラ鎮圧に向けるための「触媒」が特別研究班だった。[41]

一九六二年三月、全省庁でゲリラ戦争に関与する者に相応の教育と訓練を施すことが決まった。反乱鎮圧の歴史と背景、具体策や諸計画、発展途上地域に赴任する際の心得、外国人への対処などである。六月、「有能な反乱鎮圧の専門家を危機が切迫した地域に適宜派遣する」ため、ＣＩＡと国際開発庁に人材訓練が委ねられた。中南米・アフリカ・近東・東南アジアに赴く外交官や軍人は、五週間の事前教育を受けることになった。これとは別に、統合参謀本部によれば七月までに二千人あまりが反乱鎮圧講座を受講済みだった。[42]

反乱鎮圧特別研究班を率いたアレクシス・ジョンソンのいう「反乱鎮圧のバンドワゴン」の勢いは一九六三年に入っても衰えなかった。彼は三月、国外での活動に携わる各省庁に訓練計画が存在すること、前年七月から二万人以上に受講命令が下っていること、今後四カ月で二万四千人にまで拡大の見込みであることなどを大統領に報告した(43)。

一九六三年九月、統合参謀本部の研究はなお軍事援助司令部や大使館に赴任する者を対象とする「特別訓練」の重要性を強調している。外交官などへの反乱鎮圧講座はその後強化され、一九七一年まで続く(44)。

競い合う各軍

色めき立ったのが陸軍である。彼らはアイゼンハワー政権期、大量報復戦略の脇役的存在に追いやられ、歳出減のあおりを食って兵力を大幅に減らされていた。陸軍は「非通常、非正規、準軍事、名を変えた軍事援助、あるいはそれが何であれ」十分対処できると、軍事援助司令部のスティルウェル（Richard G. Stilwell）将軍は力説した(45)。

彼らは本格的にゲリラ対策に乗り出す。自分たちが発展途上諸国の防衛にいかに貢献できるかを力説し、反乱鎮圧に向けて従来の戦略や訓練方法、機動性や準備態勢などの改善を試みることが、予算獲得・地位向上への近道だったからである。一九六二年二月には新たに反乱鎮圧・特殊活動担当特別補佐官を任命することとし、海兵隊のクルラック将軍にその任を委ねた(46)。

一九六二年秋、こうした行き方に消極的だったデッカー陸軍参謀総長が更迭され、ホイーラーが後任となった。今後の昇進が反乱鎮圧への取り組みと成果しだいだということは明らかだった(47)。

陸軍大学は反乱鎮圧講座を開設した。反乱鎮圧にかんする野戦や情報収集用の教本も作成された。一九六三年三月、アレクシス・ジョンソンは大統領に、過去半年間に陸軍が二七回以上の大規模演習で、反乱鎮圧を想定した訓練を実施したと報告した。テイラー統合参謀本部議長によれば、ゲリラ戦争という「経験の中に身を置き、実施中の反乱鎮圧計画を観察することで得られる実体験を持ち帰るよう」高級士官は交替でベトナムに送られた(48)。

ギルパトリック国防副長官によれば、この種の戦争に「一番大きな物音を立て、関心をあらわに示した」のは海兵隊だった。陸軍などより自分たちのほうがはるかに適性があると考えていたからである。陸軍がこれに猛反発したのはいうまでもない[49]。

空軍は「エアコマンドー（Air Commandos）」部隊を設立した。海軍は水陸空なんでもござれの海軍特殊部隊「シールズ（ＳＥＡＬｓ）」で対抗した。サリンジャー報道官は海軍出身のケネディがこれを気に入っていたという[50]。

彼らはいずれもベトナムに派遣され、政府軍の訓練にあたった。「よく効く反乱鎮圧薬の一服」（アレクシス・ジョンソン）が、それぞれの資質を証明せよと軍の各組織を駆り立てた。まさに百花繚乱である[51]。

グリーンベレー

アメリカ人にとって、ベトナム戦争の記憶と分かちがたく結びついているのが陸軍特殊部隊、いわゆるグリーンベレーである。彼らはケネディが掲げた「ニューフロンティア（New Frontier）」政策の象徴、西部開拓時代の勇猛果敢な英雄たちの復活だった[52]。

陸軍特殊部隊の設置は朝鮮戦争さなかの一九五二年。もともとは「鉄のカーテン（Iron Curtain）」の向こう側、つまり東欧でゲリラ戦争を展開して敵を攪乱するはずの部隊だった。一九五七年には南ベトナム政府軍を訓練するためベトナムの地にも送られた。だがアイゼンハワー政権下では概して軽視されていた[53]。

ケネディの登場がすべてを変えた。発展途上国における反乱鎮圧、とくに草の根レベルの活動に不可欠な存在として認識され、ゲリラ鎮圧がその主任務となった[54]。

ただし主眼はみずから戦うことではなく、現地軍に戦い方を教えることにあった。東南アジア条約機構閣僚会議が一九六三年四月に確認したように、「破壊活動を阻止し、これに対抗する効果的手段を開発することは、引き続き各構成国が直面する主要な責務」だったからである[55]。

ケネディがラスク国務長官に語ったように、彼らの役割は「非常に有益な政治的影響力をもたらすような、アメリカのイメージを投影する」ことだった。彼らが目にも鮮やかな緑の帽子をかぶったのはケネディの指示である。彼らは「大統領の誇り」だったと、ケネディの分身とさえいわれたソレンセン大統領特別顧問はいう[56]。

ケネディ政権の英雄好み、エリート主義的傾向が反映されていた。暗殺後、ケネディの墓には緑のベレー帽が置かれ、部隊章の黄色い楯には黒い筋が入れられた。のちには、特殊部隊がケネディによって創設されたような誤解さえ生まれた[57]。

万能の戦士

彼らはこの新しい戦争に適応した兵士、外交・宣伝・衣料・経済支援など何でもこなす万能の闘士、強靱さと知性を兼ね備えた戦士としてもてはやされた。平和部隊のゲリラ戦争版とも見なされた[58]。

一九六三年五月、ロバート・ケネディはグリーンベレーの兵力が二年あまりで六倍になり、アメリカが初めてゲリラ戦争に対処する能力を持ったと誇らしげに語った。彼は「なぜ陸軍を全部特殊部隊に変えられないのか」とテイラーに聞いたほど、グリーンベレーにのめり込んでいた[59]。

実際に、政権発足時二千人にも足りなかった特殊部隊は一気に九千人に拡充され、その後一九六三年秋までに一万二千人に達した。フォートブラッグの特殊戦争学校は毎年三千人以上を送り出すようになった。それまではせいぜい四〇〇人だった[60]。

特殊部隊の基地はフォートブラッグに加えて沖縄や西ドイツなどにも置かれた。フォートブラッグでは英語で、パナマ運河地帯ではスペイン語で、米軍および中南米各国軍の将校たちを相手に特殊部隊用の訓練が行われた。沖縄からはアジア各地に、パナマからは中南米各地にグリーンベレーが派遣された。ベトナムでも一九六二年秋には、北は北緯一七度線付近から南はカマウ岬にいたる地域で二四の分遣隊が活動していた。[61]

4　政治的側面を重視

ゲリラ打倒の基本原則

ソレンセンは「ケネディは彼の顧問たちの大部分よりも、軍事行動だけではベトナムを救えないと知っていた」という。大統領は「発展途上世界における自分の責務は、そこを軍事的に防衛する以上のものだと知っていた」（ロストウ国務省政策企画委員長）のである。[62]

ケネディはゲリラ鎮圧が単純な軍事的戦いではなく、本質的には政治戦争だと理解していたと、側近たちは口を揃える。[63]

一九六三年秋のケネディがベトナム情勢を「いかなる情報にもとづいてみても、純粋に軍事的な行動が必要なものだと見ていなかったことは明らか」だと『ニューヨーク・タイムズ』ワシントン支局の記者ウィッカー（Tom Wicker）はいう。コルビー元ＣＩＡサイゴン支局長はケネディが生きていたら戦争大規模化はなかっただろうとする一人だが、その根拠は「共産主義者が行っている戦争が持つ政治的側面への彼の敏感さ」だった。[64]

ケネディ政権は「軍事的手段だけでは答えにならない」という姿勢だった。ラスクは一九六三年三月、「短期的には軍事的利点をもたらすような手段でも、それが人々の態度に影響を与え、ベトコンがより大規模な兵力とそれを効果的に支える組織を構築する能力を増大させるような形になってしまえば、長期的には軍事的不利益をもたらす可能性がある」とノルティング大使に伝えた。八月末、マニング広報担当国務次官補はこれが「たんに戦闘だけで成り立っている戦争ではなく、治安と国民の生活水準を築き上げる闘い」なのだと述べた。[65]

サリンジャー報道官はのちに、ケネディが就任後すぐに、ベトナムで繰り広げられるゲリラ戦争が「通常の西洋的なやり方では戦えないということを理解した」と述べている。アレクシス・ジョンソンによれば、反乱鎮圧こそまさに「火をもって火と戦う」最適の方法だった[66]。

大事なのは「ゲリラの侵略には対ゲリラの枠組みで対抗する」ことだったとヒルズマン極東担当国務次官補もいう。米軍、とくに陸軍が、ゲリラが用いる戦略と戦術を採用すべきことは明らかだった[67]。

すべては、南ベトナム政府が全国民の支持を背景に彼らを動員・組織できるかどうかにかかっていた。テイラーはのちに、民族解放戦争とは「貧困、社会的不公正、その他なんであれ、民衆の不満をかき立てるような諸条件につけ入ろうとするもの」だと断定し、その本質は「弱い政府に対する脅威」だとした[68]。

政治優先論の大合唱

ロバート・ケネディはのちにこう述べている。この種の戦いに軍事的な対応を迫られることは「反乱鎮圧の失敗」を意味する。土地改革、学校建設、腐敗追放、道路建設、医療提供、公正な裁判などによる「圧力下で行う社会改革」こそが大事なのだ。軍隊や武器が目的とするのは破壊だが、政府が自国民と戦い、自国を破壊することなどできはしない。ベトナム戦争が大規模化したのは、政治面の失敗ゆえのことなのだ[69]。

国務省も同じ考えに立っていた。ベトナムでの戦いは「政治すなわち人々の忠誠心を確保する問題」であり「ベトコンを殺すという軍事問題」ではない。したがって政治・社会面の諸計画が軍事行動に優先しなければならない[70]。

一九六三年三月、ラスクはサイゴンの大使館に「これは政治戦争」だと強調した。四月、国務省極東局のベトナム作業班長代理ヒーブナーは「これが軍事的紛争であるのと同じ程度に政治的・経済的闘いであることを否定する者など皆無」だとした[71]。

とくにヒルズマンは、上司のハリマン政治担当国務次官にいわせれば「軍事面と並行して、社会＝経済面を強調したがっていた」人物である。ヒルズマンはのちに「ベトナムは道義的な意味で政治闘争であり、戦争ではないと考えるグループ」が存在したといっている。ケネディ大統領、ロバート・ケネディ、ハリマン、国家安全保障会議のフォレスタル、マクジョージ・バンディ国家安全保障担当大統領補佐官、そして彼自身などである。[72]

コルビーも、「『人民戦争』では、最優先すべきは政治的側面である。ゲリラが敵を攻撃するための準軍事的兵力を建設できるのは、この政治的基盤の上なのである」と述懐している。ＣＩＡのベトナム作業班長クーパーによれば、一九六三年早々、アプバックの戦いでの敗北が、「政治・経済・社会面で根本的な変化がない限り、軍事援助を増大させたところで無意味」だとする考えを強めた。かつてフィリピンの反乱制圧やジェム擁立に活躍したゲリラ戦専門家のランズデールも、ベトナムの戦いが「人民戦争」である以上、「心から賛同できる大義」が必要なのだとのちに訴えている。[73]

共通理解を確立

サイゴンでもそれは十分に理解されていた。ノルティングはのちに、ベトナムで行われていたのは「もっぱら政治的・心理的・社会的・経済的な闘い」だったと述べている。アメリカが直面していた問題の「たぶん四分の三は政治面」だったからである。[74]

トンプソン英軍事顧問団長も当時、ベトナムは「ベトコンを殺すという軍事問題」ではなく「人々の忠誠心を勝ち取るという政治問題」だと主張した。ヒルズマンは五月初め、「ベトコンをただ殺すだけでは南ベトナムで勝つことはできない」し、「勝利の唯一の方法は人々の支持を得るしかない」のだという、帰国直後のあるアメリカ人士官の言葉をフォレスタルに伝えている。[75]

九月、一時帰国した経済援助使節団のフィリップスは現地報告の中で、これが「軍事的な戦争ではなく政治的な戦争」、つまり「ベトコン相手の戦闘というより人々の精神を争う戦争」なのだと訴えた。現地で活動する者にとって、非軍事的側面の重要性は共通理解となっていた[76]。

一九六二年末、南ベトナム政府軍は「いまや対ゲリラ戦争に適した武器を与えられ、戦術の訓練を受けている」と国務省情報調査局は判断した。彼らは翌年早々、アメリカの援助と助言が政府軍の対ゲリラ能力に「著しい改善」をもたらしたと満足げだった[77]。

米陸軍特殊部隊、いわゆるグリーンベレーと同様、レッドベレー、つまり赤いベレー帽で知られる南ベトナム特殊部隊に期待が集まった。一九六一年からグリーンベレーが彼らを鍛えていたのである[78]。

5　軍事と非軍事の統合

シャベルと銃

一九六一年秋、洪水救援を理由に戦闘部隊をベトナムに送る案が登場したことがある。ハーバード大教授から駐インド大使となったガルブレイス（John Kenneth Galbraith）はこれを「一方の手でシャベルを使い、他方の手でゲリラと戦う」やり方だとしている。派兵案は立ち消えになったが、本質としてはテイラーが回顧録の題目としたように、つねに「剣と鋤を同時に使うこと」が求められていた[79]。

国務省情報調査局は一九六三年初め、社会・経済面の開発こそが「草の根の村落レベル」で大きな影響力を持つとした。ラスク国務長官は二月、「ベトナム人もわれわれも、これが軍事的紛争であるのと同様、政治・社会的闘いでもあることを認識している」と言明した[80]。

四月、ヒルズマンはラスクに「戦争を過度に軍事化しない」必要を訴えた。「ベトコンを殺すことなど通常戦争的な手段」にばかり集中してはならない。むしろ「安全な地域をじょじょに、組織的に、そして漏れのないように拡大していく効果的計画」に意識を向けるべきだということである。アレクシス・ジョンソン政治担当国務次官代理も六月、「この闘いの政治・社会・経済的側面は軍事的闘いを上まわらないにしても、同等の重要性を持つ」ことを強調した。[81]

包括的な努力

もちろん政治重視とは、軍事的な努力の無視を意味してはいなかった。農民が求めるものは「安全」と「生活水準の向上」、その二つだったからである。重要なのは「軍事行動を政治・経済・社会的な手段と合致させる」（ヒルズマン）ことが重要だった。反乱鎮圧とは「広範囲にわたり、複雑な問題」だった。[82]

ラスクがいうように「軍事・政治・経済・心理その他の要因を結合」させない限りその成功はおぼつかなかった。「あらゆる要因を考慮した、包括的計画が必要」だったのである。彼は一九六三年四月、「共産主義者の攻撃は軍事面だけでなく政治・経済面に及ぶので、対応も同様である」と述べた。[83]

治安の維持にせよ政府の統治確保にせよ、「政治・経済・心理・軍事・準軍事面の努力を結合させて活用すること」なしには不可能だと、サイゴンの作業班も一九六二年早々に結論づけた。この年夏、国務省の研究は「ベトナムにおける政治・経済・軍事・心理・隠密作戦を網羅する、統合された行動計画」の必要性を訴えた。[84]

一九六三年に作成された全国作戦計画は「政治・経済・軍事作戦の一元化という概念」の実現をめざしたものである。現地でもワシントンでも「関係するあらゆる政府組織による努力を慎重に調整し統合することが必要」だった。[85]

現地視察を終えたヒルズマンとフォレスタルは一九六三年初め、非軍事的な手段と軍事的手段の「結合」によるゲリラ孤立化が重要だとケネディに訴えた。同じ頃、国務省情報調査局の分析も、破壊活動や反乱への対処と、村落レベルでの開発などはけっしてたがいを排除するものではなく、むしろ統一された計画の構成要素なのだとした。要は「闘いのあらゆる側面を一体化し、一つのまとまりにする」（アレクシス・ジョンソン）ことだった[86]。

　ベトナムでもラオスでも「政治・経済・軍事政策どうしの相互連関」（ロストウ国務省政策企画委員長）こそが重要だった。経済面の進捗一つとっても、それは「軍事的努力を支える」というだけでなく「いかなる形でも永続的な治安確保に不可欠」な存在だった。九月末、ケネディは「全体的な政治状況と、軍事および準軍事面の努力はあらゆる部分で密接に関連」していると確認したうえでマクナマラ国防長官とテイラー統合参謀本部議長らを現地に送った。ジェム大統領も、この国が「政治・経済・外交・軍事あらゆる領域を包括する戦争」に直面していることはわかっていた[87]。

　反乱鎮圧特別研究班設立の主要な目的も、「破壊活動的な反乱」すなわち共産陣営のいう民族解放戦争が「通常戦争と同様の重要性を持つ、政治＝軍事紛争の主要な形態である」ことを政府内に理解させる点にあった[88]。

　サイゴンの大使館も軍事援助司令部も、一丸となってゲリラの脅威に挑むことが求められた。ヒルズマンとフォレスタルは一九六三年初め、「この戦争が本質的には革命の混沌の中から国家を建設する闘いであることを理解」するような人物、たとえばそうした資質を持つ将軍クラスを大使に任命してはどうかと提案している[89]。

軍からも同調の声

　軍内部にも政治重視の立場に立つ者がいた。フェルト太平洋軍司令官、一九六二年三月まで軍事援助顧問団長だったマクガー将軍、ケネディやヒルズマンがかつて軍事援助司令官への登用を望んだグリーンベレー指揮官ヤーボロウ（William P. Yarborough）将軍、反乱鎮圧の経験豊かなランズデール将軍らである[90]。

一九六二年秋、ホイーラー陸軍参謀総長は、ベトナムのような場所で必要とされる軍事力は、欧州のような戦場で求められる軍事力とはまったく異なると論じた。[91]

一九六三年初め、テイラーの副官バグレー（Worth H. Bagley）は「経済・社会的側面がかつてないほどの関心を集めていることは明らか」だと感じていた。彼自身、「どれほど軍事的努力を払っても、これと並行して経済・社会改革を含む政治行動計画が積極的な、よくできたものでない限り成功はおぼつかない」とテイラーに伝えている。現地視察を終えてほどないホイーラーも、「この戦いは古典的なゲリラ戦争であり、そこでは軍事・政治・経済面の努力が組み合わさっている」と述べた。[92]

フェルトはのちに、反乱鎮圧とは「たんにベトコンを殺すことではない」多様な概念であり、あらゆる分野の努力が「一つに統合されたもの」だと述べている。統合参謀本部で反乱鎮圧を担当する海兵隊のクルラック将軍も「それは従来と非常に異なった戦争だった。目的は丘や峡谷、十字路、街や橋ではなく、民衆だった」と述懐している。軍事援助顧問団での勤務経験を持つ、国防省国際安全保障局のハインツも東南アジアの戦いが「政治=軍事紛争」だったと語った。[93]

南ベトナム全土で進められた戦略村の建設が典型である。テイラーは戦略村計画が「政府が人々に手を差し伸べるというきわめて重要な努力の、おそらく最大の要素」だと述べた。フェルトも、山岳民族の活用などと並んでそれが勝利をめざす努力の「心臓部」だとした。[94]

九月、統合参謀本部内の研究は、「国境内での、強力な共産主義者のベトコン軍との武力紛争」に勝利するためには「省庁横断で行われる反乱鎮圧の努力」が必要だと強調した。もちろん軍事力は必須だが「民生および軍事面の能力や活動の混合」が求められ、それに現地のアメリカ側組織が関与しなくてはならない。そもそもベトナムに限らず、脆弱な諸国にバランスのとれた国内防衛力を備えさせることが大事なのだ。しかも「現地政府とそれを支援するアメリカ側組織にとって全体的な計画」でなければならない。[95]

サイゴンも共鳴

ハーキンズ軍事援助司令官はジェム大統領に対しても、両国の努力の「本物の中核」がこの戦略村計画だと強調した。ノルティング大使もグエン・ジン・トゥアン国務相に、両国が反乱鎮圧をめざす総合的な努力と並んで戦略村を重視していると力説している。[96]

クルラック将軍によれば一九六三年夏を迎える頃、この計画が「反乱鎮圧戦略の心臓部」だという認識は現地でますます強まっていた。[97]

ジェム政府崩壊の少し後、現地のアメリカ人による地方復興委員会がメコンデルタの状況や対策などを検討した。その報告は、「住民と彼らが住む土地」こそが「反乱鎮圧作戦の究極目標」であること、たとえば地方復興がその手段であること、この考え方にもとづいて努力の優先順位を決めなければならないことなどを指摘した。だが、この時期にいたってもなおそれを強調しなければならないことに、大きな問題があった。[98]

✽　✽　✽

ベトナムで展開されているのは、純粋に軍事的な戦いではなく、政治・経済・社会・心理などの分野にかなりの程度左右される戦いだった。いやケネディ政権の認識では、むしろ非軍事的側面こそ重要だった。それは発展途上世界全体の典型であり、それゆえにケネディ政権は文官も軍人も、反乱鎮圧戦略の策定と実施にのめり込んでいった。だが肝心のワシントンやサイゴンに、裏切りと抵抗が待っていた。

第五章　反乱鎮圧への反乱

1　掲げられた叛旗

反発する軍首脳

ホイーラー陸軍参謀総長は一九六二年秋、ゲリラ鎮圧においてケネディ政権が掲げる政治重視の方針に真っ向から刃向かった。「一部では、東南アジアにおける問題は軍事的というより主として政治的・経済的なものだという論調が流行っている。だが私は賛成しない。ベトナムの問題の本質は軍事的なものなのである[1]」。

一九六三年五月、国家安全保障会議のフォレスタルはケネディ大統領に、問題は「米軍とベトナム軍が、南ベトナムにおける戦争が本質的には政治戦争だというわが国の政策を効果的に実行しているのかどうか」だと伝えた。二カ月半ほど後、軍首脳との協議に臨んだケネディは、海外に派遣される米陸軍特殊部隊、いわゆるグリーンベレーが「生み出す好ましい印象を最大限に利用するには、規模が小さすぎると思う」と指摘した。ホイーラー将軍は「関係国のアメリカ大使が反対する」のだと言い訳した。ケネディは、それなら大使と協議しろと応じたが、軍の消極姿勢は明白だった[2]。

これが「人々のハーツ・アンド・マインズを求める戦争」だという訴えにもかかわらず「人々のハーツ・アンド・

マインズの中で何が生じているかを明らかにする効果的な努力はほとんどなかった」と、大使館のメクリン広報担当参事官はいう。国務省情報調査局は一九六三年夏の段階で、治安は「目下の」問題、福利は「長期的な」問題だとした。一九六四年初めのＣＩＡ報告によれば、ゴ・ジン・ジェム政府転覆の時点ですら政治・社会・経済面の改善は「始まったばかり」だった。[3]

戦略村は看板倒れ

政治戦争の掛け声の空しさは、防御強化と民生向上を二枚看板とする戦略村計画を見ればよい。

第一に、現実には安全の確保が優先され、民主的な選挙といった政治的措置も、農業支援、技術援助、学校建設など経済・社会面の努力も二の次、三の次だった。計画の発案者であるトンプソン英軍事顧問団長も「まず保護が与えられなければ、人々の支持も得られない」と考えていた。一九六三年一〇月初め、マクナマラ国防長官とテイラー統合参謀本部議長は、この計画が「政府への支持とベトコンへの反対を本当に固めるような形で、民衆をベトナム政府の支配下に置くこと」を目的としていると強調しなければならなかった。[4]

米軍首脳は戦略村のような防御的性格の試みに、ほとんど価値を見出せなかった。南ベトナム政府軍による攻撃作戦を阻害しない範囲で戦略村を支えるくらいが関の山だった。軍事援助司令部を含む米軍は、政府軍を攻撃に駆り立てることばかり考え、戦略村内部への敵の浸透にすら興味はなかった。ヒルズマン極東担当国務次官補の回顧によれば、二二人もの将軍を抱える軍事援助司令部の中で、戦略村計画に関与するのはたった二人の中佐だけだった。[5]

第二に、長期的観点などなかった。一九六三年二月、ハリマン極東担当国務次官補がテイラーに述べたように、この戦いは「絶え間のない、小さな事件や無数のありとあらゆる日常的問題に満ちた戦争」のはずだった。ロストウ国務省政策企画委員長によれば、ほんらいケネディ政権がベトナムで求めたのは、「ブロードウェイでの紙吹雪パレードもない――劇的な戦いも、アメリカによる壮大な勝利の祝典もない」勝利のはずだった。「達成には多くの歳月を要し、何十年もの激務と献身――それも多くの人々の――が必要な」勝利でもあった。[6]

だが彼らはせっかちだった。実際には手っ取り早い、きわめてアメリカ人らしいやり方がとられた。「村落キット」の大量投入である。柵、鉄条網、軍需品、通信機などの「軍事キット」。種子や肥料、農機具などの「農業キット」。書籍やビジュアル資料、学校施設などの「教育キット」[7]……。

牛車にエンジン

北ベトナムのファム・バン・ドン（Pham Van Dong）首相は、アメリカ人は「長いだらだらした戦争が嫌い」だから最後の勝利はこちらのものだと語ったことがある。トンプソンの冷静な目も、アメリカ人が抱える最大の弱点、つまり「忍耐力のなさ」に向けられていた。彼はアメリカ側に「長期戦のつもりで臨めばすぐに成果が上がるかもしれないが、もし即座に結果を求めればかえって紛争は長引いてしまう」と警告を発したが、受け入れられなかった。問題が生じればつねに「突貫計画」で挑もうとしたことが「致命的な失敗」だったと彼はいう。[8]

ケネディ政権は短兵急に問題を解決し、南ベトナムという国家に近代化をもたらし、戦争にも勝利を得ようとした。それはあるアメリカ人パイロットの言葉を借りれば「手っ取り早く片づけてさっさと出て行こうぜ」という姿勢の表れだった。『ニューヨーク・タイムズ』記者ビガート（Homer Bigart）は、アメリカ人にはジャングルでの戦いに必要な、忍耐力も動機づけも欠けていると報じた。[9]

ノルティング大使はある時、さまざまな計画をひたすら迅速に進めようとするマクナマラをこうたしなめた。「あなたはベトナムの牛車にフォードのエンジンを取りつけようとしている。壊れてしまいますよ！」。だがこの前フォード社長は動じなかった。ケネディ政権全体が――ノルティングも含めて――忍耐強さや慎重さとは無縁だった。[10]

おそらく最もせっかちだった一人がケネディだったろう。「彼は短気だった。何かが起こることを望んでいた。進捗を待ち望んでいた」と、統合参謀本部で反乱鎮圧を担当したクルラック将軍はいっている。ラスク国務長官のいう「時間を無駄にしない、我慢が足りない人物」であることは、長所にもなりうる。しかしケネディの場合しばしばそれは十分な観察も慎重な考慮も欠如したまま、拙速を地で行く結果を生んだ[11]。

一九四八〜四九年のベルリン封鎖（Berlin Blockade）、一九六一年のベルリン危機（Berlin Crisis）で活躍したクレイ（Lucius D. Clay）将軍率いる民間の委員会が対外援助をめぐる報告で指摘したように、ケネディ政権には「あまりに多くの目的で、あまりに多くのことを、あまりに急ぎすぎる」傾向があった。ケネディはみずからの能力を過信し、問題解決の困難さを過小評価していたのである[12]。

伝統の壁

米軍が反乱鎮圧に乗らなかった、いや乗れなかったのには理由がある。第一に、彼らは政治的考慮、それを基礎とする反乱鎮圧なる怪しげなものにうんざりだった。人々の心を得るなどという余計な、辛気くさい仕事は、誰か他の人間、たとえばアメリカ人の文官や南ベトナム政府軍にやらせておけばよい。複雑きわまりないベトナムの政治そのものが彼らの嫌気を増幅させたともいわれる[13]。

米軍には伝統的に、戦争と政治は別物であり、いざ戦争となれば政治が入り込む余地などないという考え方がある。アレクシス・ジョンソン国務次官代理がいうように「わが国の法律と伝統が軍人を政治から遠ざけており、しかも彼らは戦争が始まれば政治は終わりだと教え込まれている」以上、政治への反感もやむをえない面があった[14]。

第二に、国務省極東局のカッテンバーグにいわせれば、反乱鎮圧という「文官製かつ文官主導による軍事力の中途半端な適用」が米軍首脳を刺激した。軍にとってそれは「ペンタゴンの外から——主としてホワイトハウスから」

（ギルパトリック国防副長官）押しつけられたものだった。レムニツァー統合参謀本部議長が、ケネディ政権がゲリラ戦争の重要性を「売り込みすぎ」だと苦言を呈したのもその反動である。[15]

のち一九八〇年代、ベトナム戦争が敗北でも不正義な戦いでもなかったとする「ベトナム修正主義（Vietnam Revisionism）」の一翼を担ったサマーズ（Harry G. Summers, Jr.）大佐は、そもそもケネディ政権の柔軟反応戦略じたいが「軍ではなく文官の思考から出てきたもの」だと主張した。ルメイ空軍参謀総長はのちに「軍務経験もほとんどないペンタゴンの文官たちが行った戦争」だと侮蔑をあらわにした。彼は実戦経験などない文官を「コンピューター型」の連中だと、またパワーズ（Thomas Powers）将軍は、「自分の尻の穴と地面の穴との区別さえつかない」連中だと揶揄した。[16]

第三に、部門を問わず、軍は新奇なものをなかなか受け入れようとしなかった。反乱鎮圧、非通常戦争、限定戦争……どう呼ぼうと、伝統を侵すものへの反感と疑念は、グリーンベレーやシールズなど特殊部隊に向けられた。[17]

他の地域でも

かつて軍事援助顧問団長をつとめたマクガーはトンプソン英軍事顧問団長に、西部開拓時代のアメリカ先住民を例に引いて教訓を垂れた。「野牛を殺してしまわない限り、インディアンを鎮めることはできなかったのだ」というわけである。「インディアンがまだそのあたりにいるのに、柵の外でトウモロコシを植えるのは非常に困難である。まずインディアンを追い払わなければならない」とテイラー統合参謀本部議長はいった。「現地の農民指導者が組織的に殺されている状態では、土地改革計画を実施することはできない」とマクナマラも同調した。[18]

東南アジア大陸部では、一刻も早い「破壊活動に対抗する能力の改善」が求められていた。中央政府の統治が及ばない地域が多く、経済的にも低開発で、複数の民族が存在するなど不利な条件が揃っていたからである。[19]

中南米も同じである。大事なのはカストロ（Fidel Castro）と共産主義の脅威から各国の治安を守ることだった。中南米諸国への軍事援助を担当していたエネマーク（W. A. Enemark）将軍は、よく訓練された規律ある軍隊が確立され、国内の治安が維持されれば、進歩のための同盟を利用した経済・社会面の発展も可能になると述べている[20]。

中南米では、キューバによる革命輸出を阻止し、共産主義を打倒しなければならなかった。そのためには社会改革を進めると同時に、反乱鎮圧の担い手として各国の軍や警察を強化し、治安を維持することが優先された。それがのちに、各国で軍によるクーデターや国民の弾圧などを招いたと批判されている[21]。

2　軍人と文官

文官支配に反発

反乱鎮圧を含む限定戦争、つまり政治的考慮に縛られた窮屈な戦争への強い嫌悪をもたらしたものがある。朝鮮戦争の経験である。ルメイはのちに、限定戦争という「間違った、非現実的」な考え方がアメリカの軍事戦略・態勢を支配していると苦々しげに述べている。ケネディ政権の政治重視、反乱鎮圧推進はいたずらに軍首脳の反発を生んだ[22]。

その底流にあったのは、もともとケネディ政権内にあった文官統制（Civilian Control）への反発、つまり軍人と文官の亀裂である。ケネディは一九六一年四月のピッグズ湾事件以降、テイラー将軍らごく一部の例を除いては軍首脳の助言にほとんど耳を貸さず、実質的に重要な決定から彼らを排除していた[23]。

ケネディは最後まで軍首脳との間に問題を抱え続けた。大統領は彼らと定期的に会合を持っていたが、両者の意思疎通はケネディ政権期の大部分をつうじて「不満足なまま」だったとソレンセン大統領特別顧問はいう[24]。

軍の側もケネディの軍事政策、あまりに積極果敢な行動主義、あるいは逆に優柔不断ぶりなどに困惑していた。そもそもろくに接触がなかった。ホイーラー陸軍参謀総長の回顧によれば、軍首脳に相談もなく大統領が勝手に行ったキューバ侵攻の失敗後、自分たちが非難の矢面に立たされたことが反発の根にあった[25]。

ケネディ外交最大の成功の一つに数えられるキューバ危機は、ケネディと軍の溝をさらに深めた。キューバ空爆や侵攻作戦も、Ｕ２偵察機撃墜への報復も認めず、弱腰な海上封鎖や秘密交渉に終始したからである。ベトナムはこうした対立をいっそう激化させるもう一つの要因だった[26]。

一九六三年一〇月末までには、両者は新たな緊張関係に突入していた。ベトナム戦争期をつうじて見受けられる特徴が、ケネディ期にはすでに顕在化していた[27]。

軍事援助司令部の認識

ハーキンズ軍事援助司令官は南ベトナムを「米軍にとっての対ゲリラ戦術実験の場」と呼んだ。だが彼は一九六三年春、この戦争が「軍事的であるのと同様に政治的であることは認識」しつつも、「ゲームの現段階では……はっきりと軍事的色彩がある」と力説している。反乱への答えは本質的に政治ではなく軍事にあるというわけである[28]。

問題はハーキンズだけではなかった。『ニューヨーク・タイムズ』のハルバースタム記者は、現地の米軍首脳がこの戦争の政治的側面を理解していなかったという。「米軍部は農村で政治闘争を行おうというＣＩＡの構想に耳を貸さなかった」とかつてサイゴン支局長だったＣＩＡのコルビー（極東担当）も批判している[29]。

一九六三年初め、ヒルズマン国務省情報調査局長と国家安全保障会議のフォレスタルは、現地のアメリカ人が抱える問題点を指摘した。軍事・非軍事面の努力を包括すべき総合的な計画を持たない。勝利をおさめた後どうするかも含め長期的な見方もない。実際にゲリラをどう鎮圧するかについても「いくぶんの混乱」が見られる。現場で汗を流す人々は非軍事ないし政治的側面の重要性を理解しているが、中位から上位の人々はそうではない[30]。

じつのところ現場の軍事顧問はおおむね、これが政治戦争だという見方に強く反発していた。ある大佐のいう「くだらない、汚い戦い方」などに彼らは飽き飽きだった。海兵隊のある情報担当者は、上官がどこに敵部隊が存在し、どれほど武器を持っているかだけに心を奪われていたと述懐している。彼らは好き勝手に「撃ち合いの戦争」を行い、反乱鎮圧で大事な「政治的側面などすっかり忘れ去っていた」（ヒルズマン）のである。(31)

大使館のメクリン広報担当参事官にいわせれば、サイゴンでは民衆の支持獲得がいかに重要かが強調されていたものの、それは「リップサービス」でしかなかった。ノルティング大使自身が、まず反乱の鎮圧、国土とくに地方の平定による「平和と安定」の確保こそが、ジェム政府の自由化を含むさまざまな改革実施に先立つべき「第一歩」だと信じていた。(32)

対立が激化

戦争に対する基本姿勢の違いから、大使館の文官と、軍事援助司令部の士官の間で対立が深まった。一九六三年初め、ハリマン極東担当国務次官補はテイラー統合参謀本部議長に両者の協力と調整が必要だと強く訴えている。(33)厄介なことに、同じ軍人であるのに、軍事援助司令部の中でも各部門どうしの対立が演じられた。上下関係にある、統合参謀本部—太平洋軍司令部—軍事援助司令部の間にも、指揮系統の混乱、意思疎通の欠如、上からの過剰な干渉、それに対する反発といった問題があった。(34)

ホワイトハウスからは、統合参謀本部が直接ハーキンズに指揮命令を与えてはどうかとの示唆があったが、軍組織が抵抗した。指揮系統は「若干の問題は抱えているが、根本的なものではなく、すべて現地で解決できる」というのが、一九六三年初めに統合参謀本部の視察団が示した結論である。(35)

現地でのすべての活動を監督する権限はもちろん大使にあった。ケネディもそれを望んでいた。だが軍事問題だけは別扱いだった。ノルティングがサイゴンにいた頃はこうした分業がうまく機能しており、大使と軍事援助司令官の関係はきわめて良好で、手を携えてさまざまな任務を進めていた[36]。

八月、大使がロッジに交替しても、ハーキンズとの関係は「じつのところ変わらなかった」とフォレスタルはいう。だが実際には、ハリマン政治担当国務次官の補佐役サリバンが描いた、サイゴンの「組織内に調和が存在した時期」はすっかり過去のものになった。ロッジが軍事問題を含むあらゆる事柄をみずからの影響下に置こうとしたことも摩擦を増大させた[37]。

3　無反省な継続

暴走に無為無策

シュレジンガー大統領特別補佐官は、ジェム大統領の弟で戦略村計画を推進した「ニューが農村の理想を動員するのに適した人物かどうか、疑問もあったかもしれない」と指摘している。だがたとえニューが戦略村「計画を台無しにし、最後は破壊してしまう」懸念があったとしても、アメリカは無力だった。戦略村の建設はベトナム側がまったく主導権を握っており、アメリカにはほとんど影響力はなかったといわれる[38]。

一九六三年七月、国務省情報調査局は、南ベトナム政府がこの「大胆な新事業」にともなう問題をちゃんと予想し、それらを「是正し状況を改善すべく早急に対応している」と分析した。だがそれは希望的観測にすぎなかった。加えて、原則どおり計画が進んでいるかの吟味も不十分だった。それでも「われわれはベトナム人と同様、ジェムとニューの犠牲になったのだ」とあるアメリカ人顧問は語っている。八月末、ハリマンは「われわれは戦略村計画をニューと一緒に進めるという間違いを犯した」と語った[39]。

問題は国務省極東局のベトナム作業班長代理ヒーブナーがいうように、戦略村にかんしてアメリカがニューと「公式のものでないとしても、すでに事実上の同盟」を結んでいたことである。一九六三年秋、「戦略村計画について、在ベトナム米軍とベトナム当局との間に対立などない」と国防省の研究は断言した。とすればアメリカがすべてをニューやジェムの肩に負わせて口を拭うことはできない。CIAのベトナム作業班長クーパーによれば、土地改革問題でも「われわれはこの問題で彼に圧力をかけなかった」ことがこの頃までに問題視されていた。[40]

概念に固執

ヒルズマンは一九六三年一月、戦略村計画に見られる齟齬が「ベトナム人の失敗だと考えたくなるだろうし、実際にかなりの程度そうである。だが責任の大きな部分はアメリカ人にあるのではないかと私は考える」と記した。彼はその一例として、多くの組織の関与による調整不足と指摘している。国家安全保障会議のコーマーは戦略村計画がとても「詳細な計画とは呼べない」代物だったという。[41]

たとえジェムが忠実にアメリカの指示に従ったとしても、計画が成功した保証はないと、のちにマクナマラ国防長官が秘密裏に作成を命じたベトナム介入史の分析『ペンタゴン・ペーパーズ』は結論を下している。[42]

そもそもマラヤで成功した考え方を、ろくな検討もなしに条件がまったく違う場所に適用したことが批判されてきた。警察力で対処できる程度の敵が相手だったマラヤと、はるかに強力な敵と戦ったベトナム。中国系のゲリラが識別容易だったマラヤと、敵味方の識別がむずかしかったベトナム。ゲリラの食糧入手が困難だったマラヤと、容易だったベトナム。陸上の国境が短くゲリラ活動の聖域がなかったマラヤと、事実上封印不可能な長い国境を持ち国外に聖域が存在したベトナム。新しい村建設にともなう移住が人口の六％程度ですんだマラヤと、戦略村が大規模な移住をもたらしたベトナム。しかもマラヤですら、反乱鎮定には一二年を要したのである。[43]

実施面だけが問題

だが当時ケネディ政権はそう考えていなかった。たとえ百歩譲ってさまざまな失敗を認めたとしても、「実施面における諸問題」を「計画の失敗」と混同してはならない。これがワシントンの態度だった。政権首脳だけではない。『ニューヨーク・ヘラルドトリビューン』のヒギンズ記者にいわせれば、戦略村構想を疑問視するのは、「肺炎患者を治せなかったからといってアスピリンは駄目だというようなもの」だった[44]。

一九六二年末、国務省情報調査局は、すでにあらわになっている計画の欠陥について「実施した結果」にすぎず「初期段階では予想されるべきもの」だとした。具体的なやり方に問題があるのならそれを是正すれば事足りるはずだった[45]。

経済援助使節団のフィリップスは一九六三年五月、「概念じたいは素晴らしい」という前提を崩さなかった。一〇月初め、マクナマラとテイラーは、戦略村計画が「概念において正しく、実施面でもおおむね効率的」だとケネディに報告した[46]。

一〇月末、大統領の記者会見に備えて用意された文書は「戦略村計画の概念は正しいといまも信じている。欠陥がある場合——とくにサイゴン以南のデルタで実際に欠陥が存在しているが——われわれはベトナム側とともにその是正に努力している」と論じた。ロッジがいうように、戦略村は「非常に建設的」な考え方であり、「もしベトナム政府が適切に活用すれば勝利をもたらしうる道具」だという確信は容易に揺るがなかった[47]。

引き継がれた過ち

ジェム政府が倒れ、戦略村の惨めな現実があらわになってもなお、戦略村が「正しい概念」であり、しかも「結果は上々」（ノルティング）だという確信は消えなかった。直後、メコンデルタ対策についての報告でも、戦略村そのものの妥当性はまったく問題にされなかった。ＣＩＡサイゴン支局長だったコルビーは、のちになってもそれが「基本的にはすぐれた考え」であり「正しい戦略」だったと弁じ続けている。[48]

一一月二〇日、トルーハート代理大使はホノルル会議で「戦略村計画は健全」だと太鼓判を押した。それは「ベトコンを補給物資や情報、国民全体から切り離す」ものだった。しかもこの計画には「長期的には、全土で社会的・経済的な変革をもたらす見込み」があった。新政府で国防相となったチャン・バン・ドン将軍も、それが少なくとも「理論上は……非常に正しく、時宜にかなったもの」だったと述懐している。[49]

おいそれと誤りを認め、引き下がるわけにはいかないという事情もあった。トルーハートがホノルル会議でいったように、「アメリカ政府による大規模なドル投資」と「ベトナム国民による大々的な労働力の投資」がすでにかけられていたからである。[50]

ジョンソン政権下でもケネディ時代と同様、フェルト太平洋軍司令官は戦略村には多少の齟齬はあっても「明るい面」があると見ていた。一九六三年をつうじて攻撃を受けた戦略村は全体の三分の一以下であり、防御力もさほど問題はない。こうした発想が、新たな「ジェンホン（Dien Hong）」計画すなわち「全国平定計画（National Pacification Plan）」に、そして戦略村計画の再検討につながっていく。ハーキンズ軍事援助司令官によれば、それは従来どおり油滴理論を基盤とし、軍人と文官が協力しながら、段階的に平定を進めていくはずの計画だった。[51]

ジョンソン政権下で戦略村は「新生活村（New Life Hamlet）」に生まれ変わった。ついで「地方再建計画（Rural Reconstruction Program）」「革命的開発計画（Revolutionary Development Program）」「加速平定計画（Accelerated Pacification Program）」……まさに手を替え品を替えの計画が登場する。だが副大統領ハンフリー（Hubert H. Humphrey）が「ワイシャツ戦争（Shirtsleeves War）」と呼んだものは、戦略村計画と同様の徒労に終わる。[52]

4　山岳民族とゲリラ誘降

民族破壊に貢献

ジェム政府が倒れても中断しなかった計画の一つに、山岳民族の組織化がある。いや、むしろより積極化したというべきだろう。一九六四年初めまでに、国境を越えたラオス領内で一万九千人のゲリラ軍が活動していた[53]。

彼らはベトナム戦争期をつうじて勇猛果敢に戦い続け、一万二千人近くの戦死者を出した。それどころか死者は二〇万人を数えるとの説さえある。その戦死率は近代戦争史でも最高の部類に属するという[54]。

山岳民族は大規模な移住や避難を余儀なくされ、大量の爆弾や枯葉剤などの洗礼を受け、戦争終結までに約八五％の集落が破壊された。しかも共産主義・反共主義両方の陣営に参加したため、親族や兄弟が血で血を洗うこととなった。あげくに戦後は二〇万人以上がアメリカに、またそれ以外にもフランス、オーストラリア、タイなどに逃れ、またごく一部はラオスでその後も抵抗運動を展開し続けた[55]。

ケネディ政権による山岳民族部隊活用の試みはまさに民族破壊、文化破壊と糾弾される。初め情報調査局長、ついで極東担当国務次官補として国務省でもっぱらベトナム問題に取り組んだヒルズマンも、山岳民族を武装化した結果彼らを「破壊した」ことが、自分たちがとった「最も野蛮で、皮肉で、愚かな行動の一つ」だったと悔やんでいる[56]。

幻想に酔う

民間非正規防衛隊と呼ばれた山岳民族部隊は、もともと山々のあちらこちらに小集落を形成して暮らしていた人々を無理やりかき集めたところに問題点があった。まして二重の通訳が必要なアメリカ人が彼らと意思疎通を図るのは並大抵ではなかった。だがアメリカ人は委細構わず、高地の戦士たちに無理やり制服を着せ、彼らの足をかえって痛めることに気づかないまま軍靴を履かせようと懸命だった。[57]

にもかかわらずアメリカは欠陥是正の手を何ひとつ打てなかった。それどころかすでに露呈されていた計画の欠点や失敗に目を塞いでいた。米軍は熱心に彼ら山岳民族に訓練や助言を与え、作戦や兵站を支援したが、あくまでも「ベトナム共和国を補助」する形をとっていた。だがアメリカ人の頭の中では、ラオス領内の山岳民族の成功はとりもなおさず「アメリカの参加の結果」だった。[58]

ケネディ没後、ＣＩＡのベトナム作業班長クーパーは「アメリカ人顧問のあまりにも保護者然としたやり方」が、ベトナム側担当者の無理解とあいまって事態を悪化させていたとマッコーンＣＩＡ長官に指摘した。ところがその彼ですら、山岳民族部隊が成功したのは「アメリカの直接参加に負うところが大きいように思える」との考えだった。失敗はベトナム人のせい、成功はアメリカ人の英知の賜物だというわけである。[59]

特赦計画も堅持

クーデター直後、ラスク国務長官は「マラヤで行われたような」形で敵に特赦を与える計画の追求を示唆している。だがフェルトによれば、混乱の中でチュウホイ計画には「若干の後退」が見受けられた。だからこそ「真の特赦計画」を船出させるべき時だと彼は力説したのである。国務省政策企画委員会のロバート・ジョンソンも、「新政府の人気が頂点かもしれない」いまこそ、計画の前進と改善をめざすべきだと確信していた。[60]

じつはジェム政府打倒後、内相として記者会見に臨んだトン・タト・ジン将軍には、チュウホイ計画については「実施方法の改善が必要」だという程度の認識しかなかった。アメリカ側も、何から何まで課題が山積し「ベトコン特赦計画に努力を向ける時間がない」という、彼らの事情を前に強くはいえなかった。[61]

チュウホイ計画はジョンソン政権に受け継がれ、戦争遂行、とりわけ平定作戦の重要な柱となった。ケネディ不慮の死の翌日、国務省は「ベトコンを誘降できるような新鮮かつ現実的な特赦計画を前進させるため、早急に行動が必要」だと新大統領に訴えた[62]。

ただしこの計画は「ジェム大統領と緊密に結びついていた」ことから、名称変更を含む「真の特赦計画」が求められた。敵の降伏を促すことじたいは続けられたが、それを担当する部局は繰り返し組織替えを経験する羽目になった[63]。

国務省では「よく考案された特赦計画は反乱鎮圧計画に死活的に重要」だとする考えが堅持された。マッコーンも一二月中旬、「特赦計画が重要」だとした。一九六三年は、サイゴンの大使館に「特赦計画の早期再活性化」を求めるラスクの言葉とともに暮れてゆく[64]。

一九六四年二月までに一万二千人あまりが政府側に身を投じた。戦略村の建設や山岳民族の慰撫に比べれば――ケネディ政権が試みたさまざまな計画では珍しく――一定の成功をおさめた計画だった[65]。

✻　✻　✻

ケネディ政権が華々しく打ち出した反乱鎮圧戦略の中で、政治・経済・社会・文化など非軍事的側面の重要性はつねに強調され、そして同時に軽視され続けた。文官統制への反発も手伝って、米軍首脳を中心に、伝統的な軍事重視の考え方は根強かった。現地で汗を流す軍事顧問たちも、ワシントンの政治家も、サイゴンの外交官も、治癒困難な同じ病に冒されていた。だがその代償はけっして小さくなかった。

第六章　軍事化に拍車

1　政治の敗北

軍事偏重は進む

国務省情報調査局によれば、一九六三年初めのアメリカはすでに、ベトナム問題への「軍事的解決で頭が一杯」の状態だった。国家安全保障会議のコーマーによれば、ワシントンの高官たちがようやく平定作戦に大きな関心を抱くようになったのは一九六三年もかなり押し詰まり、軍事情勢がかなり悪化した後のことである[1]。

フィリピンの反乱鎮圧で活躍し、南ベトナムではゴ・ジン・ジェム擁立にもかかわったゲリラ戦専門家ランズデールは、「わが国が援助している諸国でもし次に人民戦争が起こったら、今度はそうした紛争がよって立つ政治的基盤を忘れないように、そしてそれらが政治的意思を実現する手段でしかないことに気づかないまま軍隊・警察・経済活動に頼り切るという過ちをおかさないように望む」とのちにアメリカ人を戒めている。マラヤやフィリピンでは社会・政治的手法が大きな役割を演じたのだが、結局さほど注意は向けられなかったと、ワシントン切ってのベトナム通といわれ、一九六三年八月から省庁横断のベトナム作業班長をつとめた国務省極東局のカッテンバーグはいう[2]。

反乱鎮圧推進派と従来のやり方に固執する軍との溝が埋まらないまま、ケネディ政権全体として軍事優先・政治軽視が進んでいった。軍事傾斜の中で、介入そのものもますます深化していった[3]。

九月末、マクナマラ国防長官はテイラー統合参謀本部議長らをともなって現地視察の旅に出る。その眼目は戦況の評価とともに、政治的展開がそれにどう影響しているかを見極めることに置かれた。だがホワイトハウスからロッジ大使に送られた電報によれば、二人の派遣は「厳密に軍事的な側面に対する懸念が増大」した結果にほかならなかった。そして実際に視察団の関心は「軍事作戦はどのように行われているか、そしてアメリカはジェム政府にいかなる態度をとるべきかを模索することに集中」（テイラー）していた[4]。

今回の視察団は少なくとも表向きには「任務の軍事的側面を強調」し、旅行の「政治的側面には公式に言及してはならない」との指示が下された。派遣の意図は「軍事情勢を評価し、われわれの諸計画を検討する」ことだと、ヒルズマン極東担当国務次官補は英大使館に伝えている[5]。

心より急所

トンプソン英軍事顧問団長の目にも、アメリカの「非軍事的な機能を軍事化しようという恒常的な傾向」は顕著だった。政治が大事だという重要な事実は「まったくとはいわないにしても、ほとんどアメリカ人には認識されていなかった」のだと、ＣＩＡで極東を担当していたコルビー元サイゴン支局長はいう[6]。

しかも「非軍事的側面を無視したことが、軍事面の努力まで阻害し始めていた」とソレンセン大統領特別顧問はいう。シュレジンガー大統領特別補佐官によれば、グリーンベレー隊員の口癖――「急所」を握りさえすれば「心」も「精神」も後からついてくる――が「反乱鎮圧の現実」を如実に反映していた。政治重視の原則を政権内に徹底するはずの反乱鎮圧特別研究班でさえ、「あまりに軍事的傾向が強すぎ、情勢判断の誤りを繰り返した」とソレンセンは回顧する[7]。

ケネディもこうした傾向を知らなかったわけではない。側近に向かって彼は、「国務省も国防省もみな、ベトナムにおけるわが国の役割は軍事的でなく政治的でなければならないことを忘れているようだ」と不満を漏らした。「むっつりとした口調」で、「政治のほうが軍事より重要なのだが、誰一人そのことを考えていないようだ」ともいった。大統領の弟で司法長官のロバート・ケネディものちに、「われわれの行動の政治的次元については誰もが知っているようだが、それが必要な優先扱いはされないことがしばしばだった」と反省している。[8]

怠慢のつけ

ほかならぬケネディ自身にベトナムを軍事的視点から見る傾向があったと指摘されている。戦場に注目する限り、ジェム政府の政治的な弱さから目を塞ぐことができた。政権初期の手ひどい失敗を克服するためにも、力強い軍事的方策が好まれた。[9]

たとえばサイゴンの軍事援助司令官にグリーンベレー指揮官のヤーボロウ将軍を推す声があった時、ケネディは「それは無理だ。私は陸軍に磔にされてしまう。……それはできない。できないのだ。無理強いするな。圧迫してくれるな」とうめいたという。軍首脳を刺激することを恐れてハーキンズの任命を受け入れたことを、ヒルズマンはケネディ「最大の過ち」だとしている。こうした弱腰はベトナム政策全体の軍事偏重化と無縁ではない。[10]

ソレンセンはこう悔やんでいる。「大統領が東南アジアにおけるわが国の長期的な政治・経済目標を十分に明確にしていたならば、彼のベトナム政策で無視されていた非軍事的側面を強化できたかもしれない」。しかし「ベトナムをベルリンに匹敵するような問題にしたくないばかりに、大統領は沈黙を選んだ。記者会見でのベトナムにかんする発言ですら、とらえどころのないものだった[11]」。

一九六三年秋を迎える頃、ジェム政府の仏教徒弾圧に直面したケネディは「アメリカがベトナムで政治＝経済＝社会的側面の努力をもっと築かなかったことで自分を責めていた」が、すでに「手遅れ」だった。歴史学者でもあるシュレジンガーがのちにベトナム戦争の経緯と教訓を検討する上院外交委員会の公聴会で述べたように、ベトナムが軍事問題化するのを黙認したことはケネディがおかした「大きな誤り」だったのである。[12]

のちの大統領ニクソンは、「通常戦争的な軍事戦術では南ベトナムにおける共産ゲリラとの戦争に勝利できない」にもかかわらず、そして「軍事的な戦いと政治的な戦いを同時に行うことが勝利への鍵だった」にもかかわらず、ケネディ政権もジョンソン政権もついにそれができなかったと強く批判している。[13]

2　治安第一主義

まずジェムの生存を

軍首脳は、問題はジェム政府の「生存」であり、経済発展も土地改革も、いや自衛力を持った軍隊の創設でさえもすべて「二義的」な問題だとしていた。統合参謀本部の視察団は一九六三年初めに「南ベトナムでいまとられている軍事的措置は、主として政治・経済面の成長に有利な条件を確立する目的にとって必要だと引き続き考えるべき」だと報告した。たしかに「ベトコンの政治組織の破壊は、南ベトナム政府が国民の支配と支持を再び手にするうえで不可欠」だが、そのためにはまず「彼らの勢いの原動力であるベトコンの軍事能力に対する兵力の投入が必要」だとハーキンズもサイゴンから訴えた。[14]

たとえ政治面が看過されなかったにしても、その前提として物理的な安全確保が優先された。じつは軍人ばかりではない。反乱鎮圧の推進者の一人ヒルズマンですらそうだった。彼は極東担当国務次官補に昇任直後の一九六三年五月、ウィリアム・バンディ国防次官補と「ベトナム政府の軍事大攻勢が持つ現在の勢いを維持するため、あらゆる合理的な努力」が必要であり、「いまは厳密な経済的基準は適用できない」と合意している[15]。

ゲリラ戦専門家であるトンプソン英軍事顧問団長もまた、国民や兵士の士気という観点からも、中立化という解決を求めがちな世界世論への影響という観点からも、「安全な《ホワイト》」地域確保が重要だとグエン・ジン・トゥアン国務相に語った。トゥアンによれば、ジェム大統領も同じ考えだった[16]。

ゲリラの投降を誘うチュウホイ計画ですら、治安優先の考え方から脱却できなかった。地方復興委員会で、ある少佐は「その土地のベトコン・ゲリラが一掃されれば、本物の効率が実現する」と弁じ立てている[17]。

安全は政治的支持の母

一九六二年春、サイゴンのトルーハート代理大使は「ベトコンのテロと圧迫に対して村民に最小限の効果的な保護を与えること」ができない限り、政府は情報提供を含む彼らの協力など得られないとの見解をワシントンに伝えている[18]。

国務省極東局のベトナム作業班長ウッドも早くから、農民は「自分たちの政府よりも共産主義者のほうを恐れている」にすぎず、「ベトコンに抵抗する手段があると確信できれば、彼らはそうする」はずだと考えていた。国務省情報調査局が六月に行った分析でも、少なくとも短期的には「物理的安全」の度合いが決定的だとされた[19]。

九月、国務省政策企画委員会のロバート・ジョンソンはロストウ委員長との協議から、「中央政府と地方住民の関係」を決めるのは「人々がどちらが勝っていると見るか」だと結論づけた。年末に大統領の求めで現地を視察したマンスフィールド民主党上院院内総務は、敵を守勢に追いやり、農民をこちら側に惹きつけるうえでも「戦略村によって供給可能な安全およびその他の恩恵」が重要なのだと報告した。彼らがゲリラに奉仕するのは「恐怖、無関心、媚びへつらい」に起因していると思われた[20]。

この考え方は一九六三年をつうじて維持された。ヒルズマンが述懐するように、「農民が何を考えているか、誰も本当のところは知らなかった」からである。この年初め、国務省情報調査局長として現地視察を終えたばかりの彼は国家安全保障会議のフォレスタルとともに、農民に「物理的安全が与えられなければ、打算からベトコンに協力的になるだろう」と分析した。ウッドも「ベトナムの農民が何を考えているか誰にも本当のところはわからない」が、彼らが「どちらでもより強いほう、彼らに得になるほうにつく」ことは確かだといっている。[21]

四月、ヒルズマン極東担当国務次官補はラスク国務長官に、「村民の最大の欲求」である、身の安全さえが得られれば、彼らは「政府が自分たちのことと自分たちの将来のことを心配してくれていると考えるようになる」と述べている。同じ頃ＣＩＡも、「大部分の農民はもっぱら平穏にしか関心がなく、誰が軍事的勝利をおさめるかなど気にかけていない。農民には安全こそ重要なのであり、それも自分個人にどのような影響が及ぶかということでしかない」としている。したがって「地方で物理的な安全が確保できれば、政府には彼らを守る力があるのだと農民に納得させるうえで必要な条件をおのずと満たすことになるはず」だとした[22]。

ゲリラ戦専門家を自認するロストウは、ゲリラは農民に「共産主義が素晴らしい」と訴えているわけではなく「自分たちに協力しなければ命が危くなる」と脅しているにすぎないと見ていた。七月、国務省情報調査局は、農民たちに自衛手段を供給できれば「コメの根のレベルで全国的な自衛の努力を促進する」道が開けると見た。夏に現地を取材した『ニューヨーク・ヘラルドトリビューン』のヒギンズ記者は農民から、ゲリラを好きではないが自分たちは連中に生殺与奪を握られている、アメリカ人が食糧や肥料をいくら与えても根こそぎ持っていかれるのだと聞かされていた[23]。

戦略村の哲学

たとえば戦略村計画の目的は、農民が必要とする「保護と物理的安全」（ヒルズマン）を供給することだった。ベトナムの村落を武装し、ゲリラの攻撃に対する自衛手段を与える。そのうえですべての戦略村を緊密に結びつけた「強固なブロック」を形成する。これをてこに「安全な地域」を築く。マンスフィールドらも一九六三年二月の現地視察報告で、戦略村計画の前提を、「ベトコンは地方住民によって支えられているがその原因はもっぱら恐怖心」だと説明している。[24]

自衛のための手だてさえ講じられれば、人々は日々の生活に安心を覚え、自分たちを守ってくれる政府への信頼を高めるだろう。敵に食糧や物資を与えるのも止めてくれるだろう。それはまさに一石二鳥の計画だった。「ベトコンを民衆から孤立させること」によって、そして「地方民衆全体を守ることによって、政府はベトコンへの物資補給や人員徴募の流れを断ち切ることを希望している」のだとラスクは全在外公館に伝えている。[25]

ロッジ大使によれば、一九六三年一一月に新政府を樹立した将軍たちは、戦略村での強制労働は「劇的に減少させなければならない」と考えていた。だがトルーハートは「理にかなった範囲で村落に労働力を提供することは、村民の利益になる。それによって農民がみずからの村落および計画全体と一体感を抱くのに役立つからである」としていた。[26]

3　幻影の果てに

解消されぬ軋轢

一〇月半ば、ロッジはこれが「長く、いつまでもくすぶり続ける闘いであり、そこでは政治面と軍事面が絡み合い、しかもそれぞれが独特の手に負えない性質を持っている」と指摘した。ロッジはさらに「長期的な経済・社会計画」に「永続的な価値」があるとワシントンに伝えた。彼は一〇月末にも「ベトコン問題とは一部は軍事的であるが、また一部は心理的・政治的問題である」とした[27]。

ジェム政府が倒れた後の一一月二〇日、ホノルル会議でロッジは「問題は軍事だけでなく、経済・社会・政治でもある」と力説した。だが問題は、ケネディ政権末期にいたってもなお、こうしたあまりにも基本的な原則を念押ししなければならないことだった[28]。

軍事的側面と非軍事的側面のバランス。それこそがアメリカが直面した難問だった。ロッジの前任者ノルティング大使は、この重要な問題への考慮が「私がベトナムで過ごした二年半の大部分を占めていた」という。国務省極東局のカッテンバーグによれば、軍事面と非軍事面の努力の折り合いをつけるのは「まったくうんざりとする仕事」であり続けた[29]。

国家安全保障会議のコーマーは軍事偏重の傾向について、アメリカ・南ベトナムともに抱える制度的な問題だとしている。ある時、ＣＩＡの極東担当コルビー（一九六二年六月までサイゴン支局長）が、ゲリラへの適切な対処をマクジョージ・バンディ国家安全保障担当大統領補佐官に訴えた。バンディは答えた。「君は正しいかもしれないが、わかっているだろうがアメリカ政府の組織構造ではそんなことは無理だ[30]」。

問題は軍に限られなかった。ベトナムのような「並はずれて複雑な政治・軍事問題」（マクナマラ国防長官）を扱うには行政府の上部組織が十分ではなかったとマクナマラはいう。のちに平定作戦を担当することになる、国家安全保障会議のコーマーによれば、普通でない、そして馴染みのない戦争に対処するには、アメリカも南ベトナムも組織があまりにも普通でありすぎた[31]。

サイゴンも同じだった。一九六三年初め、統合参謀本部の視察団は現地組織に「感銘」を受けていた。同じ頃、ヒルズマン国務省情報調査局長と国家安全保障会議のフォレスタルも彼らが「最良のうちの一つ」だとした。だがサイゴンでは、アメリカ人は「まるで川を流される丸太も同然。その上にたかった蟻たちはみな自分が舵をとっているのだと勘違いしている」のだと笑い者になっていた。[32]

お蔵入りの戦略

シュレジンガー大統領補佐官はのちに、反乱鎮圧という試験に臨んだアメリカは「お粗末なほど」の失敗をおかしたと述べた。しかもその結果「ゲリラの活動にまったく対処できないことを示しただけ」だった。彼は別の機会にも、反乱鎮圧は「ひどい代物」であり「アメリカ人はこの種の戦争には向いていなかったのだ」といっている。[33]

ヒルズマンは一九六三年初め、それが「まやかしで、うまくいっておらず、失敗」だと気づいた。八月に現地を視察したカッテンバーグも、アメリカ流の反乱鎮圧など「無意味」だと悟った。ルメイ空軍参謀総長は一九六三年末について「反乱鎮圧の努力は失敗を続けていた」と述べている。鳴り物入りの新戦略は、大使館のメクリン広報担当参事官にいわせれば、まさに「目に見えて沈んでいった」のである。[34]

じつに奇妙なことだが、反乱鎮圧戦略は失敗していないとする考え方さえある。なぜならそれは「ベトナムで一度も本当に試されたことはなかった」（シュレジンガー大統領特別補佐官）からである。また、そもそも「ベトナムとは無関係」（ハリマン）な代物だったからである。[35]

極東担当国務次官補になったヒルズマンはこう述懐している。「ケネディ政権はゲリラ戦争を戦うための戦略概念を生み出した。それは軍事的手段としっかり噛み合った政治計画を実現するための考えだった。だがわれわれはいままでのところ、ジェム政府やペンタゴン首脳にそれをきちんと試みさせることができなかった[36]」。

初めての経験

失敗の原因として第一に、反乱鎮圧戦略じたいに問題があったと指摘される。それは急ごしらえの、曖昧なもので、十分に練り上げられていなかった。一九七二年に民主党大統領候補となるマクガバン上院議員はそれが「山ほどのナンセンス」を抱えていたと、シュレジンガーはそれを「有害な幻想」だったと、のちに強く批判した[37]。

第二に、ケネディ政権はこの戦略を十分に理解していなかった。カッテンバーグはいう。「反乱鎮圧をどう適用するか、われわれは本当には知らなかった。われわれはそれがどのようなものなのか、ほとんどわからなかったからだ。それはベトナムでもその他の場所でもわれわれを失敗に導き、そして最後には捨て去られた[38]」。

フェルト太平洋軍司令官も、ケネディが反乱鎮圧について「ちっともわかっていなかった」と批判する。アメリカ人は「戦争に勝つためには国家を建設しなければならないことなどまったく理解していなかった。軍事的手段だけでは勝てるはずはなかった」とトンプソン英軍事顧問団長も述懐する[39]。

メクリンのいう「この種の戦争についての未経験」がアメリカの敵にまわった。ベトナムにおけるゲリラ戦争に、アメリカの軍事力――戦略・戦術・兵器・将兵の能力・物量など――は対応できなかった。アメリカは「ナショナリズムの力を過小評価」した、しかも、「軍事力と経済支援の活用によっていわゆる国家建設が可能になるという誤った信念」に取りつかれていたとマクナマラは反省している[40]。

4　政権内に走る亀裂

マクナマラの戦争

ベトナム戦争はしばしば「マクナマラの戦争」と異名をとった。彼自身それを誇りに思っていた。ホノルル会議、すなわち定期的なベトナム政策関係者の協議も「マクナマラのバンドコンサート」と呼ばれた。一九六一年末以来、彼はベトナム政策の「事実上の執行官」（ウィリアム・バンディ国防次官補）だった。[41]

一九六二年二月、軍事援助司令部の設立が国防省の役割を増大させた。政権におけるマクナマラの影響力もますます強まった。一九六三年秋、マッコーンＣＩＡ長官はアイゼンハワー前大統領に、マクナマラがこの戦争を「個人的な戦争」にしていると述べている。[42]

第一に、ソレンセン大統領特別顧問によれば、彼は政権の「スター」であり「最強の人物」だった。ケネディ大統領は「ずいぶんとマクナマラの言葉に耳を傾けていた」とアレクシス・ジョンソン政治担当国務次官代理はいう。軍事問題ではマクナマラの進言が「ほとんど疑念を差し挟むことなく」採用された。ベトナムをめぐる軍人と文官の対立の中で、仲裁役として彼の存在はますます重要になった。[43]

第二に、彼には「王朝」ないし「王政」の名を冠されるほど強固な、彼自身が国防省内に築き上げた組織があった。ただしもっぱら文官に限られており、日常的に彼らと軍人の摩擦が生じていた。マクナマラは軍首脳の説明などろくに聞こうとせず、軍は苛立ちと猜疑心を強めていたとギルパトリック国防副長官は述懐する。[44]

国防省の領域

第三に、マクナマラ自身がベトナムという「問題の巨大さ」を実感し、大統領を守るためその解決に尽力する決意を固めていた。皮肉なことに、ギルパトリックによれば、当初彼もマクナマラも反乱鎮圧には「本当に懐疑的」だった。だが一九六一年秋以降、マクナマラは進んでベトナム問題の先頭に立つことになる。[45]

第四に、最も重要なことだが、ベトナムがすでに軍事問題と化しており、「軍事援助を主として扱う官庁」（ウィリアム・バンディ）つまり国防省が政策の決定や遂行のうえで主役になるのが当然視された。「共産ゲリラや叛徒と戦うのに必要な軍事的重荷が……ペンタゴンに委ねられた」（ソレンセン）にすぎない[46]。

一九六三年秋、マクナマラ国防長官はテイラー統合参謀本部議長らとともに現地を訪れる。出立直前、ある記者にベトナムが「わが国の援助があってもなお、戦場で勝ちながらサイゴンで敗れる可能性のある事例」ではないかと問われ、彼はこう答えた。「現在は評価が困難な時期である。たしかに過去数週間、政府の行動によって不安定が強まってきた。それが国民の重要な部分を遠ざけてしまった可能性は十分ある。政府と国民が――結集し、ベトコンを打ち破るべく一丸となって努力できない限り、彼らを敗北させることはできないだろう[47]」。

実情を目の当たりにしたマクナマラやテイラーは、政治的側面が思っていたより重要だと気づくにいたった。だがそれでも「政治的要因が根本的かつ最重要だと認識するところまではいかなかった」とヒルズマン極東担当国務次官補はいう。マクジョージ・バンディ国家安全保障担当大統領補佐官は、帰国した二人が「戦争勝利という目標を強調したがっている」とし、いっぽう「国務省関係者はたんに戦争に勝利するという以上のものを求めている」と現状を描写した[48]。

ラスクの不運

ラスク国務長官もまたベトナム戦争の象徴とされた人物である。だが第一にその影響力や大統領からの信頼という点で、マクナマラに遠く及ばなかった。大統領はつねづねラスクの個性や助言（というよりむしろその少なさ、省内運営の拙さ、行動もせず責任を果たそうとしないこと）などに失望を漏らしていた。一九六三年の仏教徒危機のさなか、駐南ベトナム大使の交替にあたってロッジの選任がずるずると遅れたことも「大統領がラスクにますます苛立ちを強めた」例だと国家安全保障会議のフォレスタルはいう[49]。

ラスクの不幸は、大統領がみずから外交面で主導権を発揮しようとしていたことにあった。「ジャックは彼自身の国務長官だった」と、ケネディの弟で司法長官のロバートは回顧している。ハリマン政治担当国務次官も国家安全保障会議のコーマーもまったく同じ見方である。「自分自身で外交政策を運営しようと決意した大統領」のもとで国務長官をつとめるのは厄介な仕事だった。だから国務省が影響力を増大させたのはケネディの死後だったとコーマーはいう。[50]

　ラスクはもともと消去法で残った候補にすぎず、大統領と個人的な関係も築けなかった。ケネディの側近オドンネル（Kenneth P. O'Donnell）大統領特別補佐官によれば、一度はラスク更迭を考えたケネディがみずからの愚を悟り思いとどまった。ラスク自身も更迭の可能性を否定するが、その噂が絶えることはなかった。[51]

　じつは次の国務長官として下馬評に上がっていた一人が、ほかならぬマクナマラだった。だが国防省を誰が見るのかが問題になり、立ち消えとなった。軍首脳に対抗できるのはマクナマラしかないと考えられたからである。[52]

　一九六三年七月初め、シュレジンガー大統領特別補佐官はラスクが「終わりに近づいている」のではないかと感じていた。彼を支えるべき国務省そのものが、政権発足直後からケネディの苛立ちの種だった。ケネディは国務省が「新しい考えを出したためしがない」とソレンセンにこぼしている。組織として、国務省はおよそ国防省に太刀打ちできなかった。[53]

　ラスク指揮下の国務省と、マクジョージ・バンディら国家安全保障会議は、協調態勢を保ち補完的な関係にあったともいわれる。だがケネディ夫人ジャクリーンによれば、ケネディはバンディと自分の二人だけで「一日で、彼らが六カ月かかってやるより多くの仕事をやれる」とぼやいていた。国務省強化のためそのバンディを次官として送り込む動きさえあった。当のバンディは、ラスクには知性のかけらもないと軽蔑をあらわにしていたという。[54]

国務省は無力

ラスク自身は「ベトナムのあらゆる側面について国務省内で議論した」し、一九六二年から翌年初めにかけて現地の「政治情勢への私の関心は高まり続けた」と述べている。(55)

だが実際は違っていた。国務省は「ラスクに始まってずっと下まで」国防省の主導権を容認していたとギルパトリック国防副長官はいう。国務省が乗り出すべきだと進言したハリマン極東担当国務次官補（のち政治担当国務次官）に、ラスクは「いや、私はペンタゴンに任せるつもりだ」と答えている。ハリマンにいわせればラスクが国防省に「意識的に――降伏した」結果、国務省は「第二バイオリン」の役割に甘んじなければならなかったのである。その国務省も長官ラスクも、国防省に比べてベトナムを軽視していたとノルティング大使もいう。(56)

ＣＩＡのベトナム作業班長クーパーは、国務省は世界全体を見渡し、国防省は個別の問題、たとえばベトナムを担当するという分業があったと指摘している。国務省対国防省という対立が生じる危険を回避しようとしたともいわれる。ハリマンのように、将来の困難を予見したラスクが責任逃れを図ったのだと批判する者もいる。だがその「意識的な」態度が、「南ベトナムに存在した大きな困難の一つ」となったのである。(57)

軍事に傾く長官

ラスクは朝鮮戦争当時、極東担当国務次官補だった。その彼は、共産中国の周辺に軍事的拠点を構築することに熱心だった。彼が軍事中心路線の信奉者であることは、ケネディ大統領自身、重々承知していたはずだという。(58)

ワシントンでも出先のサイゴンでも、国務省は「ベトナムが基本的には軍事問題だという考え方を黙認」（シュレジンガー）していた。ラスク自身のちに、自分は軍事問題については専門家の意見を尊重していたし、だから国務省側からの口出しも抑えていたと語っている。しかも彼は反乱鎮圧など「無駄」だと考えていた。ボール国務次官も同様にそれを「くだらないもの」と見ていた[59]。

ノルティングにいわせれば、マクナマラはもともとベトナムが軍事問題ではなく、「もっぱら政治・心理・社会・経済的な闘い」だと見ていた。その彼がベトナム政策決定の「隙間」ないし「真空」を埋めたのは、ラスクが「けっしてベトナムに足を踏み入れなかった」ためだった。ハリマンはそれこそが本当の間違いだったと述懐している[60]。

真っ二つの政権

一九六三年九月半ば、ケネディ政権は真っ二つだった。一方にはハリマンら、「共産主義の脅威に対抗するうえで成功できる唯一の道は、関係する人々にそのために戦う価値のある手段を提供すること」だと考える人々がいた。他方にはマクナマラら、「彼の省がこれまで開発に成功してきた手法を用いて十分な数の敵を識別し殺すことができれば、反乱が発生している諸国の人々の政治的・社会的福利に力を集中させる余裕が出てくる」と確信する人々がいた。どちらも態度を変えようとせず、「世界観の相違」が解消することはなかった[61]。

それはたんに反乱鎮圧の力点ないし戦術をめぐる些細な対立にすぎず、たいして意味はないとする見方もある。だがたとえそうであっても、ケネディ政権内の対立がじょじょに、とりわけ一九六三年夏以降深まったのは事実である[62]。

一九六三年秋、現地を視察したザブロッキ（Clement J. Zablocki）下院議員らの報告も、軍事面と政治面の努力がばらばらであることを大きな問題点として指摘した。軍事にせよ、経済や政治にせよ、単一の問題として扱われる傾向があり、たとえば軍事援助と経済援助が結合されることなど皆無だったとコルビー元ＣＩＡサイゴン支局長はいう[63]。

軍事面と非軍事面の手だては、たがいを補完し足並みを揃えるどころではなかった。敵兵力の粉砕と治安確立、場合によっては北ベトナムへの軍事攻撃を主張する人々と、農民へのサービス提供と彼らの支持確保、民主化の推進を求める人々――端的にいえば軍人と文官――が、日々対立を深めていた。なんとか両者を満足させようとケネディが尽力した結果、いずれにも不満が残る始末だった。現場の軍事顧問たちですら、ゲリラを相手の戦争だとする「タカ派」と人々の心を得ようとする「ハト派」に二分されていたという。[64]

＊　＊　＊

ゲリラ戦争への対処において、軍事面と非軍事面のいずれを重視すべきか。治安が確保されなければ民心確保どころではない。民衆の支持がなければ軍事作戦などおぼつかない。議論は果てしなく続き、しかもその間に戦況の悪化を反映して、ケネディ政権の対応は日ごとに軍事的なものに傾斜していった。しかも軍人と文官、国防省と国務省の軋轢を軸に、政権内の分裂は拡大の一途をたどった。

第Ⅲ部　真実の模索

——情報戦争をめぐる苦悶——

第一章　悲観と楽観

1　忍びよる暗い影

恐るべき敵

一九六二年一月末の記者会見でケネディ大統領は、南ベトナムの情勢が「非常に深刻」であることを認めた。マニング広報担当国務次官補はのちに、一九六一～六二年に「共産主義者が得点を挙げ、ベトナム国民は敗れつつあった」と振り返っている。[1]

一九六二年二月までに、民族解放戦線、いわゆるベトコンは「正規の、比較的よく訓練と装備を備えた」兵士集団に成長していた。[2]

一九六二年六月まで国務省極東局のベトナム作業班長だったコットレルは、現地視察直後の五月初め、南ベトナム情勢は「底を打った」かも知れないがけっして「上向きに転じた」とはいいがたいと述べた。[3]

六月、国務省情報調査局は敵が「全体として地方における政府の権力を侵食し続けている」と分析した。東南アジア作業班は、地方での政府側の支配は「おそらく強化されるよりも速い速度で依然として侵食」されていると見た。この頃、重要なメコンデルタはほぼ敵に支配されているようだった。[4]

悪化する戦況

秋のメコンデルタでは、南ベトナム政府軍で最も優秀といわれたレンジャー部隊のある小隊が、全滅の憂き目に遭った。政府軍はすっかり「落ち目」になったと『ニューヨーク・タイムズ』記者ハルバースタムはいう。国務省極東局のベトナム作業班長をコットレルから引き継いだウッドとその代理ヒーブナーは、敵が「コメの根で政府を麻痺させようとしている」ことを懸念した。[5]

一九六二年後半が「おそらく最良の時期」であり「われわれは明らかに得点を挙げつつあった」とするトンプソン英軍事顧問団長でさえ、同じ時期に「多くの危険が表面化しつつあった」と認めている。さまざまな報告でも、七月から一〇月にかけて現地情勢はほぼ互角のようだった。[6]

夏から秋にかけて、民族解放戦線は兵力を増やし、火力を改善させ、攻撃を激化させ、大規模な作戦を実施する能力を向上させ、政府軍の民兵組織内部に浸透し、高い士気を維持していた。[7]

一〇月、ハリマン極東担当国務次官補はノルティング駐南ベトナム大使に「ベトナムでの過剰な楽観主義がはらむ危険」を指摘した。一一月、国家安全保障会議のフォレスタルは大統領の弟であるロバート・ケネディ司法長官に、自分もハリマンも「そう考えられていたほどには戦争はうまくいっていないと思っている」と伝えた。[8]

一九六二年末、四〇日間をかけて一七もの省を視察したヒーブナーの報告も暗かった。これまで一年を費やして、われわれはようやく「互角」にまで漕ぎつけたが「潮流はまだ変わっていない」。敵は相変わらず手強く、こちら側の計画は多くが実験段階でしかない。「ベトコンを完全に除去できる見込みはない」。反乱鎮圧をめぐる状況報告が指摘したように、厄介なのは、アメリカが一九六一年以来かなりの努力を払ったにもかかわらず「全体としてベトコンの軍事的潜在能力は依然減少していない」ことだった。[9]

政府軍のチャン・バン・ドン第三軍管区司令官（のち参謀総長代理、国防相）も、この頃「見れば見るほど全土の状況はそれまで想像していた以上に悪いことを知った」一人である。一九六二年のうちにベトナム情勢は「熱くなり始めた」のだとワシントンのホイーラー陸軍参謀総長はいう。[10]

少なくとも、一九六二年までに敵が「深刻な打撃を受けたと考えたのは間違いだった」と大使館のメクリン広報担当参事官は述懐する。一九六二年後半、ケネディ政権内の楽観論はしだいに後退していった。[11]

長期戦を覚悟

一九六二年二月の段階で、ホノルルの太平洋陸軍（ＡＲＰＡＣ）は長期戦への覚悟を明らかにしていた。国務省はモース上院議員の質問に答え、これが「長く苦しい戦い」になるとの見込みを伝えた。迅速に勝利を得るどころか、「朝鮮戦争型の休戦」が実現すれば御の字だとの議論もあった。[12]

四月、ワシントンに招かれたトンプソンは、勝利まで「三～六年」ないし「五～六年」、どう見ても「三年以下ということはあるまい」と述べた。四月末、デトロイトで演説したボール国務次官は、この戦いがまさにアメリカ人が苦手な「ゆっくりとした、困難な」ものになると警告した。彼はマラヤ鎮圧に八年も要したことを指摘、根拠のない「幻想」を戒めた。[13]

基本的に楽観論に立っていたマクナマラ国防長官でさえ、一九六二年五月の現地訪問後、「共産主義者を打ち破るには何年もかかると思う」とひそかに漏らしていた。六月、国務省情報調査局は「最後の勝利までにはまだ何年かかかる可能性が高い」と警告した。[14]

日本の外務省も一九六二年後半、南ベトナムは「危急存亡」の淵にあり、三～五年で勝利をおさめるなど考えられないと判断していた。一〇月、ウッドとヒーブナーは、これが「長い戦い」になるとの確信を表明した。ロバート・

ケネディもこの年秋、全米在郷軍人会で「長期の、疲弊をともなう、高価な」戦争を予見した[15]。

一九六二年末に国務省情報調査局が分析したように、共産側が「長い戦いに備えていることは明らか」だった。反乱をある程度封じ込めることですら「数年が必要」だと思えた。アレクシス・ジョンソン政治担当国務次官代理は「次の一年以内に『戦争は終結できる』と考える根拠はまったくない」と楽観を戒めた[16]。

2　勝利は目前

戦局好転

ところが早くも一九六二年一月末、ベトナム情勢改善を示す「確固たる空気」に意を強くする人物がいた。コルビーCIAサイゴン支局長である。二月、フェルト太平洋軍司令官も、かつて「災厄に向かって坂を滑り落ちつつある国」に見えた南ベトナムだが、その「坂は少し平らになった」と感じた[17]。

春以降、UPI通信記者シーハンのいう「難攻不落の楽観主義」はさらに強まった。マクナマラは三月、「南ベトナム人がなし遂げつつある進歩に意を強くしている」と述べた。ハーキンズ軍事援助司令官は四月、敵が敗れ去る日は「すぐそこ」にきていると断言した。情勢好転を反映して、それまで強かったアメリカの戦闘部隊派遣を求める圧力も和らいだといわれる[18]。

五月下旬、トルーハート代理大使は、半年前からすると、政府側が民族解放戦線と比べても「より強力な存在になっていることに疑いはない」と報告した。この頃現地を訪れたマクナマラは「われわれが持っている数的指標はことごとく、こちら側がこの戦争に勝っていると示している」と高らかに声明した。六月、国務省情報調査局も「心強い進歩の証拠」をいくつも挙げた。のちに情勢悪化への懸念を表明する人々にとってさえ、一九六二年前半は例外だった。[19]

上げ潮の季節

七月、マクナマラなどベトナム政策関係者が一堂に会するホノルル会議で、ハーキンズは「こちらが勝っていることは疑いない」と断言した。マクナマラも「六カ月前、われわれには事実上何もなかったが、現在までに非常に見事な進捗を実現した」と誇らしげだった。ハーキンズは南ベトナムのゴ・ジン・ジェム大統領にも、「ベトコンを一掃することは可能」だと太鼓判を押した。[20]

たしかに四月には負けていた。だが六月初めまでには援助の効果が現れた。八月初めには上げ潮状態となった――豪訓練使節団のセロング大佐はのちにこう振り返っている。メコンデルタでも政府軍は主導権を奪回した。どうやら「角を曲がりつつある」ようだと、リンドン・ジョンソン副大統領の補佐官バリス大佐は見ていた。[21]

メクリンによれば、秋までには「最初の成功の気配」が顕著だった。九月、一年ぶりに現地を訪れた大統領軍事顧問のテイラー将軍は、情勢好転に「大変心強い思い」だった。彼はプノンペンでもカンボジアの指導者シアヌーク（Norodom Sihanouk）に、戦略村建設計画の進捗などを熱く語った。ワシントンに戻るやいなや戦況の「大変な進捗」ぶりを力説した。[22]

同じ頃、トルーハートはワシントンで「非常に心強い」情勢進展について報告した。ケネディは九月二一日、いまや「潮流は逆転した。われわれはベトナムからベルリンにいたる世界の多くの場所で主導権をとっている」と語った。この頃ケネディ政権の楽観ぶりは確固たるものがあった。[23]

出口が見えた

一〇月早々、国務省極東局のベトナム作業班長ウッドとその代理ヒーブナーによれば、敵が「現在は勝っていない」ことは明らかだった。一一月、ノルティング大使はハリマン極東担当国務次官補に「われわれは本当に前進しつつある」のだと強調した[24]。

国務省情報調査局は一二月初め、少なくとも「悪化の速度は緩んだ模様」だと見た。「もはや夜はベトコンだけのものではない」とヒーブナーは述べた。ケネディは記者会見で「まだトンネルの出口は見えないが、一年前より暗くなっているとはいえないし、いくぶんは明るくなっているというべきだろう」と語った[25]。

一九六二年はアメリカにとって改善と進展の年だったと政権参画者は口を揃える。キューバ危機解決がその象徴である。ベトナム情勢も「いくぶん穏やかになった」とノルティングはいう[26]。

大使一家が護衛なしに車で地方に行けるほど、治安は回復していた。一九六三年の旧正月、ジェム大統領は祝賀メッセージで過去一年を振り返り、「わが国の抵抗運動がすべてにおいて力強く拡大したこと」を自画自賛した[27]。

一二月までに情勢は少なくとも「敗勢」から「互角」程度には改善されていたと、ウッドやヒーブナーは一九六三年夏に振り返った。大使館のリンデン経済担当参事官にいたっては、のちに南ベトナムの歴史家が一九六一〜二年を「決定的な年」と評価するかもしれないとまで述べている。トンプソン英軍事顧問団長も同様に、一九六二年が重大な意味を持っていたと外務省に報告した[28]。

北ベトナムや民族解放戦線も一九六二年を「ジェムの年」と認めた。彼らは軍事的にも政治的にも大打撃を被り、政府軍との正面対決を避けて小規模作戦に訴えざるをえなかった[29]。

ロストウ国務省政策企画委員長も、一九六二年をつうじて事態好転に安堵を覚えていた一人である。ＡＰ通信記者アーネットによれば、この頃南ベトナムでは、一九六四年までには勝つという「非公式」スローガンがまかりとおっていた。[30]

3　悲観で明けた年

一九六三年の急変

シュレジンガー大統領特別補佐官はのちに「一九六二年の希望」が急転直下、「一九六三年の不愉快な驚愕」に変わってしまったのだと振り返っている。ＣＩＡも一九六三年一月初め、一部地域ではゲリラの脅威が減じている可能性もあるものの、「潮流はまだ逆転していない」と判断、戦争の現状を「しだいにエスカレートしつつある手詰まり状態」だと規定した。反乱鎮圧特別研究班の議論でも、戦況に「進捗は見られるが、なおなすべきことが多く残っている」とされた。[31]

アメリカが直面した第一の問題は敵の兵力増である。一九六三年早々、敵の中核兵力が一年前よりも増えていることが報じられた。反乱鎮圧特別研究班も、「兵力規模を維持するベトコンの能力」は変わっていないと判断した。しかもセロング大佐がいったように、目に見える敵の兵力は「氷山の一角」にすぎなかった。[32]

第二はその質的向上である。ハーキンズ軍事援助司令官によれば、敵は第二次世界大戦の「ドイツ軍や日本軍に匹敵」する強力な軍隊だった。彼はジェム大統領に、敵の能力には「依然として恐るべき」ものがあり、しかも「相変わらずどこにでもいる」と述べている。テイラー統合参謀本部議長によれば、敵の兵力にも武器にも「量と質における持続的な増強」があった。三月から四月にかけて、統合参謀本部の反乱鎮圧・特殊活動担当特別補佐官である海兵隊のクルラック将軍のもとには、敵の能力には変わりがないとする報告があった。敵の「ゲリラ軍が規律が高く、よく訓練され、小規模部隊による戦術の重要性を理解している」こと、彼らが「兵力や武器が不足しているにもかかわらず、時に踏みとどまって戦う能力も意志もある」こと、敵の「軍事的プロフェッショナリズム」が恐るべき徴候であることなどである。[33]

第三はその活動の増大である。彼らはその効率をますます向上させ、行動も大胆になり、作戦の範囲も規模も拡大させ、田舎を自由に動きまわっていた。大統領記者会見用の資料でも、少なくとも敵が「戦う意欲を失っていない」ことは認めざるをえなかった。[34]

実際に敵の作戦はより頻繁、積極的、攻撃的になった。敵の損害は減り、味方の損害は増えた。[35]

第四は敵支配地域の拡大である。一九六三年二月初め、ラスク国務長官は敵の支配地域を「地方人口の八％程度」と踏んだ。だが南ベトナム四四省のうち四二ないし四一省で民族解放戦線は徴税を行っていた。二七省では受領証つまり納税証明書を発行するなど、政府も同然の存在感を示していた。五月を迎えようとする頃、彼らの活動はさらに活性化した。[36]

長く困難な道

第五は泥沼の可能性である。一九六三年一月末、国務省情報調査局の分析は「長期戦」の気配を指摘、今後ますます大規模な軍事・経済援助が必要だとした。ウッドはハリマンに、ギリシャ、マラヤ、フィリピンの戦いが一〇年単位で続いたことを指摘、「五年で勝てるのなら」万々歳だとの見込みを伝えた。ＣＩＡは敵が「長い戦いを覚悟し、兵力育成の予定表をそれに合わせて決めている」と指摘した。[37]

二月、ラスクは全在外公館に、これが「長く困難な闘い」となる見通しは変わっていないと伝えた。ウッドの代理ヒーブナーはインタビューに臨むハリマンのために、「ゲリラ戦争というのは往々にして長期の戦いになる」こと、ベトナムでも「長い闘い」が予見されることなどの回答案を用意した。三月、ラスクはロサンゼルスで記者会見を開き、これが「長く、苦しく、苛立ちをともない、扱いにくい戦争」になると言明した[38]。

厄介なことに、一九六三年春の南ベトナム国内には厭戦機運が高まりつつあった。四月、サイゴンではノルティングがジェムに「来年中に勝利を得るのは無理」だと述べた。ワシントンではトンプソンがハリマンに、「忍耐と自信」がともに必要だと強調した[39]。

アレクシス・ジョンソン政治担当国務次官代理はデトロイトで経済人に向かって「安価な、あるいは慎重さに欠ける楽観」を戒めた。ラスクはラジオ・テレビ番組のインタビューで「ゲリラ戦争とは、戦ううえで最も困難な、かつ苛立ちをともなう種類の戦争」だと国民の理解を求めた。直後、今度はニューヨークで、ベトナムでは「迅速な勝利は約束も期待もできない」と表明した。ボール国務次官も五月、「長く、緩慢な、骨の折れる闘い」に備えるよう訴えた[40]。

強まる危惧

ワシントンでは三月初め、ボウルズ無任所大使（前国務次官）がケネディに、ベトナムの現状はフランスが敗北への道をひた走っていた一九五四年初めに似ていると警告した。その少し後、サイゴンからはノルティングが「全般的な情勢は改善されつつあるが、依然として脆弱で、いつ危険なほど悪化するかわからない」と不安を表明した[41]。

一九六一年に北ベトナムの侵略を告発する白書を作成した国務省のジョーデン（マクギー、ついでハリマン政治担当国務次官の補佐官）も、現地視察の結果、ベトナム人の間に情勢改善の空気をまったく感じなかった。四月半ば過ぎ、ＣＩＡの分析は、敵は地方の大部分をすでに手に入れているとし、事態はなお「脆弱」だとした[42]。

一九六三年春、楽観論は「いっそう弱まった」と、当時ランド研究所の戦略分析員で、のちにベトナム介入をめぐる国防省の秘密報告書『ペンタゴン・ペーパーズ』暴露の主役の一人となるエルズバーグ（Daniel Ellsberg）はいう。

この頃現地視察を終えたＣＩＡのベトナム作業班長クーパーも、ワシントンの「空気は不安と論争で重かった」と述懐している。かつての手放しの楽観は、少なくともこの頃悲観論との共存を余儀なくされていた[43]。

ＣＩＡは三月下旬、今度雨季が始まれば敵は再び攻勢に出るとの情報を伝えた。猛雨の中ではアメリカご自慢のヘリコプターも飛行機もその機動力を失うからである[44]。

だがじつは前年夏、国家安全保障会議のフォレスタルは、一一月の乾季到来を機に情勢が重大な局面を迎えるのではという「虫の知らせ」を感じていた。一九六三年一〇月にも、乾季になれば敵が活動水準を上げることが予想されている。少なくともラオスでは「戦略的に重要な地域で双方が地歩を固める」のがつねだとＣＩＡは指摘した。一九六一年にも同じことがあった。雨季だろうが乾季だろうが、怯えが消えることはなかったのである[45]。

4　巻き返す楽観派

サイゴンに溢れる自信

忍びよる悲観論とほとんど無縁だった一人が、フェルト太平洋軍司令官である。彼は、南ベトナム政府軍が手痛い目にあったアプバックの戦いについて、少なくともそれ以外では多くの作戦が成功しており、三年以内に勝利を達成できるとした。ここでは勝利とは、農民の九〇％を支配する状態を意味している。彼は三月にも、「ベトコン打倒の緊急体制」はますます効果を発揮していると主張した[46]。

現場の軍事顧問の間にも、政府軍の進捗への確信が存在していた。ハーキンズ軍事援助司令官は過去一年で「主導権をベトコンから奪取した」とし、戦死者が味方一万人に対し敵は三万人を数えたと声明した[47]。

ノルティング大使もトルーハート代理大使も「南ベトナムでの戦争の展開に非常に楽観的」だった。ノルティングは「前年の進捗が続く中、一九六三年は上向きの形で始まった」と回顧する。この年初め、平定地域の拡大が続き、政府による民衆へのサービス提供も戦略村の建設も進んでいたからである。[48]

かつて政府軍を狙う「猟師」だったはずの敵は、いまや「獲物」同然だ。「次の六カ月」で決定的な成果を上げられることは間違いない。いまや「時はこちらの味方」だ。「勝利を得る手だてはすぐそこにある」。二月下旬、ハーキンズはジェムにこう請け合った。[49]

油断大敵

三月半ば、ハーキンズはボート漕ぎにたとえれば「オールを休めてよい時ではない」と、ホノルル経由でむしろワシントンに発破をかけた。民族解放戦線の活動が若干減少していたからである。統合参謀本部で反乱鎮圧を担当するクルラック将軍は、過去半年の敵の行動が一年前から五割減ったとの報告を受けた。[50]ノルティングは反乱鎮圧作戦の「着実かつ心強い進歩」を国務省に伝えた。前後して、「一九六三年には戦争の軍事的側面では実質的に勝てる」との見通しも示された。[51]

この頃トンプソン英軍事顧問団長は英外務省にこう報告している。農民は共産主義を拒絶している模様だ。保護と信頼、支援が与えられさえすればみずから戦いに挑む用意すらある。ゲリラは食糧不足に悩まされ、主導権を失っている。いまや「楽観と確信の空気」が生まれている。ジェム大統領も、思ったより戦いの終結は早くなるものと期待しているが「まさにそうなるかもしれない」。[52]

四月下旬、ジェム政府は農民を支配し、彼らと民族解放戦線を切り離したようだった。少なくとも一九六三年最初の数カ月はうまくいっていたとノルティングは述懐する。[53]

五月、ホノルル会議でハーキンズが表明したところでは、かりに後退が見受けられたとしてもそれは勝勢に満足するあまり「人々がガードを下げた」ため、つまり戦争がうまくいきすぎた副産物にすぎなかった。ウィリアム・バンディ国防次官補によれば五月までサイゴンの現場は「きわめて楽観的」だった(54)。

アメリカ人やイギリス人ばかりでない。国際監視委員会議長であるインド人のゴブルドゥンも五月初め、「ベトコンははっきりと敗れつつある。おそらく戦争があと一八カ月も続くことはないだろう」としごく楽天的だった(55)。

バラ色に染まる首都

一九六三年初め、ワシントンは「多幸症的な空気」（クーパー）に支配されていた。政権首脳は自分たちが「正しい道を歩いているのだという確信をいっそう強めた」とノルティングも述懐する(56)。

一九六三年一月早々、敵が飢餓、医療品の欠如、士気低下など深刻な問題を抱えていることが報告された。ＣＩＡの分析は、「潮流はまだ変わっていない」けれども、政府軍は持ちこたえており、地域によっては脅威が減少していると指摘した。一年前には南ベトナムの将来やアメリカの介入政策に疑念を抱いていた西側諸国も、ようやく前途に確信を抱いたように見えた(57)。

一九六三年一月一四日、ケネディ大統領は年頭一般教書で「ベトナムにおける侵略の槍先を鈍らせた」ばかりでなく、「ベトナムから西ベルリンまで自由の最前線を維持した」と誇らしげに語った。旧正月には「貴国の長い歴史の中で最も明るい章を開いた」と、過去一年の南ベトナム国民の努力をたたえた(58)。

一月下旬、大統領記者会見用の資料では、地方における政府の支配拡大、敵の士気低下、経済回復とコメ輸出の再開、政府軍の戦い方の改善などが優勢の証拠として挙げられた。国務省極東局のベトナム作業班長ウッドは、「ベトコンのように数で劣る兵力は、ひとたび失った勢いを再び得ることはきわめてむずかしい」と意気軒昂だった(59)。

二月八日、ラスク国務長官は全在外公館に、かつては「逆転不可能に見えたベトコンの攻勢の勢いは止められた」

と伝えた。ウッドは、いまや北ベトナムが地下に潜るか、浸透を大幅に増強するか、直接的な介入の道をとるか、決断を迫られているのだと意気揚々だった。ゲリラによる事件は減少の一途をたどり、捕獲兵器と喪失兵器の割合も有利に推移しているとワシントンは判断していた。[60]

二月末、ウッドの代理ヒーブナーはインタビューに臨むハリマン極東担当国務次官に、「きわめて率直にいえば戦争に敗れつつあった」一九六一年秋から、いまや状況は「ベトコンの攻勢は食い止められた」といえるまでになったとするコメント案を用意した。三月、『ワシントン・ポスト』の公開質問状への回答として、南ベトナム政府軍は「一年前に比べて、かなりの程度勝利に近づいている」との声明が準備された。少なくとも楽観論と悲観論は、たがいの矛盾などお構いなしに共存し続けていたのである。[61]

角を曲がった

三月初め、ボウルズ無任所大使はワシントンやサイゴンの雰囲気を「慎重ではあるが楽観的」と表現している。この頃サイゴンに赴任した外交官のレイクは、自分たちがベトナムは「危険な場所」かもしれないがそれでも「勝てると信じていた」という。国防省内には、次の攻勢に備えた組織固めではないかとの危惧もあったが、ヒーブナーは敵の活動の低下ぶりを強調した。[62]

四月、政府軍の軍事作戦は敵を圧迫し、その支配地や補給路を脅かしていた。ＣＩＡは「ベトコンを軍事的に封じ込めることは可能であり、政府支配地域の拡大と地方における治安増大についてさらに進展が可能」だと判断した。マクナマラ国防長官は、敵の能力には実質的な変化はないが、活動は減少しているとの報告を受けた。[63]

ラスクは一九六三年春、敵の前進の勢いが止まったこと、勝利に向けて「重要な角」を曲がったか、少なくとも曲がりつつあること、ベトナム人は着実に成功への道を歩んでいること、最後の勝利は疑いないことなどを繰り返し強調した。同じ頃、マクナマラ国防長官も戦争の進展ぶりを力説した[64]。ウッドが、極東担当国務次官補に昇任寸前のヒルズマンに、軍事顧問千人の撤退は明日にでも可能だとの「個人的見解」を伝えたのは四月中旬。五月初め、国防省のシルベスター（Arthur Sylvester）報道官は、味方が「勝利に向かって、はっきりと角を曲がった」と発表した[65]。

ゲリラ戦争について「最も尊敬された権威」（ヒルズマン）であるトンプソン英軍事顧問団長も同様の見方だった。三月末、ホノルルの太平洋軍司令部を訪れた彼は「いまは明らかに勝っている」とし、「一二カ月前とは対照的に、ベトナム共和国全土で政府への信頼が増している」と言明した。ただしトンプソンとは対照的に、サイゴンの英大使館は一九六三年に入ると悲観に傾いていた[66]。

休暇で帰国の途中、訪米したトンプソンはケネディに向かって「こちらが勝っている。われわれは正しい道を進んでいる」と請け合った。アレクシス・ジョンソン政治担当国務次官代理はこれを「一九六三年四月までにベトコンはゆっくりと、だが着実に敗れつつあり、南ベトナムの士気は政府レベルだけでなく農民の間でも高まりつつある」という報告だと解釈している[67]。

5　事態急変に狼狽

仏教徒危機勃発

ノルティングは回顧録の一章を「多幸症から動揺へ」と題している。一九六三年初め、国務省情報調査局長だったヒルズマンと国家安全保障会議のフォレスタルは現地視察の結果、「突然、劇的な事件が発生し、これまでに得たものを台なしにする」可能性に懸念を感じていた。五月八日、仏教徒危機が勃発し、それが現実となった[68]。

その前提には、この時までは戦局はおおむね好調だったという認識がある。「物事が非常にうまく運んでいるように見えた」（ノルティング）まさにその瞬間に、何の前触れもなく政治危機が惹起したというわけである。ロバート・ケネディ司法長官も「五月かそこらまでは状況はしだいに改善されつつあった」という。[69]

ウィリアム・バンディによれば、段階的撤退計画の手始めとして軍事顧問千人を引き揚げる計画を本格始動させたホノルル会議（五月六日）からフエを舞台に仏教徒危機が勃発する（八日）までのわずかな期間が、「歴史が劇的な転換を遂げた」瞬間だった。大統領記者会見用の資料が「過剰な楽観を抱く理由はないが、軍事的努力はうまく運んでいる」という認識を示したのはまさに五月八日。その翌日、ヒーブナーは、ヒルズマンに「戦争は重要な局面を迎えつつある」と書き送った。[70]

突然の逆転

九月のことだが、マッコーンＣＩＡ長官はアイゼンハワー前大統領に「五月八日までは戦争は改善されていた」と伝えている。ケネディ政権は迂闊にも「突然の逆転」（アレクシス・ジョンソン）に直面したのである。[71]

フォレスタルは「五月、つまりフエで仏教徒問題が起きる直前には、誰もがベトナムでの成功について絶好調、最高潮と考えるような状況だった。統計はすべてよかったし、地方における支配も増えつつあると思われていたし、他にもいろいろあった」と回顧する。ケネディ自身、七月一七日の記者会見でジェム政府と仏教徒との衝突が「軍事面の戦いがここ数カ月の展開よりも改善されていた、まさにその時に生起したのは不幸なこと」だとの考えを示した。[72]

七月のことだが、現地を視察したばかりのマニング広報担当国務次官補は「アメリカ政府とベトナム政府の担当者たちが、共産主義者による破壊活動を打破する自分たちの努力は角を曲がったと確信しているその時」の政治危機発生を「皮肉」なことだと見ていた。その結果「容易にこれまでの進捗が元の木阿弥となり、早期の成功の見込みを粉砕しないまでも著しく減じさせかねない」からだった。[73]

敵はますます強大に

仏教徒危機勃発当時、民族解放戦線は相変わらず「政府に対して強力な攻撃をかける能力を保持」していた。彼らは「策略に長けた敵」（ハーキンズ軍事援助司令官）でもあった。統合参謀本部で反乱鎮圧を担当するクルラック将軍への報告によれば、十分に準備された待ち伏せ攻撃などによって時に政府軍にかなりの損害を与える能力があった。彼らの能力はまったく変わっていなかった。政府軍の攻勢に対する反応にすぎない可能性もあるが、彼らの活動も再び活性化していた。[74]

ケネディは九月九日のテレビインタビューで、仏教徒問題を含む困難に憂慮を深めた時期を「六月以降」と言及している。ホイーラー陸軍参謀総長も、「軍事面の諸計画は実際のところ一九六三年六月までとてもうまく運んでいた。われわれは勝っていたのだ。ところが仏教徒の暴動と騒乱が五月に始まり、ジェム政府はどんどん困難に巻き込まれていった」のだという。[75]

ＣＩＡはのち、一九六三年半ばまでに情勢が敵側に有利に転じたと分析した。七月半ば、国防省国防情報局による報告も、敵が「本質的には傷ついていない」とした。一九六三年の上半期が終わるまでに敵の損害は減少の、政府軍のそれは上昇の傾向を示した。とくにメコンデルタで敵が起こす事件が頻発していた。[76]

この年半ばまでにはケネディも、戦争がうまくいっているという報告に疑念を抱き、悲観論者と同じ道を歩み始めていたという。九月のことだが、マッコーンは、六月の段階でさえ情報関係者は現状にたいして希望は持てなかったのだと述べている。[77]

悲観に傾く夏

七月に帰国したノルティング大使の目には、ワシントンの空気が「まったく違っていた」。それどころか「数週間前の多幸症」さえ「すっかり消え去っていた」。政権内の楽観論者ですら、夏を迎える頃には発言に慎重になった[78]。ノルティングは国務省で「いま情勢は手に負えなくなっている」と認めた。だがそれは「悲しむべきことだ。われわれは勝っていたのだから」と付け加えた。ロストウ国務省政策企画委員長は、とりわけ七月以降に「政府の軍事的立場は顕著な悪化が明らかになった」とする。一九六六年、テイラー統合参謀本部議長は一九六三年七月の情勢を振り返り「軍事的徴候が実際に有利だった」のに「政治戦線での崩壊」が突如発生してしまったのだと断言している[79]。

一九六三年七月初め、国務省情報調査局は「ベトナム政府が不快な、長引く戦いに直面している」という事実を指摘した。一カ月あまり後、トルーハート代理大使は着任目前のロッジ新大使に「楽観的な発言は抑えるべき」だと助言した。むしろこの戦いが「苛立ちをともない、醜い、おそらく長期の消耗戦となる」可能性に触れるべきだ。彼自身、サイゴンで「勝利までどれほどかかるのかという具体的な予測を述べる羽目に陥らないようにするつもり」だ。マクナマラ国防長官は、最終的な勝利が「何年も先」の話で、「数カ月」では無理だと言明した[80]。

七月、いったんジュネーブ協定九周年（七月二一日）の前後に低調になったと見られた敵の行動も、その後再度活性化した。敵はとりわけメコンデルタで攻勢をかけていた[81]。

国務省極東局のベトナム作業班長ウッドやその代理ヒーブナーによれば、民族解放戦線は相変わらず「危険な敵」だった。ジェムが八月初め、『ニューヨーク・ヘラルドトリビューン』のヒギンズ記者に語ったように、ゲリラは「世界で最も素晴らしい」実力を発揮し始めていた。八月末、ジェムはベトナムを訪れた旧知のカッテンバーグ（八月初めから省庁横断のベトナム作業班長）に、この国が「残虐かつ冷酷無情な敵との恐ろしい戦争のさなか」にあると述べた[82]。

八月末、国務省首脳はおおむね「戦争はうまく運んでいないし、一九六二年前半の短期間を除けば、戦争は一度もうまくいったことはなかった。ジェムとニューの弾圧政策が続けばもっと影響が出るだろう」と見ていた。(83)

6　なおも続く陶酔

成功の余韻

じつは一九六三年前半、とくに五月頃は、ベトナム戦争史における楽観の頂点だったと指摘されている。勝利に向かって角を曲がった、三年もあれば勝てるといったマクナマラ国防長官や軍首脳らの勇ましい言葉が報じられていた。五月半ば、つまり仏教徒危機発生直後にハーキンズ軍事援助司令官がジェム大統領に語ったように、過去一年に見られた「非常な努力」と「非常な進捗」の余韻がまだ残っていた。(84)

秋になってからのことだが、ある国務省訓電の草案は、ケネディ政権が一九六三年の上半期には「角を曲がった、最後は成功が期待できると感じ始めていた」と振り返った。国務省極東局のベトナム作業班長代理ヒーブナーも「一九六三年最初の七カ月間、ベトナム政府はベトコンとの戦争に勝ちをおさめ始めていた」という。(85)

仏教徒危機勃発の翌日、ヒルズマン極東担当国務次官補は戦争が「きわめて重大な局面」を迎えつつあり、「重大な数カ月が目前」だとしている。だがその主眼はむしろ、敵の勢いが止まったことから、現在の勢いをこのまま維持するためには両国の協力が大事だと強調するところにあった。(86)

アンダーソン海軍作戦部長は六月末、「入手できるあらゆる証拠」から見て「ベトコンの反乱は最高潮に達してしまい、いまや引きつつある可能性がある」とした。かつての「暗い日々」はいまや「より大きな希望に満ちた現在」と「地平線に姿を現した最終的勝利の明るい約束」に道を譲ったというわけである。ラスクは九月初め、「五月から六月にかけて、われわれはジェム政府と一緒で戦争に勝てると判断していた」とケネディを前に述べている。ラスクの関心は、その後悪化した状況を五月の時点まで戻せるかどうかにあった[87]。

七月初め、帰国したノルティング大使は上院外交委員会で、戦争がうまく運んでいると断言した。七月半ば、サイゴンを訪れたマニング広報担当国務次官補はジェム大統領の弟ニューに、「アメリカ政府内部にはわれわれがベトナムで勝利をおさめつつある計画に参画しているという確信」があると胸を張った[88]。

ワシントンでは軍事情勢進捗や勝利への確信が繰り返し表明された。ケネディ自身、七月一七日の記者会見でアメリカの努力が「非常にうまくいっている」と述べている。八月二〇日、つまりジェム政府が国内の仏教寺院を大規模に襲撃し、政治情勢を急変させる前日、軍事情勢は「過去一カ月大きな変化はない」というのがケネディ政権の認識だった[89]。

カッテンバーグはロッジ新大使に、記者に対しては過去一年半に及ぶ「確固たる進捗」を強調すればよいと助言した。八月末、ラスクは「今年前半の六カ月、われわれは着実に進捗を遂げてきた」との判断を示した。一九六二年と一九六三年前半を比べれば「われわれがこれまで戦争に勝っているという十分な証拠」があると彼は振り返った[90]。

サイゴン発の朗報

楽観を支え続けたのはやはりサイゴンやホノルルからの情報である。五月初め、ホノルルで行われたベトナム政策関係者の協議で、ハーキンズは「われわれはまさに正しい道を歩んでおり、ベトナムで戦争に勝ちつつある。もちろん闘いはまだ長引くだろうが」と述べた。意を強くしたマクナマラは段階的撤退計画の手始めとして千人の軍事顧問を引き揚げる計画作成を命じた。当時、大統領のもとにも明るい報告が寄せられており、ホノルル会議にもそれが反映されていた[91]。

直後、ハーキンズはジェムに、敵はもはや「罠にかかり、逃げ場のない鼠」同然だと書き送った。一九六三年こそ「勝利の年」と呼ばれることになろう。「全面攻撃の時がすぐ眼前」にきているのだ。[92]

ジェムに同行し、最近政府側の支配下に入ったいくつかの省を視察したノルティングも、「重要な改善があったことは疑いない」とし、実際にベトナムで「アメリカとベトナム政府の政策の正しさが証明され、共産主義者を着実に防御に追い込み、彼らの古典的な破壊活動のパターンを打ち破ろうとしている」とワシントンに報告した。豪訓練使節団のセロング大佐も同様に「ベトナムでの戦争に勝っている」との判断を披露した。[93]

六月末、統合参謀本部で反乱鎮圧を担当するクルラック将軍は現地を視察、反乱鎮圧が軍事面でも経済面でも前進していることを楽観論の根拠に挙げ、政府軍の攻撃作戦がますます広範かつ多様化しその激しさを増していると指摘した。「軍事作戦は効果を増している。地方の経済発展は明らかである。アメリカ＝ベトナム間の協力は自信を抱かせるものである。米軍兵力の士気は最高水準にある。……われわれはもちろん戦争に勝っているし、われわれの現在の路線は正しく、断固として追求すれば任務は成し遂げられるだろう」と手放しの評価だった。だがそうしたバラ色の報告さえ、国家安全保障会議のフォレスタルが「公平な、健全な程度に楽観的な描写」だと評するほど、楽観は根強かった。[94]

確かな地歩

政府軍はすでに「ベトコンを壊滅させるべく加速された作戦を開始するのに必要な地歩」（トルーハート代理大使）を確立していた。ノルティングは後任のロッジに、一九六五年末までには活発な反乱は終息しているはずだと伝えた。七月末、太平洋軍司令部のミラー（Henry L. Miller）参謀次長は事態が「異常なほど」うまくいっていると報告した。八月の敵の活動は若干の低下があったと、九月に報告されている。[95]

もっともたとえばトルーハートの楽観には「ベトナム共和国で政治的もしくは社会的に破滅的展開が生じなければ、ベトコンを軍事的に敗北させられることは疑いがない」という条件がついていた。政府軍の重鎮ズオン・バン・ミン将軍は「ベトコンに対する軍事的圧迫が現在の程度であと一年継続できれば、軍はベトコンの武装反乱を中断させられる」と述べた。トンプソン英軍事顧問団長の楽観にも、敵が戦略村への攻勢を強めない、政府軍が敵の態勢に打撃を与えられるなど、山ほどの「もし」がついていたとヒルズマンはいう[96]。

一九六三年夏、軍事援助司令部からはさまざまな統計とともに明るい見通しがもたらされ続けた。ハーキンズは年末までに戦争が終わると述べた。クルラックは八月半ば、メコンデルタ情勢の厳しさは認めたが、それすら「予期されたこと」だと片づけていた[97]。

✲　✲　✲

政府軍が優勢に立った一九六二年。アプバックの戦いにおける惨敗で幕を開けた一九六三年春。仏教徒危機勃発をへて迎えた夏。ケネディ政権には、戦況をめぐる深刻な疑念と、間近い勝利の予感がせめぎ合いを演じ続けた。そのいずれが正しいのか、戦場で本当は何が起こっているのか。ケネディ政権はまったく相反する報告や解釈に翻弄されつつ、そして十分に戦況を把握できないまま、戦争の激化とみずからの分裂に向かっていく。

第二章　深まる溝

1　政治危機と戦争

潜在的危険

一九六三年五月八日に始まった重大な政治危機、いわゆる仏教徒危機が戦争に及ぼす潜在的な危険はワシントンでも認知されていた。テイラー統合参謀本部議長がいうように、「仏教徒問題が軍の統一と士気を損ない、戦争遂行を阻害するだろう」と予想されたからである。ＣＩＡも、双方の対立の激しさが、ゴ・ジン・ジェム政府が「共産主義者のベトコンに対する戦争を遂行する能力におそらく影響を及ぼすだろう」ことは認めていた[1]。

南ベトナム政府軍のズオン・バン・ミン将軍は「仏教徒問題がベトナム軍の忠誠を一目瞭然なまでにばらばらにしつつあるのではないかとの不安」を隠さなかった。将軍たちは政府の仏教徒への姿勢に動揺した。将校団の分裂は深まり、それが兵にも拡大した。仏教徒に同情した部隊の一部が彼らの鎮圧を拒む動きもあったという[2]。

ケネディ大統領自身、七月一七日の記者会見で政府と仏教徒の対立がこの戦争を阻害していることを認めた。楽観的なＣＩＡ報告でさえ、「もしこの問題が長期化すれば」軍の士気や効率が損なわれる可能性に言及していた。国務省内にも、「戦争遂行の努力の速度を落とさせる結果」をもたらすことを覚悟する向きがあった[3]。

八月初め、「仏教徒危機はジェム政府にますます緊張を加えており、反乱鎮圧作戦の今後の進捗を危険にさらす可能性を生じさせている」というのがＣＩＡの判断だった。「もし現在の危機が続き、より深刻化すれば、対ベトコン作戦の勢いがどれほど失われるのか」が問題だった。[4]

国務省極東局のベトナム作業班長代理ヒーブナーは、せっかく政府軍が「本物だが緩慢な進歩」を遂げつつあるいま、地方経済の悪化と並んで政治危機の激化が軍事面の得点をふいにしかねないことに危惧を抑えられなかった。ベトナム作業班長ウッドも、「危機が長期化すれば戦争遂行を阻害するのは避けられない」と懸念を強めていた。[5]

八月一四日、サイゴンのＶＯＡは、仏教徒危機が戦争に影響を与えているというヒルズマン極東担当国務次官補のコメントを報じた。同じ頃、ジェムは帰国直前のノルティング大使に、仏教徒運動が戦争に与える影響を将校たちが懸念していると伝えた。[6]

八月二〇日、政府軍首脳はジェム大統領に軍の士気低下を訴え、戒厳令発布を要求した。少なくとも一部地域で政治危機のために、政府軍の士気や活動に低落があったからである。八月二一日、参謀総長代理となったチャン・バン・ドンは、軍人までも反政府デモに参加するようになったとハーキンズ軍事援助司令官にこぼしている。[7]

戒厳令下の戦争

八月二一日未明、南ベトナム全土に戒厳令が布告され、南ベトナム特殊部隊などによって各地の寺院が襲撃された。現場の軍事顧問も、すでに多くの困難に直面していた作戦行動が、新たに高まった危機によってますます弱体化することを恐れた。政府軍どうし、カトリック教徒と仏教徒の衝突さえ発生した。[8]

カーター（Marshall S. Carter）ＣＩＡ副長官は、仏教徒との騒乱は「ベトコン相手の努力を危険にさらす恐れがあり、南ベトナムでもそれ以外でも、それと一体視されるアメリカの威信に悪影響を及ぼしつつある」とした。[9]

チャン・バン・ドンはハーキンズに、作戦の速度を若干緩めざるをえないと語った。戒厳令のもと、大規模な部隊展開は困難であり、「対ベトコン軍事作戦の阻害は避けられない」ことは明らかだった。軍事援助司令部は記者たちに、「戒厳令が長期化すれば」戦争にも悪影響が生じると認めざるをえなかった[10]。

国務省ではハリマン政治担当国務次官やヒルズマンが、仏教徒危機の悪影響に懸念を強めた。八月末から九月初めにかけて、敵の活動はこの夏以来の急上昇ぶりを示し、今後もさらに国内の混乱を刺激すべく活動を強化する見込みだった[11]。

この年夏、戦争はほとんど行われなくなったとさえいわれる。政治危機のおかげで「戦争はじょじょに減速し停止しつつあった。軍隊はまったく動こうとしなかった」と国家安全保障会議のフォレスタルは述懐する[12]。九月半ば頃、マッコーンＣＩＡ長官によれば、サイゴンのロッジ大使もトルーハート代理大使もこのままでは戦争に勝てないと、政治危機の悪影響を懸念していた。その少し後、八月以降敵の活動は上向きにあり、高水準を維持しているとの報告が届いた。敵の砲兵大隊が重火器を用いて再編される。敵が大量の兵器・弾薬を政府軍から捕獲する。またメコンデルタで大規模な作戦行動に出る。好ましくない徴候はいくつもあった[13]。

2　払拭された懸念

軍事作戦への影響は皆無

まったく正反対の見方もあった。統合参謀本部で反乱鎮圧を担当するクルラック将軍は、仏教徒危機が燃えさかるさなかに現地を視察した。彼は、この問題は深刻だが重要な作戦計画に悪影響を及ぼすところまではいっていないとした。ベトナム人もアメリカ人も、現場を知る者ほど仏教徒危機など重大視していない。したがって「最前線での反乱鎮圧遂行の努力が危機のために阻害され、あるいは減速を余儀なくされたとの証拠はまったく見えない」というのが、彼の結論だった。(14)

同じ頃ＣＩＡは、仏教徒問題がいまのところ「反乱鎮圧の努力に目に見える影響を及ぼしているようには思えない」と分析した。国防省国防情報局も同じ判断を示し、成功の見込みが前年より上がったとした。(15)

国務省極東局のカッテンバーグが見るところ、政府対仏教徒の騒ぎはおおむね大都市に限られ、「地方」の戦いとはほとんど無縁だった。七月一九日、記者会見に臨んだマクナマラ国防長官も、仏教徒危機の影響などまったくないと言明した。(16)

前進は続く

政権初期に国務次官だったボウルズ駐インド大使は七月中旬、軍事情勢の改善と政治情勢の悪化という「矛盾」をラスク国務長官やマクジョージ・バンディ国家安全保障担当大統領補佐官らに訴えている。たしかにケネディ政権には、政治面の悪化と軍事面の好調を切り離す傾向があった。仏教徒危機の行く末に不安を抱き、ジェム放逐を画策する一人フォレスタルですら七月初め、「南ベトナムでの政治的騒擾にもかかわらず、対ベトコン戦争は驚くほどうまく進んでいるように思える」とケネディに請け合っている。(17)

八月初め、ＣＩＡの分析は、勝利に向けての「転機」はまだ生まれていないが、最後の勝利はこちらのものだという確信をあらためて表明した。ただし、「仏教徒危機が早急に満足のいく形で解決され、ラオス情勢の悪化が南ベトナムの安全にとって脅威とならなければ」の話だった。それでも、こと軍事面に限っては、敵を弱体化させ、基盤を破壊し、民衆から孤立させるなどの成果が上がり続けている。「ベトナム政府が仏教徒との間に抱える困難によって反乱鎮圧活動が物質的に影響を受けているという証拠はほとんどない」。それどころか反乱鎮圧の多くの面で「ゆっくりだが着実な進歩」が見られる。わがほうは「正しい道」を歩んでいるのだ[18]。ヒルズマンは、軍も国民もおおむね戦争を「最優先の問題」と捉えており、仏教徒危機は戦争遂行に「はっきりとした緩み」をもたらしてはいないと判断した。フォレスタルも、「各省でのベトコンに対する軍事・経済活動が、仏教徒との対立によって悪影響を受けているという徴候は依然として見えない」と実感していた[19]。

なお根強い楽観

寺院襲撃事件の少し後、クルラックは、依然として民族解放戦線の作戦行動は低レベルだと見ていた。テイラーも九月初め、ケネディへの覚書で、「あらゆる軍事活動で好ましい傾向」が見られると八月の情勢を総括した。夏をつうじて「軍事情勢はゆっくりとした進捗を示し続け、見たところ仏教徒問題の影響はなかった」と彼は振り返る[20]。九月初め、ＣＩＡも同様に、敵の活動が七月から八月にかけて低下したと報告した。八月半ばまでに、たとえば心理作戦の分野でも「かなりの進展」があったと、のちに報告されている[21]。

今回の政治危機激化は「対ベトコン戦争がじょじょに好転しつつあると思えた時」に生起した事件だと国防省内の分析は述べている。ヒルズマンも「戦争遂行の努力に真の進歩が見られる時」に事件が起こったことを悔やんだ。五月八日の場合と同様、事態悪化はつねにアメリカの手の届かないところで、他の何者かのせいで突然生じるものだという発想がそこに見てとれる[22]。

八月二二日つまり仏教徒寺院襲撃の翌日、ハーキンズは全土で「対ベトコン作戦は迅速に続いている」とテイラーに報告した。彼は戦争の終結についても「もし現在のペースで物事が進めば、さほど先のことではない」と予見した。その一週間後、やはり全土で「対ベトコン戦争は進捗している」と繰り返した。ただし「進度は多少落ちている」と付け加えたが[23]。

穏やかな夏

実際に八月末、敵の活動は比較的穏やかだった。サイゴンのラルエット（Roger Lalouette）仏大使も八月三〇日、この分なら一～二年でゲリラの脅威は消失するだろうと語った。CIAサイゴン支局は九月初め、八月の軍事作戦のテンポにもペースにも「比較的小さな影響」しか生じていないというのがその分析だった[24]。ベトナム専門家を自認するコルビー前CIAサイゴン支局長は八月末、サイゴンが「静か」であり、いうまでもなく地方でも「騒乱は表面化していない」と断言した。ノルティング前大使は、かりに騒乱の影響があっても都市部に限られ、地方には及んでいないとした。農民は十分な情報を得ることもなく、もっぱら自分たちの安全と食糧確保にしか関心がない、だから「サイゴンで何が起きようとも、長期的には地方にはほとんど影響をもたらさない」というのが彼の説明だった[25]。

クルラックは、騒乱が軍事作戦にもたらす影響など「最小限」であり、政府軍の能力には大幅低下などはまったく見られないと請け合った。ラスクも、仏教徒危機がまだ戦争に悪影響を与えていないと見なした。国務省高官はあいついで、不利だった潮流がいまや逆転し、敵の脅威が薄らいだと力説した[26]。

仏教徒と政府の騒擾など、地方にはまったく拡がらなかったといわれる。九月末近く、フエのヘルブル総領事はサイゴンのトルーハート代理大使に、「都市から離れた地方では、仏教徒問題は事実上まったく知られていない」と報告した。たしかに政府軍将校の間には「絶望とないまぜになった無関心」が見受けられる。だが彼らはそれでも感情を押し殺して、みずからが生き延びるために任務に邁進している[27]。

3　対立の秋

ロッジの悲観

九月半ば近く、赴任後ほぼ三週間をへたロッジ大使からはじつに悲観的な報告がもたらされた。将校の士気には顕著な影響はなく、規律も保たれ、戦争に邁進している。だが「将軍の多くは政治状況をおおいに懸念」している。国内では「政府の行動が国民の大多数を遠ざけてしまっており、対ベトコン戦争勝利の長期的な見込みに悪影響を与えずにはいないだろう」と考える者が多くなっている[28]。

いくつかの省では戦争は「下向きに転じたように見える」とロッジは報告した。政治危機の影響は都市部に限られているかもしれない。だがその都市部はこの戦争で「重要な軍事的役割」を担っている。若手将校の多くは都市出身の、教育を受けた層だからだ。彼らの心が「ベトナム政府への敵意で一杯」だとすればゆゆしき事態だ。父親が投獄され、母親の宗教が侮辱され、兄が恣意的な罰金を科せられ、家族のことごとくが政府を忌み嫌うような状態で、軍人といえども政治に無関心なはずがない。同じ頃、トンプソン英軍事顧問団長もロッジに「過去数カ月の騒動と混乱によって多くが失われた」との見方を示した[29]。

政府軍の重鎮ズオン・バン・ミン将軍も九月下旬、「ベトコンは着実に力を増している」とアメリカ側に繰り返し訴えていた[30]。

九月末、ジェム大統領はロッジやマクナマラ国防長官、テイラー統合参謀本部議長を相手に「この一年でベトコンの総兵力は減少した」と胸を張った。だがより大規模な部隊はかえって増えていることも認めざるをえなかった。ロッジによれば、敵兵力が「減ることはけっしてない」ということが大問題だった[31]。

傾いたシーソー

メコンデルタで政府軍と民族解放戦線が展開してきた戦いを、『ＵＳニューズ＆ワールドリポート』は「シーソー戦争」と表現している。だが一九六三年秋までには、そのシーソーは一方に傾いてしまった。そこは明らかに「ベトコンが最も強力」な場所だった。民族解放戦線は九月にはメコンデルタを中心に攻撃のテンポを上げた。政府軍の人員や武器の損失も増えた。[32]

とりわけ最南部は非都市部がほとんど民族解放戦線の支配下に陥り、政府軍は孤立状態にあった。たとえば首都サイゴンの南に隣接するある省の徴税率は、一九六一年の五〇・六％が一九六三年には四〇・三％に落ちていた。[33]

九月末、サイゴンを訪れたマクナマラやテイラーに向かって、ジェムはメコンデルタに「多くの特別な問題」が生じていると認めざるをえなかった。テイラーはジェムに、デルタが「つねにベトコンの力の主要な源泉」であるばかりでなく「貴下にとっての主たる軍事問題」であり、ここに全力を傾注すべきだと助言した。帰国した彼はマクナマラとともに、デルタがかねて「どこと比べても最も困難な地域」であり、そこで「ベトナム政府とアメリカによる最優先の努力が必要」だとケネディ大統領および国家安全保障会議に進言した。[34]

仏教徒弾圧の影響

ＣＩＡサイゴン支局は九月初め、「仏教徒問題をめぐる緊張の高まりのために、対ベトコン戦争は背後に追いやられた」と前月を総括した。九月半ばにも、「反乱鎮圧の努力全般に……最近の危機によって困難が生じていることはほとんど確実」だと報告した。ＣＩＡのベトナム作業班長クーパーによれば、現実にほんらい共産主義者との戦いに投入されるべき兵力がデモ鎮圧や寺院の封鎖、政府関係の建物の護衛などに向けられていた。[35]

ベトナム側からも同様の情報は伝えられていた。戦略村計画を担当するホアン・バン・ラク大佐は現地を訪れた国務省極東局のメンデンホール（前年六月まで大使館の政治担当参事官）に、「ベトナム政府がすっかり変えられなければ、一九六五年までに戦争は負けるだろう」との見方を示した。政府軍の「最高位の将軍」ズオン・バン・ミンはロッジ大使に、「軍の心は戦争にはない」と伝えている。「将校たちはまるで気もそぞろで、積極的に戦ってはいない。正しい政府さえあれば、『いまの四倍も激しく』戦うはずだ」というのが彼の言葉だった。[36]

ダン・ドゥック・コイ情報局長官代理は、「軍の士気はゆっくりと、だが確実に悪化しつつある。それは以前から始まっていた。ニューと親しいかどうかで昇進が決まり、軍内部に情報通報者が潜んでいたからだ。仏教徒問題と、学生の逮捕がさらに彼らの意気を阻喪させた」と語った。政府軍将兵は「戦う能力と意思を持っている」けれども、首都の現状やジェム一族の行動にはもはや「我慢ならない」気持ちで一杯だ。状況が一変できさえすれば軍は再び主導権をとることができると信じているが、それも「早急に政府を変えるなんらかの措置がとれさえすればの話」だ。[37]

グエン・ジン・トゥアン国務相も「戦争はうまくいっていない。私は国外に出たい」とロッジにこぼした。ロッジはこれを「サイゴンで状況がどれほど悪化しているかを示すよい証拠」だとワシントンに中継した。国務省情報調査局も将兵の士気低下への懸念を表明し、「国民の重要部分と政府との関係に重要な変化がすぐにもたらされない限り」文官・軍人を問わず政府への忠誠心がじょじょに失われ、それが戦争遂行を阻害するだろうと予測した。[38]

ハーキンズの楽観

一九六三年夏に事実上大使の座を追われたノルティング自身の言葉として多少割り引かなければならないが、大使館や経済援助使節団、軍事援助司令部など「カントリーチーム（Country Team）」と呼ばれた現地のアメリカ組織は、彼が大使だった頃は「九〇％から九九％」程度意見の一致を見ていた。[39]

だがたとえそうでも、それはまったく過去のものとなった。一九六三年夏を迎える頃、戦況把握をめぐるサイゴンの軍人と文官の溝は覆い隠しようもなくなり、ケネディを憂慮させていた[40]。

ロッジと対照的に、ハーキンズ軍事援助司令官は「これまでと同様、とくに軍事面については楽観的」だった。政治危機のおかげで「突如としてすべてがばらばらになっていくようだった」という実感はあったものの、彼の楽観を変えるまでにはいたらなかった[41]。

第一に、「当地の戦いはどのように見ても敗れてはいない。実際のところ勝ちつつある」ということである。敵も自分たちが敗れつつあることを知っているが、戦い続けるしかない羽目に追い込まれている[42]。

第二に、仏教徒危機など「相対的に小さな影響」しかないということである。戒厳令の終結、報道の検閲緩和、夜間外出禁止の短縮など、事態好転の証拠はいくらでもあった[43]。

第三に、サイゴンを中心とする「政治的振動」は「撃ち合いの戦争からすれば二義的」でしかないということである。軍は北部を中心に、いまや戦争遂行に邁進している。将軍たちも将校たちも、勝利を信じている。兵士（その大部分は仏教徒）は政府のやりすぎに不満や憤激がないではないが、戦争を最優先している[44]。

一九六二年三月に軍事援助顧問団長となったティムズも一九六三年九月初め、政府軍の規律にも士気にも戦意にも「目に見えるような減少はない」と判断していた。ヒルズマン極東担当国務次官補によればサイゴンのアメリカ代表部は、ベトナム国内で仏教徒危機の「影響を最も受けていない」のが政府軍だと見ていた。ホノルルからはフェルト太平洋軍司令官が、政府軍の作戦行動は八月二一日以前の「約九五％」の水準を保っていると報告した[45]。

サイゴンの激闘

戦況判断をめぐって、サイゴンではハーキンズとロッジが激しい戦いを演じ続けた。大使が司令官の知らないうちに軍事分野の報告を本国に送り、ワシントンからの重要な指示を司令官に伝えないこともあった。しかもロッジがしばしばハーキンズとの協議やその了解なしに軍事情勢についての電報をワシントンに送ったことから、国務省と軍の摩擦が増大したとロバート・ケネディ司法長官はいっている。ハーキンズ自身、テイラー統合参謀本部議長に、ロッジが「軍事面の報告や評価を、私と協議することなく送信している」のだと不満をぶちまけたこともあった[46]。

一〇月二三日、ロッジが「政府への憎悪」が軍に影響を与え、活力や熱意の低下などが見られると報告する。一週間後、ハーキンズがそうした「徴候はまったく見ていない」と打ち消す[47]。

その前日、すでに十分苛立っていたテイラーはハーキンズに「軍事援助司令部からと大使のチャンネル経由で寄せられる、軍事情勢について異なった報告」への苦情をぶつけていた。両者の報告には「効果的な意思疎通が欠如し続けていること」に由来する「事実認識にかんする相違」があると指摘し、「ワシントンあてに通信が送られる前に」サイゴンで善処するよう求めたのである[48]。

ノルティング前大使によれば、ハーキンズの情勢評価がロッジのそれと「まったく異なっていた」のは、それぞれが何を見ているかに由来していた。ハーキンズはサイゴンやフエの政治危機に目を奪われることなく、地方での敵の反乱をじっと注視していたからである[49]。

ハーキンズの楽観はジェム政府打倒クーデターの前日でもまったく変わらなかった。「戦争の終わりは見えている」。いやそれどころか「ほんの数カ月先」だ。もちろんアメリカ人軍事顧問千人の撤退は今年末までに完了する[50]。

一一月一日朝、南ベトナム政府の御用新聞『タイムズオブ・ベトナム』は、数カ月のうちに勝利が期待できるとのハーキンズの言葉を報じた[51]。正午、フェルトは戦争がうまく進んでいるという声明を残してサイゴンを発った。クーデター勃発はその直後である。

4　国防省対国務省

分析に迷いも

九月、ＣＩＡの分析にも迷いが見えた。現地の軍関係者は全体として依然楽観的だ。たしかに状況は「きわめて脆弱」だがまだ「崩壊は切迫してはいない」。悪化があるとしても都市部に限られるため「戦争遂行の努力をさほど阻害してはいない」。しかし同時に、もしジェム政府と国民との離反がさらに続けば、「アメリカが南ベトナムで目標を達成できる可能性は事実上なくなるだろう」という危険はたしかに存在する。[52]

九月末、ＣＩＡのベトナム作業班は「ベトコンの脅威を対処可能な程度にまで減じさせるためには、最も好ましい条件下においてさえ長く困難な努力が必要」だと予見した。一〇月、民族解放戦線は意図どおりに「長期闘争」段階に到達し、戦略村を主たる目標として攻勢をいよいよ強めつつあった。一〇月半ばを過ぎても「ベトコンの活動は減少していない」というのがＣＩＡの分析だった。[53]

一〇月末、ハリマン政治担当国務次官はケネディらを前に「軍事情勢はいまやじょじょに下降気味」であり、しかも今後「軍事面の困難は増大するだろう」と断言した。「ジェムが勝利に必要な指導力を発揮しないから」というのがその理由だった。ＣＩＡも、劇的な軍事情勢の変化は見られないが、さまざまな統計の悪化や政府軍の士気低下などからすれば、反乱鎮圧の努力強化の試みは「これまでのところ決定的な結果を生み出せずにいる」と分析した。[54]

ワシントンの激闘

ハリマン政治担当国務次官はのちに、ハーキンズの報告など「われわれは信じていなかった。事実だとは思わなかった。あまりに楽観的すぎると思っていた」という。彼は一〇月末、「ハーキンズの評価は正確ではない」とマクジョージ・バンディ国家安全保障担当大統領補佐官に断言した。ケネディ政権がじょじょに悲観に、そしてジェム排除に傾くにつれハーキンズ株は下降の一途をたどった。若い将校の間でも、彼の名は「とんでもないへま」の代名詞となったという。[55]

九月末、ロッジはマクナマラ国防長官らがジェムに「国務省と国防省の間に溝など存在しない」ことを明らかに示したとしている。しかし実際にはむしろ戦況認識についてこの二つの組織はまったく相反する見解に立っていた。[56]

両者の認識は根本から異なっており「同じ一連のデータでも異なった視点から見る」傾向にあったと、ハリマンの補佐官サリバンはいう。軍人は反乱鎮圧の物理的側面ないし具体的任務を、文官は心理面ないし政府や民衆を相手にした広範な仕事を重視した。職業軍人たる誇りと、軍人が政治領域に土足で踏み込んで来ることへの警戒も衝突した。[57]マクナマラやテイラーらの視察団が派遣されたが、戦況分析をめぐる軍人と文官の対立は解決されるどころかむしろ強まった。国務省側の逆襲も本格化した。だから一九六三年秋のケネディ政権はかつてないほど悲観に包まれたという。もちろんこれに楽観派も反撃した。ワシントンでは泥沼の戦いが展開されていた。[58]

国務省報告の波紋

一〇月半ば、八～九月の状況をまとめた国務省極東局のカッテンバーグは、九月に敵の活動が一九六二年五月以来となる頂点に達したと報告した。彼のもとには、九月末時点の経済援助使節団からの情報として、メコンデルタでは一省を除くすべてで治安が悪化しているとの報告が届けられていた。この頃ブルース（David K. E. Bruce）駐英大使は、「南ベトナムは今後一八カ月以内に戦争に勝つだろうとする、わが国の軍部の前提に疑問」を禁じえないと日記に記している。[59]

一〇月二二日、国務省情報調査局が戦況にかんする独自の統計分析結果を示した。明らかに「軍事的均衡に好ましくない変化」がある。有利だったはずの軍事情勢は「六カ月前から一年前」に逆戻りしたようだ。しかもそれが「政治情勢の急激な悪化の時期と一致」している。[60]

ヒューズ（Thomas L. Hughes）国務省情報調査局長はこの報告が、「すぐさまマクナマラとテイラーの大騒ぎを呼び起こした」と述懐する。軍が提示する統計の信憑性を問題にしたことが、マクナマラにとっては彼自身への異議と受け止められたからである。それまで「国務省を『軍事』問題から締め出し、『政治』面の分析と『軍事』面の分析を分離」しようとしていた彼らへの挑戦でもあったからである。彼らの怒りは報告作成に主導権をとったヒルズマン極東担当国務次官補（前情報調査局長）に向けられた。元軍人という自負もあってか、ヒルズマンはかねて統合参謀本部の判断に楯突き、彼らを苛立たせていたからである。[61]

国防省に屈服

軍首脳は猛然と噛みついた。ごく限られた時期のデータに依拠した推定にすぎない。有利な統計を十分考慮に入れていない。過去一年の政府軍の攻勢、中央高地や沿岸地帯における平定作戦の進捗、政府軍の自信と効率の向上、治安の増大、戦略村建設の成果、敵兵力の減少などである。さらに問題なのは「不正確な軍事面の結論が配布されれば好ましくない影響が生じる可能性がある」こと、そしてそれが「こうした軍事問題について国防省が公式に発表した評価と矛盾する」ことだった。[62]

ラスク国務長官はヒューズと、実際に報告作成の責任者だったベトナム問題の専門家サリス（Lewis Sarris）に、「ペンタゴンの連中は情報調査局が軍事問題の分析にちょっかいを出したことでおかんむり」だと伝え、今後は国防省の見解を求めることなく国務省が軍事的な評価を下さないよう求めたマクナマラ国防長官の手書きのメモを渡した。[63]

ヒューズはこう反論した。もちろん軍事分野の評価は国防省の仕事だが、ベトナムの戦いには「この地特有の、さまざまな政治的要因」が絡んでいる。しかも仏教徒危機が発生した以上、それが反乱鎮圧作戦に悪影響を及ぼしていないか見極める必要がある。これまでもわれわれは政治＝軍事両面の評価を下してきたではないか。ＣＩＡもわれわれと同じ材料を用い、同じ結論に到達している。[64]

だがラスクは微笑みながら、マクナマラがどれほど怒り心頭に発しているかを強調するばかりだった。彼はマクナマラに、「国防省の見解を求めることなしに軍事的な評価を行うことは、国務省の政策ではない」と伝えた。こうしてマクナマラは彼自身ばかりでなくケネディ政権全体を「意識的に国務省のベトナム専門家による戦争進捗の評価から遮断した」（ヒルズマン）のである。[65]

軍とＣＩＡ

軍と対立したのは国務省ばかりではない。国務省情報調査局長だったヒルズマンらがまだ前途に希望を抱いていた一九六二年頃、ＣＩＡの立場はすでに軍よりも悲観的だった。一九六三年に入ると、ＣＩＡも軍の楽観的評価にはっきりと疑念を呈するようになった。[66]

クラインＣＩＡ情報担当副長官によれば「ケネディ＝ジョンソン時代を通して、ＣＩＡの観測は、国防省に比べ悲観的」だった。のちに平定作戦の担当者となる国家安全保障会議のコーマーは、ＣＩＡは「組織として最もすぐれた情報」の提供者だったが、軍は「質的に最悪の情報」しか寄こさなかったといっている。[67]

一九六一年四月のピッグズ湾事件で大失態を演じて味噌をつけたＣＩＡだったが、翌年一〇月のキューバ危機で名誉を挽回し、影響力を増大させたといわれる。[68]

逆に、一九六三年夏までにはマッコーンＣＩＡ長官は共和党の回し者ではないかと大統領周辺の不信を買い、その結果ＣＩＡじたいして影響力はなかったともいう。クラインも、東南アジアではＣＩＡは「あまり力を発揮できなかった」と述懐している。[69]

楽観に傾斜

一〇月になっても、サイゴンのアメリカ組織やワシントンの軍、国防省は楽観を保ち続けていた。一〇月最終週を迎えた頃、軍事援助司令部のオマンスキ（Frank A. Omanski）将軍は、過去一年の軍事面の展開から「反乱鎮圧技術の改善」にも「最終的な勝利」にも大きな前進があったと表明した。[70]

国務省でも、八～九月の状況を振り返って、政治危機の影響はたいしてなかったとする見方が一〇月半ばに表明された。省庁横断のベトナム作業班長でもある極東局のカッテンバーグは、「戦争は、現在の混乱した状況で期待できる程度にはうまく進んでいる」と判断した。敵の活動が上昇していても、また政治危機の影響があったとしても、懸念するほどではない。反乱鎮圧計画は敵と農民を分断し、経済・政治面の安定や成長のための条件を整えつつある。それは「ゆっくりとであるが重要な進歩」を遂げつつあるのだ。彼はケネディ政権のベトナム政策に批判的だった国際政治学者モーゲンソー（Hans J. Morgenthau）に、土地改革やコメ増産など経済復興も進んでおり、「対ベトコン戦争は過去二年間勢いを増しており、好ましい結果を示しつつある」と書き送った。[71]

東京の大使館からはグッドイヤー（John Goodyear）参事官が、「ベトナム情勢は静穏のようであり、軍事行動は満足のいく形で進んでいる」とする日本側の判断をカッテンバーグに伝えた。楽観はケネディ政権の一部の者だけの、いやアメリカ人だけの専売特許ではなかったのである。[72]

基本的に一九六三年夏から秋にかけて、ケネディ政権は楽観姿勢を変えていなかったと指摘される。状況は「ゆっくりとではあるが着実にこちらに有利になりつつある」というわけである。一〇月七日、ケネディ大統領はクーブドミュルビル（Maurice Couve de Murville）仏外相に、ベトナム情勢は報道などのせいで「実際よりも悪く見えるようにされている」だけだと語った。[73]

ケネディはジェム政府崩壊のその日まで、ベトナムで「成功できる合理的な可能性がある」と考えていた。ケネディ政権下最後のホノルル会議は、一九六五年までに反乱が終わるという前提で、米軍の引き揚げや南ベトナム政府軍の縮小計画を練っていた。[74]

しかしグエン・フー・ト民族解放戦線議長によれば、彼らは一九六三年秋までに南ベトナムの国土の四分の三、人口の二分の一を支配下に置いていた。のちに編纂されたベトナム共産党史によれば、一九六三年までに全土一万七千カ村のうち一万二千カ村に革命勢力が根を下ろしていた。[75]

✻　✻　✻

仏教徒危機の深刻化が戦争そのものの評価に大きな影響を与えた。それは戦争遂行を阻害しているのか。それとも都市部の騒擾とは無関係に地方で政府軍は勝利に邁進しているのか。そもそも戦争はうまく運んでいるのか。戦局は不利な方向に進んでいるのか。それとも不利な潮流が生まれているのか。ワシントンでも、サイゴンでも、時に軍人対文官という形をとりながら、ケネディ政権は内部で格闘を続けたままジェム政府の崩壊を迎える。

第三章　情報飢餓の根源

1　政変後の戦況

鳴りをひそめる敵

一九六三年一一月一日、南ベトナムにクーデターが発生した。ハーキンズ軍事援助司令官は全将兵に「ベトコンの蜂起に目をこらす」よう命じた。米軍兵力がベトナム沖合（ただし陸地から見えない距離）に急行したのも、アメリカ人保護だけでなく「サイゴンに不穏が続く間に攻撃できると考えるかもしれないベトコンに対する抑止」（マクナマラ国防長官）という目的があった。新政府を運営する軍事革命評議会（ＭＲＣ）の関心も「ベトコンがどのように反応するか」にあった[1]。

だがクーデターに敵がほとんど反応していないとの報告が寄せられていた。サイゴンに発生した小規模の騒乱についても、「ベトコンが直接参加しているという証拠はない」とハーキンズは判断した[2]。

二日、民族解放戦線が宣伝活動を試みたが、即座に鎮圧された。戦略村に散発的な攻撃があったくらいで、「ベトコンによる目に見える形での軍事的な対応」は皆無といえた。ハーキンズは四日、敵の活動パターンにはたいして変化は見られないと報告した。六日、現状に彼が下した評価は、敵の活動がほぼ一定の水準を保っているとするものだった(3)。

たしかに一度は急増した敵の攻撃やさまざまな事件も、一一月中旬には落ち着いた。それまでも多少の増減はつねに見られることであり、一喜一憂するほどのことではないとされた(4)。

ＣＩＡで極東を担当するコルビー元サイゴン支局長は「共産主義者にはジェム打倒で与えられた機会を利用する用意がなかった」とする。まさかアメリカがこのような仕打ちでゴ・ジン・ジェムを見捨てるなど、想像もしていなかった民族解放戦線は、大きな驚愕に見舞われていたという。指導者の一人は、アメリカ人がそれほど「愚かだとは考えもしなかった」と述べた。「実際にクーデターが発生した時に備え具体的に調整された計画はなかった」ようだとロッジ大使も判断した(5)。

敵が反応する時間的余裕がないほどの「迅速さ」でクーデターが行われ、事後処理も見事で「いまやベトコンがいかなる反応を示そうとも対応できる兵力が使える」と自画自賛したのが、新政府の指導者ズオン・バン・ミン将軍である。敵はクーデターの速度に驚くばかりだったとＣＩＡは分析した(6)。

いや、彼らは突然の政府交替にむしろ苦虫をかみつぶしていたという。ジェム政府の不人気ぶり、非効率や腐敗などは大きな財産だった。ジェムへの憎悪は彼らの士気高揚の原動力、支持拡大の足がかりだった。大規模な軍事的努力なしに勝利を得られるという楽観の根拠でもあった。たとえ一時的にでも新政府の人気が高まったことは早期勝利の見込みを薄くした。実際に民族解放戦線では脱走が増え、新たな人員の徴募が困難になった(7)。

賦与された天恵

まったく逆の徴候もあった。民族解放戦線は、将軍たちがいずれクーデターに踏み切ると確信していたと元幹部のチュオン・ニュー・タンはいう。彼らは、本当の敵はサイゴン政府の背後にいるアメリカだとはっきりと認識していたといわれる。[8]

ジェム後を見越して確実に権力を握るべく、彼らはとりわけ九月以降は準備万端だった。クーデターを機に、一挙にサイゴンを奪取する計画を練っているとの情報もあった。[9]

しかもクーデターに先立つ時期、混乱に乗じて彼らの勢力は拡張していた。「肉屋の中をうろつく目の見えない犬」（ハーキンズ）のように、自由気ままに南ベトナムを食い散らかしていた。[10]

この頃、政府が支配するのは国土のせいぜい半分だった。非都市部には事実上民族解放戦線の政府が樹立されていた。少なくとも夜は彼らのものだった。彼らの兵力はほぼ九万人に達すると見られた。[11]

グエン・フー・ト民族解放戦線議長は、クーデターを「天恵」と呼んだ。民族解放戦線は一一月七日に八項目、一一月一七日、六項目の和平提案を行い、その存在をアピールした。[12]

ハーキンズも、クーデターがもたらした「真空をベトコンが利用すべく動くだろう」ことは十分予想していた。そうならないよう軍事面でも政治面でも早急に新たな指導体制の確立が求められた。[13]

乾季が始まり、敵の移動も作戦も容易だった。もしそれが「七月初めだったら、連中も利用できなかっただろう」と、一九六二年にラオスを中立化したジュネーブ会議にもハリマン首席代表（極東担当国務次官補）の補佐役として参加したサリバンは見ている。[14]

民族解放戦線は難なく軍事面で主導権を握り、その勢いは劇的に増大した。一一月半ばのＣＩＡ報告も、彼らが政変直後の混乱を利用すべく「地方で大きな努力」を払っていることを示していた。[15]

ＣＩＡのベトナム作業班長クーパーは、そこに軍事面の優位を求めるだけでなく、「心理的影響」を及ぼすとともに「新政府を試験」する意図を見たと一カ月ほど後に述べている。ハーキンズは、とりわけ一一月前半に敵がクーデターという「地殻変動のような出来事」に「鋭い」反応を示したとのちに報告した。[16]

急速に強化

サリンジャー報道官によれば、一一月二〇日に予定されたホノルル会議の議題に「ひとつだけ不吉な問題」があった。「ベトコンが、ジェム大統領の没落後の混乱の時期に、かなり強くなってきているという報告」である。席上ハーキンズ軍事援助司令官は、敵の活動を従来の「三〇〇〜四〇〇％」と見積もった。だがのちにマクナマラ国防長官は「五〇％増」だったと評価している。クーデター直後のアメリカ人がいかに敵の影に怯えていたかである[17]。

　地方はもはや政府の支配など受けつけなかった。敵の大攻勢の中心はメコンデルタ、とくにその北半分およびサイゴン以北の諸省、つまり首都を脅かす重要な地域だった[18]。

　ズオン・バン・ミン将軍がサイゴンで経済援助使節団のフィリップスに向かって、またハーキンズがホノルルで披瀝した見解によれば、敵は南ベトナム最南端のカマウ半島の基地から出撃し、事実上この地域の主人だった。フェルト太平洋軍司令官の説明では、政府と民族解放戦線、両方に税金をおさめざるをえない人々も少なくなかった。マクナマラも、南ベトナムが「ベトコンのすさまじい圧力下」にあることは疑わなかった[19]。

　ケネディ暗殺の二日後、マッコーンＣＩＡ長官はジョンソン新大統領らに、一一月一日以降敵の活動が増大し続けていると報告した。敵の政治的・軍事的連絡網を伝わる指令が急増していることから、今後いっそう警戒が必要だった[20]。

　一一月末、サイゴンではズオン・バン・ミン将軍がロッジに、「ベトコンが政府交替の好機を捉え、前政府のもとで得たものをすべて資本化しようとしている」とこぼした。一二月二〇日、ヒルズマン極東担当国務次官補はラスク国務長官に、一一月一日以降デルタ情勢の顕著な悪化を報告している。翌日、マクナマラは記者を相手に、新政府形成後に敵の活動がかなりの上昇を見せたと認めた。結局一一月をつうじて民族解放戦線の動きは、多大な損害は出しながらも「かつてない最高潮」水準に達したのである。[21]

2　ホノルルでのあがき

カーテンが開いた

軍事情勢の急速な転落という情報をどう捉えるか。ケネディ政権内には、それをクーデターにともなう混乱がもたらした一時的悪化にすぎないと片づける考え方があった。[22]ハーキンズ司令官を始め軍事援助司令部は現況の悪化こそ認めたものの、クーデター発生まではすべて順調だったと主張し続けた。彼はのちになっても「物事があれほどうまく進んでいた時に」ジェム政府が崩壊したことに、心底残念そうである。[23]

百歩譲って、以前から悪化がひそかに進んでいたにしても、「一一月一日まで」はまだ緩やかな悪化だった、それが「急激にベトナム政府に不利」な状況に転じたとジョンソン政権初期にマッコーンは述べている。五月八日も、八月二一日も、一一月一日も、成功が突然失敗に転換したのだといわんばかりである。[24]

こうした見方の背後には、おそらくジェム政府——アメリカ人の目からすれば戦争遂行におけるほとんどあらゆる失態の原因——の消失がケネディ政権を突如包み込んだ楽観の空気があったように思われる。ヒルズマンによれば、国務省は「効果的な対ゲリラ計画を実行する機会が再度訪れた」と意欲満々だった。統合参謀本部も、政府軍は攻勢をとり「全体として軍事作戦は依然として有利に進んでいる」と見た。文官と軍人の対立が突然消えたかのようだった。[25]

悲観論に与していたロッジですら、「将軍たちが団結を保つことができれば」ではあるが「勝利の見込みは大きく膨らんだと思う。英軍事顧問団のトンプソンも、そうなれば戦争はジェム政府当時に見積もられていたよりもかなり短期化できると考えている。ハーキンズ将軍も同意見である」と報告した。ハーキンズ軍事援助司令官も「総じてベトナムは勝っていると確信を持っていうことはできないが、地歩を失ってはいない」との見解を示した[26]。

クーデターから二週間ほど、いずれの側にも大きな後退は見られなかった。ホノルル会議での情勢検討のため用意された資料でも、政治不安にせよクーデターにせよ「ベトナム軍の活動に大きな影響を与えてはいない」とされた[27]。

だが皮肉なことに、かつて楽観論者だったマクナマラ国防長官やテイラー統合参謀本部議長は、こうした手放しの楽観を疑いの目で見るようになっていた。クーデターが「カーテンを引き開けた」結果もたらされた事実に接したからである[28]。

悲観論者もまた、想像以上に情勢がまずいことを知って愕然とした。師団長になったばかりのある将軍は一一月半ば、表向きこちらが「戦争に勝っている間に、大規模な護衛なしではドライブもできなくなった」と述べた[29]。

一二月初め、ＣＩＡのベトナム作業班長クーパーは「サイゴンの長期化した政治危機のために、ベトコンによるゲリラ活動が一九六三年中頃以来じょじょに強化されていたことがわからなかった」とマッコーンに述べている。一二月末、ハリマン政治担当国務次官の補佐官ジョーデンは、ジェムが消えた後「突然、全土で生じていた本当の状況が明らかになったことが、ベトナム人やアメリカ人の多くにとって驚愕と衝撃をもたらした」と振り返った[30]。

最後の検証

ジェムが消えてもケネディ政権は相変わらず、正反対の情報に翻弄されていた。一一月二〇日、ワシントンやサイゴンなどから四五人もの高官がホノルルに結集、情勢の「あらゆる側面について全面的再検討」（リンドン・ジョンソン副大統領）が図られたのも、この隘路から抜け出そうとする試みだった。「戦争遂行の努力についてロッジ大使やハーキンズ司令官とともにより詳細に検討する機会」がなんとしても必要だったのである。それはケネディが「真実を得るため」（マクナマラ）に行った、結果的には最後の――そして手遅れの――試みとなった[31]。

マクジョージ・バンディ国家安全保障担当大統領補佐官がケネディ暗殺の朝、ホワイトハウスのスタッフ会議で語ったところによれば、それまで繰り返されてきたホノルル会議は「人々がマクナマラをごまかそうとし、彼はそんなことは無駄だと人々を説得する」ことばかりだった。今回もまた、さまざまな説明に「いつもの軍のやり方」がとられるのを見て、バンディの部下であるフォレスタルは「いままでと同じ」ものになりそうだと予感していた[32]。

ケネディ暗殺直後、ホノルル会議の結果を知らされたジョンソン新大統領は、「ベトナムの今後について、おおむね勇気づけられる評価」を得たと記している。サリンジャー報道官は、会議には「楽観的な空気が流れていた」という。新政府は「なんとかうまくやっているというふうに感じられた」からである[33]。

両論並立

だが同じサリンジャーがはるかのちになると、ホノルルでは「ベトナム情勢は危険な――非常に危険な――ものになりつつあるという……意見の一致」があったと述べている。八月から省庁横断のベトナム作業班長となった国務省極東局のカッテンバーグの目には、この時「マクナマラでさえ悲観的」に映っていた。何かが変わろうとしていたことは確かである。この頃「ベトナムでアメリカが成功できる確率はかなり低い」（クーパー）状態だったからである。変化の方向は明らかだった[34]。

ワシントンでの突然の政権交替は、楽観論から悲観論への転換と同時期の出来事だった。大統領昇格直後に知った現状は「以前の報告が示すよりかなり深刻の度を増していた」とジョンソンも述懐している。マッコーンも、新大統領に楽観を戒めた一人である[35]。

とはいえ、ケネディ政権が一九六三年一一月二二日まではっきりと悲観論に舵を切ったともいい切れない。主役の一人だったはずのマクナマラがこの時の議論について「特別なことは何も覚えていない」というのも、ジョンソン大統領がこの会議は「ベトナムについての全般的な評価を変えなかった」というのも、ベトナム介入をめぐる国防省の秘密報告書『ペンタゴン・ペーパーズ』がのちに軍事問題について結論が出なかったと分析するのも、そのためである[36]。

ケネディにはクーデターからわずか三週間しか与えられず、ついに「新たな状況を把握する機会に恵まれなかった」のだとウィリアム・バンディ国防次官補はいっている。ケネディ暗殺当日の朝、大統領の留守を守るホワイトハウスのスタッフ会議で、メコンデルタ情勢について「初めて現実に即した」軍事的報告が現れたとの発言が飛び出す始末だった。つまるところケネディはベトナムの現実をついに把握することなく黄泉に旅立ったのである[37]。

3　真実の洪水

急転の理由

フォレスタルは、クーデターからケネディ暗殺までわずか「二二日間」で状況が「白から黒」に一変するはずはないとしている。では悪化の実態をどう考えるべきか。そこで、政治と軍事はあくまでも別だという解釈が生まれた。一一月四日にはケネディ自身、「政治的には情勢は悪化しつつあったが、軍事的にはその影響は生じていなかった」と、大統領執務室にひそかに備えた記録用の録音に吹き込んでいる[38]。

とうの昔に悪化した情勢が覆い隠されていただけだったとする見方もできた。悲観論への傾斜は、より正確な情報がサイゴンのアメリカ人に、そしてホノルルへ、ワシントンへと到達するようになった結果だった。豪訓練使節団のセロング大佐はクーデター後、「何カ月も前から」戦争は不利だったのだとハーキンズ軍事援助司令官に報告した。太平洋軍司令部からは、敵味方の攻撃回数、脱走数、武器喪失数などの統計が夏以来悪化していたのだとの報告があった[39]。

一二月に入ってからだが、旧政府下での戦況分析は「率直ではなかった」と、新政府指導者のズオン・バン・ミン将軍はいっている。ミンやチャン・バン・ドン将軍は、クーデターをへてようやく人々から敵の情報が得られるようになったとロッジに向かって胸を張った[40]。

一二月にマクナマラがベトナムを視察した時、「戦争進捗を測る指標は七月以来ベトナム政府に不利に転じていた」し、クーデターそのものがまさに戦争が「下向き」の時に発生したのだという事実が明らかにされた。ＣＩＡは翌年早々、共産側が一九六二年に失った勢いを一九六三年には取り戻していたと報告した。だがすべては後の祭りだった。一九六四年二月、ＣＩＡのある報告によれば、ベトナム人がアメリカ人に向かって正直な報告を寄せるようになったのは「一九六三年一一月一日のクーデター以後」のことだった[41]。

実態判明に衝撃

たとえば戦略村計画。ジェム政府が倒れると、一部の戦略村が「紙の上だけに存在する村落」も同然だったことが報じられた。大使館のメクリン広報担当参事官は、安心して口を開くようになったベトナム人の地方官吏から、戦略村の七〇％は安全ではないと聞かされた。この数字は、ケネディ政権最後となったホノルル会議でも報告されている[42]。

たとえばチュウホイ計画。ロッジ大使が、一九六三年八月半ば以降に敵の投降者が激減したと報告したのはジェム政府崩壊後のことだった。一一月二〇日、ホノルル会議でハーキンズは、じつは一〇月初めから「チュウホイ計画下での復帰者の数は顕著に減少」していたと述べた[43]。

クーデター後、それまで楽観の基礎となっていた「統計が本当はどれほど滅茶苦茶だったかという発見」が、自分たちに「最大の衝撃」をもたらしたとヒルズマン極東担当国務次官補はいう。グエン・ゴク・ト首相（ジェム政府で副大統領）が「本当のところ、デルタでは政府は対ベトコン戦争に負けていたのだ。それも民衆を失っていたからだ」と述べたのはクーデターから一〇日あまり後のことだった。年末、「過去一年ないしそれ以上にわたってベトナム政府側から受け取り、アメリカの出先機関から報告されてきた統計にもとづいてわれわれは戦争の傾向を測定してきたが、それがひどく間違っていることは十分明らか」だとマッコーンCIA長官はジョンソン大統領に伝えている。[44]

のちにベトナム報道でピュリツァー賞を受ける『ニューヨーク・タイムズ』のハルバースタム記者は、ある地域の指揮官がチャン・バン・ドン将軍に、二四カ村のうち八カ村しか支配下にないにもかかわらず、政府には二四カ村すべてを掌握済みだと報告していたことを告白した例を紹介している。彼が事実を明らかにする気になったのは、彼がドン将軍と旧知の仲であり、しかもジェム政府が倒壊したからだった。[45]

すべての根はサイゴンに

失敗の原因を誤った情報の入力に求め、その責めをベトナム人に帰そうとする考え方もあった。ラスク国務長官は「実際のところ、一九六三年夏は楽観の時期だった。われわれはその頃、戦争はうまくいっており、アメリカ人顧問の引き揚げを考え始めることができると思っていた。不幸なことに、その楽観は部分的にだが、地方での進捗にかんするジェム政府からの間違った報告にもとづいていた」と述べている。[46]

ジェムを弁護するとすれば、テイラー統合参謀本部議長がのちにいうように「南ベトナムのような新生国の政府は、ワシントンにおける重大な政策決定の基礎になりうるような統計を持ってはいない」ことが挙げられるかもしれない。だが、といって現況把握にアメリカが感じる困難が減少するわけではなかった。[47]

村落から郡、省をへて集められる情報は正確さを欠いていた。ジェム政府からもたらされる情報の疑わしさは、一九六二年半ばの段階で指摘されていた。その原因は、中央情報機関（ＣＩＯ）、国家警察（National Police）、政府軍などいくつもの情報組織相互の非協力と対立、非能率、情報源の怪しさ、首都以外の地域での無力などである。異なった組織に属する人々は精度の高い情報を収集しあるいは分析することより、むしろたがいの動きに目を光らし合うことに血道を上げていた[48]。

その背景に、ジェム政府のもとでは一九五四年以来一貫して、情報収集の主眼が国内政治面に集中していたことが挙げられる。政治的混乱の反映であり、権力維持を至上命令とする政府の姿勢ゆえでもあった[49]。

4　輸出される歓喜

現実から乖離する統計

ある記者は「南ベトナムの輸出品は二つだけ」だと語っている。「コメとアメリカの楽観主義」である[50]。

一九六三年九月、ニュー夫人の父でありながら、ジェム政府の仏教徒弾圧に抗議して駐米大使を辞したばかりのチャン・バン・チュオン（Tran Van Chuong）は、現地視察に赴く直前のテイラーにこう忠告した。「南ベトナムにいる軍当局者から寄せられる、軍事情勢についての楽観的な報告」など信じないで欲しい。「基礎となる事実がまったく異なっている」からだ[51]。

国務省情報調査局は一〇月、情報そのものの不完全さと、ベトナム側から提供された情報の不正確さを指摘した。国家安全保障会議のコーマーによれば、敵兵力を過小評価した過ちも、一つにはそもそも地方で民族解放戦線が兵士をどれほど徴募しているかという情報がないためだった。政府軍や警察の情報分野に潜入した敵のスパイが、信頼できない、あるいは虚偽の情報をもたらしたともいう[52]。

コーマーの同僚であるフォレスタルはのちに、一九六三年春までに「かなりの改善」と「確固たる進捗」がなし遂げられたと述べている。ただしそこには「統計を信じられるなら」という但し書きがついていた[53]。

一九六三年二月初め、ラスク国務長官は記者会見で「戦場での損害の統計にはまったく信頼が置けないと考えられる」ことを認めた。四月、ＣＩＡは「損害の統計や、政府の支配下にある村落の数は、さほど信頼できるものでも、有用な指標でもない」と指摘した[54]。

シュレジンガー大統領特別補佐官は一九六二年から六三年にかけて、戦果を吹聴する「声明や統計、電報があったにもかかわらず、ベトコンは相変わらず絶大な力を持ち、サイゴン政府は非効率なままだった」と述べている。統計と現実は確実に乖離していった[55]。

眉唾の成果

一九六三年早々、現地視察後のヒルズマン国務省情報調査局長と国家安全保障会議のフォレスタルはケネディに、「昨年殺された『ベトコン』二万人のうちどれほどがたんなる無辜の、少なくともこちら側につくよう説得できる農民だったのかは、誰にも本当にはわからない」と述べている[56]。

この頃、アメリカ側は敵の「損害の数字が誇張されている」可能性を排除できないことに苦慮した。その一因は「死者をすべてベトコンとして数える慣習」（ラスク）にあった。そもそも「ゲリラ戦争では、敵を何千人もの無辜の農民と区別することは困難」だった[57]。

トンプソン英軍事顧問団長も一九六三年春、「ベトコンの損害は確実に誇張されており、すべてをベトコンだと認めることはできない」と認識していた。そもそも「無辜の人々がどれくらい殺傷されているかが不明」では、手の打ちようもなかった。ノルティング大使も、政府軍からの攻撃目標にかんする情報には「必ずしも全幅の信頼は置けない」と認めている。[58]

一九六三年春、アレクシス・ジョンソン政治担当国務次官代理は、一九六二年当初に見積もられた敵の全兵力の二倍に達する、三万人もの損害を一年間で与えたと誇らしげに発表した。だがシュレジンガーは、その根拠である敵戦死者の遺体確認数について「一体何人の罪のない傍観者が巻き添えをくっているかわからない。これほど信用できないものはないのだ」と糾弾している。「殺した者をすべてベトコンと勘定する誤り」は当時から指摘されていた。[59]

一九六三年一〇月初め、現地視察報告の中でテイラーはケネディに、「彼らはいまや実際に遺体数を数えている」と伝えた。どうやらそれまでは、根拠もなしに数字だけが報告されてきたようである。[60]

誇張の方程式

ＵＰＩ通信のシーハン記者は「地上を走っている者はすべて」ゲリラとして扱われたという。敵は死者も負傷者もともに引き揚げるのがつねだったから、政府軍は遺体が三、四つほどもあれば十数体と数えていた。だからその戦果はサイゴンでは「冗談の種」になっていたと大使館で広報を担当するメクリン参事官はいう。[61]

敵の損害は日常的に水増しされていた。水増しどころか、たった一つの遺体も発見できないのに「五〇」と数えられることさえあった。軍事顧問のバン中佐によれば、ある作戦が上げた戦果のうち実際の死者数は三分の二以下、しかもうち三〜四割は不幸にも巻き添えを食った民間人だった。大々的に発表される敵の損害数から政府軍の損害数を引く。さらに三で割る。その「方程式」の答えが、ほぼ実際の戦果に近かったという。[62]

ＣＩＡのベトナム作業班長クーパーによれば、政府支配下の農村を数える際、小さな道で二分された村を二つに数えることもあった。成功は過大に、失敗は過小に描かれるのがつねだった。もっともそれはサイゴンの専売特許ではなく、北ベトナム側も同じことをやっていた[63]。

戦略村計画も同様である。戦略村の数や政府支配下にある村落の数などは「まったくの虚偽」だったとヒルズマンは述べている。ベトナムで地方開発などを担当し、戦略村計画も手がけた経済援助使節団のフィリップスによれば、政府が挙げる数字と、まともな戦略村の数の間には「はっきりとした相違」があった[64]。

現実の数倍から十倍ほどに膨らんだ数字が、サイゴンをへてワシントンに届けられ続けた。クーパーは、ジェムが「存在する戦略村の数をとてつもなく誇張し、しかも実際に存在する戦略村の効果を膨大に膨らませた」と批判する。まったく建設が行われないままに、計画完了、あるいは建設中という報告だけが中央に届くことさえあった。『ニューヨーク・タイムズ』のハルバースタム記者は戦略村計画をのちに「数字のゲーム」と呼んだ[65]。

怪しい脱走者数

チュウホイ計画も同じ問題を抱えていた。ほんらいなら、敵の脱走者数は「重要な指標」の一つはずだった。一九六三年七月、統合参謀本部で反乱鎮圧を担当するクルラック将軍は、チュウホイ計画が戦争遂行の進捗度を測る目安として大きな効果を発揮しているとした[66]。

ホイーラー陸軍参謀総長率いる統合参謀本部の視察団は一九六三年早々、敵の脱走者が一九六二年一月の七五人から、一二月には二一五人に増えたと報告した。もっとも国務省極東局のベトナム作業班長ウッドが同じ頃示した見解では、月平均七五人となっている。実態把握の困難さを示す一例である[67]。

たとえば一九六三年三月末、大使館のエンジェル（David A. Engel）政治担当参事官はビエンホアのチュウホイ本部を訪れた大使館員の報告から、敵の誘降促進が「非常にうまく行われている」と判断している。だがその根拠は、わずか四五分の訪問にすぎなかった[68]。

進展を示す数字そのものに疑問の余地があった。一九六三年六月、国務省政策企画委員会のロバート・ジョンソンは、南ベトナム政府から寄こされた統計にもとづいて計画が成功と判断することに異議を唱えた。表面上、投降者は「顕著な増加」を示している。だがその大部分は「本物のベトコンではなく、ベトコン地域から出てきた人々」にすぎない。「ベトコンが何人降伏してきたかを判断するのは不可能」である。[69]

六月、ウッドはさまざまな報告から、チュウホイ計画が「首尾よく実施されている」と判断した。ジョンソン政権初期、フェルト太平洋軍司令官が報告したところによれば、一九六三年六月の脱走者数は四二六人、これが頂点だった。だが七月の第一～三週だけで投降者が一、〇四九人を数えたとの報告もあった。[70]

南ベトナム政府がもたらした統計では、敵の脱走は一九六三年二月一八日から五月末までに五、一〇九人、六月一八日までには六、五八一人に達した。だがアメリカ側の進捗報告には、こうした数字は「おそらく大きすぎる」との但し書きがあった。[71]

正式開始の四月一七日から七月までに一万一千人以上（難民を含む）、九月一日までに、約一万三千人、九月末までには一万四千人をおそらく超えたものと見積もられた。ただしかなりの水増しがあることはわかっていた。国務省極東局のベトナム作業班長代理ヒーブナーは一～七月の合計を二千人近くと踏んでいる。数字と実態の乖離は手の施しようがなかった。[72]

ジェム政府崩壊後、チュウホイ計画のもとでじつに「約一万五千人の元ベトコン」が投降してきたとの報告があった。それどころかジェム政府は、一万五千人以上の数字を主張していた。だが一九六三年一一月、ホノルル会議のために作成された資料によれば、戦略村とチュウホイ計画については「われわれには現状を把握することさえほとんど不可能」だというのが実情だった。[73]

ケネディ暗殺後のことだが、敵の投降者一万五千人という数字は「おそらく大幅な水増し」によるものと見られた。

翌年初め、ＣＩＡは一九六三年の脱走者をわずか三千人と見積もっている。誤差と呼ぶにはあまりに大きすぎた[74]。

効率的な歓喜製造機

原因の一つは南ベトナム政府内に蔓延する心理にあった。ロッジ大使も、閣僚が「ジェム（あるいはニュー）への忠誠、もしくは愛国的動機を基準に任命」された「官僚一家の一部」であるため、「率直な意見はめったに出てこない」ことは痛感していた[75]。

各地の軍司令官も省知事もジェム大統領の手で政治的に任命された人々だったから、何よりも彼を喜ばせる報告を優先した。たとえ正確な情報が届いても、統合参謀司令部は大統領にそれを伝えなかった。「その情報が歓迎されない」ことは明らかだったからである[76]。

ジェムやニューが最後まで自信満々だったのも「兄弟を恐れている前線の司令官が作戦的に送ったウソで固められた報告」に負うところが大きかった。省知事や郡の指導者たちは「中央政府の賞賛を得られるような『統計を捻出する』義務があると感じていた」のだとマッコーンＣＩＡ長官はのちにラスク国務長官に伝えている[77]。

情報はジェムだけでなく、「アメリカ人を喜ばせておくために、時にきれいに飾られた」と大使館のメクリン広報担当参事官はいう。マクナマラ国防長官によれば、ベトナム人はアメリカ人が何を聞きたいかを熟知し、耳あたりのいい数字だけを流していた。とくにロッジの前任者ノルティングが「ニューの友人」として知られていたため、「ベトナム人は誰一人、それがニューに通報されることを恐れて、政権に批判的なことをアメリカ人関係者に話そうとしなかった」（クーパー）のである[78]。

多くの場合、南ベトナム政府はアメリカ側が求めるデータを持たず、しばしば「当てずっぽう」の数字が提供された。データがあっても、政府側に有利な形で色づけされるのがつねだった。「アメリカの要求に合うよう大急ぎで寄せ集めた不正確なデータ」や、「アメリカの眼からベトナムの困難な情勢を覆い隠すために修正されたデータ」しか出てこなかったのである[79]。

国家安全保障会議のフォレスタルは、もともと物事を大げさに吹聴するベトナム人の性癖にうんざりだったという。だが日常茶飯事だったのはむしろ意図的な数字の操作だった。ベトナム発の統計が、国務省情報調査局長だったヒルズマンやフォレスタルのいう「ベトナムにおける闘いをつうじて問題」「ごたごたの種」であり続けたのは、「あらゆる種類の操作」が行われたからである。あるベトナム人の将軍はアメリカ人にこういった。「ああ、統計ですか！おたくの国防長官は統計がお好きだ。われわれベトナム人は彼に何でも欲しいものを差し上げられる。上昇がよければ、上昇を。下降がお好みなら、下降する数字をね[80]」。

マクナマラは、自分たちが「南ベトナム側からきわめて不正確な情報を得ていたのはたしかだ。彼らは、アメリカ人が聞きたいだろうと彼らが信じるものを報告してくる傾向があった」としている。一見反省の弁のようではあるが、サイゴンの軍事援助司令部や大使館から届いた「けしからぬ報告が果たした役割を無視し、いっさいの責めをベトナム人に負わせた」とヒューズ国務省情報調査局長（ヒルズマンの後任）は痛烈に批判している[81]。

5　克服不能な困難

ゲリラ戦争の特質

困難の原因は、そもそもゲリラ戦争という代物の「ペースや方向性を測るのは容易ではない」（ロストウ国務省政策企画委員長）という事実にも求められた。一九六二年末、ケネディの求めで現地を視察したマンスフィールド民主党上院院内総務は「経験と、最大級正確な観察と、客観的な報告」が実情把握に不可欠だとケネディに指摘した。だがヒルズマンは一九六二年末～六三年初めの現地視察で、自分たちが「ゲリラ戦争では、勝っているのか負けているのかを知るのは簡単ではないことを学んだ」と述懐している。[82]

ラスクは一九六三年四月、ラジオ・テレビ番組のインタビューで、ゲリラ戦争について「勝利が達成されたとしても、それをはっきりと知ることなどできない。なぜなら今現在、毎日毎日行われている作戦の結果の総計がたいして明確ではないからだ」とした。[83]

たとえば、枯葉剤の効果について「正確な統計を得るのが非常にむずかしい」（ノルティング）という問題は解決されなかった。統合参謀本部も「他の兵器システムも同様だが、枯葉作戦の軍事的効果について、敵の損害やその作戦の抑制といった統計にもとづいて正確に判断することはむずかしい」と認めた。軍事面の効果についても人々の反応についても、正確な数字は求めにくく、結論を出しづらかった。それも作戦が続けられた一因である。[84]

あるいは、戦略村の実情についてヒルズマンは、さまざまなデータが混在し、判断がむずかしかったという。一九六三年七月の時点でも、国務省情報調査局は「戦略村について明確かつ詳細な評価を行うのは早計」だとせざるをえなかった。[85]

評価は無理

七月、フォレスタルは現実把握が困難をきわめたこの「対ベトコン戦争」を、氷山の「水面下に隠れた部分」にたとえた。八月初め、ＣＩＡは軍事作戦全般について「評価は困難」だとした。メクリンは大使着任間近いロッジに「ベトナムではいかなる問題でも、自分の主張が正しいと証明できる者はいない」と助言した。ハリマン政治担当国務次官は、戦争の進展を示す統計が「きわめつけに弱い根拠」にもとづいていたと述懐する。[86]

サイゴンからはロッジが「あまりに多様な、しばしば相矛盾する軍事・政治・社会・経済面の『事実』――どれ一つをとってもいかなる主張の証拠にもなる」を基礎に、総合的に状況を判断すべきだと訴えている。だがそれはジェム政府崩壊のわずか一週間前だった。[87]

しかもベトナム情勢はあまりに流動的で、楽観にしろ悲観にしろ「ともに間違い」だったと『ニューヨーク・ヘラルドトリビューン』のヒギンズ記者はのちに述べている。ケネディも一九六二年春、記者会見で「日ごと、週ごとに大幅な好転と悪化を繰り返す」ような状況では「情勢判断を下すことはできない」し、「長期的な結論を導き出すのも不可能」だと認めている。要するに「事実など存在しなかった」（メクリン）のである。[88]

国防省国際安全保障局で極東を担当するハインツがのちに述べたように、「戦争がずっと続いていた」のだからどんな指標を用いたところで「成功の度合いを測るのは困難」だった、「戦争の中で完璧な状況把握などけっして不可能」なのだと片づける見方さえある。[89]

無数の戦争

ベトナムが「本当にたくさんの戦争」の集合体だったことも困難を増幅させた。一九六三年夏に現地を取材したヒギンズ記者によれば「戦争の表情が省ごとにまったく異なる」ために、戦況を正確に描くことなどとうてい無理だった。秋にベトナムを訪れたマクナマラ国防長官とテイラー統合参謀本部議長も、「地域ごとに、また省ごとに状況が非常に違う」だけでなく、「地域ごと、省ごとに異なった戦争が存在する」と報告している。[90]

ロストウ国務省政策企画委員長ものちに「ベトナムではまるで四〇もの違った戦争が、省ごとに一つずつ行われているようだった」と述べている。東南アジア各地を取材したベテラン記者シャプレンによれば、地形や住民の気質、政府の統治能力、民族解放戦線の基盤の強弱などの違いを反映して、メコンデルタ、中部の高原および沿岸地帯、北部の山岳および密林地帯で「三つの異なった戦争が同時進行」中だった。しかもデルタとそれ以外の地域では、軍事面における諸計画、たとえば戦略村建設の進捗にも時間差が見受けられた[91]。

一九六三年九月半ば、ホワイトハウスでの会合にＣＩＡから参加したクーパーが「興奮のあまり爆発」したことがある。厄介なメコンデルタとそれ以外は「別種の戦争」だという議論に接した彼は、「ベトナムに二つの異なった戦争があるのではない。七つも八つもあるのだ。誰が報告するか、誰に報告するか、一年のどの時期について報告するかなどしだいだ」と主張した。マクジョージ・バンディ国家安全保障担当大統領補佐官はこの時、議論をこう要約した――「状況の把握はきわめてむずかしい[92]」。

問題は、一九六三年四月のＣＩＡ報告が認めたように「戦争の現況を判断するための、満足のいく客観的な手段はない」ことだった。にもかかわらず「われわれの考えでは――あらゆる要因を考慮すれば――共産側の進展は阻止され、状況は改善されている」との結論が導かれていたところに問題があった[93]。

✽　✽　✽

ジェム政府という重しが消失したとたん、現実の、そして過去の戦場がその本当の姿を現した。驚愕から立ち直ろうと苦悶するワシントンは、戦況把握をめぐる失敗の責めをすべてジェム政府の隠蔽や虚偽に帰す考え方に依存した。さもなくば、ジャングルや泥田を舞台とするゲリラ戦争そのものに原因が求められた。だがじつのところ南ベトナム政府発の情報を受け止めるアメリカの側にこそ、本当の問題があった。

第四章　ワシントンの網膜

1　マンスフィールド報告

腹心の友に頼る

ケネディ政権期をつうじて、サイゴンもワシントンも「大きな楽観の瞬間」と「大きな悲観の瞬間」の間を、そして「大きな落胆」と「大きな楽観」の間を揺れ動き続けていたとＣＩＡのベトナム作業班長クーパーはいう。マクナマラ国防長官は、「ベトナムで状況や見通しについて明確な理解を得るうえでわれわれが直面した困難」がいかに大きいかを痛感するばかりだった。[1]

戦況を知ろうと苦悶するケネディ大統領がたびたび用いた手段が、ワシントンからの視察者もしくは視察団派遣だった。ベトナム情勢に彼が感じる陰りを最初に反映したのが、一九六二年秋、マンスフィールド民主党上院院内総務ら議員たちへの視察要請である。それはキューバ危機さなかのことだった。[2]

建前は、外交分野で「時に応じて議会の目で再検討を得ることが有益」だというのがその理由だった。だが本当の目的は、国務省極東局のベトナム作業班長ウッドによれば、南ベトナムの指導者ゴ・ジン・ジェムと一緒で本当に勝てるかどうかを見極めることだった。[3]

第一に、マンスフィールドはケネディと親密だった。ロバート・ケネディ司法長官は、兄が「マンスフィールドをとても気に入っていた」と述懐している。ケネディの古くからの側近だったオドンネル大統領特別補佐官も、大統領がマンスフィールドの意見を「非常に尊重していた」という。[4]

ケネディは親しい『ニューズウィーク』ワシントン支局長ブラッドリーに、「最も偉大な院内総務」として彼を表紙に使うよう働きかけたことがある。ケネディ夫人ジャクリーンもまた彼を「円形広間で主人の追悼の辞を読んでもらいたいと思う」唯一の人物と感じていた。[5]

第二に、マンスフィールドはアジア、なかんずく東南アジアの専門家と見なされていた。彼自身、一〇年で四度目のベトナム訪問である。それまでも折に触れてケネディに助言を行っていた。[6]

第三に、彼はケネディと同様、かつてアイゼンハワー政権によるジェム擁立を支えた一人だが、介入拡大に疑問を抱き、警鐘を鳴らし続けていた。この人選はケネディの内に膨らみつつあった疑念の反映だったともいう。[7]

惨状を目の当たりに

一九六二年一二月一日、マンスフィールドら議員たちによる三日間の視察は「不愉快な調子」（ノルティング）で幕を開けた。彼らは大使館の状況説明に興味を示さず、大使らとろくに意見交換もしなかった。大使館が用意した、戦争の進捗を強調する声明も無視した。記者たちの話——南ベトナム政府軍は地歩を失い、ジェム大統領が戦争遂行を阻害し、ノルティング大使とハーキンズ軍事援助司令官がワシントンの現実理解を妨げている——にばかり耳を傾けた。[8]

例外的に、トルーハート代理大使の話には耳を傾けた。そのトルーハートは、選挙をやればジェムは勝てるのかと尋ねられ、「地方の農民の半数はジェムが何者か知らない」ときわめて率直に答えている。[9]

最大の問題は、アメリカが大々的な努力にもかかわらず「一九五四年や一九五五年と同じ問題、同じ状況」に直面している、いや「ある意味ではそもそもの始まりに戻りつつある」ことだった[10]。

一二月一八日付の視察報告書でマンスフィールドは、農村部が「依然として安全な場所ではなく、少なくとも夜はベトコンによって統治されている」こと、「ベトコンが地方におけるゲリラ戦争で攻勢をとってきた」ことなどを赤裸々に指摘した。報告書を貫くのは、「私の前回の訪問から七年も経ち、その後数十億ドルを費やしたあげく、現状についてほとんど同じような話をまた聞かされたこと」への落胆だった。これではアメリカが成功をおさめるどころか「そもそもの始まり」への逆戻りすらありうる[11]。

ケネディの驚愕

一二月二六日、マンスフィールドはフロリダ州パームビーチに休暇中のケネディを訪ねた。報告書に描き出されたのは「愉快な状況ではなかった」が、ケネディは丹念に読み、熱心に質問した。二時間にも及ぶ会合でケネディは「ようやく真実を知った」のである。「本当にこれをそのまま信じろというのか？」「あなたが私に行って欲しいといったのですよ」「ではもう一度読んでみよう」――報告書を読み進むうちに、ケネディの顔は「みるみる紅潮していった」とマンスフィールドは述懐する。「これは国防総省や国務省、他の政策顧問たちの報告内容とずいぶん違う」とケネディはつぶやいた。オドンネルによれば、ケネディは「われわれの政策にここまで楯を突く」マンスフィールドに、そして「彼の意見に賛同している自分自身」に怒りをおぼえていた[12]。

この報告書は大統領にじょじょに影響を与えたといわれる。だがケネディがマンスフィールドに「何度も読み返したが、君の情勢分析の方が正しいと思う」と打ち明けたのは、一九六三年も半ば頃だった。薄々不安を感じてはいたがまさかここまで、というのが実感だったろう。本当の覚醒には、まだ長い道のりが必要だった[13]。

一九六三年二月二五日、マンスフィールドらによる上院への報告が公表された。七年の歳月と二〇億ドル、一九五〇年から数えれば五〇億ドル近くを費やしたあげく、改善が見られるどころか南ベトナムの安全が失われつつある。その責任は南ベトナムとアメリカ、その双方にある。(14)

ただ、公表を前提に作成されたこの報告は、マンスフィールドが個人として大統領に行ったものと比べると、悲観的な調子が抑えられていた。ラスク国務長官はノルティング大使に、報告には否定的な評価が含まれるが好ましい部分もあると伝え、「一年ないし二年以内の成功」を予見していることを指摘した。(15)

この報告はケネディ路線批判ではなく「わが国の現在の計画の評価」にすぎない。とくに目新しい提案もない。アメリカの政策には変更はない。これがケネディ政権の立場だった。報告をめぐる騒ぎもほどなく鎮静化した。(16)

だが、一時的にせよ報告はワシントンの悲観論を刺激した。サイゴンからも、南ベトナムの政府と国民の士気に悪影響を及ぼしているとの報告があった。(17)

2　二つの視察団

ヒルズマンとフォレスタル

一九六二年一二月三一日から翌年一月九日にかけて、ケネディはヒルズマン国務省情報調査局長と国家安全保障会議のフォレスタルを東南アジア視察の旅に送った。ヒルズマンは第二次世界大戦におけるビルマ戦線でゲリラ戦争の経験があった。フォレスタルはケネディお気に入りの一人で、家族の友人でもあった。二人とも反乱鎮圧戦略の熱心な推進者だった。(18)

ケネディはフォレスタルに「本当は何が起こっているのか。南ベトナム国民が戦争をどう思っているのか」などを自分たちの目で見てくるよう命じた。「大使館の手で汚されない『内部情報』だと思うもの」（ノルティング）が求められたのである。[19]

二人は、ハリマン極東担当国務次官補やボウルズ前国務次官らとともに戦況への懐疑派を形成しており、ジェム大統領の統治や戦争のやり方などにも批判的だった。二人の派遣は、マンスフィールドによる「私的な、きわめて否定的な報告の刺激で実現した」ものだったとノルティングはいう。[20]

彼らの報告は否定的な調子が強かった。そこにケネディ自身の不安が投影されていたと見る者もいる。[21]

まったく逆の見方もある。ケネディはマンスフィールドの悲観論に接し、より多くの情報を求めた。いやマンスフィールドの議論を否定する材料を求めていたのだというわけである。[22]

一年前よりはまし

視察そのものはとくに波風も立たない「静かな旅行」（ヒルズマン）だった。ノルティングの目にも、ヒルズマンは「旅行中はきわめて楽観的」に映った。二人は「前向きな様子」でサイゴンを後にしたのである。[23]

二人の報告はマンスフィールドのものより楽観的だった。政策そのものに深く関与してきた二人が、いまのやり方で成功できるという確信を強めた結果である。それがケネディに、事態はうまくいっているとの安堵を与えた。フォレスタル自身が認めるように「全体としてはかなりの進捗が成し遂げられつつある」実感があった。[24]

しかし、それはあくまでも「一年前にそうだったより」うまくいっているという意味だった。「長期的に見て勝っているかどうかは定かではなかった」が、「過去に比べてよくなっていることは確か」（フォレスタル）だという程度でしかなかったのである。[25]

二人は「おそらくわれわれは勝利をおさめつつあるが、望んだほどの速さでないことは確か」だと見た。この戦争は「われわれが望むよりも長期に続くだろうし、生命と資金の両面で予期する以上にコストがかかるだろう」というのが彼らの結論だった[26]。

ホイーラー視察団

悲観論の台頭に、軍首脳は眉をひそめていた。サイゴンのハーキンズ軍事援助司令官もホノルルのフェルト太平洋軍司令官も、ヒルズマンとフォレスタルの報告が軍事情勢の表面しか反映しておらず、悲観的すぎると批判した[27]。

統合参謀本部が「最新の状況評価」を求めてホイーラー陸軍参謀総長らの派遣を決めたのは一月七日。ヒルズマンとフォレスタルが帰国する二日前である。二人がもたらす、おそらく好ましくない報告に対抗するためだった[28]。

ホイーラー視察団の報告は「政府からの圧力増大に直面」しているはずの敵が、外からの補給やメコンデルタを中心とする徴募によって「兵力を維持し、それどころか若干増大させている」ことは認めた。しかしそれでも、敵が飢餓、疾病、兵士の脱走、弾薬不足、民衆の反感などに直面し、その攻撃回数は減り、損害は増えていると見た。敵がよほどの大攻勢に踏み切らない限り「究極的成功の主成分」はすでに存在していると彼らは結論した[29]。

帰国後、ホイーラー将軍はこの「手に負えず、厄介で、小さな戦争」に勝利をおさめるまでの「道は長く険しい」ことを認めざるをえなかった。いつ戦いが終わるかといった「刻限」を月単位ないし年単位で設定することすら「この種のむずかしい戦争ではしたくない」と渋面をつくった。だが同時に彼は、「政治的にも経済的にも軍事的にも、潮流はこちらに有利に転じつつある」と力説した。「われわれは正しい道を歩んでいる」というのが彼の託宣だった。彼はのちに「軍の側からすれば、全体として事態はきわめてうまく運んでいた」と述懐している。一九六三年二月初め、フォレスタルの目に映ったのはホイーラー視察団がもたらした「バラ色の多幸症」だった[30]。

3　クルラックとメンデンホール

大統領は目を白黒

七カ月あまり後。戦場の「事実」を求めてやまないケネディが白羽の矢を立てたのが、統合参謀本部で反乱鎮圧を担当するクルラック将軍と、サイゴンで政治担当参事官の経験もある国務省極東局のメンデンホールだった。九月六日にワシントンを発った二人が、大統領ら政権首脳を前に視察報告を行ったのは一〇日のことである[31]。

クルラックは「撃ち合いの戦争は依然としてかなりの速度で前進中」だと報告した。彼は「純粋に軍事的な観点からは、戦闘に敗れてはいない」とするハーキンズの、そして彼自身の見解を披露した。最も困難なメコンデルタでさえ、状況はそれほど悪いわけではない[32]。

メンデンホールは仏教徒危機の悪影響を憂慮した。ジェム政府は「事実上ひどく崩壊」しており、フエもダナンもサイゴンも「恐怖と憎悪の街」と化している。人々は「対ベトコン戦争は政府に対する『戦争』に比べれば二の次」と考えている。このままでは「宗教戦争」が発生し、人々が大挙して敵に身を投じる可能性さえある。軍事面では、高地などではかなりの改善があったものの、中部沿岸地域などで敵の前進が見られる[33]。

大統領はこう反応した。「君たち二人は同じ国に行ってきたんだろうね」――クルラックによれば、その直後会議の席上を支配したのは「長い沈黙」だった[34]。

異世界の二人

原因はいくつもあった。第一に、二人の旅行はベトナム介入をめぐる国防省の秘密報告書『ペンタゴン・ペーパーズ』によれば「竜巻のような」視察、クルラック自身によれば戦場の事実との「激しい格闘の二昼夜」だった。事前に大統領や国務・国防長官からロッジ大使あてに協力依頼も事前連絡もなく、早朝六時過ぎに到着した彼は就寝中のロッジにすぐに会えなかった。それどころかロッジは二人の来訪の目的もよくわかっていない様子だった。[35]

大使館のメクリン広報担当参事官は「二万四千マイルを旅して、ベトナムのような複雑な状況を評価したあげく、たった四日で帰国する」という「驚くべき任務」を命じたケネディ政権の姿勢を問題にする（二万四千マイルは約三万八四〇〇キロ）。それこそ「当時アメリカ政府が陥っていた症状」の表れだった。[36]

第二に、現地を訪れた二人は別々の場所で、異なった情報源に接した。クルラックは地方つまり「全国的な見方」を、メンデンホールは「都市部の見方」をもたらした。これがクルラックの説明だった。クルラック報告は軍事顧問を始め軍人たちと、メンデンホールのそれは文官や民間人たちと接した結果だと、ハリマン政治担当国務次官はロッジに書き送っている。[37]

帰国途上、機中で記録をつき合わせる段階で、二人が「世の中のまったく違う場所」（クルラック）を訪れたことは明らかだった。CIAサイゴン支局長の経験を持つコルビーは二人のあまりに異なった説明を、黒澤明監督の有名な映画『羅生門』（一九五〇年）にたとえている。[38]

ハーキンズによれば、もともと南ベトナムそのものが「二つの部分」に分かれている国だった。「サイゴンおよびその衛星都市フエ」と「それ以外」である。実際に都市と地方の間には大きな溝が存在していた。メクリンによれば、多くの地方住民にとって村から一五キロほども離れてしまえば自分たちの生活とは無縁の地だった。[39]

第三に、ヒルズマンがケネディに説明したように、「軍事的見解と政治的見解の相違」があった。CIAのベトナム作業班長クーパーによれば、この「海兵隊たたき上げの将軍」と「キャリア外交官」は、それぞれが受けてきた「職業的訓練」の結果「政治・社会・経済についてのそれぞれ異なる見方」を抱いてベトナムを見た。[40]

意思疎通も欠如

第四に、二人は最初から別々の目的をもって送られた。クルラックを推薦したのはマクナマラ国防長官である。彼に期待されたのは、国防省や軍、つまり勝利を信じる人々のために、悲観論を叩きつぶす材料を持ち帰ることだった。次期海兵隊司令長官の座を望んでいたクルラックは、進んで軍首脳に迎合したともいわれる。彼は国防省内部でも非常に気に入られ、信頼されていた人物だった。[41]

メンデンホールはハリマンとヒルズマンが強く推した。ベトナム経験があり、一年前にも悲観的な報告を持ち帰っていた。ダーブラウ（Elbridge Durbrow）前大使とともにジェムに政治改革を強く求めた人物でもあった。ギルパトリック国防副長官によれば、軍関係者から「非常な疑念」をもって見られていた人物でもあった。[42]

クルラックの記憶では、二時間後には出発という時になって、国務省からも誰かを派遣するようラスク長官が提案した。だがヒルズマンによれば、マクナマラはクルラックを急がせていたため、ヒルズマンが電話で飛行機の離陸を押さえなければあやうく国務省代表不在の視察団が誕生したところだった。どうやら出発前から波乱含みであり、しかも九月のワシントンでは「文官」と「軍部」の対立がますます抜き差しならなくなっていった。[43]

しかも旅行中、二人はまったく背を向けたままだった。彼らに同行してワシントンに戻ったメクリンは、機上で二人が「たがいを忌み嫌っているように見えただけでなく、ベトナムで何をなすべきかについて対立していた。飛行中彼らが口をきいたのは、どうしても避けられない時だけだった」という。[44]

この視察で二人は「ともに探したいものを求め、見つけた」（コルビー）だけだった。ギルパトリックによれば、ケネディは二人に向かって「もう一度最初に戻って、たがいの自己紹介から全部やり直したらどうか」と冗談を飛ばした。だがこうした結末は最初から予見できたはずである。ケネディがよほど迂闊だったのか。状況打開の手が見あたらないほど意見対立が深まっていたのか。その両方かもしれない(45)。

悲観論に応援団

視察団とともに、サイゴンから二人の重要人物が帰国した。大使館のメクリン広報担当参事官と、経済援助使節団のフィリップスである。メクリン自身は「自分がなぜ呼び返されたのかまったくわからなかった」としている。だがマロウ文化情報局長官が彼に求めたのは、南ベトナム国内で「ジェム政府、ニュー、その夫人に対する態度」と「対ベトコン戦争を成功裡に終わらせようとする意志」にどのような変化が生じたかという情報だった(46)。

メクリンはこう論じた。われわれはいまや政治的に「深刻な問題」を抱えている。軍内部でも将校たちの間に不満がつのり、このままでは軍事面に影響が生じるに違いない。早急に何か手を打たなければならない(47)。

フィリップスは、重要なメコンデルタの惨状を強調した。いまや戦争遂行の努力は「ばらばら」になりつつある。戦略村計画も崩壊の途上にある。敵は地方で成功しており、多くの戦略村を奪取している。複数存在する九月一〇日の会議録のうちクルラックの手によるものは、フィリップスが描き出した「陰鬱な構図」に苦々しげである(48)。

ノルティング前大使は猛反発した。百歩譲ってジェム政府の非効率や無能を認めたとしても「一九六一年にも麻痺状態はあったし、われわれはそれをなんとか切り抜けたのだ」と主張したのである。「ジェム政府への恐怖や憎悪は一九六一年秋当時と同程度」にすぎず、前回も「政府が戦争遂行の努力とベトナム国民との関係を改善したら消えてしまった」のだから、今回も「同じようにうまくいくだろう」と彼は論じた(49)。

ノルティングは、メンデンホールは「かねてジェムと一緒では戦争に勝てないとの意見」の持ち主だったし、「君は一九六一年にも同じことを述べ、ベトコンがすぐにベトナム政府を打ち破ると予測した」ではないかと個人攻撃に乗り出した。もっともこれにはマクジョージ・バンディ国家安全保障担当大統領補佐官が疑問を呈した。かつて政府の麻痺を克服できたのは、敵との戦いに力を入れたからだ。だが「現在恐怖や麻痺をもたらしているのは政府自身」ではないか。[50]

ノルティングは、かつて自分をおおいに助けてくれたのにメンデンホールはすっかり変わってしまったと嘆いている。彼はのちに出版されたメクリンの回顧録も、「敗北主義」の代物だと糾弾した。フィリップスについても、当時まだベトナム滞在は半年程度にすぎず、その悲観論など「びっくり仰天で、私は耳を疑った」と述懐している。[51]

状況把握に失敗

クルラックは、直後に大統領が「君のいうことを信じるよ」といってくれたと証言している。だがＣＩＡで極東を扱うコルビーは「本質的に、敵ではなく都市部の政治的騒擾が崩壊をもたらすだろうというメンデンホールの結論が受け入れられ、地方での戦争はかなりうまくいっているというクルラックの結論は無視された」と、まったく正反対の解釈である。[52]

現地を熟知し、経験に裏打ちされたメクリンやフィリップスによる反ジェム的な報告は重要だった。五月、国際開発庁で極東を担当するジャノウは、戦略村計画を推進するフィリップスを「ベトナムにおけるわが国の計画すべてにとって中心的なものに責任を負う現場の人間」と呼んでいた。[53]

フィリップスは、サイゴンの文官の中でもベトナムにかんする知識に最も秀でていたという。一九五四年以来現地を知っており、ジェムともニューともグエン・ジン・トゥアン国務相とも親しかった。ロッジはフィリップスとの話が「有益」なはずだと国務省に伝えた。国家安全保障会議のフォレスタルは「サイゴンであろうと現場であろうと、生の、しかも長期的な知識を持った唯一の報告者」として彼に期待していた。[54]

クルラックとメンデンホールの報告をめぐる騒ぎについて、ラスクは「詳しいことは何も思い出せない」と述懐している。だがベル国際開発庁長官がいうように、楽観論対悲観論の「かなり始末に負えない対立」が残ったことだけは確実である。「政府は完全に真っ二つになった」とフォレスタルも述懐する。(55)

　ケネディ自身がそれを実感していた。彼は「同じ事実を前にしてこれほど意見が違うようでは、政策遂行など無理」だと漏らしたとフォレスタルはいう。ノルティングによれば、「私の政府はまったくばらばらになってしまった。誰が正しいのか？誰が情報を持っているのか？私はどうすべきなのか？」とケネディは語った。(56)

　ケネディは「矛盾する報告に苛立ちをおぼえていた」と側近のオドンネル大統領特別補佐官はいう。ベルものちに、九月一〇日の会議について「大統領は何もできなかった。ただ異なった事実を記した報告を与えられ、誰を信じてよいのかわからなかった。会議は何も生み出さなかった」と述べている。クルラックとメンデンホールの派遣は、ベトナムの事態を正確に把握するという目的からすればまったくの失敗だった。(57)

4　マクナマラ＝テイラー視察団

再度の偵察

九月下旬、ヒルズマン極東担当国務次官補はある英大使館員に、「五月八日から八月二一日の間、戦争遂行の努力は緩みなく続いた」と述べた。だが、寺院が襲われた「八月二一日以降、実態はかなり不明瞭になっている」こと、政治情勢が戦争遂行にどの程度影響しているかを「最終的に判断するだけの確固たる情報がまだ十分にない」ことを認めた。(58)

　九月末、ＣＩＡのベトナム作業斑長クーパーはマッコーン長官に「ベトナム政府の指導者が現在のままでアメリカの目的が達成されるかどうかを知る、あるいは判断の確固たる基盤を持てる方法は現在のところ存在しない」と認めた。そして「偵察の第一段階」として「南ベトナム国内の情勢について知識を集める」ことなどを提唱した(59)。

次に送られたのは軍組織の頂点に立つ二人だった。マクナマラ国防長官とテイラー統合参謀本部議長である。ウィリアム・バンディ国防次官補（彼自身によれば事実上「視察団の事務局長」）とフォレスタルが報告書の作成を補佐した。さらにコルビー前CIAサイゴン支局長が情報分野を担当、九月初旬にもベトナムを視察したクルラックが南ベトナム政府と米軍の態度を調査、国務省からはハリマン政治担当国務次官の補佐官サリバンがアメリカ側関係者の意見対立を評価することになった(60)。

コルビーは「なぜこれほど多くの矛盾する情報報告が存在するのか？」を、サリバンは「ベトナムのアメリカ側関係者たちの間で意見と態度が異なっている現状と原因」とりわけ「成功についての評価の違い」を調査するよう指示を受けた。ロッジの理解では、その目的は「真実に接する」ことだった(61)。

九月一〇日、ケネディは、ベトナムから寄せられる、さまざまな報告に見られる「相違の根底」になんとか手を伸ばすことがきわめて重要だと力説した。マクナマラは、まさにそれこそ自分の任務だと受けた。彼の見るところ、ロッジ大使らは今後の戦いについてもジェム政府の振る舞いと照らし合わせて考える傾向にあった。ハーキンズ軍事援助司令官らは軍事面の現況に気をとられ、政治情勢が軍事作戦に及ぼしかねない影響など無視していた(62)。

人選をめぐる綱引き

ハリマンはフォレスタルとの電話で、今回の派遣を「災厄」と表現している。戦局の評価についてもジェム政府への対応についても「われわれの政策に反対している二人」を送ること、視察団にヒルズマンを加えようとした試みがマクナマラに拒まれたことが理由だった。マクナマラやテイラーが「誰かを国務省から出すよう求めたが、ヒルズマンだけは駄目だと明確にした」結果、サリバンに落ち着いたのだという(63)。

国防省側は今回の派遣を、ベトナム政策形成で主導権を握る機会と捉えていた。フォレスタルによればそれはケネディの意向でもあった。「大統領は基本的にそれを国防省の視察団にしたかった。国務省の高官を行かせたくなかった」のだというわけである。[64]

だがマクナマラとテイラーの派遣についてケネディはヒルズマンに、波乱含みの政策に国防省や統合参謀本部の同調を確保するやむをえない手だてなのだと説明している。[65]

サイゴンではロッジが、マクナマラとテイラーは「目を大きく開いて」来るべきだが、「彼らのレベルでは政治と軍事を識別することはまったく不可能」だとまるでけんか腰だった。ウィリアム・バンディは弟で国家安全保障担当大統領補佐官のマクジョージから、マクナマラに「政策変更を勧告する任務があるか、政治問題に深く関与しつつあると見えるような声明」にはラスク国務長官が「敏感」だとの情報を得ている。[66]

暗中模索の果てに

ケネディはマクナマラに「五月以来の南ベトナムでの展開によって現在、ベトコンを相手に成功の見込みがあるかどうか、さらにこの国で重要な政治的改善が見られない限りこの努力が将来効果をおさめられるかどうかについて、重大な疑問が生じている」ことを理由に、「ベトコンを打ち破るための軍事・準軍事的努力について、現場での可能な限り最善の評価」を求めた。「最重要問題」は、アメリカの努力が本当に進捗を示しているかどうかであり、マクナマラらは「サイゴンでも戦場でもその徹底的な検証に必要な最大限の時間をかける」よう命じられた。彼とテイラーが大統領への報告で振り返ったように、「さまざまな地域で政府の支配が実際に拡大し、より受容されているのかどうか」を知るため、現地で汗をかき、時に血を流す軍事顧問や経済顧問たちの意見が重要だった。[67]

ケネディはロッジに、マクナマラとテイラーを送るのは「私の軍事面の主要な助言者たちに確固たる現場の状況理解を与える」ためだと説明した。視察団のメンバーには広範囲に動き、「可能な最大限の時間を現場で過ごす」ことが期待された[68]。

フォレスタルによれば、「報告はもうたくさんだ。ここにいたのでは解決できない。マクナマラとテイラーに現地に行って、そこで好きなだけ過ごしてもらいたい。見たいものを何でも見て欲しい。そして戻ってきて事実を教えて欲しい」というのがケネディの期待だった。ウィリアム・バンディによれば、マクナマラは「どんなところでも調査できる」はずだった[69]。

派遣直前、ケネディはマクナマラに「ベトナムのアメリカ代表部がもたらす報告の対立の底にまで手を伸ばす重要性」を念押ししている。マクナマラはそれが今回の「任務の主要な要素」だと賛意を示した。テイラーはジェム大統領に、反乱鎮圧における勝利に向けての「進捗の度合いを判断する」ことが訪問の「主たる目的」だと伝えた[70]。

ソレンセン大統領特別顧問によれば一九六三年秋までの「一八カ月間」、大統領は楽観派の報告にいつも懐疑的だった。だが、ケネディはロッジや国務省高官などの悲観論にも疑念を持っていたという。再度の視察団派遣は、みずからの政策に確信が持てず、何も頼れないケネディが、決断を先送りにする便法だったともいわれる[71]。

転針への岐路か

大使館のメクリン広報担当参事官にいわせればしょせんマクナマラもテイラーも、ノルティング大使やハーキンズ軍事援助司令官、ラスクらと同様に「多幸症」に冒された人物だった。だが楽観派の二人、とくにマクナマラに現地の情勢悪化を目の当たりにさせ、ジェム政府への圧力戦術も含めて彼らの考えを変えさせる意図があったとの説もある。ケネディが欲していたのは「基本的には、マクナマラとテイラーがたがいに意見交換し、何が起きているのかを理解すること」だったとフォレスタルはいう。じつは戦況把握などもはや問題ではなく、大事なのは顕在化している政権内の分裂を抑え、じょじょに政策を変更する手だてを見つけることだったともいわれる。[72]

もしそうなら方向転換の基礎となるべきものが、二人の報告だった。ケネディは九月一八日、「厳しい数週間」を乗り切るうえでこれにかわる「弾薬」はないとロッジに伝えている。九月二一日にはマクナマラ国防長官に「もし貴下が今後の見通しに希望が持てないと判断すれば、南ベトナム政府によるいかなる行動が必要なのか、わが国の政府がベトナム人にそうした行動をとらせるにはいかなる措置を講じるべきかについて、見解を求めたい」と指示した。その二日前の文案にはこの文章はなく、マクジョージ・バンディによれば大統領自身が最後になってつけ加えたものだった。[73]

九月半ばを迎える頃までに、大統領の内面では、政治面の停滞が戦争遂行にもたらす齟齬への危機感がつのっていた。問題はベトナム介入そのもの、つまりアメリカの政策や今後実現すべき目標をどう捉え直せばよいかだった。信頼の厚い二人を現地に送ったケネディの真意はまさにそこにあった。当のマクナマラがのちに作成を命じたベトナム介入史の分析『ペンタゴン・ペーパーズ』はこう指摘する。[74]

5　変化の兆し

サイゴンは虎視眈々

一行は九月二三日にワシントンを発ち、二四日にサイゴンに到着した。彼らは、六時一五分の朝食から夜の一一時まで、連日精力的に活動した。マクナマラたちは作戦展開中のいたるところをヘリで飛び回った。だが統合参謀本部のクルラックと国務省極東局のメンデンホールを視察に送った際の教訓は生かされなかった。今度もまた、わずか一〇日間の「竜巻のような旅行」（ヒルズマン）は、フォレスタルにいわせれば「ひどい訪問」に終わった。視察団の訪問は「おおむね皮相的」だったとメクリンはいう[75]。

楽観論のハーキンズも、悲観論のロッジも、サイゴンで手ぐすねを引いていた。ハーキンズはマクナマラを自分の側に引きずり込もうと、日程も説明内容も入念に管理し、華々しい成功を吹聴した。だがマクナマラは滞在したロッジの居宅で、毎日陰鬱な報告にさらされた。マクナマラの「耳を求める静かな決闘」（シュレジンガー大統領特別補佐官）が連日演じられたのである[76]。

ロッジ嫌いの大使館員のいう「あん畜生のはなれわざ」はある程度奏功した。フォレスタルによれば、あるアメリカ人将校が戦争の「惨め」な有様について述べ、これに刺激されて他の将校が次々と悲観論を展開し始めた時、マクナマラはかなりの動揺を見せた。早くも九月二五日の時点で、マクナマラはロッジと連名で「状況はきわめて深刻」だと認めている[77]。

マクナマラやテイラーらを前に、ジェムは戦局好転を示す証拠を並べ立てた。たとえば敵が大部隊による行動を増やしたことも、むしろ「政府側にとって戦争がどれほどうまく運んでいるかを示すもう一つの証拠」だった。戦略村計画によって農村が彼らの敵にまわり、食糧入手も兵員徴募も困難になった敵が生き残るために兵力を結集しているにすぎない。これでかえって政府軍が攻撃しやすくなった。だがこう胸を張るジェムとの会見が逆に、絶望と疑念をマクナマラにもたらしたといわれる[78]。

覚醒の瞬間

ベトナム語を自由に操り南北両方に知人も多いイギリス人のハネー（Patrick J. Honey）ロンドン大学教授、法王庁のアスタ（Salvatore Asta）大使、リチャードソンＣＩＡサイゴン支局長との会見も大きな影響があった。それはマクナマラ自身によれば、彼に「啓発と困惑」をもたらした[79]。

とくにハネーの議論はマクナマラを突き動かした。ジェムはひどく老い、その精神も衰えている。こそこそ政府を批判していた人々が、いまや公然と行動に出るようになった。だが政府を自由化することもジェムを変えることもできはしない。あるがままの現政府を受け入れるか、別の指導者を探すか、道は二つに一つだ。ジェムと一緒ではこの戦いには勝てない。南ベトナムが共産化すれば、もはや西側世界を信じる指導者などアジアにはいなくなるだろう[80]。

ウィリアム・バンディ国防次官補はのちに、自分が「初めてこの戦争そのものがいかに多様をきわめているかを知った」と述懐している。マクナマラも彼も、ともに「いかに正直な人間であろうと、何が起きているかを正確に解釈できる者などいるはずがない」と悟ったのである。「事態はあまりにも散漫で、水面下で生じる重要なことが多すぎた」からである[81]。

三度目のベトナム訪問で初めて、それまでと異なる情報に接したマクナマラは「ためらいながら、慎重に（その過程で軍を侮辱したくなかったので）見方を変えた」のだとフォレスタルはいう。今回の視察がマクナマラの目を開かせ、少なくとも手放しの楽観やその基礎となった軍の情報に疑念を抱かせたと多くの者が指摘している[82]。

フォレスタルによれば、ベトナム滞在中にマクナマラはこう語っている。この政治的な「問題が戦争に影響していることは疑いない。それがどれほどかははっきりといえないし、将来どうなるかも予見できない。だが現在の状況でわれわれが長時間持ちこたえられるかは問題だ。これは変えなければならない[83]」。

変化は中途半端

九月一一日、マクジョージ・バンディは電話でラスク国務長官に、前日の会議は「厄介」だったと語っている。マクナマラやテイラーが「事態が悪化しており、何か重大な対応が必要だという評価を受けつけなかった」からである。この二人は、ギルパトリック国防副長官のいう「国務省の誰一人として立ち向かう意欲も能力も持たない、かなり強力なコンビ」だった。[84]

一一日、再度の協議の中で事態が「悪化し始めたのか。状況は深刻なのか」と問う大統領に、マッコーンCIA長官は「三カ月以内に事態は深刻になる可能性がある」と答えた。しかしマクナマラは「戦争遂行の努力にはまだ重大な影響は出ていない」と反論している。[85]

過去二年間、ベトナム政策決定の主たる責任を引き受けてきた人物としては、アメリカは正しい道を歩んでいるのだとの主張に固執するしかなかった。実際に現地でベトナム側から否定的な情報を与えられた時、マクナマラもテイラーもまったく聞く耳を持たず、戦争はうまく進んでいるのだという見方に飛びついた。[86]

二人がもたらす結論など、最初から予想できたはずである。そうでなければ迂闊な人選だった。むしろ「情勢への懸念がなくなるどころではなかった」ケネディが「戦争の道筋についてあらためて確信を持ちたかった」のだとテイラーは回顧する。[87]

ヒルズマン極東担当国務次官補によればマクナマラもテイラーも戦争はうまくいっていると思い込んでいた。彼らが現地で「誤った結論に導かれたのか、徴候を見落としたのかはわからない」が、おそらく「何もかもうまくいっているという先入観」を抱いていたのではないかとロバート・ケネディ司法長官はいう。[88]

6　妥協に終始

併存する楽観と悲観

一〇月二日早朝、ワシントンに帰還したマクナマラ＝テイラー視察団の面々は、大統領を始め政権首脳の前に姿を現した。その報告は、軍事作戦は「大きな進歩を遂げ、引き続き進歩を続けている」とほぼ手放しの礼賛だった。まだ敵を十分痛めつけたわけではないし、全土でゲリラの活動増大や使用する武器の改善なども見られる。メコンデルタを中心に戦闘も激化している。だがそのデルタでさえ、過去一年にわたって事態は改善されてきた。政府軍の効率は増大し、全般にわたって進捗も見られる。軍事計画がよって立つ原理が「健全」であることも明らかだ。

ところが報告は「サイゴンには（おそらく南ベトナムのそれ以外の場所でも）深刻な政治的緊張がある」ことを認めた。現段階では「まだ戦場における進捗に深刻な影響を与えてはいないし、近い将来大きな影響を及ぼす可能性があるようにも思えない」。軍も共産主義憎しで一致団結している。だがこの「政治的緊張が持続もしくは増大すれば、今後の見込みは不確実と考えなければならない」。それどころか「抑圧的な行動がさらに続けば、進捗が減じ、さらには逆転する可能性があることは明らかであるように思われる」。マクナマラ自身の言葉によれば、政治紛争の悪影響が戦争に大きく及ぶまで「二～四カ月」程度の余裕しかなかった。[89]

軍事と政治は別物

マクナマラとテイラーはジェム大統領との最後の会見でも、「軍事分野の進捗」と「繰り返される政治的後退」がいかに対照的かを強調している。二人がベトナムの地を離れた直後、ロッジ大使は南ベトナムのチュオン・コン・クー（Truong Cong Cuu）外相に、二人が「軍事作戦はかなりうまく運んでいる」と考えているが、「警察国家的な措置による抑圧の継続に起因する政治的不安定が、いずれ軍事面の努力を危険にさらすことは避けがたい」ことを心底懸念しているのだと説明した。[90]

視察団の帰国を受けて大統領が承認し、実際に発表されたホワイトハウスの声明も視察団の報告を踏襲していた。「南ベトナムにおける軍事計画は進捗を遂げており、原則的にも健全である。ただし、なおいっそうの改善が活力をもって図られつつある」。しかし「南ベトナムの政治情勢は依然として非常に深刻である。アメリカは南ベトナムにおけるいかなる抑圧的行動に対しても反対を続けることを明らかにした。そうした行動はまだ軍事面の努力に深刻な影響を与えてはいないが、将来そうなる可能性がある」。六日後、マクナマラが下院外交委員会で行った説明もほぼ同様だった(91)。

軍事と政治をまったく別物と考える傾向が見られたのは、この視察団報告だけではない。「戦争はここサイゴンで敗れつつある」と『USニューズ&ワールドリポート』は報じた。諸悪の根源はサイゴンに、つまりジェム政府にある。とくにホワイトハウス、国務省、CIAの一部にそれは顕著だったという(92)。

それは容易にケネディ政権お得意の責任転嫁——ジェム政府への批判と最後にはその転覆——への道を用意した。一〇月半ば過ぎ、CIAもジェム政府がメコンデルタへの増派といった「純粋に軍事的領域」ではかなりの建設的措置を講じているが、国内政治ではまったく役立っていないと分析している(93)。

見解一致を優先

マクナマラとテイラーの帰国後、ロッジは「アメリカは人々がベトナム政府を好きになるように仕向けることはできない——政府への憎悪は、軍の将兵や軍の行動、戦略村における本当に効率的な社会・経済計画から軍が享受している得点の保持といった点で、最後には致命的なまでに深刻になる可能性がある」と警告を発した。熱心な仏教徒とはいえない兵士たちの間にも落胆の色が濃いという情報が、ベトナム側から寄せられていた(94)。

一〇月半ば、ある仏企業社長から「全土におけるベトコンの支配はあらゆる領域に及んでいる」との情報がもたらされた。CIAは、地方では戦争は続けられているものの、都市部の政治的緊張によって戦争遂行が阻害されつつあることを示す「幾つかの徴候」を指摘した。その都市部は一見平常を保っているが、依然として緊張が続いていた(95)。

軍事面についての積極的評価と、政治面およびそれが軍事に与える影響の否定的評価の乖離の原因には、楽観論と悲観論の妥協があった。矛盾、あるいは自己欺瞞の産物ともいわれる。ほんらいの目的だったはずの正確な現実把握よりも、視察団内部の、そして政権内の一致が優先された結果である。[96]

テイラーによれば、視察団の結論は本質的に九月の「クルラック将軍の報告と非常に似かよっていた」。それも当然だった。軍事分野の担当がクルラック本人であり、しかも彼がワシントンを発つ前に書き始めていたものだったからである。のちにそれはあまりに非現実的な、実際の情勢を誤って判断した代物だと手厳しく批判された。国務省から視察団に参加したサリバンは、まったく現実味を欠く報告書への署名を拒んだ。彼の上司であるハリマン政治担当国務次官もこの態度を是とした。[97]

分裂は続く

問題は、『ペンタゴン・ペーパーズ』がいうように、概して楽観的なこの報告でさえ「初めての、より均衡のとれた評価」だったことである。ケネディ政権は折に触れてもたらされる悲観的な報告に目を塞ぎ、どっぷりと楽観に身を浸していた。一〇月二日のホワイトハウス声明も、あまりに楽観すぎる、これではアメリカ国民への率直な説明になっていないと批判された。[98]

マクナマラとテイラーが大統領に報告を行った日の午後、ラスク国務長官は国連大使（オブザーバー）となったブー・ホイに「毛沢東がいったように、もし民衆がゲリラを支援すれば、茂みのすべてが味方になってしまう。最近までわれわれは南ベトナムの茂みはわが方の味方だと思っていたが、いまは確信が持てない」と述べている。この言葉を信じるとすれば、この時点まで国務長官が楽観的な報告をまったく鵜呑みにしていたということになる。[99]

マクナマラらと入れ替わりに、下院外交委員会のザブロッキ議員率いる視察団が現地入りした。ザブロッキは大使館のトルーハート代理大使やメクリン広報担当参事官を「敗北主義者」「反ジェム主義者」と決めつけ、ロッジ大使からもハーキンズ軍事援助司令官からも「好印象」を受けていた。たしかにジェムは独裁者で多くの欠点を持つが「耐えうる」程度であり、大事なのは彼が「勝ってきた」ことだとザブロッキは意気軒昂だった[100]。

にもかかわらずその報告は政権の楽観ぶりと対照的に、「ベトナムにおける戦争は終結を迎えそうにない。これまでになし遂げられた進捗には満足できるが、あらゆる指標がこの紛争は長期化することを示している。軍事紛争が成功裡に解決されるまでは、ベトナムでのアメリカの存在が必要となるだろう」とするものだった[101]。

実地に即した情報など得ようがなかった。そこに何度視察団を送り込んでも、短期間の滞在では意味のある結果など期待できなかった。スタール陸軍長官のように、早くから「奇襲攻撃もどきの訪問をもとに結論を下す危険を知る」人物は例外だった[102]。

視察団派遣はむしろ弊害をもたらした。ほんのわずか現地の空気を吸っただけでわかったような気になったのである。そうした視察団の一員となる経験を持ったクルラックは、それを「即席専門家症候群」と呼んでいる。彼らを見たUPI通信記者シーハンはこう漏らした。「ほらまた一人、馬鹿な西洋人が現れてホー・チ・ミンの株を上げるわけだ[103]」。

✻　✻　✻

民主党の上院院内総務。陸軍参謀総長。国務省情報調査局長と、ホワイトハウスのスタッフ。反乱鎮圧を担当する海兵隊の将軍と、現地を熟知するベテラン外交官。何度も現地を訪れた経験を持つ、国防長官と統合参謀本部議長。誰を送ろうが戦況は明らかにならず、中途半端な妥協のあげく政権内の溝だけが残った。問題の根底には、戦場からの情報、たとえば各種の統計数字を見るアメリカ人の目があった。

第五章　統計との格闘

1　情報不足

戦況は謎

統合参謀本部の反乱鎮圧・特殊活動担当特別補佐官クルラック将軍によれば、すでに一九六二年の段階で「勝っているとどうすればわかるのか」が「本当の問題」だった。ヒルズマン極東担当国務次官補も、回顧録の一章を「勝っているとどうしていえるのか」と題している。[1]

マクナマラ国防長官は、のちに一九六二年当時のみずからの発言をいくつも引いて、「南ベトナムの政治状況にかんする私の発言は現実に即していたのに、軍事的進捗についてはあまりに楽観的だったのはなぜなのか?」と自問している。大使館のメクリン広報担当参事官にいわせれば、アメリカが直面したのは「笑ってしまうほど単純」だが「けっして解決がもたらされなかった」問題である。つまり「どちらが勝っているかを説明する」ことだった。[2]

一九六三年八月半ば、情勢悪化を伝える『ニューヨーク・タイムズ』の記事を読んだケネディ大統領は即座に「南ベトナムにおける軍事作戦」にかんする情報をマクナマラとラスク国務長官に求めた。帰国したノルティング前大使からも熱心に現地の話を聞いた。この時大統領は「疲れ切った、不安げな」様子で、「状況を別の角度から見たもの」

をしきりに欲しがっていたとノルティングはいう。[3]

国務省極東局のベトナム作業班長代理ヒーブナーによれば、一九六三年夏の終わり頃「ベトナムについて最も頻繁に聞かれる質問」は、この「戦争がどうなっているのか？誰が勝っているのか？」だった。ところがその答えは明確でなかった。アメリカは「目の見えない、酔いどれの象」のようだと現地のあるアメリカ人はいっている。[4]

八月末、ホワイトハウスで連日議論の的になったのは「サイゴンからの情報、ないし情報の欠如」（テイラー統合参謀本部議長）だった。国家安全保障会議のフォレスタルの述懐によれば、ケネディの懸念は「ベトナムについての情報が根本的に欠けていること」にあった。「いったいどうしてこれほど多くのアメリカ人が、この国で何が起きているのか、どうすべきなのかについてほぼ真っ二つに分裂するのか、彼はまったく理解できなかった」からである。[5]

判断材料を渇望

たとえば九月六日の国家安全保障会議。そこでは「われわれは戦争に勝っているのかどうか、一度でも勝っていたことがあるのか議論が続いたが、何の合意も生み出されなかった」とヒルズマンは回顧する。大統領の出席に先だって、参加者はしきりに情報の不足を嘆いていた。ラスクは「ベトナム情勢および最近の出来事が対ベトコン戦争遂行の努力に与えた影響について可能なあらゆる証拠を集める」べきだと論じた。マクナマラも「ベトナムで何が起きているのか、軍事的な評価が必要」だと主張した。「三週間前はまだ戦争に勝っていたのだ。事態の進展でそれが変わったのか？」とテイラーは疑念を口にした。[6]

九月一〇日。ラスクは「七月および八月に発生した事態は、ジェム政府と一緒でこの戦争に勝てるというわれわれの見方をすべて変えた」と発言した。だがそれ以前に、ワシントンでの判断に「欠けている要素」（ラスク）はあまりにも多かった。国民や軍がゴ・ジン・ジェム政府に対してどのような態度なのか。戦況はどうなのか。勝てる見込みはあるのか。政府内部はまとまっているのか。ジェム自身は戦争遂行や現在の政治危機への対処をどうするつもりなのか。仏教徒危機は戦争をどれほど阻害しているのか。今後どうなるのか。アメリカとの関係はうまくいっているのか。とりわけ「鍵となる問題」は「何が間違っており、好ましい傾向を阻止あるいは逆転したのか」だった(7)。

同じ日、ＣＩＡサイゴン支局は「今後四～六カ月以内に、おそらくもっと早い時期に」将来の見込みをはっきりさせる必要があると指摘している。だがそのためにどうすればよいのかはわからなかった(8)。

一〇月半ば、ケネディはロッジ大使に、毎週最新の状況報告を寄こすよう求めた。われわれはこの戦いに勝っているのか負けているのか。軍事作戦にせよ国内政治や対米関係にせよジェム政府はアメリカの改善要求にきちんと反応しているのか。自国民との関係は強化されているのか、それとも弱体化しているのか(9)。

一〇月二九日、つまりジェム政府打倒のクーデター三日前の段階でも、何もかも手探り状態だった。この日、国家安全保障会議が下した結論について、ＣＩＡで極東を担当していたコルビー元サイゴン支局長は「例によってベトナムの実態を知るため、もっと情報を取ろうという安易なものであった」とじつに手厳しい(10)。

現実理解に尽力

ケネディの困惑は、彼の現実把握能力が欠けていたところに由来するものではない。彼はむしろいかなる問題であろうと「そのあらゆる側面を理解する能力」の持ち主だったと国家安全保障会議のコーマーはいう(11)。

ケネディはそのたぐいまれな知性を賞賛されてきた。政治担当国務次官となった老練な政治家、元ニューヨーク州知事ハリマンは、ケネディが持つ「どの問題でも核心を見抜く力」に瞠目していた。マクナマラ国防長官によれば、直面する問題を客観視し、アメリカが置かれた立場を歴史の中で相対化する彼の力は抜きん出ていた。ソ連のフルシチョフ首相も、ケネディが「彼の前のどんな大統領よりも、もっと知性の高い人物」だったと見ている(12)。

ケネディが情報に無関心だったからでもない。ケネディは議員時代から情報に関心を抱き、その重要性を認識していた。インドシナを訪問した一九五一年には、官僚であろうが記者であろうが事実を率直に語ってくれる人間を求めた。フランスが吹聴する楽観論を批判する一人でもあった[13]。

大統領となった彼は、各省の長官や次官ではなくもっと下、実務に汗を流している担当者から直接情報を求めるのがつねだった。生の情報を得るため、世界各地からの膨大な電報にもみずから目を通していた。「これほど多くのことを知ろうとする大統領は初めて」だとある官僚は驚いている[14]。

ケネディは情報の質やその収集・分析システムの改善に無関心だったわけでもない。むしろケネディ政権では「成功をどのように測定するか、誰もがその方法を考えようとしていた」と国防省国際安全保障局で極東を担当したハインツは述べている。マッコーンＣＩＡ長官はコルビーに、ベトナムが「大統領が直面する最も困難かつ重要な問題」だとし、「極めつけの最善の人材」を派遣し、長期に滞在させるよう命じている[15]。

問題は量より質

情報が量的に不足していたわけではなかった。ロバート・ケネディ司法長官は、「現地の状況について山ほど間違った情報」が流れ込んでいたことが問題だったとする。テイラーがいうように、政策決定の基礎とするには「ほとんど無価値」な情報の氾濫こそが頭痛の種だった[16]。

ＣＩＡのベトナム作業班長クーパーによれば、一九六二年後半から一九六三年にかけて、公式の報告と新聞や雑誌などの記事との間には、ケネディ政権が「困惑を禁じえないほどの相違」があった。厄介なことに、サイゴンからもたらされる最高機密扱いの電報よりも、新聞記事のほうが「はるかに正確」だったと、シュレジンガー大統領特別補佐官はのちに上院外交委員会の公聴会で述べている。とくに一九六三年五月の仏教徒危機勃発以後は、アメリカ国内でジェム政府支援政策への支持が低下すると同時に、ケネディ政権が提供する情報への不満と不信、すなわち「信頼性ギャップ」（テイラー）が生じた。[17]

　だがジェム政府が倒れた後も、ロッジは情報の収集・評価・解釈・伝達、捕虜尋問の方法、アメリカ人軍事顧問とベトナム人情報担当者との関係、軍事援助司令部と政府軍との関係などいくつもの問題点が存在するとワシントンに伝えた。ホノルル会議直前には、「ベトナム政府に、その諸計画の進捗についての正確な報告を追求させること」が求められていた。サイゴンからは、あらためて報告システムの強化計画が提示された。ケネディ政権はその最後の日まで、情報という名の問題に取り組み続け、しかもついに満足できる程度の改善は得られなかったのである。[18]

　ケネディ死後二週間近くたっても、「ベトコンの能力・兵力・人員および物資の供給源・行動・計画についての情報は現在のところ、その量も正確さもタイムリーさも、政治的行動や軍事的計画および作戦の基礎として役立てるには不十分」なままだった。翌年早々、マッコーンやマクナマラらは「サイゴンからの報告システムの改善」を模索し、「状況報告における失敗」をなんとかしようともがいていた。[19]

2　無批判に受容

与えられるものを鵜呑み

一九六二年にアメリカの介入が大幅に拡大した結果「得られる情報は大いに改善された」とテイラーは自慢げである。一九六二年六月、反乱鎮圧特別研究班で、アメリカの情報担当者が各省に存在することを理由に、ベトナム側の欠点を補える可能性が指摘された。一〇月、国務省極東局のベトナム作業班長ウッドとその代理ヒーブナーは「なお不十分ではあるが、ベトナム政府の情報機関はわれわれの助言にもとづいて大幅に修復され、改善された」と評価した。[20]

変化の鍵は「アメリカ人の現地駐在者数の増加」だった。「ジェム大統領は、当初、アメリカ人がサイゴンの外に出るのに反対していたが、結局われわれはこうした彼の抵抗を打ち破った。多数のアメリカ人がじょじょに地方にその地歩を固めていくにつれて、サイゴンの外部の状況について直接の観察により次第に詳細な照合をおこない、手遅れにならないうちに少なくともわれわれに提出された情報のなかの大きな誤りだけは発見できるようになった」（テイラー）というわけである。一九六二〜六五年、介入拡大と並行して南ベトナム政府軍の情報組織のいたるところにアメリカ人顧問が配備されるようになった。[21]

だがアメリカ人は、たいてい素直にベトナム人から聞いたことをそのまま信じた。その結果、クーパーによれば、戦況判断の基礎となる情報は「ことごとくきわめて量的で、きわめて科学的で、とても誤りを導くもの」だった。ワシントンは「この国の実情とはかけなはれたグラフを描き勧告を作成していた」のだとテイラーはいう。[22]

ある大使館員によれば、ハーキンズ軍事援助司令官はノルティング大使を「支配」していた。その二人を、ジェム大統領はいくらでも利用できると踏んでいた。シュレジンガーは、「ノルティングもハーキンズもベトナム側の報告をそのまま受け入れ、それをワシントンに中継した。ワシントンはそれを読んで得意満面となった」という。『ニューヨーク・タイムズ』のハルバースタム記者も「ほとんど根拠のない情報に基いてあまりにも多くの政策が作られ、あまりにも深い介入が行われてしまっていた」ことを批判している。[23]

虚偽に埋没

マクナマラは、ケネディ大統領を始め政権首脳が「けっしてベトナムから受けとる情報に満足したことなどなかった」という。だがウィリアム・バンディ国防次官補がいうように、満足しようがしまいが、彼らは「南ベトナム政府自身の評価に頼りすぎのまま」日々を過ごすしかなかった。現地のアメリカ側組織は「独自の情報源をほとんど持たず、大部分はベトナム人が彼らに伝えることに依存しなければならなかった」（クーパー）からである。[24]

　進捗の度合いを測るという重要な課題が「拙劣な扱い」を受けたことにマクナマラが気づき、軍首脳と並んでみずからの責任を認めたのは、戦争が終わってはるか後のことだった。一九六三年四月まで国務省情報調査局長だったヒルズマン極東担当国務次官補がいうように、「ジェムやニューから手渡される虚偽の統計を信じた」アメリカ人にこそ、本当の責任がある。[25]

　タイディングズ（Joseph Tydings）上院議員の批判に耳を傾けよう。「マクナマラはいつも事実を提示させ、事実を基礎に判断を下していた。……しかしベトナムに行った時は、一方の側しか見せられなかった。状況を示す事実や真実はまったく与えられなかった」。その結果、マクナマラは「帰国すると、自分が事実だと思ったものにもとづいた勧告を基礎に決定を下した」。彼らが「行くたびにベトナムでだまされたのは……驚くべきことだった」。[26]

　ジョンソン大統領も回顧録で「ベトナム側の統計や情報に無批判に依存したこと」を批判した。だが彼は一九六三年一二月、ベトナム訪問を終えたばかりのマクナマラから「地方での情勢は実際のところ七月以来、われわれが認識していた以上に悪化を続けていた」のだが「歪曲されたベトナム側の報告へのはなはだしい依存」のためにそれがわからなかったのだと聞かされている。過ちは確実に次の政権にも引き継がれていた。[27]

実情把握を阻んだもの

　現実を十分に、そして正確に摑めないという事実が、ケネディ政権のベトナム政策に影響を与えずにはいなかった。ベトナム政府の内部や省レベルで何が起きているかを詳細かつ正確に知るすべはなかった。アメリカ人軍事顧問が敵の捕虜や脱走者に対する尋問を試みても、ベトナム人の抵抗にあった。大使館のメクリン広報担当参事官はそれを、彼らが民族解放戦線に身を投じた理由——たとえばニュー夫人への嫌悪——をアメリカ人に知られれば「面子を失うことを恐れたため」だと見ていた。しかもベトナム人たちは捕虜から情報をとるより、彼らにジェム統治の基礎をなす人位主義哲学を教え込むほうに血道を上げていた。よしんば生の情報に接する機会があっても、アメリカ側の各組織がそれぞれ個別に接触するベトナム人からの情報にもとづき、一致した評価を下せないという始末だった。(28)

　統合参謀本部で反乱鎮圧を担当するクルラック将軍は、フランス語かベトナム語の少なくとも基礎を学んだ者を送るよう現場の顧問たちから要請された。政府軍幹部の一部は英語をあやつるが、たいていはフランス語をしゃべっていたし、兵士はほとんどベトナム語しかできなかったからである。だがそれは一九六三年も七月を迎えようという頃だった。(29)

3　戦況判断の指標

依拠すべきもの

戦況を判断する基準の一つに、地方で政府側が支配する住民や農村の数がある。一九六二年後半、いずれも着実に増えたことが、戦況の好転を示す証拠と受けとられた。(30)

　民族解放戦線が起こす誘拐・暗殺・テロ・サボタージュ・武装攻撃などの頻度も、戦況を測る指標の一つだった。ヒューズ国務省情報調査局長はとくに戦略村への攻撃が「南ベトナムにおける戦争の進捗を判断するいくつかの重要基準の一つ」だとしている。ウッドやヒーブナーは、敵の武力攻撃が「最も重要」な指標だと述べた。(31)

　たとえばテロ・暗殺事件の合計は一九六二年が一万一四〇七回、六三年が九、三三五回と微減している。全般的な傾向としては一九六二年一月から六三年七月にかけてほぼ一貫して減少が認められた。たとえば一九六二年一月には週に一二〇回以上だったものが、一九六三年上半期には平均七四回にまで低下した[32]。

敵味方双方の損害も、同様に頼れる指標だった。一九六二～六三年にかけて、政府軍はほとんどつねにより大きな損害を敵に与えていた[33]。

地方からサイゴンにどれほどのコメが入ってくるか、どれほど流通量が変化するか、政府側が農民からどの程度自発的に情報を得られるかも、戦況判断の貴重な材料だった[34]。

コメの生産は一九六一年の落ち込み（約四六一万トン）から一九六三年には約五三三万トンに回復した。輸出は一九六一年には事実上止まり、逆に一九六二年までに一〇万トンが輸入されていた。だが一九六二年末には輸出が急増し、「地方での治安増大を示す証拠」とされた。一九六三年の総輸出量はほぼ三〇万トンに達する見込みだった[35]。

一九六三年五月、仏教徒危機勃発が生み出した不穏な状況への懸念が感じられた時、それを押しとどめたのもコメだった。翌月、サイゴンに入ってくるコメの量が増えたことが、治安改善の反映と受け止められた[36]。

武器を数えよ

とりわけ敵味方の武器喪失数は、トンプソン英軍事顧問団長によれば「戦争のゆくえについての最も信頼できる指針の一つ」だった。他の統計、敵の死傷者数や政府軍の作戦頻度などとは対象的に、目の前の物品で確実な検証が可能だったからである。敵が失った武器をすべて政府軍が確保できるわけではなかったが、ラスク国務長官は一九六三年二月初めの記者会見でそれを「勇気づけられる、しかも頼れる」統計だとした[37]。

一九六二年秋口まで、政府軍の武器喪失は民族解放戦線のそれを上回っていた。だが九月を境に逆転したとヒーブナーは一九六三年二月に報告している[38]。

一九六三年早々、ウッドはハリマン極東担当国務次官補に、「ベトコンはベトナム側よりも多くの兵器を失い続けている」と喜々として報告した。一九五九年以来初めての出来事だと、現地を視察したヒルズマン国務省情報調査局長と国家安全保障会議のフォレスタルも手放しの評価だった。三月、トンプソンは、武器喪失の状況改善を英外務省に報告した。八月の報告では、政府軍が失う武器は一九六一年から一九六三年上半期でほぼ半減した[39]。

だが一九六三年春頃を境に逆転の気配が生じた。政府軍は七月以降、ほぼ敵の倍のペースで武器を失うようになった。一〇月、八月から九月にかけて武器喪失の割合が「ベトコンに有利」であることが懸念された。一九六四年早々のＣＩＡ報告によれば、敵味方の武器喪失の比率は一九六三年後半「劇的な形でベトコンに有利に変化」した[40]。

取扱注意

だが統計数字にもとづく戦況分析は多くの問題を抱えていた。第一に、南ベトナム政府側に起因する恣意性を別にしてもなお、数字そのものの信憑性に疑問があったことである。各種の統計は「反乱鎮圧の努力の現状を測る基準としては、完全には信頼できず、あるいは満足のいくものでもない」とＣＩＡも報告に但し書きをつけている。だがそれでも全体の趨勢を図る手だてとして、数字を用いる以外になかったのである[41]。

姿を現さないゲリラの兵力は、推量に頼るしかなかった。一九六三年秋、統合参謀本部は敵兵力が減少したと強硬に主張した。ヒューズによれば、それは推定の方法を軍事援助司令部が一方的に変更した結果だった。だから彼は、六カ月前、一年前と比較して増減を云々することなど無意味だと批判している[42]。

第二に、データそのものの不足である。一九六三年一〇月末、ボール国務次官はロッジ大使に、たとえば経済分野では数的指標が日常的に得られないものもあるので「質的な評価」で不足を補うよう指示している[43]。

第三に、もともと数値化が困難か、数字になじまないものの存在である。たとえばヒーブナーは、この戦争の「成否は地方および都市の住民の態度変化によって判断される」としている。だがそのためには「訓練を受けた報告担当者を十分な人数用意することによってのみ」可能だった。農民の心のひだにまで分け入れる者など、たいしているはずはなかった。[44]

ゲリラによる事件数は、トンプソンにいわせれば地方の現況を判断するうえでは「貧弱な指標」にすぎなかった。アメリカ側が頼りにした武器喪失数も同様である。たとえ同じ量の武器を失っても、その質は「依然としてベトコンに有利」だったからである。民族解放戦線は大量の武器を失っても十分にお釣りが出ていた。失うのは旧式なものや手製のもの、得るのはアメリカが政府軍に供給した最新兵器だったからである。[45]

士気の旺盛さ。官僚機構や軍の効率。情報の信頼性。農民の態度。こうした統計はたしかに「軍事情勢の重要な側面に触れるものであり、少なくとも戦いの傾向を示す指針」となる可能性はあった。だが同時に「統計としての取り扱いが不可能ではないものの、きわめてむずかしい」性質のものだと国務省情報調査局は指摘している。[46]

ケネディ政権最後のホノルル会議に先だっては「数的目標ではなく、効果に照らして真の進捗を測定する指標を考案すること」が本当の課題だという認識も示された。しかしそれは口でいうほど容易ではなかった。「社会＝政治情勢は、軍事情勢よりもはるかに判断がむずかしかった」とテイラー統合参謀本部議長はいう。たとえば農民の態度について評価を下すことがいかに困難かはＣＩＡもわかっていた。[47]

近視眼に陥る

第四に、細かな数字の変化に目を奪われ、まさに木を見て森を見ない傾向である。一九六三年一〇月下旬、ロッジ大使は「一日単位で見ると先週は大きな変化はなかったよう」だとケネディ大統領に報告している。だがハーキンズ軍事援助司令官はテイラーに「一日ごとにでも、週ごとの比較によっても、大きな変化を識別することは困難だし、今後もそうだろう」と伝えている。ただし彼はそれでも「全般的傾向は有利」だと判断していた。[48]

国務省情報調査局は一九六二年末、民族解放戦線が支配する地方人口を九％とはじき出した。だが彼らが南ベトナムの農村の二〇％を支配下におさめ、さらに四七％の農村にもなにがしかの影響力を保っているとも分析していた[49]。民族解放戦線は同じ頃、農村の七六％、人口の四五％を支配したと発表している。南ベトナム国民の少なくとも半分、地方に限れば八割から九割が民族解放戦線を支持するかその影響を受けていたともいわれる。年末から翌年にかけて、南ベトナム国民のほぼ半分が民族解放戦線を支持していたとの指摘もある。かなり割り引いて考えても、南ベトナム政府側の数字との乖離は歴然である[50]。

一九六三年七月初め、軍事援助司令部は政府が支配する人口を全国民の五四％、優越する人口を二八％、つまり八割以上と踏んだ。敵が支配するのは六％、優越するのは九％、いずれも優位に立っていないのが五％である。ただし八月から省庁横断のベトナム作業班長となった国務省極東局のカッテンバーグは、こうした数字を「かなり慎重に」扱う必要があると注意を喚起している[51]。

解釈しだい

一九六三年初め、現地を訪れたヒルズマンは、「昨年一万八千人のベトコンが殺されたのに、ベトコン正規軍の兵力は一万八千人から二万二〜四千人に上昇し、しかもシンパや支援者もほぼ同数のまま」であることをいぶかしんだ。だがこの時、トルーハート代理大使は「統計が正確さを増した」にすぎない、つまり本当は最初から敵は一万八千人以上の兵力を擁していたのだと「鼻で笑った」[52]。裏を返せば、ケネディ政権が判断の根拠とした統計とはどのようにも姿を変えうる代物だったということである。

三月、敵の成長を示す証拠が示された時、ハーキンズはまったく動揺しなかった。得られる情報の質が改善されただけだと決めつけていたからである[53]。

たとえば政府軍の攻撃回数が増えたことは事実だが、本当に攻勢をとっているとはいい切れない。敵の攻撃が小規模化したからといって、必ずしも敵が弱体化し、あるいは守勢に入ったとはいえない。これは「動く戦争」であり、じつにとらえどころのないものなのだ。ＣＩＡはこう分析している[54]。

ベトナムのようなとらえどころのない戦争では、「どのような見解に立つことも可能」（ハーキンズ）だった。実際のところ「この種の戦争では統計はまったく無意味」だと『ニューヨーク・タイムズ』のハルバースタム記者は述べている[55]。

4　数字依存症

危険性は承知

ケネディは「統計を信じない本能」の持ち主であり、「その統計がどこからきたのか？誰がそれを寄こしたのか？と問いかけてばかり」だったとフォレスタルは回顧する。ケネディ政権はもっぱら「慎重な楽観」で数字に対峙したと主張するのが、国務省情報調査局長から極東担当国務次官補となったヒルズマンである[56]。

一九六三年九月末、マクジョージ・バンディ国家安全保障担当大統領補佐官は、南ベトナム情勢についての判断が「事態の解釈」によってまるで違ったものになると認めた。その直後、マクナマラ国防長官とテイラー統合参謀本部議長は、大統領への現地視察報告でこう論じた。たとえば南ベトナム政府の支配地域がどこまで拡大したかの「測定は困難」で、「戦略村の建設数や護衛なしで旅行可能な道の数から単純に判断することはできない」。同様に「ベトナム政府側の攻撃的作戦の程度、双方の武器喪失や脱走、ベトコンの兵力数、その他軍事的な実態を示すものから全般的状況を測定することもできない」。そうした数字の「解釈にはかなりの判断力を要する」のが実情である。視察団に同行した、ハリマン政治担当国務次官の補佐官サリバンも、一連の「事実」から引き出される結論には「かなりの主観的解釈」が入り込む余地があると警告した[57]。

一九六三年秋、かなりの学生が民族解放戦線に身を投じていた。実際にはわずかで、しかも本音は逮捕や徴兵を逃れるためだともいわれた。ハーキンズ司令官によれば、そもそも学生が敵に身を投じていると証拠立てるものなどなかった。この問題について九月半ば、「現実的な状況把握の根拠が本当にあるのか?」とラスク国務長官は問いかけた。しかし確実な答えなどなかった[58]。

一喜一憂

ハリマンにいわせれば、軍は「数をめぐる馬鹿騒ぎ」に巻き込まれていた。いや、軍ばかりではない。こうしたさまざまな指標について、ワシントンは週単位でその数字の変化を捉え、また前年の同時期と比べながら一喜一憂するのがつねだった。一九六三年一〇月半ば、ロッジは月ごとの報告は無意味であり、四半期つまり三カ月ごとのほうがいいとワシントンに勧告しているが、本質的な姿勢はまったく同じである[59]。

統計への過剰な依存は、ケネディ政権の問題点としてしばしば指摘されてきた。敵味方の損害率、武器の獲得および喪失の割合、戦略村の拡大、山岳民族の効率的な活動、敵兵士の脱走増、農民による自発的な情報提供、敵の攻撃回数減、政府支配地域の拡大などである[60]。

ラスクが一九六三年春、情勢改善を繰り返し強調したのも、こうした数値の裏づけあってのことだった。五月、ホノルル会議で戦略村の建設数、敵の損害、政府軍が実施した作戦などの成果に接したマクナマラは「得意満面」だった[61]。

例年五月の雨季開始直前には敵が攻勢をとるのがつねだったが、この年に限ってはその活動が低下した。敵は損害や武器喪失数も大きく、補給にも困難を生じ、脱走者や投降者も増えていた。一〇月初め、現地視察から帰国直前のテイラーはジェム大統領に「軍事面の進歩について勇気づけられる多くの指標」があると断言した。[62]

逆に、悲観を生み出したのも数字だった。一九六三年前半にせっかく減少を示した民族解放戦線によるテロや襲撃事件なども、その後増大に転じた。それどころか一一月、ジェム政府転覆と前後して激増したのである。[63]

国務省情報調査局は一九六三年一〇月、敵味方の損害が一九六二年後半には五対一で圧倒的に有利だったのに、一九六三年夏には三対一にまで落ちたと指摘した。ほぼ同じ時期、ＣＩＡも一九六二年には二対一だった敵味方の損害比が七対六にまで接近したと分析した。楽観論者と悲観論者の用いる数字にかなりの差があり、したがってその信憑性に疑問があったにもかかわらず、ともに数字に反映される現実だけを相手にしていた。[64]

鋳型にはめ込む

より大きな問題は、「ベトナムの農民の態度に注意を払う効果的な努力がほとんど皆無」だったことである。しかも「敵がそれを最優先していることはわかっていた」のに、である。ノルティング大使は数量化できないものの重要性になどほとんど気にもとめていなかった。その結果アメリカは「ベトコンの下部構造を識別し、無力化するという死活的に重要な要請に対処」できなかったのである。[65]

大使館のメクリン広報担当参事官によれば、ベトナムでの戦いを「他の戦争と同じように扱う傾向」こそが、アメリカの「ベトナム問題への対応にひそむ根本的な過ち」だった。アメリカは数字をグラフにし、支配地域を色分けするなど「問題を軍の標準的な鋳型にはめ込もうとする、あっぱれな努力」を惜しまなかった。ハーキンズに限らず、従来の教育と訓練を受けた軍人たちは、これまでどおり統計数字にしがみつくことしかできなかった。[66]

はるかのち、マクナマラはこう述べている。「戦線が存在しない戦争で結果をどのように評価するか確信がなかったために、軍は敵の損害（ボディカウントとして悪名を馳せた）、捕獲兵器、捕虜、空軍の出撃回数といった量的手段によって進捗の度合いを測ろうとした。後になって、こうした手段の多くが誤りを生み出すか、そもそも間違っていることがわかった」。だが同様に文官たちも、自分たちが慣れ親しんだやり方に拘泥していた。ノルティングも同様に「政治でなく軍事のプリズム」を通じて状況を見ていたとハルバースタムは述懐している。なおボディカウント（Body Count）とは、文字どおり敵の遺体数で戦果を判断することである。[67]

難題に直面

一九六四年早々、フォレスタルはマクジョージ・バンディに、一九六三年夏から秋にかけての困難は「政府がベトナムの地方の状況について正確な評価を得られる能力がほぼ完全に壊滅したこと」に起因していたと述べている。「統計数字を報告する過度に機械的な体制」が問題だった。「ワシントンで考案されサイゴンに応用された」このやり方の結果、「恐ろしく不正確な情景」がもたらされ続けたのである。[68]

一九六三年二月末、フエのヘルブル総領事はサイゴンのマンフル政治担当参事官に、

> これまでの計画をもとに、長期ないし中期的にどれほどの成功を予見できるか、私はいくぶん疑問を感じざるをえない。省の官吏や軍事援助司令部の手でさまざまな統計が行き来している。たとえば現在人口の九〇％が政府支配下にあるとか、現段階で八〇％が政府に従っており（昨夏は六〇％だった）、一一％が中立（昨夏は二八％だと彼らは主張していたと思う）、八％がベトコンのシンパ（以前は一一％）、一％がベトコンの中核分子（以前と同じ）といった具合である。こうした統計は非常に正確だということになっている。というのも、さまざまな治安担当部局が住民一人一人の身上調書を握っており、誰であろうとその気持ちがどこに向いているかは即座にわかるからである。私に

は、こうした数字も、それをもとに推論するやり方も、どうも疑わしく思えるのだ。

と語った。彼が行きあたったのは、戦況をめぐる「判断はきわめて困難」だという、単純きわまりない事実だった。[69]

重症患者の群れ

国防省国際安全保障局で極東を担当していたハインツはベトナム介入の教訓として「数字を慎重に扱う」ことだと述べている。裏を返せば、それが実際にはできなかったということである。一九六三年一一月二〇日の時点で、ホノルル会議に参加したテイラー統合参謀本部議長が、「準備された新たな計画がいかなるものであろうと、段階ごとに確固たる目標達成期限を設定し、ベトナム共和国が示す進歩について目に見えるチェックポイントが利用できるようにすべき」だと主張したのがその好例である。[70]

フォレスタルによれば、ワシントンはまず統計を信じ込み、次にそれを図表化することにとらわれていた。だから一九六三年夏、メクリンはサイゴンに大使として着任予定のロッジに、一九五四年、ディエンビエンフーの戦い（Battle of Dien Bien Phu）で敗北したフランスに似た「ゲリラ戦争に直面する西洋の国に特徴的」な「心理的雰囲気」にアメリカが身をゆだねていると警告した。それは、この種の戦争に特有の「深遠な、計り知れない不可知なものに面と向かおうとせず、損害率や武器喪失率といった統計を頼みにする」ということだった。[71]

ワシントンがそうした病に冒されていたとすれば、最も重症な患者は「コンピューターの頭脳」の持ち主、マクナマラだった。アジアの戦争を数値化できるものか疑念を呈する者もいたが、暖簾に腕押しだった。彼はハーキンズ軍事援助司令官がもたらす楽観的な数字をがぶ飲みしていた。[72]

統合参謀本部のクルラックと国務省極東局のメンデンホールによる視察をきっかけに楽観論と悲観論が激しい対決

を演じた時も、マクナマラは変わらなかった。「統計はどこにある？ 君たちがいっているのは結論だけだ。まったく証拠を示していない。確固たる証拠はどこにあるのだ？ クルラックが私に寄こしたものに反論できる数字や図表を出せ」というのが彼の態度だったと、フォレスタルは述懐している。[73]

マクナマラは膨大な統計の蓄えを武器に、議論に数字を駆使するのがつねだった。統計と数字をこよなく愛していたといってよい。のちにＣＩＡでベトナムを担当するカーバー（George A. Carver, Jr.）は、マクナマラに向かってアジアの戦争を数値化することに疑念を呈した時のことをこう述べている。「まるで敬虔なカトリックに向かって、処女懐胎に疑問を呈したかのようだった」。[74]

数字化できないものを重視すべきだと主張する者は二度と説明に呼ばれなかった。コルビー元ＣＩＡサイゴン支局長は「マクナマラの数字欲」を批判し、彼が「目に見えないものや戦争にともなう不確かさも、数字に転換して、できればはっきりと比較できるような図表にしてしまえばどうにでもなると心底信じていた」としている。[75]

✽　✽　✽

戦況を正確に把握できないのは、ベトナム人の恣意的な虚偽のためだとアメリカ人は信じた。だが、あてにならない数字を鵜呑みにし、ワシントンに伝えたのは現地のアメリカ人だった。それを無批判に受け入れていたのはワシントンのアメリカ人だった。しかも政権を構成するさまざまな組織に属する人間として、ケネディ政権の面々は多かれ少なかれ目を曇らせる深刻な病にとりつかれていた。

第六章　自己欺瞞の病理

1　悲観論を排除

イメージ操作

マクナマラ国防長官は「軍事情勢にかんする報告は――私自身のものも含めて――楽観的すぎることが多かった」と反省している。その結果、「ワシントンの構想や計画はベトナム情勢の現実に合致しないことが多かった」とテイラー統合参謀本部議長はいう。ＣＩＡのベトナム作業班長クーパーにいわせれば、ケネディ政権は最後には、軍事・政治情勢の崩壊という「強迫観念に近い楽観の果実」を収穫する羽目に陥ってしまった[1]。

ノルティング大使やクーパーは、ベトナム全土から寄せられたさまざまな報告がかなり「客観的」だったと述懐している。ただし同じクーパーが、それが時には「過度に楽観的なこともあった」ことを認めている。大統領の弟ロバート・ケネディ司法長官にいたっては、当時の状況を「非常に客観的に見ている者など誰一人いなかった」とさえいう。彼はその典型としてハーキンズ軍事援助司令官の名を挙げている[2]。

ハーキンズは、ＣＩＡサイゴン支局が「目標を勝ちとる決意を固め、問題や難敵が明らかであっても容易には引き下がらない、よき兵士」と描いた人物だった。ただし『ニューヨーク・タイムズ』記者ハルバースタムは「ハーキンズが、いったとおりのことを信じていたのか、そういわなければならないと考えていたのかはわからない」という。[3]

彼がベトナムに赴任した一九六二年初めは「何もかもが閉塞状態」で、周囲は恐怖と悲観に満ちていた。「だから私は、楽観的な態度をとり、あちこちをまわっては彼らの肩を叩いて励ましていた」のだと彼自身はいっている。国家安全保障会議のフォレスタルも、ハーキンズは「自分が将軍であり、軍隊を任せられているからには、楽観的でなければならない。それが士気を保つ方法だ」という考え方から、すべてうまくいっていると主張したのだという。アプバックの戦い以後も、ハーキンズは心底楽観的な様子だった。[4]

もしそうなら彼の楽観は、現実との乖離もわきまえた意識的なものだったかもしれない。負け犬もどきの南ベトナム政府軍に、そして南ベトナムの指導者に自信をつけさせ、彼らの士気を鼓舞し、勝利への確信を植えつけ、アメリカへの信頼を勝ちとるには悲観は禁物だった。[5]

ハーキンズはテイラーから、楽観であることを命じられていた。意見の不一致などとうてい認められなかった。当のハーキンズを始め、軍事援助司令部の首脳もまた、輝かしい成果を上げようというワシントンからの圧力をひしひしと感じていた。ワシントンの軍首脳はこぞって楽観に身をゆだね続けていたからである。[6]

虚偽か盲信か

ハーキンズによる故意の隠蔽を見る者もいる。その手段の一つが情報の秘匿や選択的な提示だった。たとえばベトナムを訪れたマクナマラに、敵支配地域を示す地図は見せられなかった。[7]

情報の改竄や捏造もあった。敵の兵力を下方修正する。地図上の敵支配地域を小さく描くなどである。[8]

ワシントンには虚偽と欺瞞が続々ともたらされた。その目的はつまるところ大統領を欺くことにあった。戦争がうまくいっていないという真実はケネディには十分伝わらず、かわってリンドン・ジョンソン副大統領のもとにだけ届いていたのだとの主張もある。[9]

だがノルティングは違った見方をとる。ハーキンズに限らず、そして軍人・文官を問わず、サイゴンのアメリカ当局は、ワシントンが軍事顧問の撤収を想定した一九六五年までに南ベトナムの政府と軍の自立が達成できると信じていた。「両国の合同計画はうまく運んでいる」という点で、ノルティングもハーキンズもリチャードソンＣＩＡサイゴン支局長も一致していた。[10]

マクナマラ国防長官は、ハーキンズにせよ彼の部下にせよ「意識的に私を欺いたとは、当時も、今でも思っていない」と回顧している。とすればハーキンズは勝利に微塵の疑いもさしはさんでいなかったことになる。彼の周囲を固めた軍人たちも同じだった。[11]

シュレジンガー大統領特別補佐官は、ケネディの「頭には他の問題があった」こと、そして大統領が「大きな信頼を寄せている人々からの喜ばしい報告」に接していたことを指摘している。ランド研究所の戦略分析員で、のち『ペンタゴン・ペーパーズ』の暴露に大きな役割を演じるエルズバーグは「作戦がうまくいっているとの報告」と「ワシントンにいる助言者たちのいい加減な保証」を理由に挙げている。[12]

希望的観測に拘泥

ケネディ政権は意図的に間違った楽観論を創造したわけではなく、真摯にベトナムの状況を把握しようと尽力した。とくに上層部は楽観論にせよ悲観論にせよそれが事実だと信じていた。当時北ベトナムのファム・バン・ドン首相は国際監視委員会のポーランド代表マネリ（Mieczyslaw Maneli）に、「アメリカ軍の将軍たちが、そんなに無邪気なはずはないでしょう」と語った。とりわけサイゴンのアメリカ側組織の上層部や国防省が戦争はうまくいっていると信じていたことこそが、国務省情報調査局長から極東担当国務次官補となったヒルズマンには「本当の悲劇」に思えた。[13]

ＣＩＡ内部でベトナムの現状に警告を発する分析が用意された時、マッコーン長官はその悲観的な調子に嚙みついた。結果的に報告はより楽観的なものになった。事態はうまくいっていると信じるワシントンは、サイゴンのアメリカ人に、より楽観的な報告を送るよう圧力をかけ続けたという。要するに、彼らは実際に戦場で何が起きているかを知ろうとせず、みずからが起こって欲しいと願っていることだけを知りたがったのである。[14]

ケネディに限ったことではないが、アメリカ政府はベトナム戦争期をつうじて「聞きたいことにだけ耳を傾けた」のだと、ワシントン切ってのベトナム通といわれた国務省極東局のカッテンバーグは批判している。同じ国務省のヒューズ情報調査局長も、好ましくない事態についての情報もたしかにあったが「ワシントンで拒絶されるか矮小化された」という。ワシントンは事実を知ろうとはせず、むしろ好ましくない情報に目を塞ぐきらいがあった。[15]

不正確な、あまりに楽観的な報告を唯々諾々と受け入れた素地として、ケネディを含む政権首脳が抱く、たいして根拠のない希望的観測とそれがもたらした偏った見方が指摘されている。ジョンソン大統領もこの点を批判した一人だが、エルズバーグがいうように、これもまたケネディ政権だけの話ではなかった。[16]

2　組織が抱える問題

軍への不信

ケネディは一九六一年春のピッグズ湾事件以来、統合参謀本部やＣＩＡがもたらす情報や提言にまったく注意を払わなくなっていた。もっとも国務省についても同様で、彼らがもたらす事実や勧告にほとんど信を置いていなかったという。[17]

ソレンセン大統領特別顧問は、ケネディがとりわけ「戦争進捗にかんして軍から絶え間なくもたらされる楽観的な報告にいつも疑問を抱いていた」と述懐している。一九六三年初め頃、ケネディは不満をあらわにしていた[18]。

夏までには、大統領はあまりに単純で楽観に満ちあふれ、勇ましいが民衆への関心のかけらもないサイゴンからの報告に不満をつのらせていた。彼は「軍のいうことは一言も信用できない。何が起きているのか知るためには新聞を読むしかない」とこぼしたという[19]。

サイゴンからの報告と、それを基礎とする楽観論があてにならないと気づいたケネディは、時を追うごとに友人など私的な情報源への依存度を強めていった[20]。

複数の情報源

ロストウ国務省政策企画委員長によれば、「可能な限り多くの異なった、独立した情報源のデータを活用」することが重視された。軍の報告もけっして鵜呑みにはされず、ＣＩＡや国務省、あるいは報道などによって再吟味されたとマクナマラはいう。軍内部にも、軍事援助司令部、太平洋軍司令部およびそれを構成する各軍など、複数の情報組織があった。国務省にも、公式の情報経路以外にラスク国務長官の私的な経路が存在していた[21]。

ケネディ自身、政府の内外を問わず複数の情報を渇望した。「単一の情報システムの虜囚にはなるまいと決意」していたからである。ソレンセンによれば、ケネディは「多くの人に会えれば会えるほど、あるいは違った意見に接すれば接するほど、私は大統領をうまくつとめることができる」という考えの持ち主だった。だから決定を下すに先だって「率直で独立性のある判断にもとづいた複数の意見と見解」を求めた。政権内の意見対立を望んだわけではなかったが「意見が分かれることの利点」も十分わきまえていた[22]。

しかし現実には、軍であれそれ以外であれ、複数の情報機関が独自に活動したことが、相互の疑心暗鬼を生み、正確な戦況把握を阻害した。ベトナム側、アメリカ側ともに、情報機関が従来型の戦闘に慣れていたことも、この種の戦争で正確な情報を得るうえでは災いとなった。情報の収集や分析にあたる組織そのものに問題があったのである。[23]

しかもハーキンズ軍事援助司令官は一九六三年九月中旬、「誰もが話し、書き、ここベトナムでの問題を混乱させているようだ」と不満顔だった。一一月二〇日、ホノルル会議ではサイゴンからの報告体制強化が大きな課題の一つだった。統合参謀本部から現地に報告体制強化の指示が下されたのは、ケネディ暗殺翌日のことである。[24]

本音と建前

ノルティング大使によれば、サイゴンのアメリカ代表部の見方はワシントンよりもまだ現実に即していた。[25]

だがじつのところ、サイゴンの様子も怪しいものだった。現地の実情を目の当たりにしたヒルズマン国務省情報調査局長と国家安全保障会議のフォレスタルは一九六三年初め、ワシントンが悲観論に、サイゴンが楽観論に傾いているとし、「文官・軍人を問わずサイゴンの人々が考えているほどには」調子はよくないと指摘している。報告に接した大統領は、「このような報告を君たち二人の素人からでなく、通常の政府関係者から入手できないのはいったいなぜなんだ?」とうめいた。[26]

ロバート・ケネディ司法長官が一九六二年にベトナムを訪れた時、表向きは万事順調と声を揃える人々が、私的な場では次々と問題点を告発し、不平を漏らした。同じことは一九六三年夏、大使館のメクリン広報担当参事官もメコンデルタのある陣地で経験した。すべては「大変うまくいっている」と胸を張る上官がいなくなったとたん、その代理が「状況は急激に悪化している」と説得力あふれる口調でいい出したのである。[27]

ヒルズマンによれば、統合参謀本部で反乱鎮圧を担当するクルラック将軍が視察に訪れた際、ある将校が額面では一二三もの戦略村が完成したはずが実際には八カ村しかない事実を指摘した。だがハーキンズは激怒した。彼は、まだ担当地域に敵が残存していると主張する軍事顧問を「なぜ君はわれわれをがっかりさせるのかね」とたしなめた。

ヘリコプターの運用法についての欠陥を報告した将校は転属、つまり左遷の憂き目にあった[28]。

敢然と上司たちの楽観に異を唱える者には、苛酷な運命が待ち構えていた。『ニューヨーク・タイムズ』のハルバースタム記者にいわせれば、ベトナムで「最もよく情報を得ているアメリカ人」バン中佐がその典型である。率直きわまりない報告がハーキンズら上層部から目の敵にされた結果、彼はベトナムから体よく追い出された。彼はワシントンでもベトナムの現状を軍上層部になんとか伝えようと懸命になったが、その機会はついに訪れなかった[29]。

ハーキンズは部下が悲観主義者になることを許さず、失敗を認めることも拒み、みずからの楽観に異を唱えるような反抗を許さなかった。ワシントンにかわって軍事援助司令部は現場の将兵からの悲観論を組織的に封殺していた[30]。

上司の意をうかがう

軍事援助司令部による情報分析には、根本的な欠陥があったと指摘されている。アメリカ側の組織面が抱える問題として、政策の実施者とその評価者が同じだったことが指摘されている。それは「古くからある問題」（フォレスタル）であるにもかかわらず、ケネディ政権では十分な配慮がなされなかった。ロバート・ケネディによれば、ベトナム政策には「誰もがコミットしていた」から、客観的な分析など不可能だった[31]。

コルビー元ＣＩＡサイゴン支局長は、「愚かしくも」ベトナムの農村からサイゴンを経由してワシントンまで、報告が軍という組織体系を「片道」で、つまり下から上へのみたどったとのちに指摘している。その結果、上位者にとって耳あたりのいい報告ばかりが上がる傾向が生じた[32]。

たとえ悪い知らせがあっても、途中で「やわらげられ、薄められ、ねじ曲げられ、書き替えられる」ものしかハーキンズのもとに届かなかった。ワシントンから何度視察団を派遣しても同じだった。メクリンがいうように、若い将校がハーキンズのいるところで率直な意見を展開するなど「人間性に反する」ことは明白だった。とすればハーキン

ズもまた欺瞞の被害者の一人だったということになる。(33)

現場を熟知する軍事顧問も時に、あえて情報の捏造に加担することがあった。ベトナム人の失敗や欠陥に目を塞ぎ、その成功を強調するためである。当然、みずからの評価や昇進にもつながるわけである。(34)

ロッジ大使は現地を訪れたマクナマラに、部下が「ハーキンズの目の前で本当の考えを明らかにするなどと思っているのなら、あなたは軍のことをまるでわかっていない」と述べたという。彼は「将軍たちに――あるいはこの件にかんしては大使に――直接質問された時に若い将校たちが寄こす回答には疑いを抱いている。楽観的な、好ましい答えで応じたいという欲求には非常に抗しがたいもの――それは理解できることである。したがって、サイゴンなど都市部一般での事態に軍は影響を受けていないという、しばしばなされる声明は疑問である」とワシントンにも伝えた。(35)

軍内部だけではない。文官の間でも、厳しい内容の報告は内容を穏やかに直されるか、ワシントンに送られないかだとハリマン政治担当国務次官の補佐官サリバンは記している。(36)

ささやかな抵抗

ＣＩＡのベトナム作業班長クーパーは「一部のアメリカ人は、サイゴンの外で何が起きているかをじょじょに知り始めた」という。とくに前線に立ち、毎日のように間違った楽観論――彼らの目からすれば欺瞞――に直面する人々は、早くから不安を強めていた。(37)

彼らは『きらきら星（*Twinkle, Twinkle, Little Star*）』の替え歌を用いて、上層部のあまりに強固な楽観ぶりを揶揄した。

We are winning, this we know.　　こっちが勝ってる、知ってるさ。
General Harkins tells us so.　　ハーキンズ将軍のお言葉さ。

In the delta, things are rough.
In the mountains, mighty tough.
But we're winning, this we know.
General Harkins tells us so.
If you doubt this is true,
McNamara says so too.

デルタの様子は大変だ。
山でもひどい有様だ。
それでも勝ってる、わかってる。
ハーキンズ将軍がそういうさ。
これが嘘だと思うなら、
マクナマラもそういうよ。[38]

現場の声を

軍事顧問や記者は、政府軍や戦況の実情をよく知っていた。だからこそ国務省でベトナム政策形成の中心となったヒルズマン極東担当国務次官補は、ワシントンで「ベトナム任務を終えた後の軍事援助司令部の顧問にできる限り多く会いたい」と望んだのである。[39]

一九六三年五月、軍事顧問の大多数はまだ事態の改善と最後の勝利に希望を抱いているが、一部には絶対に勝てないとする者もいると報じられた。それは「現場で何かを達成しようとし、大変な苛立ちと困惑を感じ……報告を過大に飾るのではなく、何かが失敗した場合それを陰鬱な絶望の中で報告しようとする者」と、「うまくいったことを過大に、まずいことを矮小化しがちな連中」との差だったとクーパーはいう。[40]

戦闘に直面し、政府軍への失望を深める現場と、お偉方との間にも溝が拡がっていた。サイゴンの司令部やワシントンは「おそらく客観的な環境が指し示すよりも好ましい見解を採用しがち」（クーパー）だったからである。[41]

すでに一九六二年秋、激戦地メコンデルタでは楽観論はすっかり影を潜めていたが、サイゴンの人々はまったく別だったとハルバースタムは述べている。戦場との距離が、楽観の度合いに比例していた。困ったことにこうした上下の溝は「出先機関全体、あらゆる組織」（ヒルズマン）に見られる現象だった。[42]

3　漏洩という名の敵

記者の情報源

この戦争は「おいタクシー戦争（Hail-a-Cab War）」と呼ばれた。記者たちがタクシーに乗り込み、戦場をその目でつぶさに見ることができたからである。[43]

ラスク国務長官はのちに、「理論上は、われわれは戦争状態にはなかった。宣戦布告はしていなかったし、戦時検閲もなかった」と説明している。自由な報道を含む「アメリカ的システムそのもの」が問題の根源だったと大使館のメクリン広報担当参事官は指摘する。[44]

彼らの情報源としてとくに重要だったのが、大使館や軍事援助司令部の楽観を信じず、そして聞く耳を持たない上司に不満をつのらせる、軍事顧問との個人的な関係である。[45]

軍事顧問がまだ一万二千人ほどだった当時、実際に地方で汗を、そして時には血を流す若い将校は二〜三千人ほどしかいなかった。彼らは時にベトナム人の政府関係者や軍人と「コメの根で親密な関係」にあり、そのためかえって戦争の有様について偏見があったとクーパーは批判している。[46]

だが彼らは自分たちの報告に耳を貸さず、ジェム政府にも南ベトナム政府軍にも十分な圧力を及ぼそうとしない上司たちにうんざりしていた。彼らは司令部やワシントンに理解してもらえない不満と鬱積を、聞く耳を持つ唯一の人々、つまり記者に訴えた。とくにベトナム勤務の終わりが近づくとその傾向が顕著だった。[47]

その一例が一九六三年初め、アプバックの戦いである。記者は当初作戦が行われたことじたいを知らなかったし、その後も軍事援助司令部が提供する事実を報じるしかなかった。しかし政府軍の体たらくを目の当たりにした軍事顧問が彼らの情報源になった。だから「手厳しい」（ノルティング大使）見方がそのまま報じられたのである。「十分な情報を持っていない米軍の情報筋」が全体像を欠いた報道につながっているのだと、国務省極東局のベトナム作業班長ウッドはサイゴンのトルーハート代理大使にこぼしている。[48]

豪訓練使節団のセロング大佐が一九六三年春にワシントンを訪れ、反乱鎮圧特別研究班で指摘したのが、ベトナム人に助言を受け入れさせる際にアメリカ人軍事顧問が絶え間なく感じる欲求不満である。その背景には戦争はうまくいっていない、このままでは最後まで勝てはしないという危惧があった。[49]

軍事顧問ばかりではない。ＣＩＡサイゴン支局内部でも、政情不安や混乱について楽観的な上層部と悲観的な下僚との間に乖離があった。文官の各組織にも同様に、上層部ないし組織公式の方針を是とせず、とりわけジェム政府に「感情的に反感を持つ者」たちがおり、彼らの声が記者たちに流れた。メクリンがいうように、情報源は「山のように」存在していたのである。[50]

神経とがらす大統領

漏洩との戦いはケネディの大統領就任前から始まっていた。報道官となったサリンジャーを当時「最も悩ましていた問題のひとつ」が、新政権の閣僚やスタッフの名が絶えず漏れることだった。新国務長官ラスクの名が『ワシントン・ポスト』一面を飾った時、ケネディの怒りは爆発した。「君がやっている仕事を全部ストップして、この事件に関係のある人間の名前を調べてほしい。それも今日中にほしいのだ。こういうことは絶対やめさせねばならない」。サリンジャーはほどなく真犯人を突き止めた。前夜、『ワシントン・ポスト』社主と話したケネディがうっかり口止めを忘れたのである。「あなたです」「なんだって？私だって？」。この時、ケネディの反応は「長い沈黙」と「くすくすと笑うような低い声」で済んだ。だが、ベトナム報道となると笑いごとではなかった[51]。

テイラー統合参謀本部議長はのちに「大使館内の各派から記者への漏洩は日常茶飯事で、しかも新聞が彼らの意見対立を報じた」ことが問題だったと嘆いている。対立する人々は、「愛国的行為」と信じて自分たちが正しいと確信する主張の漏洩に励んだ。「漏洩とそれに対抗する漏洩の力学」がこうして生まれたとヒルズマンはいう。メクリンによれば、漏洩は自分の「武器」の一つだと公言していたのがロッジ大使である[52]。

ケネディ自身、漏洩を駆使した情報操作の達人だった。だが自身が意図的に行う漏洩と、政権のあちらこちらから情報が漏れ出すことはまったく別物だった。彼は政権全体が「一つの声で話さなければならない」と強調した[53]。

一九六三年初頭、軍事顧問、とくに下位の人々を相手にどのような対策を講じるかが問題となった。彼らに、なぜわが国がベトナムに介入しているのかを十分理解させ、戦争の全体像について周知させること。彼らがより広い視野を持てるよう、軍事作戦だけでなく、経済・社会面の進捗についても教えておくこと。作戦で記者が同行する場合は対応できる補佐役をつけること。戦場では記者に名札をつけさせ、身分の明示を求めること[54]。

一九六三年五月のホノルル会議は「米軍要員はしゃべりすぎても、いっさい口をきかなくても、問題になる」として、軍事顧問がアメリカを発つ前に報道対策の訓練を強化する方針を決めた[55]。

箝口令は無駄

ここでやや時をさかのぼって、メクリンのいう「ことに目を見張らんばかりの漏洩」の一例を見てみよう。一九六三年二月までヘリの射撃手は自衛のため必要な場合に限り、具体的には地上から撃たれて初めて応射できた。だがアメリカは交戦規則をひそかに変更、敵が撃つ構えを示しただけでも発砲が可能になった。この変更の情報は、実施前に記者の間を駆けめぐった。規則変更を知らされた千人ほどのパイロットから話が拡まったからである。大統領が承知済みの交戦規則変更とはいえ、国務省の了解を得ないまま報じられたことにウッドは愕然とし、いったい誰が許可したのかと騒ぎ立てた。現地ではノルティングが必死で調査を進めた[56]。

一九六三年二月、ウッドはトルーハートに、一万二千人もの軍人たちがアメリカの政策の全体像をわきまえ、言葉を選んで記者に話すよう期待するなど「絶望」だと伝えている。国務省で介入正当化の文書を用意した経験を持つ、マクギー政治担当国務次官の補佐官だったジョーデンも「ベトナムの田舎に広く散らばっている一万二千人のアメリカ人が記者に話すのを止めることなど望むべくもない」と認めた[57]。

ハーキンズ軍事援助司令官の網の目をかいくぐって、こうした対立をめぐる報告がワシントンに達することもあった。だが軍首脳が知らぬ顔の半兵衛を決め込んだ。ベトナムに向かう軍事顧問にも、達成感や将来の希望をつねに強調するよう指令が下された。悲観論が漏れ出たことに刺激され、かえって楽観論が組織として確立したと指摘されている[58]。

管理に汲々

八月末から九月初めにかけて、戦況悪化や政治危機が記事になるたびに政権首脳は神経をとがらせた。記者に話した人間は誰か。一部の連中がしゃべりすぎではないか。犯人探しと再発防止、つまり口止めの努力が続く[59]。

九月三日。ケネディはＡＰ通信の記事について「誰の仕業か」とマニング広報担当国務次官補を追求した[60]。

九月五日。大統領は『ニューヨーク・タイムズ』の記事について、政権内の情報源を大至急調べるよう、もし必要なら新聞社に問い合わせるようヒルズマンに命じた。「わが国の政府筋がこんな発言をするなどと思わせるわけにはいかない。もしそういう者がいるのなら、止めさせなくてはならない」からだった[61]。

九月六日。ケネディは再度、この新聞記事をもたらした「われわれ内部の素晴らしい情報源」探しに躍起となった。(62)

九月一〇日。楽観論と悲観論が正面衝突した会議の中で、ジェム政府がアメリカから供与されたことを示す標識のついたトラックを逮捕者の護送に使ったことが問題になった。だがこの時ケネディが憤ったのはむしろ、サイゴンの実情をワシントンに知らしめる目的でそうした「写真を撮るよう勧める者の動機」のほうだった。(63)

ケネディはとりわけ「ワシントンでもサイゴンでも、われわれ内部の戦いが新聞をつうじて行われる傾向」に懸念を表明し、「意見の相違はこの会議の席上戦わせるべきで、新聞を使って間接的に行ってはならない」と念押しした。国務省からは即日サイゴンに向けて、見解の違いは「政府組織内部だけで解決し、表だって新聞紙上で論じられないように」せよと指示が飛んだ。偏執狂的ともいえるこだわりぶりである。(64)

翌日、ヒルズマンはロッジ大使に「報道への漏洩を最大限厳しく管理」するよう指示した。九月下旬、マクナマラ国防長官とテイラー統合参謀本部議長をサイゴンに送る時も、大統領の関心は視察団の「報道への対策は大丈夫か」にあった。マクナマラは「視察団メンバーによる漏洩を防ぐべく、きわめて積極的な措置を講じる」と請け合っている。(65)

漏洩は処置なし

一九六三年九月中旬、あるＣＩＡサイゴン支局員が帰国後報告したように、「サイゴンでは何もかも内部の人間によって漏れる」状態が続いていた。ロッジ大使も、「底なしの漏らし屋であることがしばしば」の妻たちを含む、五千人のアメリカ人がサイゴンにいるのだとあきらめ顔だった。(66)

一〇月初め、ロッジは「何千人ものおしゃべりなアメリカ人」が記者に情報を与える状態では、漏洩を止めるどころの騒ぎではなく、情報源を特定することさえ困難だと嘆息した。サイゴンは「記者が報道の材料を得るうえで無限に方法がある」街だった。同じ頃ワシントンでは、ヒルズマンが『ワシントン・ポスト』に掲載された記事について、情報源はどこかとアンナ（Warren Unna）記者に食い下がっている。[67]

クーデターでジェム政府が倒れた後、ラスク国務長官が真っ先に強調したことの一つが、「ここワシントンでは知られていてもサイゴンの記者にはまだ知られていない情報を与えないよう、政府内の全員が注意すべき」だということだった。ゲリラとの戦いと同じく、報道との戦い、そして政府組織内部の戦いも果てしなく続いていく。[68]

ケネディは「いかなる根拠に従うべきかが定かでなく」、時に応じて国務省や国防省からもたらされる「一貫性を欠いた説明を採用」（ソレンセン大統領特別顧問）せざるをえなかった。それというのも、民衆がすっかり離反したジェム政府とともに共産主義者と戦うという、きわめて非現実的な政策のせいだった。それを認めることができない以上、現地からの報告や政権の立場に異論を唱える報道に苛立ちをぶつけるばかりだった。ケネディは情報の収集や伝達、分析などの面での失敗を何一つ改善しないまま、ジョンソンに遺したのである。[69]

4　悲観報道への対処

政府の楽観に挑戦

ケネディ政権内で激化する悲観論と楽観論の対立も、彼らと報道との間に発生した「橋を架けられないほどのギャップ」に比べればましだったかもしれない。大使館のメクリン広報担当参事官はのちに、記者たちが「二たす二は三」との答えを出している時、政権側が「二たす二は五」と考えているようなものだったと、両者の見方の違いを描写している。[70]

一九六二年までは、現地の記者もおおむね大使館や軍事援助司令部と楽観を共有していたという。だが後半になると、彼らの楽観も後退していった。ただ、当の自分たちですらじつは「どれほど悪化しつつあるかを十分理解していなかった」のだと『ニューヨーク・タイムズ』のハルバースタム記者はのちに述べている[71]。

一九六三年夏、一方には前途に輝かしい成功を見るアメリカ当局があり、他方にはこのままでは勝利などありえないと考える記者がいた。戦況報道は日ごとにその暗さを増していた。アメリカは勝利に邁進するどころか、これはどちらの側もはっきりと勝ってはいない「奇妙な戦争」だ。アメリカは望みはないとして引き揚げるか、みずから戦いの主役となるか、あくまでもいまのやり方にこだわり長期戦を覚悟するかしかない。とくに重要なメコンデルタはせいぜい手詰まり状態でしかない[72]。

記者の多くはジェムと一緒では勝てないと確信していた。サリンジャー報道官によれば、ハルバースタムやＵＰＩ通信のシーハン記者らは「ジェム政権が倒壊し、そしてベトナム人がなにをしているかを本当に理解する政府ができるまでは、ベトナムにおける戦争に本当の意味の進歩はけっしてありえない」との信念の持ち主だった[73]。

秋になるとアメリカ国民は日々憂慮すべき報道に接していた。状況は悲惨だ。しかも悪化しつつある。だがジェム政府はなんら是正措置をとっていない。いくら損害を与えても敵の兵力は増え続けている。それどころかますますその強さを増している。政府軍は戦おうとしない。かつて圧倒的優位だった損害率はいまや互角に近い。こちら側は敗れつつあり、少なくとも勝ってはいない[74]。

九月、ＣＩＡ内の分析によればとりわけハルバースタムが一貫して主張する悲観論が、仏教徒危機にも戦争にも打撃を与えていた。一〇月初め、ロッジはサイゴン発の報道がアメリカに「辛辣な扱い」を続けていると報告した[75]。

冷戦心理は共有

だが記者もケネディ政権の面々と同様、冷戦心理にどっぷり浸かり、南ベトナム防衛を支持し、あくまで勝利を求めていた。英紙『サンデータイムズ』の経験豊かな記者ナイトリーによれば、彼らは「アメリカが勝利するのを望んでいた」し、疑念の対象は「介入の有効性」だけだった。それは「アメリカの政策ではなく、この政策を遂行するための戦術」だった(76)。

アメリカ人将校も記者も、「ベトナムこそ一線を引かなくてはならない場所」だという点では一致していたとハルバースタムは断言している。彼らもまた「アメリカ人であることのワクを越えられなかった」のである。彼自身、もしアメリカが引き揚げればベトナム人が共産政権下で苦しみ、アメリカの威信が全世界でいっそう低下し、全世界で西側の敵が破壊活動を推進することになると信じていた(77)。

記者は「敗北が迫っていると書き立てれば……勝利を実現できるだろうと考えていたにすぎない」し、だからこそ「起こっていることの真実を報道して、戦争に勝利するよう手助けすることは特派員の義務であると思っていた」のだとシーハンもいう。彼は「やり方には賛成できないが、米軍が負けるとは思っていなかった。しかし、取材をするうちに米軍がこのままのやり方を続けるなら負けるだろうと考えた」のだと述べている。同様にＡＰ通信のアーネット記者も、「この戦争を戦うことにはたして意味があるのかなどという疑念を口にする者は一人もいなかったと思う」と記している(78)。

マニング広報担当国務次官補は七月末、記者が「全体としてわが国がベトナムで追求している計画を是認し、われわれの努力を支持している」と述べた。彼はケネディにこう伝えている。記者はアメリカ政府関係者が「ジェムとともに勝つ」ことにコミットしすぎて客観的な報告ができず、報道のほうがより現実に即していると確信している。彼らは、ベトナム介入にもアメリカが進めている計画の実現可能性にも疑いを持っていない。彼らは「真摯であり、共産主義者の破壊活動を阻止するというアメリカの努力に深くコミットしている」盟友なのだ(79)。

つのる苛立ち

ソレンセンは、ケネディが報道の悲観論に「耳を傾けるというよりは、むしろいらいらしていた」という。その典型が八月一五日、『ニューヨーク・タイムズ』に掲載された記事をめぐる騒動である。ハルバースタムが、仏教徒危機が戦争に及ぼす悪影響やメコンデルタの情勢悪化などを報じた。戦いが激化したばかりか、政府軍の損害や武器喪失が増えている。そのおかげで敵の武器はますます改善されている。ゲリラは政府軍の拠点や戦略村を夜に攻撃し、道路の安全確保もままならない[80]。

ラスクはすぐさま現地に事実を確認した。統合参謀本部で反乱鎮圧を担当するクルラック将軍はマクナマラ国防長官に、国家安全保障会議のフォレスタルはケネディに、ハルバースタムの統計もその主張も不正確だと報告した。ベトナムでの戦いが季節によってその様相を異にし、また地域ごとにまるで違うことを理解しないまま、眼前の状況に心を奪われている。これがゲリラ戦争であることも、こちら側がどのような戦略を採用しているかもわからず、ただ批判に身をやつしている[81]。

ラスクを始め国務省はハルバースタムの記事内容をはっきりと否定した。ハルバースタムは「それまで私が書いた記事でこの記事ほど激しい反応を受けたものはなかった。米大統領は怒ったし、将軍たちも怒ったし、文官も怒った」と述懐している[82]。

ケネディ政権は、報道の悲観論になおいっそうの楽観論で対抗した。ワシントンからの問い合わせに、サイゴンは「デルタ情勢は全体として、この一年悪化していないだけでなく、ベトコンを民衆から切り離すという点では進捗が続いてきた」と答えた。戦場の真実を知りうる経路の一つが、むざむざと消し去られてしまったのである[83]。

5　第二戦線

虚偽を糾弾

記者はもっぱら公式発表に依存し、またそれに満足していた。とくにベトナム戦争初期、報道そのものが政府筋からの情報に依存していた。いや冷戦コンセンサスが健在だった一九六〇年代いっぱい、主導権は基本的に政府側にあった、いやむしろ報道が政府の隠蔽を助けたのだと指摘される[84]。

だが早くも一九六三年春、サイゴンの記者はアメリカの代表部が提供する資料など無視するようになっていた。七月、マニング広報担当国務次官補は彼らが「米大使館幹部から渡される情報や案内にほとんど信を置いていないと公言」しているとケネディに伝えた。アーネットによれば、「公式情報は大半信用ならぬもの」であり、とくにアメリカ側の発表と南ベトナム政府の発表が似通っている場合は「眉唾」だと彼らは考えていた[85]。

記者の多くはかねて、サイゴンのアメリカ当局が「戦争についてもジェム政府についても故意に嘘をついた」と考えていた。ＡＰ通信のマルコム・ブラウン記者が作成したベトナム取材要領によれば、「毎度のようにまるで表裏百八十度を異にする大嘘をつく当局者」には用心が必要だった。ＶＯＡを「真実の組織」と呼んだマロウ文化情報局長官は「真実を発明した」男だと記者に皮肉られる始末だった[86]。

記者は大使館や軍事援助司令部の言葉を「組織的な嘘」と見なしていた。ハルバースタムは、サイゴンのアメリカ当局を「巨大な虚偽製造機械」と糾弾した。それは「明るく輝く嘘」（シーハン）を効率的に生産し続けていた[87]。

批判された側の一人、大使館のメクリン広報担当参事官ですら、「数限りない小さな嘘」や「じつに多くのちょっとした欺瞞」の積み重ねがあったことを認めている。七月、マニングもケネディに、記者を邪魔者扱いし、書いて欲しくないことを隠そうとするのは「大使館の本能」なのだと指摘している[88]。

しかしメクリンの見るところ、「問題の根本」は別のところにあった。「記者たちが嘘だと思っていた内容の大部分は、まさにアメリカ代表部が心から信じており、そしてワシントンに報告していたこと」だという事実である。大使館も軍事援助司令部も、戦争の進捗という「幻想の世界の中で活動」していた。シュレジンガー大統領特別補佐官によれば、彼らが自分たちの報告をほんとうに信じているという「より深い悲哀」に、彼らを批判する記者でさえ気づかなかったのである[89]。

アプバックの号砲

アプバックの戦いは、ケネディ政権と報道陣との「第二の戦闘」（ハルバースタム）の本格開始を告げる号砲だった。記者は、それまで内心で抱き、時に記事にしてきた疑念がこれで証明されたと欣喜雀躍した。アプバックは根拠のない楽観、自己欺瞞、虚偽の象徴だった[90]。

少なくとも表向き楽観的な態度をとり続けるケネディ政権は、悲観報道との摩擦に直面した。アプバックの戦いが勝利と強弁されるのを見て、サイゴンのアメリカ当局がワシントンを誤った方向に導いているとの確信が記者の間にいっそう強まった。彼らは、嘘をつき続ける——と彼らが信じる——ハーキンズ軍事援助司令官もノルティング大使も信じなくなった[91]。

ケネディ政権は悲観的な、政権批判の報道にいきり立った。たしかにアプバックは失敗だったかもしれないが、目くじらを立てるほどではない。現実離れした大災厄のイメージが流布してしまったのは記者のせいだ[92]。

直後に現地を訪れた統合参謀本部の視察団は、不完全な、あるいは間違った敗北報道が悲観論を刺激し「アメリカでもベトナムでも国民の態度に色をつけてしまっている」可能性を懸念した。統合参謀本部は大統領に、アプバック報道は今回の作戦が持つ重要性についても友軍の犠牲についても事実を「歪曲」していると報告した。無責任な記者が「慎重に事実を確認せずに」情報を垂れ流しにしていると、フェルト太平洋軍司令官は統合参謀本部に不満をぶちまけた[93]。

国務省極東局に設けられたベトナム作業班はアプバックをめぐる「きわめて批判的な報道」を強く懸念した。ノルティングの耳には、ケネディが「わがほうの進捗と政策に対する報道の暗い見方」に神経をとがらせているとの話が伝わっていた。反乱鎮圧特別研究班も報道を詳細に検討し、アメリカのベトナム政策は正しいのに、こと紙面をつうじて見る限りそうは思えないことに憤りをつのらせていた[94]。

ホワイトハウスも国務省も報道への反発を隠さなかった。サイゴンの出先機関も同様だった。「好ましくないニュース記事の洪水」が発生した結果、対報道関係が自分にとってもノルティングにとっても「最大の頭痛の種」となったとハリマン政治担当国務次官は述べている。ジェム政府を刺激する恐れは百も承知のうえで、アメリカが報道対策に「より大きな役割」を演じる必要が痛感された[95]。

亀裂は深刻

アプバック報道に刺激されて、アメリカ国内で弱体な南ベトナムへのてこ入れ論が強まり、ひいては「ベトナムでアメリカ軍の介入が大規模になり、だんだん深まってゆく」のではとの危惧もあった。だから批判記事は「特に大統領を怒らせた」とサリンジャー報道官は回想する[96]。

ヒルズマン国務省情報調査局長と国家安全保障会議のフォレスタルは一九六三年一月、南ベトナムで取材中の記者は「いまや大使館や軍事援助司令部と良好な関係」にあり、その助力に感謝さえしているとケネディに報告した。だが同時期、統合参謀本部の視察団はアメリカ側当局と報道の関係が「緊張」しており、「不幸な空気」に覆われていると懸念した。視察団を率いたホイーラー陸軍参謀総長は極東担当国務次官補だったハリマンに、「きわめてひどい」状況が現出していると伝えた[97]。

七月上旬、休暇をとったノルティングの留守を守るトルーハート代理大使は、記者のおかげで「大変な思いを味わっている」と国務省にこぼした。国務次官、無任所大使をへて駐インド大使となったボウルズも、当局と報道の「厳しい行き詰まり」「厳しい紛争」について警告を発した。『ニューヨーク・タイムズ』のハルバースタム記者によれば、それまで友好的だった軍事顧問でさえ、記者に何かを聞かれても「知らん顔をして横を向く」ようになってしまった[98]。

現地を視察したマニング広報担当国務次官補の眼前では、記者のあからさまな敵意にさらされた大使館や軍事援助司令部の担当者が疲弊し切っていた。もっとも彼らも記者への嫌悪を隠していなかったから、おたがい様だったろう。それはアメリカの介入政策やジェム政府のあり方に由来する「ほとんど類例を見ない」報道との摩擦だった[99]。

八月下旬、メクリンは着任直後のロッジ大使に、「信頼性の危機」が生じていると警告した。意図的に間違った情報を与えられたとの確信が「ベトナム政府に対するアメリカ人記者の爆発的な反応」を生み出したのである[100]。

＊　＊　＊

古今東西を問わず、敵を知り己を知ることこそ勝利への王道である。ケネディ政権は真摯に戦場の現実を知ろうともがき苦しんだ。だが同時にその自己欺瞞は、膨らみつつある疑念を抑えつける結果となった。外には批判報道との戦い。内には真実を知らしめようと漏洩に余念がない者たちとの戦い。現実に目を塞ぎながら、彼らはひたすら戦いにのめり込んでいったのである。

結論　超大国敗北への里程標

1　責任転嫁の日々

南ベトナム強化に失敗

ケネディ政権は、ベトナム共和国つまり南ベトナムで展開される事態を、民族解放戦線、いわゆるベトコンと、その背後に存在するベトナム民主共和国つまり北ベトナムによる侵略と見なした。ケネディ大統領が不慮の死を遂げる日まで、同盟者たる南ベトナムのゴ・ジン・ジェム政府と手を携えて、共産主義者による策謀を打破すべくたゆまぬ努力が続けられた。

ゲリラ戦争勝利に絶対不可欠だった南ベトナム政府軍の各部門や民兵・警察の強化。国境を越えた敵の浸透阻止を担う民間非正規防衛隊の組織化と山岳民族の慰撫。国民の「ハーツ・アンド・マインズ」を獲得するためのさまざまな民生活動。農民をゲリラの魔の手から守り、彼らの間に政府支持を固めるための戦略村建設計画。ゲリラの投降を促し、敵の勢力を削ぐためのチュウホイ計画。遠いジャングルや泥田の中で展開される戦いの詳細を把握するための情報収集・分析体制の拡充。反乱鎮圧戦略にもとづいて、あの手この手が講じられた。

しかし、結果はたいてい同じことの繰り返しだった。深刻な問題点が認識される。政権の英知を結集して対策が講じられる。いったんは大きな成果が上がる。少なくともそう見える。事態好転への期待と、さほど遠くない将来における勝利への楽観が強まる。だがさまざまな齟齬が表面化し、あるいは問題点がほとんど解決されていないことが判明する。南ベトナムの防衛力は改善されず、民心は政府に寄り添うことなく、戦場の現実すら把握できないまま、結局のところ失地回復の努力は破綻していく。あげくに蔑視感情もあらわに保護者然として振る舞うアメリカ人と、ベトナム人との間に溝が深まっていく。

だが、どれほど困難であろうとも、成功の見込みが薄くとも、冷戦の重要な戦場ベトナムを打ち捨てるわけにはいかなかった。とすれば、一九六三年までに顕在化した軍事的失敗――反乱鎮圧戦略の挫折――への対応は一つしかなかった。アメリカがみずから、全身全霊をかけて戦いに挑むことである。

こうしてアメリカはケネディの衣鉢を継いだジョンソン政権のもとで、テイラー統合参謀本部議長（一九六四年に駐南ベトナム大使）のいう「負け戦に臨むこと」を余儀なくされる。ケネディの失敗がすべての始まりだった。いやそれ以上に、失敗をどう受け止めたかにこそ、彼が経験し、後に遺した破綻の本質があった(1)。

責めはジェム政府に

ケネディ政権前半にＣＩＡサイゴン支局長だったコルビーは、ベトナムでアメリカに「正しい戦略を選択し、目標達成のため最善の戦術を採用する能力」があったかどうかが本当の問題だという(2)。

だがヒルズマン極東担当国務次官補にいわせれば、反乱鎮圧戦略という概念そのものはけっして間違っていなかった。実際に失敗の証拠を突きつけられても、疑念が本当に生じることはなかったといわれる。一九八〇年代、ベトナム修正主義の一翼を担ったサマーズ大佐も、一九六三年までは南ベトナムを強化するというアメリカの基本的な考え方は正しかったと主張している[3]。

では、いったい何が間違っていたのか。ベトナム戦争は誤りだったとする回顧録を刊行して賛否両論の渦を引き起こしたマクナマラ国防長官によれば、その誤りとは「価値観や意図」をめぐるものではなかった。たんに「判断と能力」に齟齬をきたしたにすぎない[4]。

国家安全保障会議のコーマーも同様の考えである。諸悪の根源はアメリカがもたらした計画の「実施」面にある。注意すべきは「政策と現場での実施のギャップ」だけだ。そうした「じつに大きなギャップ」をもたらしたとして槍玉に挙げられ続けたのが、戦争遂行の主役である南ベトナムという国家、弱体で非効率な政府、その指導者たるゴ・ジン・ジェム大統領、さもなくば実権を握る弟のニューやニュー夫人、彼らを取り巻く指導者層である[5]。

国務省情報調査局長として現地を視察したヒルズマンと国家安全保障会議のフォレスタルが一九六三年早々、「改善の余地が最も大きいように思える分野は、戦略概念の実行面である」とケネディに訴えたのも、そうした考え方の表れだった。せっかくの反乱鎮圧戦略も実地適用が手遅れだったとの考え方もある。正しい戦略を手にしていたのだから、もっと早い段階でそれを実施していれば勝てたはずだというわけである[6]。

多岐にわたる過ち

ジェムが犯した過ちを数え上げれば切りがない。軍事などずぶの素人であるのに、政府軍が損害を出さないよう作戦によけいな口出ししたこと。クーデターを怖れるあまり軍内部に監視網を張りめぐらせ、将軍たちの分断を図ったこと。弾圧政策などにより民間非正規防衛隊すなわち山岳民族部隊の機能を阻害したこと。効果的な武器となるはずの土地改革に最後まで取り組まなかったこと。戒めに耳を貸さず、戦略村の建設を急ぎすぎ、集落の防衛も民心の確保もお座なりにし、支配強化と権力基盤維持ばかりを図ったこと。チュウホイ計画に消極的であり、その効果的実施に十分成功できなかったこと。恣意的な、現実を反映しない戦況報告、たとえば数字を水増しした成果をアメリカ側にもたらしたこと。反乱鎮圧を重視するにはしたが、あまりにも遅かったこと。軍事・非軍事的側面すべての統合ができなかったこと。軍事面にばかり注意を向け、政治・経済・社会などにはほとんど努力を払わなかったこと。深刻な政治的欠陥のため、いやむしろそれを覆い隠すため、軍事的手段に依存したことなどである[7]。

マクナマラ国防長官にいわせれば、南ベトナム政府はゲリラ戦争を戦うべきこの国土について何も知らなかった。サイゴンの大使館で広報を担当していたメクリン参事官によれば、ジェムもニューも「マンハッタンのバーテンダーが南カリフォルニアのメキシコ系不法移民のことを知らない以上に」農民について知らなかった。ベトナム戦争が冷戦における代理戦争であるとすれば、そしてアメリカにかわって共産主義と戦うべき南ベトナム政府がこの有様では、農村を舞台とする政治戦争になど勝てるはずはなかった。だがそれは事実としても、そこからは南ベトナムの政府や軍の無能をあげつらう、責任転嫁の香りが立ちのぼっている[8]。

民族が有する欠陥

ジェム政府を糾弾することは、同じ民族であるはずの民族解放戦線が手強いゲリラ兵力であり、しかも農民の支持を着実に固めていた理由の説明にもなった。一九六三年一二月のこと、国務省極東局のカッテンバーグから「ベトコンの力の源泉」は何かと聞かれたベトナム人の仏教指導者は、「自由・平等・公正の原則を政府が拒んだことに対する民衆の憤激」だと答えた。もしそうなら、ジェムさえ消えてくれればすべてはうまくいくはずだった。それがケネディ政権による、軍部クーデターへの支援、少なくとも暗黙の了解を後押しした[9]。

しかし一九六三年一一月、ジェム政府が倒れても政府軍の欠陥は手つかずだった。民間非正規防衛隊も、戦略村も、チュウホイ計画も、名を変えあるいは微修正を施されながらジョンソン政権に引き継がれていったが、結局はおおむね徒労に終わった。

ジェム個人や彼の統治体制に責めを帰すことができないとすれば、ベトナム人という存在そのもの、彼ら固有の欠陥に目を向けるしかなかった。民間非正規防衛隊の失敗は、ベトナム人の山岳民族への露骨な蔑視のせい。政治戦争がうまく運ばないのは、そもそも政治や政府に無関心な農民の伝統的態度のせい。

ハーキンズ軍事援助司令官はのちに、ベトナムで民衆の心を勝ちとるうえで「多くの障害」があったことは認めながらも、要するに「ベトナム人は政府というものをあまり好きではないのだ」と一言で片づけている。一九六三年九月、はかばかしくない情勢に悩むヒルズマンは、その原因を「アメリカ大使館の人々の力不足」ではなく「非常に複雑なベトナムの政治＝軍事情勢」に由来するものと結論づけていた[10]。

ベトナム固有の事情

マクナマラはその回顧録で、ベトナム経験が「軍事力には国家建設を促進するうえでは限られた能力しかなく、それじたいは『破綻国家』を再建することはできない」ことをアメリカに教えたと述べている。「外部の軍事力は、ある国の国民が彼ら自身の手でみずからのためにつくり上げるべき政治的な秩序や安定のかわりにはならない」。ベトナム人がその気にならない以上、アメリカ人ができることにも限りがあった[11]。

彼らが息づく大地そのものも目の敵にされた。戦局を左右する重要なメコンデルタで敵が暗躍を続けられるのも、国境を越えた敵の輸送を止められないのも、困難きわまりない地勢のせいにすぎない。大統領の記者会見に備えて用意された資料にいわせれば「ベトナムの地勢はこの種の戦争を戦うのには困難なもの」だった。しかも戦乱の果てに生まれてまもない国、ゲリラ戦争の脅威にさらされ続けた国が、アメリカの助言を生かせず戦いをまともに遂行できなくてもある程度はやむをえなかった[12]。

指導者の首をすげ替えてもうまくいかない理由はそれで説明できるかもしれない。だがそれでは、なぜ同じベトナム人が、同じ場所で戦っているのに、民族解放戦線だけがうまくやれるのかが説明できない。まさに循環する論理、矛盾である。結局、それ以外の何かに失敗の原因を求めるしかない。アメリカ自身の政策やその実施に問題はなかったかということである。

過去も非難の対象

ケネディ政権に反省が皆無だったわけではない。だがその矛先は主として過去に向けられた。悪いのは、ジェムという欠陥品をつくり出したアイゼンハワー政権だというわけである。さまざまなアメリカの要求、それに対する抵抗、それがもたらす対立、不十分な影響力へのワシントンの苛立ちなどは、一九五〇年代半ばから着実に蓄積され、蒸し返され続けてきたものだったからである[13]。

大統領の弟、ロバート・ケネディ司法長官はこう回顧する。「ジェムは腐敗しており、悪い指導者だった。彼がいなかったらはるかにましだったろう。だがわれわれは彼を引き継いだのだ。彼はその任に就いていた。どうすればよいのか？つまり、彼がいなかったらよかったのだが、誰でもよい、戦争に勝てる者が必要だったのだ――それは誰か？――だからその人物を選ぼうとしたのだ」。そこには自分の国をまともに統治できず共産主義と戦うことのできないベトナム人と、そのベトナム人を置き土産にホワイトハウスを去った前任者への、二重の責任転嫁が露骨である[14]。

政権参画者だけではない。ベトナム報道でのちにピュリツァー賞を受けた『ニューヨーク・タイムズ』記者ハルバースタムも、戦争をめぐる状況をこう表現している。一九五一年――「手遅れ」。一九五四年――「さらに手遅れ」。一九六一年――「それ以上に手遅れ」。一九六三年――「なおさら手遅れ」。にもかかわらず、他にかわるべき政策を

持たないままアメリカは「何年も何年も旅を続けてきた」のだ。「長いジリ貧の道程の終り」が、泥沼の戦争だ。(15)

現実逃避体質

一九六一年春、大統領就任後まもないケネディは亡命キューバ人によるカストロ打倒作戦、いわゆるピッグズ湾事件で大失態を演じた。だがそれはカストロの力、キューバ国民の動向、上陸予定地の地勢などについての情報不足にもとづく誤算として片づけられた。もちろん十分な事実を得る努力を怠った点について反省はやぶさかではない。だが、十分な情報がありさえすれば間違いなど起きるはずがない。同じ過ちは二度と繰り返さない。(16)

ケネディは「勝者には百人の父親がいるが、敗者は孤児である」と、責任を一身に負う姿勢を示した。しかし内実は違った。もっぱらずさんなキューバ侵攻計画をそもそも立案したアイゼンハワー政権や、間違った情報を提供し、成功に太鼓判を押し、作戦を取り仕切ったＣＩＡなどに責めを負わせたのである。政策じたいではなくたんにやり方がまずかっただけだと片づけ、責めを負わせる誰か、あるいは何物かを求める姿勢が顕著だった。(17)

発展途上世界における国家建設を推進すべき試みの一つ、進歩のための同盟による大々的な中南米援助計画が頓挫した時も、政権内部で責任のなすり合いが見られたという。しかも失敗の原因は、ある担当者にいわせれば「西洋文明の人間観とは対照的な考え方を持つ」中南米特有の社会にあった。まるでベトナムでのちに起こることの予行演習だった。(18)

ベトナムでも執拗な責任転嫁によって、ケネディは多少なりとも心の慰めを与えられたかもしれない。だが、状況の悪化は明らかにアメリカの、そしてケネディの責任だった。たとえジェム政府に非があるとしても、彼らをそうさせてしまったのはアメリカだった。ハーキンズがジェム政府打倒クーデターの前々日にいったように、アメリカこそジェムにとっての「尼僧院長」であり「贖罪司祭」だった。ジェムが「われわれに大きく依存」してきたという事実こそが本当の問題だった[19]。

のちにアメリカの敗因として、政府軍の弱体や戦略村での農民への過酷な扱いなど南ベトナム政府の責任が指摘されている。だがそれは、そもそも外征軍が持つ弱点、とくに米軍が激戦で健闘すればするほど民生活動を阻害したこと、爆撃などによって無辜の犠牲を出したことなどとあわせて考えるべきものだった[20]。

2　表出した自己過信

アメリカ流の戦法

ほんらい反乱鎮圧戦略とは、発展途上世界におけるゲリラ戦争という、新時代に生起した脅威への斬新な処方箋のはずだった。だが南ベトナム政府軍はゲリラ戦争ではなく通常戦争を念頭に強化され続けた。農民の心を得ることをめざす政治戦争、少なくとも政治と軍事の両輪が揃って回転すべき戦争であるのに、結局物理的・軍事的側面ばかりが優先された。目に見えない戦争を掌握するために用いられた手段は、相も変わらぬ統計数字の羅列だった。

現実にアメリカがベトナムで展開したのはアメリカ式戦争であり、その担い手の育成だった。ケネディ政権期もそれ以降も、火力と機動力を結合させ、敵兵力粉砕をめざすやり方が推し進められた。ヘリ、大砲、武装兵員輸送車などは、大使館のメクリン広報担当参事官のいう政府軍の「筋肉増強」を促したにすぎなかった[21]。

ベトナム人に責めを帰す国家安全保障会議のコーマーですら、「ベトナム政府の失敗とはどの程度までアメリカの失敗なのか」を問わずにはいられなかった。そして南ベトナム政府や政府軍の失敗が「かなりの程度アメリカの失敗」でもあったことを認めている[22]。

一九六三年初め、国務省情報調査局長だったヒルズマンは、反乱鎮圧失敗の「責任の大きな部分はアメリカ人にある」と述べている。その一つが、南ベトナム政府軍強化の頓挫であり、とりわけゲリラ戦争という脅威に直面しながらそれに対応できる態勢をつくれなかったことである(23)。

アメリカが大規模な米軍の派遣、通常戦争的なやり方の強化などによって戦争を本当に「アメリカ化」したのはケネディ以後のことである。だがその根はすでにケネディ時代に張られていた。ベトナム戦争とは、ジョンソンがケネディの過ちを真摯に検証せず、そのまま繰り返したあげくの悲劇にほかならない(24)。

教えを垂れる姿勢

少なくとも一九六五年までは、アメリカが南ベトナム政府軍に与えたのは助言や支援のみだったともいわれる。だが政府軍の第三軍管区司令官、参謀総長代理、国防相を歴任したチャン・バン・ドン将軍は、アメリカがベトナム国軍の訓練を引き受けた一九五五年から一九七三年まで、つねに「戦争のやり方はアメリカの政策によって決められた」という。「アメリカ人が増えるごとに、われわれベトナム人は戦争遂行を取り仕切る能力を失っていった。一九七三年にアメリカ人が引き揚げるまでというもの、戦争はじょじょに、アメリカの命令にもとづき、その戦術を用いて、その目的のために戦われるようになった(25)」。

それは責任転嫁の発言かもしれない。だがワシントンでベトナム通として知られたカッテンバーグの言葉を借りれば、すでにケネディ時代から、この戦いが「ベトナム式」ではなく「アメリカ式」に遂行されることは明らかだった。コルビー元ＣＩＡサイゴン支局長ものちに「われわれは同盟国がベトナム式の戦争を戦うのを助けるかわりに、アメリカ式の戦争を戦うことに固執した」と反省している(26)。

ケネディ政権でもそれ以降も、きわめてアメリカ的な処方箋が力ずくで押しつけられた。ノルティング駐南ベトナム大使がいうように、「アメリカ人顧問がいなければ……ベトナム政府が勝てるとは思えない」という驕りのなせるわざだった。[27]

コルビーによれば、アメリカの基本政策が抱える「矛盾の根本」には、「共産主義者との戦いに勝利をおさめるためジェムがとるべき政策や計画について、われわれアメリカ人のほうが彼よりもよく知っている」という考え方があった。歴史家でもあるシュレジンガー大統領特別補佐官はのちに、ケネディ政権が「政府軍にいくつかの秘訣を教えてやるのは簡単であり、あとは彼らが自分たちでことを処理できる」と考えていたと述懐する。[28]

アメリカ人たちは高みからベトナム人に、この困難なゲリラ戦争をいかに戦うべきかとの託宣を垂れようとしていた。それはアメリカのベトナム政策に一貫して見られる特徴だったと批判されている。[29]

弱体なラオス王国軍についても同様である。ケネディ政権初期の統合参謀本部議長レムニツァーはウィンスロップ・ブラウン駐ラオス大使に、「われわれは韓国人をいい兵士に育て上げたではないか。ラオス人をいい兵士にできない理由などあるものか」と自信たっぷりだった。[30]

概念を盲信

ノルティングは一九六二年末、アメリカ側の「基本的な行動概念」は「健全」なばかりか「現段階で心理的に必要」とされるものだとした。ワシントンでは一九六三年春、極東担当国務次官補となったばかりのヒルズマンが「南ベトナム向けに考案された戦略概念は依然として基本的に適切である。もし完全に、活力をもって実施することができさえすれば、結果は勝利となるだろう」と断言した。[31]

ベトナム人は「誰かがやり方を示してやりさえすれば戦争に勝てる」程度の資質を持っていると、ある軍事顧問は語った。軍事顧問の一人、バン中佐は「正しい戦術と戦略に基づいて戦われれば、この戦争に勝てると信じていた」とＵＰＩ通信のシーハン記者はいう。政府軍が「アメリカの指導力を受け入れることは当然の理」だ。「サイゴン側に有無をいわせずアメリカの忠告を受け入れさせれば」勝てるはずだ[32]。

アメリカ人はベトナム人から、あるいはベトナムでの経験から学ぶどころか、「いつも決まって『これこそが正しい方法』という考え方とともにやってくる傾向」が顕著だったとノルティングはいう。多くを学ぶ必要があると彼らが悟るまでには、半年ほども浪費されるのがつねだった[33]。

ラスク国務長官はのちに「われわれはおそらく南ベトナム人に、彼らが吸収できる以上の助言を与えてしまったのだろう。われわれは彼らに、それじたいでは役立つたくさんのことを行うよう求めたのだが、それらはサイゴンの政府機構が実現する能力をたんに超えていたのだ」と述べた[34]。

アレクシス・ジョンソン政治担当国務次官代理はベトナム経験から「アメリカ人の助言がつねに価値を持つわけではない」と思い知らされることになる。「適切な助言」ないし「正しい助言」と、「高圧的な干渉」ないし「過剰な干渉」の間に存在する「微妙なバランス」をとることは、口でいうほど簡単ではなかった[35]。

自信と幻想

鳴り物入りで導入した反乱鎮圧戦略にどれほど齟齬が生じようと、アメリカ人の自信は揺るがなかった。多種多様な政府軍強化策しかり。山岳民族部隊の組織化しかり。戦略村しかり。チュウホイ計画しかり。空爆に依存した戦争しかり。ヘリコプターの導入や枯葉作戦を含む、科学技術を駆使した戦争しかりである。

ベトナムに限らない。ケネディ外交、とくに発展途上世界を舞台としたゲリラ戦争や国家建設戦略は、まさに自己過信の固まりだったと批判を受けている。どんな難題にも必ず解決策はあり、自分たちはそれを見つけられる。われわれの意志と英知をもってすれば何でもできる。われわれはいかなる軍事政策を採用し展開すべきか十二分にわきまえている。ベトナムでの勝利達成はその一端にすぎない。ほんの少してこ入れしてやれば、いずれうまくいくはずだ。

上はワシントンの指導者から下は現地の軍事顧問まで、こうした感情は共通していた[36]。

自由世界はギリシャ、フィリピン、マラヤで共産主義にどう対処すべきか多くを学んできた。だからわれわれは「自由世界がラオスやベトナムに限らず他のどこであろうとそれに対処できると楽観」している。ヒルズマンはこう述べた。だがシュレジンガーはのちにこうした考え方を「反乱鎮圧という幻想」だと一蹴している[37]。

フランスとは違う

ケネディ政権はベトナムで、マラヤやインドシナでのイギリスやフランスの経験を生かそうとしたといわれる。だが実際にはそれら、ことにベトミンと戦ったフランスの貴重な経験はほとんど無視された。勝利に必要な民衆への働きかけも足りず、十分な軍事的努力も払わなかった植民地主義国。ナポレオン（Napoléon Bonaparte）以来戦争に勝ったことのない国。パナマ運河（Panama Canal）建設も途中で放り出したような国。その経験が自分たちの役に立つなどと考える者は、ワシントンにもサイゴンにもけっして多くはなかった[38]。

圧倒的なまでの自信は、敵に対する過小評価、したがって負けるはずがないという確信を生み出した。現場で血と汗を流す軍事顧問たちは敵のゲリラの力に敬意すら抱いていたが、ハーキンズ司令官を筆頭に軍事援助司令部の上層部は「このノロマのチビッコ野郎ども」呼ばわりだった[39]。

同様に、自信ゆえに彼らが戦況を見る目も曇ってしまった。たとえ眼前に「陰鬱」な情勢が生じてもけっして悲観する必要などなかった。第二次世界大戦では、日本軍による真珠湾攻撃直後の数カ月、連合国はロシア戦線でも北アフリカでも崩壊の瀬戸際に見えた。朝鮮戦争初期、米軍も韓国軍も朝鮮半島から追い落とされる寸前だった。「こうした暗黒の時期を生き抜いた人間として、私は見た目が暗いからといって、ベトナムで悲観論に道を譲る気にはなれなかった」とラスクは述懐している[40]。

3　未知なる大地

無知こそが敵

アメリカ人の自信を支えていたのは、途方もない無知である。一九六三年夏に省庁横断のベトナム作業班長となった国務省極東局のカッテンバーグはいう。「上から下までわが国の指導者たちは、ベトナムの闘いの本質を、そしてとりわけつい最近まで植民地であり、九年間のジェム統治で社会構造もほとんど変わっていないような場所で、敵のベトコンが保持している社会政治的な魅力をまったく理解していなかった[41]」。

アメリカ人のほとんどはこの戦争の本質についてまるで知らず、しかもみずからの無知という事実に向き合おうとしなかった。しかもＣＩＡのベトナム作業班長クーパーがいうように、「何がわからないかを知らなかった」ことがさらに問題だった[42]。

ケネディ暗殺の数日前、グエン・ゴク・ト前副大統領は経済援助使節団のフィリップスに、メコン「デルタで何が起きていたか、そこで民衆の支持がいかにして失われていたかをアメリカ人が理解するのはむずかしい」と述べている。ケネディ死後でもアメリカは「南ベトナムでこれほど多くの人々がベトコンに加わる理由について不十分なデータしか持っていない」し、敵の動機も「正確に把握していない」状態だと認識していた[43]。

ＵＰＩ通信のシーハン記者は、「本質的に……現代のアジアにおける政治および社会革命について何も理解していず、対ゲリラ戦の現実にほとんど意見を持ち合わせていなかった」ケネディを批判する[44]。

理解不能な人々

ギルパトリック国防副長官はのちに「われわれは一度でもベトナム人がどのように動くか理解したことはなかったと思う。われわれは彼らの歴史も文化も心理も知らなかった」と述べている。すべてが「未知なる大地（Terra Incognita）」（マクナマラ国防長官）だった。「その地域の人々の歴史、文化、政治、指導者たちの個性や慣習に対する深刻な無知」を指した言葉である[45]。

南ベトナムの政府の心情も行動も、アメリカは理解できなかった。軍事顧問は戦場で、大使館員はジェム政府との交渉で、つねに文化や価値観の違いから来る摩擦に苦しみ続けた。

ケネディは「ベトナムの農民や自然に対するわれわれの無知がどれほど深いか」という「不快な事実」に直面した。農民こそが「中心的な重要性」を持っているにもかかわらず、である。「村民たちが本当はどう考えているのかを判断することは不可能でないにしても困難」であり、まるで「風の中で麦の穂が別々の方向を向いている」ようなものだとしてもである[46]。

ベトナムに限られた話ではない。ラオスに派遣されたあるＣＩＡの若手要員は「東南アジアへやって来るアメリカ人の無知と傲慢」についてこう語っている。「われわれは援助したい相手の人々の歴史、文化、政治について最低の理解しかなかった。……大統領が共産主義に対して『境界線を引く』と決めた地域に、自分たちの戦略的利益をそのまま重ね合わせた。そしてそれを自分たちの流儀でやろうとしたのである[47]」。

あまりに遠い国

ベトナムは「歴史も文化もアメリカの政策決定者にほとんど知られていないような国」（ソレンセン大統領特別顧問）だった。サイゴンの大使館のメクリン広報担当参事官によれば、ワシントンの人々だけでなく「たいていのアメリカ人にとって……遠く、知らない」土地だった。だがより大きな原因は、アメリカ人が外国の文化や歴史などに無関心だったところにある。[48]

そもそもベトナムがどこにあるのか、地図上で示せる者などほとんどいなかったという。ある時レムニツァー統合参謀本部議長が巨大な地図を前に、ラオス内戦について政権首脳に説明したことがある。だが彼は黄河とメコン川（揚子江だったともいわれる）を間違えていた。[49]

ケネディ政権はその巨大な溝を乗り越えるすべを持たなかった。マクナマラによれば、最重要課題であるソ連問題に比べ、頼るべき専門家も少なかった。一九五〇年代のマッカーシズム（McCarthyism）、いわゆる赤狩りの嵐が吹き荒れた後遺症でもあった。もっとも国省情報調査局長をつとめたヒルズマンや彼の後任となったヒューズはのちに、専門家はたしかに存在していたのだがマクナマラがそれに耳を傾けなかっただけだと指摘している。[50]

マクナマラに限らない。大学教授の経験を持つラスク国務長官、ホワイトハウスで外交を取り仕切るマクジョージ・バンディ国家安全保障担当大統領補佐官もアジアの専門家を嫌っており、たとえば駐日大使となったライシャワー（Edwin O. Reischauer）がその被害者だったという。ベトナムに勃興する共産主義運動は、本質的に植民地支配に対する民族主義の反発なのだという彼らの意見はまったく無視された。アメリカ人、外国人を問わず専門家たちの助言を退けた責任はすべてケネディにあるとする手厳しい批判もある。[51]

反省は手遅れ

ジェム政府の屋台骨を揺るがせた仏教徒危機のさなか、ある僧侶は「白人は多くのものをベトナムに持ち込んだ」がこの国に対する「理解はたいして持ち込まなかった」と述べた。のちに南ベトナムで権力を握るグエン・カオ・キ将軍によれば、アメリカ人たちは皮相的な知識しかないまま、ベトナム人とは中国人のようなものだと思い込んでいた。彼らは「善意にあふれてはいたが、当面の問題について本当の理解も現実的な政策もまったく持たないまま」ベトナムにやってきた。彼は「生兵法は怪我のもと」という諺さえ引いている。グエン・ゴク・ト副大統領がジェム政府崩壊後、「アメリカの援助は迅速で効率的だったが、いつも知的というわけではなかった」と振り返ったのも、そのあたりと無縁ではないだろう。[52]

　のちベトナム反戦を訴えて民主党大統領候補となるマクガバン上院議員は「不幸なことに、ケネディ大統領もその後継者たちも、正しい政策判断に必要なだけの十分なベトナムの歴史についての知識がなかった」と批判した。ケネディは革命の背後に存在する民衆の熱情や、それを外国人が制御するむずかしさ、また発展途上世界の「草の根の諸勢力」についてまるで理解していなかったのだというわけである。ベトナムに限らずアメリカのアジアへの対応は「象を手探りする目の不自由な人」のようだったとライシャワーはのちにいっている。ケネディを取り巻く顧問たちも、政権初期の国務次官ボウルズのいう「欧州に目を向けた見方」に支配されていた。[53]

　テイラー統合参謀本部議長はこう述懐している。「第一に、われわれは自分自身を知らなかった。……第二に、われわれは同盟国の南ベトナム人を知らなかった。われわれは彼らをけっして理解しなかった。……北ベトナムについてはもっと知らなかった。ホー・チ・ミンというのは何者だったのか？誰もまったく知らなかった」。そして当のホー・チ・ミンは、アメリカがベトナムを理解するには「たぶん一〇年はかかるだろう」と述べたといわれる。[54]

危うい前途

　一九六二年秋、ケネディがフランスの若い外交官をホワイトハウスに招き、アフリカで「諸国が独立すると、共産主義は発展すると思いますか」と尋ねたことがある。「大統領閣下、われわれの国のような政治構造を持っていない開発途上国で、何を共産主義と呼びますか」。答えの途中でケネディが口をはさんだ。「バカな質問をした。撤回する」[55]。

だがベトナムでそうした自制は働かなかった。ケネディ政権首脳は「なんとなく十分な知識にもとづいて決定を下していると思い込んでいた」とギルパトリック国防副長官はいう。それが「ヤンキーの無邪気さがベトナム全土で満開」（メクリン）という結果を生んだのである。だがゲリラ戦専門家であるトンプソン英軍事顧問団長にいわせれば、努力を重ねれば重ねるほど「間違いを二乗」するだけだった。しかも経済援助使節団のフィリップスがいうように、介入の規模が「拡大すればするほど、それは目を塞いだものになった」のである[56]。

ケネディは「ベトナムについてかなりの知識を持っていた」とヒルズマンはいう。だがかつて現地を訪れたこと、ベトナムをよく知っていたこと——彼自身がそう考えていたこと——が仇になった。知っていることと、知っていると思うことの間には、越えがたい溝があることを、大統領として彼は思い知らされるのである[57]。

✻　✻　✻

ケネディ政権はベトナムでの失敗に正面から対峙せず、より容易な責任転嫁の道を選んだ。彼らがこの地にもたらした戦い方の成功に、傲慢なまでの確信を抱いていたためである。それは対処すべき現実、ゲリラ戦争の特質、ベトナムの風土などへの無知に由来していた。それが是正されないまま介入は引き継がれ、拡大していった。ケネディ大統領が軍事的破綻に直面した一九六三年、はるか遠くアメリカの敗北にいたる道はすでに指し示されていたのである。

おわりに

マサチューセッツ州ボストン郊外。ケネディ大統領図書館を研究者として初めて訪れたのは、もう二〇年あまり前のことになる。閲覧室の視野一杯に拡がる窓。その向こうには遠く大西洋につながるボストン湾。鮮やかな青を競い合う空と海。ちらほらと浮かぶ船影。陽光を反射する対岸の高層ビル群。その美しさを描く筆力のないことがじつにもどかしい。まさに一場の絵屏風を眺めながら、心は故大統領をめぐるあれこれに飛んでいった。ふとわれに返っては、膨大な文書に再び目を通す。しばらくするとまた景色に見とれ、時間を忘れてしまう。次に訪れた時も、同じことの繰り返しだった。本書はそうした至福の時が生み出したものである。

ケネディのベトナム政策は、大学の卒業論文以来のいわばライフワークである。その第一段階として政権初期、ケネディが介入を劇的に拡大させていく過程の検証を試みたのが『１９６１　ケネディの戦争――冷戦・ベトナム・東南アジア――』（朝日新聞社、一九九九年）だった。さて次の課題、政権後半期とくに一九六三年のベトナム政策をめぐる分析には予想以上に時間を要したが、その外交史的側面については、『ケネディと冷戦――ベトナム戦争とアメリカ外交――』（彩流社、二〇一二年）として結実させることができた。本書も同じ時期を扱うが、もっぱら軍事史（戦史）的側面、すなわちベトナムの大地や空などを舞台とする戦争そのものに光を当てた試みである。

そこに描き出されるのは、いわゆる低強度紛争の典型、大国による軍事介入の象徴としてのベトナムである。ゲリラ戦争という名の脅威に自信満々で挑みながら、具体的な対応をめぐって政権内部の軋轢、あるいは南ベトナムとの摩擦などに直面するケネディ。華々しく船出した反乱鎮圧戦略が崩れ落ちてゆく中、ややもすれば現実から目を背け、あるいはその責めを負わせる何者かを求めようと懊悩するケネディ。若き大統領がその死の日までもがき苦しんだものは、イラクやアフガニスタンを想起するまでもなく、これまでいたるところで展開されてきた、そして今後も繰り返されるであろうアメリカの対外介入が内包する陥穽について、多くを教えてくれるものと信じる。

文部科学省科学研究費補助金基盤研究「ゴ・ジン・ジェム政権崩壊に見るアメリカ＝南ベトナム関係としてのベトナム戦争」（二〇〇三～六年）、「ベトナム介入をめぐる外交・軍事・政治力学」（二〇〇九～一一年）による助成を受けたこと、同じく菅英輝先生（現西南女学院）主宰の共同研究「アメリカの戦争と世界秩序形成に関する総合的研究」（二〇〇四～六年）に参加できたことが、本書完成に大きく貢献した。勤務先の筑波大学からも、辻中豊教授を中心とする「比較市民社会・国家・文化特別プロジェクト」の支援、人文社会科学研究科の研究助成を得た。

錦正社の中藤政文社長とは、軍事史学会でお会いして一〇年あまりになろうか。拙著刊行の可能性について最初にご相談させていただいたのは一昨年末だった。近年の、とりわけ東日本大震災以来の困難な出版状況を考えればまったく思いがけないことだったが、すぐさま積極的に対応していただいた。編集作業の過程では、本間潤一郎氏に大変なご尽力をいただいた。また刊行への道筋をつけるにあたってお世話になった、筑波大学大学院の後輩にあたる庄司潤一郎防衛省防衛研究所戦史センター長にも、厚くお礼を申し上げたいと思う。

最後に、妻・博子と娘・智子への感謝を込めて筆を置きたい。

二〇一三年一月十五日

ケネディ暗殺から五〇年目を迎えて

松岡　完

（44）　シーハン『輝ける嘘　上』431.

（45）　Strober & Strober, *"Let Us Begin Anew,"* 406. McNamara, *In Retrospect*, 32, 322.

（46）　Mecklin, *Mission in Torment*, 73. Hilsman & Forrestal to JFK 1/25/63, *FRUS* 3: 51.

（47）　ワイナー『ＣＩＡ秘録　上』303.

（48）　Sorensen, *Counselor*, 356. Mecklin, *Mission in Torment*, 4. Young, *The Vietnam Wars*, 103. Roper & Melling, "Vietnam and the Western Experience," 4. Record, *The Wrong War*, 47.

（49）　Bernstein, *Guns or Butter*, 324. Forrestal OH JFKL, 106-8. Halberstam, *The Best and the Brightest*, 255.

（50）　McNamara, *In Retrospect*, 322. Jones, *Death of a Generation*, 7. Hilsman, "McNamara's War-Against the Truth," 153-4. Hughes, "Experiencing McNamara," 163. 平田「ロジャー・ヒルズマンとベトナム戦争」28.

（51）　パッカード『ライシャワーの昭和史』256-8, 272-3.

（52）　Higgins, *Our Vietnam Nightmare*, 41. Nguyen Cao Ky, *How We Lost The Vietnam War*, 11, 45. Memo of Conversation 11/13/63, *FRUS* 4: 597.

（53）　McGovern, "America in Vietnam," 15. Strober & Strober, *"Let Us Begin Anew,"* 406. Reischauer, *Beyond Vietnam*, 45. Bowles OH JFKL, 52.

（54）　Karnow, *Vietnam*, 19. Langer, *The Vietnam War*, 66.

（55）　ブラドリー『ケネディとの対話』107-9.

（56）　Gibbons, *The U.S. Government and the Vietnam War*, 36. Mecklin, *Mission in Torment*, 26. Thompson, *No Exit from Vietnam*, 89. Phillips, "The Cyclops," 86.

（57）　Hilsman, "McNamara's War-Against the Truth," 155.

（10）　Harkins HP OH MHI, 50-1. Hilsman to Meldier 9/27/63, *VWG* 3: 23.

（11）　McNamara, *In Retrospect*, 330, 333.

（12）　Briefing Paper for News Conference 1/24/63, *JFKOF* 1/21: 545.

（13）　松岡『ダレス外交とインドシナ』211-29.

（14）　Guthman & Shulman, *Robert Kennedy-In His Own Words*, 404.

（15）　ハルバスタム『ベトナム戦争』235.

（16）　Beschloss, *The Crisis Years*, 651n. Wofford, *Of Kennedys and Kings*, 354. Thornton, *Times of Heroism, Times of Terror*, 61.

（17）　Sorensen, *Kennedy*, 308. Schlesinger, *A Thousand Days*, 289. Wofford, *Of Kennedys and Kings*, 355. Williams, *The Tragedy of American Diplomacy*, 301. Reeves, *A Question of Character*, 278.

（18）　Rabe, *The Most Dangerous Area in the World*, 193. Latham, *The Right Kind of Revolution*, 289.

（19）　Harkins to Taylor MAC 2028 10/30/63, *FRUS* 4: 482.

（20）　小柳『民軍協力の戦略』82-7.

（21）　Nixon, *No More Vietnams*, 85. Kolko, *Anatomy of a War*, 143. Cable, *Conflict of Myths*, 282-3. Sarkesian, *Unconventional Conflicts in a New Security Era*, 104. Mecklin, *Mission in Torment*, 94.

（22）　Komer, *Bureaucracy at War*, 24, 160.

（23）　Memo by Hilsman 1/2/63, *FRUS* 3: 4.

（24）　Komer, *Bureaucracy at War*, 41, 43.

（25）　Gurney, *A Pictorical History of the United States Army*, 778. Tran Van Don, *Our Endless War*, 150, 154.

（26）　Kattenburg, *The Vietnam Trauma in American Foreign Policy, 1945-75*, 116. McCloud, *What Should We Tell Our Children About Vietnam?*, 27.

（27）　Krepinevich, *The Army and Vietnam*, 214. Rosenau, *US Internal Security Assistance to South Vietnam*, 144. Saigon to DOS 888 4/7/63, *FRUS* 3: 213.

（28）　Colby, *Lost Victory*, 146. U.S. Senate, *Causes, Origins, and Lessons of the Vietnam War*, 118.

（29）　Catton, *Diem's Final Failure*, 19.

（30）　Brown OH JFKL, 9.

（31）　Saigon to DOS 604 12/19/62, *FRUS* 2: 788-9. Hilsman to Rusk 4/63, *FRUS* 3: 189.

（32）　Maitland et al., *The Vietnam Experience*, 70. シーハン『輝ける嘘　上』24, 26, 401.

（33）　Nolting OH JFKL, 59-60.

（34）　Rusk OH JFKL, 53.

（35）　Johnson, *The Right Hand of Power*, 336-7.

（36）　Halberstam, *The Best and the Brightest*, 122-3. FitzSimons, *The Kennedy Doctrine*, 102. Divine, *Since 1945*, 138. McGovern, "A Senator's View," 44. Herring, *America's Longest War*, 86. Latham, *Modernization as Ideology*, 166. Rust, *Kennedy in Vietnam*, 78. Giglio, *The Presidency of John F. Kennedy*, 241. 高松「ケネディ大統領の政策決定スタイルの特徴とリーダーシップについての一考察」71. Joes, *The War for South Vietnam*, 84. Lewis, *The American Culture of War*, 201.

（37）　Address by Hilsman 8/20/63, *DSB* 9/9/63, 389. Schlesinger, "A Biographer's Perspective," 30.

（38）　メイ『歴史の教訓』132-4, 137-9. Ball, *Diplomacy for a Crowded World*, 50. Mecklin to Murrow 9/10/63, *FRUS* 4: 150. ハルバスタム『ベトナム戦争』83. VanDeMark, "A Way of Thinking," 30.

（39）　シーハン『輝ける嘘　上』244.

（40）　Rusk, *As I Saw It*, 434-5.

（41）　Kattenburg, *The Vietnam Trauma in American Foreign Policy, 1945-75*, 119-20.

（42）　McNamara et al., *Argument Without End*, 377.

（43）　Memo of Conversation 11/13/63, *FRUS* 4: 596. Draft Memo for LBJ [12/5/63], *FRUS* 4: 676.

(84)　Aronson, "The Media and the Message," 47. Hallin, *The "Uncensored War,"* 45. Carpini, "US Media Coverage of the Vietnam Conflict in 1968," 45. エルフェンバイン『ニューヨークタイムズ』49.

(85)　Cooper, *The Lost Crusade*, 205. Manning to JFK 7/63, *FRUS* 3:533. アーネット『戦争特派員』74.

(86)　Felt to Sylvester 11/26/62, NSF 197 JFKL. Mecklin, *Mission in Torment*, 99-100. Cooper, *The Lost Crusade*, 195-6. サリンジャー『ケネディと共に』209. アーネット『戦争特派員』74. Cull, *The Cold War and the United States Information Agency*, 190.

(87)　Prochnau, *Once Upon a Distant War*, 168. シーハン『輝ける嘘』の原題（*A Bright Shining Lie*）.

(88)　Mecklin, *Mission in Torment*, 113-4. Manning to JFK 7/63, *FRUS* 3: 536, 543.

(89)　Mecklin, *Mission in Torment*, 100. Schlesinger, *A Thousand Days*, 984. ハルバスタム『ベトナム戦争』118. シーハン『輝ける嘘　上』332. Prochnau, *Once Upon a Distant War*, 236. Schlesinger, *The Bitter Heritage*, 411.

(90)　ハルバスタム『ベトナム戦争』118. Logevall, *The Origins of the Vietnam War*, 49. Kaiser, *American Tragedy*, 180. Hammond, *Public Affairs*, 36. Elliott, *The Vietnamese War*, 1: 404.

(91)　Hilsman, *To Move a Nation*, 449. Schlesinger, *A Thousand Days*, 983. Kinnard, *The War Managers*, 127. Landers, *The Weekly War*, 43.

(92)　Isserman & Kazin, *America Divided*, 86-7. アーネット『戦争特派員』94. Nolting, *From Trust to Tragedy*, 97.

(93)　JCS Team Report 1/63, *FRUS* 3: 89. JCS to JFK 1/3/63, *FRUS* 3: 2. Felt to DOS DTG 100910Z 1/10/63, *FRUS* 3: 3.

(94)　Vietnam Working Group to Task Force Saigon 1/3/63, NSF 197 JFKL. Nolting, *From Trust to Tragedy*, 96. Wilson to Murrow 1/30/63, *FRUS* 3: 65.

(95)　*FRUS* 3: 2. Harriman to Nolting 1/30/63, *FRUS* 3: 67. Wood to A. Johnson 1/30/63, *VWG* 2: 960.

(96)　サリンジャー『ケネディと共に』213-4.

(97)　Hilsman & Forrestal to JFK 1/25/63, *FRUS* 3: 58. JCS Team Report 1/63, *FRUS* 3: 90. Memo of Conversation 2/9/63, *FRUS* 3: 113.

(98)　Saigon to DOS 67 7/10/63, NSF 198 JFKL. Manila to DOS 46 7/10/63, *FRUS* 3: 483. Bowles to M. Bundy 7/19/63, *FRUS* 3: 518. ハルバスタム『ベトナム戦争』141.

(99)　Manning to JFK 7/63, *FRUS* 3: 536-7.

(100)　Mecklin to Lodge 8/24/63, *FRUS* 3: 622-3.

結論　超大国敗北への里程標

(1)　Taylor, *Swords and Plowshares*, 329.

(2)　Colby, *Lost Victory*, 15.

(3)　Hilsman, *To Move a Nation*, 578. Latham, *The Right Kind of Revolution*, 141. Summers, *On Strategy*, 86.

(4)　McNamara, *In Retrospect*, xvi.

(5)　Komer OH JFKL, 5: 56. Komer, *Bureaucracy at War*, 10-2, 23, 147, 171. Komer, "Was There Another Way?," 213.

(6)　Hilsman & Forrestal to JFK 1/25/63, *FRUS* 3: 53. Hamilton, *The Art of Insurgency*, 138.

(7)　Komer, *Bureaucracy at War*, 23. Mecklin, *Mission in Torment*, 88. Hilsman, *To Move a Nation*, 453. Taylor, *Swords and Plowshares*, 289. Kolko, *Anatomy of a War*, 142. Jones, *Death of a Generation*, 9.

(8)　McNamara et al., *Argument Without End*, 418. Mecklin, *Mission in Torment*, 73.

(9)　Memo of Conversation 12/11/63, *VWG* 2: 133.

（53） Lord, *John F. Kennedy*, 239. Sorensen, *Kennedy*, 319.

（54） Wood to A. Johnson 1/26/63, *VWG* 2: 954. DOS to Saigon 703 1/17/63, *SDCF* 23: 244.

（55） Honolulu Conference 5/6/63, *FRUS* 3: 270.

（56） Mecklin, *Mission in Torment*, 118-9. Wood to Harriman 2/25/63, *FRUS* 3: 117n. Saigon to DOS 778 3/1/63, NSF 197 JFKL.

（57） Wood to Trueheart 2/26/63, *FRUS* 3: 125. Jorden to Harriman 3/21/63, *FRUS* 3: 171.

（58） Krepinevich, *The Army and Vietnam*, 76, 81. Nagl, *Counterinsurgency Lessons from Malaya and Vietnam*, 136.

（59） Memo of Telephone Conversation 8/29/63, *FRUS* 4: 25-6. DOS to Saigon 293 8/31/63, NSF 198 JFKL. DOS to Saigon CAP 63474 9/1/63, NSF 199 JFKL. DOS to Saigon 333 9/4/63, NSF 199 JFKL.

（60） Memo of Telephone Conversation 9/3/63, *FRUS* 4: 103.

（61） Draft Memo of Telephone Conversation 9/5/63, *FRUS* 4: 111-2.

（62） Memo of Telephone Conversation 9/6/63, *FRUS* 4: 116.

（63） Memo of Conversation 9/10/63, *FRUS* 4: 166. Memo of Conference 9/10/63, *DDRS* 1981: 650A.

（64） Memo of Conversation 9/10/63, *FRUS* 4: 166. Memo of Conference 9/10/63, *DHK* 18: 211. DOS to Saigon 376 9/10/63, *FRUS* 4: 166n.

（65） DOS to Saigon 387 9/11/63, *FRUS* 4: 192n. Memo of Meeting 9/23/63, *FRUS* 4: 281.

（66） Memo of Meeting 9/16/63, *FRUS* 4: 218. Saigon to DOS 567 9/21/63 NSF 200 JFKL.

（67） Saigon to DOS 636 10/5/63, NSF 200 JFKL. Saigon to DOS 643 10/6/63, *FRUS* 4: 384. Memo of Conversation 10/4/63, NSF 200 JFKL.

（68） Memo of Conference 11/2/63, *DDRS* 1996: 595.

（69） ソレンセン『ケネディの遺産』186. Halberstam, *The Best and the Brightest*, 259.

（70） Manning to JFK 7/63, *FRUS* 3: 541. Mecklin, *Mission in Torment*, xi.

（71） Hammond, *Public Affairs*, 20, 22. Prochnau, *Once Upon a Distant War*, 158. Schlesinger, *A Thousand Days*, 982-3. ハルバスタム『ベトナム戦争』109.

（72） Higgins, *Our Vietnam Nightmare*, 107. *USNWR* 8/5/63, 46, 49. Moyar, *Triumph Forsaken*, 210.

（73） Hilsman, *To Move a Nation*, 446, 457, 499. Felt to Sylvester 11/26/62, NSF 197 JFKL. サリンジャー『ケネディと共に』214.

（74） DOD Analysis Report 9/21/63, NSF 204 JFKL. *Time* 9/20/63, 32. *USNWR* 9/16/63, 39-41. *USNWR* 9/30/63, 48-50.

（75） Memo for McCone 9/26/63, *FRUS* 4: 278. Saigon to DOS 632 10/4/63, NSF 200 JFKL.

（76） Aronson, "The Media and the Message," 46. Maitland et al., *Raising the Stakes*, 60. Kern et al., *The Kennedy Crises*, 191. Hallin, *The "Uncensored War,"* 9, 28, 48-9, 58. Hammond, *Public Affairs*, 35. Kutler, *Encyclopedia of the Vietnam War*, 309. Kaiser, *American Tragedy*, 185. Moss, *Vietnam*, 134-5. Moïse, *The A to Z of the Vietnam War*, 165. ナイトリー『戦争報道の内幕』343.

（77） ハルバスタム『ベトナム戦争』83, 206, 236.

（78） シーハン『ハノイ＆サイゴン物語』90. シーハン『輝ける嘘　上』370. 小倉『ドキュメント ヴェトナム戦争全史』114. アーネット『戦争特派員』87.

（79） Memo of Conversation 7/26/63, *FRUS* 3: 530. Manning to JFK 7/63, *FRUS* 3: 533, 542.

（80） ソレンセン『ケネディの遺産』185. *NYT* 8/15/63, *VWG* 2: 969-72.

（81） DOS to Saigon 200 8/15/63, NSF 198 JFKL. Krulak to McNamara SACSA 468-63 8/16/63, *FRUS* 3: 584. Forrestal to JFK 8/16/63, NSF 198 JFKL. DOD Analysis Report 8/19/63, *VWG* 2: 974-98.

（82） ハルバスタム『ベトナム戦争』143. Prochnau, *Once Upon a Distant War*, 358. Hammond, *Public Affairs*, 49-51.

（83） Conlon to Hilsman 8/20/63, *FRUS* 3: 590. Hammond, *Public Affairs*, 51.

105.

(24)　*USVR* 3: Ⅳ.B.5, 28. OSD to Harkins, Felt & Lodge Def 944589 11/9/63, NSF 202 JFKL. JCS to Felt JCS 3698 11/23/63, *LBJVN* 1: 14.

(25)　Nolting, *From Trust to Tragedy*, 95, 138.

(26)　Memo by Hilsman 1/2/63, *FRUS* 3: 3-4. Hilsman, *To Move a Nation*, 453. Forrestal OH JFKL, 127.

(27)　Halberstam, *The Best and the Brightest*, 274. Mecklin to Lodge 8/24/63, *FRUS* 3: 622.

(28)　Hilsman, *To Move a Nation*, 499. エルズバーグ『ベトナム戦争報告』105. 丸山「内戦政策の破綻」219.

(29)　Halberstam, *The Best and the Brightest*, 203-4. Prochnau, *Once Upon a Distant War*, 278. Newman, *JFK and Vietnam*, 316-9.

(30)　ハルバスタム『ベトナム戦争』128. Halberstam, *The Best and the Brightest*, 201. Schwab, *Defending the Free World*, 55.

(31)　Daddis, *No Sure Victory*, 59. Forrestal to M. Bundy 1/8/64, *FRUS 64-68* 1: 7. Guthman & Shulman, *Robert Kennedy-In His Own Words*, 402.

(32)　Colby, *Lost Victory*, 115. エルズバーグ『ベトナム戦争報告』105. *USNWR* 9/16/63, 41.

(33)　ハルバスタム『ベトナム戦争』129. Mecklin, *Mission in Torment*, 214.

(34)　シーハン『輝ける嘘　上』320.

(35)　Prochnau, *Once Upon a Distant War*, 438. Saigon to DOS 478 9/11/63, *FRUS* 4: 171-2.

(36)　Memo by Sullivan [10/5/63], *FRUS* 4: 382.

(37)　Cooper, *The Lost Crusade*, 207. ハルバスタム『ベトナム戦争』108. Halberstam, *The Best and the Brightest*, 201.

(38)　Schlesinger, *A Thousand Days*, 983. Mecklin, *Mission in Torment*, 117n. Wexler, *The Vietnam War*, 74. Prochnau, *Once Upon a Distant War*, 195. マンチェスター『栄光と夢』144. 文献により歌詞に多少の異同がある．本文中の日本語歌詞は拙訳.

(39)　Heavner to Hilsman 5/17/63, *VWG* 1: 327.

(40)　*Time* 5/17/63, 40. Cooper OH JFKL, 50.

(41)　Halberstam, *The Best and the Brightest*, 202. Halberstam, "The 'Other' Enemy," 62. 丸山「内戦政策の破綻」219. Hammond, *Public Affairs*, 22. Kaiser, *American Tragedy*, 229. Cooper OH JFKL, 51.

(42)　ハルバスタム『ベトナム戦争』61. Hillstrom & Hillstrom, *The Vietnam Experience*, 34. Hilsman, *To Move a Nation*, 499.

(43)　Prochnau, *Once Upon a Distant War*, 86. Young, *The Vietnam Wars*, 92. Cook & Martin, *The Greenwood Library of American War Reporting*, 17.

(44)　Rusk OH JFKL, 64. Mecklin, *Mission in Torment*, 163.

(45)　Hammer, *A Death in November*, 156. シーハン『輝ける嘘　上』316. Cooper, *The Lost Crusade*, 206. Prochnau, *Once Upon a Distant War*, 195.

(46)　Cooper, *The Lost Crusade*, 206.

(47)　Halberstam, *The Powers That Be*, 629-30.

(48)　Hammond, *Public Affairs*, 31. Saigon to DOS 726 2/5/63, *FRUS* 3: 98-9. Wood to Trueheart 2/26/63, *FRUS* 3: 125.

(49)　SG (CI) Meeting 5/23/63, *FRUS* 3: 315. Hammond, *Public Affairs*, 21.

(50)　ハルバスタム『ベトナム戦争』121, 169. コルビー『栄光の男たち』178-9. Mecklin, *Mission in Torment*, 118. Hammond, *Public Affairs*, 23.

(51)　サリンジャー『ケネディと共に』31-2.

(52)　Taylor, *Swords and Plowshares*, 300. Hilsman, *To Move a Nation*, 499, 509, 514. Meckiln, *Mission in Torment*, 223.

（70） Heinz OH JFKL, 45. Honolulu Conference 11/20/63, *FRUS* 4: 618.

（71） Forrestal OH JFKL, 126. Mecklin to Lodge 8/24/63, *FRUS* 3: 623.

（72） *Newsweek* 10/7/63, 25. Schlesinger, *A Thousand Days*, 995.

（73） Forrestal OH JFKL, 161. Jones, *Death of a Generation,* 154.

（74） Hammond, *Public Affairs*, 22. Ball, *Vietnam-on-the-Potomac*, 96. Halberstam, *The Best and the Brightest*, 256. Rust, *Kennedy in Vietnam,* 61.

（75） Gibbons, *The U.S. Government and the Vietnam War*, 107. Colby, *Lost Victory*, 122. Jones, *Death of a Generation*, 185.

第六章　自己欺瞞の病理

（1） McNamara, *In Retrospect*, 46. Taylor, *Swords and Plowshares*, 237. Cooper, *The Lost Crusade*, 195.

（2） Nolting OH JFKL, 13. Cooper OH JFKL, 51. Guthman & Shulman, *Robert Kennedy-In His Own Words*, 402.

（3） CIA Saigon to CIA 11/16/63, *FRUS* 4: 602. Maitland et al., *Raising the Stakes*, 60.

（4） Harkins OH HP MHI, 50. Forrestal OH JFKL, 164. Hilsman, *To Move a Nation*, 453.

（5） Rust, *Kennedy in Vietnam*, 78. Hammond, *Public Affairs*, 19.

（6） Halberstam, *The Best and the Brightest*, 200. シーハン『輝ける嘘　上』402-3. *USNWR* 9/16/63, 41.

（7） Kaiser, *American Tragedy*, 202.

（8） Newman, *JFK and Vietnam*, 242, 244, 307. 丸山『ベトナム戦争』223.

（9） Moyar, *Triumph Forsaken*, 228. Kaiser, *American Tragedy*, 4. Newman, *JFK and Vietnam*, 227-9, 233. Scott, *Deep Politics and the Death of JFK*, 31.

（10） Nolting, *From Trust to Tragedy*, 85. Nolting OH JFKL, 16.

（11） McNamara, *In Retrospect*, 47. FitzGerald, *Fire in the Lake*, 331. "Untold Story of the Road to War in Vietnam," 16.

（12） Schlesinger, *A Thousand Days*, 550. エルズバーグ『ベトナム戦争報告』14.

（13） Cooper, *The Lost Crusade*, 201. Hammond, *Public Affairs*, 18. シーハン『輝ける嘘　上』362. Hilsman, *To Move a Nation*, 511.

（14） Newman, *JFK and Vietnam*, 314. Halberstam, *The Powers That Be*, 626. Kern et al., *The Kennedy Crises*, 142.

（15） Kattenburg, *The Vietnam Trauma in American Foreign Policy, 1945-75*, 178. Hughes, "Experiencing McNamara," 159. Gaddis, *Strategies of Containment*, 256.

（16） *USVR* 3: IV.B.4, 31. レストン『新聞と政治の対決』39. Johnson, *The Vantage Point*, 63. FitzSimons, *The Kennedy Doctrine*, 210. Freedman, *Kennedy's Wars*, 357. エルズバーグ『ベトナム戦争報告』106-7.

（17） エルズバーグ『ベトナム戦争報告』61. Blight & Kornbluh, *Politics of Illusion*, 137. 井上『ケネディ』152. Anderson, *The President's Men*, 318.

（18） Sorensen, *Kennedy*, 660. Halberstam, *The Best and the Brightest*, 209.

（19） ハルバスタム『ベトナム戦争』188. Halberstam, *The Best and the Brightest*, 282. Brogan, *Kennedy*, 195.

（20） Fraser & Murray, *America and the World since 1945*, 115.

（21） Rostow, *The Diffusion of Power*, 280. McNamara, *In Retrospect*, 47. Newman, *JFK and Vietnam*, 174. Ball, *Vietnam-on-the-Potomac*, 98.

（22） Schlesinger, "A Biographer's Perspective," 21. Sorensen, *Kennedy*, 372. ソレンセン『ケネディの遺産』62.

（23） 丸山『ベトナム戦争』224. Komer, *Bureaucracy at War*, 61. エルズバーグ『ベトナム戦争報告』

(41)　*Time* 5/17/63, 41. *Time* 8/9/63, 25. CIA Memo 10/30/63, NSF 201 JFKL.

(42)　Hughes to Rusk 11/8/63, *FRUS* 4: 583.

(43)　DOS to Saigon 658 10/28/63, NSF 201 JFKL.

(44)　Heavner to Jean 5/17/63, *VWG* 1: 670.

(45)　Report by Thompson 3/11/63, *VWG* 2: 213. *Time* 5/17/63, 41. Research Memo RFE-90 10/22/63, *USVR* 12: 581.

(46)　Resaerch Memo RFE-90 10/22/63, *USVR* 12: 580.

(47)　Briefing Paper for Honolulu Conference #4 11/15/63, NSF 204 JFKL. Taylor, *Swords and Plowshares*, 297. CIA Information Report 8/22/63, NSF 198 JFKL.

(48)　Saigon to DOS 768 10/23/63, *FRUS* 4: 421. Harkins to Taylor MAC 2033 10/30/63, *FRUS* 4: 496.

(49)　Research Memo RFE-59 12/3/62, *USVR* 12: 488.

(50)　小沼『ベトナム民族解放運動史』243. Scigliano, *South Vietnam*, 145. Committee of Concerned Asian Scholars, *The Indochina Story*, xxi. FitzGerald, *Fire in the Lake*, 168. Elliott, *The Vietnamese War*, 1: 355. Scigliano, "Vietnam: A Country at War," 48. Higgins, *Vietnam*, 58.

(51)　Kattenburg to Rice 10/11/63, *VWG* 2: 687.

(52)　Memo by Hilsman 1/63, *FRUS* 3: 5-6.

(53)　Harkins to Felt MAC J00 1870 3/30/63, *FRUS* 3: 188.

(54)　OCI Memo SC 02142/63 1/11/63, *FRUS* 3: 20.

(55)　Harkins to Felt MAC J00 7585 9/20/63, *FRUS* 4: 275. ハルバスタム『ベトナム戦争』128.

(56)　Forrestal OH JFKL, 126. Hilsman, *To Move a Nation*, 450.

(57)　Address by M. Bundy 9/30/63, *DSB* 10/21/63, 629. McNamara & Taylor to JFK 10/2/63, *USVR* 12: 557. Memo by Sullivan [10/5/63], *FRUS* 4: 381.

(58)　Saigon to DOS 659 10/8/63, NSF 200 JFKL. OCI Memo 2370/63 10/19/63, NSF 200 JFKL. Saigon to DOS 677 10/10/63, *DDRS* RS 828D. Harkins to Felt MAC J00 7585 9/20/63, *FRUS* 4: 274. Memo of Meeting 9/16/63, *FRUS* 4: 218.

(59)　Harriman OH JFKL, 111. Taylor to JFK CM-882-63 [9/63] *FRUS* 4: 99. CIA Memo SC 10519/63 10/11/63, NSF 200A JFKL. Saigon to DOS 691 10/12/63, NSF 200 JFKL. Saigon to DOS 795 10/26/63, NSF 201 JFKL. Saigon to DOS 959 11/7/63, NSF 202 JFKL. Saigon to DOS 704 10/15/63, NSF 201 JFKL.

(60)　*USVR* 3: IV.B.2, 30. Cooper, *The Lost Crusade*, 202. Bruebeck to M. Bundy 3/29/63, NSF 197 JFKL.

(61)　News Conference by Rusk 2/1/63, *DSB* 2/18/63, 238. *Ibid.* 3/8/63, *DSB* 3/25/63, 435-6. Interview with Rusk 4/13/63, *DSB* 5/6/63, 702. Hilsman, *To Move a Nation*, 466-7.

(62)　Status Report of Counterinsurgency Projects 5/63, NSF 232 JFKL. SACSA Briefing Paper 5/22/63, *VWG* 1: 710. *Ibid.* 5/29/63, *VWG* 1: 707. Heavner to Wood 8/1/63, *VWG* 2: 386. Taylor to Diem 10/1/63, *FRUS* 4: 328.

(63)　Briefing Paper for Honolulu Conference #2 Tab C 11/15/63, NSF 204 JFKL. Rostow, *The Diffusion of Power*, 280.

(64)　Research Memo RFE-90 10/22/63, *USVR* 12: 580. CIA Memo 10/30/63, NSF 201 JFKL.

(65)　Mecklin, *Mission in Torment*, 102. Schlesinger, *A Thousand Days*, 995. Komer, *Bureaucracy at War*, 61.

(66)　Mecklin, *Mission in Torment*, 101-2. ハルバスタム『ベトナム戦争』128.

(67)　McNamara, *In Retrospect*, 48. Komer, *Bureaucracy at War*, 62. Halberstam, *The Best and the Brightest*, 213.

(68)　Forrestal to M. Bundy 1/8/64, *FRUS 64-68* 1: 7.

(69)　Helble to Manfull 2/26/63, *VWG* 1: 805.

（14） Schlesinger, "A Biographer's Perspective," 21. Komer OH JFKL, 5: 16. Sorensen, *Kennedy*, 372.

（15） Heinz OH JFKL, 40. Colby, *Lost Victory*, 121.

（16） Smith, *An International History of the Vietnam War*, 166. Guthman & Shulman, *Robert Kennedy-In His Own Words*, 289. テーラー『ベトナム戦争と世界戦略』103.

（17） Cooper, *The Lost Crusade*, 118. U.S. Senate, *Causes, Origins, and Lessons of the Vietnam War*, 119. Taylor, *Swords and Plowshares*, 290.

（18） Saigon to DOS 959 11/7/63, NSF 202 JFKL. Briefing Paper for Honolulu Conference #4 11/15/63, NSF 204 JFKL. Agenda for Honolulu Conference [11/63], NSF 204 JFKL.

（19） Draft Memo for LBJ [12/5/63], *FRUS* 4: 676. Forrestal to M. Bundy 1/8/64, *FRUS 64-68* 1: 7.

（20） Taylor, *Swords and Plowshares*, 288. Memo for SG (CI) 6/25/62, *DDRS* TG CK3100058903. Paper by Wood & Heavner 10/5/62, *FRUS* 2: 684.

（21） テーラー『ベトナム戦争と世界戦略』104. Cao Van Vien et al., "The US Advisor," 691.

（22） Cooper, *The Lost Crusade*, 196, 202. テーラー『ベトナム戦争と世界戦略』103-4.

（23） *NYT* 11/13/63, *FRUS* 4: 593n. マンチェスター『栄光と夢』53. Schlesinger, *A Thousand Days*, 549. ハルバスタム『ベトナム戦争』205.

（24） McNamara, *In Retrospect*, 43. Bundy, "Kennedy and Vietnam," 252. Cooper, *The Lost Crusade*, 196.

（25） McNamara, *In Retrospect*, 48. Hilsman, *To Move a Nation*, 449.

（26） Stein, *The American Journey*, 209-10.

（27） Johnson, *The Vantage Point*, 63. McNamara to LBJ 12/21/63, *FRUS* 4: 733.

（28） Blang, *Allies at Odds*, 24. Mecklin, *Mission in Torment*, 94, 102. Harkins to DOS J01 7384 9/11/63, NSF 199 JFKL.

（29） Report by Krulak 7/63, *FRUS* 3: 462.

（30） *USVR* 3: IV.B.2, 34. Kattenburg to Hilsman 8/15/63, *FRUS* 3: 568.

（31） Hughes to Hilsman 4/1/63, *VWG* 2: 511. Heavner to Wood 8/1/63, *VWG* 2: 386. Wood to Meyers 8/7/63, *VWG* 2: 462.

（32） Research Memo RFE-90 10/22/63, *USVR* 12: 580, 584. CIA Memo 10/30/63, NSF 201 JFKL. Hilsman, *To Move a Nation*, 525n. DOD Analysis Report 8/19/63, *VWG* 2: 994. Heavner to Wood 8/1/63, *VWG* 2: 386.

（33） Report by Thompson 3/11/63, *VWG* 2: 213. Research Memo RFE-90 10/22/63, *USVR* 12: 587. CIA Memo 10/30/63, NSF 201 JFKL. JCS to Felt JCS 4604 1/29/64, *LBJVN* 1: 309.

（34） Wood to Smith 7/9/63, *VWG* 2: 500. Heavner to Jean 5/17/63, *VWG* 1: 670.

（35） Post, *Revolution, Socialism and Nationalism in Vietnam*, 148. Address by Hilsman 6/14/63, *DSB* 7/8/63, 48. フォール『ヴェトナム戦史』104. Status Report of Counterinsurgency Projects 12/62, *DDRS* TG CK3100478056. Briefing Paper for News Conference 5/8/63, *JFKOF* 1/22: 561. Address by Heavner 8/25/63, *DSB* 9/9/63, 396. Status Report of Counterinsurgency Projects 3/63, NSF 232 JFKL Heavner to Manell 2/26/63, *VWG* 1: 919. Report by Thompson 3/11/63, *VWG* 2: 214.

（36） Status Report of Counterinsurgency Projects 6/63, NSF 232 JFKL.

（37） Thompson, *Defeating Communist Insurgency*, 39. Higgins, *Our Vietnam Nightmare*, 125. USIA to USIS Saigon REUPOB 028A 2/2/63, NSF 197 JFKL.

（38） Hilsman, *To Move a Nation*, 467n. Heavner to Manell 2/26/63, *VWG* 1: 919.

（39） Wood to Harriman 1/10/63, *VWG* 2: 962. Hilsman & Forrestal to JFK 1/25/63, *FRUS* 3: 50. Report by Thompson 3/11/63, *VWG* 2: 213. DOD Analysis Report 8/19/63, *VWG* 2: 996.

（40） Research Memo RFE-90 10/22/63, *USVR* 12: 581. CIA Memo 10/30/63, NSF 201 JFKL. Thompson, *Defeating Communist Insurgency*, 40. Summary Status Report on Counterinsurgency in Vietnam 10/16/63, *VWG* 2: 525. CIA Special Report SC 00602/64B 1/17/64, *CIARR* 3: 328.

(86) Kaiser, *American Tragedy*, 251-2. Newman, *JFK and Vietnam*, 394. Prochnau, *Once Upon a Distant War*, 438.

(87) Taylor, *Swords and Plowshares*, 296.

(88) Hilsman, *To Move a Nation*, 510. Guthman & Shulman, *Robert Kennedy-In His Own Words*, 402.

(89) McNamara, *In Retrospect*, 79. McNamara & Taylor to JFK 10/2/63, *USVR* 12: 554, 556-9, 565-6. Memo of Meeting 10/3/63, *FRUS* 4: 356.

(90) Taylor, *Swords and Plowshares*, 298. Saigon to DOS 619 10/2/63, NSF 200 JFKL.

(91) NSC Record of Action 2472 10/2/63, *FRUS* 4: 353-4. White House Statement 10/2/63, *PPP 1963*, 759-60. Gibbons, *The U.S. Government and the Vietnam War*, 192.

(92) *USNWR* 9/16/63, 36. Gibbons, *The U.S. Government and the Vietnam War*, 139-40.

(93) OCI Memo 2370/63 10/19/63, NSF 200 JFKL.

(94) Saigon to DOS 712 10/16/63, *FRUS* 4: 402. Hong Kong to DOS 693 10/14/63, NSF 200 JFKL.

(95) Saigon to DOS 696 10/14/63, NSF 200 JFKL. OCI Memo 2370/63 10/19/63, NSF 200 JFKL.

(96) *USVR* 3: IV.B.5, v, 34. "Untold Story of the Road to War in Vietnam," 16-7. Halberstam, *The Best and the Brightest*, 284. Krepinevich, *The Army and Vietnam*, 89. Newman, *JFK and Vietnam*, 396. Prochnau, *Once Upon a Distant War*, 440. Logevall, *Choosing War*, 55.

(97) Taylor, *Swords and Plowshares*, 296. Kaiser, *American Tragedy*, 258. Palmer, *The 25-Year War*, 12. Herring, *America's Longest War*, 103. Moss, *Vietnam*, 140. Jones, *Death of a Generatio*n, 379.

(98) *USVR* 3: IV.B.4, vi. Hammer, *A Death in November,* 233. DOS American Opinion Summary 10/9/63, NSF 200 JFKL.

(99) Memo of Conversation SecDel/MC/69 10/2/63, *FRUS* 4: 347.

(100) Memo by Krulak 10/28/63, *FRUS* 4: 447.

(101) Gibbons, *The U.S. Government and the Vietnam War*, 194.

(102) Memo by Stahr [4/62], *FRUS* 2: 337.

(103) Krulak OH JFKL, 11. Halberstam, *The Best and the Brightest*, 207.

第五章　統計との格闘

(1) Strober & Strober, *"Let Us Begin Anew,"* 408. Hilsman, *To Move a Nation*, 440.

(2) McNamara, *In Retrospect*, 47. Mecklin, *Mission in Torment*, 62.

(3) *FRUS* 3: 589n. Nolting OH JFKL, 26.

(4) Address by Heavner 8/25/63, *DSB* 9/9/63, 395. *USNWR* 8/5/63, 46.

(5) Taylor, *Swords and Plowshares*, 294. "Untold Story of the Road to War in Vietnam," 8.

(6) Hilsman, *To Move a Nation*, 501. Memo of Conversation 9/6/63, *FRUS* 4: 117. Memo of Conversation 9/6/63, *DDRS* 1989: 935.

(7) Memo of Conversation 9/10/63, *FRUS* 4: 166. DOS to Saigon 348 9/6/63, *FRUS* 4: 128. DOS to Saigon 349 9/6/63, *FRUS* 4: 130. DOS to Saigon 353 9/7/63, *FRUS* 4: 133-5. Draft DOS to Saigon 9/12/63, *FRUS* 4: 197.

(8) CIA Saigon to CIA IN 16397 9/10/63, *FRUS* 4: 148.

(9) DOS to Saigon 576 10/14/63, *FRUS* 4: 396-7.

(10) コルビー『栄光の男たち』189.

(11) Komer OH JFKL, 1: 6.

(12) Schlesinger, "A Biographer's Perspective," 20. Harriman OH JFKL, 84. McNamara, *In Retrospect*, 94. フルシチョフ『フルシチョフ最後の遺言　下』221.

(13) Usowski, *John F. Kennedy and the Central Intelligence Agency*, 49. Paper, *The Promise and the Performance*, 124. Sorensen, *Kennedy*, 660.

(55) Rusk OH JFKL, 76. Strober & Strober, *"Let Us Begin Anew,"* 409. Forrestal OH JFKL, 161.

(56) Rust, *Kennedy in Vietnam*, 137. Nolting, "Kennedy, NATO and Southeast Asia," 231.

(57) O'Donnell & Powers, *"Johnny, We Hardly Knew Ye,"* 14. Strober & Strober, *"Let Us Begin Anew,"* 409. 高松「ケネディ大統領の政策決定スタイルの特徴とリーダーシップについての一考察」64.

(58) DOS to London 1960 9/24/63, NSF 200 JFKL.

(59) Cooper to McCone 9/30/63, *DDRS* 1986: 619.

(60) Memo by Berry 9/23/63, *FRUS* 4: 284-5. Bundy OH LBJL, 6.

(61) Memo by Berry 9/23/63, *FRUS* 4: 284. Memo by Sullivan 10/5/63, *FRUS* 4: 380. Saigon to DOS 565 9/21/63, NSF 200 JFKL.

(62) Memo of Conversation 9/10/63, *FRUS* 4: 281.

(63) Memo of Telephone Conversation 9/17/63, *FRUS* 4: 251. Reeves, *President Kennedy*, 602. Sullivan OH JFKL, 45.

(64) Kaiser, *American Tragedy*, 258. Forrestal OH JFKL, 162.

(65) Reeves, *President Kennedy*, 602. Halberstam, *The Best and the Brightest*, 254. Jones, *Death of a Generation*, 444-5.

(66) Saigon to DOS 536 9/18/63, *FRUS* 4: 255. W. Bundy to McNamara 9/19/63, *FRUS* 4: 265.

(67) JFK to McNamara 9/21/63, *FRUS* 4: 278-9. McNamara & Taylor to JFK 10/2/63, *USVR* 12: 557.

(68) DOS to Saigon 431 9/18/63, *FRUS* 4: 257. Memo by Berry 9/23/63, *FRUS* 4: 284.

(69) Forrestal OH JFKL, 161. W. Bundy to McNamara 9/19/63, *FRUS* 4: 265.

(70) Memo of Meeting 9/23/63, *FRUS* 4: 281. Taylor to Diem 10/1/63, *FRUS* 4: 328.

(71) Sorensen, *Kennedy*, 659. Moyar, *Triumph Forsaken*, 253. Blair, *Lodge in Vietnam*, 60. Colby, *Lost Victory*, 144.

(72) Mecklin, *Mission in Torment*, 103. Giglio, *The Presidency of John F. Kennedy*, 251-2. Kahin, *Intervention*, 170. Forrestal OH JFKL, 169. Halberstam, *The Best and the Brightest*, 282.

(73) DOS to Saigon 431 9/18/63, *FRUS* 4: 257. JFK to McNamara 9/21/63, *FRUS* 4: 279. Draft JFK to McNamara n.d., *FRUS* 4: 279n. Draft JFK to McNamara 9/19/63, NSF 200 JFKL. M. Bundy to Rusk 9/21/63, *FRUS* 4: 278n. M. Bundy to Rusk et al. 9/23/63, *FRUS* 4: 280n.

(74) *USVR* 3: IV.B.4, 18.

(75) Blair, *Lodge in Vietnam*, 61. McNamara, *In Retrospect*, 73. Hilsman, *To Move a Nation*, 509. Forrestal OH JFKL, 162. Mecklin, *Mission in Torment*, 214.

(76) Halberstam, *The Best and the Brightest,* 248-9, 283. ハルバスタム『ベトナム戦争』191. Prochnau, *Once Upon a Distant War*, 438. Schlesinger, *A Thousand Days*, 995-6.

(77) ハルバスタム『ベトナム戦争』193. Forrestal OH JFKL, 163. Saigon to DOS 593 9/25/63, *FRUS* 4: 287n.

(78) Memo of Conversation 9/29/63, *FRUS* 4: 314-5. Freedman, *Kennedy's Wars*, 387.

(79) McNamara, *In Retrospect*, 73-5. Lodge, *The Storm Has Many Eyes*, 207. Blair, *Lodge in Vietnam*, 38-9.

(80) Report by McNamara 9/26/63, *FRUS* 4: 293-4, 293n. McNamara, *In Retrospect*, 74.

(81) "Untold Story of the Road to War in Vietnam," 16.

(82) Forrestal OH JFKL, 162. Warner "The United States and the Fall of Diem, Part II," 9. Halberstam, *The Best and the Brightest*, 284. Winters, *The Year of the Hare*, 85. Logevall, *Choosing War,* 53. Brown, *Prelude to Disaster*, 216.

(83) Forrestal OH JFKL, 163.

(84) Memo of Telehpone Conversation 9/11/63, *FRUS* 4: 176. Gilpatric OH JFKL, 20-1.

(85) Memo of Conversation 9/11/63, *FRUS* 4: 191.

(29)　JCS Team Report 1/63, *FRUS* 3: 80-1, 91, 94.

(30)　Press Briefing by Wheeler 2/4/63, *VWG* 1: 940. DOS to All Posts CA-8776 2/15/63, NSF 197 JFKL. Wheeler OH JFKL, 65. Forrestal to JFK 2/4/63, *FRUS* 3: 97.

(31)　Krulak OH JFKL, 19. Report by Krulak 9/10/63, *FRUS* 4: 154. Memo of Conversation 9/10/63, *FRUS* 4: 161.

(32)　Memo of Conversation 9/10/63, *FRUS* 4: 161-2, 165. Report by Krulak 9/10/63, *FRUS* 4: 154. Memo of Conversation 9/10/63, *DDRS* 1981: 650A.

(33)　Memo of Conversation 9/10/63, *FRUS* 4: 162. Memo of Conversation 9/10/63, *DDRS* 1981: 650A. Mendenhall to Hilsman 9/17/63, *FRUS* 4: 246-8.

(34)　Memo of Conversation 9/10/63, *FRUS* 4: 162. *USVR* 3: IV.B.2, 30. Schlesinger, *A Thousand Days*, 993. Hilsman, *To Move a Nation*, 502. Krulak OH JFKL, 19.

(35)　*USVR* 3: IV.B.5, 25. Krulak OH JFKL, 17-8.

(36)　Mecklin, *Mission in Torment*, 206.

(37)　Hilsman, *To Move a Nation*, 503. Memo of Conversation 9/10/63, *FRUS* 4: 162, 164. Memo of Conversation 9/10/63, *FRUS* 4:163n. Memo of Conversation 9/10/63, *DDRS* 1981: 650A. Krulak OH JFKL, 19. Harriman to Lodge 9/14/63, *FRUS* 4: 209.

(38)　Strober & Strober, *"Let Us Begin Anew,"* 434. Colby, *Lost Victory*, 142.

(39)　Harkins to Felt MAC J00 7536 9/19/63, *FRUS* 4: 266. Harkins to Taylor MAC 1649 9/9/63, *JFKOF* 5/28: 329. Higgins, *Our Vietnam Nightmare*, 38-40, 120-1, 208. Mecklin, *Mission in Torment*, 77.

(40)　Memo of Conversation 9/10/63, *DDRS* 1981: 650A. Cooper OH JFKL, 58.

(41)　Moyar, *Triumph Forsaken*, 246. Halberstam, *The Best and the Brightest*, 275-6. Strober & Strober, *"Let Us Begin Anew,"* 408. Jones, *Death of a Generation*, 357. Gilpatric OH JFKL, 33.

(42)　Moyar, *Triumph Forsaken*, 246. Halberstam, *The Best and the Brightest*, 275. Newman, *JFK and Vietnam*, 290-1. Jones, *Death of a Generation*, 357.

(43)　Krulak OH JFKL, 16. Hilsman, *To Move a Nation*, 501. ハルバスタム『ベトナム戦争』191. *Time* 9/27/63, 31.

(44)　Mecklin, *Mission in Torment*, 207.

(45)　Colby, *Lost Victory*, 142. Gilpatric OH JFKL, 33.

(46)　Mecklin, *Mission in Torment*, 207. USIA to Saigon Usito 66 9/6/63, *FRUS* 4: 149n.

(47)　Memo of Conversation 9/10/63, *FRUS* 4: 165. Memo of Conversation 9/10/63, *DDRS* 1981: 650A. Mecklin, *Mission in Torment*, 210-1. Hilsman, *To Move a Nation*, 503.

(48)　Memo of Conversation 9/10/63, *FRUS* 4:165. Memo of Conversation 9/10/63, *FRUS* 4:165n. Memo of Conversation 9/10/63, *DDRS* 1981: 650A. Hilsman, *To Move a Nation*, 504-5. クルラックのコメントは，Memo of Conversation 9/10/63, *FRUS* 4:165n.

(49)　Memo of Conversation 9/10/63, *FRUS* 4: 162. Memo of Conversation 9/10/63, *DDRS* 1981: 650A.

(50)　Memo of Conversation 9/10/63, *FRUS* 4: 162-3. Memo of Conversation 9/10/63, *FRUS* 4: 162n. Memo of Conversation 9/10/63, *DDRS* 1981: 650A.

(51)　Nolting OH JFKL, 40, 106. Jones, *Death of a Generation*, 360.

(52)　Krulak OH JFKL, 19. Colby, *Lost Victory*, 147.

(53)　Winters, *The Year of the Hare*, 80. Halberstam, *The Best and the Brightest*, 278. Janow to Phillips 5/15/63, *FRUS* 3: 302.

(54)　ハルバスタム『ベトナム戦争』190. Gibbons, *The U.S. Government and the Vietnam War*, 148. Tanham et al., *War without Guns*, 24. Memo of Conversation 9/10/63, *FRUS* 4: 165n. Memo of Conversation 9/10/63, *DDRS* 1981: 650A. Saigon to DOS 437 9/7/63, NSF 199 JFKL. Forrestal to M. Bundy 9/17/63, *FRUS* 4: 249n.

第四章　ワシントンの網膜

(1)　Cooper OH JFKL, 50. McNamara, *In Retrospect*, 86.
(2)　*FRUS* 3: 68n. O'Donnell & Powers, *"Johnny, We Hardly Knew Ye,"* 15. Douglas, *JFK and the Unspeakable*, 123.
(3)　JFK to Mansfield 10/16/62, NSF 197 JFKL. Wood to Harriman 1/31/63, *FRUS* 3: 71.
(4)　オーバードーファー『マイク・マンスフィールド　上』257-8. Guthman & Shulman, *Robert Kennedy-In His Won Words,* 421. O'Donnell & Powers, *"Johnny, We Hardly Knew Ye,"* 15.
(5)　Kennedy, *Historic Conversations on Life with John F. Kennedy*, 277. マンチェスター『ある大統領の死　下』220.
(6)　Schlesinger, *Robert Kennedy and His Times*, 766. Nolting, *From Trust to Tragedy*, 85. Blang, *Allies at Odds*, 17. Douglas, *JFK and the Unspeakable*, 123. Report by Mansfield et al. 2/25/63, NSF 197 JFKL.
(7)　Gibbons, *The U.S. Government and the Vietnam War*, 132-3. Blang, *Allies at Odds*, 18. オーバードーファー『マイク・マンスフィールド　上』270-7.
(8)　Nolting, *From Trust to Tragedy*, 85-6. Halberstam, *The Best and the Brightest*, 208. Maitland et al., *Raising the Stakes*, 58. Prochnau, *Once Upon a Distant War*, 209-10.
(9)　Prochnau, *Once Upon a Distant War*, 209. Jacobs, *Cold War Mandarin*, 137.
(10)　Memo by Heavner 12/27/62, *FRUS* 2: 797.
(11)　Report by Mansfield 12/18/62, *FRUS* 2: 779, 782.
(12)　Mansfield OH JFKL, 24. Halberstam, *The Best and the Brightest*, 208. マンスフィールド『マンスフィールド　20世紀の証言』47. O'Donnell & Powers, *"Johnny, We Hardly Knew Ye,"* 15.
(13)　Halberstam, *The Best and the Brightest*, 208. マンスフィールド『マンスフィールド　20世紀の証言』47.
(14)　Report by Mansfield et al. 2/25/63, NSF 197 JFKL. ベトナム関連部分の抜粋は *AFP 1963*, 837-44. *Newsweek* 3/11/63, 33.
(15)　Maitland et al., *Raising the Stakes,* 58. Blang, *To Urge Common Sense to the Americans*, 218. DOS to Saigon 822 2/25/63, *FRUS* 3: 123.
(16)　Briefing Paper for News Conference 3/6/63, *JFKOF* 1/21: 1054. Hallin, *The "Uncensored War,"* 34.
(17)　Smith, *An International History of the Vietnam War*, 139. Hilsman to Dutton 4/3/63, *VWG* 1: 665.
(18)　*FRUS* 3: 3n. Parmet, *JFK*, 328. Reeves, *President Kennedy*, 447. Hilsman, *To Move a Nation*, 434. Roberts, *First Rough Draft*, 197. Kennedy, *Historic Conversations on Life with John F. Kennedy*, 33n. Hess, "Commitment in the Age of Counterinsurgency," 76-7.
(19)　Halberstam, *The Best and the Brightest*, 208. Nolting, *From Trust to Tragedy*, 96.
(20)　Schlesinger, *A Thousand Days*, 984. Kahin & Lewis, *The United States and Vietnam*, 141n. Schwab, *Defending the Free World*, 57. Nolting, *From Trust to Tragedy*, 95.
(21)　Winters, *The Year of the Hare,* 20. Preston, *The War Council*, 117.
(22)　Hess, "Commitment in the Age of Counterinsurgency," 76. Ball, *Vietnam-on-the-Potomac*, 70.
(23)　Hilsman, *To Move a Nation*, 453. Nolting, *From Trust to Tragedy*, 96.
(24)　Parmet, *JFK*, 329. Kaiser, *American Tragedy*, 186. Gibbons, *The U.S. Government and the Vietnam War*, 134. Blang, *To Urge Common Sense to the Americans*, 219. Forrestal OH JFKL, 126.
(25)　Memo by Hilsman 1/2/63, *FRUS* 3: 3. Hilsman & Forrestal to JFK 1/25/63, *FRUS* 3: 49. Hilsman, *To Move a Nation*, 463. Forrestal OH JFKL, 127.
(26)　Hilsman & Forrestal to JFK 1/25/63, *FRUS* 3: 52, 61. Hilsman, *To Move a Nation*, 466, 468.
(27)　Felt to JCS 092320Z 3/9/63, *DDRS* RS 81E.
(28)　JCS Team Report 1/63, *FRUS* 3: 73. Newman, *JFK and Vietnam*, 305.

ける嘘　上』401. ハルバスタム『ベトナム戦争』106.

（63） Cooper OH JFKL, 42. *Time* 5/17/63, 41. アーネット『戦争特派員』74.

（64） Hilsman, *To Move a Nation*, 522. Phillips to Brent 5/1/63, *FRUS* 3: 257.

（65） Newman, *JFK and Vietnam*, 329. Forrestal OH JFKL, 158. Cooper OH JFKL, 41. Shaplen, *The Lost Revolution*, 219. ハルバスタム『ベトナム戦争』140.

（66） Heavner to Wood 8/1/63, *VWG* 2: 387. Report by Krulak 7/63, *FRUS* 3: 456.

（67） Wood to Harriman 1/10/63, *VWG* 2: 962. JCS Team Report 1/63, *FRUS* 3: 81.

（68） Engel to Manfull 3/27/63, *VWG* 2: 45.

（69） R. Johnson to Rostow 6/20/63, *FRUS* 3: 390n.

（70） Wood to Patton 6/10/63, *VWG* 1: 906. Felt to JCS & DIA 102155Z 12/10/63, *LBJVN* 1: 41. Status Report of Counterinsurgency Projects 7/63, NSF 232 JFKL.

（71） Status Report of Counterinsurgency Projects 5/63, 6/63, NSF 232 JFKL.

（72） “Comments on the Advertisement by the Ministers’ Viet-Nam Committee” 7/63, *VWG* 2: 397. Summary Status Report on Counterinsurgency in Vietnam 10/16/63, *VWG* 2: 524, 527. Kattenburg to SG (CI) 10/16/63, *VWG* 1: 487, 490. Heavner to Wood 8/1/63, *VWG* 2: 387.

（73） Briefing Paper for Honolulu Conference #4, #5 11/15/63, NSF 204 JFKL.

（74） Draft Memo for LBJ [12/5/63], *FRUS* 4: 670. CIA Special Report SC 00602/64B 1/17/64, *CIARR* 3: 328.

（75） Saigon to DOS 470 9/11/63, NSF 199 JFKL.

（76） Mecklin, *Mission in Torment*, 101. シーハン『輝ける嘘　上』406.

（77） ハルバスタム『ベトナム戦争』36. McCone to Rusk 1/7/64, *FRUS 64-68* 1: 5. McNamara, *In Retrospect*, 48.

（78） Mecklin, *Mission in Torment*, 100. McNamara, *In Retrospect*, 47. シーハン『輝ける嘘　上』158. Hammond, *Public Affairs*, 22. Cooper, *The Lost Crusade*, 175.

（79） Taylor, *Swords and Plowshares*, 237. テーラー『ベトナム戦争と世界戦略』103.

（80） Forrestal OH JFKL, 126, 141. Hilsman, *To Move a Nation*, 445n, 523.

（81） McNamara, *In Retrospect*, 47. Hughes, “Experiencing McNamara,” 160, 163.

（82） Rostow, *The Diffusion of Power*, 279. Report by Mansfield 12/18/62, *FRUS* 2: 781. Hilsman, *To Move a Nation*, 456.

（83） Interview with Rusk 4/13/63, *DSB* 5/6/63, 702.

（84） Saigon to DOS 824 3/20/63, *FRUS* 3: 163-4. JCS to McNamara JCSM-302-63 4/17/63, *FRUS* 3: 230. DOS Memo 4/18/63, *FRUS* 3: 238, 241.

（85） Hilsman, *To Move a Nation*, 456. Research Memo RFE-58 7/1/63, *FRUS* 3: 439.

（86） Forrestal to M. Bundy 7/9/63, NSF 198 JFKL. CIA Information Report TDCS-3/655, 859 8/2/63, *FRUS* 3: 551. Mecklin to Lodge 8/24/63, *FRUS* 3: 623. Harriman OH JFKL, 112.

（87） Saigon to DOS 768 10/23/63, *FRUS* 4: 421.

（88） Higgins, *Our Vietnam Nightmare*, 129. News Conference 3/7/62, *PPP 1962*, 199. Mecklin, *Mission in Torment*, 62.

（89） Heinz OH JFKL, 40-1, 46.

（90） Wood to Harriman 1/31/63, *FRUS* 3: 71. Higgins, *Our Vietnam Nightmare*, 108. McNamara & Taylor to JFK 10/2/63, *USVR* 12: 557.

（91） Rostow, *The Diffusion of Power*, 279. Shaplen, *The Lost Revolution*, 163-4. Conlon to Hilsman 8/20/63, *FRUS* 3: 590.

（92） Daily White House Staff Meeting 9/16/63, *FRUS* 4: 216-7.

（93） NIE 53-63 4/17/63, *CIARRS* 2: 379.

(30)　Cooper to McCone 12/6/63, *FRUS* 4: 681. Jorden to Harriman 12/31/63, *FRUS* 4: 753.

(31)　*USVR* 3: IV.B.4, 24. Johnson, *The Vantage Point*, 62. Briefing Paper for News Conference 11/14/63, *JFKOF* 1/23: 1095. McNamara, *In Retrospect*, 85.

(32)　Daily White House Staff Meeting 11/22/63, *FRUS* 4: 625. Forrestal to M. Bundy 11/13/63, NSF 204 JFKL.

(33)　Johnson, *The Vantage Point*, 44. サリンジャー『ケネディと共に』4.

(34)　Salinger, *John F. Kennedy*, 82. Kattenburg, *The Vietnam Trauma in American Foreign Policy, 1945-75*, 121. Cooper, *The Lost Crusade*, 220.

(35)　Warner, "The United States and Vietnam," 347-8. Johnson, *The Vantage Point*, 62. McCone to LBJ 12/23/63, *FRUS* 4: 735.

(36)　McNamara, *In Retrospect*, 85. Johnson, *The Vantage Point*, 45. *USVR* 3: IV.B.5, 67.

(37)　Bundy, "Kennedy and Vietnam," 264. Daily White House Staff Meeting 11/22/63, *FRUS* 4: 625.

(38)　Forrestal OH JFKL, 168. Kaiser, *American Tragedy*, 277.

(39)　アジア経済研究所『ベトナム戦争の分析』5. Buzzanco, *Masters of War*, 147. Felt to JCS 120604Z 11/12/63, *PP* 2: 223.

(40)　Saigon to DOS 1143 12/11/63, *LBJVN* 1: 148. Saigon to DOS 1121 12/7/63, *LBJVN* 1: 117.

(41)　Memo by McCone 12/21/63, *FRUS* 4: 737-8. CIA Special Report SC 00602/64B 1/17/64, *CIARR* 3: 328. CIA Report 2/10/64, *DDRS* RS 39D.

(42)　*Newsweek* 11/25/63, 27. Mecklin, *Mission in Torment*, 283. Honolulu Conference 11/20/63, *FRUS* 4: 623.

(43)　Saigon to DOS 959 11/7/63, NSF 202 JFKL. Honolulu Conference 11/20/63, *FRUS* 4: 612.

(44)　Hilsman, *To Move a Nation*, 522. Memo of Conversation 11/13/63, *FRUS* 4: 596. Memo by McCone 12/21/63, *FRUS* 4: 737.

(45)　Halberstam, *The Best and the Brightest*, 297.

(46)　エルズバーグ『ベトナム戦争報告』10. Rusk, *As I Saw It*, 442.

(47)　テーラー『ベトナム戦争と世界戦略』103.

(48)　Tran Dinh Tho, "Pacification," 222. Memo for SG (CI) 6/25/62, *DDRS* TG CK3100058903. Thompson, *Make for the Hills*, 128.

(49)　Hoang Ngoc Lung, "Strategy and Tactics," 320.

(50)　Halberstam, "The 'Other' Enemy," 62.

(51)　Memo by Taylor 9/19/63, *FRUS* 4: 268.

(52)　Resaerch Memo RFE-90 10/22/63, *USVR* 12: 579. Komer, *Bureaucracy at War*, 61. ミラー『スパイ諜報戦争』512.

(53)　Forrestal OH JFKL, 125.

(54)　USIA to USIS Saigon REUPOB 028A 2/2/63, NSF 197 JFKL. NIE 53-63 4/17/63, *CIARRS* 2: 379.

(55)　Schlesinger, *A Thousand Days*, 984.

(56)　Hilsman & Forrestal to JFK 1/25/63, *FRUS* 3: 51.

(57)　OCI Memo SC 02142/63 1/11/63, *FRUS* 3: 20. DOS to Saigon 688 1/13/63, NSF 197 JFKL. Briefing Paper for News Conference 1/24/63, *JFKOF* 1/21: 545.

(58)　Report by Thompson 3/11/63, *VWG* 2: 213. DOS to Saigon CA-10362 3/22/63, *FRUS* 3: 175. Saigon to DOS A-661 4/25/63, *FRUS* 3: 252.

(59)　Schlesinger, *The Bitter Heritage*, 442-3. 朝日新聞調査研究室『激動するインドシナ』7.

(60)　Jones, *Death of a Generation*, 380.

(61)　シーハン『輝ける嘘　上』147. Mecklin, *Mission in Torment*, 101.

(62)　Halberstam, *The Best and the Brightest*, 204. Prochnau, *Once Upon a Distant War*, 26. シーハン『輝

554. Saigon to DOS 949 11/6/63, *FRUS* 4: 575.

(4)　Honolulu Conference 11/20/63, *FRUS* 4:612. *USVR* 3: IV.B.5, 66. Briefing Paper for Honolulu Conference #2 11/15/63, NSF 204 JFKL. DOS Situation Report 11/23/63, *FRUS* 4: 629.

(5)　Colby, *Lost Victory*, 167. Jones, *Death of a Generation*, 419. Nolting, *From Trust to Tragedy*, 133-4. Saigon to DOS 986 11/9/63, NSF 202 JFKL.

(6)　Harkins to Taylor MAC J01 8605 11/4/63, *FRUS* 4: 564. CIA Information Report TDCS-3/563,962 11/4/63, NSF 201 JFKL.

(7)　CIA Information Report TDCS-3/563,962 11/4/63, NSF 201 JFKL. Tanham, *Communist Revolutionary Warfare*, 133-4. Herring, *America's Longest War*, 108. Duiker, *The Communist Road to Power in Vietnam*, 221.

(8)　チュオン・ニュ・タン『ベトコン・メモワール』62. Pike, *Viet Cong*, 352.

(9)　Smith, *An International History of the Vietnam War*, 191. Saigon to DOS 854 11/1/63, *FRUS* 4: 515.

(10)　桜井・石澤『東南アジア現代史Ⅲ』246. Cooper to McCone 12/6/63, *FRUS* 4: 681. Catton, *Diem's Final Failure*, 207.

(11)　Kahin & Lewis, *The United States and Vietnam*, 145. *Newsweek* 11/25/63, 26.

(12)　Colby, *Lost Victory*, 158. Nolting, *From Trust to Tragedy*, 133. McNamara, *In Retrospect*, 85.

(13)　Harkins to JCS MAC J-3 DTG 012200Z 11/2/63, *FRUS* 4: 530.

(14)　Sullivan OH JFKL, 46.

(15)　Bouscaren, *The Last of the Mandarins*, 132. シバラム『ベトナム戦争への疑問』103-4. *USVR* 3: IV.B.5, 63. "Untold Story of the Road to War in Vietnam," 24. *Newsweek* 11/25/63, 26. Duiker, *The Communist Road to Power in Vietnam*, 221. Saigon to DOS 986 11/9/63, NSF 202 JFKL. Briefing Paper for Honolulu Conference #2 11/15/63, NSF 204 JFKL. Tanham, *Communist Revolutionary Warfare*, 134. Smith, *An International History of the Vietnam War*, 191. Kaiser, *American Tragedy*, 290. CIA Information Report 11/16/63, NSF 202 JFKL.

(16)　Cooper to McCone 12/6/63, *FRUS* 4: 683. Harkins to DOS MAC J74 9588 150643Z 12/15/63, *LBJVN* 1: 252.

(17)　サリンジャー『ケネディと共に』4. Honolulu Conference 11/20/63, *FRUS* 4: 612. McNamara et al., *Argument Without End*, 180.

(18)　Tran Dinh Tho, "Pacification," 223. CIA Memo 11/6/63, NSF 202 JFKL. シーハン「ベトナム前線」64. シーハン『輝ける嘘　上』441. Buzzanco, *Masters of War*, 147.

(19)　Memo of Conversation 11/18/63, *FRUS* 4: 606. Honolulu Conference 11/20/63, *FRUS* 4: 616-7, 622.

(20)　Memo of Meeting 11/24/63, *FRUS* 4: 635-6. Johnson, *The Vantage Point*, 43.

(21)　Saigon to DOS 1093 11/30/63, *FRUS* 4: 646. Hilsman to Rusk 12/20/63, *FRUS* 4: 719. Remarks by McNamara 12/21/63, *AFP 1963*, 883. Carroll to McNamara S-18982/P-3 12/13/63, *FRUS* 4: 708.

(22)　Draft JCS to McNamara [11/8/63], *FRUS* 4: 586.

(23)　Halberstam, *The Best and the Brightest*, 297. Harkins OH HP MHI, 58.

(24)　Memo by McCone 12/21/63, *FRUS* 4: 737.

(25)　エルズバーグ『ベトナム戦争報告』109. Hammond, *Public Affairs*, 67. Wicker, *JFK and LBJ*, 188. Hilsman, *To Move a Nation*, 525. Draft JCS to McNamara [11/8/63], *FRUS* 4: 586.

(26)　Saigon to DOS 949 11/6/63, *FRUS* 4: 575.

(27)　Briefing Paper for News Conference 11/14/63, *JFKOF* 1/23: 1095. Briefing Paper for Honolulu Conference #2 11/15/63, NSF 204 JFKL.

(28)　McNamara, *In Retrospect*, 85. Hilsman, *To Move a Nation*, 522.

(29)　Hilsman, *To Move a Nation*, 524. Halberstam, *The Best and the Brightest*, 297. ハルバスタム『ベトナム戦争』226.

（54） Memo of Conversation 10/29/63, *DDRS* 1988: 2748. CIA Memo 10/30/63, NSF 201 JFKL.

（55） Harriman OH JFKL, 126. Memo of Telephone Conversation 10/30/63, *FRUS* 4: 500. シーハン『輝ける嘘　上』333.

（56） Saigon to DOS 612 9/29/63, NSF 200 JFKL. Komer, *Bureaucracy at War*, 138. Nolting, *From Trust to Tragedy*, 127. ハルバスタム『ベトナム戦争』191. 高松「ケネディ大統領の政策決定スタイルの特徴とリーダーシップについての一考察」71.

（57） Memo by Sullivan [10/5/63], *FRUS* 4: 380-1.

（58） Forrestal OH JFKL, 162. Post, *Revolution, Socialism and Nationalism in Viet Nam*, 200. Gelb & Betts, *The Irony of Vietnam*, 314. Newman, *JFK and Vietnam*, 421.

（59） Kattenburg to SG (CI) 10/16/63, *VWG* 1: 488. Summary Status Report on Counterinsurgency in Vietnam 10/16/63, *VWG* 2: 525. Breckon to Kattenburg 10/17/63, *VWG* 2: 28. Roy & Young, *Ambassador to Sixties London*, 123.

（60） Research Memo RFE-90 10/22/63, *USVR* 12: 579.

（61） Hughes, "Experiencing McNamara," 160-1, 164. Rusk OH JFKL, 66. Harriman OH JFKL, 102, 116. Sullivan OH JFKL, 45. Halberstam, *The Best and the Brightest*, 255.

（62） Draft JCS to McNamara [11/8/63], *FRUS* 4: 584-6.

（63） Hughes, "Experiencing McNamara," 161-3.

（64） Hughes to Rusk 11/8/63, *FRUS* 4: 582-4.

（65） Hughes, "Experiencing McNamara," 162. Rusk to McNamara 11/8/63, *FRUS* 4: 582n. Hilsman, "McNamara's War-Against the Truth," 156.

（66） FitzSimons, *The Kennedy Doctrine*, 202. Newman, "The Kennedy-Johnson Transition," 163. Shultz, *The Secret War Against Hanoi*, 33. O'Brien, *John F. Kennedy*, 855.

（67） クライン『ＣＩＡの栄光と屈辱』166. Komer OH JFKL, 5: 18.

（68） クライン『ＣＩＡの栄光と屈辱』163. Astor, *Presidents at War*, 94.

（69） Beschloss, *The Crisis Years*, 632-3. Usowski, *John F. Kennedy and the Central Intelligence Agency*, 416. クライン『ＣＩＡの栄光と屈辱』166.

（70） Hughes, "Experiencing McNamara," 161. Daddis, *No Sure Victory*, 54.

（71） Kattenburg to SG (CI) 10/16/63, *VWG* 1: 487. Summary Status Report on Counterinsurgency in Vietnam 10/16/63, *VWG* 2: 524. Kattenburg to Koren 10/21/63, *VWG* 1: 548. Kattenburg to SG (CI) 10/22/63, *VWG* 2: 523. Kattenburg to Morgenthau 10/25/63, *VWG* 3: 21.

（72） Goodyear to Kattenburg 10/31/63, *VWG* 1: 538.

（73） Schwab, *Defending the Free World*, 59. Draft JFK to Diem 9/16/63, *FRUS* 4: 232. Memo of Conversation 10/7/63, *FRUS* 13: 786.

（74） Schlesinger, *A Thousand Days*, 997. Briefing Paper for Honolulu Conference #15 Tab A, #15 Tab B 11/15/63, NSF 204 JFKL.

（75） バーチェット『解放戦線』126-7. *75 Years of the Communist Party of Viet Nam(1930-2005)*, 38.

第三章　情報飢餓の根源

（1） Harkins to Taylor MAC J00 8512 11/1/63, *FRUS* 4: 523. Memo of Conference 11/1/63, *DDRS* 1993: 2984. Memo of Conference 11/2/63, *DDRS* 1994: 1156. Harkins to Taylor MAC J01 8605 11/4/63, *FRUS* 4: 564.

（2） MACV to DIRNSA 012015Z 11/1/63, NSF 201 JFKL. Harkins to JCS MAC J-3 DTG 012200Z 11/1/63, *FRUS* 4: 530. CIA Memo SC 10535/63 11/1/63, NSF 201 JFKL. Harkins to JCS MAC J-3 8573 11/2/63, *FRUS* 4: 544.

（3） CIA Memo SC 11850/63 11/4/63, NSF 201 JFKL. Harkins to JCS MAC J-3 8587 11/4/63, *FRUS* 4:

(23)　Harkins to Taylor MAC 1495 8/22/63, *FRUS* 3: 608. Harkins to Taylor MAC 1566 8/29/63, *FRUS* 4: 24.

(24)　Hammer, *A Death in November*, 225. Fisher, "The Kennedy Administration and the Overthrow of Ngo Dinh Diem," 46. CIA Saigon to CIA IN 13692 9/6/63, NSF 199 JFKL.

(25)　Memo of Conversation 8/27/63, *FRUS* 3: 660-1.

(26)　McNamara, *In Retrospect*, 58. Hilsman, *To Move a Nation*, 496. Address by Heavner 8/25/63, *DSB* 9/9/63, 396. Address by Manning 8/27/63, *DSB* 9/23/63, 459.

(27)　Hatcher, *The Suicide of an Elite*, 164. Helble to Trueheart 9/27/63, *VWG* 1: 598.

(28)　Saigon to DOS 473 9/11/63, NSF 199 JFKL. Saigon to DOS 470 9/11/63, NSF 199 JFKL.

(29)　Saigon to DOS 453 9/9/63, *FRUS* 4: 145. Saigon to DOS 478 9/11/63, *FRUS* 4: 172. Saigon to DOS 496 9/12/63, NSF 199 JFKL.

(30)　Saigon to DOS 544 9/19/63, *FRUS* 4: 260. Saigon to DOS 556 9/20/63, *FRUS* 4: 272.

(31)　Memo of Conversation 9/29/63, *FRUS* 4: 314. Saigon to DOS 712 10/16/63, *FRUS* 4: 402.

(32)　*USNWR* 9/30/63, 48. *Time* 11/29/63, 40. *USVR* 3: IV.B.5, 38-9.

(33)　ハルバスタム『ベトナム戦争』62. Heardern, *The Tragedy of Vietnam*, 82.

(34)　Memo of Conversation 9/29/63, *FRUS* 4: 316. Taylor to Diem 10/1/63, *FRUS* 4: 329. McNamara & Taylor to JFK 10/2/63, *USVR* 12: 558. Report to NSC 10/5/63, *DDRS* 1985: 46.

(35)　CIA Saigon to CIA IN 13692 9/6/63, NSF 199 JFKL. CIA Saigon to CIA 0809 (IN 91103) 9/13/63, NSF 199 JFKL. Cooper, *The Lost Crusade*, 210.

(36)　Mendenhall to Hilsman 9/17/63, *FRUS* 4: 246. Saigon to DOS 544 9/19/63, *FRUS* 4: 260. Saigon to DOS 556 9/20/63, *FRUS* 4: 273.

(37)　Memo of Conversation 9/17/63, NSF 200 JFKL.

(38)　Saigon to DOS 542 9/19/63, *FRUS* 4: 261n. Research Memo RFE-81 9/11/63, *DDRS* 1998: 301.

(39)　Nolting OH JFKL, 95-6, 101.

(40)　Forrestal OH JFKL, 142. Nolting OH JFKL, 21.

(41)　Harkins to Felt MAC J00 7536 9/19/63, *FRUS* 4: 267. Harkins to Taylor MAC 1649 9/9/63, *JFKOF* 5/28: 329.

(42)　Harkins to Krulak MAC 1675 9/12/63, *FRUS* 4: 194. Harkins to Felt MAC J00 7536 9/19/63, *FRUS* 4: 268.

(43)　Report by Krulak 9/10/63, *FRUS* 4: 160. Harkins to Felt MAC J00 7536 9/19/63, *FRUS* 4: 267.

(44)　Harkins to JCS MAC 1651 9/9/63, NSF 199 JFKL. Harkins to DOS J01 7384 9/11/63, NSF 199 JFKL.

(45)　Memo by McCone 9/13/63, *FRUS* 4: 206. Hilsman to Rusk 9/19/63, *FRUS* 4: 270. Felt to JCS 122055Z 9/12/63, *DDRS* RS 85A.

(46)　Hammond, *Public Affairs*, 62-3. Guthman & Shulman, *Robert Kennedy-In His Own Words*, 398. Harkins to Taylor MAC 2028 10/30/63, *FRUS* 4: 481.

(47)　Saigon to DOS 768 10/23/63, *FRUS* 4: 422. Harkins to Taylor MAC 2033 10/30/63, *FRUS* 4: 498.

(48)　Taylor to Harkins JCS 4188-63 10/29/63, *FRUS* 4: 455-6.

(49)　Nolting, *From Trust to Tragedy*, 131.

(50)　UPI Dispatch from Tokyo 10/31/63, *JFKOF* 1/23: 858.

(51)　Prochnau, *Once Upon a Distant War*, 462. ハルバスタム『ベトナム戦争』216.

(52)　Memo for McCone 9/26/63, *FRUS* 4: 278. CIA Memo 9/12/63, NSF 199 JFKL. Cooper to McCone 9/30/63, *DDRS* 1986: 619.

(53)　Cooper to McCone 9/30/63, *DDRS* 1986: 619. CIA Memo 10/30/63, NSF 201 JFKL. OCI Memo 2370/63 10/19/63, NSF 200 JFKL.

Meeting 8/31/63, *USVR* 12: 543.

(91) Honolulu Conference 5/6/63, *FRUS* 3: 265. McNamara, *In Retrospect*, 49. Bundy, "Kennedy and Vietnam," 252.

(92) Harkins to Diem 5/15/63, *FRUS* 3: 299-300.

(93) Saigon to DOS 1036 5/17/63, *FRUS* 3: 306-7. SG (CI) Meeting 5/23/63, *FRUS* 3: 315.

(94) Report by Krulak 7/63, *FRUS* 3: 456, 465. Forrestal to M. Bundy 7/9/63, NSF 198 JFKL.

(95) Saigon to DOS 39 7/6/63, *FRUS* 3: 469. Saigon to DOS 143, 7/27/63, *FRUS* 3: 544-5. Marolda & Fitzgerald, *The United States Navy and the Vietnam Conflict*, 269. SACSA Briefing Paper 9/18/63, *VWG* 1: 694.

(96) Saigon to DOS 39 7/6/63, *FRUS* 3: 469. CIA Information Report TDCS-3/655, 695 7/18/63, NSF 198 JFKL. Hilsman, *To Move a Nation*, 462.

(97) *USVR* 3: IV.B.5, 10. *Time* 8/9/63, 25. Krulak to McNamara SACSA 468-63, 8/16/63, *FRUS* 3: 584.

第二章　深まる溝

(1) *USVR* 3: IV.B.5, 10. Taylor, *Swords and Plowshares*, 291. OCI Special Report SC 00598/63A 6/28/63, NSF 197 JFKL.

(2) CIA Information Report TDCS-3/552,770 7/8/63, *FRUS* 3: 476. Scigliano, "Vietnam: Politics and Religion," 670. Forrestal OH JFKL, 139. ブイ・ジン・タン「仏教徒のたたかい」153.

(3) News Conference 7/17/63, *PPP 1963*, 569. SNIE 53-2-63 7/10/63, *USVR* 12:533. DOS to Saigon 112 7/23/63, *FRUS* 3: 524.

(4) CIA Information Report TDCS-3/655,859 8/2/63, *FRUS* 3: 551-2.

(5) Heavner to Wood 8/1/63, *VWG* 2: 386, 388. Wood to Meyers 8/7/63, *VWG* 2: 462.

(6) Higgins, *Our Vietnam Nightmare*, 124. Memo of Conversation 8/27/63, *FRUS* 3: 662.

(7) CIA Saigon to CIA 0265 8/24/63, *FRUS* 3: 616. CIA Information Report 8/22/63, NSF 198 JFKL. Harkins to DOS MAC J00 6835 8/21/63, NSF 198 JFKL.

(8) *USNWR* 9/2/63, 58. *Newsweek* 9/1/63, 28.

(9) Carter to Forrestal 9/1/63, NSF 199 JFKL.

(10) Felt to JCS 251958Z 8/25/63, *FRUS* 3: 632. President's Intelligence Checklist 8/28/63, *FRUS* 4: 9. DOD Memo 9/1/63, NSF 199 JFKL. JCS to Harkins 2329 8/31/63, NSF 198 JFKL.

(11) Hilsman, *To Move a Nation*, 496. *Newsweek* 8/26/63, 32. Taylor to JFK CM-882-63 [9/3/63], *FRUS* 4: 99.

(12) Moss, *Vietnam*, 137. Forrestal OH JFKL, 150.

(13) Memo by McCone 9/13/63, *FRUS* 4: 206. SACSA Briefing Paper 9/18/63, *VWG* 1: 694-6.

(14) Report by Krulak 7/63, *FRUS* 3: 456, 460.

(15) SNIE 53-2-63 7/10/63, *USVR* 12: 530, 533. DIA Intelligence Summary 7/17/63, *PP* 2: 167.

(16) Kattenburg to Urey 7/12/63, *VWG* 2: 390. *PP* 2: 210. *USVR* 3: IV.B.5, 10.

(17) Manila to DOS 46 7/10/63, *FRUS* 3: 482. Bowles to M. Bundy 7/19/63, *FRUS* 3: 518. Forrestal to JFK 7/3/63, *FRUS* 3: 449.

(18) CIA Information Report TDCS-3/655,859 8/2/63, *FRUS* 3: 551-2.

(19) Hilsman to Ball 8/9/63, *DHK* 18: 10-1. Forrestal to JFK 8/9/63, *FRUS* 3: 560.

(20) Memo by Krulak 8/27/63, *FRUS* 3: 661n. Taylor to JFK CM-882-63 [9/3/63], *FRUS* 4: 98. Taylor, *Swords and Plowshares*, 290.

(21) CIA Saigon to CIA IN 13692 9/6/63, NSF 199 JFKL. Summary Status Report on Counterinsurgency in Vietnam 10/16/63, *VWG* 2: 526. Kattenburg to SG (CI) 10/16/63, *VWG* 2: 489.

(22) DOD Memo 9/1/63, NSF 199 JFKL. DOS to Paris 1140 9/5/63, NSF 199 JFKL.

3/11/63, 364-5. *Ibid.* 2/26/63, *DSB* 3/18/63, 391. News Conference by Rusk 3/8/63, *DSB* 3/25/63, 435-6. Statement by Rusk at SEATO Council of Ministers 4/8/63, *AFP 1963*, 730. Interview with Rusk 4/13/63, *DSB* 5/6/63, 702. Remarks by Rusk 4/18/63, *DSB* 5/6/63, 680. Address by Rusk 4/22/63, *DSB* 5/13/63, 731. Cooper, *The Lost Crusade*, 201.

（65）Wood to Hilsman 4/18/63, *FRUS* 3: 245. Cooper, *The Lost Crusade*, 208. Prochnau, *Once Upon a Distant War*, 250.

（66）Hilsman, *To Move a Nation*, 462. Felt to JCS 261715Z 3/26/63, NSF 197 JFKL. 水本『同盟の相剋』137.

（67）Wood to Nolting 4/4/63, *FRUS* 3: 204. Johnson, *The Right Hand of Power*, 410-1.

（68）Nolting, *From Trust to Tragedy*, 95. Hilsman & Forrestal to JFK 1/25/63, *FRUS* 3: 61.

（69）Taylor, *Swords and Plowshares*, 317. Nolting OH JFKL, 31. Guthman & Shulman, *Robert Kennedy-In His Own Words*, 395.

（70）Bundy, "Kennedy and Vietnam," 253. Briefing Paper for News Conference 5/8/63, *JFKOF* 1/22: 561. Heavner to Hilsman 5/9/63, *FRUS* 3: 282.

（71）Memo of Conversation 9/19/63, *DDRS* TG CK3100097701. Johnson, *The Right Hand of Power*, 411.

（72）Forrestal OH LBJL, 1: 15. News Conference 7/17/63, *PPP 1963*, 569.

（73）Manning to JFK 7/63, *FRUS* 3: 538-9.

（74）Briefing Paper for News Conference 5/8/63, *JFKOF* 1/22: 561. Harkins to Diem 5/15/63, *FRUS* 3: 299. SACSA Briefing Paper 5/22/63, *VWG* 1: 711. *Ibid.* 5/29/63, *VWG* 1: 708. *Ibid*. 6/12/63, *VWG* 1: 701.

（75）NBC's Huntley-Brinkley Report 9/9/63, *PPP 1963*, 659. Wheeler OH JFKL, 65-6.

（76）CIA Special Report SC 00602/64B 1/17/64, *CIARR* 3: 328. *USVR* 3: IV.B.4, 17. Rostow, *The Diffusion of Power*, 280. SACSA Briefing Paper 5/22/63, *VWG* 1: 714. *Ibid.* 6/12/63, *VWG* 1: 706.

（77）Halberstam, *The Best and the Brightest*, 254. Memo of Conversation 9/10/63, *FRUS* 4: 166.

（78）Nolting, *From Trust to Tragedy*, 112. *Newsweek* 7/15/63, 25.

（79）Memo of Conversation 7/5/63, *FRUS* 3: 467. Rostow, *The Diffusion of Power*, 280. アメリカ合衆国議会上院『世紀の大論戦』381.

（80）Research Memo RFE-58 7/1/63, *FRUS* 3: 440. Saigon to DOS 200 8/9/63, NSF 198 JFKL. Zimmer, *The Vietnam War Debate*, 31.

（81）SACSA Briefing Paper 8/7/63, *VWG* 1: 697. CIA Saigon Monthly Situation Report 7/63, *DHK* 18: 7.

（82）Wood to Meyers 8/7/63, *VWG* 2: 463. Heavner to Wood 8/1/63, *VWG* 2: 387. Higgins, *Our Vietnam Nightmare*, 173. Saigon to DOS 371 8/29/63, *FRUS* 4: 19.

（83）Hilsman, *To Move a Nation*, 496.

（84）Gelb & Betts, *The Irony of Vietnam*, 313. Schwab, *Defending the Free World*, 59. Harkins to Diem 5/15/63, *FRUS* 3: 299.

（85）Draft DOS to Saigon 9/12/63, *FRUS* 4: 197. Heavner to Wood 8/1/63, *VWG* 2: 386.

（86）Hilsman to Janow 5/9/63, *VWG* 1: 153.

（87）Marolda & Fitzgerald, *The United States Navy and the Vietnam Conflict*, 268. Memo of Conversation 9/10/63, *DDRS* 1981: 650A.

（88）Gibbons, *The U.S. Government and the Vietnam War*, 147. Memo of Conversation 7/17/63, *FRUS* 3: 503.

（89）Address by Hilsman 6/14/63, *DSB* 7/8/63, 48. Address by A. Johnson 6/20/63, *DSB* 7/15/63, 81. News Conference 7/17/63, *PPP 1963*, 569. Briefing Paper for News Conference 8/20/63, *JFKOF* 1/23: 69.

（90）Kattenburg to Lodge 8/13/63, *VWG* 1: 626. Memo of Conversation 8/31/63, *FRUS* 4: 74. Memo of

フォール『ヴェトナム戦史』194-6. SACSA Briefing Paper 5/1/63, *VWG* 1: 727.

（37）　Research Memo INR-7 1/28/63, NSF 231 JFKL. Wood to Harriman 1/31/63, *FRUS* 3: 70. OCI Memo SC 02142/63 1/11/63, *FRUS* 3: 21.

（38）　DOS to All Posts CA-8486 2/8/63, NSF 197 JFKL. Heavner to Manell 2/26/63, *VWG* 1: 920-1. Press & Radio News Briefing by Rusk 2/13/63, *DSB* 3/11/63, 365.

（39）　Report by Thompson 3/11/63, *VWG* 2: 216. Burris to LBJ 4/9/63, *DDRS* TG CK3100453929. Wood to Nolting 4/4/63, *FRUS* 3: 205.

（40）　Address by A. Johnson 4/8/63, *AFP 1963*, 848. Interview with Rusk 4/13/63, *DSB* 5/6/63, 702. Address by Rusk 4/22/63, *DSB* 5/13/63, 731. Zimmer, *The Vietnam War Debate*, 31.

（41）　Bowles to JFK 3/7/63, *FRUS* 3: 137. Saigon to DOS 820 3/18/63, *FRUS* 3: 161.

（42）　SG (CI) Meeting 4/4/63, *FRUS* 3: 203. NIE 53-63 4/17/63, *CIARRS* 2: 379-80.

（43）　エルズバーグ『ベトナム戦争報告』85. Cooper, *The Lost Crusade*, 204. Herring, *America's Longest War*, 93.

（44）　CIA Information Report TDCS-3/541,020 3/20/63, NSF 197 JFKL. 松岡『1961 ケネディの戦争』367.

（45）　Forrestal to M. Bundy 8/8/62, *FRUS* 2: 583. SACSA Briefing Paper 10/9/63, *VWG* 1: 692. CIA Special Report 11/1/63, *FRUS* 24: 1056. Prochnau, *Once Upon a Distant War*, 194. Newman, *JFK and Vietnam*, 290.

（46）　Felt to JCS 100910Z 1/10/63, *FRUS* 3: 3. Cooper, *The Lost Crusade*, 201. Felt to DIA 132315Z 3/13/63, *DDRS* RS 81G.

（47）　*Time* 1/11/63, 30. Harkins to JCS MAC J74 0188 1/10/63, NSF 197 JFKL.

（48）　Memo by Hilsman 1/63, *FRUS* 3: 5. Nolting, *From Trust to Tragedy*, 97-8.

（49）　Harkins to Diem 2/23/63, *FRUS* 3: 120-2.

（50）　Felt to DIA 132315Z 3/13/63, *DDRS* RS 81G. SACSA Briefing Paper 3/1/63, *VWG* 1: 768. Rust, *Kennedy in Vietnam*, 90. SG (CI) Meeting 3/14/63, *FRUS* 3: 150.

（51）　Saigon to DOS 820 3/18/63, *FRUS* 3: 161. *USVR* 3: IV.B.4, 11.

（52）　Report by Thompson 3/11/63, *VWG* 2: 212-7.

（53）　Saigon to DOS A-661 4/25/63, *FRUS* 3: 253. Nolting OH JFKL, 18. Nolting, *From Trust to Tragedy*, 56.

（54）　Honolulu Conference 5/6/63, *FRUS* 3: 267. Bundy, "Kennedy and Vietnam," 252.

（55）　Memo of Conversation 5/3/63, *VWG* 2: 380.

（56）　Cooper, *The Lost Crusade*, 201. Nolting, *From Trust to Tragedy*, 95, 98.

（57）　Wood to Usher 1/4/63, *VWG* 1: 950. OCI Memo SC 02142/63 1/11/63, *FRUS* 3: 19, 22. Report to SG (CI) 1/15/63, *FRUS* 3: 24.

（58）　Annual Message to Congress 1/14/63, *PPP 1963*, 11, 15. DOS to Saigon 721 1/23/63, NSF 197 JFKL.

（59）　Briefing Paper for News Conference 1/24/63, *JFKOF* 1/21: 545.

（60）　DOS to All Posts CA-8486 2/8/63, NSF 197 JFKL. Wood to Hilsman 2/26/63, *VWG* 1: 432. Status Repor of Counterinsurgency Projects 2/63, NSF 232 JFKL.

（61）　Heavner to Manell 2/26/63, *VWG* 1: 919. Heavner to Posts 3/14/63, *VWG* 1: 915.

（62）　Bowles to JFK 3/7/63, *FRUS* 3: 137. Weiss et al., *A War Remembered*, 22. Heavner to Harriman 3/21/63, *VWG* 2: 510.

（63）　Status Report of Counterinsurgency Projects 4/63, NSF 232 JFKL. NIE 53-63 4/17/63, *FRUS* 3: 233-4. Daily Report to McNamara 4/22/63, *JFKAP* 6: 802.

（64）　Address by Rusk 2/13/63, *DSB* 3/4/63, 312. Press & Radio News Briefing by Rusk 2/13/63, *DSB*

Kennedys & Vietnam, 31. Gibbons, *The U.S. Government and the Vietnam War*, 122.

(14)　Taylor, *Swords and Plowshares*, 251. Research Memo RFE-27 6/18/62, *USVR* 12:479.

(15)　吉次『池田政権期の日本外交と冷戦』213. Paper by Wood & Heavner 10/5/62, *FRUS* 2: 687. Galloway, *The Kennedys & Vietnam*, 57.

(16)　Research Memo RFE-59 12/3/62, *USVR* 12: 515, 517. Notes by A. Johnson 12/10/62, *FRUS* 2: 761.

(17)　Colby, *Lost Victory*, 117. Marolda & Fitzgerald, *The United States Navy and the Vietnam Conflict*, 264.

(18)　シーハン『輝ける嘘　上』340. スミス「ケネディが決定した広範な介入」122. Dallek, *An Unfinished Life*, 525. *USVR* 3: IV.B.4, 1. Krepinevich, *The Army and Vietnam*, 76. Jones, *Death of a Generation*, 170.

(19)　Saigon to DOS 1503 5/23/62, *FRUS* 2: 425. Schlesinger, *A Thousand Days*, 549. Research Memo RFE-27 6/18/62, *USVR* 12: 479-80. Hilsman, *To Move a Nation*, 496.

(20)　Honolulu Conference 7/23/62, *FRUS* 2: 546, 548. Memo of Conversation 7/31/62, *FRUS* 2: 529.

(21)　Memo of Conversation 5/22/63, *DDRS* 2000: 2195. 丸山「内戦政策の破綻」214. Burris to LBJ 8/17/62, *FRUS* 2: 603.

(22)　Mecklin, *Mission in Torment*, 64. Memo of Conversation 9/14/62, *FRUS* 2: 636. Phnom Penh to DOS 256 9/13/62, *FRUS* 23: 207. Paper by Taylor 9/20/62, *FRUS* 2:660.

(23)　Southeast Asia Task Force Meeting 9/19/62, *FRUS* 2: 655. Remarks at Columbus 9/21/62, *PPP 1962*, 700. Jones, *Death of a Generation*, 195.

(24)　Paper by Wood & Heavner 10/5/62, *FRUS* 2: 679. Nolting to Harriman 11/19/62, *FRUS* 2: 738.

(25)　Research Memo RFE-59 12/3/62, *USVR* 12: 492. Report by Heavner 12/11/62, *FRUS* 2: 771. News Conference 12/12/62, *PPP 1962*, 870.

(26)　Taylor, *Swords and Plowshares*, 288. Schlesinger, *A Thousand Days*, 550, 759. Nolting, "Kennedy, NATO and Southeast Asia," 230. Bundy, "Kennedy and Vietnam," 252. Nolting OH JFKL, 75.

(27)　Nolting, *From Trust to Tragedy*, 56, 63. Saigon to DOS A-398 1/31/63, *SDCF* 10: 836-7.

(28)　Heavner to Wood 8/1/63, *VWG* 2: 386. Wood to Meyers 8/7/63, *VWG* 2: 461. Saigon to DOS A-356 1/7/63, *SDCF* 9: 304. Paper by Thompson 1/30/63, *VWG* 1: 835. Report by Thompson 3/11/63, *VWG* 2: 217.

(29)　Schlesinger, *A Thousand Days*, 982. Colby, *Lost Victory*, 102. Nolting, "Kennedy, NATO and Southeast Asia," 230. Bundy, "Kennedy and Vietnam," 252. Nolting OH JFKL, 11. Gelb, "Vietnam," 161. Post, *Revolution, Socialism and Nationalism in Viet Nam*, 98-9. 小沼『ベトナム民族解放運動史』267. 小倉『ドキュメント　ヴェトナム戦争全史』126. 丸山「内戦政策の破綻」217.

(30)　Rostow, *The Diffusion of Power*, 280. アーネット『戦争特派員』86.

(31)　Schlesinger, *A Thousand Days*, 981. OCI Memo SC 02142/63 1/11/63, *FRUS* 3: 19, 22. SG (CI) Meeting 1/17/63, *FRUS* 3: 29.

(32)　DOS to Saigon 688 1/13/63, NSF 197 JFKL. SG (CI) Meeting 1/17/63, *FRUS* 3: 29. Kaiser, *American Tragedy*, 191.

(33)　Harkins to Dodge 1/4/63, NSF 197 JFKL. Harkins to Diem 2/23/63, *FRUS* 3: 118. Taylor, *Swords and Plowshares*, 289. SACSA Briefing Paper 3/20/63, *VWG* 1: 763. *Ibid.* 4/24/63, *VWG* 1: 732, 734.

(34)　OCI Memos SC 02142/63 1/11/63, *FRUS* 3: 20. Research Memo INR-7 1/28/63, NSF 231 JFKL. *Time* 1/18/63, 30. Briefing Paper for News Conference 1/24/63, *JFKOF* 1/21: 545.

(35)　Wood to Harriman 1/10/63, *VWG* 2: 962. DOD Memo 3/26/63, *DDRS* RS 82D. Status Report of Counterinsurgency Projects 3/63, NSF 232 JFKL. CIA Memo 10/30/63, NSF 201 JFKL. PACAF to Guam et al. AFIN 9413 12/21/63, *DDRS* 1985: 47.

(36)　DOS to All Posts CA-8486 2/8/63, NSF 197 JFKL. DeGroot, *A Noble Cause?*, 76. Manning, "Development of a Vietnam Policy," 43. Post, *Revolution, Socialism and Nationalism in Viet Nam*, 162.

(54)　平田「ケネディ外交の原動力」352-3. Kennedy, *Historic Conversations on Life with John F. Kennedy*, 113, 312. Daalder & Destler, *In the Shadow of the Oval Office*, 30. パッカード『ライシャワーの昭和史』258.

(55)　Rusk OH JFKL, 77. Rusk, *As I Saw It*, 436.

(56)　Gilpatric OH JFKL, 20. Harriman OH JFKL, 104. Nolting, *From Trust to Tragedy*, 62.

(57)　Cooper OH JFKL, 52. Jones, *Death of a Generation*, 6. Halberstam, *The Best and the Brightest*, 307. Harriman OH JFKL, 102.

(58)　ラフィーバー『アメリカ vs ロシア』353.

(59)　Schlesinger, *A Thousand Days*, 995. Rusk OH JFKL, 66, 317. Stein, *American Journey*, 207.

(60)　Nolting OH JFKL, 16, 37. Nolting, *From Trust to Tragedy*, 62, 129. Harriman OH JFKL, 103.

(61)　Forrestal to M. Bundy 9/16/63, *FRUS* 4: 235.

(62)　FitzSimons, *The Kennedy Doctrine,* 209. Miroff, *Pragmatic Illusions*, 155. Gelb & Betts, *The Irony of Vietnam*, 82, 86.

(63)　Gibbons, *The U.S. Government and the Vietnam War*, 194. Charlton & Moncrieff, *Many Reasons Why*, 77.

(64)　Blaufarb, *The Counterinsurgency Era*, 118-9. Duiker, *U.S. Containment Policy and the Conflict in Indochina*, 282. Wexler, *The Vietnam War*, 88.

第Ⅲ部　真実の模索――情報戦争をめぐる苦悶――

第一章　悲観と楽観

(1)　News Conference 1/31/62, *PPP 1962*, 93. Address by Manning 8/27/63, *DSB* 9/23/63, 459. Tucker, *The Encyclopedia of the Cold War*, 1: 26.

(2)　Paper by Hilsman 2/2/62, *FRUS* 2: 73.

(3)　SG (CI) Meeting 5/3/62, *FRUS* 2: 373.

(4)　Research Memo RFE-27 6/18/62, *USVR* 12:479. Status Report on Southeast Asia 6/27/62, *FRUS* 2: 478. Daddis, *No Sure Victory*, 56.

(5)　Hilsman, *To Move a Nation*, 446. ハルバスタム『ベトナム戦争』110. Paper by Wood & Heavner 10/5/62, *FRUS* 2:681.

(6)　Thompson, *Make for the Hills*, 134. Status Report on Southeast Asia 7/25/62, *DDRS* TG CK3100484797. *Ibid.* 9/19/62, *DDRS* TG CK3100484865. *Ibid.* 10/3/62, *DDRS* TG CK3100484820.

(7)　OCI Memo SC 07722/62 7/10/62, *DDRS* TG CK3100205389. Status Report on Southeast Asia 7/25/62, *DDRS* TG CK3100484797. *Ibid.* 10/3/62, *DDRS* TG CK3100484820. Newman, *JFK and Vietnam*, 285.

(8)　Harriman to Nolting 10/12/62, *FRUS* 2: 693. Schlesinger, *Robert Kennedy and His Times*, 769.

(9)　Report by Heavner 12/11/62, *FRUS* 2: 764. Status Report of Counterinsurgency Projects 12/62, *DDRS* TG CK3100478056.

(10)　Tran Van Don, *Our Endless War*, 83. Wheeler OH JFKL, 51.

(11)　Mecklin, *Mission in Torment*, 69. エルズバーグ『ベトナム戦争報告』85. Gibbons, *The U.S. Government and the Vietnam War,* 130. 小沼「内戦政策の破綻」218. Newman, *JFK and Vietnam,* 298. Reeves, *President Kennedy,* 444. 高松「ケネディ大統領の政策決定スタイルの特徴とリーダーシップについての一考察」60-1.

(12)　Newman, *JFK and Vietnam*, 174. Answers to Senator Morse's Questions 3/14,62, *FRUS* 2: 231. Burris to LBJ 3/16/62, *FRUS* 2: 237.

(13)　Bagley to Taylor 4/5/62, *FRUS* 2: 307. Cottrell to Harriman 4/6/62, *FRUS* 2: 313. Galloway, *The*

(32)　JCS Team Report 1/63, *FRUS* 3: 81. Paper by Hilsman & Forrestal [1/15/63], *FRUS* 24: 932. Mecklin, *Mission in Torment*, 17.

(33)　U.S. Senate, *Causes, Origins, and Lessons of the Vietnam War*, 138. Schlesinger, "A Biographer's Perspective," 30.

(34)　Hilsman OH JFKL, 21. Kattenburg, *The Vietnam Trauma in American Foreign Policy, 1945-75*, 120. LeMay, *America Is in Danger*, 248. Mecklin, *Mission in Torment*, 25.

(35)　Schlesinger, *Robert Kennedy and His Times*, 763. Harriman RFKOH JFKL, 27.

(36)　Hilsman, *To Move a Nation*, 512.

(37)　Snyder, *John F. Kennedy*, 1. Kolko, *Confronting the Third World*, 131. Post, *Revolution, Socialism and Nationalism in Viet Nam*, 2. McGovern, "A Senator's View," 45. U.S. Senate, *Causes, Origins, and Lessons of the Vietnam War*, 118. Schlesinger, *The Cycles of American History*, 413.

(38)　Stein, *American Journey*, 203. Hamilton, *The Art of Insurgency*, 7. Kattenburg, "Viet Nam and U.S. Diplomacy, 1940-1970," 829.

(39)　Strober & Strober, *"Let Us Begin Anew,"* 432. Thompson, *Make for the Hills*, 127.

(40)　Mecklin, *Mission in Torment*, 103. カウフマン『マクナマラの戦略理論』318. Trager, *Why Viet Nam?*, 177. Komer, *Bureaucracy at War*, 1. McNamara, *In Retrospect*, 322, 330. McNamara et al., *Argument Without End*, 385.

(41)　Cooper, *The Lost Crusade*, 254. Cooper OH JFKL, 52. McNamara, *In Retrospect*, 41. Prochnau, *Once Upon a Distant War*, 438. Kattenburg, *The Vietnam Trauma in American Foreign Policy, 1945-75*, 157. Bundy, "Kennedy and Vietnam," 250. Jones, *Death of a Generation*, 6.

(42)　Schlesinger, *Robert Kennedy and His Times*, 762. Halberstam, *The Best and the Brightest*, 214. バーンズ『ケネディからの贈り物』282. Memo of Conversation 9/19/63, *DDRS* TG CK3100097701.

(43)　Sorensen, *Kennedy*, 269. A. Johnson OH JFKL, 21. Taylor OH JFKL, 2: 9-10. Halberstam, *The Best and the Brightest*, 213.

(44)　レイモンド『ペンタゴンの内幕』90. 大嶽「大統領とビジネス・エリート」320. Smith, *Grace and Power*, 405. Gilpatric OH JFKL, 69.

(45)　Heinz OH JFKL, 31. Halberstam, *The Best and the Brightest*, 215. Gilpatric OH JFKL, 36. Rust, *JFK and Vietnam*, 61.

(46)　W. Bundy OH LBJL, 4. Sorensen, *Kennedy*, 631.

(47)　DOD Public Affairs office to DA REUPDA 02A 9/26/63, NSF 200 JFKL. McNamara, *In Retrospect*, 72.

(48)　Hilsman, *To Move a Nation*, 510. NSC Meeting 10/2/63, *FRUS* 4: 350.

(49)　Crabb & Mulcahy, *Presidents and Foreign Policy Making*, 221. McNamara, *In Retrospect*, 94. Sorensen, *Counselor*, 233. Schlesinger, *Robert Kennedy and His Times*, 470. Hilsman OH JFKL, 18. Beschloss, *The Crisis Years*, 356-7. Smith, *Grace and Power*, 405. Roy & Young, *Ambassador to Sixties London*, 95. Kennedy, *Historic Conversations on Life with John F. Kennedy*, 112. Forrestal OH JFKL, 145.

(50)　Sorensen, *Counselor*, 233. Guthman & Shulman, *Robert Kennedy-In His Own Words*, 45. Harriman OH JFKL, 70. Komer OH JFKL, 1: 2, 5:22, 33.

(51)　Guthman & Shulman, *Robert Kennedy*, 5. Rusk, "Reflections on Foreign Policy," 192. O'Donnell & Powers, *"Johnny, We Hardly Knew Ye,"* 282. Rusk, *As I Saw It*, 296. Schlesinger, *Robert Kennedy and His Times*, 466.

(52)　Douglas, *JFK and the Unspeakable*, 121. Jones, *Death of a Generation*, 10-1.

(53)　Schlesinger, *Journals*, 198. Hilsman, *To Move a Nation*, 34-9. Sorensen, *Kennedy*, 287, 655. Sorensen, *Counselor*, 234, 236-7.

(2)　Lansdale, *In the Midst of Wars*, 374. Kattenburg, *The Vietnam Trauma in American Foreign Policy, 1945-75*, 116.

(3)　Schlesinger, *A Thousand Days*, 548-9. Schlesinger, *The Bitter Heritage*, 408. Komer, *Bureaucracy at War*, 43. Jones, *Death of a Generation*, 175. Biggs, *Quagmire*, 195.

(4)　*USVR* 3: IV.B.5, 31. White House to Saigon CAP 63516 9/17/63, *FRUS* 4: 254. Taylor, *Swords and Plowshares*, 296.

(5)　Memo by Berry 9/23/63, *FRUS* 4: 284. DOS to London 1960 9/24/63, NSF 200 JFKL.

(6)　Thompson, *Make for the Hills*, 128. Colby, *Lost Victory*, 57.

(7)　Sorensen, *Kennedy*, 656. Schlesinger, "A Biographer's Perspective," 30. Snyder, *John F. Kennedy*, 2. ソレンセン『ケネディの遺産』162.

(8)　O'Donnell & Powers, *"Johnny, We Hardly Knew Ye,"* 15. Schlesinger, *A Thousand Days*, 988. Kennedy, *To Seek a Newer World*, 175.

(9)　高松「ケネディ大統領の政策決定スタイルの特徴とリーダーシップについての一考察」55. Maga, *John F. Kennedy and the New Pacific Community, 1961-63*, ix. Miroff, *Pragmatic Illusions*, xvii.

(10)　Hilsman OH JFKL, 23.

(11)　Sorensen, *Kennedy*, 656.

(12)　Sorensen, *Kennedy*, 659. U.S. Senate, *Causes, Origins, and Lessons of the Vietnam War*, 119.

(13)　Nixon, *No More Vietnams*, 81, 84.

(14)　Talking Paper for Lemnitzer [1/62], *USVR* 12: 438. JCS Team Report 1/63, *FRUS* 3: 81. Harkins to Felt MAC J00 1870 3/30/63, *FRUS* 3: 187.

(15)　Dommen, *The Indochinese Experience of the French and the Americans*, 501-2. Hilsman, *To Move a Nation*, 526. W. Bundy to Janow 5/15/63, *FRUS* 3: 283n.

(16)　Paper by Thompson 1/30/63, *VWG* 1: 837.

(17)　COPROR Meeting 9/6/63, *VWG* 2: 346.

(18)　Saigon to DOS A-257 3/23/62, *FRUS* 2: 268.

(19)　Wood to Hilsman 5/11/62, *FRUS* 2: 388. Research Memo RFE-27 6/18/62, *USVR* 12: 478.

(20)　R. Johnson to Cottrell 9/11/62, *FRUS* 2: 644. Report by Mansfield 12/18/62, *FRUS* 2: 782.

(21)　Hilsman, *To Move a Nation*, 459. Hilsman & Forrestal to JFK 1/25/63, *FRUS* 3: 53. Wood to Harriman 1/31/63, *FRUS* 3:71.

(22)　Hilsman to Rusk 4/63, *FRUS* 3: 190. NIE 53-63 4/17/63, *CIARR* 2: 372, 381.

(23)　Rostow, *View from the Seventh Floor*, 120. Research Memo RFE-58 7/1/63, *FRUS* 3: 435. Higgins, *Our Vietnam Nightmare*, 142, 151.

(24)　Paper by Hilsman 2/2/62, *FRUS* 2: 78. Address by Hilsman 6/14/63, *DSB* 7/8/63, 48. Hilsman, *To Move a Nation*, 431-2. Report by Mansfield et al. 2/25/63, *AFP 1963*, 842.

(25)　Briefing Paper for News Conference 1/24/63, *JFKOF* 1/21: 545. DOS to All Posts CA-8486 2/8/63, NSF 197 JFKL.

(26)　Honolulu Conference 11/20/63, *FRUS* 4: 609, 624.

(27)　Saigon to DOS 712 10/16/63, *FRUS* 4: 402. Saigon to DOS 768 10/23/63, *FRUS* 4: 422. Lodge to DOS CAS 2063 10/30/63, *FRUS* 4: 485.

(28)　Honolulu Conference 11/20/63, *FRUS* 4: 610.

(29)　Nolting, *From Trust to Tragedy*, 53. Kattenburg, *The Vietnam Trauma in American Foreign Policy, 1945-75*, 203.

(30)　Komer, *Bureaucracy at War*, 41-2, 44, 48. Charlton & Moncrieff, *Many Reasons Why*, 76-7.

(31)　McNamara, *In Retrospect*, 323. McNamara et al., *Argument Without End*, 388. Komer, *Bureaucracy at War*, 92, 94, 160.

Nam, 52-3. フォール『ヴェトナム戦史』191, 272. FitzSimons, *The Kennedy Doctrine*, 207-8. FitzGerald, *Fire in the Lake*, 165. Blaufarb, *The Counterinsurgency Era*, 47-9. Gibson, *The Perfect War*, 83. Herring, *America's Longest War*, 89. Jones, *Death of a Generation*, 154, 179. Miller & Wich, *Becoming Asia*, 142. *USNWR* 1/21/63, 48.

(44) DOD Analysis Report 9/21/63, *DDRS* 1981: 446B. Higgins, *Our Vietnam Nightmare*, 107.

(45) Research Memo RFE-59 12/3/62, *USVR* 12: 503.

(46) Phillips to Brent 5/1/63, *FRUS* 3: 257. McNamara & Taylor to JFK 10/2/63, *USVR* 12: 559.

(47) Briefing Paper for News Conference 10/31/63, *JFKOF* 1/23: 930. Saigon to DOS 768 10/23/63, *FRUS* 4: 422-3.

(48) Nolting, *Fron Trust to Tragedy*, 56. Latham, *Modernization as Ideology*, 202-3. Charlton & Moncrieff, *Many Reasons Why*, 77, 85.

(49) Honolulu Conference 11/20/63, *FRUS* 4: 623. Tran Van Don, *Our Endless War*, 81.

(50) Honolulu Conference 11/20/63, *FRUS* 4: 623.

(51) Felt to JCS & DIA 102155Z 12/10/63, *LBJVN* 1: 40. Felt to JCS 072244Z 1/7/64, *LBJVN* 1: 276. Harkins to Felt MAC J3 0196 1/9/63, *LBJVN* 1: 289-92. Felt to JCS 252234Z 1/25/64, *LBJVN* 1: 299-304.

(52) *USVR*, 3: IV.B.2, 35. Mecklin, *Mission in Torment,* 283. Komer, "Was There Another Way?," 213. 丸山『ベトナム戦争』202. Latham, *Modernization as Ideology,* 194. Latham, *The Right Kind of Revolution*, 141.

(53) Joiner, "Administration and Political Warfare in the Highlands," 356-7. Scott to SG (CI) 1/17/64, *FRUS 64-68* 28: 3.

(54) Frankum, *Historical Dictionary of the War in Vietnam*, 202. Kutler, *Encyclopedia of the Vietnam War*, 340. McCoy, "Ameria's Secret War in Laos, 1955-1975," 284.

(55) 菊池ほか『ラオスを知るための 60 章』25-6, 127. 青山『ラオス』124. 鈴木「周辺諸国にとってのベトナム戦争」332.

(56) 竹内『モンの悲劇』15, 21. Hilsman OH JFKL, 26.

(57) 本多『戦場の村』78. 大森『泥と炎のインドシナ』43, 80. Allen, "The Short Tour," 100.

(58) Felt to Harkins CINCPAC 3010. Ser. 00523 5/27/63, *FRUS* 3: 331. "Laos" 4/25/62, *FRUS* 24: 706.

(59) Cooper to McCone 12/6/63, *FRUS* 4: 683.

(60) Memo of Conference 11/2/63, *DHK* 18: 610. Felt to JCS & DIA 102155Z 12/10/63, *LBJVN* 1: 41. R. Johnson to Koren 11/8/63, *VWG* 1: 506.

(61) Saigon to DOS 982 11/9/63, NSF 202 JFKL. Draft Memo for LBJ [12/5/63], *FRUS* 4: 670-1.

(62) マッカーシー『ヴェトナム報告』152. DOS Situation Report 11/23/63, *FRUS* 4: 630.

(63) Briefing Paper for Honolulu Conference #5 11/15/63, NSF 204 JFKL. Tanham et al., *War without Guns*, 125.

(64) Draft Memo for LBJ [12/5/63], *FRUS* 4: 670. SG (CI) Meeting 12/12/63, *FRUS* 4: 705. DOS to Saigon 1000 12/31/63, *FRUS* 4: 747.

(65) フォール『ヴェトナム戦史』315. チュウホイ計画の成果は，1966 年だけで 2 万人あまり（マッカーシー『ヴェトナム報告』152. Nathan, "Psychological Warfare," 194），1973 年までに 16 万人（Tran Dinh Tho, "Pacification," 248），1967 年までに 7 万 5 千人以上（Lewy, *America in Vietnam*, 91.『ＮＡＭ』237），1975 年までに 17 万 2 千人以上（Joes, *The War for South Viet Nam*, 63），総計 20 万人（Dunn, "The American Army," 95）などと指摘されている．

第六章　軍事化に拍車

(1) Research Memo INR-7 1/28/63, NSF 231 JFKL. Komer, *Bureaucracy at War*, 139.

（15） Kattenburg, *The Vietnam Trauma in American Foreign Policy, 1945-75*, 161. Gilpatric OH JFKL, 36. Freedman, *Kennedy's Wars*, 289-90. Waghelstein, "Counterinsurgency Doctrine and Low-Intensity Conflict in the Post-Vietnam Era," 128.

（16） Summers, *On Strategy*, 2. LeMay, *America Is in Danger*, 249. Herring, *From Colony to Superpower*, 704.

（17） Marquis, *Unconventional Warfare*, 25. 高松「ケネディ大統領の政策決定スタイルの特徴とリーダーシップについての一考察」57. Marr, "The Technological Imperative in US War Strategy in Vietnam," 21. Lewis, *The American Culture of War*, 226.

（18） Thompson, *Make for the Hills*, 130. Schmitz, *Thank God They're on Our Side*, 251. Sorensen, *Kennedy*, 656.

（19） Research Memo INR-7 1/28/63, NSF 231 JFKL.

（20） Rabe, *The Most Dangerous Area in the World*, 129, 133.

（21） Rabe, *The Most Dangerous Area in the World*, 125 et passim. Walker, "Mixing the Sweet with the Sour," 55. 加藤『現代戦争論』99.

（22） Freedman, *Kennedy's Wars*, 290. Hilsman, *To Move a Nation*, 507. LeMay, *America Is in Danger*, 123.

（23） Davidson, "Senior Officers and Vietnam Policymaking," 94-5. Freedman, *Kennedy's Wars*, 290. Buzzanco, *Masters of War*, 141. Herring, "Conspiracy of Silence," 100-1.

（24） Lord, *John F. Kennedy*, 228. Sorensen, *Kennedy*, 606.

（25） Barlow, *President John F. Kennedy and His Joit Chiefs of Staff*, 124, 129-32, 248. Wheeler OH JFKL, 19.

（26） Buzzanco, *Masters of War*, 6, 21, 133.

（27） Kaiser, *American Tragedy*, 268. Record, *The Wrong War*, 154.

（28） Harrison, *The Endless War*, 233. Harkins to Felt MAC J00 1870 3/30/63, *FRUS* 3: 186-7. Logevall, *The Origins of the Vietnam War*, 49.

（29） ハルバスタム『ベトナム戦争』49. コルビー『栄光の男たち』192.

（30） Hilsman & Forrestal to JFK 1/25/63, *FRUS* 3: 60.

（31） *USVR* 3: IV.B.2, 18. Wexler, *The Vietnam War*, 67. Marr, "The Rise and Fall of 'Counterinsurgency'," 203. Hilsman, *To Move a Nation*, 442, 497.

（32） Mecklin, *Mission in Torment*, 102. Nolting, *From Trust to Tragedy*, 54, 138.

（33） McNamara, *In Retrospect*, 102. Harriman to Taylor 2/9/63, *FRUS* 3: 114.

（34） Morrison, *The Elephant and the Tiger*, 78. Buzzanco, *Masters of War*, 140-1. Memo by Hilsman 1/63, *FRUS* 3: 7-8, 11.

（35） Forrestal to JFK 1/28/63, *FRUS* 3: 64. Forrestal to JFK 2/4/63, *FRUS* 3: 97. Memo by Taylor 4/2/63, *FRUS* 3: 196. JCS Team Report 1/63, *FRUS* 3: 92.

（36） Nolting OH JFKL, 65. Forrestal OH JFKL, 133, 135. Taylor, *Swords and Plowshares*, 289.

（37） Forrestal OH JFKL, 134. Memo by Sullivan [10/5/63], *FRUS* 4: 382. Cooper, *The Lost Crusade*, 218.

（38） Schlesinger, *A Thousand Days*, 549. Hilsman, *To Move a Nation*, 441. *USVR* 3: IV.B.2, iii.

（39） Research Memo RFE-58 7/1/63, *FRUS* 3: 439. Shaplen, *The Lost Revolution*, 220. Memo of Conference 8/28/63, *FRUS* 4: 5.

（40） Heavner to Wood 8/3/62, *FRUS* 2: 571. DOD Analysis Report 9/21/63, *DDRS* 1981: 446B. Cooper to McCone 9/30/63, *DDRS* 1986: 619.

（41） Hilsman, *To Move a Nation*, 453. Komer, *Bureaucracy at War*, 105.

（42） *USVR* 3: IV.2.B., v. Post, *Revolution, Socialism and Nationalism in Vietnam*, 154.

（43） Kahin & Lewis, *The United States and Vietnam*, 140n. Osborne, *Strategic Hamlets in South Viet-*

CK3100384245.

(85) Taylor, *Swords and Plowshares*, 288. JCS Team Report 1/63, *FRUS* 3: 83. JCS to McNamara JCSM-180-63 3/7/63, *FRUS* 3: 136.

(86) Hilsman & Forrestal to JFK 1/25/63, *FRUS* 3: 53. Research Memo INR-7 1/28/63, NSF 231 JFKL. Address by A. Johnson 6/20/63, *DSB* 7/15/63, 81.

(87) Rostow, *View from the Seventh Floor*, 41. Heavner to Hilsman 5/9/63, *FRUS* 3: 282. JFK to McNamara 9/21/63, *FRUS* 4: 279. Higgins, *Our Vietnam Nightmare*, 174.

(88) NSAM 124 1/18/62, *FRUS* 2: 49. JCS Report MJCS 148-63 9/18/63, *JFKFA* 3/18: 323.

(89) Johnson, *The Right Hand of Power*, 333. Hilsman & Forrestal to JFK 1/25/63, *FRUS* 3: 61.

(90) Marolda & Fitzgerald, *The United States Navy and the Vietnam Conflict*, 88, 93-4. Buzzanco, *Masters of War*, 9, 120-1, 123, 125.

(91) Hilsman to Harriman & Forrestal 2/2/63, *VWG* 2: 923.

(92) Bagley to Taylor 1/17/63, *FRUS* 3: 31. DOS to All Posts CA-8776 2/15/63, NSF 197 JFKL.

(93) Strober & Strober, *"Let Us Begin Anew,"* 407, 430. Heinz OH JFKL, 28.

(94) Taylor to McNamara JCSM-180-63 3/7/63, *FRUS* 3: 134. Felt to JCS 092320Z 3/9/63, *DDRS* RS 81E.

(95) JCS Report MJCS 148-63 9/18/63, *JFKFA* 3/18: 323.

(96) Harkins to Diem 2/23/63, *FRUS* 3: 120. Nolting to Thuan 3/18/63, *FRUS* 3: 156.

(97) Report by Krulak 7/63, *FRUS* 3: 457.

(98) Weede to Felt 11/18/63, *VWG* 2: 466. Report by Hickerson 11/9/63, *VWG* 2: 3.

第五章　反乱鎮圧への反乱

(1) Hilsman, *To Move a Nation*, 426. Hilsman to Harriman & Forrestal 2/2/63, *VWG* 1: 922.

(2) Forrestal to JFK 5/10/63, *FRUS* 3: 291. Memo of Conversation 7/24/63, *FRUS* 8: 491.

(3) Mecklin, *Mission in Torment*, 73. Research Memo RFE-58 7/1/63, *FRUS* 3:435. CIA Special Report SC 00602/64B 1/17/64, *CIARR* 3: 335.

(4) Address by A. Johnson 4/8/63, *AFP 1963*, 846-7. Address by Heavner 8/25/63, *DSB* 9/9/63, 396-7. Thompson, *No Exit from Vietnam*, 169. McNamara & Taylor to JFK 10/2/63, *USVR* 12: 560.

(5) Cable, *Conflict of Myths*, 191. Gibbons, *The U.S. Government and the Vietnam War*, 106. Wexler, *The Vietnam War*, 53-4. Schwab, *A Clash of Cultures*, 21. Krepinevich, *The Army and Vietnam*, 69. *USVR* 3: IV.B.2, 18, 29. Hilsman, *To Move a Nation*, 455n.

(6) Harriman to Taylor 2/9/63, *FRUS* 3: 114. Rostow, *View from the Seventh Floor*, 116.

(7) Status Report of Counterinsurgency Projects 12/62, *DDRS* TG CK3100478056. *Ibid.* 1/63, NSF 232 JFKL. Briefing Paper for Honolulu Conference #14, #14 Tab A 11/15/63, NSF 204 JFKL. W. Bundy to A. Johnson 1/14/63, *SDCF* 13: 226. A. Johnson to W. Bundy 1/23/63, *VWG* 1: 316.

(8) フォール『ヴェトナム戦史』104. Thompson, *No Exit from Vietnam*, 125. Thompson, *Defeating Communist Insurgency*, 161.

(9) Newman, *JFK and Vietnam*, 209. Perlo & Goshal, *Bitter End in Southeast Asia*, 63.

(10) Nolting, *From Trust to Tragedy*, 62.

(11) Strober & Strober, *"Let Us Begin Anew,"* 407. Rusk, *As I Saw It*, 293.

(12) Reeves, *President Kennedy*, 484. Hartley, "John Kennedy's Foreign Policy," 86.

(13) Blaufarb, *The Counterinsurgency Era*, 80. Maclear, *The Ten Thousand Day War*, 62. Komer, "Was There Another Way?," 213. Krepinevich, *The Army and Vietnam*, 214. Marr, "The Rise and Fall of 'Counterinsurgency'," 204.

(14) Nagl, *Counterinsurgency Lessons from Malaya and Vietnam*, 43. Johnson, *The Right Hand of Power*, 332.

リカ特殊部隊』2-3.

(54) Matloff, *American Military History*, 611. Taillon, *The Evolution of Special Forces in Counter-Terrorism*, 91.

(55) *Time* 5/24/63, 24. Communiqué of SEATO Ministrial Meeting 4/10/63, *AFP 1963*, 732.

(56) JFK to Rusk 7/26/63, *FRUS* 8: 484. Sorensen, *Kennedy*, 632.

(57) Brown, *JFK*, 37. Miroff, *Pragmatic Illusions*, 144-5. Ambrose, *Rise to Globalism*, 272. Gustainis, "John F. Kennedy and the Green Berets," 51. MacDonald, *Television and the Red Menace*, 166. バーンズ『ケネディからの贈り物』47.

(58) Spark, "The Soldier at the Heart of the War," 30, 32. Dean, "Masculinity as Ideology," 50. Gustainis, "John F. Kennedy and the Green Berets," 47. Hellmann, *American Myth and the Legacy of Vietnam*, 44, 46. Burner, *John F. Kennedy and a New Generation*, 65.

(59) Galloway, *The Kennedys & Vietnam*, 57. Shultz, *The Secret War Against Hanoi*, 270.

(60) Gustainis, "John F. Kennedy and the Green Berets," 45. Matloff, *American Military History*, 611. Giglio, *The Presidency of John F. Kennedy*, 47. ブラウン『世界最強の男たち　グリーンベレー』33.

(61) Perlo & Goshal, *Bitter End in Southeast Asia*, 51-2. Taylor to JFK 7/24/63, *FRUS* 8: 484. Kelly, *U.S. Army Special Forces*, 30. ミレット＆マスロウスキー『アメリカ社会と戦争の歴史』717.

(62) Sorensen, *Kennedy*, 655. Rostow, *The Diffusion of Power*, 298.

(63) Sorensen, *Kennedy*, 658. ソレンセン『ケネディの遺産』162, 179. Schlesinger, *The Bitter Heritage*, 405. O'Donnell & Powers, *"Johnny, We Hardly Knew Ye,"* 382.

(64) Wicker, *JFK and LBJ*, 187. Colby, *Lost Victory*, 169.

(65) Johnson, *The Right Hand of Power*, 331. DOS to Saigon CA-10362 3/22/63, *FRUS* 3: 178. Address by Manning 8/27/63, *DSB* 9/23/63, 459.

(66) Strober & Strober, *"Let Us Begin Anew,"* 430. Johnson, *The Right Hand of Power*, 5.

(67) Hilsman, *To Move a Nation*, 537. Paper by Hilsman 2/2/62, *FRUS* 2: 79.

(68) DOS Action Program 8/14/62, *DDRS* TG CK3100384245. テーラー『ベトナム戦争と世界戦略』29.

(69) Kennedy, *To Seek a Newer World*, 116-7, 173, 178. Schlesinger, "A Biographer's Perspective," 30.

(70) Schwab, *Defending the Free World*, 42. Hilsman, *To Move a Nation*, 524-5.

(71) DOS to Saigon CA-10362 3/22/63, *FRUS* 3: 176. Heavner to Evans 4/11/63, *VWG* 1: 429.

(72) Harriman OH JFKL, 102. Stein, *American Journey*, 204.

(73) Colby, *Lost Victory*, 57. Cooper, *The Lost Crusade*, 199. Lansdale, "Viet Nam," 75, 77.

(74) Nolting OH JFKL, 37-8.

(75) Brown, *Prelude to Disaster*, 223. Hilsman to Forrestal 5/4/63, *DDRS* RS 819B.

(76) Memo of Conversation 9/10/63, *FRUS* 4: 165.

(77) Research Memo RFE-66 12/19/62, *FRUS* 2: 790. Research Memo INR-7 1/28/63, NSF 231 JFKL.

(78) マッカーシー『ヴェトナム報告』117. Maitland et al., *Raising the Stakes*, 131. 公式な設立は 1956 年（Frankum, *Historical Dictionary of the War in Vietnam*, 426）とも，1963 年（Moïse, *The A to Z of the Vietnam War*, 376）ともいわれる．

(79) ガルブレイス『大使の日記』236. Taylor, *Swords and Plowshares*, 17.

(80) Research Memo INR-7 1/28/63, NSF 231 JFKL. Address by Rusk 2/13/63, *DSB* 3/4/63, 312.

(81) Hilsman to Rusk 4/63, *FRUS* 3: 192. Address by A. Johnson 6/20/63, *DSB* 7/15/63, 81.

(82) Heavner to Manell 3/6/63, *VWG* 2: 940. Hilsman, *To Move a Nation*, 525-6. Johnson, *The Right Hand of Power*, 330.

(83) Rusk OH JFKL, 51. Address by Rusk 4/22/63, *DSB* 5/13/63, 730.

(84) Paper by Task Force in Vietnam 1/10/62, *FRUS* 2: 18. DOS Action Program 8/14/62, *DDRS* TG

（30） Krulak OH JFKL, 5. Gilpatric OH JFKL, 37. A. Johnson OH JFKL, 22. Stein, *American Journey*, 206. ソレンセン『ケネディの遺産』187.

（31） フープス『アメリカの挫折』29. Schlesinger, *A Thousand Days*, 340. タックマン『愚行の世界史』319-20.

（32） Rusk OH JFKL, 317. Roberts, *First Rough Draft*, 197. Johnson, *The Right Hand of Power*, 5. Stein, *American Journey*, 208.

（33） Halberstam, *The Best and the Brightest*, 122. Stein, *American Journey*, 203. Sorensen, *Kennedy*, 632. Taillon, *The Evolution of Special Forces in Counter-Terrorism*, 93. Kendrick, *The Wound Within*, 132. シュルツ『1945年以後　上』377. レイモンド『ペンタゴンの内幕』89. 柘植『ザ・グリンベレー』12. Kennedy, *Historic Conversations on Life with John F. Kennedy*, 45n.

（34） Thompson, *Make for the Hills*, 127. Taillon, *The Evolution of Special Forces in Counter-Terrorism*, 93-4. McGovern, "A Senator's View," 45.

（35） NSAM 162 6/19/62, *FRUS* 8: 305. NSAM 182 8/24/62, *USVR* 12: 485. "U.S. Overseas Internal Defense Policy" 8/62, *DDRS* TG CK3100453890.

（36） Taylor to M. Bundy 8/13/62, *DDRS* TG CK3100453890. JCS Report MJCS 148-63 9/18/63, *JFKFA* 3/18: 323.

（37） Johnson, *The Right Hand of Power*, 331-2. Smith, *An International History of the Vietnam War*, 58. *FRUS* 8: 382. Latham, *Modernization as Ideology*, 169.

（38） Taylor to JFK 7/30/62, *FRUS* 8: 354.

（39） Parrot to JFK 3/22/62, *FRUS* 8: 254. Johnson, *The Right Hand of Power*, 330. Taylor OH JFKL, 27. Status Report on Southeast Asia 9/19/62, *DDRS* TG CK3100484865.

（40） NSAM 124 1/18/62, *FRUS* 2: 49. Guthman & Shulman, *Robert Kennedy-In His Own Words*, 256.

（41） Gilpatric OH JFKL, 23, 35. Krulak OH JFKL, 5.

（42） NSAM 131 3/13/62, *USVR* 12: 457-9. NSAM 162 6/19/62, *FRUS* 8: 306. NSAM 163 6/14/62, *DDRS* TG CK3100193459. Blaufarb, *The Counterinsurgency Era*, 70.

（43） Johnson, *The Right Hand of Powe*r, 332. A. Johnson to JFK 3/14/63, *FRUS* 8: 465-6.

（44） JCS Report MJCS 148-63 9/18/63, *JFKFA* 3/18: 323. Gurney, *A Pictorial History of the United States Army*, 772. Garthoff, *A Journey through the Cold War*, 136.

（45） Taillon, *The Evolution of Special Forces in Counter-Terrorism*, 94. Ives, *US Special Forces and Counterinsurgency in Vietnam*, 60.

（46） 加藤『現代戦争論』94. Palmer, *The McNamara Strategy and the Vietnam War*, 102. JCS Report MJCS 148-63 9/18/63, *JFKFA* 3/18: 323.

（47） Summers, *On Strategy*, 73.

（48） Dean, "Masculinity as Ideology," 51. Krepinevich, *The Army and Vietnam*, 40. Cable, *Conflict of Myths*, 121-2. A. Johnson to JFK 3/14/63, *DDRS* TG CK3100084794. Taylor OH JFKL, 28.

（49） Gilpatric OH JFKL, 36.

（50） Blaufarb, *The Counterinsurgency Era*, 76-7. Marquis, *Unconventional Warfare*, 25-32. Salinger, *John F. Kennedy*, x.

（51） *Time* 5/24/63, 31. Johnson, *The Right Hand of Power*, 334.

（52） Spark, "The Soldier at the Heart of the War," 29-30. Charlton & Moncrieff, *Many Reasons Why*, 60. アロステギ『特殊部隊全史』28. MacDonald, *Television and the Red Menace*, 165. Hellmann, *American Myth and the Legacy of Vietnam*, 45-6.

（53） ムーア『アメリカ特殊部隊』9. Spark, "The Soldier at the Heart of the War," 30. Beckett, *Encyclopedia of Guerrilla Warfare*, 85. FitzSimons, *The Kennedy Doctrine*, 178. Frankum, *Historical Dictionary of the War in Vietnam*, 423. ブラウン『世界最強の男たち　グリーンベレー』4-10. ボンズ『アメ

第四章　新種の戦争

(1)　Mecklin, *Mission in Torment*, 311-2.

(2)　Schlesinger, *Robert Kennedy and His Times*, 495. Paper, *The Promise and the Performance*, 52.

(3)　Blaufarb, *The Counterinsurgency Era*, x, 50. Sorensen, *Kennedy*, 631-2.

(4)　Galloway, *The Kennedys & Vietnam*, 55. Bangkok to DOS 1242 2/20/62, *FRUS* 23: 913. NSAM 132 2/19/62, *USVR* 12: 455.

(5)　Remarks at West Point 6/6/62, *PPP 1962*, 453. Remarks to Visiting Chiefs of Staff of Latin American Air Forces 5/8/63, *PPP 1963*, 371.

(6)　Sorensen, *Kennedy*, 629. *Time* 5/24/63, 24.

(7)　Strober & Strober, *"Let Us Begin Anew,"* 429. Wood to Harriman 3/8/63, *VWG* 1: 917.

(8)　Rostow, *View from the Seventh Floor*, 112. "Comments on American Servicemen in South Viet-Nam" n.d., *VWG* 2: 392. Schlesinger, *The Cycles of American History*, 413.

(9)　LeMay, *America Is in Danger*, 46-7. News Conference 12/12/62, *PPP 1962*, 870.

(10)　News Conference by Rusk 2/1/63, *DSB* 2/18/63, 238. News Conference by Rusk 3/8/63, *DSB* 3/25/63, 436.

(11)　Address by Hilsman 6/14/63, *DSB* 7/8/63, 46. Address by M. Bundy 9/30/63, *DSB* 10/21/63, 628. Address at Rice University 9/12/62, *PPP 1962*, 669.

(12)　Hilsman, *To Move a Nation*, 413. Remarks at West Point 6/6/62, *PPP 1962*, 454.

(13)　Snyder, *John F. Kennedy*, 2. *Time* 5/24/63, 24. Mecklin, *Mission in Torment*, 22. Gurney, *A Pictorial History of the United States Army*, 764.

(14)　LeMay, *America Is in Danger*, 246.

(15)　"U.S. Overseas Internal Defense Policy" 8/62, *DDRS* TG CK3100453890.

(16)　Hilsman OH JFKL, 20. Strober & Strober, *"Let Us Begin Anew,"* 429. アメリカ合衆国議会上院『世紀の大論戦』346.

(17)　平田「ロジャー・ヒルズマンとベトナム戦争」42. カウフマン『マクナマラの戦略理論』85. FitzSimons, *The Kennedy Doctrine*, 183. Ambrose, *Rise to Globalism*, 272. Nathan, *Antomy of the Cuban Missile Crisis*, 115.

(18)　Ball, *Diplomacy for a Crowded World*, 48. Committee of Concerned Asian Scholars, *The Indochina Story*, 93. Gibson, *The Perfect War*, 78. LeMay, *America Is in Danger*, 240.

(19)　Wofford, *Of Kennedys and Kings*, 342. Kolko, *Main Currents in Modern American History*, 369-70.

(20)　*USNWR* 2/18/63, 72. Saigon to DOS 346 8/27/63, *FRUS* 3:653.

(21)　Mecklin to Murrow 9/10/63, *FRUS* 4: 151. Draft JFK to McNamara 9/19/63, NSF 200 JFKL.

(22)　テーラー『ベトナム戦争と世界戦略』29, 34.

(23)　Thompson, *No Exit from Vietnam*, 46-7. LeMay, *America Is in Danger*, 225-6. Tanham, *Communist Revolutionary Warfare*, 11, 23. Pike, *Viet Cong*, 32. シバラム『ベトナム戦争への疑問』23.

(24)　Nolting OH JFKL, 10-1.

(25)　Address by Heavner 8/25/63, *DSB* 9/9/63, 398.

(26)　ボー・グエン・ザップ「南ベトナム解放戦争」32. ベトナム労働党中央党史研究委員会『正伝ホー・チ・ミン』119.

(27)　NSAM 124 1/18/62, *FRUS* 2: 48-50. Taylor OH JFKL, 27. Johnson, *The Right Hand of Power*, 333. 平田「ケネディ外交の原動力」359-61.

(28)　A. Johnson to JFK 3/14/63, *FRUS* 8: 464. Sorensen, *Kennedy*, 631. Schwab, *Defending the Free World*, 40. マコーミック『パクス・アメリカーナの五十年』249.

(29)　NSAM 124 1/18/62, *FRUS* 2: 49.

11/20/63, *FRUS* 4: 623. Hoang Ngoc Lung, "Strategy and Tactics," 101.

(93)　Briefing Paper for Honolulu Conference #4 11/15/63, NSF 204 JFKL. CIA Information Report TDCS-3/564,022 11/5/63, NSF 201 JFKL. Honolulu Conference 11/20/63, *FRUS* 4: 618.

(94)　Honolulu Conference 11/20/63, *FRUS* 4: 609, 618, 623. Memo of Conversation 11/13/63, *FRUS* 4: 597-8.

(95)　Daily White House Staff Meeting 11/22/63, *FRUS* 4: 626. DOS to Saigon 874 11/27/63, *FRUS* 4: 642. Shaplen, *The Lost Revolution*, 217.

(96)　Ngo Quang Truong, "Territorial Forces," 182. Tran Dinh Tho, "Pacification," 223. Saigon to DOS 1141 12/11/63, *LBJVN* 1: 142. Saigon to DOS 1121 12/7/63, *LBJVN* 1: 118.

(97)　Johnson, *The Right Hand of Power*, 413.

(98)　DOS-JCS Meeting 2/9/62, *FRUS* 2: 113. Hilsman & Forrestal to JFK 1/25/63, *FRUS* 3: 53.

(99)　Osborne, *Strategic Hamlets in South Viet-Nam*, 6. 大森『泥と炎のインドシナ』60. 小谷『ベトナム戦争とゲリラ』23. Hill, "President Kennedy and the Neutralization of Laos," 368.

(100)　Hilsman to Rusk 4/63, *FRUS* 3: 189-90. Address by Hilsman 8/20/63, *DSB* 9/9/63, 391.

(101)　Saigon to DOS 712 10/16/63, *FRUS* 4: 402. Honolulu Conference 11/20/63, *FRUS* 4: 610.

(102)　Mecklin, *Mission in Torment*, 86, 281. 高橋「ベトナムにおける農村社会の変動過程と価値体系」19, 65. NIE 53-63 4/17/63, *CIARRS* 2: 372. *Time* 5/17/63, 40. 北畠・川島『ベトナム戦場再訪』166.

(103)　Sacks, "The Indigenous Roots of Vietnamese Nationalism," 242. 丸山『ベトナム戦争』205, 221-2. Nguyen Cao Ky, *How We Lost The Vietnam War*, 28. Gilbert, *Why the North Won the Vietnam War*, 159. Vadas, *Cultires in Conflict*, 14. *USNWR* 8/19/63, 46.

(104)　Schlesinger, *A Thousand Days*, 985. *USNWR* 1/21/63, 47. Wood to Nolting 4/4/63, *FRUS* 3: 205.

(105)　Draft Memo for LBJ [12/5/63], *FRUS* 4: 671. Record, *The Wrong War*, 125. Brigham, *Guerrilla Diplomacy*, 2. SarDesai, *Vietnam*, 75.

(106)　Cottrell to Harriman 4/6/62, *FRUS* 2: 311, 315.

(107)　Vu Van Thai to Harriman 8/24/63, *FRUS* 4: 115. CIA Information Report TDCS-3/657,250 10/14/63, *FRUS* 4: 400.

(108)　Saigon to DOS 687 1/19/63, *SDCF* 9: 372. NIE 53-63 4/17/63, *CIARRS* 2:377.

(109)　大森『泥と炎のインドシナ』41. ムーア『アメリカ特殊部隊』285. フォール『ヴェトナム戦史』183. 本多『戦場の村』68. 小沼『ベトナム民族解放運動史』198-9. 竹内『モンの悲劇』14. 石井ほか『東南アジアを知る事典』308-9, 379. 安井「民族」176. ワイナー『ＣＩＡ秘録　上』302-3. Tran Dinh Tho, "Pacification," 250. Nguyen Dui Hinh & Tran Dinh Tho, "The South Vietnamese Society," 729.

(110)　クランシーほか『アメリカ特殊部隊　上』238. Jorden to Harriman 3/20/63, *FRUS* 3: 167. Moïse, *The A to Z of the Vietnam War*, 93.

(111)　Memo of Conversation 11/16/63, *DDRS* 1996: 355. Memo of Conversation 11/16/63, *DDRS* 1996: 356.

(112)　Ives, *US Special Forces and Counterinsurgency in Vietnam*, 10, 34. Kelly, *U.S. Army Special Forces*, 52. Goodman, "Government and the Countryside," 518. ブラウン『世界最強の男たち　グリーンベレー』57.

(113)　Joiner, "Administration and Political Warfare in the Highlands," 350, 353. ハネー『北ベトナム研究』225.

(114)　FitzGerald, *Fire in the Lake*, 318. Field, *The Prevailing Wind*, 328.

(115)　Joiner, "Administration and Political Warfare in the Highlands," 347-8. シェノー『ベトナム』29-30. 本多『戦場の村』69.『ＮＡＭ』25. 開高『ベトナム戦記』128. アーネット『戦争特派員』93. Ives, *US Special Forces and Counterinsurgency in Vietenam*, 32. Tran Dinh Tho, "Pacification," 250.

族解放運動史』190. Shaplen, *The Lost Revolution*, 145. Brown, *Prelude to Disaster*, 129. DeGroot, *A Noble Cause?*, 64. Latham, *The Right Kind of Revolution*, 136. 真保『ベトナム現代史』294.

（66）　フォール『ヴェトナム戦史』204. Nguyen Cao Ky, *How We Lost The Vietnam War*, 28. バターフィールド「南ベトナムにおける反乱」78. 山崎「ベトナム戦争〈I〉」85. Brown, *Prelude to Disaster*, 128.

（67）　JSC Team Report 1/63, *FRUS* 3: 81. Saigon to DOS 698 1/23/63, *SDCF* 13: 250. Memo of Conversation 5/14/63, *VWG* 2: 52.

（68）　Cooper to McCone 9/30/63, *DDRS* 1986: 619. Kolko, *Anatomy of a War*, 129. Report to EXCOM 10/4/63, *JFKOF* 5/28: 354. Draft DOS to Saigon 10/8/63, *DDRS* 1985: 395. Briefing Paper for Honolulu Conference #8 11/14/63, NSF 204 JFKL.

（69）　Saigon to DOS 820 10/30/63, *FRUS* 4: 478n. Draft Memo for LBJ [12/5/63], *FRUS* 4: 671.

（70）　Bowles OH JFKL, 50. Sullivan OH JFKL, 39.

（71）　Briefing Paper for Honolulu Conference #4 11/15/63, NSF 204 JFKL. *Ibid.* #8 11/14/63, NSF 204 JFKL Cooper to McCone 9/30/63, *DDRS* 1986: 619. DeGroot, *A Noble Cause?*, 64.

（72）　Jamieson, *Understanding Vietnam*, 236. Mecklin, *Mission in Torment*, 100. 北畠・川島『ベトナム戦場再訪』182.

（73）　Gibson, *The Perfect War*, 75. Shaplen, *The Lost Revolution*, 143. OCI Memo SC 02142/63 1/11/63, *FRUS* 3: 21. NIE 53-63 4/17/63, *CIARRS* 2: 373.

（74）　Post, *Revolution, Socialism and Nationalism in Vietnam*, 162. 丸山『ベトナム戦争』77-8. 小沼『ベトナム民族解放運動史』238.

（75）　FitzGerald, *Fire in the Lake*, 210. Kolko, *Anatomy of a War*, 128, 130. Briefing Paper for Honolulu Conference #8 11/14/63, NSF 204 JFKL.

（76）　真保『ベトナム現代史』304n. *USNWR* 1/21/63, 48. Nguyen Cao Ky, *How We Lost The Vietnam War*, 21.

（77）　ハルバスタム『ベトナム戦争』86. Halberstam, *Ho*, 112. Thompson, *No Exit from Vietnam*, 22. Mecklin, *Mission in Torment*, 79. DeGroot, *A Noble Cause?*, 97.

（78）　Daddis, *No Sure Victory*, 45. Memo by Sullivan 12/31/63, *FRUS* 4: 749-50, 752.

（79）　Memo of Conversation 7/31/62, *FRUS* 2: 528. Harkins to Diem 2/23/63, *FRUS* 3: 120.

（80）　Nolting, *From Trust to Tragedy*, 53-4.

（81）　*Time* 5/17/63, 41. Higgins, *Our Vietnam Nightmare*, 174.

（82）　Tran Van Don, *Our Endless War*, 116.

（83）　SACSA Briefing Paper 3/20/63, *VWG* 1: 763.

（84）　Wood to Hilsman 2/26/63, *VWG* 1: 431. NIE 53-63 4/17/63, *CIARRS* 2: 379.

（85）　Higgins, *Our Vietnam Nightmare*, 144. Warner, *The Last Confucian*, 109.

（86）　Harriman OH JFKL, 102.

（87）　JCS Team Report 1/63, *FRUS* 3: 81. SACSA Briefing Paper 3/20/63, *VWG* 1: 763. Saigon to DOS A-661 4/25/63, *FRUS* 3: 252. DOS to Saigon CA-10362 3/22/63, *FRUS* 3: 177.

（88）　Saigon to DOS 748 10/19/63, *FRUS* 4: 412.

（89）　*Newsweek* 11/25/63, 27. Memo for Assistant Chief of Staff (Intelligence), DA 11/6/63, *VWG* 1: 251. Memo of Conversation 11/18/63, *FRUS* 4: 604.

（90）　Harkins to JCS MAC J-3 8607 11/5/63, *FRUS* 4: 567. Saigon to DOS A-350 12/2/63, *DDRS* TG CK3100187567.

（91）　Memo of Conversation 11/8/63, *DDRS* TG CK3100494683　Memo of Meeting 11/9/63, *DDRS* 2001: 1845. Memo of　Conversation 11/11/63, *LBJVN* 1: 203.

（92）　Briefing Paper for Honolulu Conference #14 11/15/63, NSF 204 JFKL. Honolulu Conference

232 JFKL. Phillips to Brent 5/1/63, *FRUS* 3: 257-8.

(38)　DOD Analysis Report 9/21/63, *DDRS* 1981: 446B. Shaplen, *The Lost Revolution*, 219.

(39)　Forrestal OH JFKL, 122. Thompson, *Make for the Hills*, 130. Rostow, *The Diffusion of Power*, 281.

(40)　Tran Van Don, *Our Endless War*, 82. Thompson, *Defeating Communist Insurgency*, 126.

(41)　Memo of Conversation 6/26/62, *FRUS* 2: 475.

(42)　Research Memo RFE-66 12/19/62, *FRUS* 2: 792. NIE 53-63 4/17/63, *CIARRS* 2:378.

(43)　Memo of Conversation 5/22/63, *DDRS* 2000: 2195. Memo of Conversation 5/23/63, *FRUS* 3: 316. DOD Analysis Report 9/21/63, *DDRS* 1981: 446B.

(44)　Saigon to DOS 1141 12/11/63, *DDRS* 1986: 258. 北畠・川島『ベトナム戦場再訪』189. Jones, *Death of a Generation*, 176, 178. Frankum, *Historical Dictionary of the War in Vietnam*, 431.

(45)　Memo of Conversation 9/29/63, *FRUS* 4: 312.

(46)　Goodman, "Government and the Countryside," 517. Ives, *US Special Forces and Counterinsurgency in Vietnam*, 10, 36. Osborne, *Strategic Hamlets in South Viet-Nam*, 30. Fall, *The Two Viet-Nams*, 281.

(47)　シーハン『輝ける嘘　上』448. 中野「ベトナムの革命戦争」35n. Nguyen Dui Hinh & Tran Dinh Tho, "The South Vietnamese Society," 728. Joiner, "Administration and Political Warfare in the Highlands," 352.

(48)　Nolting OH JFKL, 51.

(49)　Blaufarb, *The Counterinsurgency Era*, 106. Memo by Hilsman 1/63, *FRUS* 3: 6.

(50)　クランシーほか『アメリカ特殊部隊　上』237-8. Mendenhall to Hilsman 9/17/63, *FRUS* 4: 246.

(51)　Cooper to McCone 9/30/63, *DDRS* 1986: 619.

(52)　Memo of Conversation 11/14/63, *LBJVN* 1: 224.

(53)　Joiner, "Administration and Political Warfare in the Highlands," 351. Briefing Paper for Honolulu Conference #20 11/15/63, NSF 204 JFKL. Gibson, *The Perfect War*, 87. Kutler, *Encyclopedia of the Vietnam War*, 120.

(54)　Research Memo INR-7 1/28/63, NSF 231 JFKL.

(55)　Joiner, "Administration and Political Warfare in the Highlands," 348-9. 本多『戦場の村』69. 大森『泥と炎のインドシナ』41. Shaplen, *The Lost Revolution*, 184.

(56)　Kelly, *U.S. Army Special Forces*, 54. Joiner, "Administration and Political Warfare in the Highlands," 352.

(57)　バーチェット『解放戦線』33. Paine, *Viet-Nam*, 79. カオ・バン・ルオン「アメリカ帝国主義に反対するタイグエン少数民族のたたかい」193.

(58)　Saigon to DOS 687 1/19/63, *SDCF* 9: 361. Saigon to DOS 698 1/24/63, *SDCF* 13: 248. Saigon to DOS 703 1/25/63, *SDCF* 9: 397. SACSA Briefing Paper 2/6/63, *VWG* 1: 778. Briefing Paper for Honolulu Conference #5 11/15/63, NSF 204 JFKL. Maitland et al., *Raising the Stakes*, 61. *Time* 4/26/63, 30.

(59)　Joes, *The War for South Viet Nam*, 63. Mecklin, *Mission in Torment*, 93-4.

(60)　Briefing Paper for Honolulu Conference #4 11/15/63, NSF 204 JFKL.

(61)　高橋「ベトナムにおける農村社会の変動過程と価値体系」56.

(62)　Moïse, *The A to Z of the Vietnam War*, 221. Trager, *Why Viet Nam?*, 152-3. Cooper to McCone 9/30/63, *DDRS* 1986: 619.

(63)　SarDesai, *Vietnam*, 76. Trager, *Why Viet Nam?*, 153-4. Shaplen, *The Lost Revolution*, 145. グリーン『写真と記録　ベトナム戦争〈I〉』41. 小沼「解放闘争の組織化」140-1. 小沼『ベトナム民族解放運動史』147, 190. 山崎「ベトナム戦争〈I〉」85.

(64)　Vadas, *Cultures in Conflict*, 14. フォール『ヴェトナム戦史』204. Hearden, *The Tragedy of Vietnam*, 83.

(65)　丸山「ケネディ政権のベトナム政策」51. 小沼「解放闘争の組織化」141. 小沼『ベトナム民

559-60.

（11）ハルバスタム『ベトナム戦争』166.

（12）コルビー『栄光の男たち』147. Research Memo RFE-58 7/1/63, *FRUS* 3: 434.

（13）Speech by Hilsman 12/2/63, *DDRS* TG CK3100494877.

（14）Hilsman to Rusk 4/63, *FRUS* 3: 190-1, Nolting, *From Trust to Tragedy*, 54, Hilsman, *To Move a Nation*, 441, 445-6. は “Oil Blot.” Tran Van Don, *Our Endless War*, 117, Thompson, *Make for the Hills*, 130 は “Oil Spot.” Mecklin, *Mission in Torment*, 93 は “Spot of Oil.” Rusk OH JFKL, 52 は “Ink Spot.” 本書はこれらの表現を「油滴」理論と総称した.

（15）Thompson, *Defeating Communist Insurgency*, 137. Thompson, *Make for the Hills*, 130. Hilsman, *To Move a Nation*, 462-3. Bagley to Taylor 4/5/62, *FRUS* 2: 307.

（16）CIA Information Report TDCS DB-3/650,769 7/16/62, *DDRS* TG CK3100367639. Thompson, *Make for the Hills*, 134. Memo by Hilsman 1/63, *FRUS* 3: 5.

（17）Thompson, *Defeating Communist Insurgency*, 126, 141.

（18）Osborne, *Strategic Hamlets in South Viet-Nam*, 38. Moyar, *Triumph Forsaken*, 159. 水本『同盟の相剋』132.

（19）Saigon to DOS A-391 1/28/63, *SDCF* 9: 412. Paper by Thompson 1/30/63, *VWG* 1: 835.

（20）Report by Thompson 3/11/63, *VWG* 2: 215. Felt to JCS 261715Z 3/26/63, *DDRS* RS 82C. Thompson, *Defeating Communist Insurgency*, 133-4.

（21）SG (CI) Meeting 4/4/63, *FRUS* 3: 201. Thompson, *Make for the Hills*, 137.

（22）Memo of Conversation 5/22/63, *DDRS* 2000: 2195. SG (CI) Meeting 5/23/63, *FRUS* 3: 315. Janow to Bell [5/63], NSF 197 JFKL.

（23）Hammond, *Public Affairs*, 52. Kaiser, *American Tragedy*, 194. Harriman OH JFKL, 112.

（24）Report by USOM Rural Affairs 9/1/63, NSF 204 JFKL. COPROR Meeting 9/6/63, *VWG* 2: 346.

（25）Thompson, *Defeating Communist Insurgency*, 138. Higgins, *Our Vietnam Nightmare*, 117, 238.

（26）Report to EXCOM 10/4/63, *JFKOF* 5/28: 353. OCI Memo 2370/63 10/19/63, NSF 200 JFKL.

（27）Honolulu Conference 11/20/63, *FRUS* 4: 609, 623.

（28）Beckett, *Encyclopedia of Guerrilla Warfare*, 97. Saigon to DOS 1093 11/30/63, *FRUS* 4: 646.

（29）Thompson, *Make for the Hills*, 130. 大森『泥と炎のインドシナ』54.

（30）Rusk OH JFKL, 52. Hilsman, *To Move a Nation*, 453, 580. Saigon to DOS 1141 12/11/63, *LBJVN* 1: 142.

（31）*USVR* 3: IV.B.2, 35 はニューを戦略村の「設計者（architect）」と，Tran Van Don, *Our Endless War*, 81 は「父（father）」と，Harriman OH JFKL, 118 は「点火プラグ（spark plug）」と，Estimate by CIA Saigon [8/63], *FRUS* 3: 571 は「推進力（driving force）」と，Hughes to Rusk 9/15/63, *FRUS* 4: 212 は「ダイナミックな力（dynamic force）」と表現している.

（32）*USVR* 3: IV.B.5, 2. Maitland et al., *Raising the Stakes*, 15. Rostow, *The Diffusion of Power*, 281. Mecklin, *Mission in Torment*, 45.

（33）Phillips to Fippin 6/25/62, *FRUS* 2: 470. Saigon to DOS 346 8/27/63, *FRUS* 3: 653. Saigon to DOS 541 9/19/63, *FRUS* 4: 258. CIA Saigon to CIA 0698 9/6/63, *FRUS* 4: 124-5.

（34）Shaplen, *The Lost Revolution*, 203. 友田『裏切られたベトナム革命』70, 76. チュオン・ニュ・タン『ベトコン・メモワール』57-8, 338. Tucker, *Encyclopedia of the Vietnam War*, 2: 565. Karnow, *Vietnam*, 257. Frankum, *Historical Dictionary of the War in Vietnam*, 358.

（35）Hilsman, *To Move a Nation*, 441, 444.

（36）Tran Van Don, *Our Endless War*, 82. Osborne, *Strategic Hamlets in South Viet-Nam*, 35. *The 30-Year War*, 91.

（37）Cottrell to Harriman 4/6/62, *FRUS* 2: 311. Status Report of Counterinsurgency Projects 4/63, NSF nolulu Conference #4 11/15/63, NSF 204 JFKL. Thompson, *Defeating Communist Insurgency*, 127.

(92) Schlesinger, *A Thousand Days*, 983. Schlesinger, *The Bitter Heritage*, 410. シーハン『輝ける嘘上』365. アーネット『戦争特派員』91. Forrestal OH JFKL, 122. ラルテギー『百万ドルのヴェトコン』208.

(93) Saigon to DOS A-355 1/3/63, *SDCF* 13: 148. Breckon to Manfull 4/16/63, *VWG* 2: 91.

(94) Gibson, *The Perfect War*, 83. マコーミック『パクス・アメリカーナの五十年』250. グリーン『写真と記録　ベトナム戦争』46.

(95) Report by Heavner 12/11/62, *FRUS* 2: 764. Saigon to DOS A-391 1/28/63, *SDCF* 9: 413.

(96) Mecklin, *Mission in Torment*, 283. ハルバスタム『ベトナム戦争』140.

(97) Memo of Conversation 4/1/63, *FRUS* 3: 194. 小沼『ベトナム民族解放運動史』243-4. Drachnik OH JFKL, 7.

(98) Shaplen, *The Lost Revolution*, 167. Herring, *America's Longest War*, 89. 丸山『ベトナム戦争』222.

(99) 丸山『ベトナム戦争』54. Logevall, *Choosing War*, 34. DeGroot, *A Noble Cause?*, 76.

(100) Status Report on Southeast Asia 9/19/62, *DDRS* TG CK3100484865. Hilsman & Forrestal to JFK 1/25/63, *FRUS* 3: 51-2.

(101) ハルバスタム『ベトナム戦争』140. McNamara & Taylor to JFK 10/2/63, *USVR* 12: 559-60.

(102) Saigon to DOS A-391 1/28/63, *SDCF* 9: 412. Heavner to Wood 8/1/63, *VWG* 2: 388. Wood to Meyers 8/7/63, *VWG* 2: 463.

(103) Thompson, *Defeating Communist Insurgency*, 139. Colby, *Lost Victory*, 167.

(104) Memo of Conversation 11/13/63, *DDRS* TG CK3100071929. Saigon to DOS 1122 12/7/63, *FRUS* 4: 687. Hilsman to Rusk 12/20/63, *FRUS* 4: 720. Nolting, *Fron Trust to Tragedy*, 133. Harriman OH JFKL, 127.

(105) Memo by Sullivan 12/31/63, *FRUS* 4: 751. Osborne, *Strategeic Hamlets in South Viet-Na*m, 35. Hess, "Commitment in the Age of Counterinsurgency," 76. Post, *Revolution, Socialism and Nationalism in Viet Nam*, 128. Kolko, *Anatomy of a War*, 137. Ngo Quang Truong, "Territorial Forces," 182. *USVR* 3: IV.B.2, v.

(106) Saigon to DOS 976 11/8/63, *FRUS* 4: 586. Memo of Conversation 11/11/63, *DDRS* 1996: 348.

第三章　暴走するジェム政府

(1) Phillips, "The Cyclops," 85-6. Research Memo RFE-66 12/19/62, *FRUS* 2: 792.

(2) Heavner to Wood 3/19/62, *FRUS* 2: 248. Warner, *The Last Confucian*, 16. Osborne, *Strategic Hamlets in South Viet-Nam*, 24. 小沼『ベトナム民族解放運動史』196. 北畠・川島『ベトナム戦場再訪』187. チュオン・ニュ・タン『ベトコン・メモワール』58.

(3) Memo of Conversation 1/16/62, *FRUS* 2: 43.

(4) Memo of Conversation 11/13/63, *FRUS* 4: 597.

(5) Report by Mansfield 12/18/62, *FRUS* 2: 782. Phillips to Brent 5/1/63, *FRUS* 3: 257. Report by USOM Rural Affairs 9/1/63, NSF 204 JFKL.

(6) Research Memo RFE-27 6/18/62, *USVR* 12: 473. Memo of Conversation 1/20/63, *VWG* 2: 689. Saigon to DOS 703 1/25/63, *SDCF* 9: 398.

(7) Saigon to DOS 982 11/9/63, NSF 202 JFKL. Saigon to DOS 991 11/11/63, *FRUS* 4: 590. Memo of Conversation 11/18/63, *FRUS* 4: 604. CIA Special Report SC 00602/64B 1/17/64, *CIARR* 3: 335.

(8) Report by USOM Rural Affairs 9/1/63, NSF 204 JFKL. Wood to Harriman 2/28/63, *FRUS* 3: 130.

(9) Phillips to Brent 5/1/63, *FRUS* 3: 257. Status Report of Counterinsurgency Projects 6/63, NSF 232 JFKL. Thompson, *Make for the Hills*, 134-5.

(10) Osborne, *Strategic Hamlets in South Viet-Nam*, 27. McNamara & Taylor to JFK 10/2/63, *USVR* 12:

（65）　Higgins, *Our Vietnam Nightmare*, 110, 117. ハルバスタム『ベトナム戦争』139.

（66）　Hilsman & Forrestal to JFK 1/25/63, *FRUS* 3: 49. Wood to Harriman 2/28/63, *FRUS* 3: 130. Cooper, *The Lost Crusade*, 203.

（67）　Wood to Hilsman 4/30/63, *VWG* 1: 384. *Time* 5/17/63, 40. Research Memo RFE-58 7/1/63, *FRUS* 3: 439.

（68）　Hilsman, *To Move a Nation*, 522-3. Shaplen, *The Lost Revolution*, 220. *Newsweek* 12/2/63, 41. Nghiem Dang, "Local Politics and Administration," 569.

（69）　Research Memo RFE-66 12/19/62, *FRUS* 2: 791. Jones, *Death of a Generation*, 187. Cao Van Vien, & Dong Van Khuyen, "Reflections on the Vietnam War," 841.

（70）　SG (CI) Meeting 6/19/62, *DDRS* TG CK3100504123. *The 30-Year War*, 93.

（71）　Report by Thompson 3/11/63, *VWG* 2: 213. SACSA Briefing Paper 5/29/63, *VWG* 1: 707. Kolko, *Anatomy of a War*, 133. Colby, *Lost Victory*, 166.

（72）　Report by Thompson 3/11/63, *VWG* 2: 213. Wood to Smith 7/9/63, *VWG* 2: 506. Research Memo RFE-58 7/1/63, *FRUS* 3: 440.

（73）　Memo of Conversation 9/10/63, *FRUS* 4: 165. Memo of Conversation 9/19/63, *DDRS* TG CK3100097701.

（74）　Saigon to DOS 696 10/14/63, NSF 200 JFKL. Thomson to Manfull 10/23/63, *VWG* 2: 21-2.

（75）　Caroll to McNamara S-18982/P-3 12/13/63, *FRUS* 4: 707. *75 Years of Communist Party of Vietnam (1930-2005)*, 38.

（76）　*USVR* 3: IV.B.2, 30. ハルバスタム『ベトナム戦争』226. Halberstam, *The Best and the Brightest*, 297. Hilsman, *To Move a Nation*, 454.

（77）　CIA Information Report TDCS-3/541,020 3/20/63, NSF 197 JFKL. Mendenhall to Hilsman 9/17/63, *FRUS* 4: 248. 浜林・野口『ドキュメント戦後世界史』218.

（78）　Schwab, *Defending the Free World*, 52. Hilsman & Forrestal to JFK 1/25/63, *FRUS* 3: 51. Hilsman to Rusk 4/63, *FRUS* 3: 191.

（79）　アーネット『戦争特派員』91.

（80）　Moyar, *Triumph Forsaken*, 159. Higgins, *Our Vietnam Nightmare*, 117. Thompson, *Make for the Hills*, 134.

（81）　Report by USOM Rural Affairs 9/1/63, NSF 204 JFKL. フォール『ヴェトナム戦史』347.

（82）　バーチェット『解放戦線』84.

（83）　Honolulu Conference 11/20/63, *FRUS* 4: 617. Drachnik OH JFKL, 7.

（84）　Moyar, *Triumph Forsaken*, 158. Tucker, *Encyclopedia of the Vietnam War*, 2: 661. Jacobs, *Cold War Mandarin*, 126. Cao Van Vien & Dong Van Khuyen, "Reflections on the Vietnam War," 840.

（85）　Thompson, *Defeating Communist Insurgency*, 122. SG (CI) Meeting 5/23/63, *FRUS* 3: 315.

（86）　Nolting, *From Trust to Tragedy*, 54-6. Heinz OH JFKL, 39. "Comments on the Advertisement by the Ministers' Viet-Nam Committee" 7/63, *VWG* 2: 396.

（87）　Fall, *The Two Viet-Nams*, 376. Perlo & Goshal, *Bitter End in Southeast Asia*, 48.

（88）　Warner, *The Last Confucian*, 180. シバラム『ベトナム戦争への疑問』26. Kolko, *Anatomy of a War*, 133. 小倉『ドキュメント　ヴェトナム戦争全史』121. マッカーシー『ヴェトナム報告』120. 丸山「ケネディ政権のベトナム政策」43-4. Shaplen, *The Lost Revolution*, 220.

（89）　Forrestal OH JFKL, 123. Cooper OH JFKL, 42. ハルバスタム『ベトナム戦争』139. *Time* 5/17/63, 41.

（90）　丸山「内戦政策の破綻」214. Kaiser, *American Tragedy*, 175. Joiner, "Administration and Political Warfare in the Highlands," 356. ハルバスタム『ベトナム戦争』140.

（91）　丸山『ベトナム戦争』222. R. Johnson to Rostow 10/16/62, *FRUS* 2: 704. Briefing Paper for Ho-

War, 90.

(41)　Status Report on Southeast Asia 8/8/62, *DDRS* TG CK3100380192. *Ibid.* 8/22/62, *DDRS* TG CK3100431347. Southeast Asia Task Force Meeting 9/19/62, *FRUS* 2: 656.

(42)　Report by Mansfield 12/18/62, *FRUS* 2: 780. Report by Mansfield et al. 2/25/63, *AFP 1963*, 841. Wood to Usher 1/4/63, *VWG* 1: 950.

(43)　Cooper to McCone 9/30/63, *DDRS* 1986: 619. Harkins to Felt MAC J00 7536 9/19/63, *FRUS* 4: 267.

(44)　Saigon to DOS 959 11/7/63, NSF 202 JFKL. Honolulu Conference 11/20/63, *FRUS* 4: 612. 『N A M』25. Ives, *US Special Forces and Counterinsurgency in Vietnam*, 32.

(45)　Saigon to DOS 687 1/19/63, *SDCF* 9: 372. Shaplen, *The Lost Revolution*, 178. Harrison, *The Endless War*, 235.

(46)　Felt to Harkins CINCPAC 3010. Ser. 00523 5/27/63, *FRUS* 3: 331. Wood to Meyers 8/7/63, *VWG* 2: 462.

(47)　Honolulu Conference 5/6/63, *FRUS* 3: 266. Briefing Paper for News Conference 5/8/63, *JFKOF* 1/22: 561. Memo of Conversation 5/22/63, *DDRS* 2000: 2195.

(48)　Wood to Smith 7/9/63, *VWG* 2: 506. Report by Krulak 7/63, *FRUS* 3: 464. Research Memo RFE-90 10/22/63, *USVR* 12: 581.

(49)　Report by USOM Rural Affairs 9/1/63, NSF 204 JFKL. Memo of Conversation 9/29/63, *FRUS* 4: 312, 316. *USNWR* 10/7/63, 57. Frankum, *Historical Dictionary of the War in Vietnam*, 107.

(50)　Krepinevich, *The Army and Vietnam*, 67. Osborne, *Strategic Hamlets in South Viet-Nam*, 37. Forrestal to JFK 5/2/62, *FRUS* 2: 369. アーネット『戦争特派員』90. シバラム『ベトナム戦争への疑問』27.

(51)　マンスフィールド『マンスフィールド　20世紀の証言』46. Forrestal OH JFKL, 122.

(52)　Nolting, *Fron Trust to Tragedy*, 55. Kaiser, *American Tragedy*, 192. Phillips to Brent 5/1/63, *FRUS* 3: 258.

(53)　コルビー『栄光の男たち』192. Saigon to DOS 452 9/9/63, NSF 199 JFKL. Report by USOM Rural Affairs 9/1/63, NSF 204 JFKL.

(54)　Thompson, *Defeating Communist Insurgency*, 138. Harkins to Taylor MAC 2033 10/30/63, *FRUS* 4: 497.

(55)　Catton, *Diem's Final Failure*, 117. Hilsman OH JFKL, 21. ハルバスタム『ベトナム戦争』140.

(56)　Thompson, *Make for the Hills*, 134. Status Report on Southeast Asia 9/19/62, *DDRS* TG CK 3100484865. Research Memo RFE-59 12/3/62, *USVR* 12: 502. NIE 53-63 4/17/63, *CIARRS* 2: 378-9. Wood to Smith 7/9/63, *VWG* 2: 500.

(57)　Saigon to DOS 768 10/23/63, *FRUS* 4: 422.

(58)　Honolulu Conference 5/6/63, *FRUS* 3: 267.

(59)　Phillips to Brent 5/1/63, *FRUS* 3: 258. Hilsman, *To Move a Nation*, 456. ハルバスタム『ベトナム戦争』190.

(60)　Status Report of Counterinsurgency Projects 5/63, NSF 232 JFKL. Saigon to DOS 452 9/9/63, NSF 199 JFKL. Report by USOM Rural Affairs 9/1/63, NSF 204 JFKL. Mendenhall to Hilsman 9/17/63, *FRUS* 4: 246.

(61)　Halberstam, *The Best and the Brightest*, 297. Cooper to McCone 9/30/63, *DDRS* 1986: 619. Report to EXCOM 10/4/63, *JFKOF* 5/28: 354. Report to NSC 10/5/63, *DDRS* 1985: 46. DOS to Saigon 534 10/5/63, *FRUS* 4: 376.

(62)　CIA Information Report TDCS DB-3/650,769 7/16/62, *DDRS* TG CK3100367639.

(63)　Forrestal OH JFKL, 122. Thompson, *Defeating Communist Insurgency*, 130.

(64)　R. Johnson to Rostow 10/16/62, *FRUS* 2: 704. Buzzanco, *Masters of War*, 135-6.

and Nationalism in Vietnam, 130. Kolko, *Anatomy of a War*, 133.

(11)　丸山「内戦政策の破綻」218. Saigon to DOS 337 9/22/62, *FRUS* 2: 642.

(12)　Saigon to DOS A-355 1/3/63, *SDCF* 13: 143, 145-6.

(13)　Saigon to DOS 703 1/25/63, *SDCF* 9: 398. Paper by Thompson 1/30/63, *VWG* 1: 835. Saigon to DOS A-391 1/28/63, *SDCF* 9: 411-2.

(14)　DOS to All Posts CA-8486 2/8/63, NSF 197 JFKL. DOS to Saigon CA-10362 3/22/63, *FRUS* 3: 175.

(15)　Harkins to Felt MAC J00 1870 3/30/63, *FRUS* 3: 189. Thompson, *Defeating Communist Insurgency*, 134. Report by Thompson 3/11/63, *VWG* 2: 213.

(16)　Memo of Conversation 4/4/63, *FRUS* 3: 199. NIE 53-63 4/17/63, *CIARRS* 2: 378. Address by Rusk 4/22/63, *DSB* 5/13/63, 730.

(17)　Harkins to Diem 5/15/63, *FRUS* 3: 298. Address by A. Johnson 6/20/63, *DSB* 7/15/63, 81. Status Report of Counterinsurgency Projects 6/63, NSF 232 JFKL.

(18)　Research Memo RFE-58 7/1/63, *FRUS* 3: 440. Wood to Smith 7/9/63, *VWG* 2: 500.

(19)　Report by Krulak 7/63, *FRUS* 3: 464. Memo of Conversation 7/17/63, *FRUS* 3: 499. Heavner to Wood 8/1/63, *VWG* 2: 388. Wood to Meyers 8/7/63, *VWG* 2: 463.

(20)　Saigon to DOS 386 8/30/63, NSF 198 JFKL. Summary Status Report on Counterinsurgency in Vietnam 10/16/63, *VWG* 2: 524. Kattenburg to SG (CI) 10/16/63, *VWG* 1: 487.

(21)　Memo of Conversation 9/29/63, *FRUS* 4: 312. McNamar & Taylor to JFK 10/2/63, *USVR* 12: 559.

(22)　DOS to Saigon CA-8486 2/8/63, NSF 197 JFKL. Status Report of Counterinsurgency Projects 2/63, 3/63, NSF 232 JFKL. Taylor to McNamara JCSM-180-63 3/7/63, *FRUS* 3: 134.

(23)　Address by A. Johnson 4/8/63, *AFP 1963*, 847. Heavner to Wood 8/1/63, *VWG* 2: 386.

(24)　Nolting to Thuan 5/10/63, *FRUS* 3: 290. Status Report of Counterinsurgency Projects 6/63, NSF232 JFKL. Report by Krulak 7/63, *FRUS* 3: 458.

(25)　Status Report of Counterinsurgency Projects 6/63, NSF 232 JFKL. Research Memo RFE-58 7/1/63, *FRUS* 3: 437. Report by Heavner 12/11/62, *FRUS* 2: 766. Phillips to Brent 5/1/63, *FRUS* 3: 257.

(26)　Paper by Wood & Heavner 10/5/62, *FRUS* 2: 680.

(27)　Address by A. Johnson 6/20/63, *DSB* 7/15/63, 81. Research Memo RFE-58 7/1/63, *FRUS* 3: 441.

(28)　Memo of Conversation 9/29/63, *FRUS* 4: 312-4.

(29)　Saigon to DOS A-257 3/23/62, *FRUS* 2: 272. SG (CI) Meeting 5/3/62, *FRUS* 2: 373.

(30)　Osborne, *Strategic Hamlets in South Viet-Nam*, 42. Status Report on Southeast Asia 10/3/62, *DDRS* TG CK3100484820.

(31)　Research Memo RFE-59 12/3/62, *USVR* 12: 503. Report by Heavner 12/11/62, *FRUS* 2: 765.

(32)　Memo by Hilsman 1/63, *FRUS* 3: 5. DOS to All Posts CA-8776 2/15/63, NSF 197 JFKL.

(33)　Felt to JCS 261715Z 3/26/63, *DDRS* RS 82C. Hilsman to Rusk 4/63, *FRUS* 3: 191. Phillips to Brent 5/1/63, *FRUS* 3: 257-8.

(34)　Moyar, *Triumph Forsaken*, 207. コルビー『栄光の男たち』175-6. Colby, *Lost Victory*, 102.

(35)　Janow to Phillips 5/15/63, *FRUS* 3: 303. Harkins to Diem 5/15/63, *FRUS* 3: 298.

(36)　Research Memo RFE-58 7/1/63, *FRUS* 3: 439-40.

(37)　Manning to JFK 7/63, *FRUS* 3: 538-9. CIA Information Report TDCS-3/655,859 8/2/63, *FRUS* 3: 551.

(38)　Report by USOM Rural Affairs 9/1/63, NSF 204 JFKL. Report by McNamara 9/26/63, *FRUS* 4: 294.

(39)　Saigon to DOS 748 10/19/63, *FRUS* 4: 412.

(40)　Taylor, *Swords and Plowshares*, 289. Mecklin, *Mission in Torment*, 45. *USVR* 3: IV.B.3, v. Hallin, *The "Uncensored War,"* 55. Cao Van Vien & Dong Van Khuyen, "Reflections on the Vietnam War," 843. Dommen, *The Indochinese Experience of the French and the Americans*, 501. Herring, *America's Logest*

（91） Research Memo RFE-59 12/3/62, *USVR* 12: 487. Research Memo INR-7 1/28/63, NSF 231 JFKL.

（92） Address by Hilsman 8/20/63, *DSB* 9/9/63, 391. Address by Heavner 8/25/63, *DSB* 9/9/63, 396. Address by Manning 8/27/63, *DSB* 9/23/63, 459.

（93） CIA Information Report TDCS DB-3/650,769 7/16/62, *DDRS* TG CK3100367639.

（94） JCS Team Report 1/63, *FRUS* 3: 82. DOS to All Posts CA-8776 2/15/63, NSF 197 JFKL.

（95） Hilsman & Forrestal to JFK 1/25/63, *FRUS* 3: 62. Report by Mansfield et al. 2/25/63, *AFP 1963*, 842.

（96） アーネット『戦争特派員』89. Catton, *Diem's Final Failure*, 127. Latham, *Modernization as Ideology*, 178-9, 193, 195. Paper for Trueheart 10/31/63, *VWG* 2: 9.

（97） Report by Mansfield 12/18/62, *FRUS* 2: 779. 西崎『アメリカ外交とは何か』155.

（98） Beschloss, *The Crisis Years*, 649. Miroff, *Pragmatic Illusions*, 161. Schwab, *A Clash of Cultures*, 21. 高松「ケネディ大統領の政策決定スタイルの特徴とリーダーシップについての一考察」60.

（99） Fall, *The Two Viet-Nams*, 373. 丸山『ベトナム戦争』113. Latham, *Modernization as Ideology*, 188. Schwab, *Defending the Free World*, 51-2. Higgins, *Our Vietnam Nightmare*, 112.

（100） コルビー『栄光の男たち』147. CIA Information Report TDCS DB-3/650,769 7/16/62, *DDRS* TG CK3100367639. *USVR* 3: IV.B.2, iv.

（101） Phillips to Fippin 6/25/62, *FRUS* 2: 470. Heavner to Wood 8/3/62, *FRUS* 2: 571. Paper by Wood & Heavner 10/5/62, *FRUS* 2: 682. Research Memo RFE-59 12/3/62, *USVR* 12: 509.

（102） Memo of Conversation 9/14/62, *FRUS* 2: 637. Memo of Conversation 12/1/62, *FRUS* 2:751.

（103） Saigon to DOS A-356 1/7/63, *SDCF* 9: 303, 305, 308.

（104） *USNWR* 2/18/63, 71. Saigon to DOS 1032 5/17/63, NSF 197 JFKL. Message by Diem 4/17/63, *AFP 1963*, 848. Phillips to Brent 5/1/63, *FRUS* 3: 258.

（105） Saigon to DOS 1246 6/28/63, *FRUS* 3: 427. Research Memo RFE-58 7/1/63, *FRUS* 3: 435.

（106） Memo of Conversation 7/17/63, *FRUS* 3: 500.

（107） Research Memo RFE-58 7/1/63, *FRUS* 3: 440. Tran Van Don, *Our Endless War*, 82.

第二章　戦略村の光と影

（1） Blaufarb, *The Counterinsurgency Era*, 114. Short, *The Origins of the Vietnam War*, 259. Hilsman to Harriman 4/3/62, *FRUS* 2: 292. *FRUS* 2: 96. *FRUS* 3: 4n.

（2） *USVR* 3: IV.B.2, 16-7. Komer, *Bureaucracy at War*, 105. Hilsman, *To Move a Nation*, 441. Hilsman to Harriman 4/3/62, *FRUS* 2: 291-2.

（3） アーネット『戦争特派員』90. Krepinevich, *The Army and Vietnam*, 68. *The 30-Year War*, 91.

（4） Report by Thompson 3/11/63, *VWG* 2: 212. Report by Heavner 12/11/62, *FRUS* 2: 765. Saigon to DOS 1503 5/23/62, *FRUS* 2: 419. DOD Paper [5/62], *FRUS* 2: 380.

（5） Research Memo RFE-27 6/18/62, *USVR* 12: 471. Research Memo RFE-59 12/3/62, *USVR* 12: 502. Research Memo RFE-58 7/1/63, *FRUS* 3: 435, 437.

（6） Saigon to DOS A-355 1/3/63, *SDCF* 13: 143, 145. Memo of Conversation 12/1/62, *FRUS* 2: 750. Maitland et al., *Raising the Stakes*, 18. Moss, *Vietnam*, 127.

（7） Saigon to DOS A-355 1/3/63, *SDCF* 13: 144. Harkins to Diem 2/23/63, *FRUS* 3: 118. Wood to Harriman 2/28/63, *FRUS* 3: 130. Address by Rusk 4/22/63, *DSB* 5/13/63, 730. *Time* 4/26/63, 31.

（8） Heavner to Rice 3/19/63, *VWG* 1: 266. Heavner to Wood 8/1/63, *VWG* 2: 386. Wood to Meyers 8/7/63, *VWG* 2: 461. Conlon to Francis 8/19/63, *VWG* 1: 308. Kattenburg to SG (CI) 10/16/63, *VWG* 1: 489. Summary Status Report on Counterinsurgency in Vietnam 10/16/63, *VWG* 2: 526. 1962 年夏～ 1963 年夏の推移については，Thompson, *Defeating Communist Insurgency*, 138.

（9） Memo of Conversation 1/20/63, *VWG* 2: 689.

（10） Catton, *Diem's Final Failure*, 187-8. Elliott, *The Vietnamese War*, 1: 387. Post, *Revolution, Socialism*

Government of South Vietnam, 1961-1963, 465. Joes, *The War for South Viet Nam*, 63.

（64） Rusk OH JFKL, 52. Latham, *The Right Kind of Revolution*, 137.

（65） Latham, *Modernization as Ideology*, 176. Mecklin, *Mission in Torment*, 84.

（66） Rosenau, *US Internal Security Assistance to South Vietnam*, 97. ミレット&マスロウスキー『アメリカ社会と戦争の歴史』725. R. Johnson to Wood 1/8/63, *VWG* 2: 718.

（67） 水本『同盟の相剋』130-1. Ellis, *Britain, America, and the Vietnam War*, 2-3. Jones, *Death of a Generation*, 154. 丸山「内戦政策の破綻」212. Beckett, *Encyclopedia of Guerrilla Warfare*, 236. Blang, *Allies at Odds*, 75.

（68） Wood to Nolting 4/4/63, *FRUS* 3: 204. Lowe, *The Vietnam War*, 198. Status Report of Counterinsurgency Projects 6/63, NSF 232 JFKL. Joint Statement 6/30/63, *PPP 1963*, 544.

（69） "Third Country Aid to South Viet-Nam Through FY 1963" n.d., *VWG* 1: 883. Rice to Rusk 6/3/63, *VWG* 1: 177.

（70） DOS to All Posts CA-8486 2/8/63, NSF 197 JFKL.

（71） Report to SG (CI) 1/15/63, *FRUS* 3: 23. SG (CI) Meeting 1/17/63, *FRUS* 3: 29. Address by Rusk 4/22/63, *DSB* 5/13/63, 730.

（72） Saigon to DOS A-379 1/17/63, *SDCF* 9: 226. Saigon to DOS 687 1/19/63, *SDCF* 9: 380. Saigon to DOS A-401 1/31/63, *SDCF* 19: 238. Status Report of Counterinsurgency Projects 2/63, 5/63, 6/63, 7/63, NSF 232 JFKL

（73） DOS to Saigon 670 1/10/63, *FRUS* 3: 17. Wood to Meyers 2/14/63, *VWG* 1: 179-80. Nolting to Harriman 2/19/63, *VWG* 1: 314.

（74） A. Johnson to W. Bundy 1/18/63, *SDCF* 13: 224. W. Bundy to A. Johnson 1/14/63, *SDCF* 13: 226.

（75） Saigon to DOS 694 1/22/63, NSF 197 JFKL. Wood to Meyers 2/14/63, *VWG* 1: 180. "Comments on the Advertisement by the Ministers' Viet-Nam Committee" 7/63, *VWG* 2: 396.

（76） Akers to Harriman 12/27/62, *VWG* 1: 315. Wood to Meyers 2/14/63, *VWG* 1: 179. Status Report of Counterinsurgency Projects 2/63, 3/63, 5/63, NSF 232 JFKL Rice to Rusk 6/3/63, *VWG* 1: 174.

（77） Wellington to DOS 470 6/6/63, *FRUS* 3: 358.

（78） Wood to Meyers 2/14/63, *VWG* 1: 179. Rice to Rusk 6/3/63, *VWG* 1: 174.

（79） Saigon to DOS 680 1/17/63, *SDCF* 13: 140-1.

（80） CIA Information Report TDCS-3/540,863 3/19/63, NSF 197 JFKL. Gilpatric to JFK 12/20/62, *FRUS* 2: 796. Colby, *Lost Victory*, 116.

（81） Comprehensive Plan for South Vietnam 1/19/63, *FRUS* 3: 39. Research Memo RFE-58 7/1/63, *FRUS* 3: 435.

（82） Thompson, *Defeating Communist Insurgency*, 123. Hilsman, *To Move a Nation*, 524.

（83） Wood to Harriman 3/8/63, *VWG* 1: 917. Mecklin, *Mission in Tormen*t, 25. Wood to Harriman 1/31/63, *FRUS* 3:71. Address by Hilsman 6/14/63, *DSB* 7/8/63, 48. Address by Heavner 8/25/63, *DSB* 9/9/63, 397.

（84） Paper by Hilsman 2/2/62, *FRUS* 2: 75.

（85） *USNWR* 2/18/63, 71. Memo of Conversation 9/14/62, *FRUS* 2: 637.

（86） 丸山『ベトナム戦争』204. 丸山「内戦政策の破綻」213. Tran Dinh Tho, "Pacification," 222.

（87） Hilsman to Forrestal 5/4/63, *FRUS* 3: 291n.

（88） Osborne, *Strategic Hamlets in South Viet-Nam*, 28.

（89） DOD Analysis Report 9/21/63, NSF 204 JFKL. Phillips to Fippin 6/25/62, *FRUS* 2: 472. Research Memo RFE-58 7/1/63, *FRUS* 3: 441.

（90） Research Memo RFE-27 6/18/62, *USVR* 12: 478. Thompson, *Defeating Communist Insurgency*, 124-5. Heavner to Evans 4/11/63, *VWG* 1: 429.

Smith 7/9/63, *VWG* 2: 506.

（45）　Research Memo RFE-58 7/1/63, *FRUS* 3: 436. DOD Paper 5/62, *FRUS* 2: 380. Latham, *The Right Kind of Revolution*, 138. Thompson, *Defeating Communist Insurgency*, 121. 斎藤『東南アジア』246. *USVR* 3: IV.B.2, 1.

（46）　Paper by Hilsman 2/2/62, *FRUS* 2: 83. Research Memo RFE-58 7/1/63, *FRUS* 3: 436, 440. Hilsman, *To Move a Nation*, 431-2.

（47）　OCI Memo SC 02142/63 1/11/63, *FRUS* 3: 20. Janow to Phillips 5/15/63, *FRUS* 3: 302. Address by A. Johnson 6/20/63, *DSB* 7/15/63, 81. Hilsman, *To Move a Nation*, 524. Mecklin, *Mission in Torment*, 283.

（48）　Burris to LBJ 4/9/63, *DDRS* TG CK3100453929. Reserach Memo RFE-58 7/1/63, *FRUS* 3: 438. Manning to JFK 7/63, *FRUS* 3: 538.

（49）　Zasloff, “Rural Resettlement in South Viet Nam,” 340. Osborne, *Strategic Hamlets in South Viet-Nam*, 3. COPROR Meeting 9/6/63, *VWG* 2: 347.

（50）　Briefing Paper for Honolulu Meeting #14 11/15/63, NSF 204 JFKL. Cooper to McCone 12/6/63, *FRUS* 4: 683.

（51）　Rusk to JFK 7/30/63, *DDRS* 1982: 2543.

（52）　Thompson, *Defeating Communist Insurgency*, 123. 丸山『東南アジア』133. 森川『ベトナムにおけるアメリカ戦争犯罪の記録』38n. Nguyen Cao Ky, *How We Lost The Vietnam War*, 33-4. ベトミンや民族解放戦線が用いたやり方を Young, *The Vietnam Wars,* 86 および Scigliano, *South Vietnam*, 160-1 は「戦闘村（Combat Village あるいは Fighting Hamlet）」と，McCone to M. Bundy 12/2/63, *LBJVN* 1: 173 および Thompson, *Make for the Hills*, 129 は「防御村（Defended Hamlet）」と，Rosenau, *US Internal Security Assistance to South Vietnam*, 108 は「要塞村（Fortified Hamlet）」と，Press Briefing by Wheeler 2/4/63, *VWG* 1: 944 は「防御戦略村（Defended Strategic Hamlet）」と呼んでいる．

（53）　Zasloff, “Rural Resettlement in South Viet Nam,” 327-32. Joes, *The War for South Viet Nam*, 61. Osborne, *Strategic Hamlets in South Viet-Nam*, 24. Hoang Ngoc Lung, “Strategy and Tactics,” 101. アグロビルは「営田区」「開拓センター」（丸山『ベトナム戦争』76, 203），「総合農村」（斎藤『東南アジア』246），「繁栄区」（小沼『ベトナム民族解放運動史』196），「農業入植地」（バーチェット『解放戦線』23），「農業都市」（コルビー『栄光の男たち』136. タックマン『愚行の世界史』332）などさまざまに訳されている．

（54）　Nolting, *From Trust to Tragedy*, 54. Nolting OH JFKL, 56. Osborne, *Strategic Hamlets in South Viet-Nam*, 26. 朝日新聞調査研究室『激動するインドシナ』14. 北畠・川島『ベトナム戦場再訪』188. Zasloff, “Rural Resettlement in South Viet Nam,” 338.

（55）　水本『同盟の相剋』131. Fall, *The Two Viet-Nams*, 372. DOS to All Posts CA-8486 2/8/63, NSF 197 JFKL Harriman to Rusk 3/18/63, *VWG* 2: 225.

（56）　Memo of Conversation 9/29/63, *FRUS* 4: 311. Forrestal OH JFKL, 121. Blang, *Allies at Odds*, 75.

（57）　Harriman to Rusk 3/18/63, *VWG* 2: 225. Komer, *Bureaucracy at War*, 138.

（58）　Thompson, *Make for the Hills*, 135. 水本『同盟の相剋』131.

（59）　水本「六〇年代イギリス政府のベトナム政策と英米関係」124. 水本『同盟の相剋』132. Latham, *The Right Kind of Revolution*, 139.

（60）　コルビー『栄光の男たち』150, 161. Moyar, *Triumph Forsaken*, 156. Blang, *Allies at Odds*, 75. Jones, *Death of a Generation*, 154.

（61）　Rice to Rusk 3/28/63, *VWG* 2: 210. Rice to Rusk 6/3/63, *VWG* 1: 174. Nolting OH JFKL, 54, 56.

（62）　Paper by Wood & Heavner 10/5/62, *FRUS* 2: 682. Blaufarb, *The Counterinsurgency Era*, 104. Latham, *Modernization as Ideology*, 154. 石山『ベトナム解放戦史』94.

（63）　Shaw, *Ambassador Frederick Nolting's Role in American Diplomatic & Military Policy toward the*

（25）　Latham, *Modernization as Ideology*, 169. Research Memo INR-7 1/28/63, NSF 231 JFKL. Address by Heavner 8/25/63, *DSB* 9/9/63, 397.

（26）　A. Johnson to JFK 3/14/63, *FRUS* 8: 467. Sorensen, *Kennedy*, 631. DOS to Amman et al. CA-2629 9/9/63, *JFKFA* 3/11: 174.

（27）　Research Memo INR-7 1/28/63, NSF 231 JFKL. Status Report of Counterinsurgency Projects 1/63, 2/63, 3/63, 5/63, 6/63, NSF 232 JFKL. Trueheart to Wood 3/8/63, *VWG* 1: 587-8. Research Memo RFE-58 7/1/63, *FRUS* 3: 437. Report by Krulak 7/63, *FRUS* 3: 457. Harkins to Felt MAC J00 7536 9/19/63, *FRUS* 4: 267-8.

（28）　Research Memo INR-7 1/28/63, NSF 231 JFKL. Status Report of Counterinsurgency Projects 1/63, NSF 232 JFKL. JCS Report MJCS 148-63 9/18/63, *JFKFA* 3/18: 326.

（29）　Honolulu Conference 5/6/63, *FRUS* 3: 266. Wilensky, *Military Medicine to Win Hearts and Minds*, 53-4, 145. Ives, *US Special Forces and Counterinsurgency in Vietnam*, 103. 小柳『民軍協力の戦略』69-72.

（30）　Research Memo INR-7 1/28/63, NSF 231 JFKL. Status Report of Counterinsurgency Projects 1/63, 2/63, 4/63 NSF 232 JFKL. DOD Analysis Report 9/21/63, NSF 204 JFKL.

（31）　Saigon to DOS 687 1/19/63, *SDCF* 9: 372. Saigon to DOS 126 8/7/62, *FRUS* 2: 582.

（32）　Saigon to DOS 1503 5/23/62, *FRUS* 2: 419. Honolulu Conference 7/23/62, *FRUS* 2: 546. Memo of Conversation 7/31/63, *FRUS* 2: 529. Mecklin, *Mission in Torment*, 68. Paper by Wood & Heavner 10/5/62, *FRUS* 2: 686.

（33）　Proclamation by Diem 4/17/63, *AFP 1963*, 849. Felt to JCS 261715Z 3/26/63, NSF 197 JFKL. 大森『泥と炎のインドシナ』28.

（34）　“The Government of Vietnam’s Proposed Surrender Plan” 12/29/60, *VWG* 2: 729-67. ノルティング大使は「投降（Surrender）」計画が最善の英語表現だとした（Saigon to DOS 698 1/23/63, *SDCF* 13: 249）．実際にこの呼称が一般的に使われたようである．それ以外に「復帰者（Returnee）」計画と呼んだのが，Status Report of Counterinsurgency Projects 2/63, 4/63, NSF 232 JFKL.「特赦（Amnesty）」計画と呼んだのが，Felt to JCS 261715Z 3/26/63, NSF 197 JFKL. Briefing Paper for Honolulu Meeting #5 11/15/63, NSF 204 JFKL.「歓迎（Open Arms）」計画と呼んだのが, Daily Report to McNamara 4/22/63, *JFKAP* 6: 801. Nolting, *From Trust to Tragedy*, 118.

（35）　Engel to Connell et al. 1/11/63, *SDCF* 9: 328.

（36）　Rostow to A. Johnson & Harriman 1/8/63, *VWG* 2: 720. Rice to Wood 1/30/63, *VWG* 2: 717.

（37）　Saigon to DOS A-369 1/11/63, *SDCF* 13: 175. Memo of Conversation 9/25/62, *FRUS* 2: 670. Heavner to Manell 2/26/63, *VWG* 1: 919.

（38）　Draft Memo for LBJ [12/5/63], *FRUS* 4: 670. “Report on Vietnamese Press Treatment of Viet Cong Defections” 5/3/63, *VWG* 1: 711.

（39）　Paper by R. Johnson 1/4/63, *VWG* 1: 510. DOS to Saigon 702 1/17/63, *SDCF* 13: 169. Saigon to DOS 698 1/24/63, *SDCF* 13: 248.

（40）　DOS to Saigon 691 1/14/63, *SDCF* 9: 326. “Notes on the Interrogation of Surrendered Viet Cong” [1/63], *SDCF* 13: 216-23. “Notes on Treatment and Control of Surrendered Viet Cong” [1/63], *SDCF* 13: 237-45.

（41）　Wood to Harriman 1/10/63, *VWG* 2: 962. DOD Briefing Paper 2/5/63, *JFKOF* 1/21: 726. Harkins to Diem 2/23/63, *FRUS* 3: 120.

（42）　DOD Memo 3/26/63, *DDRS* RS 82D. Heavner to Posts 3/14/63, *VWG* 1: 915.

（43）　Memo of Conversation 4/4/63, *FRUS* 3: 200. Address by Rusk 4/22/63, *DSB* 5/13/63, 730-1. *Time* 4/26/63, 31.

（44）　SACSA Briefing Paper 5/29/63, *VWG* 1: 707. Memo of Conversation 5/3/63, *VWG* 2: 380. Wood to

第Ⅱ部　ハーツ・アンド・マインズ——政治戦争における齟齬——

第一章　国家建設競争の焦点

(1)　Mecklin, *Mission in Torment*, 317. *Newsweek* 11/25/63, 27. 農民の割合を人口の 80%とするものは , Warner, *The Last Confucian*, xii. Scigliano, *South Vietnam*, 177. Tran Van Don, *Our Endless War*, 7. 85%とするものは, Higgins, *Our Vietnam Nightmare*, 37. Maclear, *The Ten Thousand Day War*, 57. シーハン『輝ける嘘　上』73. 90%とするものは , グリーン『写真と記録　ベトナム戦争』41. 小沼「解放闘争の組織化」140.

(2)　丸山『ベトナム戦争』220. Goodman, "Government and the Countryside," 503. 高橋「ベトナムにおける農村社会の変動過程と価値体系」60. Burris to LBJ 3/30/62, *FRUS* 2: 284.

(3)　Paper by Hilsman 2/2/62, *FRUS* 2: 75. Jones, *Death of a Generation*, 178.

(4)　Cottrell to Harriman 4/6/62, *FRUS* 2: 311, 315. Colby, *Lost Victory*, 100. Memo of Meeting 1/12/62. *FRUS* 2: 28.

(5)　Hilsman & Forrestal to JFK 1/25/63, *FRUS* 3: 51. Wood to Hilsman 1/31/63, *FRUS* 3: 71. Saigon to DOS A-356 1/7/63, *SDCF* 9: 304.

(6)　DOS to All Posts CA-8486 2/8/63, NSF 197 JFKL. DOS to Saigon 911 3/29/63, *FRUS* 3: 185. Heavner to Evans 4/11/63, *VWG* 1: 430. Heavner to Rice 3/19/63, *VWG* 1: 266.

(7)　Honolulu Conference 11/20/63, *FRUS* 4: 610.

(8)　Burris to LBJ 3/30/62, *FRUS* 2: 284. Paper by U.S. Embassy in Bangkok [12/62], *FRUS* 23: 984-5.

(9)　Mecklin, *Mission in Torment*, 80. 小柳『民軍協力の戦略』66. Tran Van Don, *Our Endless War*, 117.

(10)　Harkins OH HP MHI, 52. DOS-JCS Meeting 2/9/62, *FRUS* 2: 114. Harkins to Felt MAC J00 1870 3/30/63, *FRUS* 3: 189.

(11)　DOS to All Posts CA-8776 2/15/63, NSF 197 JFKL. OCI Memo SC 02142/63 1/11/63, *FRUS* 3: 21.

(12)　Felt to DIA 132315Z 3/13/63, *DDRS* RS 81G. "U.S. Overseas Internal Defense Policy" 8/62, *DDRS* TG CK3100453890.

(13)　Mecklin, *Mission in Torment*, 88. Memo by Wood n.d., *VWG* 1: 236.

(14)　Halberstam, *The Best and the Brightest*, 201. ハルバスタム『ベトナム戦争』87, 227. シーハン『輝ける嘘　上』132.

(15)　Memo of Conversation USMC/8 7/22/62, *FRUS* 2: 541. Joes, *The War for South Viet Nam*, 80. Higgins, *Our Vietnam Nightmare*, 248. Hammer, *A Death in November*, 129.

(16)　チュオン・ニュ・タン『ベトコン・メモワール』4. 小沼『ベトナム民族解放運動史』228-9. FitzGerald, *Fire in the Lake*, 216. 北畠・川島『ベトナム戦場再訪』166.

(17)　Tran Van Don, *Our Endless War*, 83. Wexler, *The Vietnam War*, 68.

(18)　Kennedy, *The Strategy of Peace*, 60. Marr, "The Rise and Fall of 'Counterinsurgency'," 205. Kennedy, *To Seek a Newer World*, 177.

(19)　Nolting OH JFKL, 4. Rostow, *View from the Seventh Floor*, 117-8.

(20)　Hilsman & Forrestal to JFK 1/25/63, *FRUS* 3: 52-3. Hilsman, *To Move a Nation*, 524. Research Memo INR-7 1/28/63, NSF 231 JFKL. DOS to All Posts CA-8486 2/8/63, NSF 197 JFKL.

(21)　Paper by Hilsman 2/2/62, *FRUS* 2: 78. 小柳『民軍協力の戦略』68.

(22)　NSAM 119 12/18/61, *FRUS* 8: 231-2.

(23)　Lansdale to Gilpatric 3/22/62, *FRUS* 2: 256-7. DOS to Saigon 1171 4/4/62, *FRUS* 2: 305.

(24)　Research Memo RFE-58 7/1/63, *FRUS* 3: 435. Mecklin, *Mission in Torment*, 68. Wood to Usher 1/4/63, *VWG* 1: 949. Status Report of Counterinsurgency Projects 1/63, 2/63, 4/63, 6/63, 7/63, NSF 232 JFKL.

ＡＭ』131. 北村『アメリカの化学戦争犯罪』16. 中村『母は枯葉剤を浴びた』45. 古田「ベトナム戦争」38.

(87) Memo of Meeting 10/2/63, *FRUS* 2: 675n.

(88) DOS Memo 4/18/63, *FRUS* 3: 241. Tucker, *Encyclopedia of the Vietnam War*, 2: 462. 清水『ベトナム戦争の時代』112.

(89) Memo by Hilsman 1/2/63, *FRUS* 3: 13. Hilsman, *To Move a Nation*, 442.

(90) Draft Memo of Conversation 5/1/62, *FRUS* 2: 367.

(91) Reeves, *A Question of Character*, 291. Halberstam, *The Best and the Brightest*, 210. Hersh, *The Dark Side of Camelot*, 413-4. Reeves, *President Kennedy*, 282. Hilsman, *To Move a Nation*, 442. Prochnau, *Once Upon a Distant War*, 81.

(92) Taylor to JFK 7/30/62, *FRUS* 8: 353. Taylor, *Swords and Plowshares*, 202. Talking Paper OPS OD FE/72796 1/21/63, NSF 197 JFKL.

(93) Johnson, *The Right Hand of Power*, 334. Draft PPC Paper 6/22/62, *FRUS* 8:322.

(94) Sorensen, *Kennedy*, 633. *Time* 5/24/63, 31. Committee of Concerned Asian Scholars, *The Indochina Story*, 90. Marolda & Fitzgerald, *The United States Navy and the Vietnam Conflict*, 282. Marr, "The Technological Imperative in US War Strategy in Vietnam," 32.

(95) Hammond, *Public Affairs*, 18. Prochnau, *Once Upon a Distant War*, 212. Status Report on Southease Asia 9/19/62, *DDRS* TG CK3100484865. Status Report of Counterinsurgency Projects 12/62, *DDRS* TG CK3100478056.

(96) Marolda & Fitzgerald, *The United States Navy and the Vietnam Conflict*, 189, 204. Burner & West, *The Torch Is Passed*, 102.

(97) Status Report of Counterinsurgency Projects 1/63, NSF 232 JFKL. Harkins to Diem 5/15/63, *FRUS* 3: 298.

(98) Gilpatric OH JFKL, 22. 朝日新聞調査研究室『インドシナの新情勢　上』127. Gibson, *The Perfect War*, 78.

(99) ブラドリー『ケネディとの対話』177-8.

(100) McNamara, *In Retrospect*, 322.

(101) Marr, "The Technological Imperative in US War Strategy in Vietnam," 24. Paper by Wood & Heavner 10/5/62, *FRUS* 2: 680-1.

(102) *USNWR* 1/21/63, 46. シーハン「ベトナム前線」37.

(103) Memo of Conversation 4/4/63, *FRUS* 3: 199. Wood to Nolting 4/4/63, *FRUS* 3: 204. Address by Hilsman 6/14/63, *DSB* 7/8/63, 48. Perlo & Goshal, *Bitter End in Southeast Asia*, 53. Prochnau, *Once Upon a Distant War*, 81.

(104) Smith, *An International History of the Vietnam War*, 59. Westad, *The Global Cold War*, 35. DOS Action Program 8/14/62, *DDRS* TG CK3100384245.

(105) Remarks to Visiting Chiefs of Staff of Latin American Air Forces 5/8/63, *PPP 1963*, 371. Address by Heavner 8/25/63, *DSB* 9/9/63, 397-8.

(106) Rosenau, *US Internal Security Assistance to South Vietnam*, 96. Donovan, *The Cold Warriors*, 185. Schaller et al., *Present Tense*, 199.

(107) Westad, *The Global Cold War*, 36. Strober & Strober, *"Let Us Begin Anew,"* 162.

(108) Wofford, *Of Kennedys and Kings*, 362. Giglio, *The Presidency of John F. Kennedy*, 54.

(109) Kolko, *Anatomy of a War*, 144. 丸山『ベトナム戦争』160.

(110) Sorensen, *Kennedy*, 632. Bowles to M. Bundy 7/19/63, *FRUS* 3: 520.

（56）　Saigon to DOS 824 3/20/63, *FRUS* 3: 164. Saigon to DOS 832 3/20/63, *DDRS* RS 818D.

（57）　DOS to Saigon 951 5/6/63, *FRUS* 3: 272n. Kattenburg to Hilsman 10/28/63, *FRUS* 4: 448.

（58）　Briefing Paper [2/21/63], *JFKOF* 1/21: 859. Briefing Paper for News Conference 3/21/63, *JFKOF* 1/22: 22. Heavner to Manell 3/6/63, *VWG* 2: 941. "Comments on the Advertisement by the Ministers' Viet-Nam Committee," 7/63, *VWG* 2: 396.

（59）　USIA to Saigon Usito 235 3/11/63, *FRUS* 3: 144. Ottawa to DOS 1277 4/3/63, NSF 197 JFKL. Galloway, *The Kennedys & Vietnam*, 39. Perlo & Goshal, *Bitter End in Southeast Asia*, 50.

（60）　London to DOS 4285 4/30/63, NSF 197 JFKL. DOS to London 5780 5/2/63, NSF 197 JFKL.

（61）　Forrestal to JFK 4/16/63, *FRUS* 3: 226.

（62）　Saigon to DOS 825 3/20/63, NSF 197 JFKL. Saigon to DOS 832 3/20/63, *DDRS* RS 818D. Saigon to DOS A-552 3/26/63, *FRUS* 3: 273n.

（63）　DOS Memo 4/18/63, *FRUS* 3: 239-41. Saigon to DOS A-628 4/18/63, *FRUS* 3: 273n.

（64）　Heinz OH JFKL, 38.

（65）　Memo of Conversation 9/25/62, *FRUS* 2: 670. Saigon to DOS 825 3/20/63, NSF 197 JFKL. Saigon to DOS 832 3/20/63, *DDRS* RS 818D.

（66）　Saigon to DOS 987 5/6/63, *FRUS* 3: 272-3.

（67）　Briefing Paper [2/21/63], *JFKOF* 1/21: 859. USIA to Saigon Usito 235 3/11/63, *FRUS* 3: 145.

（68）　Ottawa to DOS 1277 4/3/63, NSF 197 JFKL. Memo of Conversation 9/29/63, *FRUS* 4: 314.

（69）　McNamara to JFK 11/16/62, *FRUS* 2: 732. DOS to Saigon 872 3/15/63, NSF 197 JFKL.

（70）　JCS to McNamara JCSM-275-63 4/4/63, *FRUS* 3: 206-7. JCS to McNamara JCSM-302-63 4/17/63, *FRUS* 3: 230.

（71）　Saigon to DOS 824 3/20/63, *FRUS* 3: 164. Saigon to DOS 511 7/30/63, *FRUS* 3: 549. Saigon to DOS 959 11/7/63, NSF 202 JFKL.

（72）　DOS to Saigon 872 3/15/63, NSF 197 JFKL. DOS Memo 4/18/63, *FRUS* 3: 241-2.

（73）　JCS to McNamara JCSM-302-63 4/17/63, *FRUS* 3: 230. Forrestal to JFK 4/22/63, *FRUS* 3: 246. Heinz OH JFKL, 38.

（74）　DOS Memo 4/18/63, *FRUS* 3: 239.

（75）　McNamara to JFK I-25006/63 1/2/62, *FRUS* 2: 1. Turley, *The Second Indochina War*, 62. Jones, *Death of a Generation*, 198.

（76）　Saigon to DOS 824 3/20/63, *FRUS* 3: 163-4. Saigon to DOS 825 3/20/63, NSF 197 JFKL.

（77）　DOS to Saigon 1055 5/7/63, *FRUS* 3: 274-5.

（78）　McGarr to Felt MAGPO 779 2/3/62, *FRUS* 2: 91. Murrow to M. Bundy 8/16/62, *FRUS* 2: 590. Rusk to JFK 8/23/62, *FRUS* 2: 607.

（79）　Saigon to DOS 352 9/26/62, *FRUS* 2: 673. Wood to Nolting 8/7/62, *FRUS* 2: 580.

（80）　Heinz OH JFKL, 38. USIA to Saigon Usito 235 3/11/63, *FRUS* 3: 145. Krepinevich, *The Army and Vietnam*, 210.

（81）　A. Johnson to Gilpatric 11/9/62, *FRUS* 2: 727. Saigon to DOS 824 3/20/63, *FRUS* 3: 164. DOS Memo 4/18/63, *FRUS* 3: 241-3.

（82）　Forrestal to JFK 4/22/63, *FRUS* 3: 245. DOS to Saigon 1055 5/7/63, *FRUS* 3: 274.

（83）　Saigon to DOS 151 7/30/63, *FRUS* 3: 549. Kattenburg to Hilsman 10/28/63, *FRUS* 4: 448.

（84）　Reeves, *A Question of Character*, 291. Forrestal OH JFKL, 129-30. Kattenburg to Hilsman 10/28/63, *FRUS* 4: 449.

（85）　Hilsman to Harriman 7/28/62, *FRUS* 2: 561.

（86）　Tucker, *Encyclopedia of the Vietnam War*, 1: 154. Moïse, *The A to Z of the Vietnam War*, 175. Frankum, *Historical Dictionary of the War in Vietnam*, 385. *Gale Encyclopedia of World History*, 2: 703. 『N

『ベトナム戦争』142. 石山『ベトナム解放戦史』104.

(28)　Kolko, *Anatomy of a War*, 146. Maitland et al., *Raising the Stakes*, 31. Prouty, *JFK*, 114.

(29)　Prochnau, *Once Upon a Distant War*, 159-60. Davidson, *Vietnam at War*, 300. Hammond, *Public Affairs*, 33.

(30)　Marr, "The Technological Imperative in US War Strategy in Vietnam," 23-4. Marr, "The Rise and Fall of 'Counterinsurgency,'" 205.

(31)　Krepinevich, *The Army and Vietnam*, 112-3. DOD Paper [5/62], *FRUS* 2: 384.

(32)　松岡『1961　ケネディの戦争』445-6, 599-604. 北村『アメリカの化学戦争犯罪』3. レ・カオ・ダイ『ベトナム戦争におけるエージェントオレンジ』17. 井上『ケネディ』43-4. *FRUS* 2: 675n.

(33)　McNamara to JFK 2/2/63, *FRUS* 2: 71. McNamara to JFK 8/8/62, *FRUS* 2: 584. Forrestal to Harriman 3/13/63, *FRUS* 3: 149-50. Saigon to DOS 872 3/15/63, *FRUS* 3: 150n.

(34)　DOS to Saigon 872 3/15/63, NSF 197 JFKL.

(35)　Lewy, *America in Vietnam*, 259. DOS Memo 4/18/63, *FRUS* 3: 237. Marr, "The Technological Imperative in US War Strategy in Vietnam," 32.

(36)　McNamara to JFK I-25006/63 1/2/62, *FRUS* 2: 2. Heinz OH JFKL, 38. Saigon to DOS 824 3/20/63, *FRUS* 3: 163. Taylor to McNamara JCSM-302-63 4/17/63, *FRUS* 3: 230. DOS Memo 4/18/63, *FRUS* 3: 238.

(37)　Rusk to JFK 8/23/62, *FRUS* 2: 607-8.

(38)　Forrestal OH JFKL, 130. Zimmer, *The Vietnam War Debate*, xxi. Status Report on Southeast Asia 10/3/62, *DDRS* TG CK3100484820.

(39)　Heavner to Hilsman 5/15/63, *FRUS* 3: 304. Bagley to Taylor 3/27/62, *FRUS* 2: 261. Saigon to DOS 1208 6/19/63, *FRUS* 3: 403n. Memo of Conversation 9/29/63, *FRUS* 4: 314.

(40)　Rusk to JFK 8/23/62, *FRUS* 2: 608. Kendrick, *The Wound Within*, 146. 中村『母は枯葉剤を浴びた』45.

(41)　SG (CI) Meeting 3/14/63, *FRUS* 3: 151. Memo of Conversation 4/4/63, *FRUS* 3: 199.

(42)　DOS Memo 4/18/63, *FRUS* 3: 237, 242.

(43)　Memo of Conversation 4/4/63, *FRUS* 3: 199. Memo of Conversation 5/22/63, *DDRS* 2000: 2195. Hilsman, *To Move a Nation*, 443. 1ヤードは約90センチ.

(44)　Draft Memo of Conversation 5/1/62, *FRUS* 2: 367. Harriman to Hilsman 7/28/62, *FRUS* 2: 561-2.

(45)　Memo of Conversation 5/22/63, *DDRS* 2000: 2195. Forrestal OH JFKL, 130.

(46)　Hilsman, *To Move a Nation*, 443. Hilsman to Harriman 7/28/62, *FRUS* 2: 561.

(47)　Murrow to M. Bundy 8/16/62, *FRUS* 2: 590. Tomes, *Apocalypse Then*, 104. ラッセル『ヴェトナムの戦争犯罪』39-40. 森川『ベトナムにおけるアメリカ戦争犯罪の記録』40-2. Memo of Conversation 4/4/63, *FRUS* 3: 199.

(48)　DOS Memo 4/18/63, *FRUS* 3: 240. Status Report of Counterinsurgency Projects 2/63, 4/63, NSF 232 JFKL. Burris to LBJ 3/12/63, *DDRS* TG CK3100499201.

(49)　DOS to Saigon 876 3/18/63, NSF 197 JFKL. Saigon to DOS 823 3/19/63, NSF 197 JFKL. Ottawa to DOS 1277 4/3/63, NSF 197 JFKL.

(50)　New Delhi to DOS A-651 4/23/63, *FRUS* 3: 272n. New Delhi to Saigon 4123 4/23/63, *FRUS* 3: 273n.

(51)　DOS to Saigon 1000 4/25/63, *FRUS* 3: 273-4n. Saigon to DOS 987 5/6/63, *FRUS* 3: 274. Saigon to DOS 880 4/5/63, NSF 197A JFKL. Forrestal to M. Bundy 5/15/63, NSF 197 JFKL.

(52)　Saigon to DOS 352 9/26/62, *FRUS* 2: 673-4.

(53)　DOS to Saigon 872 3/15/63, NSF 197 JFKL.

(54)　DOS Memo 4/18/63, *FRUS* 3: 242.

(55)　Forrestal to JFK 4/22/63, *FRUS* 3: 246. Murrow to Harriman 4/19/63, *FRUS* 3: 237n.

Technological Imperative in US War Strategy in Vietnam," 23.

(6)　Mecklin, *Mission in Torment*, 65.

(7)　丸山『ベトナム戦争』164. 村岡「ベトナム戦争とヘリボーン」82. Maitland et al., *Raising the Stakes*, 21. 生井『空の帝国』255.

(8)　Paper by Wood & Heavner 10/5/62, *FRUS* 2:683. Mecklin, *Mission in Torment*, 64-5. DOD News Release 1/5/63, NSF 197 JFKL.

(9)　Davidson, *Vietnam at War*, 300. Ives, *US Special Forces and Counterinsurgency in Vietnam*, 58. 丸山『ベトナム戦争』164.

(10)　Press Reports 1/3/63, NSF 197 JFKL. Beckett, *Encyclopedia of Guerrilla Warfare*, 100.

(11)　高松「ケネディ大統領の政策決定スタイルの特徴とリーダーシップについての一考察」60. 朝日新聞調査研究室『激動するインドシナ』6. Kahin & Lewis, *The United States in Vietnam*, 139. Prochnau, *Once Upon a Distant War*, 44, 159. 丸山『ベトナム戦争』163. *Time* 6/7/63, 35.

(12)　Hilsman, *To Move a Nation*, 444. Taylor, *Swords and Plowshares*, 251, 288. Research Memo RFE-66 12/19/63, *FRUS* 2: 790. NIE 53-63 4/17/63, *CIARRS* 2: 376. Young, *The Vietnam Wars*, 87.

(13)　Young, *The Vietnam Wars*, 87. Elliott, *The Vietnamese War,* 1: 390. Hilsman to W. Bundy 5/1/63, *FRUS* 3: 260.

(14)　Moïse, *The A to Z of the Vietnam War*, 40.『ＮＡＭ』97. Prochnau, *Once Upon a Distant War,* 217. Maitland et al., *Raising the Stakes*, 20. 本多『戦場の村』155n.

(15)　Honolulu Conference 5/6/63, *FRUS* 3: 265. Harkins to Diem 5/15/63, *FRUS* 3: 298.

(16)　『ＮＡＭ』97. ドアティ『図説　世界の「最悪」兵器大全』68-9. Moïse, *The A to Z of the Vietnam War*, 40. Report by Krulak 7/63, *FRUS* 3: 460. SACSA Briefing Paper 4/24/63, *VWG* 1: 734. 小倉『ドキュメント　ヴェトナム戦争全史』126.

(17)　Krepinevich, *The Army and Vietnam*, 75. Hess, *Vietnam and the United States*, 73. Hearden, *The Tragedy of Vietnam*, 81-2. Hilsman, *To Move a Nation*, 444.

(18)　小倉『ドキュメント　ヴェトナム戦争全史』125. 小沼『ベトナム民族解放運動史』243. Moyar, *Triumph Forsaken*, 169. Marr, "The Technological Imperative in US War Strategy in Vietnam," 23, 45n. Saigon to DOS 703 1/25/63, *SDCF* 9: 398.

(19)　Kahin & Lewis, *The United States in Vietnam*, 139. Krepinevich, *The Army and Vietnam*, 76. *USNWR* 10/7/63, 57. 丸山『ベトナム戦争』237. Marr, "The Technological Imperative in US War Strategy in Vietnam," 23.

(20)　Hilsman, *To Move a Nation*, 445. Prochnau, *Once Upon a Distant War*, 194. Halberstam, *The Best and the Brightest*, 201. *NYT* 8/15/63, *VWG* 2: 971. SACSA Briefing Paper 4/24/63, *VWG* 1: 734.

(21)　丸山『ベトナム戦争』237.『ベトナム戦争の記録』編集委員会『ベトナム戦争の記録』147. 生井『空の帝国』255.

(22)　Davidson, *Vietnam at War*, 301. Kolko, *Anatomy of a War*, 146. スワンストン＆スワンストン『アトラス世界航空戦史』310.

(23)　Wood to Hilsman 4/15/63, *VWG* 1: 341. Wood to Hilsman 4/30/63, *VWG* 1: 386.

(24)　Memo of Conversation 2/12/63, *VWG* 1: 335. Wood to Hilsman 4/15/63, *VWG* 1: 341-2.

(25)　スミス「ケネディが決定した広範な介入」120. Prouty, *JFK*, 256. Lewy, *America in Vietnam*, 24. Fifield, *Americans in Southeast Asia*, 276.

(26)　転機は, 高松「ケネディ大統領の政策決定スタイルの特徴とリーダーシップについての一考察」60 によれば 1962 年半ば過ぎ. Post, *Revolution, Socialism and Nationalism in Viet Nam*, 135 によれば 1962 年秋. Herring, *America's Longest War*, 88 によれば 1962 年遅く. 朝日新聞調査研究室『激動するインドシナ』6 によれば 1963 年に入った頃.

(27)　Memo of Conversation 4/4/63, *FRUS* 3: 199. Wood to Nolting 4/4/63, *FRUS* 3: 204. ハルバスタム

(103)　Ives, *US Special Forces and Counterinsurgency in Vietnam*, 104. Schlesinger, *Robert Kennedy and His Times*, 763. Johnson, *The Right Hand of Power*, 334-5. Kelly, *U.S. Army Special Forces*, 10.

(104)　ハルバスタム『ベトナム戦争』128. Schwab, *Defending the Free World*, 43. Nagl, *Counterinsurgency Lessons from Malaya and Vietnam*, 132. Blaufarb, *The Counterinsurgency Era*, 82. 丸山「ケネディ政権のベトナム政策」47. 高松「ケネディ大統領の政策決定スタイルの特徴とリーダーシップについての一考察」56.

(105)　Komer, *Bureaucracy at War*, 42, 69. Head, "The Other War," 131-2. モーマイヤー『ベトナム航空戦』16. Komer, *Bureaucracy at War*, 137.

(106)　Colby, *Lost Victory*, 107. Schlesinger, *Robert Kennedy and His Times*, 763. Head, "The Other War," 127. 柘植『ザ・グリンベレー』12.

(107)　Freedman, *Kennedy's Wars*, 405. Nagl, *Counterinsurgency Lessons from Malaya and Vietnam*, 115. FitzSimons, *The Kennedy Doctrine*, 202.

(108)　Moïse, *The A to Z of the Vietnam War*, 41. ハルバスタム『ベトナム戦争』48.

(109)　Research Memo INR-7 1/28/63, NSF 231 JFKL. Ives, *US Special Forces and Counterinsurgency in Vietnam*, 118-9. Krepinevich, *The Army and Vietnam*, 6, 36. Head, "The Other War," 127.

(110)　Nagl, *Counterinsurgency Lessons from Malaya and Vietnam*, 43. Ives, *US Special Forces and Counterinsurgency in Vietnam*, 52-5. Gibbons, *The U.S. Government and the Vietnam War*, 138.

(111)　Komer, *Bureaucracy at War*, 49. Rusk OH JFKL, 19.

(112)　Schwab, *Defending the Free World*, 40, 91. Kaiser, *American Tragedy*, 150.

(113)　Lemnitzer to McNamara JCSM-33-62 1/27/62, *USVR* 12: 453. Krepinevich, *The Army and Vietnam*, 7. Shultz, *The Secret War Against Hanoi*, 269. Latham, *Modernization as Ideology*, 175. Ives, *US Special Forces and Counterinsurgency in Vietnam*, 58.

(114)　Kaiser, *American Tragedy*, 224. Westmoreland, "Vietnam in Perspective," 46.

(115)　Krepinevich, *The Army and Vietnam*, 5. Sarkesian, *Unconventional Conflicts in a New Security Era*, 10. Komer, *Bureaucracy at War*, 44, 48.

(116)　Krepinevich, *The Army and Vietnam*, 37. Maclear, *The Ten Thousand Day War*, 57.

(117)　Ball, *Diplomacy for a Crowded World*, 47. アーネット『戦争特派員』87. Karnow, *Vietnam*, 19.

(118)　ハルバスタム『ベトナム戦争』49. Gilbert, "The Global Dimensions and Legacies of a Brushfire War," 57. Brigham, *ARVN*, 4. Hamilton, *The Art of Insurgency*, 97-8. Gilpatric OH JFKL, 23.

(119)　Hellmann, *American Myth and the Legacy of Vietnam*, 46. Taillon, *The Evolution of Special Forces in Counter-Terrorism*, 59-69. Ives, *US Special Forces and Counterinsurgency in Vietnam*, 43-7. Schwab, *Defending the Free World*, 55.

(120)　メイ『歴史の教訓』137-8. Kattenburg, "Viet Nam and U.S. Diplomacy, 1940-1979," 838. Forrestal OH JFKL, 134.

第六章　アメリカ式戦争の実験室

(1)　Matloff, *American Military History*, 626. Frankum, *Historical Dictionary of the War in Vietnam*, 196. 生井『空の帝国』257-60.

(2)　Matloff, *American Military History*, 626. Moïse, *The A to Z of the Vietnam War*, 171. Tucker, *Encyclopedia of the Vietnam War*, 1: 276. 村岡「ベトナム戦争とヘリボーン」83. Maitland et al., *Raising the Stakes*, 31. スワンストン＆スワンストン『アトラス世界航空戦史』309.

(3)　アーネット『戦争特派員』91.

(4)　Paper by Wood & Heavner 10/5/62, *FRUS* 2: 683. Press Reports 1/3/63, NSF 197 JFKL. Gurney, *A Pictorial History of the United States Army*, 773.

(5)　*Time* 5/17/63, 41. ハルバスタム『ベトナム戦争』63. Davidson, *Vietnam at War*, 300-1. Marr, "The

(76)　Saigon to DOS A-661 4/25/63, *FRUS* 3: 251, 253.

(77)　SG (CI) Meeting 4/4/63, *FRUS* 3: 202. Wood to Nolting 4/4/63, *FRUS* 3: 204.

(78)　Harkins to Felt MAC J00 1870 3/30/63, *FRUS* 3: 186-8. Saigon to DOS A-661 4/25/63, *FRUS* 3: 249, 253.

(79)　Forrestal to JFK 12/21/62, *FRUS* 2: 793. DOS to Saigon CA-10362 3/22/63, *FRUS* 3: 174, 177.

(80)　Harkins to Felt MAC J00 1870 3/30/63, *FRUS* 3: 188. Saigon to DOS A-661 4/25/63, *FRUS* 3: 249, 252.

(81)　Honolulu Conference 5/6/63, *FRUS* 3: 269.

(82)　Snead, *John F. Kennedy*, 210. Schwab, *Defending the Free World*, 41. Freedman, *Kennedy's Wars*, 336. Nagl, *Counterinsurgency Lessons from Malaya and Vietnam*, 126. Rosenau, *US Internal Security Assistance to South Vietnam*, 101-2. Dunn, "The American Army," 85. Shultz, *The Secret War Against Hanoi*, 271. 福田『アメリカの国防政策』58.

(83)　Strober & Strober, *"Let Us Begin Anew,"* 429. Krepinevich, *The Army and Vietnam*, 39. Komer, *Bureaucracy at War*, 147.

(84)　アーネット『戦争特派員』94. ミレット＆マスロウスキー『アメリカ社会と戦争の歴史』706.

(85)　JFK to McNamara 7/15/63, *FRUS* 8: 484.

(86)　Strober & Strober, *"Let Us Begin Anew,"* 410. Davidson, "Senior Officers and Vietnam Policymaking," 95. Prochnau, *Once Upon a Distant War*, 4. McNamara, *In Retrospect*, 54. Landau, *The Dangerous Doctrine*, 79.

(87)　Taylor OH JFKL, 19. Gilpatric OH JFKL, 38.

(88)　Shultz, *The Secret War Against Hanoi*, 270, 273. Ives, *US Special Forces and Counterinsurgency in Vietnam*, 85.

(89)　Krulak OH JFKL, 3.

(90)　Krulak OH JFKL, 1-2. Hamilton, *American Caesars*, 139. シーハン『輝ける嘘　上』350, 358. Shultz, *The Secret War Against Hanoi*, 286. Newman, *JFK and Vietnam*, 311-2. Jablon, *David M. Shoup*, 92.

(91)　Shultz, *The Secret War Against Hanoi*, 287. シーハン『輝ける嘘　上』359. Gilpatric OH JFKL, 38. Newman, *JFK and Vietnam*, 182. Jablon, *David M. Shoup*, 85.

(92)　McNamara, *In Retrospect*, 48. Mecklin, *Mission in Torment*, 103. Cable, *Conflict of Myths*, 285. Kaiser, *American Tragedy*, 4. Taillon, *The Evolution of Special Forces in Counter-Terrorism*, 72-3. Hook & Spanier, *American Foreign Policy Since World War II*, 127.

(93)　Cable, *Conflict of Myths*, 4-5. Higgins, *Our Vietnam Nightmare*, 250.

(94)　Taylor, *Swords and Plowshares*, 200. Taylor OH JFKL, 19. Waghelstein, "Counterinsurgency Doctrine and Low-Intensity Conflict in the Post-Vietnam Era," 129.

(95)　Jablon, *David M. Shoup*, 92. Cable, *Conflict of Myths*, 160-1. *Time* 5/24/63, 24.

(96)　Thompson, *Defeating Communist Insurgency*, 84. McCloud, *What Should We Tell Our Children About Vietnam?*, 27.

(97)　Mecklin, *Mission in Torment*, 23, 78. Rostow, *View from the Seventh Floor*, 119.

(98)　Taylor OH JFKL, 19. Waghelstein, "Counterinsurgency Doctrine and Low-Intensity Conflict in the Post-Vietnam Era," 128-9. Kaiser, *American Tragedy*, 166. Record, *The Wrong War*, 141.

(99)　Krulak to Gilpatric SACSA-M 63-62 3/26/62, *FRUS* 2: 278.

(100)　シーハン『輝ける嘘　上』444. Komer, *Bureaucracy at War*, 48.

(101)　McNamara et al., *Argument Without End*, 385. Kattenburg, *The Vietnam Trauma in American Foreign Policy, 1945-75*, 159.

(102)　Research Memo INR-7 1/28/63, NSF 231 JFKL.

from Malaya and Vietnam, 49, 115. Ives, *US Special Forces and Counterinsurgency in Vietnam*, 130. Krepinevich, *The Army and Vietnam*, 196. Buzzanco, *Masters of War*, 119. Schwab, *Defending the Free World*, 41, 43. Record, *The Wrong War*, 86.

（49） *USVR* 3: IV.B.2, ii, 18. Krepinevich, *The Army and Vietnam*, 196. Kaiser, *American Tragedy*, 152. Ravenal, *Never Again*, 62. Paper by Hilsman 2/2/62, *FRUS* 2: 85. Maitland et al., *Raising the Stakes*, 25. Heinz OH JFKL, 36.

（50） Memo of Conversation 7/31/62, *FRUS* 2: 527. シーハン『輝ける嘘　上』338. Harkins to Taylor MAC J00 8625 11/5/63, *FRUS* 4: 571.

（51） Ball, *Diplomacy for a Crowded World*, 53. Cooper, *The Lost Crusade*, 206. DeGroot, *A Noble Cause?*, 92-3. シーハン『ハノイ＆サイゴン物語』89.

（52） Hilsman, *To Move a Nation*, 113. 友田『裏切られたベトナム革命』86.

（53） Palmer, *The 25-Year War*, 178. Gilbert, "The Cost of Losing the 'Other War' in Vietnam," 127-30. MacDougall, "A Decision-Making Approach to Understanding American Pokicy-Makers," 66. 生井『空の帝国』22-3. Tilford, "Crosswinds," 112.

（54） Talking Paper OPS OD FE/72796 1/21/63, NSF 197 JFKL. Taylor to McNamara JCSM-190-63 3/11/63, *FRUS* 3: 146. Status Report of Counterinsurgency Projects 5/63, NSF 232 JFKL.

（55） Taylor to McNamara JCSM-190-63 3/11/63, *FRUS* 3: 146. Status Report of Counterinsurgency Projects 5/63, NSF 232 JFKL.

（56） Cable, *Conflict of Myths*, 194.

（57） Memo by Hilsman 1/63, *FRUS* 3:10-1. Buzzanco, *Masters of War*, 141-2. SG (CI) Meeting 2/7/63, *FRUS* 3: 103.

（58） DOS to Saigon CA-10362 3/22/63, *FRUS* 3: 174. Wood to Hilsman 4/30/63, *VWG* 1: 385. バーチェット『解放戦線』53.

（59） Moyar, *Triumph Forsaken*, 157. FitzGerald, *Fire in the Lake*, 167.

（60） Cottrell to Harriman 12/11/62, *VWG* 1: 229. Krepinevich, *The Army and Vietnam*, 76.

（61） モーマイヤー『ベトナム航空戦』15. Memo by Hilsman 1/63, *FRUS* 3: 11. Wood to Harriman 2/28/63, *FRUS* 3: 131. Saigon to DOS 917 4/16/63, *FRUS* 3: 178n.

（62） Cottrell to Harriman 12/11/62, *VWG* 1: 229. DOS to Saigon CA-10362 3/22/63, *FRUS* 3: 178.

（63） Hilsman, *To Move a Nation*, 443, 528, 530. Prochnau, *Once Upon a Distant War*, 162. Joes, *The War for South Viet Nam*, 58.

（64） Felt to JCS 092320Z 3/9/63, *DDRS* RS 81E. DOS to Saigon CA-10362 3/22/63, *FRUS* 3: 176. Harkins to Felt MACJ00 1870 3/30/63, *FRUS* 3: 187.

（65） Memo of Conversation 5/22/63, *DDRS* 2000: 2195. LeMay, *America Is in Danger*, 233.

（66） Carroll to McNamara S-18982/P-3 12/13/63, *FRUS* 4: 709.

（67） Prochnau, *Once Upon a Distant War*, 190. シーハン『輝ける嘘　上』339. Research Memo RFE-66 12/19/62, *FRUS* 2: 790. DOS to Saigon CA-10362 3/22/63, *FRUS* 3: 174.

（68） DOS to Saigon CA-10362 3/22/63, *FRUS* 3: 173, 176.

（69） Wood to Harriman 2/28/63, *FRUS* 3: 131. Wood to Harriman 4/30/63, *VWG* 1: 385.

（70） Mecklin, *Mission in Torment*, 92. Memo of Conversation 4/1/63, *FRUS* 3: 195.

（71） Gilpatric OH JFKL, 16.

（72） Paper by Hilsman 2/2/62, *FRUS* 2: 85. Wood to Hilsman 4/19/63, *VWG* 1: 372. Wood to Nolting 5/20/63, *VWG* 1: 907.

（73） Talking Paper OPS OD FE/72796 1/21/63, NSF 197 JFKL.

（74） DOS to Saigon CA-10362 3/22/63, *FRUS* 3: 175, 177.

（75） Anthis to Harkins 3/30/63, *FRUS* 3: 189n. Harkins to Felt MAC J00 1870 3/30/63, *FRUS* 3: 187.

(24) Report to EXCOM 10/3/63, NSF 200 JFKL. Draft Report for EXCOM 10/4/63, *FRUS* 4: 363.

(25) DOS to Saigon 570 10/12/63, NSF 200 JFKL. Saigon to DOS 770 10/23/63, *FRUS* 4: 426. Gibbons, *The U.S. Government and the Vietnam War*, 213.

(26) Briefing Paper for Honolulu Conference #21 11/63, NSF 204 JFKL. Draft Memo for LBJ 12/63, *FRUS* 4: 667. Draft NSAM 11/21/63, *DDRS* 1993: 1015. Hilsman to Rusk 11/18/63, NSF 202 JFKL. NSAM 273 11/26/63, *FRUS* 4: 639.

(27) Shultz, *The Secret War Against Hanoi*, 36. Snepp, "The Intelligence of the Central Intelligence Agency in Vietnam," 54. Krepinevich, *The Army and Vietnam*, 71. Felt to Harkins CINCPAC 3010. Ser. 00523 5/27/63, *FRUS* 3: 331.

(28) Rheault, "The Special Forces and the CIDG Program," 247. クランシーほか『アメリカ特殊部隊 上』237.

(29) Memo by Stahr [4/62], *FRUS* 2: 338. Research Memo INR-7 1/28/63, NSF 231 JFKL.

(30) Hilsman to Rusk 4/63, *FRUS* 3: 192. Harriman OH JFKL, 112. Hamilton, *The Art of Insurgency*, 142.

(31) Kaiser, *American Tragedy*, 170.

(32) JCS Team Report 1/63, *FRUS* 3: 81. OCI Memo SC 02142/63 1/11/63, *FRUS* 3: 21. Harkins to Diem 2/23/63, *FRUS* 3: 120.

(33) Memo for Hilsman 3/19/63, *DDRS* 1991: 1346. Hilsman & Forrestal to JFK 1/25/63, *FRUS* 3: 55-6.

(34) Wood to Harriman 2/6/63, *VWG* 1: 774. Harkins to Diem 5/15/63, *FRUS* 3: 298-9.

(35) Kutler, *Encyclopedia of the Vietnam War*, 491. Tucker, *Encyclopedia of the Vietnam War*, 2: 642. 当時「一撃離脱（Hit and Withdraw）」と呼んだのが，Hilsman & Forrestal to JFK 1/25/63, *FRUS* 3: 55. Felt to JCS 142020Z 2/14/63, NSF 197 JFKL. Memo for Hilsman 3/19/63, *DDRS* 1991: 1346.「完全掃滅（Sweep-up）」と呼んだのが，Forrestal OH JFKL, 128.「地域掃滅（Terrain Sweep）」と呼んだのが, McNamara & Taylor to JFK 10/2/63, *USVR* 12: 555. Report to EXCOM 10/4/63, *JFKOF* 5/28: 353. Report to NSC 10/5/63, *DDRS* 1985: 46. DOS to Saigon 647 10/25/63, *FRUS* 4: 438.

(36) McNamara & Taylor to JFK 10/2/63, *USVR* 12: 555. Report to EXCOM 10/4/63, *JFKOF* 5/28: 353. Report to NSC 10/5/63, *DDRS* 1985: 46. Hilsman, *To Move a Nation*, 525. SG (CI) Meeting 4/4/63, *FRUS* 3: 202.

(37) Hilsman to Rusk 4/63, *FRUS* 3: 192. Herring, *America's Longest War*, 88.

(38) Forrestal OH JFKL, 128. OCI Memo SC 02142/63 1/11/63, *FRUS* 3: 21. Maitland et al., *Raising the Stakes*, 14. Dunn, "The American Army," 93. Jacobs, *Cold War Mandarin*, 126. Jones, *Death of a Generation*, 154.

(39) Saigon to DOS 646 1/4/63, *SDCF* 13: 153. Mecklin, *Mission in Torment*, 92-3.

(40) SACSA Briefing Paper 3/27/63, *VWG* 1: 755. *Ibid.* 4/17/63, *VWG* 1: 739. *Ibid.* 4/24/63, *VWG* 1: 732. Heavner to Manell 2/26/63, *VWG* 1: 920.

(41) Memo by Hilsman 1/2/63, *FRUS* 3: 4. Hilsman to Nolting 5/16/63, *VWG* 1: 566. Hilsman OH JFKL, 20.

(42) 丸山「ケネディ政権のベトナム政策」47. Forrestal OH JFKL, 127. Sarkesian, *Unconventional Conflicts in a New Security Era*, 9.

(43) USIA to USIS Saigon REUPOB 028A 2/2/63, NSF 197 JFKL. NIE 53-63 4/17/63, *CIARRS* 2: 377.

(44) Harkins to Diem 5/15/63, *FRUS* 3: 299. Taylor to Diem 10/1/63, *FRUS* 4: 329.

(45) McNamara & Taylor to JFK 10/2/63, *USVR* 12: 555. Report to EXCOM 10/4/63, *JFKOF* 5/28: 353. Report to NSC 10/5/63, *DDRS* 1985: 46. Komer, *Bureaucracy at War*, 139.

(46) Speech by Hilsman 12/2/63, *DDRS* TG CK3100494877. Hilsman, *To Move a Nation*, 444.

(47) Hilsman to Rusk 4/63, *FRUS* 3: 191.

(48) Taillon, *The Evolution of Special Forces in Counter-Terrorism*, 72. Nagl, *Counterinsurgency Lessons*

1: 768. *Time* 5/17/63, 40.

第五章　通常化された軍隊

（1） Heinz OH JFKL, 36. Cooper, *The Lost Crusade*, 200, 206.

（2） USIA to USIS Saigon REUPOB 028A 2/2/63, NSF 197 JFKL. Thompson, *No Exit from Vietnam*, 123-4.

（3） Harriman OH JFKL, 124-5. Krepinevich, *The Army and Vietnam*, 24. Joes, *The War for South Viet Nam*, 63. Brigham, *ARVN*, 5.

（4） USIA to USIS Saigon REUPOB 028A 2/2/63, NSF 197 JFKL.

（5） Tran Van Don, *Our Endless War*, 150. Thompson, *Make for the Hills*, 128. Charlton & Moncrieff, *Many Reasons Why*, 53. Cooper OH JFKL, 48.

（6） OCI Memo SC 00624/63B 12/27/63, *CIARR* 2: 282. McNamara et al., *Argument Without End*, 148-9. Kattenburg, "Viet Nam and U.S. Diplomacy, 1940-1970," 830.

（7） Komer, *Bureaucracy at War*, 41. Kinnard, *The War Managers*, 8. Nagl, *Counterinsurgency Lessons from Malaya and Vietnam*, 121. Forrestal OH JFKL, 124. 丸山『ベトナム戦争』53. Krepinevich, *The Army and Vietnam*, 23-4. 松岡『ダレス外交とインドシナ』246-50.

（8） Record, *The Wrong War*, 73. Drachnik OH JFKL, 2.

（9） Komer, *Bureaucracy at War*, 44. W. Bundy OH LBJL, 9.

（10） Gilpatric OH JFKL, 38. Memo of Conversation 2/12/63, *VWG* 1: 336. Sorensen, *Kennedy*, 657.

（11） Tran Van Don, *Our Endless War*, 150.

（12） フォール『ヴェトナム戦史』214, 346. Krepinevich, *The Army and Vietnam*, 23. タイン・ティン『ベトナム革命の内幕』203.

（13） Thompson, *No Exit from Vietnam*, 124. 水本『同盟の相剋』134.

（14） Komer, *Bureaucracy at War*, 48. Hoang Ngoc Lung, "Strategy and Tactics," 109. Rosenau, *US Internal Security Assistance to South Vietnam*, 117.

（15） Saigon to DOS 959 11/7/63, NSF 202 JFKL. Tran Van Don, *Our Endless War*, 154. Thompson, *Make for the Hills*, 128.

（16） Taylor, *Swords and Plowshares*, 251. ワイナー『ＣＩＡ秘録　上』302. 寺地「ラオス中立化とアメリカ外交」49. Castle, *At War in the Shadow of Vietnam*, 57. Komer, *Bureaucracy at War*, 114.

（17） Honolulu Conference 7/23/62, *FRUS* 2: 549, 552. Hilsman & Forrestal to JFK 1/25/63, *FRUS* 3: 62. Kelly, *U.S. Army Special Forces*, 30, 35. Moïse, *The A to Z of the Vietnam War*, 266. Frankum, *Historical Dictionary of the War in Vietnam*, 116.

（18） Schulzinger, "'It's Easy to Win a War on Paper,'" 185. Maitland et al., *Raising the Stakes*, 12. Sarkesian, *Unconventional Conflicts in a New Security Era*, 155. Status Report of Counterinsurgency Projects 1/63, NSF 232 JFKL. ミレット＆マスロウスキー『アメリカ社会と戦争の歴史』726. Kelly, *U.S. Army Special Forces*, 8.

（19） Saigon to DOS 687 1/19/63, *SDCF* 9: 382. Hilsman & Forrestal to JFK 1/25/63, *FRUS* 3: 62. Lewis, *The American Culture of War*, 226.

（20） Briefing Paper for Honolulu Meeting #20 Tab D 11/16/63, NSF 204 JFKL. Kelly, *U.S. Army Special Forces*, 15, 35, 37, 45. Tucker, *Encyclopedia of the Vietnam War*, 2: 744. Frankum, *Historical Dictionary of the War in Vietnam*, 435.

（21） Ives, *US Special Forces and Counterinsurgency in Vietnam*, 24. Beckett, *Encyclopedia of Guerrilla Warfare*, 43. Snepp, "The Intelligence of the Central Intelligence Agency in Vietnam," 54.

（22） Felt to Harkins CINCPAC 3010. Ser. 00523 5/27/63, *FRUS* 3: 332.

（23） Briefing Paper for Honolulu Meeting #20 11/15/63, NSF 204 JFKL.

(72) Harkins to JCS MAC J-3 8573 11/2/63, *FRUS* 4: 544. Saigon to DOS 949 11/6/63, *FRUS* 4: 575.

(73) Memo of Conversation 11/8/63, *DDRS* 2001: 1844. Saigon to DOS 1033 11/8/63, NSF 202 JFKL.

(74) Harkins to JCS MAC J-3 8607 11/5/63, *FRUS* 4: 566.

(75) *NYT* 11/13/63, *FRUS* 4:593n. Mecklin, *Mission in Torment*, 226.

(76) News Conference 11/14/63, *PPP 1963*, 846. M. Bundy to LBJ [1/6/64], *DDRS* 1998: 1178. Logevall, *The Origins of the Vietnam War*, 60.

(77) CIA Saigon to CIA 11/16/63, *FRUS* 4: 602. DOS to Saigon 678 11/2/63, *FRUS* 4: 524.

(78) Rusk & McNamara to Lodge & Harkins 1/31/64, *FRUS 64-68*, 1: 47-8.

(79) Shaplen, *The Lost Revolution*, 219. Joes, *The War for South Viet Nam*, 81, 85. Perlo & Goshal, *Bitter End in Southeast Asia*, 68. Logevall, *The Origins of the Vietnam War*, 60.

(80) ハルバスタム『ベトナム戦争』229.

(81) Schwab, *A Clash of Cultures*, 23. Saigon to DOS 1093 11/30/63, *FRUS* 4: 647. Halberstam, *The Best and the Brightest*, 370.

(82) Saigon to DOS 1141 12/11/63, *LBJVN* 1: 141-2.

(83) Mecklin, *Mission in Torment*, 278.

(84) Lemnitzer to McNamara JCSM-33-62 1/27/62, *USVR* 12: 451. Brigham, "Dreaming Different Dreams," 146-7.

(85) *USNWR* 1/21/63, 47.

(86) Moyar, *Triumph Forsaken*, 200. Shaplen, *The Lost Revolution*, 164. Kaiser, *American Tragedy*, 204.

(87) Wexler, *The Vietnam War*, 56. Kaiser, *American Tragedy*, 194. NIE 53-63 4/17/63, *FRUS* 3: 234.

(88) Halberstam, *The Best and the Brightest*, 280. ハルバスタム『ベトナム戦争』141-2.

(89) Saigon to DOS 504 9/13/63, NSF 199 JFKL. *The 30-Year War*, 2: 101. Maitland et al., *Raising the Stakes*, 55. Memo of Conversation 9/17/63, NSF 200 JFKL.

(90) Briefing Paper for Honolulu Conference #12 11/16/63, NSF 204 JFKL. 村岡「ベトナム戦争とヘリボーン」82. Osborne, *Strategic Hamlets in South Viet-Nam*, 5. *USNWR* 9/30/63, 48.

(91) Conlon to Hilsman 8/20/63, *FRUS* 3: 590. Memo of Conversation 9/29/63, *FRUS* 4: 316. インドシナ半島ではおおむね雨季は５～10月，乾季は11～４月．Memo for Record I-25327/62 3/21/62, *FRUS* 24: 659. Wood to Nolting 8/7/62, *FRUS* 2: 581. Forrestal to JFK 5/29/63, *FRUS* 24: 1016. Briefing Paper for News Conferrence 10/31/63, *JFKOF* 1/23: 933. 福永・松本「東南アジアの理解のために」4. 上東『現代ラオス概説』17, 19.

(92) ハルバスタム『ベトナム戦争』61. *USNWR* 9/30/63, 48. Maitland et al., *Raising the Stakes*, 22.

(93) Thompson, *Make for the Hills*, 131. 大森『泥と炎のインドシナ』22, 95. Staff Paper RAC-SP-4 (SEA) 4/63, *DDRS* RS 82H.『ＮＡＭ』31.

(94) Taylor to Diem 10/1/63, *FRUS* 4: 329. Briefing Paper for Honolulu Conference #12 11/16/63, NSF 204 JFKL.

(95) Conlon to Hilsman 8/20/63, *FRUS* 3: 590. Briefing Paper for Honolulu Conference #12 11/16/63, NSF 204 JFKL. ハルバスタム『ベトナム戦争』61.

(96) Briefing Paper for Honolulu Conference #12 11/6/63, NSF 204 JFKL. 朝日新聞調査研究室『激動するインドシナ』11. バーチェット『解放戦線』80.

(97) Harkins to Taylor MAC 1495 8/22/63, *FRUS* 3: 609.

(98) Speech by Hilsman 12/2/63, *DDRS* TG CK3100494877. Memo of Conversation 11/13/63, *FRUS* 4: 597. Thompson, *Make for the Hills*, 127.

(99) SG (CI) Meeting 4/4/63, *FRUS* 3: 202. Jorden to Harriman 3/20/63, *FRUS* 3: 167.

(100) SACSA Briefing Paper 5/8/63, *VWG* 1: 722.

(101) Forrestal OH JFKL, 132. JCS Team Report 1/63, *FRUS* 3: 90. SACSA Briefing Paper 3/1/63, *VWG*

(42) NIE 53-63 4/17/63, *CIARRS* 2: 377. Dong Van Khuyen, "The RVNAF," 14-5.

(43) Mecklin, *Mission in Torment*, 90. Cooper, *The Lost Crusade*, 200. 石田「ベトナムの分断」94.

(44) Sarkesian, *Unconventional Conflicts in a New Security Era*, 149. Mecklin, *Mission in Torment*, 34. ハルバスタム『ベトナム戦争』35.

(45) Prochnau, *Once Upon a Distant War*, 368. ムーア『アメリカ特殊部隊』13. Ives, *US Special Forces and Counterinsurgency in Vietnam*, 96.

(46) Harkins to JCS MAC J-3 8607 11/5/63, *FRUS* 4: 567. Felt to JCS DTG 060545Z 11/6/63, *FRUS* 4: 572.

(47) Mecklin, *Mission in Torment*, 34. 1ポンドは約450g.

(48) Memo of Conversation 9/29/63, *FRUS* 4: 316-7. Saigon to DOS 612 9/29/63, NSF 200 JFKL.

(49) Cooper OH JFKL, 39. Tran Van Don, *Our Endless War*, x, 153.

(50) *USVR* 3: IV.B.5, 26. Kolko, *Anatomy of a War*, 115. Davidson, *Vietnam at War*, 302. Rosenau, *US Internal Security Assistance to South Vietnam*, 108. Mecklin, *Mission in Torment*, 95.

(51) CIA Information Report TDCS-3/552,822 7/8/63, NSF 198 JFKL. *Time* 8/9/63, 25.

(52) Jones to Assistant Chief of Staff (Intelligence), DA SGN199 (ARMA C-390) 10/22/63, *FRUS* 4: 419.

(53) Memo by Phillips 9/17/63, *FRUS* 4: 251.

(54) Memo of Conversation 11/1/63, *DDRS* 1993: 2984. Memo of Conversation 11/2/63, *DDRS* 1994: 1156.

(55) Taylor to Harkins JCS 4279-63 11/2/63, *FRUS* 4: 535. DOS to Saigon 678 11/2/63, *FRUS* 4: 524.

(56) Saigon to DOS 949 11/6/63, *FRUS* 4: 575. Harkins to JCS MAC J-3 8587 11/4/63, *FRUS* 4: 554.

(57) *Time* 11/8/63, 28. Tran Van Don, *Our Endless War*, 163.

(58) Harkins to Taylor MAC J00 8625 11/5/63, *FRUS* 4: 571. Kern et al., *The Kennedy Crises*, 187. Saigon to DOS 949 11/6/63, *FRUS* 4: 578.

(59) Harkins to Taylor MAC J-3 8556 11/2/63, *FRUS* 4: 535. Harkins to Taylor MAC 2081 11/3/63, *FRUS* 4: 549. Harkins to Taylor MAC J00 8625 11/5/63, *FRUS* 4: 571. Felt to JCS DTG 060545Z 11/6/63, *FRUS* 4: 572.

(60) Briefing Paper for Honolulu Conference #1 11/15/63, NSF 204 JFKL. Harkins to Taylor MAC J00 8625 11/5/63, *FRUS* 4: 570.

(61) Saigon to DOS 949 11/6/63, *FRUS* 4: 575. Harkins to JCS MAC J-3 8607 11/5/63, *FRUS* 4: 567. Memo of Conversation 11/7/63, *LBJVN* 1: 187. Saigon to DOS 991, 11/11/63, *FRUS* 4: 591. Saigon to DOS 976, 11/8/63, *FRUS* 4: 586.

(62) *Newsweek* 11/25/63, 27. Memo for Assistant Chief of Staff (Intelligence), DA 11/6/63, *VWG* 1: 250.

(63) Memo of Conversation 11/13/63, *FRUS* 4: 597-8.

(64) Daily White House Staff Meeting 11/22/63, *FRUS* 4: 626.

(65) Saigon to DOS 949 11/6/63, *FRUS* 4: 578. Saigon to DOS 898 11/3/63, NSF 201 JFKL.

(66) Harkins to Taylor MAC J-3 8556 11/2/63, *FRUS* 4: 534. Honolulu Conference 11/20/63, *FRUS* 4: 608.

(67) Saigon to DOS 1033 11/8/63, NSF 202 JFKL. Harkins to JCS MAC J-3 8587 11/4/63, *FRUS* 4: 554. Harkins to JCS MAC J-3 8632 11/5/63, *DDRS* RS 88A. Memo of Conversation 11/8/63, *LBJVN* 1: 189.

(68) Harkins to JCS MAC J-3 8573 11/2/63, *FRUS* 4: 544. Briefing Paper for News Conference 11/14/63, *JFKOF* 1/23: 1095. Harkins to JCS MAC J-3 8607 11/4/63, *FRUS* 4: 566. Harkins to JCS MAC J-3 8587 11/4/63, *FRUS* 4: 554. Briefing Paper for Honolulu Conference #2 11/15/63, NSF 204 JFKL.

(69) Honolulu Conference 11/20/63, *FRUS* 4: 612-3.

(70) Memo of Conversation 11/13/63, *FRUS* 4: 597. Memo of Conversation 11/12/63, *LBJVN* 1: 211.

(71) Komer, *Bureaucracy at War*, 47. Joes, *The War for South Viet Nam*, 65.

(10)　Maitland et al., *Raising the Stakes*, 57. Research Memo RFE-59 12/3/62, *USVR* 12: 505. ハルバスタム『ベトナム戦争』35. Draft Memo by Kent 1/26/62, *FRUS* 2: 61-2.

(11)　Wood to Hilsman 2/26/63, *VWG* 1: 431. JCS Report MJCS 148-63 9/18/63, *JFKFA* 3/18: 326.

(12)　Mecklin, *Mission in Torment*, 97. Memo of Conversation 4/12/63, *FRUS* 3:224.

(13)　Mecklin, *Mission in Torment*, 91. Hilsman, *To Move a Nation*, 446.

(14)　Mecklin, *Mission in Torment*, 97.

(15)　JCS Team Report 1/63, *FRUS* 3: 78.

(16)　Honolulu Conference 5/6/63, *FRUS* 3: 266. Saigon to DOS 447 9/9/63, *FRUS* 4: 138-9.

(17)　Memo by Hilsman 1/63, *FRUS* 3: 9. Hilsman, *To Move a Nation*, 446.

(18)　Mecklin, *Mission in Torment*, 90.

(19)　ハルバスタム『ベトナム戦争』63-4. 北畠・川島『ベトナム戦場再訪』168. *USNWR* 1/21/63, 48. *USNWR* 9/16/63, 40.

(20)　USIA to USIS Saigon REUPOB 028A 2/2/63, NSF 197 JFKL. Memo of Conversation 2/9/63, *FRUS* 3: 113.

(21)　シーハン『輝ける嘘　上』155-6. Hammer, *A Death in November*, 122.

(22)　シーハン『輝ける嘘　上』155. Giglio, *The Presidency of John F. Kennedy*, 245. Brogan, *Kennedy*, 192. *Time* 5/17/63, 41. "Comments on American Servicemen in South Viet-Nam" n.d., *VWG* 2: 392.

(23)　Joes, *The War for South Viet Nam*, 60. Colby, *Lost Victory*, 119.

(24)　Research Memo RFE-66 12/19/62, *FRUS* 2: 790, 792. Hilsman & Forrestal to JFK 1/25/63, *FRUS* 3: 56.

(25)　Mecklin, *Mission in Torment*, 92. *Time* 1/11/63, 29.

(26)　Memo of Conversation 11/18/63, *FRUS* 4: 604. Saigon to DOS A-350 12/2/63, *DDRS* TG CK3100187567.

(27)　Memo of Conversation 11/18/63, *FRUS* 4: 604.

(28)　DeGroot, *A Noble Cause?*, 92. Research Memo INR-7 1/28/63, NSF 231 JFKL.

(29)　Saigon to DOS 686 1/19/63, NSF 197 JFKL. Wood to Harriman 1/16/63, *FRUS* 3: 27. DOS to Saigon 771 2/6/63, *FRUS* 3: 102. Halberstam, *The Best and the Brightest*, 209.

(30)　Wood to Harriman 1/16/63, *FRUS* 3: 27. Saigon to DOS 686 1/19/63, NSF 197 JFKL. DOS to Saigon 771 2/6/63, *FRUS* 3: 102-3. Nolting to Thuan 2/14/63, *FRUS* 3: 115. Wood to Hilsman 4/3/63, *FRUS* 3: 197-8. Hilsman to W. Bundy 5/1/63, *FRUS* 3: 260.

(31)　Saigon to DOS 686 1/19/63, NSF 197 JFKL. Wood to Harriman 1/16/63, *FRUS* 3: 27. DOS to Saigon 771 2/6/63, *FRUS* 3: 102. Heavner to Harriman 3/18/63, *VWG* 1: 347.

(32)　*USNWR* 11/18/63, 49. Hilsman, *To Move a Nation*, 442. Halberstam, *The Best and the Brightest*, 209.

(33)　Mecklin, *Mission in Torment*, 91.

(34)　Forrestal OH JFKL, 127.

(35)　Gruening & Beaser, *Vietnam Folly*, 215. Weiss et al., *A War Remembered*, 23-4. Tran Van Don, *Our Endless War*, 154.

(36)　Felt to JCS DTG 060545Z 11/6/63, *FRUS* 4: 572. Kolko, *Anatomy of a War*, 116.

(37)　Hammer, *A Death in November*, 130. Gelb & Betts, *The Irony of Vietnam*, 84. Cao Van Vien & Dong Van Khuyen, "Reflections on the Vietnam War," 836.

(38)　シーハン『輝ける嘘　上』105. ハルバスタム『ベトナム戦争』213. バーチェット『解放戦線』89. Brigham, *ARVN*, 42.

(39)　大森『泥と炎のインドシナ』149.

(40)　Harkins OH HP MHI, 51. Hilsman, *To Move a Nation*, 447. Cooper, *The Lost Crusade*, 200.

(41)　OCI Memo SC 02142/63, 1/11/63, *FRUS* 3: 21.

(55)　Wood to Harriman 4/9/63, *VWG* 1: 156, 158.
(56)　Saigon to DOS 882 4/5/63, *FRUS* 3: 210-2.
(57)　Saigon to DOS 888 4/7/63, *FRUS* 3: 214.
(58)　Saigon to DOS 893 4/9/63, *FRUS* 3: 217-8. Wood to Harriman 4/9/63, *VWG* 1: 914. Saigon to DOS 920 4/17/63, *FRUS* 3: 227. Saigon to DOS 959 4/26/63, *FRUS* 3: 255.
(59)　Nolting to Thuan 5/10/63, *FRUS* 3: 290. Joint Communiqué 5/17/63, *AFP 1963*, 854.
(60)　Nolting, *From Trust to Tragedy*, 104. Heavner to Wood 8/1/63, *VWG* 2: 387. Wood to Meyers 8/7/63, *VWG* 2: 462. SG (CI) Meeting 6/13/63, *FRUS* 3: 390. Janow to Bell [5/63], NSF 197 JFKL.
(61)　Saigon to DOS 959 4/26/63, *FRUS* 3: 255.
(62)　Heavner to Hilsman 5/9/63, *FRUS* 3: 281. Heavner to Hilsman 5/10/63, *VWG* 1: 367.
(63)　Nolting, *From Trust to Tragedy*, 104. *USVR* 3: IV.B.5, 2.
(64)　DOS to Saigon 911 3/29/63, *FRUS* 3: 185. Wood to Harriman 4/9/63, *VWG* 1: 156. Heavner to Hilsman 5/9/63, *FRUS* 3: 282.
(65)　Saigon to DOS 1072 5/28/63, *DDRS* RS 820C. Saigon to DOS 143 7/27/63, *FRUS* 3: 544.
(66)　Wood to Harriman 4/9/63, *VWG* 1: 157. Hilsman to Janow 5/9/63, *VWG* 1: 153.
(67)　Wood to Harriman 4/9/63, *VWG* 1: 156.
(68)　Saigon to DOS 766 2/21/63, NSF 197 JFKL. DOS to Saigon 970 4/18/63, *FRUS* 3: 236.
(69)　Heavner to Hilsman 5/10/63, *VWG* 1: 367-8.
(70)　Nitze to Felt DEF 928638 5/29/63, *FRUS* 3: 335. Heavner to Hilsman 5/9/63, *FRUS* 3: 282.
(71)　Saigon to DOS 766 2/21/63, NSF 197 JFKL. Saigon to DOS 852 3/28/63, *FRUS* 3: 184.
(72)　Saigon to DOS 882 4/5/63, *FRUS* 3: 208. Saigon to DOS 888 4/7/63, *FRUS* 3: 213-4.
(73)　Wood to Harriman 4/9/63, *VWG* 1: 157. Nolting, *From Trust to Tragedy*, 103.
(74)　Status Report of Counterinsurgency Projects 3/63, 4/63, NSF 232 JFKL. Mecklin to Manell 3/15/63, *FRUS* 3: 153.
(75)　松岡『ケネディと冷戦』219-30.　Saigon to DOS 893 4/9/63, *FRUS* 3: 218. Memo of Conversation 4/12/63, *FRUS* 3: 224. *Time* 5/17/63, 41.
(76)　Saigon to DOS 959 4/26/63, *FRUS* 3: 254. Heavner to Hilsman 5/9/63, *FRUS* 3: 280. Honolulu Conference 5/6/63, *FRUS* 3: 269.
(77)　Saigon to DOS 882 4/5/63, *FRUS* 3: 208-9, 211-2. Saigon to DOS 888 4/3/63, *FRUS* 3: 213.
(78)　Wood to Harriman 4/9/63, *VWG* 1: 156-7.
(79)　Memo of Conversation 4/12/63, *FRUS* 3: 224.
(80)　Paper by Hilsman & Forrestal [1/15/63], *FRUS* 24: 929.

第四章　戦士育成の障害

(1)　DOS to All Posts CA-8776 2/15/63, NSF 197 JFKL. シーハン「ベトナム前線」21.
(2)　Shaplen, *The Lost Revolution*, 163. Address by Rusk 4/22/63, *DSB* 5/13/63, 730.
(3)　USIA to USIS Saigon REUPOB 028A 2/2/63, NSF 197 JFKL. Address by Heavner 8/25/63, *DSB* 9/9/63, 394. Nguyen Cao Ky, *How We Lost The Vietnam War*, 11.
(4)　高橋「ベトナムにおける農村社会の変動過程と価値体系」62. Saigon to DOS 496 9/12/63, NSF 199 JFKL.
(5)　Mecklin, *Mission in Torment*, 94.
(6)　Research Memo RFE-59 12/3/62, *USVR* 12: 492.
(7)　Mecklin, *Mission in Torment*, 90. Kendrick, *The Wound Within*, 156-7.
(8)　Saigon to DOS 151 7/30/63, *FRUS* 3: 548-9.
(9)　Jacobs, "'No Place to Fight a War,'" 56-7.

(21)　丸山「ケネディ政権のベトナム政策」50. 丸山「内戦政策の破綻」225. *USNWR* 1/21/63, 47. Hammer, *A Death in November*, 43. Hammond, *Public Affairs*, 34.

(22)　Address by Rusk 4/22/63, *DSB* 5/13/63, 730. Mecklin to Lodge 8/24/63, *FRUS* 3: 622.

(23)　DeGroot, *A Noble Cause?*, 83. Joes, *The War for South Viet Nam*, 85. 大森『泥と炎のインドシナ』80. Cao Van Vien et al., "The US Adviser," 694. Tran Van Don, *Our Endless War*, 152.

(24)　Broger to Clifton 6/29/62, *JFKFA* 3/16: 299.

(25)　Lansdale, "Contradictions in Military Culture," 41. Palmer, *The 25-Year War*, 13. Briefing Paper for News Conference 1/24/63, *JFKOF* 1/21: 545-6.

(26)　Memo of Conversation 7/17/63, *FRUS* 3: 502. シーハン「ベトナム前線」33.

(27)　Lansdale, "Contradictions in Military Culture," 43. ムーア『アメリカ特殊部隊』14. Briefing Paper for News Conference 5/22/63, *JFKOF* 1/22: 704. *NYT* 5/14/63, *FRUS* 3: 329n.

(28)　Heinz OH JFKL, 48. Komer, *Bureaucracy at War*, 97. ハルバスタム『ベトナム戦争』107.

(29)　Johnson, *The Right Hand of Power*, 336. Schlesinger, *A Thousand Days*, 549.

(30)　ハルバスタム『ベトナム戦争』107. シーハン「ベトナム前線」38.

(31)　Jacobs, *Cold War Mandarin*, 141. ハルバスタム『ベトナム戦争』119. Shaplen, *The Lost Revolution*, 331.

(32)　Nixon, *No More Vietnams*, 62. Cooper, *The Lost Crusade*, 207-8.

(33)　シーハン「ベトナム前線」30-2. ハルバスタム『ベトナム戦争』107. Tran Van Don, *Our Endless War*, 152.

(34)　*Time* 9/27/63, 28.

(35)　Saigon to DOS 841 11/1/63, *FRUS* 4: 516.

(36)　Address by Manning 8/27/63, *DSB* 9/23/63, 459. Draft JFK to Diem 9/12/63, NSF 199 JFKL.

(37)　Draft JFK to Diem 9/16/63, *FRUS* 4: 232.

(38)　Mecklin, *Mission in Torment*, 65.

(39)　Fall, *The Two Viet-Nams*, 288. Cooper, *The Lost Crusade*, 200-1.

(40)　Saigon to DOS 715 1/31/63, *SDCF* 13: 257. ハルバスタム『ベトナム戦争』107.

(41)　Cooper, *The Lost Crusade*, 207. Hammond, *Public Affairs*, 34.

(42)　Draft DOS to Saigon 9/2/63, *FRUS* 4: 97. Draft JFK to Diem 9/16/63, *FRUS* 4: 232-3.

(43)　DOS to Saigon Aidto 907 10/4/63, NSF 200 JFKL.

(44)　Hallin, *The "Uncensored War,"* 224n. DOS to Saigon CA-10362 3/22/63, *FRUS* 3: 176.

(45)　Kelly, *U.S. Army Special Forces*, 40.

(46)　Saigon to DOS 696 10/14/63, NSF 200 JFKL. バーチェット『解放戦線』44.

(47)　Brent to Thuan 1/14/63, *SDCF* 13: 231. Wood to Harriman 4/9/63, *VWG* 1: 154. 公式レートは１ドル＝72ピアストル．

(48)　Comprehensive Plan for South Vietnam 1/25/63, *FRUS* 3: 45. Wood to Hilsman 4/18/63, *FRUS* 3: 243.

(49)　Outline for Discussion at Inter-Agency Review of Economic Aid Program for FY 1965 for Vietnam 9/3/63, NSF 202 JFKL. Briefing Paper for Honolulu Conference #16 Tab D 11/15/63, NSF 204 JFKL. Hilsman & Forrestal to JFK 1/25/63, *FRUS* 3: 55, 62.

(50)　Saigon to DOS A-417 2/8/63, NSF 197 JFKL. Saigon to DOS 766 2/21/63, NSF 197 JFKL.

(51)　Nolting to Thuan 3/18/63, *FRUS* 3: 159. Saigon to DOS 860 3/30/63, *FRUS* 3: 186.

(52)　DOS to Saigon 911 3/29/63, *FRUS* 3: 185. Memo by Phillips 4/30/63, *FRUS* 3: 255n.

(53)　Saigon to DOS 790 3/6/63, *FRUS* 3: 183n. Taylor to McNamara JCSM-180-63 3/7/63, *FRUS* 3: 134.

(54)　Saigon to DOS 852 3/28/63, *FRUS* 3: 184. Saigon to DOS 882 4/5/63, *FRUS* 3: 207-8. Wood to Harriman 4/9/63, *VWG* 1: 156.

Time 8/9/63, 25.

(90)　Hilsman & Forrestal to JFK 1/25/63, *FRUS* 3: 50. Status Report of Counterinsurgency Projects 12/62, *DDRS* TG CK3100478056. Harkins to Diem 5/15/63, *FRUS* 3: 298. Status Report of Counterinsurgency Projects 5/63, 6/63, NSF 232 JFKL.

(91)　Research Memo RFE-66 12/19/62, *FRUS* 2: 790. Status Report of Counterinsurgency Projects 5/63, NSF 232 JFKL.

(92)　Status Report of Task Force Southeast Asia n.d., *JFKFA* 2/17: 256. JCS Report MJCS 148-63 9/18/63, *JFKFA* 3/18: 326.

(93)　Nolting OH JFKL, 50. Saigon to DOS 734 2/8/63, *FRUS* 3: 110. Hilsman, *To Move a Nation*, 115. 菊池ほか『ラオスを知るための60章』127.

(94)　クライン『ＣＩＡの栄光と屈辱』177.『[図説]世界の特殊作戦』101.

(95)　Krepinevich, *The Army and Vietnam*, 73. Kelly, *U.S. Army Special Forces*, 52. Hilsman OH JFKL, 25.

(96)　Paper by Taylor 9/20/62, *FRUS* 2: 660. Saigon to DOS 687 1/19/63, *SDCF* 9: 371-2. Report by Thompson 3/11/63, *VWG* 2: 212-3.

第三章　仮面の下で

(1)　Taylor, *Swords and Plowshares*, 202. Paper by Heavner 12/11/62, *FRUS* 2: 772. Nolting OH JFKL, 11.

(2)　JCS Team Report 1/63, *FRUS* 3: 93. Press Briefing by Wheeler 2/4/63, *VWG* 1: 940. DOS to All Posts CA-8776 2/15/63, NSF 197 JFKL.

(3)　Memo of Conversation 4/4/63, *FRUS* 3: 199. Saigon to DOS 882 4/5/63, *FRUS* 3: 209.

(4)　Nolting OH JFKL, 11. Saigon to DOS 1008 2/3/62 *FRUS* 2: 95. Answers to Senator Morse's Questions 3/14/62, *FRUS* 2: 229.

(5)　Paper by Wood & Heavner 10/5/62, *FRUS* 2: 685. Notes by A. Johnson 12/10/62, *FRUS* 2: 761.

(6)　Saigon to DOS 636 1/2/63, *SDCF* 13: 142. DOS to Saigon 645 1/3/63, *SDCF* 24: 300.

(7)　JCS Team Report 1/63, *FRUS* 3: 87.

(8)　DOS to All Posts CA-8776 2/15/63, NSF 197 JFKL. DOD Briefing Paper 2/5/63, *JFKOF* 1/21: 728.

(9)　Briefing Paper for News Conference 3/6/63, *JFKOF* 1/21: 1056. Saigon to DOS 882 4/5/63, *FRUS* 3: 211.

(10)　Mecklin, *Mission in Torment*, 20. アジア経済研究所『ベトナム戦争の分析』2.

(11)　Lemnitzer to Lansdale CM-491-62 1/18/62, *USVR* 12: 440. Nolting OH JFKL, 53. Heinz OH JFKL, 37.

(12)　Harriman to Nolting 1/30/63, *FRUS* 3: 68. Saigon to DOS 766 2/21/63, NSF 197 JFKL. Prochnau, *Once Upon a Distant War*, 23. Moyar, *Triumph Forsaken*, 160.

(13)　NIE 53-63 4/17/63, *FRUS* 3: 234. SG (CI) Meeting 4/4/63, *FRUS* 3: 201.

(14)　Saigon to DOS 1036 5/17/63, *FRUS* 3: 306. Joint Communiqué 5/17/63, *AFP 1963*, 854.

(15)　Saigon to DOS 1128 6/7/63, *FRUS* 3: 361. Report by Krulak 7/63, *FRUS* 3: 456.

(16)　Saigon to DOS 453 9/9/63, *FRUS* 4:144. Memo of Conversation 9/10/63, *FRUS* 4:164. Harkins to JCS MAC 1651 9/9/63, NSF 199 JFKL.

(17)　Harkins to JCS MAC 1651 9/9/63, NSF 199 JFKL. Harkins to Felt MAC J00 7536 9/19/63, *FRUS* 4: 267. Report by Krulak 9/10/63, *FRUS* 4: 154, 157. Memo of Conversation 9/10/63, *FRUS* 4: 161. Saigon to DOS 473 9/11/63, NFS 199 JFKL. McNamara to JFK 9/21/63, *DDRS* 1981: 446B.

(18)　McNamara & Taylor to JFK 10/2/63, *USVR* 12: 560. Saigon to DOS 795 10/26/63, NSF 201 JFKL. Harkins to Taylor MAC 2033 10/30/63, *FRUS* 4: 498.

(19)　Shaplen, *The Lost Revolution*, 162. Maitland et al., *Raising the Stakes*, 56.

(20)　Mecklin, *Mission in Torment*, 20, 63.

(56)　ハルバスタム『ベトナム戦争』134. Kattenburg, "Viet Nam and U.S. Diplomacy, 1940-1970," 828. *USNWR* 9/16/63, 39.
(57)　Interview with Tung 9/27/63, *VWG* 2: 847. Mecklin, *Mission in Torment*, 95.
(58)　Mecklin to Manell 3/15/63, *FRUS* 3: 156. Harkins to Diem 5/15/63, *FRUS* 3: 299. Felt to DOS DTG210535Z 8/21/63, *DDRS* RS 83F. Harkins to Felt MAC J00 7536 9/19/63, *FRUS* 4: 268.
(59)　Address by Heavner 8/25/63, *DSB* 9/9/63, 397.
(60)　Taylor to Diem 10/1/63, *FRUS* 4: 329. Saigon to DOS 712 10/16/63, *FRUS* 4: 402.
(61)　Saigon to DOS 821 10/30/63, *FRUS* 4: 493.
(62)　Memo of Conversation 11/12/63, *LBJVN* 1: 211.
(63)　CIA Vientiane to JCS 6120 4/20/63, *FRUS* 24: 980. ブラドリー『ケネディとの対話』248.
(64)　NIE 53-63 4/17/63, *CIARRS* 2: 372. Cook & Martin, *American War Reporting*, 64.
(65)　Memo by Taylor 10/1/63, *FRUS* 4: 327. Saigon to DOS 691 10/12/63, NSF 200 JFKL.
(66)　Kennedy, *To Seek a Newer World*, 171.
(67)　*USVR* 3: IV.B.3, 34.
(68)　Komer, *Bureaucracy at War*, 123. Higgins, *Our Vietnam Nightmare*, 122. 1インチは約3センチ.
(69)　Research Memo INR-7 1/28/63, NSF 231 JFKL. Status Report of Counterinsurgency Projects 3/63, NSF 232 JFKL.
(70)　Cao Van Vien & Dong Van Khuyen, "Reflections on the Vietnam War," 843. JCS Tem Report 1/63, *FRUS* 3: 77-8. Wood to Usher 1/4/63, *VWG* 1: 949. Report by Thompson 3/11/63, *VWG* 2: 212.
(71)　Research Memo INR-7 1/28/63, NSF 231 JFKL. Report by Thompson 3/11/63, *VWG* 2: 213. Heavner to Rice 3/19/63, *VWG* 1: 266.
(72)　Status Report of Counterinsurgency Projects 7/63, NSF 232 JFKL. JCS Report MJCS 148-63 9/18/63, *JFKFA* 3/18: 326. Taylor to JFK CM-882-63 [9/3/63], *FRUS* 4: 99.
(73)　NIE 53-63 4/17/63, *CIARRS* 2: 377. Halberstam, *The Best and the Brightest*, 204.
(74)　Wood to Hilsman 4/30/63, *VWG* 1: 384. Wood to Patton 6/10/63, *VWG* 1: 906.
(75)　COPROR Meeting 9/6/63, *VWG* 2: 346. Briefing Paper for Honolulu Conference #4 11/15/63, NSF 204 JFKL.
(76)　Report to NSC 10/5/63, *DDRS* 1985: 46. DOS to Saigon 647 10/25/63, *FRUS* 4: 438. Briefing Paper for Honolulu Conference #10 11/15/63, NSF 204 JFKL. Thomson to Manfull 10/23/63, *VWG* 2: 19.
(77)　Memo of Conversation 12/20/63, *FRUS* 4: 718-9. *PP* 3: 27. Newman, *JFK and Vietnam*, 176-7.
(78)　Harriman RFKOH JFKL, 13. Taylor to JFK 7/30/62, *FRUS* 8: 354. Komer OH JFKL, 3: 10.
(79)　Johnson, *The Right Hand of Power*, 338. Mecklin, *Mission in Torment*, 82-3.
(80)　NSAM 132 2/19/62, *FRUS* 8: 249-50. NSAM 162 6/19/62, *FRUS* 8: 305-7. Rosenau, *US Internal Security Assistance to South Vietnam*, 94.
(81)　Saigon to DOS 844 3/26/63, *FRUS* 3: 180. Saigon to DOS 800 3/8/63, *FRUS* 3: 142.
(82)　Johnson, *The Right Hand of Power*, 338-9. Research Memo INR-7 1/28/63, NSF 231 JFKL.
(83)　AID Report 6/19/63, NSF 413 JFKL.
(84)　Status Report of Counterinsurgency Projects 6/63, 7/63, NSF 232 JFKL. Joes, *The War for South Viet Nam*, 65.
(85)　バーチェット『解放戦線』50-1. Moss, *Vietnam*, 126.
(86)　Ives, *US Special Forces and Counterinsurgency in Vietnam*, 33, 35, 41. Tran Dinh Tho, "Pacification," 250. Krulak to McNamara 7/30/62, *FRUS* 2: 564.
(87)　Comprehensive Plan for South Vietnam 1/25/63, *FRUS* 3: 42. Taylor, *Swords and Plowshares*, 251.
(88)　Johnson, *The Right Hand of Power*, 334. Komer, *Bureaucracy at War*, 113.
(89)　JCS Team Report 1/63, *FRUS* 3: 82. DOD Briefing Paper 2/5/63, *JFKOF* 1/21: 726. *Time* 5/17/63, 41.

（32） *FRUS* 3: 37n. Taylor to McNamara JCSM-180-63 3/7/63, *FRUS* 3: 134.

（33） Felt to JCS 092320Z 3/9/63, *DDRS* RS 81E. DOS to Saigon 970 4/18/63, *FRUS* 3: 235.

（34） Honolulu Conference 5/6/63, *FRUS* 3: 267. Report by Krulak 7/63, *FRUS* 3: 463. Saigon to DOS 496 9/12/63, NSF 199 JFKL.

（35） Report to EXCOM 10/4/63, *JFKOF* 5/28: 353. DOS to Saigon 534 10/5/63, *FRUS* 4: 375-6. Krepinevich, *The Army and Vietnam*, 77. Blaufarb, *The Counterinsurgency Era*, 103.

（36） Wood to Harriman 1/10/63, *VWG* 2: 962. Saigon to DOS 660 1/9/63, NSF 197 JFKL. Saigon to DOS 703 1/25/63, *SDCF* 9: 398. Paper by Thompson 1/30/63, *VWG* 1: 835.

（37） Taylor, *Swords and Plowshares,* 288. Hilsman, *To Move a Nation*, 453. Marolda & Fitzgerald, *The United States Navy and the Vietnam Conflict*, 268.

（38） Hilsman & Forrestal to JFK 1/25/63, *FRUS* 3: 50.

（39） JCS Team Report 1/63, *FRUS* 3: 83. Press Briefing by Wheeler 2/4/63, *VWG* 1: 940. DOS to All Posts CA-8776 2/15/63, NSF 197 JFKL.

（40） Higgins, *Our Vietnam Nightmare*, 121. Harkins to Diem 2/23/63, *FRUS* 3: 121. Nolting, *From Trust to Tragedy*, 97.

（41） SG (CI) Meeting 2/7/63, *FRUS* 3: 104. DOS to All Posts CA-8486 2/8/63, NSF 197 JFKL.

（42） DOD Briefing Paper 2/5/63, *JFKOF* 1/21: 726. Harkins to Diem 2/23/63, *FRUS* 3: 118.

（43） Status Report of Counterinsurgency Projects 3/63, NSF 232 JFKL. Press & Radio News Briefing by Rusk 2/13/63, *DSB* 3/11/63, 364. DOD Paper 3/26/63, *JFKOF* 5/28: 84.

（44） Report by Thompson 3/11/63, *VWG* 2: 213. Felt to JCS 261715Z 3/26/63, *DDRS* RS 82C. Memo of Conversation 4/4/63, *FRUS* 3: 199.

（45） Forrestal OH JFKL, 126-7. NIE 53-63 4/17/63, *CIARRS* 2: 377. Remarks by Rusk 4/18/63, *DSB* 5/6/63, 680.

（46） Memo of Conversation 5/3/63, *VWG* 2: 380.

（47） Status Report of Counterinsurgency Projects 6/63, 7/63, NSF 232 JFKL. Report by Krulak 7/63, *FRUS* 3: 458. CIA Saigon Monthly Situation Report 7/63, *DHK* 18: 8. *Time* 7/19/63, 33.

（48） Heavner to Wood 8/1/63, *VWG* 2: 386. SACSA Briefing Paper 8/7/63, *VWG* 1: 698. Kattenburg to Hilsman 8/15/63, *FRUS* 3: 569. Briefing Paper for News Conference 8/20/63, *JFKOF* 1/23: 69.

（49） Harkins to Felt MAC J00 7536 9/19/63, *FRUS* 4: 267. JCS Report MJCS 148-63 9/18/63, *JFKFA* 3/18: 326. Report to NSC 10/5/63, *DDRS* 1985: 46. 南ベトナムは 4 つ（1962 年までは 3 つ）の軍管区と首都サイゴンからなる（“Organization of the Armed Forces of Vietnam” 12/12/62, *VWG* 1: 258. Report by USOM Rural Affaris 9/1/63, NSF 204 JFKL. Maitland et al., *Raising the Stakes*, 137）．ただし軍管区の境界線（本書の巻頭地図を参照）は文献により多少の異同がある．Moïse, *The A to Z of the Vietnam War*, xx-xxiii. Smith, *International History of the Vietnam War,* 189. Ives, *US Special Forces and Counterinsurgency in Vietnam*, xv. Tanham et al., *War without Guns*, 2. Kutler, *Encyclopedia of the Vietnam War*, 377, 587. Tucker, *Encyclopedia of the Vietnam War*, 2: xxxiii.

（50） Harkins to Taylor MAC 1495 8/22/63, *FRUS* 3: 609. Address by Heavner 8/25/63, *DSB* 9/9/63, 397. Address by Manning 8/27/63, *DSB* 9/23/63, 459.

（51） McNamara & Taylor to JFK 10/2/63, *USVR* 12: 559-60. Saigon to DOS 768 10/23/63, *FRUS* 4: 421.

（52） SACSA Briefing Paper 4/24/63, *VWG* 1: 733.

（53） Research Memo RFE-90 10/22/63, *USVR* 12: 589. CIA Special Report SC 00602/64B 1/17/64, *CIARR* 3: 328. Krulak OH JFKL, 16.

（54） Joes, *America and Guerrilla Warfare*, 224. Kolko, *Anatomy of a War*, 128. Heardern, *The Tragedy of Vietnam*, 82. Mecklin, *Mission in Torment*, 95. Brigham, “Dreaming Different Dreams,” 147, 152.

（55） Halberstam, *The Best and the Brightest*, 200-1, 250. *Time* 5/17/63, 41.

ム戦争」114），10万人近く（Hess, *Vietnam and the United States*, 74），30万人（Johns, *Vietnam's Second Front*, 28）といった数字も指摘されている．ただし兵士として数える対象の範囲は必ずしも一致しておらず，その正確さも判断基準がないのが実情である．

(2) JCS Report MJCS 148-63 9/18/63, *JFKFA* 3/18: 326.

(3) JCS to McNamara JCSM-180-63 3/7/63, *FRUS* 3: 134. Report by Thompson 3/11/63, *VWG* 2: 213. Thomspon, *Make for the Hills*, 127-8.

(4) Halberstam, *The Best and the Brightest*, 201. Joes, *The War for South Viet Nam*, 57. *NYT* 8/15/63, *VWG* 2: 969. PACAF to Guam et al. AF IN 9413 12/21/63, *DDRS* 1985: 47.

(5) バーチェット「ベトコンの内幕」88, 90, 95. バーチェット『解放戦線』142.

(6) ソレンセン『ケネディの遺産』185.

(7) Cooper, *The Lost Crusade*, 200. Mecklin, *Mission in Torment*, 66. Harkins OH HP MHI, 53. Bowles OH JFKL, 99.

(8) Press Briefing by Wheeler 2/4/63, *VWG* 1: 940. OCI Memo SC 02142/63 1/11/63, *FRUS* 3: 19. JCS Team Report 1/63, *FRUS* 3: 76-7. Harkins to Diem 5/15/63, *FRUS* 3: 299.

(9) JCS Report MJCS 148-63 9/18/63, *JFKFA* 3/18: 326. Kattenburg to SG (CI) 10/16/63, *VWG* 1: 489. Kattenburg to SG (CI) 10/22/63, *VWG* 1: 526. Daddis, *No Sure Victory*, 46.

(10) Taylor, *Swords and Plowshares*, 242. Drachnik OH JFKL, 15.

(11) JCS Report MJCS 148-63 9/18/63, *JFKFA* 3/18: 326.

(12) Wood to Meyers 8/7/63, *VWG* 2: 464. Ang Cheng Guan, *Southeast Asia and the Vietnam War*, 19.

(13) Wood to Harriman 1/10/63, *VWG* 2: 962. Status Report of Counterinsurgency Projects 1/63, NSF 232 JFKL. SACSA Briefing Paper 2/6/63, *VWG* 1: 778.

(14) JCS Team Report 1/63, *FRUS* 3: 79, 81.

(15) Harkins to Diem 2/23/63, *FRUS* 3: 119. Harkins to Felt MAC J00 1870 3/30/63, *FRUS* 3: 187. Felt to JCS 261715Z 3/26/63, *DDRS* RS 82C.

(16) Briefing Paper for News Conference 5/8/63, *JFKOF* 1/22: 560. Harkins to Diem 5/15/63, *FRUS* 3: 297.

(17) Status Report of Counterinsurgency Projects 5/63, 7/63, NSF 232 JFKL.

(18) Harkins to Diem 5/15/63, *FRUS* 3: 299.

(19) OCI Memo SC 02142/63 1/11/63, *FRUS* 3: 20. Briefing Paper for News Conference 1/24/63, *JFKOF* 1/21: 545. Wood to Usher 1/4/63, *VWG* 2: 950.

(20) SACSA Briefing Paper 2/6/63, *VWG* 1: 778. *USVR* 3: IV.B.4, 11. NIE 53-63 4/17/63, *FRUS* 3: 234. Heavner to Evans 4/11/63, *VWG* 1: 429.

(21) Hammond, *Public Affairs*, 52. Wood to Hilsman 2/26/63, *VWG* 1: 431.

(22) Saigon to DOS 2041 10/29/63, *FRUS* 4: 457-8.

(23) Kattenburg, *The Vietnam Trauma in American Foreign Policy, 1945-75*, 118-9. シーハン『ハノイ＆サイゴン物語』89. マリン『ヴェトナム戦争』88.

(24) Taylor, *Swords and Plowshares*, 289. Mecklin, *Mission in Torment*, 91.

(25) Moss, *Vietnam*, 131. Halberstam, *Ho*, 112-3.

(26) Bundy, "Kennedy and Vietnam," 252. Thompson, *Make for the Hills*, 129.

(27) Comprehensive Plan for South Vietnam 1/25/63, *FRUS* 3: 38. *USVR* 3: IV.B.4, 5.

(28) Felt to DIA 132315Z 3/13/63, *DDRS* RS 81G. Research Memo RFE-66 12/19/62, *FRUS* 2: 792.

(29) Hilsman & Forrestal to JFK 1/25/63, *FRUS* 3: 52-9. Memo by Hilsman 1/63, *FRUS* 3: 16.

(30) JCS to McNamara JCSM-180-63 3/7/63, *FRUS* 3: 133. Felt to DIA 132315Z 3/13/63, *DDRS* RS 81G.

(31) DOS Action Program 8/14/62, *DDRS* TG CK3100384245.DOD Analysis Report 9/21/63, *DDRS* 1981: 446B. Harkins to Diem 2/23/63, *FRUS* 3: 120.

(70)　DOS-JCS Meeting 2/9/62, *FRUS* 2: 114. Cooper OH JFKL, 48. Research Memo INR-7 1/28/63, NSF 231 JFKL.

(71)　Drachnik OH JFKL, 2-3, 7.

(72)　Memo by Hilsman 1/63, *FRUS* 3: 7-9. バーチェット『解放戦線』44.

(73)　Mecklin, *Mission in Torment*, 94. シーハン『輝ける嘘　上』81, 127. Research Memo RFE-90 10/22/63, *USVR* 12: 589. 1フィートは約30センチ．

(74)　Press Reports 1/3/63, NSF 197 JFKL. Mecklin, *Mission in Torment*, 94-5. Cook & Martin, *American War Reporting*, 55. Prochnau, *Once Upon a Distant War*, 194. Newman, *JFK and Vietnam*, 317.

(75)　Mecklin, *Mission in Torment*, 91. *USNWR* 1/21/63, 47. Halberstam, *The Best and the Brightest*, 201. 大森『泥と炎のインドシナ』75. シーハン「ベトナム前線」32.

(76)　Mecklin, *Mission in Torment*, 94. シーハン『輝ける嘘　上』267. Prochnau, *Once Upon a Distant War*, 75. Scigliano, *South Vietnam*, 166.

(77)　Mecklin, *Mission in Torment*, 95. Halberstam, *The Best and the Brightest*, 201. Hilsman, *To Move a Nation*, 454-5.

(78)　OCI Memo SC 02142/63 1/11/63, *FRUS* 3: 20. Prochnau, *Once Upon a Distant War*, 26. Pruden, *Vietnam*, 86.

(79)　シーハン『輝ける嘘　上』73. Nixon, *No More Vietnams*, 134.

(80)　Shaplen, *The Lost Revolution*, 330. Hilsman, *To Move a Nation*, 447.

(81)　Cooper, *The Lost Crusade*, 200. シーハン『輝ける嘘　上』81.

(82)　Mecklin, *Mission in Torment*, 95, 97-8.

(83)　Shaplen, *The Lost Revolution*, 330. Hilsman & Forrestal to JFK 1/25/63, *FRUS* 3: 56. 朝日新聞調査研究室『激動するインドシナ』16. 朝日新聞調査研究室『インドシナの新情勢　上』143.

(84)　Hill, "President Kennedy and the Neutralization of Laos," 368. DOS to Bangkok 1055 1/23/62, *FRUS* 23: 902. McGarr to Felt 1/25/62, *FRMS* 250.

(85)　Felt to DOS 1/5/62, *FRMS* 245. Memo of Conversation 1/6/62, *FRMS* 246.

(86)　NIE 58-5-62 5/31/62, *FRMS* 286.

(87)　Harriman OH JFKL, 52. JCS Report MJCS 148-63 9/18/63, *JFKFA* 3/18: 326.

(88)　Rusk OH JFKL, 313. Felt to JCS 271431Z 1/27/62, *FRUS* 24: 599.

(89)　Hilsman, *To Move a Nation*, 109, 113. 丸山『東南アジア』35.

第二章　空転する強化策

(1)　1963年の敵兵力見積もりは以下のとおり．2万3千人（DOS to All Posts CA-8486 2/8/63, NSF 197 JFKL），2万2～4千人（Report by Mansfield et al. 2/25/63, *AFP 1963*, 839），2万5千人（Status Report of Counterinsurgency Projects 3/63, NSF 232 JFKL. NIE 53-63 4/17/63, *CIARRS* 2: 374），2万2～5千人（Report by Krulak 7/63, *FRUS* 3: 464），2万3千人以上（Heavner to Wood 8/1/63, *VWG* 2: 387. Wood to Meyers 8/7/63, *VWG* 2: 462），2万5千人（Mendenhall to Hilsman 9/17/63, *FRUS* 4: 245），2万3～6千人および非正規軍約10万人（JCS Repoer MJCS 148-63 9/18/63, *JFKFA* 3/18: 326），2万1千人（McNamara & Taylor to JFK 10/2/63, *USVR* 12: 559）．これ以外に，約2万人（*USNWR* 1/21/63, 46-7），2万4千人（カウフマン『マクナマラの戦略理論』319），2万5千人（*Time* 5/17/63, 41. Scigliano, "Vietnam: Politics and Religion," 672. Turley, *The Second Indochina War*, 63.『ベトナム戦争の記録』編集委員会『ベトナム戦争の記録』146, ），2万5千～3万人（Mecklin, *Mission in Torment*, 79），3万人（*USNWR* 8/5/63, 47. Sarkesian, *Unconventional Conflicts in a New Security Era*, 88），年末で3万5千人（Ngo Quang Truong, "Territorial Forces," 180），正規兵3万人および非正規兵5万人（Hilsman, *To Move a Nation*, 529n. 浦野『ベトナム問題の解剖』99. 丸山『ベトナム戦争』233），主力･地方部隊8万人およびゲリラ兵力15万人（栗原「ベトナ

の戦略理論』321-2. Wood to Harriman 1/31/63, *FRUS* 3: 70. FitsSimons, *The Kennedy Doctrine,* 177. Rostow OH JFKL, 85. Rostow, *The Diffusion of Power*, 289.

(41)　Wood to Harriman 1/31/63, *FRUS* 3: 70. Mecklin, *Mission in Torment*, 89. Beckett & Pimlott, *Armed Forces & Modern Counter-Insurgency*, 9. フォール『ヴェトナム戦史』273. Thompson, *No Exit from Vietnam*, 53.

(42)　News Conference 12/12/62, *PPP 1962*, 870. Rostow, *The Diffusion of Power*, 289.

(43)　Wood to Harriman 1/31/63, *FRUS* 3: 70. Report by Mansfield et al. 2/25/63, *AFP 1963*, 840.

(44)　シーハン『輝ける嘘　上』130. ハルバスタム『ベトナム戦争』112.

(45)　Hilsman & Forrestal to JFK 1/25/63, *FRUS* 3: 61. マリン『ヴェトナム戦争』88. ハルバスタム『ベトナム戦争』79.

(46)　Kennedy, *The Strategy of Peace*, 60. Galloway, *The Kennedys & Vietnam*, 8. 清水『アメリカ帝国』209.

(47)　Draft PPC Paper 6/22/62, *FRUS* 8: 321-2. Buzzanco, *Masters of War*, 148.

(48)　Hilsman to Taylor 3/31/62, *FRUS* 2: 244. Honolulu Conference 7/23/62, *FRUS* 2: 547. Memo of Conversation 7/31/62, *FRUS* 2: 529.

(49)　Maitland et al., *The Vietnam Experience*, 56.

(50)　シーハン『輝ける嘘　上』79. Mecklin, *Mission in Torment*, 34.

(51)　Hill, "President Kennedy and the Neutralization of Laos," 368. Brown OH JFKL, 9.

(52)　SNIE 58-4-62 5/14/62, *FRUS* 24: 769. Research Memo INR-7 1/28/63, NSF 231 JFKL.

(53)　Memo for SG (CI) 6/25/62, *DDRS* TG CK3100058903. Maitland et al., *Raising the Stakes*, 56.

(54)　Joes, *The War for South Viet Nam*, 69.

(55)　Osborne, *Stragegic Hamlets in South Viet-Nam*, 29. Logevall, *Choosing War*, 34.

(56)　シーハン『輝ける嘘　上』75. 小倉『ドキュメント　ヴェトナム戦争全史』128. Moss, *Vietnam*, 127. NIE 53-63 4/17/63, *CIARRS* 2: 375.

(57)　SG (CI) Meeting 2/7/63, *FRUS* 3: 103. Harkins to Diem 5/15/63, *FRUS* 3: 297.

(58)　Saigon to DOS 337 9/22/62, *FRUS* 2: 643. Research Memo RFE-59 12/3/62, *USVR* 12: 518.

(59)　Paper by Wood & Heavner 10/5/62, *FRUS* 2: 681. Saigon to DOS 604 12/19/62, *FRUS* 2: 788.

(60)　Hilsman & Forrestal to JFK 1/25/63, *FRUS* 3: 54. JCS Team Report 1/63, *FRUS* 3: 86.

(61)　Mecklin, *Mission in Torment*, 88. シーハン『輝ける嘘　上』63. Hallin, *The "Uncensored War,"* 41.

(62)　Kaiser, *American Tragedy*, 152. Cao Van Vien & Dong Van Khuyen, "Reflections on the Vietnam War," 837, 842. Martin to Cottrell 1/19/62, *FRUS* 2: 53.

(63)　Heavner to Nolting 4/27/62, *FRUS* 2: 355. Status Report on Southeast Asia 9/19/62, *DDRS* TG CK3100484865. *Ibid*. 12/62, *DDRS* TG CK3100478056.

(64)　Research Memo INR-7 1/28/63, NSF 231 JFKL.

(65)　Scigliano, "Vietnam: A Country at War," 48. シーハン『輝ける嘘　上』93. Krulak OH JFKL, 11.

(66)　Heavner to Nolting 4/27/62, *FRUS* 2: 356. Joes, *America and Guerrilla Warfare*, 226-7. Ngo Quang Truong, "Territorial Forces," 189. Cao Van Vien & Dong Van Khuyen, "Reflections on the Vietnam War," 843. Ives, *US Special Forces and Counterinsurgency in Vietnam*, 111. Jones, *Death of a Generation*, 176.

(67)　Research Memo INR-7 1/28/63, NSF 231 JFKL.

(68)　DOS to Bangkok 1055 1/23/62, *FRUS* 23: 902. Hilsman, *To Move a Nation*, 444. Paper by Wood & Heavner 10/5/62, *FRUS* 2: 679. Wood to A. Johnson 10/11/62, *FRUS* 2: 689.

(69)　Report by Heavner 12/11/62, *FRUS* 2: 765. Research Memo RFE-66 12/19/62, *FRUS* 2: 790. Research Memo RFE-59 12/3/62, *USVR* 12: 518. Status Report on Southeast Asia 12/62, *DDRS* TG CK3100478056. Wood to Usher 1/4/63, *VWG* 2: 949.

(22)　ファン・ゴク・リエン『ベトナムの歴史』704. 北畠・川島『ベトナム戦場再訪』168-9. Elliott, *The Vietnamese War*, 1: 405. Moss, *Vietnam*, 128.

(23)　ハルバスタム『ベトナム戦争』121-2. Prochnau, *Once Upon a Distant War*, 243, 250.

(24)　After-Action Report 1/9/63, *FRUS* 3: 1. シーハン『輝ける嘘　上』331. ハルバスタム『ベトナム戦争』119. 西沢「ベトナム戦争における重要戦闘解説」243. 石井ほか『東南アジアを知る事典』38. Moss, *Vietnam*, 131. Frankum, *Historical Dictionary of the War in Vietnam*, 6.

(25)　Prochnau, *Once Upon a Distant War*, 216-7. シーハン『輝ける嘘　上』246. Hillstrom & Hillstrom, *The Vietnam Experience*, 59.

(26)　Wood to Usher 1/7/63, *VWG* 2: 963.

(27)　西沢「ベトナム戦争における重要戦闘解説」243. 朝日新聞調査研究室『激動するインドシナ』5. Hilsman, *To Move a Nation*, 448-9. ラフィーバー『アメリカ vs ロシア』350.

(28)　Cooper, *The Lost Crusade*, 200. Saigon to DOS 656 1/8/63, *SDCF* 13: 156.

(29)　ハルバスタム『ベトナム戦争』117, 119.

(30)　Hammond, *Public Affairs*, 31-3. *FRUS* 3: 2. Johns, *Vietnam's Second Front*, 29. *USNWR* 1/7/63, 27. *USNWR* 1/14/63, 44. *USNWR* 1/21/63, 46. *Newsweek* 2/11/63, 35. Reeves, *President Kennedy*, 446.

(31)　Harkins to JCS MAC J74 0188 1/10/63, NSF 197 JFKL. Saigon to DOS 687 1/19/63, *SDCF* 9: 368.

(32)　DOS to Saigon 662 1/7/63, *SDCF* 23: 240. Clifton to McHugh CAP 63037 1/7/63, *FRUS* 3: 2.

(33)　Talking Paper for Lemnitzer [1/62], *USVR* 12: 433. JCS Team Report 1/63, *FRUS* 3: 76.

(34)　Hilsman & Forrestal to JFK 1/25/63, *FRUS* 3: 54.

(35)　1962年から1963年初頭の敵兵力見積もりを時系列で追うと以下のとおり．1万6500人（Talking Paper for Lemnitzer [1/9/62], *USVR* 12: 429, 433），正規兵1万2600人および非正規兵1万3300人（Paper by Hilsman 2/2/62, *FRUS* 2: 73），2万～2万5千人（Felt to JCS 230815Z 2/22/62, *FRUS* 2: 170），2万人（Mendenhall to Rice 8/16/62, *FRUS* 2: 596. Status Report on Southeast Asia 8/22/62, *DDRS* TG CK3100484806. Paper by Wood & Heavner 10/5/62, *FRUS* 2: 680），2万3千人（Research Memo RFE-59 12/3/62, *USVR* 12: 488, 494），2万2～4千人（OCI Memo SC 02142/63 1/11/63, *FRUS* 3: 20），2万3千人（Hilsman & Forrestal to JFK 1/25/63, *FRUS* 3: 51）．1962年の民族解放戦線兵力については，8千～1万人（Trager, "Vietnam," 570），2万3千人（小沼『ベトナム民族解放運動史』242），2万～2万5千人（Warner, *The Last Confucian*, 139），2万5千人ないしそれ以上（Scigliano, "Vietnam: A Country at War," 50, Newman, *JFK and Vietnam*, 194-5），1万8500～2万7千人（Newman, *JFK and Vietnam*, 191），2万3千～3万4千人（Kolko, *Antomy of a War*, 128），3万人（Scigliano, *South Vietnam*, 143），7万人（丸山『ベトナム戦争』145），専従のゲリラ1万8千人を含む7万5千人以上（Ngo Quang Truong, "Territorial Forces," 180）といった数字も挙げられている．

(36)　Wood to Meyers 2/14/63, *VWG* 1: 179.

(37)　Mecklin, *Mission in Torment*, 80. Paper by Hilsman 2/2/62, *FRUS* 2: 73. Research Memo RFE-59 12/3/62, *USVR* 12: 488. Hilsman & Forrestal to JFK 1/25/63, *FRUS* 3: 51. Newman, *JFK and Vietnam*, 191, 195. 小沼『ベトナム民族解放運動史』242. 1962年初めには民族解放戦線の構成員あるいは積極的参加者は30万人に達したともいわれるし（Beckett, *Encyclopedia of Guerrilla Warfare*, 253. Scigliano, *South Vietnam*, 145），この年後半，構成員30万人に加えて消極的支持者は100万人を数えたともいう（Herring, *America's Longest War*, 88）．

(38)　Honolulu Conference 7/23/62, *FRUS* 2: 548. Dong Van Khuyen, "The RVNAF," 44. Dommen, *The Indochinese Experience of the French and the Americans*, 501. JCS Team Report 1/63, *FRUS* 3: 78. Taylor, *Swords and Plowshares*, 288-9.

(39)　Report by Mansfield et al. 2/25/63, *AFP 1963*, 839. Rostow OH JFKL, 85.

(40)　LeMay, *America Is in Danger*, 234. Thompson, *No Exit from Vietnam*, 53. カウフマン『マクナマラ

259. Tucker, *Encyclopedia of the Vietnam War*, 1: 36.)，南西 50 マイル（Hess, *Vietnam and the United States*, 74)，西 60 キロ（小倉『ドキュメント　ヴェトナム戦争全史』126)，西 40 マイル（Harrison, *The Endless War*, 236)，サイゴンから 40 マイル（Isserman & Kazin, *America Divided*, 85)，50 マイル（Cooper, *The Lost Crusade*, 199)，55 マイル（ラフィーバー『アメリカ vs ロシア』350）サイゴンの南西（Bradford, *Atlas of American Military History*, 196)．なお 1 マイルは約 1.6 キロ．

(2) Fall, *The Two Viet-Nams*, 380. ハルバスタム『ベトナム戦争』112. シーハン『輝ける嘘　上』244.

(3) Felt to JCS et al. AIG 931 1/4/63, NSF 197 JFKL. Hilsman, *To Move a Nation*, 448.

(4) *FRUS* 3: 1. Hilsman, *To Move a Nation*, 449. Schlesinger, *A Thousand Days*, 984-5. Cooper, *The Lost Crusade*, 199. Turley, *The Second Indochina War*, 72. 北畠・川島『ベトナム戦場再訪』167. Prochnau, *Once Upon a Distant War*, 240. Tucker, *A Global Chronology of Conflict*, 6: 2411. 清水『ベトナム戦争の時代』24.

(5) Saigon to DOS 646 1/4/63, *SDCF* 13: 152. ハルバスタム『ベトナム戦争』113. アーネット『戦争特派員』96.

(6) 朝日新聞調査研究室『激動するインドシナ』5. JCS to JFK 1/3/63, NSF 197 JFKL.

(7) *Time* 1/11/63, 29. *Newsweek* 1/14/63, 32. Saigon to DOS 660 1/9/63, NSF 197 JFKL. 戦闘の詳細は以下を参照．シーハン『輝ける嘘　上』251-312. Moyar, *Triumph Forsaken*, 186-205.

(8) JCS to JFK 1/3/63, NSF 197 JFKL. Saigon to DOS 646 1/4/63, *SDCF* 13: 153. Wood to Usher 1/7/63, *VWG* 2: 963. Saigon to DOS 660 1/9/63, NSF 197 JFKL. Wood to Harriman 1/10/63, *VWG* 2: 962. ハルバスタム『ベトナム戦争』113-7. 村岡「ベトナム戦争とヘリボーン」85. Felt to JCS et al. AIG 931 1/4/63, NSF 197 JFKL.

(9) シーハン『輝ける嘘　上』326.

(10) アーネット『戦争特派員』95. *Newsweek* 1/14/63, 32. *FRUS* 3: 2. Saigon to DOS 726 2/5/63, *FRUS* 3: 100. ハルバスタム『ベトナム戦争』113. ナイトリー『戦争報道の内幕』340.

(11) ハルバスタム『ベトナム戦争』118. Nolting, *From Trust to Tragedy*, 97.

(12) Cooper, *The Lost Crusade*, 199. SG (CI) Meeting 1/17/63, *FRUS* 3: 28. "Why We Support Viet-Nam" 9/13/63, *VWG* 1: 884.

(13) Hilsman, *To Move a Nation*, 449. ハルバスタム『ベトナム戦争』120. Prochnau, *Once Upon a Distant War*, 239-40.

(14) DOD News Release 1/5/63, NSF 197 JFKL. Marolda & Fitagerald, *The United States Navy and the Vietnam Conflict*, 268.

(15) Wood to Usher 1/7/63, *VWG* 2: 963. DOS to Saigon 662 1/7/63, *SDCF* 23: 240. DOD Analysis Paper 8/19/63, *VWG* 2: 990.

(16) Isserman & Kazin, *America Divided*, 86. Smith, *An International History of the Vietnam War*, 143. *Time* 1/18/63, 30.

(17) Kattenburg, *The Vietnam Trauma in American Foreign Policy, 1945-75*, 113. Gibbons, *The U.S. Government and the Vietnam War*, 155. DeGroot, *A Noble Cause?*, 76-7. 小沼『ベトナム民族解放運動史』245. Johns, *Vietnam's Second Front*, 29.

(18) Saigon to DOS 668 1/12/63, *SDCF* 9: 331. Felt to JCS et al. AIG 931 1/4/63, NSF 197 JFKL. Maitland et al., *Raising the Stakes*, 51.

(19) Smith, *An International History of the Vietnam War*, 143. 朱『毛沢東のベトナム戦争』23. ファン・ゴク・リエン『ベトナムの歴史』704.

(20) バーチェット『解放戦線』100n. Elliott, *The Vietnamese War*, 1: 397. Smith, *An International History of the Vietnam War*, 143. OCI Memo SC 02142/63 1/11/63, *FRUS* 3: 20.

(21) Staff Paper RAC-SP-4 (SEA) 4/63, *DDRS* RS 82H. ハルバスタム『ベトナム戦争』61. Vadas, *Cultures in Conflict*, 15. Moss, *Vietnam*, 128, 130-1. DeGroot, *A Noble Cause?*, 77.

Head, "Vietnam and Its Wars," 16-7. Winters, *The Year of the Hare*, vii. Masur, *Hearts and Minds*, 4.

(26)　Adler, *The Kennedy Wit*, 70, 96.

(27)　Sorensen, *Decision-making in the White House*, 13. Sorensen, *Kennedy*, 648.

(28)　Rostow OH JFKL, 46. Schlesinger, *A Thousand Days*, 536. Sorensen, *Counselor*, 354. Hilsman, *To Move a Nation*, 413.

(29)　Sorensen, *Counselor*, 359. ハルバスタム『ベトナム戦争』200.

(30)　Rostow, *The Diffusion of Power*, 297. McNamara, *In Retrospect*, 100. Sorensen, *Counselor*, 353.

(31)　Inaugural Address 1/20/61, *PPP 1961*, 1-2.

(32)　バーンズ『ケネディからの贈り物』253. Bundy, "Kennedy and Vietnam," 264. Rostow, *The Diffusion of Power*, 300.

(33)　サリンジャー『続ケネディと共に』257. Schlesinger, *A Thousand Days*, 997.

(34)　Nolting, *From Trust to Tragedy*, xv. 斉藤「外交」206. Walton, *Cold War and Counterrevolution*, 162, 201. Heath, *Decade of Disillusionment*, 162. Miroff, *Pragmatic Illusions*, 142. フリーマントル『ＣＩＡ』62. Leuchtenburg, "Kennedy and the New Generation," 15. Giglio, *The Presidency of John F. Kennedy*, 285. Hersh, *The Dark Side of Camelot*, 412. 高松「冷戦の進展と変質」176. Moss, *Vietnam*, 146.

(35)　Sorensen, *Counselor*, 353. Rostow, *The Diffusion of Power*, 298. アメリカ合衆国議会上院『世紀の大論戦』381.

(36)　Brown, *JFK*, 34-41. 平田「ケネディ・ベトナム撤退論の検証」141-53. 寺地「ラオス中立化とアメリカ外交」43-4. 松岡『ケネディと冷戦』14-23.

(37)　Tran Van Don, *Our Endless War*, 116.

(38)　Ball, *Diplomacy for a Crowded World*, 51.「破壊活動戦争」は Remarks to Visiting Chiefs of Staff of Latin American Air Forces 5/8/63, *PPP 1963*, 371.「地下戦争」は News Conference 2/7/62, *PPP 1962*, 122. Schlesinger, *A Thousand Days*, 340. Hilsman, *To Move a Nation*, 413.「物陰戦争」は Schlesinger, *The Bitter Heritage*, 404.「消音戦争」は Rostow, *The Diffusion of Power*, 283.「消耗戦争」は NIE 53-63 4/17/63, *FRUS* 3: 233.「隠密侵略」は DOD Public Affairs Office to DA REUPDA 02A 9/26/63, NSF 200 JFKL.

(39)　「最も汚く……」は Address by Manning 8/27/63, *DSB* 9/23/63, 458.「消化しにくい……」は Mecklin, *Mission in Torment*, 61.「汚い……」は Briefing Paper for News Conference 10/9/63, *JFKOF* 1/23: 661.「陰鬱な……」は Address by Rusk 4/22/63, *DSB* 5/13/63, 730.

(40)　スネップ『ＣＩＡの戦争　上』2. Halberstam, *The Best and the Brightest*, 200. テーラー『ベトナム戦争と世界戦略』103. Komer, *Bureaucracy at War*, 60.

第Ｉ部　ゲリラ戦争の主役──代理戦争が直面した壁──

第一章　南ベトナム政府軍の惨状

(1)　「アプ」は行政単位である村の下，日本でいえば「大字」あるいは「字」に相当する．北畠・川島『ベトナム戦場再訪』167. Fall, *The Two Viet-Nams*, 381. アプバックはサイゴンの南西 35 マイル．DOD News Release 1/5/63, NSF 197 JFKL. *FRUS* 3: 1. Buzzanco, *Masters of War*, 137. ただしその位置は文献により異同がある．たとえばサイゴンの南 35 キロ（バーチェット『解放戦線』99n. 真保『ベトナム現代史』282），南 48 キロ（朝日新聞調査研究室『激動するインドシナ』5），南 64 キロ（シーハン「ベトナム前線」60），南西 37 マイル（Brigham, *ARVN*, 10），南西 60 キロ（水本『同盟の相剋』135. 西沢「ベトナムにおける重要戦闘解説」243），南西 40 マイル（Young, *The Vietnam Wars*, 90. Kutler, *Encyclopedia of the Vietnam War*, 47. Karnow, *Vietnam*,

Vietnam, 31.

(12)　Kimball, *To Reason Why*, 1. 田中『20 世紀という時代』267. Best et al., *International History of the Twentieth Century*, 288. Schaller et al., *Present Tense*, 245. 白井『ベトナム戦争のアメリカ』9-13.

(13)　Gelb & Betts, *The Irony of Vietnam*, 203. Palmer, *The 25-Year War*. Herring, *America's Longest War*. Gurtov & Maghroori, *Roots of Failure*, 167. Findling & Thackeray, *Events That Changed America in the Twentieth Century*, 169. ノートンほか『冷戦体制から 21 世紀へ』58. Vadas, *Cultures in Conflict*, xi. Schwab, *A Clash of Cultures*, 1.

(14)　Bundy, "The Path to Viet Nam," 653-4. Cooper, *The Lost Crusade*, 167. 堀田『ジョン・F・ケネディの謎』151. ジョンソン『現代史　下』350. Kaiser, *American Tragedy*, 3. Willbanks, *The Vietnam War*, xi-xii.

(15)　Sorensen, *Kennedy*, 651. Schlesinger, *A Thousand Days*, 537. ハリマン『米ソ―変わりゆく世界』157. Fifield, *Americans in Southeast Asia*, 253-4. マンチェスター『栄光と夢』46. 古田「ベトナム戦争」35. Jacobs, *Cold War Mandarin*, 10. Carter, *Inventing Vietnam*, 6. 松岡『ダレス外交とインドシナ』.

(16)　Rusk, *As I Saw It*, 427.

(17)　Reischauer, *Beyond Vietnam*, 31. Hamilton, *The Art of Insurgency*, 98.

(18)　白井『ベトナム戦争のアメリカ』4. Randle, "Peace in Vietnam and Laos," 868.

(19)　Warner, *The Last Confucian*, 109. Hill, "President Kennedy and the Neutralization of Laos," 366. Nguyen Manh Hung, "The Vietnam War in Retrospect," 15. Kimball, *To Reason Why*, 2. Bradford, *Atlas of American Military History*, 194. Moïse, *The A to Z of the Vietnam War*, 1. Ciment, *Encyclopedia of Conflicts Since World War II* , 3: 673. Dong Van Khuyen, "RVNAF," 7. 中野「ベトナム戦争の時代　一九六〇-一九七五年」5.

(20)　丸山『ドキュメント現代史14　ベトナム戦争』248. FitzGerald, *Fire in the Lake*, 221. 坂本・渡辺『ベトナム革命戦争史』211. 友田『裏切られたベトナム革命』52. Nguyen Vu Tung, "Coping with the United States," 41.『世界の戦争・革命・反乱・総解説』281. 石井ほか『東南アジアを知る事典』96. Nolan, *The Greenwood Encyclopedia of International Relations*, 4: 1786. Li, *Voices from the Vietnam War*, 165. 中野「ベトナム戦争の時代　一九六〇-一九七五年」. 和田ほか『ベトナム戦争の時代　1960-1975 年』.

(21)　シェノー『ベトナム』118. FitzSimons, *The Kennedy Doctrine*, 191. Miroff, *Pragmatic Illusions*, 148. マンチェスター『栄光と夢』48. Beer, "Trends in American Major War and Peace," 664. Scheer, "Difficulties of Covering a War Like Vietnam: I," 119. Herring, "The Vietnam War," 165. 伊藤「枯葉作戦の実態」254. Hallin, *The "Uncensored War,"* 25. シュルツ『1945年以後　上』370, 380. Schulzinger, "'It's Easy to Win a War on Paper,'" 183. Prochnau, *Once Upon a Distant War*, 140. 三野ほか『20世紀の戦争』259. Buzzanco, *Masters of War*, 115. 吉川「戦後世界の再編／ベトナム戦争」(1999) 140. 松岡『1961　ケネディの戦争』. Super, *The United States at War*, 2: 573. Cook & Martin, *American War Reporting*, 11. 土田『ケネディ』217. 松岡『ケネディと冷戦』132.

(22)　丸山『ベトナム戦争』11, 167. Fifield, "The Thirty Years War in Indochina," 864. 白井『ベトナム戦争のアメリカ』3-4.

(23)　White House Situation Room to LBJ 1/66-12/66, *DDRS* 2003: 2988-91, 3580-3, 3587-90, 2004: 586-96, 1176-81, 1185-6, 1779-81, 1783-4, 1787, 1789-93, 2373-5, 2378-86, 1975-88, 3561-7, 3569-71, 3573-87, 2005: 556-75, 1173-84, 1777-86, 2367-72, 2988-90, 3573-9.

(24)　友田『裏切られたベトナム革命』68. Matthias, *America's Strategic Blunders*, 185. *The 30-Year War*, 94. Pijl, *Global Rivalries from the Cold War to Iraq*, 79. ジェンキンズ『フォトバイオグラフィ　ジョン・F・ケネディ』386. タックマン『愚行の世界史』331.

(25)　Sullivan, *France's Vietnam Policy*, 3-4. Simon, "Superpower Cooperation in Southeast Asia," 341.

Kutler, *Encyclopedia of the Vietnam War*, 372. 中野「ベトナム戦争の時代　一九六〇-一九七五年」5によれば，ワシントンのベトナム帰還兵記念碑には2010年までに戦死者・行方不明者合わせて5万8267人の名が刻まれている．負傷者については27万人（Hillstrom & Hillstrom, *The Vietnam Experience*, 111），30万人（Gurtov & Maghroori, *Roots of Failure*, 166. Hellmann, *American Myth and the Legacy of Vietnam*, 221-2. Lake, *The Vietnam Legacy*, xi. Luu Van Loi, *Fifty Years of Vietnam Diplomacy*, 2: 2），30万人以上（Wexler, *The Vietnam War*, xiii），31万人あまり（O'Brien, *John F. Kennedy*, 616. ミレット＆マスロウスキー『アメリカ社会と戦争の歴史』722），35万人以上（Rabe, "John F. Kennedy and the World," 55）といった数字が指摘されている．心身両面の障害者については，Hellmann, *American Myth and the Legacy of Vietnam*, 222. Rabe, "John F. Kennedy and the World," 55.

（6） 1120億ドルとするのがLewy, "Some Political-Military Lessons of the Vietnam War," 141. 1200億ドルとするのがRabe, "John F. Kennedy and the World," 55. 1974年の価格に換算して1450億ドルとするのが『ＮＡＭ』587. 1500億ドルとするのが亀山「ベトナム戦争の30年」4. Lomperis, *The War Everyone Lost-And Won*, 55. Herring, *America's Longest War*, xi. 1500億ドル以上とするのがLake, *The Vietnam Legacy*, xi. 上杉『パクス・アメリカーナの光と影』173. Kutler, *Encyclopedia of the Vietnam War*, 372. Divine, "Vietnam," 12. 藤本「ヴェトナム戦争とアメリカ」218. Hastedt, *American Foreign Policy*, 103. ミレット＆マスロウスキー『アメリカ社会と戦争の歴史』722. 1640億ドル（対南ベトナム援助を含めると1890億ドル）とするのがTwining, "Vietnam and the Six Criteria for the Use of Military Force," 228. 1410億ドルないし1715億ドルとするのがLuu Van Loi, *Fifty Years of Vietnam Diplomacy*, 2: 2. 2000億ドルとするのがGilbert, *Why the North Won the Vietnam War*, xiv. インフレによる打撃・政府の債務・帰還兵に支払われる費用などを含めて最終的には3000億ドルと見積もるのが『ＮＡＭ』587. 1980年代半ばの価値に換算して3330億ドル以上とするのがKomer, *Bureaucracy at War*, 2-3, 9. 直接経費のみで5150億ドル，間接経費を含めて9000億ドル以上とするのがBorer, *Superpowers Defeated*, 204. 6130億ドルとするのがHerring, "The Vietnam War," 165.

（7） 『ＮＡＭ』1.

（8） Prouty, *JFK*, 116. 仲『ケネディはなぜ暗殺されたか』35. Patterson, *Grand Expectations*, 593. Taillon, *The Evolution of Special Forces in Counter-Terrorism*, 74. 西崎『アメリカ外交とは何か』155. 土田『ケネディ』221. Anderson, *The Vietnam War*, 41. ラドキ『アメリカン・ヒストリー入門』241.

（9） Newman, *JFK and Vietnam*, 459. レーン『大がかりな嘘』166. マコーミック『パクス・アメリカーナの五十年』251.

（10） Bundy, "The Path to Viet Nam," 657. Frizzell & Thompson, "The Lessons of Vietnam," iv. 武者小路『現代の世界』117-8. Kimball, *To Reason Why*, 3. Best et al., *International History of the Twentieth Century*, 294. Lane, *Use of United States Armed Forces Abroad*, 27. ジン『民衆のアメリカ史　下』203. Womack, *China and Vietnam*, 165, 175. 紀平『歴史としての「アメリカの世紀」』270. ヘイガン＆ビッカートン『アメリカと戦争　1775-2007』223.

（11） 1965年を挙げるのは，FitzGerald, *Fire in the Lake*, 186. Fifield, "The Thirty Years War in Indochina," 864. Gelb & Betts, *The Irony of Vietnam*, 203. Yost, *History and Memory*, 145. Hoyt, *Law & Force in American Foreign Policy*, 97. Komer, *Bureaucracy at War*, 24. 小沼『ベトナム民族解放運動史』280. Rotter, *Light at the End of the Tunnel*, vii. Wexler, *The Vietnam War*, xiii. Schulzinger, "'It's Easy to Win a War on Paper,'" 195. Kutler, *Encyclopedia of the Vietnam War*, 615.『世界「戦史」総覧』328. Record, *The Wrong War*, 62. Logevall, *Choosing War*, xiii. Beckett, *Encyclopedia of Guerrilla Warfare*, 255. 田中『20世紀という時代』5. 藤本「ヴェトナム戦争とアメリカ」215. Logevall, *The Origins of the Vietnam War*, 86. Hickey, *Window on a War*, 183. Luu Van Loi, *Fifty Years of Vietnam Diplomacy*, 2: 2. Schaller et al., *Present Tense*, 252. Ives, *US Special Forces and Counterinsurgency in*

序論　泥沼の起源

(1) Borer, *Superpowers Defeated*, 1. Daum et al., “America’s War and the World,” 3. 油井「戦後世界とアメリカ」82. 中野「ベトナム戦争の時代　一九六〇-一九七五年」5-6. 本書では “National Liberation Front” の訳語であり，民族解放戦争（National Liberation War）にも対応する語として「民族解放戦線」を用いるが，わが国の文献の多くは「南ベトナム解放民族戦線」ないし「解放戦線」を用いている（石井ほか『ベトナムの事典』. 石山『ベトナム解放戦史』. 浦野『ベトナム問題の解剖』. 小倉『ドキュメント　ヴェトナム戦争全史』. 北畠·川島『ベトナム戦場再訪』. 栗原「ベトナム戦争」. 小沼『ベトナム民族解放運動史』. 白井『ベトナム戦争のアメリカ』. 真保『ベトナム現代史』. 中野「ベトナム戦争の時代　一九六〇-一九七五年」. 中野「ベトナムの革命戦争」. 古田『歴史としてのベトナム戦争』. 『ベトナム戦争の記録』編集委員会『ベトナム戦争の記録』. 丸山『ベトナム戦争』. 丸山「ケネディ政権のベトナム政策」. 水本『同盟の相剋』など）. また「南ベトナム民族解放戦線」と呼ぶものもある（大森『泥と炎のインドシナ』. 「年誌　ベトナム戦争」. 山崎「ベトナム戦争〈Ⅰ〉」など）.

(2) 生井『負けた戦争の記憶』. 平田「『ベトナム症候群』とアメリカ外交」. 松岡『ベトナム症候群』. 水野「アメリカにとってのベトナム戦争」.

(3) McNamara, *Argument Without End*, 1.

(4) 戦争による死者については，120 ～ 170 万人（『ベトナム戦争の記録』編集委員会『ベトナム戦争の記録』258），130 万人あまり（Lewy, *America in Vietnam*, 453. Lomperis, *The War Everyone Lost-And Won*, 55），150 万人（Wexler, *The Vietnam War*, xiii），150 ～ 200 万人（Edmonds, *The War in Vietnam*, 83），200 万人（Gurtov & Maghroori, *Roots of Failure*, 166. Rabe, “John F. Kennedy and the World,” 55），210 万人（O’Brien, *John F. Kennedy*, 616），行方不明者を含め 220 万人（ヒネケン『インドシナ現代史　上』6），軍人・民間人合わせて 220 万人以上（ミレット&マスロウスキー『アメリカ社会と戦争の歴史』722），300 万人（Franklin, *Vietnam and Other American Fantasies*, 111, Li, *Voices from the Vietnam War*, 1）といった数字が挙げられている. 負傷者は，全当事国が被った軍人の損害として 175 万人（Kutler, *Encyclopedia of the Vietnam War*, 103），他に 320 万人（Gurtov & Maghroori, *Roots of Failure*, 166），450 万人（Wexler, *The Vietnam War*, xiii. Rabe, “John F. Kennedy and the World,” 55），510 万人（ヒネケン『インドシナ現代史　上』6），という数字がある. 敵味方双方を合わせた損害は 320 万人（Gilbert, *Why the North Won the Vietnam War*, 98）とも，350 万人を超える（Kutler, *Encyclopedia of the Vietnam War*, 103）ともいわれる. 30 万人に障害が残ったとの見解もある（Edmonds, *The War in Vietnam*, 83）. 戦争末期の 1974 年段階では，南ベトナムだけで障害の残る元軍人が 10 万人近く，未亡人が 17 万人，孤児は 23 万人あまりだったという（Lewy, “Some Political-Military Lessons of the Vietnam War,” 143）. 孤児の数は 80 万人（Gurtov & Maghroori, *Roots of Failure*, 166）ないし 100 万人（ヒネケン『インドシナ現代史　上』6）. 難民は 100 万人（Edmonds, *The War in Vietnam*, 83），200 万人以上（石井ほか『ベトナムの事典』303），900 万人（Wexler, *The Vietnam War*, xiii），1200 万人（Gurtov & Maghroori, *Roots of Failure*, 166），1500 ～ 2000 万人（ヒネケン『インドシナ現代史　上』6）とさまざまである. インドシナ半島全体で被害総額は 3520 億ドルにのぼるという（ヒネケン『インドシナ現代史　上』7）.

(5) 戦死者は，Wexler, *The Vietnam War*, xiii. Herring, *America’s Longest War*, 256. Hellmann, *American Myth and the Legacy of Vietnam*, 221. Kutler, *Encyclopedia of the Vietnam War*, 372. Divine, “Vietnam,” 12. Hillstrom & Hillstrom, *The Vietnam Experience*, 111. DeGroot, *A Noble Cause?*, 340. Gilbert, *Why the North Won the Vietnam War*, xiv. Rabe, “John F. Kennedy and the World,” 55. Moïse, *The A to Z of the Vietnam War*, 76. Frankum, *Historical Dictionary of the War in Vietnam*, 100. 行方不明者数は，

註

凡例

AFP	*American Foreign Policy: Current Documents*
CIARR	*CIA Research Reports: Vietnam and Southeast Asia 1946-1976*
CIARRS	*CIA Research Reports: Vietnam and Southeast Asia, Supplement*
DA	Department of Army
DDRS	*Declassified Documents Reference System*
DHK	*Documentary History of the John F. Kennedy Presidency*
DIRNSA	Director of National Security Agency
DOD	Department of Defense
DOS	Department of State
DSB	*Department of State Bulletin*
EXCOM	Executive Committee, NSC
FRMS	*Foreign Relations of the United States, 1961-1963, Microfiche Supplement,* vols. 22/24
FRUS	*Foreign Relations of the United States, 1961-1963*
FRUS 64-68	*Foreign Relations of the United States, 1964-1968*
FY	Fiscal Year
HP	Paul D. Harkins Papers
JFK/JFKL	John F. Kennedy/John F. Kennedy Library
JFKAP	*The John F. Kennedy National Security Files, Asia and the Pacific*
JFKFA	*John F. Kennedy and Foreign Affairs, 1961-1963*
JFKOF	*President John F. Kennedy's Office Files, 1961-1963*
LBJ/LBJL	Lyndon B. Johnson/Lyndon B. Johnson Library
LBJVN	*The Lyndon B. Johnson National Security Files, Vietnam*
MHI	Military History Institute
NIE	National Intelligence Estimate
NSF	National Security Files
NYT	*New York Times*
OCI	Office of Central Intelligence, CIA
OH	Oral History
OSD	Office of the Secretary of Defense
PP	*The Pentagon Papers*
PPP	*Public Papers of the Presidents of the United States*
RFKOH	Robert F. Kennedy Oral History
RS	Retrospective Series
SDCF	*Confidential U.S. State Department Central Files*
SNIE	Special National Intelligence Estimate
TG	Thomson Gale Database
USIS	United States Information Service
USNWR	*U.S. News & World Report*
USVR	*United States-Vietnam Relations 1945-1967*
VWG	*Confidential U. S. State Department Special Files: Vietnam Working Group, 1963-1966*

(1)　本文冒頭の略語一覧も参照.

(2)　本文中の引用文の傍点は原文イタリックもしくはアンダーライン．挿入〔　　〕は原文.

(3)　Memorandum, Minutes, Telegram, Airgram, Cable, Letter などは省略.

(4)　在外公館は Embassy, Consulate などを省略し所在地で表示.

(5)　文献は著者名，書名，頁もしくは巻：頁で表示．マイクロ資料は reel: frame no. もしくは part/reel: frame no. で表記．詳細は参考文献を参照.

2005.
ジョンソン，ポール（Paul Johnson, 別宮貞徳訳）『現代史』（2巻）共同通信社，1992.
Johnson, Robert David, *Congress and the Cold War,* New York: Cambridge Univ. Press, 2006.
紀平英作編『新版世界各国史24　アメリカ史』（28巻＋）山川出版社，1999.
――『歴史としての「アメリカの世紀」――自由・権力・統合――』岩波書店，2010.
Kolko, Gabriel, *Main Currents in Modern American History,* New York: Harper & Row, 1976.
Kolodziej, Edward A., *The Uncommon Defense and Congress, 1945-1963,* Columbus: Ohio State Univ. Press, 1966.
Kriner, Douglas L., *After the Rubicon: Congress, Presidents, and the Politics of Waging War,* Chicago: University of Chicago Press, 2010.
Levine, Paul & Harry Papasotiriou, *America since 1945: The American Moment,* New York: Palgrave Macmillan, 2005.
Liebovich, Louis W., *The Press and the Modern Presidency: Myths and Mindsets from Kennedy to Clinton,* Westport, Conn.: Praeger, 1998.
Mattson, Kevin, *When America Was Great: The Fighting Faith of Postwar Liberalism,* New York: Routledge, 2004.
宮本倫好『指導者たちの現代史　大統領たちのアメリカ』丸善ライブラリー，1997.
野村達朗編著『アメリカ合衆国の歴史』ミネルヴァ書房，1998.
ノートン，メアリー・ベスほか（Mary Beth Norton et al., 本田創造監修、上杉忍・大辻千恵子・中篠献・中村雅子訳）『アメリカの歴史6　冷戦体制から21世紀へ』（6巻）三省堂，1996.
オーバードーファー，ドン（Don Oberdorfer, 菱木一美・長賀一哉訳）『マイク・マンスフィールド――米国の良心を守った政治家の生涯――』（2巻），共同通信社，2005.
Patterson, James T., *Grand Expectations: The United States, 1945-1974,* New York: Oxford Univ. Press, 1996.
ラドキ，オーガスト（August C. Radke, 川口博久ほか訳）『アメリカン・ヒストリー入門』南雲堂，1992.
Reinhard, David W., *The Republican Right since 1945,* Lexington: Univ. Press of Kentucky, 1983.
レストン，ジェームス（James Reston, 名倉禮子訳）『新聞と政治の対決』鹿島出版会，1967.
Roberts, Chalmers M., *First Rough Draft: A Journalist's Journal of Our Times,* New York: Praegar Publishers, 1973.
斎藤眞編『総合研究アメリカ3　民主政と権力』（7巻）研究社出版，1976.
Schaller, Michael, Robert D. Schulzinger & Karen Anderson, *Present Tense: The United States Since 1945,* Boston: Houghton Mifflin, 2004.
砂田一郎『現代アメリカ政治――60～80年代への変動過程――』芦書房，1981.
――『新版　現代アメリカ政治――20世紀後半の政治社会変動――』芦書房，1999.
富田虎男・鵜月裕典・佐藤円編著『アメリカの歴史を知るための60章』（エリア・スタディーズ10）明石書店，2009 [orig. 2000].
上杉忍『新書アメリカ合衆国史3　パクス・アメリカーナの光と陰』（3巻）講談社現代新書，1989.
Woods, Randall Bennett, *Quest for Identity: America Since 1945,* New York: Cambridge Univ. Press, 2005.
ヤングズ，Ｊ・Ｗ・Ｔ（J. William T. Youngs, 中里明彦・松尾弌之・林義勝訳）『アメリカン・リアリティーズ――アメリカ現代史を彩る12のエピソード――』多賀出版，1985.
油井大三郎「パクス・アメリカーナの時代」有賀貞・大下尚一・志邨晃佑・平野孝編『世界歴史大系　アメリカ史2（1877～1992年）』（19巻）山川出版社，1993.
ジン，ハワード（Howard Zinn, 猿谷要監修，富田虎男ほか訳）『民衆のアメリカ史』（2巻）明石書店，2005.

Tucker, Spencer C., ed., *A Global Chronology of Conflict: From the Ancient World to the Modern Middle East* (6 vols.), Santa Barbara, Ca.: ABC-CLIO, 2010.

Vandiver, Frank E., *How America Goes to War,* Westport, Conn.: Praeger, 2005.

Watson, Robert P., Charles Gleek & Michael Grillo, eds., *Presidential Doctrines: National Security from Woodrow Wilson to Geroge W. Bush,* New York: Nova Science Publishers, 2003.

ワイナー，ティム（Tim Weiner, 藤田博司・山田侑平・佐藤信行訳）『ＣＩＡ秘録――その誕生から今日まで――』（2 巻）文藝春秋，2008 [文春文庫，2011].

山田浩『核抑止戦略の歴史と理論』法律文化社，1979.

山崎雅弘『歴史で読み解くアメリカの戦争』学習研究社，2004.

吉田文彦『核のアメリカ――トルーマンからオバマまで――』岩波書店，2009.

油井大三郎『好戦の共和国　アメリカ――戦争の記憶をたどる――』岩波新書，2008.

④　政治・社会・歴史

Agnew, Jean-Christophe & Roy Rosenzweig, ed., *A Companion to Post-1945 America,* Malden, Md.: Blackwell Publishing, 2006.

秋元英一・菅英輝『アメリカ 20 世紀史』東京大学出版会，2003.

Anderson, Patrick, *The President's Men: White House Assistants of Franklin D. Roosevelt, Harry S. Truman, Dwight D. Eisenhower, John F. Kennedy, and Lyndon B. Johnson,* Garden City, N.Y.: Anchor Books, 1969 [orig. Doubleday, 1968].

有賀貞・大下尚一・志邨晃佑・平野孝編『世界歴史大系　アメリカ史 2（1877 ～ 1992 年）』（19 巻）山川出版社，1993.

Burns, James MacGregor, *Running Alone: Presidential Leadership-JFK to Bush II, Why It Has Failed and How We Can Fix It,* New York: Basic Books, 2006.

Cowley, Robert, ed., *What Ifs? of American History: Eminent Historians Imagine What Might Have Been,* New York: Berkley Books, 2003.

エルフェンバイン，ステファン（Stefan Elfenbein, 赤間聡・服部高宏訳）『ニューヨークタイムズ――あるメディアの権力と神話――』木鐸社，2001.

Findling, John E. & Frank W. Thackeray, eds., *Events That Changed America in the Twentieth Century,* Westport, Conn.: Greenwood Press, 1996.

Gould, Lewis L., *The Modern American Presidency,* Lawrence: Univ. Press of Kansas, 2003.

Greenstein, Fred I., ed., *Leadership in the Modern Presidency,* Cambridge, Mass.: Harvard Univ. Press, 1988.

――, *The Presidential Difference: Leadership Style from FDR to George W. Bush,* Princeton, N.J.: Princeton Univ. Press, 2nd ed. 2004 [orig. 2000].

Halberstam, David, *The Powers That Be,* New York: Dell Publishing, 1980 [orig. A. A. Knopf, 1979].／デイビッド・ハルバースタム（筑紫哲也・東郷茂徳訳）『メディアの権力』（4 巻）朝日文庫，1999 [org. サイマル出版会，1983].

ハルバースタム、デイビッド（David Halberstam, 狩野秀之訳）『幻想の超大国――アメリカの世紀の終わりに――』講談社文庫，1994 [org. 講談社，1993].

Hamilton, Nigel, *American Caesars: Lives of the Presidents from Franklin D. Roosevelt to George W. Bush,* New Heaven, Conn.: Yale Univ. Press, 2010.

Hodgson, Godfrey, *America in Our Time: From World War II to Nixon-What Happened and Why,* Princeton, N.J.: Princeton Univ. Press, 2005 [orig. Doubleday, 1976].

本間長世編『西洋史 8　アメリカ世界 II』（10 巻）有斐閣新書，1980.

Irons, Peter, *War Powers: How the Imperial Presidency Hijacked the Constitution,* New York: Henry Holt,

訳）『アメリカと戦争　1775－2007』大月書店，2010.

生井英考『興亡の世界史19　空の帝国　アメリカの20世紀』（21巻）講談社，2006.

Jones, Matthew, *After Hiroshima: The United States, Race and Nuclear Weapons in Asia, 1945-1965,* Cambridge, U.K.: Cambridge University Press, 2010.

Kaldor, Mary & Asbjørn Eide, eds., *The World Military Order: The Impact of Military Technology on the Third World,* London: Macmillan, 1979.

菅英輝『アメリカの世界戦略――戦争はどう利用されるのか――』中公新書，2008.

――編『アメリカの戦争と世界秩序』法政大学出版局，2008.

堅田義明『20世紀アメリカと戦争』学陽書房，2008.

加藤朗『現代戦争論――ポストモダンの紛争ＬＩＣ――』中公新書，1993.

木畑洋一編『講座　戦争と現代2　20世紀の戦争とは何であったか』（5巻）大月書店，2004.

近代アメリカ戦争史研究会編『ヤンキー　ラブズ　ウォー』宝島社，2003.

Landau, Saul, *The Dangerous Doctrine: National Security and U.S. Foreign Policy,* Boulder, Colo.: Westview Press, 1988.

Lane, Jeremy S., ed., *Use of United States Armed Forces Abroad,* New York: Novinka Books, 2004.

Lewis, Adrian R., *The American Culture of War: The History of U. S. Military Force from World War II to Operation Enduring Freedom,* New York: Routledge, 2nd ed. 2012 [orig. 2007].

Linn, Brian McAllister, *The Echo of Battle: The Army's Way of War,* Cambridge, Mass.: Harvard Univ. Press, 2007.

Martel, Gordon, ed., *The Encyclopedia of War* (5 vols.), Chichester, U.K.: Wiley-Blackwell, 2012.

Matloff, Maurice, ed., *American Military History,* Washington, D.C.: Office of the Chiefs of Military History, U.S. Army, 1969.

松村劭『世界全戦争史』エイチアンドアイ，2010.

Matthias, Willard C., *America's Strategic Blunders: Intelligence Analysis and National Security Policy, 1936-1991,* University Park: Pennsylvania State Univ. Press, 2001.

Meernik, James David, *The Political Use of Military Force in US Foreign Policy,* Aldershot, U.K.: Ashgate, 2004.

ミラー，ネイサン（Nathan Miller, 近藤純夫訳）『スパイ諜報戦争――歴史に隠された男たちの暗躍――』経済界，1992.

ミレット，アラン・Ｒ＆ピーター・マスロウスキー（Allan R. Millet & Peter Maslowski, 防衛大学校戦争史研究会訳）『アメリカ社会と戦争の歴史――連邦防衛のために――』彩流社，2011.

三野正洋・田岡俊次・深川孝行『20世紀の戦争』朝日ソノラマ，1995.

Prados, John, *Presidents' Secret Wars: CIA and Pentagon Covert Operations from World War II through Iranscam,* New York: Quil William Morrow, 1986.

レイモンド，ジャック（Jack Raymond, 仲晃訳）『ペンタゴンの内幕――アメリカ軍事経営学――』弘文堂，1965.

Resch, John P., ed., *Americans at War: Society, Culture, and the Homefront* (4 vols.), Detroit: Thomson Gale, 2005.

『世界「戦史」総覧』新人物往来社（『別冊歴史読本』71号，1998. 6）.

『世界の戦争・革命・反乱・総解説』自由国民社，1998.

Roth, Michael P., *The Encyclopedia of War Journalism: 1807-2010,* Amenia, N.Y.: Grey House Publishing, 2nd ed. 2010.

Super, John C., ed., *The United States at War* (2 vols.), Pasadina, Ca.: Salem Press, 2005.

スワンストン，アレグザンダー＆マルコム・スワンストン（Alexander Swanston & Malcolm Swanston, 石津朋之・千々和泰明監訳）『アトラス世界航空戦史』原書房，2011.

wood Publishing, 2002.

Papp, Daniel S., Lock K. Johnson & John E. Endicott, *American Foreign Policy: History, Politics, and Policy,* New York: Pearson Longman, 2005.

齋藤眞『アメリカ政治外交史』東京大学出版会，1975.

佐々木卓也編著『ハンドブック　アメリカ外交史――建国から冷戦後まで――』ミネルヴァ書房，2011.

Schmitz, David F., *Thank God They're on Our Side: The United States and Right-Wing Dictatorships, 1921-1965,* Chapel Hill: Univ. of North Carolina Press, 1999.

Schulzinger, Robert D., ed., *A Companion to American Foreign Relations,* Oxford, U.K.: Blackwell Publishing, 2003.

清水知久『アメリカ帝国』亜紀書房，1968.

信田智人編著『アメリカの外交政策――歴史・アクター・メカニズム――』ミネルヴァ書房，2010.

Smith, Daniel M., *The American Diplomatic Experience,* Boston: Houghton Mifflin, 1972.

須藤眞志編著『20 世紀現代史』一藝社／発売・三樹書房，1999.

杉田米行編『アメリカ外交の分析――歴史的展開と現状分析――』（アメリカ・アジア太平洋地域研究叢書　2）大学教育出版，2008.

田中浩『20 世紀という時代――平和と協調への道――』日本放送出版協会，2000.

タックマン，バーバラ・W（Barbara W. Tuchman, 大社淑子訳）『愚行の世界史――トロイアからヴェトナムまで――』朝日新聞社，1987.

Williams, William Appleman, *The Tragedy of American Diplomacy,* New York: Dell Publishing, 2nd rev. and enlarged ed. 1972 [orig. 1959]. ／W・A・ウィリアムズ（高橋章・松田武・有賀貞訳）『アメリカ外交の悲劇』御茶の水書房，1991.

――, ed., *From Colony to Empire: Essays in the History of American Foreign Relations,* New York: John Wiley & Sons, 1972.

③　軍事戦略・戦争・諜報

Astor, Gerald, *Presidents at War: From Truman to Bush, the Gathering of Military Power to Our Commanders in Chief,* Hoboken, N.J.: John Wiley & Sons, 2006.

Axelrod, Alan, *Political History of America's Wars,* Washington, D.C.: CQ Press, 2007.

Beer, Francis A., "Trends in American Major War and Peace," *Journal of Conflict Resolution,* vol. 27, no. 4 (Dec. 1983).

Bradford, James C., ed., *Atlas of American Military History,* New York: Palgrave Macmillan, 2003.

――, ed., *A Companion to American Military History* (2 vols.), Chichester, U.K.: Wiley-Blackwell, 2010.

Burr, William & David Alan Rosenberg, "Nuclear Competiton in an Era of Stalemate, 1963-1975," Leffler & Westad, *The Cambridge History of the Cold War,* 2, 2010.

Ciment, James, ed., *Encyclopedia of Conflicts Since World War II* (4 vols.), Armonk, N.Y.: M. E. Sharpe, 2007.

クレイグ，ゴードン・A＆アレキサンダー，L・ジョージ（Gordon Craig & Alexander Geroge, 木村修三ほか訳）『軍事力と現代外交――歴史と理論で学ぶ平和の条件――』有斐閣，1997.

Divine, Robert A., *Presidential Machismo: Executive Authority, Military Intervention, and Foreign Relations,* Boston: Northeastern Univ. Press, 2000.

福田毅『アメリカの国防政策――冷戦後の再編と戦略文化――』昭和堂，2011.

Gale Encyclopedia of World History: War (2 vols.), Detroit: Gale, Cengage Learning, 2008.

Gurney, Gene, *A Pictorial History of the United States Army: In War and Peace, from Colonial Times to Vietnam,* New York: Crown Publishers, 1966.

ヘイガン，ケネス・J＆イアン・J・ビッカートン（Kenneth J. Hagen & Ian J. Bickeerton, 高田馨里

安藤次男『現代アメリカ政治外交史』法律文化社，2011.

有賀貞・宮里政玄編『概説アメリカ外交史——政治・経済・軍事戦略の変遷——』有斐閣選書，1983.

——・——編『概説アメリカ外交史［新版］——対外意識と対外政策の変遷——』有斐閣選書，1998.

Bartlett, C. J., *The Rise and Fall of the Pax Americana: United States Foreign Policy in the Twentieth Century,* London: Paul Elek, 1974.

Best, Antony, et al., *International History of the Twentieth Century,* London: Routledge, 2004.

Carroll, John M. & George C. Herring, eds., *Modern American Diplomacy,* Wilmington, Del.: Scholarly Resources, 1986.

Cohen, Warren I., *The Cambridge History of American Foreign Relations* (4 vols.), Cambridge, N.Y.: Cambridge Univ. Press, 1993.

Crabb, Cecil V., Jr. & Kevin V. Mulcahy, *Presidents and Foreign Policy Making: From FDR to Reagan,* Baton Rouge: Lousiana State Univ. Press, 1986.

Dallek, Robert, *The American Style of Foreign Policy: Cultural Politics and Foreign Affairs,* New York: Alfred A. Knopf, 1983.／ロバート・ダレック（林義勝訳）『20世紀のアメリカ外交——国内中心主義の弊害とは——』多賀出版，1991.

DeConde, Alexander, *A History of American Foreign Policy* (2 vols.), New York: Charles Scribner's Sons, 3rd ed. 1978 [orig. 1963].

Gardner, Lloyd C., *Imperial America: American Foreign Policy Since 1898,* New York: Harcourt Brace Jovanovih, 1976.

——, Walter F. LaFeber & Thomas J. McCormick, *Creation of the American Empire: U.S. Diplomatic History,* Chicago: Rand McNally, 1973.

Hastedt, Glenn P., *American Foreign Policy: Past, Present, Future,* Upper Saddle River, N.J.: Pearson Prentice Hall, 6th ed. 2006.

Herring, George S., *From Colony to Superpower: U.S. Foreign Relations since 1776,* New York: Oxford University Press, 2008.

Hunt, Michael H., *Ideology and U.S. Foreign Policy,* New Haven, Conn.: Yale Univ. Press, 1987.

——, *The American Ascendancy: How the United States Gained & Wielded Global Dominance,* Chapel Hill: Univ. of North Carolina Press, 2007.

Kaufman, Joyce P., *A Concise History of U.S. Foreign Policy,* Lanham, Md.: Rowman & Littlefield, 2006.

木村英亮『二〇世紀の世界史——民族解放運動と社会主義——』山川出版社，1995.

草間秀三郎・藤本博編『21世紀国際関係論』南窓社，2000.

松田武編著『現代アメリカの外交——歴史的展開と地域の諸関係——』ミネルヴァ書房，2005.

Merli, Frank J. & Theodore A. Wilson, eds., *Makers of American Diplomacy: From Benjamin Franklin to Henry Kissinger,* New York: Charles Scribner's Sons, 1974.

Mihalkanin, Edward S., ed., *American Statesmen: Secretaries of State from John Jay to Colin Powell,* Westport, Conn.: Greenwood Press, 2004.

本橋正『アメリカ外交史概説』東京大学出版会，1993.

村田晃嗣『アメリカ外交——苦悩と希望——』講談社現代新書，2005.

マリ＝ブラウン、ジェレミー編（Jeremy Murray-Brown, 越智道雄・宮下嶺夫訳）『権力の肖像——二十世紀を揺るがせた人々——』（2巻）評論社，1981.

Ninkovich, Frank, *The Wilsonian Century: U.S. Foreign Policy since 1900,* Chicago: Univ. of Chicago Press, 1999.

西川吉光『アメリカ政治外交史——新大陸発見からポスト冷戦まで——』晃洋書房，1992.

西崎文子『アメリカ外交とは何か——歴史の中の自画像——』岩波新書，2004.

Nolan, Cathal J., *The Greenwood Encyclopedia of International Relations* (4 vols.), Westport, Conn.: Green-

部，1999.
佐々木卓也編『戦後アメリカ外交史』有斐閣アルマ，2002.
——『冷戦——アメリカの民主主義的生活様式を守る戦い——』有斐閣 Insight, 2011.
佐藤信一・太田正登編著『グローバル時代の国際政治史』ミネルヴァ書房，2008.
Sewell, Mike, *The Cold War,* New York: Cambridge Univ. Press, 2002.
信田智人「戦後アメリカ外交の展開」信田智人編著『アメリカの外交政策——歴史・アクター・メカニズム——』ミネルヴァ書房，2010.
Smith, Joseph & Simons Davis, *The A to Z of the Cold War,* Lanham, Md.: Scarecrow Press, 2005.
Spanier, John, *American Foreign Policy Since World War II,* New York: Praeger Publishers, 6th ed. 1973 [orig. 1960].
Stevenson, Richard W., *The Rise and Fall of Détente: Relaxations of Tension in US-Soviet Relations 1953-84,* London: Macmillan Press, 1985.
Strong, Robert A., *Decisions and Dilemmas: Case Studies in Presidential Foreign Policy Making since 1945,* Armonk, N.Y.: M. E. Sharpe, 2nd ed. 2005 [orig. Pearson Education, 1984].
須藤眞志編著『現代史——戦後世界の潮流——』学陽書房，1988.
Suri, Jeremi, *Power and Protest: Global Revolution and the Rise of Détente,* Cambridge, Mass.: Harvard Univ. Press, 2003.
シュルツ，タッド（Tad Szulc, 吉田利子訳）『1945 年以後』（2 巻）文藝春秋，1991.
高松基之「冷戦の進展と変質」有賀貞・宮里政玄編『概説アメリカ外交史［新版］——対外意識と対外政策の変遷——』有斐閣選書，1998.
Thornton, Martin, *Times of Heroism, Times of Terror: American Presidents and the Cold War,* Westport, Conn.: Praeger, 2005.
Tucker, Spencer C. & Priscilla Roberts, ed., *The Encyclopedia of the Cold War* (5 vols.), Santa Barbara, Ca.: ABC-CLIO, 2008.
—— & ——, *Cold War: A Student Encyclopedia* (5 vols.), Santa Barbara, Ca.: ABC-CLIO, 2008.
宇佐美滋「パクス・アメリカーナの挫折」有賀貞・宮里政玄編『概説アメリカ外交史——政治・経済・軍事戦略の変遷——』有斐閣選書，1983.
Westad, Odd Arne, ed., *Reviewing the Cold War: Approaches, Interpretations, Theory,* London: Frank Cass, 2000.
——, *The Global Cold War: Third World Interventions and the Making of Our Times,* New York: Cambridge Univ. Press, 2005. ／O・A・ウェスタッド（佐々木雄太監訳，小川浩之ほか訳）『グローバル冷戦史——第三世界への介入と現代世界の形成——』名古屋大学出版会，2010.
八木勇『アメリカ外交の系譜——トルーマンからカーターまで——』朝日新聞社，1981.
山田浩『戦後アメリカの世界政策と日本』法律文化社，1967.
柳沢英二郎『戦後国際政治史』（2 巻）現代ジャーナリズム出版会，1977.
Yoder, Amos, *The Conduct of American Foreign Policy Since World War II,* New York: Pergamon Press, 1986.
Young, John & John Kent, *International Relations Since 1945: A Global History,* Oxford, U.K.: Oxford Univ. Press, 2004.
油井大三郎「戦後世界とアメリカ——「冷戦」史の再検討——」本間長世編『総合研究アメリカ 7　アメリカと世界』（7 巻）研究社出版，1976.
——・古田元夫『世界の歴史 28　第二次世界大戦から米ソ対立へ』（30 巻）中央公論社，1998.

②　20 世紀およびそれ以前の外交

Ambrose, Stephen E., *Rise to Globalism: American Foreign Policy, 1938-1980,* New York: Penguin Books, 2nd rev. ed. 1980 [orig. 1971].

16th ed. 2004 [orig. 1989].

Hoyt, Edwin C., *Law & Force in American Foreign Policy,* Lanham, Md.: Univ. Press of America, 1985.

Kanet, Roger E. & Edward A. Kolodziej, eds., *The Cold War as Cooperation: Superpower Cooperation in Regional Conflict Management,* London: Macmillan, 1991.

貴志俊彦・土屋由香「文化冷戦期における米国の広報宣伝活動とアジアへの影響」貴志・土屋『文化冷戦の時代』2009.

貴志俊彦・土屋由香編著『文化冷戦の時代――アメリカとアジア――』国際書院 , 2009.

Kolko, Gabriel, *Confronting the Third World: United States Foreign Policy 1945-1980,* New York: Pantheon Books, 1988.

ラフィーバー，ウォルター（Walter LaFeber，久保文明ほか訳）『アメリカの時代――戦後史のなかのアメリカ政治と外交――』芦書房，1992.

――,（――, 平田雅己･伊藤裕子訳）『アメリカ vs ロシア――冷戦時代とその遺産――』芦書房, 2012.

Latham, Michael E., "The Cold War in the Third World, 1963-1975," Leffler & Westad, *The Cambridge History of the Cold War,* 2, 2010.

――, *The Right Kind of Revolution: Modernization, Development, and U.S. Foreign Policy from the Cold War to the Present,* Ithaca, N.Y.: Cornell Univ. Press, 2011.

Leffler, Melvyn P. & Odd Arne Westad, eds., *The Cambridge History of the Cold War,* vol. 2 (Crises and Détente)(3 vols.), Cambridge, U.K.: Cambiridge Univ. Press, 2010.

Levering, Ralph B., *The Cold War, 1945-1972,* Arlington Heights, Ill.: Harlan Davidson, 1982.

メイ，アーネスト・R（Ernest R. May, 進藤榮一訳）『歴史の教訓――戦後アメリカ外交分析――』中央公論社，1977 [岩波現代文庫，2004].

マコーミック，トマス・J （Thomas J. McCormick, 松田武・高橋章・杉田米行訳）『パクス・アメリカーナの五十年――世界システムの中の現代アメリカ外交――』東京創元社，1992.

McMahon, Robert, *The Cold War: A Very Short Introduction,* New York: Oxford Univ. Press, 2003.

Miller, Alice Lyman & Richard Wich, Becoming Asia: Change and Continuity in Asian International Relations Since World War II, Stanford, Ca.: Stanford Univ. Press, 2011.

Miller, Lynn H. & Ronald W. Pruessen, *Reflections on the Cold War: A Quarter Century of American Foreign Policy,* Philadelphia: Temple Univ. Press, 1974.

森利一編著『現代アジアの戦争――その原因と特質――』啓文社，1993.

武者小路公秀『《ビジュアル版》世界の歴史 20　現代の世界』（20 巻）講談社，1986.

Nelson, Anna Kasten, ed., *The Policy Makers: Shaping American Foreign Policy from 1947 to the Present,* Lanham, Md.: Rowman & Littlefield, 2009.

西川吉光『現代国際関係史』（2 巻）晃洋書房，1998

小此木政夫・赤木完爾編『冷戦期の国際政治』慶應通信，1987.

奥保喜『冷戦時代世界史』柘植書房新社，2009.

大森実『激動の現代史五十年――国際事件記者が抉る世界の内幕――』小学館，2004.

Paterson, Thomas G., *Meeting the Communist Threat: Truman to Reagan,* New York: Oxford Univ. Press, 1988.

Painter, David S., *The Cold War: An International History,* London: Routledge, 1999.

Pijl, Kees van der, *Global Rivalries from the Cold War to Iraq,* London: Pluto Press, 2006.

Rothkopf, David, *Running the World: The Inside Story of the National Security Council and the Architects of American Power,* New York: Public Affairs, 2005.

Rubin, Barry M., *Secrets of State: The State Department and the Struggle Over U.S. Foreign Policy,* New York: Oxford Univ. Press, 1985.

坂本正弘･滝田賢治編著『現代アメリカ外交の研究』（中央大学社会科学研究叢書 7）中央大学出版

『アジア紛争史――1945～1991――』（歴史群像アーカイブ vol. 5）学習研究社，2008. 10.

Barnet, Richard J., *The Giants: Russia and America,* New York: Simon & Schuster, 1977.

Borstelmann, Thomas, *The Cold War and the Color Line: American Race Relations in the Global Arena,* Cambridge, Mass.: Harvard Univ. Press, 2001.

Coker, Christopher, *Reflections on American Foreign Policy Since 1945,* London: Pinter Publishers, 1989.

Cull, Nicholas J., *The Cold War and the United States Information Agency: American Propaganda and Public Diplomacy, 1945-1989,* Cambridge, U. K.: Cambridge Univ. Press, 2008.

Cuordileone, K. A., *Manhood and American Political Culture in the Cold War,* New York: Routledge, 2005.

Daalder, Ivo H. & I. M. Destler, *In the Shadow of the Oval Office: Profiles of the National Security Advisers and the Presidents They Served – From JFK to George W. Bush,* New York: Simon & Schuster, 2009.

Divine, Robert A., *Since 1945: Politics and Diplomacy in Recent American History,* New York: John Wiley & Sons, 1975.

Dobson, Alan P. & Steve Marsh, *US Foreign Policy since 1945,* London: Routledge, 2nd ed. 2006 [orig. 2001].

Dockrill, Michael L., *The Cold War 1945-1963,* London: Macmillan Education, 1988.

―― & Michael F. Hopkins, *The Cold War 1945-1991,* Basingstoke, U.K.: Palgrave, 2nd ed. 2006 [orig. 1988]. ／マイケル・L・ドックリル＆マイケル・F・ホプキンズ（伊藤裕子訳）『冷戦 1945-1991』（ヨーロッパ史入門　第Ⅱ期）（7 巻）岩波書店，2009.

土井正興・浜林正夫ほか『戦後世界史』（2 巻）大月書店，1988.

Donovan, John C., *The Cold Warriors: A Policy-making Elite,* Lexington, Mass.: D. C. Heath, 1974.

Fraser, T. G. & Donette Murray, *America and the World since 1945,* New York: Palgrave Macmillan, 2002.

フリーマントル，B（Brian Freemantle, 新庄哲夫訳）『ＣＩＡ』新潮選書，1984.

Gaddis, John Lewis, *The Long Peace: Inquiries Into the History of the Cold War,* New York: Oxford Univ. Press, 1987. ／ジョン・L・ギャディス（五味俊樹ほか訳）『ロング・ピース――冷戦史の証言「核・緊張・平和」――』芦書房，2002.

――, *Strategies of Containment: A Critical Appraisal of American National Security Policy during the Cold War,* New York: Oxford Univ. Press, rev. ed. 2005 [orig. 1982].

ガディス，ジョン・L（John Lewis Gaddis, 河合秀和・鈴木健人訳）『冷戦――その歴史と問題点――』彩流社，2007.

ギャディス，ジョン・ルイス（――, 赤木完爾・齋藤祐介訳）『歴史としての冷戦――力と平和の追求――』慶應義塾大学出版会，2004.

Gilman, Nils, *Mandarins of the Future: Modernization Theory in Cold War America*, Baltimore: Johns Hopkins Univ. Press, 2003.

Grogin, Robert C., *Natural Enemies: The United States and the Soviet Union in the Cold War, 1917-1991,* Lanham, Md.: Lexington Books, 2001.

Gurtov, Melvin, *The United States Against the Third World: Antinationalism and Intervention,* New York: Praeger Publishers, 1974.

―― & Ray Maghroori, *Roots of Failure: United States Policy in the Third World,* Westport, Conn.: Greenwood Press, 1984.

浜林正夫・野口宏『ドキュメント戦後世界史』地歴社，2002.

花井等・浅川公紀編著『戦後アメリカ外交の軌跡』勁草書房，1997.

Harbutt, Fraser J., *The Cold War Era,* Malden, Mass.: Blackwell Publishers, 2002.

Harper, John Lamberton, *The Cold War,* New York: Oxford Univ. Press, 2011.

本間長世編『総合研究アメリカ 7　アメリカと世界』（7 巻）研究社出版，1976.

Hook, Steven W. & John Spanier, *American Foreign Policy Since World War II,* Washington, D.C.: CQ Press,

1990.

Hellmann, John, *American Myth and the Legacy of Vietnam,* New York: Columbia Univ. Press, 1986.

Hess, Gary R., *Vietnam: Explaining America's Lost War,* Oxford, U.K.: Blackwell, Publishing, 2009.

東大作『我々はなぜ戦争をしたのか――米国・ベトナム　敵との対話――』岩波書店，2000.

平田雅己「『ベトナム症候群』とアメリカ外交」草間秀三郎・藤本博編『21 世紀国際関係論』南窓社，2000.

生井英考『負けた戦争の記憶――歴史のなかのヴェトナム戦争――』三省堂 , 2000.

Isaacs, Arnold R., *Vietnam Shadows: The War, Its Ghosts, and Its Legacy,* Baltimore, Md.: Johns Hopkins University Press, 1997.

Lake, Anthony, ed., *The Vietnam Legacy: The War, American Society and the Future of American Foreign Policy,* New York: New York Univ. Press, 1976.

Lewy, Guenter, "Some Political-Military Lessons of the Vietnam War," Matthews & Brown, *Assessing the Vietnam War,* 1987.

松岡完『ベトナム症候群――超大国を苛む「勝利」への強迫観念――』中公新書，2003.

McCloud, Bill, *What Should We Tell Our Children About Vietnam?,* Norman: Univ. of Oklahoma Press, 1989.

水野孝昭「アメリカにとってのベトナム戦争――今も続く『泥沼の教訓』論争――」中野『ベトナム戦争の「戦後」』2005.

中野亜里編『ベトナム戦争の「戦後」』2005.

Nguyen Manh Hung, "The Vietnam War in Retrospect: Its Nature and Some Lessons," Grinter & Dunn, *The American War in Vietnam,* 1987.

Podhoretz, Norman, *Why We Were in Vietnam,* New York: Simon & Schuster, 1982.

Ravenal, Earl C., *Never Again: Learning from America's Foreign Policy Failures,* Philadelphia: Temple Univ. Press, 1978.

Record, Jeffrey, *The Wrong War: Why We Lost in Vietnam,* Annapolis, Md.: Naval Institute Press, 1998.

Salisbury, Harrison E., ed., *Vietnam Reconsidered: Lessons from a War,* New York: Harper & Row, 1984.

シーハン，ニール（Neil Sheehan, 菊谷匡祐訳）『ハノイ&サイゴン物語』集英社，1993.

Simons, Geoff, *Vietnam Syndrome: Impact on US Foreign Policy,* London: Macmillan, 1998.

Summers, Harry G., Jr., *On Strategy: A Critical Analysis of the Vietnam War,* Novato, Ca.: Presidio Press, 1982.

Thompson, W. Scott & Donaldson D. Frizzell, eds. *The Lessons of Vietnam,* St. Lucia, Australia: Univ. of Queensland Press, 1977.

Twining, David T., "Vietnam and the Six Criteria for the Use of Military Forces," Matthews & Brown, *Assessing the Vietnam War,* 1987.

Weiss, Stephen, Clark Dougan, David Fulghum, Denis Kennedy & Editors of Boston Publishing Company, *A War Remembered (The Vietnam Experience),* Boston Publishing, 1986.

D　アメリカの外交・軍事・政治史

①　冷戦期の外交

Allison, Graham T. & William L. Ury (with Bruce J. Allyn), eds., *Windows of Opportunity: From Cold War to Peaceful Competition in U.S.-Soviet Relations,* New York: Ballinger Publishing, 1989.

Appy, Christian G., ed., *Cold War Constructions: The Political Culture of United States Imperialism, 1945-1966,* Amherst: Univ. of Massachusetts Press, 2000.

Aron, Raymond, *The Imperial Republic: The United States and the World 1945-1973,* Englewood Cliffs, N.J.: Prentice-Hall, 1974.

浅川公紀『戦後米国の国際関係』武蔵大学出版会，2010.

Vietnam War, 2006 [orig. 2002].
McMahon, Robert J., *The Limits of Empire: The United States and Southeast Asia since World War II,* New York: Columbia Univ. Press, 1999.
丸山静雄『東南アジア』みすず書房，1962.
松本三郎・福永安祥編『東南アジアの展望』勁草書房，1980.
オズボーン，ミルトン（Milton Osborne, 石澤良昭監訳，小倉貞男訳）『シハヌーク――悲劇のカンボジア現代史――』岩波書店，1996.
Perlo, Victor & Kumar Goshal, *Bitter End in Southeast Asia,* New York: Marzoni & Munsell, 1964.
Randle, Robert, "Peace in Vietnam and Laos: 1954, 1962, 1973," *Orbis,* vol. 18, no. 3 (Fall 1974).
斎藤吉史『東南アジア――戦後世界史の焦点――』朝日新聞社，1975.
――『国際史の中の東南アジア』ＴＢＳブリタニカ，1980.
桜井由躬雄・石澤良昭『世界現代史 7　東南アジア現代史Ⅲ――ヴェトナム・カンボジア・ラオス――』（37巻）山川出版社，1977.
Simon, Sheldon W., "Superpower Cooperation in Southeast Asia," Roger E. Kanet & Edward A. Kolodziej, eds., *The Cold War as Cooperation: Superpower Cooperation, in Regional Conflict Management,* London: Macmillan, 1991.
スチュアート - フォックス，マーチン（Martin Stuart-Fox, 菊池陽子訳）『ラオス史』めこん , 2010.
鈴木真「周辺諸国にとってのベトナム戦争」中野『ベトナム戦争の「戦後」』2005.
Taylor, Sandra C., "Laos: The Escalation of a Secret War," Elizabeth Jane Errington & B. J. C. McKercher, eds., *The Vietnam War as History*, New York: Praeger, 1990.
寺地功次「ラオス危機と米英のＳＥＡＴＯ軍事介入計画」『国際政治』130 号 (2002. 5).
――「ラオス中立化とアメリカ外交」『共立国際研究』27 号 (2010. 3).
浦野起央『ジュネーヴ協定の成立』巖南堂書店，1970.
Weatherbee, Donald E., et al., *International Relations in Southeast Asia: The Struggle for Autonomy,* Lanham, Md.: Rowman & Littlefield Publishers, 2005.
山崎雅弘「ラオス・カンボジア内戦」『アジア紛争史』2008 [orig. 2003].
安井清子「民族」ラオス文化研究所編『ラオス概説』2003.

⑨　遺産・教訓

Bowen, Roger, "One, Two, Three, Many Vietnams: Vietnam as Antecedent to the American War in Central America," Melling & Roper, *America, France and Vietnam,* 1991.
遠藤聡『ベトナム戦争を考える――戦争と平和の関係――』明石書店，2005.
Fisher, Ross A., John Norton Moore & Robert F. Turner, eds., *To Oppose Any Foe: The Legacy of U.S. Intervention in Vietnam,* Durham, N.C.: Carolina Academic Press, 2006.
Frizzell, Donaldson D. & W. Scott Thompson, "The Lessons of Vietnam," Thompson & Frizzell, *The Lessons of Vietnam,* 1977.
Gilbert, Marc Jason, ed., *The Vietnam War: Teaching Approaches and Resources,* New York: Greenwood Press, 1991.
――, "The Global Dimensions and Legacies of a Brushfire War," Head & Grinter, *Looking Back on the Vietnam War,* 1993.
Grinter, Lawrence E. & Peter M. Dunn, *The American War in Vietnam: Lessons, Legacies, and Implications for Future Conflicts,* Westport, Conn.: Greenwood Press, 1987.
Head, William & Lawrence E. Grinter, eds., *Looking Back on the Vietnam War: A 1990s Perspective on the Decisions, Combat, and Legacies,* Westport, Conn.: Greenwood Press, 1993.
Hearden, Patrick J., ed., *Vietnam: Four American Perspectives,* West Lafayette, Ind.: Purdue Univ. Press,

坂本聡三・渡辺正之『ベトナム革命戦争史』鹿砦社，1976.
庄司智孝「ベトナム労働党の南部解放政策と中ソ」『国際政治』130 号 (2002. 5).
朱建栄『毛沢東のベトナム戦争――中国外交の大転換と文化大革命の起源――』東京大学出版会，2001.
Shultz, Richard H., Jr., *The Soviet Union and Revolutionary Warfare: Principles, Practices, and Regional Comparisons,* Stanford, Ca.: Hoover Institution Press, 1988.
Tanham, George, K., *Communist Revolutionary Warfere: From the Vietminh to the Viet Cong,* New York: F. A. Praeger, rev. ed. 1967 [orig. 1961].
タイン・ティン（Thanh Tin, 中川明子訳）『ベトナム革命の内幕』めこん，1997.
友田錫『裏切られたベトナム革命――チュン・ニュー・タンの証言――』中央公論社，1981.
チュオン・ニュ・タン（Truong Nhu Tang, 吉本晋一郎訳）『ベトコン・メモワール――解放された祖国を追われて――』原書房，1986.
Truong Nhu Tang, "The National Liberation Front," Santoli, *To Bear Any Burden*, 1999.
ベトナム労働党中央党史研究委員会（真保潤一郎訳）『正伝　ホー・チ・ミン』毎日新聞社，1970.
Womack, Brantly, *China and Vietnam: The Politics of Asymmetry,* New York: Cambridge Univ. Press, 2006.
Zagoria, Donald S., *Vietnam Triangle: Moscow, Peking, Hanoi,* New York: Pegasus, 1967.

⑧　インドシナ半島・東南アジア

Ang Cheng Guan, *Southeast Asia and the Vietnam War*, London: Routledge, 2010.
青山利勝『ラオス――インドシナ緩衝国家の肖像――』中公新書，1995.
Caldwell, Malcolm, *Cambodia in the Southeast Asian War,* New York: Monthly Review Press, 1973.
Castle, Timothy N., *At War in the Shadow of Vietnam: U.S. Military Aid to the Royal Lao Government, 1955-1975,* New York: Columbia Univ. Press, 1993.
チア・ユーイー・ヴァン（Chia Youyee Vang, 中村雅子訳）「ラオスにおける米国の冷戦政策とモン族」貴志俊彦・土屋由香編『文化冷戦の時代――アメリカとアジア――』国際書院，2009.
Clymer, Kenton, *The United States and Cambodia, 1870-1969: From Curiosity to Confrontation,* London: Routledge Curzon, 2004.
Fielding, Leslie, *Before the Killing Fields: Witness to Cambodia and the Vietnam War,* London: I. B. Tauris, 2008.
福永安祥・松本三郎「東南アジアの理解のために」松本三郎・福永安祥編『東南アジアの展望』勁草書房，1980.
George, Alexander L., David K. Hall & William E. Simons, *The Limits of Coercive Diplomacy: Laos, Cuba, Vietnam,* Boston: Little, Brown, 1971.
ヒネケン，ヤープ・ファン（Jaap van Ginneken, 山田侑平・鈴木佳明訳）『インドシナ現代史』(2 巻) 連合出版 , 1983.
今川瑛一『続　東南アジア現代史――冷戦から脱冷戦の時代――』亜紀書房，1999.
石井米雄·桜井由躬雄編『新版世界各国史 5　東南アジア史 I〔大陸部〕』(28 巻 +) 山川出版社, 1999.
Jacobs, Seth, "'No Place to Fight a War': Laos and the Evolution of U.S. Policy toward Vietnam, 1954-1963," Mark Philip Bradley & Marilyn B. Young, *Making Sense of the Vietnam Wars: Local, National and Transnational Perspectives,* New York: Oxford Univ. Press, 2008.
上東輝夫『ラオスの歴史』同文舘，1990.
――『現代ラオス概説』同文舘，1992.
菊池陽子・鈴木玲子・阿部健一編著『ラオスを知るための 60 章』（エリア・スタディーズ 85）明石書店，2010.
ラオス文化研究所編『ラオス概説』めこん，2003.
McCoy, Alfred W., "America's Secret War in Laos, 1955-1975," Young & Buzzanco, *A Companion to the*

Routlege Curzon, 2002.

Brigham, Robert K., *Guerrilla Diplomacy: The NLF's Foreign Relations and the Viet Nam War,* Ithaca, N.Y.: Cornell Univ. Press, 1999 [orig. 1998].

——,"Why the South Won the American War in Vietnam," Gilbert, *Why the North Won the Vietnam War,* 2002.

バーチェット，ウィルフレッド（Wilfred Burchett, 真保潤一郎訳）『解放戦線』みすず書房，1964.

——「ベトコンの内幕」シーハン＆バーチェット『ベトナム戦争の内幕』1964.

Burchett, Wilfred G., *Vietnam: Inside Story of the Guerrilla War,* New York: International Publishers, 1965.

Chen, King C., "Hanoi's Three Decisions and the Escalation of the Vietnam War," *Political Science Quarterly,* vol. 90, no. 2 (Summer 1975).

Duiker, William J., *The Communist Road to Power in Vietnam,* Boulder, Colo.: Westview Press, 1981.

——, *Vietnam: Nation in Revolution,* Boulder, Colo.: Westview Press, 1983.

——, "Hanoi's Response to American Policy, 1961-1965: Crossed Signals?," Gardner & Gittinger, *Vietnam,* 1997.

古田元夫『ベトナムからみた中国』日中出版，1979.

Gaiduk, Ilya V., *Confronting Vietnam: Soviet Policy toward the Indochina Conflict, 1954-1963,* Washington, D.C.: Woodrow Wilson Center Press, 2003.

Gilbert, Marc Jason, ed., *Why the North Won the Vietnam War,* New York: Palgrave, 2002.

Halberstam, David, *Ho,* Lanham, Md.: Rowman & Littlefield, 2007 [orig. Random House, 1971].

ハネー，パトリック・J（Patrick J. Honey, 原子林二郎訳）『北ベトナムの共産主義』時事新書，1965.

——（——，山下正雄訳）『北ベトナム研究』時事新書，1965.

小高泰『ベトナム人民軍隊——知られざる素顔と軌跡——』暁印書館 , 2006.

ラクチュール，ジャン（Jean Lacouture, 吉田康彦・伴野文夫訳）『ベトナムの星——ホー・チ・ミンと指導者たち——』サイマル出版会，1968.

ラルテギー，ジャン（J. Lartéguy, 岩瀬孝・開高健訳）『百万ドルのヴェトコン』冬樹社，1967.

レ・カオ・ダイ（Le Cao Dai, 古川久雄訳）『ホーチミン・ルート従軍記——ある医師のベトナム戦争 1965-1973——』岩波書店，2009.

レ・クアン , ジェラール（Gérard Le Quang, 寺内正義訳）『ボー・グエン・ザップ——ベトナム人民戦争の戦略家——』サイマル出版会，1975.

Lomperis, Timothy J., *From People's War to People's Rule: Insurgency, Intervention, and the Lessons of Vietnam,* Chapel Hill: Univ. of North Carolina Press, 1996.

Luu Van Loi, *Fifty Years of Vietnamese Diplomacy, 1945-1975* (2 vols.), Hanoi: The Gioi Publishers, 2002.

Military History Institute of Vietnam, *Victory in Vietnam: The Official History of the People's Army of Vietnam, 1954-1975,* Lawrence: Univ. Press of Kansas, 2002.

Nguyen Vu Tung, "Coping with the United States: Hanoi's Search for an Effective Strategy," Lowe, *The Vietnam War,* 1998.

Olsen, Mari, *Soviet-Vietnam Relations and the Role of China, 1949-64: Changing Alliances,* London: Routledge, 2006.

Pike, Douglas, *Viet Cong: The Organization and Techniques of the National Liberation Front of South Vietnam,* Cambridge, Mass.: M.I.T. Press, 1966.

Qiang Zhai, *China and the Vietnam Wars 1950-1975,* Chapel Hill: Univ. of North Carolina Press, 2000.

——, "An Uneasy Relationship: China and the DRV during the Vietnam War," Lloyd C. Gardner & Ted Gittinger, eds., *International Perspectives on Vietnam,* College Station: Texas A & M Univ. Press, 2000.

Roberts, Priscilla, ed., *Behind the Bamboo Curtain: China, Vietnam, and the World beyond Asia,* Washington, D.C.: Woodrow Wilson Center Press, 2006.

Fall, Bernard B., *The Two Viet-Nams: A Political and Military Analysis,* New York: F. A. Praeger, 1963. ／バーナード・フォール（高田市太郎訳）『二つのベトナム』毎日新聞社，1965.

Gardner, Lloyd C., "Introduction: Dominoes, Diem and Death: 1952-1963,"William Appleman Williams, Thomas McCormick, Lloyd C. Gardner & Walter LaFeber, eds., *America in Vietnam: A Documentary History,* Garden City, N. Y.: Anchor Books, 1985.

Gilbert, Marc Jason, "The Cost of Losing the 'Other War' in Vietnam," Marc Jason Gilbert, ed., *Why the North Won the Vietnam War,* New York: Palgrave, 2002.

Goodman, Allan E., "Government and the Countryside: Political Accomodation and South Viet Nam's Communal Groups," *Orbis,* vol. 13, no. 2 (Summer 1969).

林雄一郎「ベトナム：1954-1968 年――“サイゴン共和国”の崩壊過程――」デービッド・ハルバスタム（泉鴻之・林雄一郎訳）『ベトナム戦争』（現代史戦後篇 9）みすず書房，1968.

Hickey, Gerald C., *Window on a War: An Anthoropologist in the Vietnam Conflict,* Lubbock: Texas Tech Univ. Press, 2002.

Hoang Ngoc Lung, "Strategy and Tactics," Sorley, *The Vietnam War,* 2010.

Hunt, Richard A., *Pacification: The American Struggle for Vietnam's Hearts and Minds,* Boulder, Colo.: Westview Press, 1995.

Jacobs, Seth, *America's Miracle Man in Vietnam: Ngo Dinh Diem, Religion, Race, and U.S. Intervention in Southeast Asia, 1950-1957,* Durham & London: Duke Univ. Press, 2004.

――, *Cold War Mandarin: Ngo Dinh Diem and the Origins of America's War in Vietnam, 1950-1963,* Lanham, Md.: Rowman & Littlefield Publishers, 2006.

Joiner, Charles A., "Administration and Political Warfare in the Highlands," Fishel, *Vietnam,* 1968 [orig. 1966].

Masur, Matthew B., *Hearts and Minds: Cultural Nation-Building in South Vietnam, 1954-1963,* Ph. D. Dissertation, Ohio State Univ., 2004.

Nghiem Dang, "Local Politics and Administration," Fishel, *Vietnam,* 1968.

Ngo Quang Truong, "Territorial Forces," Sorley, *The Vietnam War,* 2010.

Nguyen Dui Hinh & Tran Dinh Tho, "The South Vietnamese Society," *ibid.*

Parmet, Herbert S., "The Making and Unmaking of Ngo Dinh Diem," John Schlight, ed., *The Second Indochina War,* Washington, D. C.: Center of Military History, U. S. Army, 1986.

Sacks, Milton, "The Indigenous Roots of Vietnamese Nationalism," Fishel, *Vietnam,* 1968.

Shaplen, Robert, *The Lost Revolution: The U.S. in Vietnam, 1946-1966,* New York: Harper & Row, rev. ed. 1966 [orig. 1965].

真保潤一郎・高橋保『東南アジアの価値体系 3　ベトナム』（4 巻）現代アジア出版会，1971.

Sorley, Lewis, ed., *The Vietnam War: An Assessment by South Vietnam's Generals,* Lubbock: Texas Tech Univ. Press, 2010.

高橋保「ベトナムにおける農村社会の変動過程と価値体系」真保潤一郎・高橋保『東南アジアの価値体系 3　ベトナム』（4 巻）現代アジア出版会，1971.

Tanham, George K., et al., *War without Guns: American Civilians in Rural Vietnam,* New York: F. A. Praeger, 1966.

Tran Dinh Tho, "Pacification," Sorley, *The Vietnam War,* 2010.

ベトナミーズ・スタディズ編（長尾正良訳）『南ベトナム解放戦争の十一年』新日本新書，1967.

Warner, Denis, *The Last Confucian,* New York: Macmillan, 1963.

⑦　民族解放戦線・北ベトナム・中国・ソ連

Ang Cheng Guan, *The Vietnam War from the Other Side: The Vietnamese Communists' Perspective,* London:

ing Company, *Raising the Stakes (The Vietnam Experience),* Boston: Boston Publishing, 1982.

Hallin, Daniel C., *The "Uncensored War": The Media and Vietnam,* Berkeley: Univ. of California Press, 1989 [orig. Oxford Univ. Press, 1986].

Hammond, William M., *Public Affairs: The Military and the Media, 1962-1968 (United States Army in Vietnam),* Washington, D.C.: Center of Military History, U.S. Army, 1990 [orig. 1988].

——, *Reporting Vietnam: Media and Military at War,* Lawrence: Univ. Press of Kansas, 1998.

本多勝一『戦場の村』朝日文庫，1981 [orig. 朝日新聞社，1968].

開高健『ベトナム戦記』朝日文芸文庫，1990 [orig. 朝日新聞社，1965].

北畠霞・川島良夫『ベトナム戦場再訪』連合出版，2009.

Klein, Michael, ed., *The Vietnam Era: Media and Popular Culture in the US and Vietnam,* London : Pluto Press, 1990.

ナイトリー，フィリップ（Phillip Knightley, 芳地昌三訳）『戦争報道の内幕――隠された真実――』時事通信社，1987 [中公文庫，2004].

Landers, James, *The Weekly War: Newsmagazines and Vietnam,* Columbia: Univ. of Missouri Press, 2004.

マッカーシー，メアリー（Mary McCarthy, 新庄哲夫訳）『ヴェトナム報告』河出書房，1968.

大森実監修『泥と炎のインドシナ――毎日新聞特派員団の現地報告――』毎日新聞社，1965.

シーハン，ニール（Neil Sheehan）「ベトナム前線」ニール・シーハン＆ウィルフレッド・バーチェット（毎日新聞社外信部訳）『ベトナム戦争の内幕』毎日新聞社，1964.

――＆ウィルフレッド・バーチェット（Neil Sheehan & Wilfred Burchet, 毎日新聞社外信部訳）『ベトナム戦争の内幕』毎日新聞社，1964.

Scheer, Robert, "Difficulties of Covering a War Like Vietnam: I," Salisbury, *Vietnam Reconsidered,* 1984.

Sidle, Winant, "The Role of Journalism in Vietnam: An Army General's Perspective," *ibid.*

⑥ 南ベトナム

バターフィールド，F「南ベトナムにおける反乱」ニューヨーク・タイムス編集部『ベトナム秘密報告　上』1972.

Biggs, David, *Quagmire: Nation-Building and Nature in the Mekong Delta,* Seattle: Univ. of Washington Press, 2010.

Bouscaren, Anthony Trawick, *The Last of the Mandarins: Diem of Vietnam,* Pittsburgh: Duquesne Univ. Press, 1965.

Brigham, Robert K., *ARVN: Life and Death in the South Vietnamese Army,* Lawrence: Univ. Press of Kansas, 2006.

——, "Dreaming Different Dreams: The United States and the Army of the Republic of Vietnam," Young & Buzzanco, *A Companion to the Vietnam War,* 2006 [orig. 2002].

ブイ・ジン・タン「仏教徒のたたかい――一九六三年－一九六五年――」ベトナミーズ・スタディズ編（長尾正良訳）『南ベトナム解放戦争の十一年』新日本新書，1967.

カオ・バン・ルエン「アメリカ帝国主義に反対するタイグエン少数民族のたたかい」同上.

Cao Van Vien & Dong Van Khuyen, "Reflections on the Vietnam War," Lewis Sorley, ed., *The Vietnam War: An Assessment by South Vietnam's Generals,* Lubbock: Texas Tech Univ. Press, 2010.

——, et al., "The US Advisor," *ibid.*

Carter, James M., *Inventing Vietnam: The United States and State Building, 1954-1968,* New York: Cambridge Univ. Press, 2008.

Dong Van Khuyen, "The RVNAF," Sorley, *The Vietnam War,* 2010.

Elliott, David W.P., *The Vietnamese War: Revolution and Social Change in the Mekong Delta 1930-1975* (2 vols.), Armonk, N.Y.: M. E. Sharpe, 2003.

1968, Westport, Conn.: Greenwood Press, 1978.

Palmer, Bruce, Jr., *The 25-Year War: America's Military Role in Vietnam,* Lexington: Univ. Press of Kentucky, 1984.

Rheault, Robert, "The Special Forces and the CIDG Program," Thompson & Frizzell, *The Lessons of Vietnam,* 1977.

Rosenau, William, *US Internal Security Assistance to South Vietnam: Insurgency, Subversion and Public Order,* London: Routledge, 2005.

ラッセル , バートランド（Bertrand Russell, 日高一輝訳）『ヴェトナムの戦争犯罪』河出書房，1967.

Sarkesian, Sam C., *Unconventional Conflicts in a New Security Era: Lessons from Malaya and Vietnam,* Westport, Conn.: Greenwood Press, 1993.

Schwab, Orrin, *A Clash of Cultures: Civil-Military Relations during the Vietnam War,* Westport, Conn.: Praeger Security International, 2006.

スネップ，フランク（Frank W. Snepp, 仲晃監訳）『ＣＩＡの戦争』（2 巻）プレジデント社，1978.

Snepp, Frank, "The Intelligence of the Central Intelligence Agency in Vietnam: I," Salisbury, *Vietnam Reconsidered,* 1984.

Spark, Alasdair, "The Soldier at the Heart of the War: The Myth of the Green Beret in the Popular Culture of the Vietnam Era," *Journal of American Studies,* vol. 18, no. 1 (April 1984).

Taillon, J. Paul de B., *The Evolution of Special Forces in Counter-Terrorism: The British and American Experiences,* Westport, Conn.: Praeger Publishers, 2001.

Thayer, Thomas C., "Patterns of the French and American Experience in Vietnam," Thompson & Frizzell, *The Lessons of Vietnam*, 1977.

Tilford, Earl, "Crosswinds: Cultural Imperatives of the Air War," Melling & Roper, *America, France and Vietnam,* 1991.

Trager, Frank N., "Vietnam: The Military Requirements for Victory," *Orbis,* vol. 8, no. 3 (Fall 1964).

柘植久慶『ザ・グリンベレー――世界最強の男たち――』原書房，1986.

『[図説] 世界の特殊作戦』（歴史群像シリーズ）学習研究社，2007.

Waghelstein, John D., "Counterinsurgency Doctrine and Low-Intensity Conflict in the Post-Vietnam Era," Lawrence E. Grinter & William Head, eds., *The American War in Vietnam: Lessons, Legacies, and Implications for Future Conflicts,* Westport, Conn.: Greenwood Press, 1987.

Wilensky, Robert J., *Military Medicine to Win Hearts and Minds: Aid to Civilians in the Vietnam War,* Lubbock: Texas Tech Univ. Press, 2004.

⑤　戦争報道・ルポルタージュ

アーネット，ピーター（Peter Arnett, 沼澤洽治訳）『戦争特派員――ＣＮＮ名物記者の自伝――』新潮社，1995.

Aronson, James, "The Media and the Message," *The Pentagon Papers,* 5, 1972.

Carpini, Michael X. Delli, "US Media Coverage of the Vietnam Conflict in 1968," Michael Klein, ed., *The Vietnam Era: Media and Popular Culture in the US and Vietnam,* London: Pruto Press, 1990.

Cook, Russell J. & Shannon E. Martin, *The Greenwood Library of American War Reporting,* vol.7 (The Vietnam War & Post-Vietnam Conflicts)(8 vols.), Westport, Conn.: Greenwood Press, 2005.

Geyelin, Philip, "Vietnam and the Press: Limited War and an Open Society," Anthony Lake, ed., *The Vietnam Legacy: The War, American Society and the Future of American Foreign Policy,* New York Univ. Press, 1976.

Field, Michael, *The Prevailing Wind: Witness in Indo-China,* London: Methuen, 1965.

Halberstam, David, "The 'Other' Enemy," Terrence Maitland, Stephen Weiss & Editors of Boston Publish-

ハークレロード，ピーター（Peter Harclerode, 熊谷千寿訳）『謀略と紛争の世紀——特殊部隊・特務機関の全活動——』原書房，2004.

Head, Steven, “The Other War: Counterinsurgency in Vietnam,” James S. Olson, *The Vietnam War: Handbook of the Literature and Research,* Westport, Conn.: Greenwood Press, 1993.

伊藤嘉昭「枯葉作戦の実態」『ベトナム戦争の記録』編集委員会編『ベトナム戦争の記録』大月書店，1988.

Jablon, Howard, *David M. Shoup: A Warrior against War,* Lanham, Md.: Rowman & Littlefield, 2005.

Joes, Anthony James, *America and Guerrilla Warfare,* Lexington: Univ. Press of Kentucky, 2000.

Kelly, Francis J., *U.S. Army Special Forces: 1961-1971,* Washington, D.C.: Dept. of Army, 1973.

Kinnard, Douglas, *The War Managers,* Hanover, N.H.: Univ. Press of New England，1977.

北村元『アメリカの化学戦争犯罪——ベトナム戦争枯れ葉剤被害者の証言——』梨の木舎，2005.

小谷秀二郎『ベトナム戦争とゲリラ』日本国際問題研究所，1966.

小柳順一（川村康之監修，戦略研究学会編）『民軍協力（ＣＩＭＩＣ）の戦略——米軍の日独占領からコソボの国際平和活動まで——』（ストラテジー選書 12）芙蓉書房出版，2010.

Krepinevich, Andrew F., Jr., *The Army and Vietnam,* Baltimore, Md.: Johns Hopkins Univ. Press, 1986.

レ・カオ・ダイ（Le Cao Dai, 尾崎望訳）『ベトナム戦争におけるエージェントオレンジ——歴史と影響——』文理閣，2004.

MacDougall, John James, “A Decision-Making Approach to Understanding American Policy-Makers,” Marc Jason Gilbert, ed., *The Vietnam War: Teaching Approaches and Resources,* New York: Greenwood Press, 1991.

Marolda, Edward J. & Oscar P. Fitzgerald, *The United States Navy and the Vietnam Conflict,* vol.2 (From Military Assistance to Combat 1959-1965), Washington, D.C.: Naval Historical Center, Dept. of Navy, 1986.

Marquis, Susan L., *Unconventional Warfare: Rebuilding U.S. Special Operations Forces,* Washington, D.C.: Brookings Institution Press, 1997.

Marr, David, “The Rise and Fall of ‘Counterinsurgency’: 1961-1964,” *The Pentagon Papers,* 5, 1972.

——, “The Technological Imperative in US War Strategy in Vietnam,” Mary Kaldor & Asbjørn Eide, eds., *The World Military Order: The Impact of Military Technology on the Third World,* London: Macmillan, 1979.

Matthews, Lloyd J. & Dale E. Brown, eds., *Assessing the Vietnam War: A Collection from the Journal of the U.S. Army War College,* Washington, D.C.: Pergamon-Brassey’s International Defense Publishers, 1987.

モーマイヤー，ウィリアム（William M. Momyer, 藤田統幸訳）『ベトナム航空戦——超大国空軍はこうして侵攻する——』原書房，1982.

森川金壽『ベトナムにおけるアメリカ戦争犯罪の記録』三一書房，1977.

ムーア，ロビン（Robin Moore, 仲晃訳）『アメリカ特殊部隊』弘文堂新社，1967.

村岡英夫「ベトナム戦争とヘリボーン」『ヘリボーン』(航空ファン別冊 9 号，1981. 12).

Nagl, John A., *Counterinsurgency Lessons from Malaya and Vietnam: Learning to Eat Soup with a Knife,* Westport, Conn.: Praeger, 2002.

中村梧郎『母は枯葉剤を浴びた——ダイオキシンの傷あと——』新潮文庫，1983.

Nathan, Reuben S., “Psychological Warfare: Key to Success in Viet Nam,” *Orbis,* vol. 11, no. 1 (Spring 1967).

西沢優「ベトナム戦争における重要戦闘解説」『ベトナム戦争の記録』編集委員会編『ベトナム戦争の記録』1988.

Palmer, Gregory, *The McNamara Strategy and the Vietnam War: Program Budgeting in the Pentagon, 1960-*

Woods, Randall B., ed., *Vietnam and the American Political Tradition: The Politics of Dissent,* Cambridge, U.K.: Cambridge Univ. Press, 2003.

Zaroulis, Nancy & Gerald Sullivan, *Who Spoke Up?: American Protest against the War in Vietnam 1963-1975,* Garden City, N.Y.: Doubleday, 1984.

Zimmer, Lous B., *The Vietnam War Debate: Hans J. Morgenthau and the Attempt to Halt the Drift into Disaster,* Lanham, Md.: Lexington Books, 2011.

④　米軍・特殊戦争

Allen, Chuck, “The Short Tour,” Santoli, *To Bear Any Burden,* 1999 [orig. 1985].

アロステギ，マーティン・C（Martin C. Arostegui, 平賀秀明訳）『特殊部隊全史――ＳＡＳ誕生からフセイン暗殺計画まで――』朝日新聞社，1998.

Beckett, Ian F. W. & John Pimlott, eds., *Armed Forces & Modern Counter-Insurgency,* London: Croom Helm, 1985.

Blaufarb, Douglas S., *The Counterinsurgency Era: U.S. Doctrine and Performance, 1950 to the Present,* New York: Free Press, 1977.

ボンズ，レイ（Ray Bonds, 福井祐輔訳）『アメリカ特殊部隊』東洋書林，2002.

ブラウン，アシュレー編（Ashley Brown, 福井祐輔訳）『世界最強の男たち　グリーンベレー』東洋書林, 2001.

Buzzanco, Bob, “The American Military’s Role Against the Vietnam War,” *Political Science Quarterly,* vol. 101, no. 4 (1986).

Buzzanco, Robert, *Masters of War: Military Dissent and Politics in the Vietnam Era,* New York: Cambridge Univ. Press, 1996.

Cable, Larry E., *Conflict of Myths: The Development of American Counterinsurgency Doctrine and the Vietnam War,* New York: New York Univ. Press, 1986.

クランシー，トム，カール・スタイナー＆トニー・コルツ（Tom Clancy, Carl Stiner & Tony Koltz, 伏見威蕃訳）『アメリカ特殊部隊』（2 巻）原書房，2003.

Clarke, Jeffrey, “On Strategy and the Vietnam War,” Lloyd J. Matthews & Dale E. Brown, eds., *Assessing the Vietnam War: A Collection from the Journal of the U. S. Army War College,* Washington, D. C.: Pergamon-Brassey’s International Defense Publishers, 1987 [orig. 1986].

Daddis, Gregory A., *No Sure Victory: Measuring U.S. Army Effectiveness and Progress in the Vietnam War,* New York: Oxford Univ. Press, 2011.

Davidson, Michael W., “Senior Officers and Vietnam Policymaking,” Matthews & Brown, *Assessing the Vietnam War,* 1987 [orig. 1986].

ドール，ロバート・F（Robert F. Dole, 難波皎訳）『ベトナム航空戦――米軍エア・パワーの戦い――』大日本絵画，1990.

ドアティ，マーティン・J（Martin J. Dougherty, 松崎豊一監訳）『図説　世界の「最悪」兵器大全』原書房，2008.

Dunn, Peter M., “The American Army: The Vietnam War, 1965-1973,”Ian F. W. Beckett & John Pimlott, eds., *Armed Forces & Modern Counter-Insurgency,* London: Croom Helm, 1985.

Eckhardt, George S., *Command and Control: 1950-1969,* Washington, D.C.: Dept. of Army, 1974.

Gallucci, Robert L., *Neither Peace Nor Honor: The Politics of American Military Policy in Viet-Nam,* Baltimore, Md.: Johns Hopkins Press, 1975.

Gibson, James William, *The Perfect War: Technowar in Vietnam,* Boston: Atlantic Monthly Press, 1986.

Hamilton, Donald W., *The Art of Insurgency: American Military Policy and the Failure of Strategy in Southeast Asia,* Westport, Conn.: Praeger, 1998.

Kail, F. M., *What Washington Said: Administration Rhetoric and the Vietnam War 1949-1969,* New York: Harper & Row, 1973.

Kendrick, Alexander, *The Wound Within: America in the Vietnam Years, 1945-1974,* Boston: Little, Brown, 1974.

Kenny, Henry J., *The American Role in Vietnam and East Asia: Between Two Revolutions,* New York: Praeger Publishers, 1984.

Kimball, Jeffrey P., ed., *To Reason Why: The Debate about the Causes of U.S. Involvement in the Vietnam War,* Philadelphia: Temple Univ. Press, 1990.

Kolko, Gabriel, "The American Goals in Vietnam," *The Pentagon Papers, The Defense Department History of United States Decision-making on Vietnam* (Senator Gravel Edition), Boston: Beacon Press, vol.5, 1972.

Kuklick, Bruce, *Blind Oracles: Intellectuals and War from Kennan to Kissinger,* Princeton, N.J.: Princeton Univ. Press, 2006.

MacDonald, J. Fred, *Television and the Red Menace: The Video Road to Vietnam,* NewYork: Praeger, 1985.

Melling, Phil & Jon Roper, eds., *America, France and Vietnam: Cultural History and Ideas of Conflict,* Aldershot, U.K.: Avebury, 1991.

水本義彦「六〇年代イギリス政府のベトナム政策と英米関係」『国際政治』140 号（2005. 3).

——『同盟の相剋——戦後インドシナ紛争をめぐる英米関係——』千倉書房，2009.

Morgan, Joseph G., *The Vietnam Lobby: The American Friends of Vietnam, 1955-1975,* Chapel Hill: Univ. of North Carolina Press, 1997.

Preston, Andrew, *The War Council: McGeorge Bundy, the NSC, and Vietnam,* Cambridge, Mass.: Harvard Univ. Press, 2006.

Roper, Jon & Phil Melling, "Vietnam and the Western Experience," Phil Melling & Jon Roper, eds., *America, France and Vietnam: Cultural History and Ideas of Conflict,* Aldershot, U. K.: Avebury, 1991.

Rowe, John Carlos & Rick Berg, eds., *The Vietnam War and American Culture,* New York: Columbia Univ. Press, 1991.

清水知久『ベトナム戦争の時代——戦車の闇・花の光——』有斐閣新書，1985.

白井洋子『ベトナム戦争のアメリカ』刀水書房，2006.

シバラム，M（M. Sivaram, 小谷秀二郎訳）『ベトナム戦争への疑問』荒地出版社，1966.

Small, Melvin, *At the Water's Edge: American Politics and the Vietnam War,* Chicago: Ivan R. Dee, 2005.

Stavins, Ralph, Richard J. Barnet & Marcus G. Raskin, *Washington Plans an Aggressive War,* New York: Random House, 1971.

Sullivan, Marianna P., *France's Vietnam Policy: A Study in French-American Relations,* Westport, Conn.: Greenwood Press, 1978.

Sullivan, Michael P., *The Vietnam War: A Study in the Making of American Policy,* Lexington: Univ. Press of Kentucky, 1985.

Thee, Marek, "War and Peace in Indochina: US Asian and Pacific Policies," *Journal of Peace Research,* vol. 10 (1973).

Thomson, James C., Jr., "How Could Vietnam Happen?: An Autopsy," Grace Sevy, ed., *The American Experience in Vietnam: A Reader,* Norman: Univ. of Oklahoma Press, 1989.

——, "An Autopsy of the Bureaucracy," Kimball, *To Reason Why,* 1990.

Tomes, Robert R., *Apocalypse Then: American Intellectuals and the Vietnam War, 1954-1975,* New York: New York Univ. Press, 1998.

Trager, Frank N., *Why Viet Nam?,* New York: F. A. Praeger, 1966. ／フランク・トレ ーガー（小谷秀二郎訳）『ベトナム』（2 巻）時事新書，1968.

油井大三郎「序説　現代史としてのベトナム戦争」『国際政治』130 号 (2002. 5).

③　アメリカの内政・外交

アジア経済研究所編『ベトナム戦争の分析』アジア経済研究所，1971.

Ball, Moya Ann, *Vietnam-on-the-Potomac,* New York: Praeger, 1992.

Blang, Eugenie Margareta, *To Urge Common Sense on the Americans: United States' Relations with France, Great Britain, and the Federal Republic of Germany in the Context of the Vietnam War, 1961-1968,* Ph.D. Dissertation, College of William and Mary in Virginia, 2000.

Blang, Eugenie M., *Allies at Odds: America, Europe, and Vietnam, 1961-1968,* Lanham, Md.: Rowman & Littlefield, 2011.

Borer, Douglas A., *Superpowers Defeated: Vietnam and Afghanistan Compared,* London: Frank Cass, 1999.

Bradley, Mark Philip & Marilyn B. Young, *Making Sense of the Vietnam Wars: Local, National, and Transnational Perspectives,* New York: Oxford Univ. Press, 2008.

チョムスキー，ノーアム (Noam Chomsky, いいだもも訳)『お国のために』(2 巻) 河出書房新社，1975.

Daum, Andreas W., "America's War and the World," Andreas W. Daum, Lloyd C. Gardner & Wilfred Mausbach, eds., *America, the Vietnam War, and the World: Comparative and International Perspective,* Cambridge, U. K.: Cambridge Univ. Press, 2003.

Daum, Andreas W., Lloyd C. Gardner & Wilfred Mausbach, eds., *America, the Vietnam War, and the World: Comparative and International Perspective,* Cambridge, U.K.: Cambridge Univ. Press, 2003.

Dietz, Terry, *Republicans and Vietnam, 1961-1968,* New York: Greenwood Press, 1986.

Duiker, William J., *U.S. Containment Policy and the Conflict in Indochina,* Stanford, Ca.: Stanford Univ. Press, 1994.

Ellis, Sylvia, *Britain, America, and the Vietnam War,* Westport, Conn.: Praeger, 2004.

Franklin, H. Bruce, *Vietnam and Other American Fantasies,* Amherst: Univ. of Massachusetts Press, 2000.

藤本博「二〇世紀後半期の国際関係とアメリカ的世界——『冷戦』とベトナム戦争——」草間秀三郎・藤本博編『21 世紀国際関係論』南窓社，2000.

——「アメリカ合衆国と戦争——朝鮮戦争，ヴェトナム戦争を中心に——」木畑洋一編『講座　戦争と現代　2　20 世紀の戦争とは何であったか』(5 巻) 大月書店，2004.

——「ヴェトナム戦争とアメリカ」富田虎男・鵜月裕典・佐藤円編著『アメリカの歴史を知るための 60 章 (エリア・スタディーズ 10)』明石書店，2009 [orig. 2000].

Gallucci, Robert L., *Neither Peace Nor Honor: The Politics of American Military Policy in Viet-Nam,* Baltimore, Md.: Johns Hopkins Press, 1975.

Gardner, Lloyd C. & Ted Gittinger, eds., *International Perspectives on Vietnam,* College Station: Texas A & M Univ. Press, 2000.

Gelb, Leslie H., "Vietnam: System Worked," *Foreign Policy,* no. 3 (Summer 1971).

—— & Richard K. Betts, *The Irony of Vietnam: The System Worked,* Washington, D.C.: Brookings Institution, 1979.

Gruening, Ernest & Herbert Wilton Beaser, *Vietnam Folly,* Washington, D.C.: National Press, 1968.

Hatcher, Patrick Lloyd, *The Suicide of an Elite: American Internationalists and Vietnam,* Stanford, Ca.: Stanford Univ. Press, 1990.

Hawley, Earle, ed., *The Face of War: Vietnam,* North Hollywood, Ca.: American Art Agency, 1965.

Johns, Andrew L., *Vietnam's Second Front: Domestic Politics, the Republican Pary, and the War,* Lexington: University Press of Kentucky, 2010.

Johnson, Robert David, "The Origins of Dissent: Senate Liberals and Vietnam, 1959-1966," *Pacific Historical Review*, vol. 45, no. 2 (May 1996).

Books, 1990.

Moss, George Donelson, *Vietnam: An American Ordeal,* Englewood Cliffs, N.J.: Prentice-Hall, 5th ed. 2005 [orig. 1990].

Moyar, Mark, *Triumph Forsaken: The Vietnam War, 1954-1965,* New York: Cambridge Univ. Press, 2006.

中野亜里「ベトナムの革命戦争」中野亜里編『ベトナム戦争の「戦後」』めこん，2005.

中野聡「ベトナム戦争の時代　一九六〇－一九七五年」和田春樹ほか編『岩波講座　東アジア近現代通史　8　ベトナム戦争の時代　1960-1975 年』（10 巻・別巻）岩波書店，2011.

『ＮＡＭ——狂気の戦争の真実 VIETNAM 1965-75——』同朋舎出版，1990.

「年誌　ベトナム戦争——1930 ～ 73 年——」『年誌　ベトナム戦争』1973.

『年誌　ベトナム戦争——民族独立への 30 年——』（『世界』329 号別冊付録，1973. 4）.

小笠原高雪「インドシナ戦争——冷戦下の民族解放戦争——」小此木政夫・赤木完爾編『冷戦期の国際政治』慶応通信，1987.

小倉貞男『ドキュメント　ヴェトナム戦争全史』岩波書店，1992.

Paine, Lauran, *Viet-Nam,* London: Robert Hale, 1965.

ファン・ゴク・リエン監修（Phan Ngoc Lien，今井昭夫監訳，伊藤悦子・小川有子・坪井未来子訳）『ベトナムの歴史——ベトナム中学校歴史教科書——』明石書店，2008.

Porter, Gareth, *Perils of Dominance: Imbalance of Power and the Road to War in Vietnam,* Berkeley: Univ. of California Press, 2005.

Pruden, Wesley, Jr., *Vietnam: The War,* Silver Springs, Md.: National Observer, 1965.

Rotter, Andrew J., ed., *Light at the End of the Tunnel: A Vietnam War Anthology,* New York: St. Martin's Press, 1991.

SarDesai, D.R., *Vietnam: Past and Present,* Boulder, Colo.: Westview Press, 4th ed. 2005 [orig. 1992].

真保潤一郎『ベトナム現代史——帝国主義下のインドシナ研究序説——［増補版］』春秋社，1978 [orig. 1968].

Schulzinger, Robert D., "'It's Easy to Win a War on Paper': The United States and Vietnam, 1961-1968," Kunz, *The Diplomacy of the Crucial Decade,* 1994.

Short, Anthony, *The Origins of the Vietnam War,* London: Longman, 1989.

谷川榮彦編著『ベトナム戦争の起源』勁草書房，1984.

The 30-Year War: 1945-1975, vol. 2 (1954-1975)(2 vols.), Hanoi: Thế Giới Publishers, 2001.

Turley, William S., *The Second Indochina War: A Concise Political and Military History,* Lanham, Md.: Rowman & Littlefield, 2nd ed. 2009 [orig. Boulder, Colo.: Westview Press, 1986].

Vadas, Robert E., *Cultures in Conflict: The Viet Nam War,* Westport, Conn.: Greenwood Press, 2002.

『ベトナム戦争の記録』編集委員会編『ベトナム戦争の記録』大月書店，1988.

和田春樹ほか編『岩波講座　東アジア近現代通史　8　ベトナム戦争の時代　1960-1975 年』（10 巻・別巻）岩波書店，2011.

Warner, Geoffrey, "The United States and Vietnam 1945-65, Part Ⅰ & II," *International Affairs,* vol. 48, no. 3 & 4 (July & Oct. 1972).

Willbanks, James H., ed., *The Vietnam War,* Aldershot, U.K.: Ashgate, 2006.

山崎雅弘「ベトナム戦争〈Ⅰ〉〈Ⅱ〉」『アジア紛争史——1945 ～ 1991——』（歴史群像アーカイブ　vol. 5）学習研究社，2008 [orig. 2002].

吉川洋子「戦後世界の再編／ベトナム戦争」須藤眞志『現代史——戦後世界の潮流——』学陽書房, 1988.

——「戦後世界の再編／ベトナム戦争」須藤眞志『20 世紀現代史』一藝社，1999.

吉澤南『ベトナム戦争——民衆にとっての戦場——』吉川弘文館，1999 [新版　2009].

——『同時代史としてのベトナム戦争』有志舎 , 2010

Young, Marilyn B., *The Vietnam Wars: 1945-1990,* New York: HarperCollins, 1991.

rence E. Grinter, eds., *Looking Back on the Vietnam War: A 1990s Perspective on the Decisions, Combat, and Legacies,* Westport, Conn.: Greenwood Press, 1993.

Hearden, Patrick J., *The Tragedy of Vietnam,* New York: Pearson Longman, 3rd ed. 2008 [orig. 1991].

Herring, George C., *America's Longest War: The United States and Vietnam, 1950-1975,* New York: Newbery Award Records, 2nd ed. 1986 [orig. John Wiley & Sons, 1979]. ／ジョージ・C・ヘリング（秋谷昌平訳）『アメリカの最も長い戦争』（2 巻）講談社，1985.

——, "The Vietnam War," John M. Carroll & George C. Herring, eds., *Modern American Diplomacy,* Wilmington, Del.: Scholarly Resources, 1986.

Hess, Gary R., *Vietnam and the United States: Origins and Legacy of War,* Boston: Twayne Publishers, 1990.

Higgins, Hugh, *Vietnam,* London: Heinemann Educational Books, 1975.

フープス，タウンゼンド（Townsend Hoopes, 丸山静雄訳）『アメリカの挫折——インドシナへの軍事介入とその限界——』草思社，1970.

石田正治「ベトナムの分断」谷川『ベトナム戦争の起源』1984.

石山昭男『ベトナム解放戦史』三省堂選書，1977.

Isserman, Maurice, *Vietnam War,* New York: Facts On File, updated ed. 2003 [orig. 1992].

Joes, Anthony James, *The War for South Vietnam: 1954-1975,* New York: Praeger, 1989.

Kahin, George McT., *Intervention: How America Became Involved in Vietnam,* Garden City, N.Y.: Anchor Books, 1987 [orig. Doubleday, 1986].

—— & John W. Lewis, *The United States and Vietnam,* New York: Dial Press, 1967.

亀山旭「ベトナム戦争の 30 年」『年誌　ベトナム戦争——民族独立への 30 年——』（『世界』329 号別冊付録，1973. 4）.

Karnow, Stanley, *Vietnam: A History,* New York: Penguin Books, 1984 [orig. Viking Press, 1983].

Kolko, Gabriel, *Anatomy of a War: Vietnam, the United States, and the Modern Historical Experience,* New York: Pantheon Books, 1985. ／ガブリエル・コルコ（陸井三郎監訳，藤田和子・藤本博・古田元夫訳）『ベトナム戦争全史』社会思想社，2001.

栗原浩英「ベトナム戦争」森利一編著『現代アジアの戦争——その原因と特質——』啓文社，1993.

Lawrence, Mark Atwood, *The Vietnam War: A Concise International History,* New York: Oxford Univ. Press, 2008.

Lewy, Guenter, *America in Vietnam,* New York: Oxford Univ. Press, 1980 [orig. 1978].

Lind, Michael, *Vietnam: The Necessary War: A Reinterpretation of America's Most Disastrous Military Conflict,* New York: Free Press, 1999.

Logevall, Fredrik, *The Origins of the Vietnam War,* Harlow, U.K.: Pearson Education, 2001.

Lomperis, Timothy J., *The War Everyone Lost-and Won: America's Intervention in Viet Nam's Twin Struggles,* Baton Rouge: Louisiana State Univ. Press, 1984.

Lowe, Peter, ed., *The Vietnam War,* London: Macmillan, 1998.

Maclear, Michael, *The Ten Thousand Day War: Vietnam 1945-1975,* New York: Avon Books, 1981.

マリン，アルバート（Albert Marrin, 駐文館編集部訳）『ヴェトナム戦争——象 vs 虎——』駐文館／発売・星雲社，1993.

丸山静雄『ベトナム戦争』筑摩書房，1969.

——編『ドキュメント現代史 14　ベトナム戦争』（16 巻）平凡社，1972.

松岡完『ダレス外交とインドシナ』同文舘，1988.

——『ベトナム戦争——誤算と誤解の戦場——』中公新書，2001.

三野正洋『わかりやすいベトナム戦争』光人社，1999.

——『ベトナム戦争——アメリカはなぜ勝てなかったか——』ワック，1999.

Morrison, Wilbur H., *The Elephant and the Tiger: The Full Story of the Vietnam War,* New York: Hippocrene

Santa Barbara, Ca.: ABC-CLIO, 1998.

浦野起央『ベトナム問題の解剖──分析と資料──』外交時報社，1967.

Wexler, Sanford, *The Vietnam War: An Eyewitness History,* New York: Facts On File, 1992.

Williams, William Appleman, Thomas McCormick, Lloyd C. Gardner & Walter LaFeber, eds., *America in Vietnam: A Documentary History,* Garden City, N.Y.: Anchor Books, 1985.

Young, Marilyn B., John J. Fitzgerald & A. Tom Grunfeld, *The Vietnam War: History in Documents,* New York: Oxford Univ. Press, 2002.

── & Robert Buzzanco, eds., *A Companion to the Vietnam War,* Malden, Mass.: Blackwell Publishing, 2006 [orig. 2002].

②　通史・概説

Addington, Larry H., *America's War in Vietnam: A Short Narrative History,* Bloomington: Indiana Univ. Press, 2000.

Anderson, David L., ed., *Shadow on the White House: Presidents and the Vietnam War, 1945-1975,* Lawrence: Univ. Press of Kansas, 1993.

──, "The United States and Vietnam," Peter Lowe, ed., *The Vietnam War,* London: Macmillan, 1998.

──, *The Vietnam War,* New York: Palgrave Macmillan, 2005.

Brown, Weldon A., *Prelude to Disaster: The American Role in Vietnam 1940-1963,* Port Washington, N.Y.: Kennikat Press, 1975.

──, *The Last Chopper: The Denouement of the American Role in Vietnam, 1963-1975,* Port Washington, N.Y.: Kennikat Press, 1976.

シェノー，ジャン（Jean Chesneaux, 藤田和子訳）『ベトナム──政治と歴史の考察──』青木書店，1969.

Cohen, Mortimer T., *From Prologue to Epilogue in Vietnam,* New York: Retriever Bookshop, 1979.

Davidson, Phillip B., *Vietnam at War: The History: 1946-1975,* Novato, Ca.: Presidio Press, 1988.

DeGroot, Gerard J., *A Noble Cause?: America and the Vietnam War,* Harlow, U.K.: Pearson Education, 2000.

Divine, Robert A., "Vietnam: An Episode in the Cold War," Gardner & Gittinger, *Vietnam,* 1997.

Dommen, Arthur J., *The Indochinese Experience of the French and the Americans: Nationalism and Communism in Cambodia, Laos, and Vietnam,* Bloomington: Indiana Univ. Press, 2001.

Edmonds, Anthony O., *The War in Vietnam,* Westport, Conn.: Greenwood Press, 1998.

Errington, Elizabeth Jane & B. J. C. Mercher, eds., *The Vietnam War as History,* New York: Praeger, 1990.

フォール，バーナード（Bernard B. Fall, 松元洋訳）『ヴェトナム戦史』至誠堂，1969.

Fifield, Russell H., *Americans in Southeast Asia: The Roots of Commitment,* New York: Thomas Y. Crowell, 1973.

──, "The Thirty Years War in Indochina: A Conceptual Frameword," *Asian Survey,* vol. 17, no. 9 (Sept. 1977).

FitzGerald, Frances, *Fire in the Lake: The Vietnamese and the Americans in Vietnam,* New York: Vintage Books, 1973 [orig. Atlantic-Little, Brown, 1972].

古田元夫『歴史としてのベトナム戦争』大月書店，1991.

──「ベトナム戦争」石井米雄監修，桜井由躬雄・桃木至朗編『ベトナムの事典』同朋舎出版，1999.

グリーン，F（Felix Greene, 仲晃訳）『写真と記録　ベトナム戦争』河出書房，1966.

Hall, Mitchell K., *The Vietnam War,* Harlow, U.K.: Pearson Education, 2nd ed. 2007 [orig. 2000].

Harrison, James Pinckney, *The Endless War: Fifty Years of Struggle in Vietnam,* New York: Free Press, 1982.

Head, William, "Vietnam and Its Wars: A Historical Overview of U.S. Involvement," William Head & Law-

1971.

Reston, James, “What Was Killed Was Not Only the President But the Promise,” Donald, *John F. Kennedy and the New Frontier,* 1966 [orig. 1964].

Scott, Peter Dale, *Deep Politics and the Death of JFK,* Berkeley: Univ. of California Press, 1993.

土田宏「ケネディ暗殺の背景」藤本編著『ケネディとアメリカ政治』EXP, 2000.

C　ベトナム戦争

①　資料集・事典・オーラルヒストリーなど

アメリカ合衆国議会上院（アメリカ研究所編訳）『世紀の大論戦——アメリカ上院外交委員会ベトナム問題公聴会議事録——』三一書房，1966.

Beckett, Ian F. W., *Encyclopedia of Guerrilla Warfare,* Santa Barbara, Ca.: ABC-CLIO, 1999.

Charlton, Michael & Anthony Moncrieff, *Many Reasons Why: The American Involvement in Vietnam,* New York: Hill & Wang, 1978.

Committee of Concerned Asian Scholars, *The Indochina Story: A Fully Documented Account,* New York: Bantam Books, 1970.

Fishel, Wesley R., ed., *Vietnam: Anatomy of a Conflict,* Itasca, Ill.: F. E. Peacock, 1968.

Frankum, Ronald B., Jr., *Historical Dictionary of the War in Vietnam,* Lanham, Md.: Scarecrow Press, 2011.

Hillstrom, Kevin & Laurie Collier Hillstrom, *The Vietnam Experience: A Concise Encyclopedia of American Literature, Songs, and Films,* Westport, Conn.: Greenwood Press, 1998.

Hixson, Walter L., ed., *The United States and the Vietnam War: Significant Scholarly Articles* (6 vols.), New York: Garland Publishing, 2000.

石井米雄監修，桜井由躬雄・桃木至朗編『ベトナムの事典』同朋舎出版，1999.

——ほか監修『新訂増補　東南アジアを知る事典』平凡社，1999.

Jamieson, Neil L., *Understanding Vietnam,* Berkeley: Univ. of California Press, 1995 [orig. 1993].

陸井三郎編『資料・ベトナム戦争』（2 巻）紀伊國屋書店，1969.

Kutler, Stanley I., ed., *Encyclopedia of the Vietnam War,* New York: Charles Scribner’s Sons, 1996.

Langer, Howard J., *The Vietnam War: An Encyclopedia of Quotations,* Westport, Conn.: Greenwood Press, 2005.

Li, Xiaobing, *Voices from the Vietnam War: Stories from American, Asian, and Russian Veterans,* Lexington: University Press of Kentucky, 2010.

McMahon, Robert J., ed., *Major Problems in the History of the Vietnam War: Documents and Essays,* Lexington, Mass.: D. C. Heath, 1990.

Moïse, Edwin E., *The A to Z of the Vietnam War,* Lanham, Md.: Scarecrow Press, 2005.

ニューヨーク・タイムス編集部編（New York Times, 杉辺利英訳）『ベトナム秘密報告——米国防総省の汚ない戦争の告白録——』（2 巻）サイマル出版会，1972.

Olson, James S., *The Vietnam War: Handbook of the Literature and Research,* Westport, Conn.: Greenwood Press, 1993.

Santoli, Al, *To Bear Any Burden: The Vietnam War and Its Aftermath in the Words of Americans and Southeast Asians,* Bloomington: Indiana Univ. Press, 1999 [orig. E. P. Dutton, 1985].

Schlight, John, ed., *The Second Indochina War,* Washington, D.C.: Center of Military History, U.S. Army, 1986.

75 Years of the Communist Party of Vietnam (1930-2005): A Selection of Documents from Nine Party Congresses, Hanoi: Thê′ Giới Publishers, 2005.

Sevy, Grace, ed., *The American Experience in Vietnam: A Reader,* Norman: Univ. of Oklahoma Press, 1989.

Tucker, Spencer C., ed., *Encyclopedia of the Vietnam War: A Political, Social, and Military History* (3vols.),

Talbot, David, *Brothers: The Hidden History of the Kennedy Years,* New York: Free Press, 2007.

土田宏『ケネディ兄弟の光と影』彩流社，1992.

――「外との対話と内での情報管理――ケネディ大統領の政策決定――」『アメリカ研究』43 号 (2009. 3).

Usowski, Peter Stanley, *John F. Kennedy and the Central Intelligence Agency: Policy and Intelligence*, Ph. D. Dissertation, George Washington Univ., 1987.

ウィルズ，ギャリー（Garry Wills, 高橋正訳）『ケネディ王国――権力に憑かれた男たち――』ＴＢＳブリタニカ，1983.

④　暗殺事件・1960 年代

Ball, Moya Ann, "The Phantom of the Oval Office: The John F. Kennedy Assassination's Symbolic Impact on Lyndon B. Johnson, His Key Advisers, and the Vietnam Decision-Making Process," *Presidential Studies Quarterly,* vol. 24, no. 1 (Winter 1994).

Bernstein, Irving, *Guns or Butter: The Presidency of Lyndon Johnson,* New York: Oxford Univ. Press, 1996.

Dallek, Robert, *Flawed Giant: Lyndon Johnson and His Times 1961-1973,* New York: Oxford Univ. Press, 1998.

――, *Lyndon B. Johnson: Portrait of a President,* New York: Oxford Univ. Press, 2004.

Douglass, James W., *JFK and the Unspeakable: Why He Died and Why It Matters,* Maryknoll: N.Y.: Orbis Books, 2008.

Fischer, Klaus, *America in White, Black, and Gray: Stormy 1960s,* New York: Continuum, 2006.

Gardner, Lloyd C., *Pay Any Price: Lyndon Johnson and the Wars for Vietnam,* Chicago: Ivan R. Dee, 1995.

Gibbons, William Conrad, "Lyndon Johnson and the Legacy of Vietnam," Gardner & Gittinger, *Vietnam*, 1997.

Heath, Jim F., *Decade of Disillusionment: The Kennedy-Johnson Years,* Bloomington: Indiana Univ. Press, 1975.

Herring, George C., "Conspiracy of Silence: LBJ, the Joint Chiefs, and Escalation of the War in Vietnam," Gardner & Gittinger, *Vietnam,* 1997.

Hersh, Seymour M., *The Dark Side of Camelot,* Boston: Little, Brown, 1997.

堀田宗路『ジョン・F・ケネディの謎――権力の陰謀とアメリカの悪夢――』日本文芸社，1992.

Isserman, Maurice & Michael Kazin, *America Divided: The Civil War of the 1960s,* New York: Oxford Univ. Press, 2000.

レーン，マーク（Mark Lane, 飯塚忠雄訳）『大がかりな嘘――だれがケネディを殺ったのか――』扶桑社，1992.

Levy, Peter B., ed., *America in the Sixties-Right, Left, and Center: A Documentary History,* Westport, Conn.: Praeger, 2000.

Lytle, Mark Hamilton, *America's Uncivil Wars: The Sixties Era from Elvis to the Fall of Richard Nixon,* New York: Oxford Univ. Press, 2006.

マンチェスター，ウィリアム（William Manchester, 宮川毅訳）『ある大統領の死』（2 巻）恒文社，1967.

――（――, 鈴木主税訳）『栄光と夢――アメリカ現代史――』4（1961-1968）（5 巻）草思社，1978.

仲晃『ケネディはなぜ暗殺されたか』日本放送出版協会，1995.

Newman, John M., "The Kennedy-Johnson Transition: The Case for Policy Reversal," Gardner & Gittinger, *Vietnam*, 1997.

奥菜秀次『ケネディ暗殺――隠蔽と陰謀――』鹿砦社，2000.

O'Neill, William L., *Coming Apart: An Informal History of America in the 1960's,* Chicago: Ivan R. Dee,

York: Columbia Univ. Press, 1994.

Walton, Richard J., *Cold War and Counterrevolution: The Foreign Policy of John F. Kennedy,* New York: Viking Press, 1972.

Wenger, Andreas, *Living with Peril: Eisenhower, Kennedy, and Nuclear Weapons,* Lanham, Md.: Rowman & Littlefield, 1997.

吉次公介「池田＝ケネディ時代の日米安保体制」『国際政治』126 号 (2001. 2).

——「池田政権の『ビルマ重視路線』と日米関係——戦後日本外交と東南アジアの冷戦 1960-1963——」杉田米行編『アメリカ外交の分析——歴史的展開と現状分析——』大学教育出版，2008.

——『池田政権期の日本外交と冷戦——戦後日本外交の座標軸 1960-1964——』岩波書店，2009.

——『日米同盟はいかに作られたか——「安保体制」の転換点 1951-1964——』講談社選書メチエ, 2011.

③　米国内政治・政権内・一族

Barlow, Jeffrey Graham, *President John F. Kennedy and His Joint Chiefs of Staff,* Ph.D. Dissertation, Univ. of South Carolina, 1981.

Bernstein, Irving, *Promises Kept: John F. Kennedy's New Frontier,* New York: Oxford Univ. Press, 1991.

Berry, Joseph P., Jr., *John F. Kennedy and the Media: The First Television President,* Lanham, Md.: Univ. Press of America, 1987.

Burner, David & Thomas R. West, *The Torch Is Passed: The Kennedy Brothers & American Liberalism,* New York: Atheneum, 1984.

Bzdek, Vincent, *The Kennedy Legacy: Jack, Bobby and Ted and a Family Dream Fulfilled,* New York: Palgrave Macmillan, 2009.

コリヤー, ピーター＆デヴィッド・ホロウィッツ（Peter Collier & David Horowitz, 鈴木主税訳）『ケネディ家の人びと』（2 巻）草思社，1990.

Davis, John H., *The Kennedys: Dynasty and Disaster 1848-1983,* New York: McGraw-Hill, 1984.

Elias, Katherine J., *A Mutually Beneficial Relationship: John F. Kennedy, Network Television News, and Foreign Crises, 1961-1963,* Ph.D. Dissertation, State Univ. of New Jersey, 2004.

藤本一美編著『ケネディとアメリカ政治』EXP，2000.

Giglio, James N., "John F. Kennedy and the Nation," Giglio & Rabe, *Debating the Kennedy Presidency*, 2003.

Henry, John B., II & William Espinosa, "The Tragedy of Dean Rusk," *Foreign Policy,* no. 8 (Fall 1972).

平田雅己「ケネディ外交の原動力——国家安全保障会議及び国務省改革を中心に——」『国際際関係研究』（日本大学）19 巻 3 号 (1999. 3).

Kaiser, David, "Men and Policies: 1961-69," Kunz, *The Diplomacy of the Crucial Decade,* 1994.

Maier, Thomas, *The Kennedys: America's Emerald Kings,* New York: Basic Books, 2003.

大嶽秀夫「大統領とビジネス・エリート——ケネディ政権におけるマクナマラとディロンをめぐって——」斎藤真編『総合研究アメリカ 3　民主政と権力』（7 巻）研究社出版，1976.

パッカード，ジョージ・R（George R. Packard, 森山尚美訳）『ライシャワーの昭和史』講談社，2009.

Palermo, Joseph A., *Robert Kennedy and the Death of American Idealism,* New York: Pearson Longman, 2008.

Renka, Russell D., "Comparing Presidents Kennedy and Johnson As Legislative Leaders," *Presidential Studies Quarterly,* vol. 15, no. 4 (Fall 1985).

Savage, Sean J., *JFK, LBJ, and the Democratic Pary,* Albany: State Univ. of New York Press, 2004.

Smith, Sally Bedell, *Grace and Power: The Private World of the Kennedy White House,* New York: Random House, 2004.

Stein, Jean (George Plimpton, ed.), *American Journey: The Times of Robert Kennedy,* New York: Harcourt Brace Jovanovich, 1970.

Hartley, Anthony, "John Kennedy's Foreign Policy," *Foreign Policy,* no. 4 (Fall 1971).

Hershberg, James G., "The Crisis Years, 1958-1963," Odd Arne Westad, ed., *Reviewing the Cold War: Approaches, Interpretations, Theory,* London: Frank Cass, 2000.

菅英輝「冷戦の終焉と六〇年代性」『国際政治』126 号 (2001. 2).

カウフマン，ウイリアム（William W. Kaufmann, 桃井真訳）『マクナマラの戦略理論』ぺりかん社，1968.

Kern, Montague, Patricia W. Levering & Ralph B. Levering, *The Kennedy Crises: The Press, the Presidency, and Foreign Policy,* Chapel Hill: Univ. of North Carolina Press, 1983.

Kochavi, Noam, *A Conflict Perpetuated: American China Policy during the Kennedy Years,* Ph.D. Dissertation, Univ. of Toronto, 1999.

Kunz, Diane B., ed., *The Diplomacy of the Crucial Decade: American Foreign Relations During the 1960s,* New York: Columbia Univ. Press, 1994.

Latham, Michael E., "Ideology, Social Science, and Destiny: Modernization and the Kennedy-Era Alliance for Progress," *Diplomatic History,* vol. 22, no. 2 (Spring 1998).

Leuchtenburg, William E., "President Kennedy and the End of the Postwar World," Donald, *John F. Kennedy and the New Frontier*, 1966 [orig. 1963].

Lord, Donald C. (I. E. Cadenhead, Jr., ed.), *John F. Kennedy: The Politics of Confrontation and Conciliation,* Woodbury, N.Y.: Barron's, 1977.

Maga, Timothy P., *John F. Kennedy and the New Pacific Community, 1961-63,* London: Macmillan Press, 1990.

——, *John F. Kennedy and New Frontier Diplomacy, 1961-1963,* Malabar, Fla.: Krieger Publishing, 1994.

Nathan, James A., *Anatomy of the Cuban Missile Crisis,* Westport, Conn.: Greenwood Press, 2001.

Nelson, Anna Kasten, "President Kennedy's National Security Policy: A Reconsideration," *Reviews in American History,* vol. 19, no. 1 (March 1991).

Paterson, Thomas G., "John F. Kennedy and the World," Snyder, *John F. Kennedy*, 1988.

——, ed., *Kennedy's Quest for Victory: American Foreign Policy, 1961-1963,* New York: Oxford Univ. Press, 1989.

——, "An Ardent Cold Warrior," Thoman C. Reeves, ed., *John F. Kennedy: The Man, the Politician, the President*, Malabar, Fla.: Robert E. Krieger, 1990.

Rabe, Stephen G., *The Most Dangerous Area in the World: John F. Kennedy Confronts Communist Revolution in Latin America,* Chapel Hill: Univ. of North Carolina Press, 1999.

——, "John F. Kennedy and the World," James N. Giglio & Stephen G. Rabe, *Debating the Kennedy Presidency,* 2003.

Rice, Gerard T., *The Bold Experiment: JFK's Peace Corps,* Notre Dam, Ind.: Univ. of Notre Dam Press, 1985.

Riemer, Neal, "Kennedy's Grand Democratic Disign," *Review of Politics,* vol. 27, no. 1 (Jan. 1965).

斉藤真「外交」中屋健一編『ケネディの時代』東京大学出版会，1968.

Seaborg, Glenn T., *Kennedy, Khrushchev, and the Test Ban,* Berkeley: Univ. of California Press, 1981.

See, Jennifer R., "An Uneasy Truce: John F. Kennedy and Soviet-American Détente, 1963," *Cold War History,* vol. 2, no. 2 (Jan. 2002).

Stromseth, Jane E., *The Origins of Flexible Response: NATO's Debate Over Strategy in the 1960s,* London: Macmillan Press, 1988.

Thompson, Kenneth W., "Kennedy's Foreign Policy: Activism versus Pragmatism," Harper & Krieg, *John F. Kennedy*, 1988.

Walker, William O., III, "Mixing the Sweet with the Sour: Kennedy, Johnson, and Latin America," Diane B. Kunz, ed., *The Diplomacy of the Crucial Decade: American Foreign Relations During the 1960s,* New

Rubin, Gretchen, *Forty Ways to Look at JFK,* New York: Ballantine Books, 2005.

Schwab, Peter & J. Lee Shneidman, *John F. Kennedy,* New York: Twayne Publishers, 1974.

センプル，ロバート・B，ジュニア「カリスマの歳月」ジェレミー・マリ＝ブラウン編（越智道雄・宮下嶺夫訳）『権力の肖像——二十世紀を揺るがせた人々—— 2』現代評論社，1981.

サイディ，H（Hugh Sidey, 鷺村達也・佐藤亮一訳）『悲劇の大統領〈大統領ケネディ伝〉』荒地出版社，1964.

Siracusa, Joseph M., *Presidential Profiles: The Kennedy Years,* New York: Facts On File, 2004.

Snead, David L., *John F. Kennedy: The New Frontier President,* New York: Nova Science Publishers, 2010.

Snyder, J. Richard, ed., *John F. Kennedy: Person, Policy, Presidency,* Wilmington, Del.: Scholarly Resources, 1988.

綜合社編『PEOPLE AMERICA 7　ケネディの時代』（8巻）集英社，1984.

Strober, Gerald S. & Deborah H. Strober, *"Let Us Begin Anew": An Oral History of the Kennedy Presidency,* New York: HarperPerennial, 1994 [orig. HarperCollins, 1993].

Thompson, Kenneth W., ed., *The Kennedy Presidency: Seventeen Intimate Perspectives of John F. Kennedy,* Lanham, Md.: Univ. Press of America, 1985.

——, "John F. Kennedy and Revisionism," *Virginia Quarterly Review,* vol. 70, no. 3 (Summer 1994).

土田宏『ケネディ——「神話」と「実像」——』中公新書，2007.

White, Mark J., ed., *Kennedy: The New Frontier Revisited,* London: Macmillan, 1998.

Wicker, Tom, *JFK and LBJ: The Influence of Personality Upon Politics,* New York: William Morrow, 1968.

②　外交・軍事

青野利彦「1963年デタントの限界——キューバ・ミサイル危機後の米ソ交渉と同盟政治 1962-63年——」『一橋法学』8巻2号 (2009. 7).

Ashton, Nigel J., *Kennedy, Macmillan and the Cold War: The Irony of Interdependence,* New York: Palgrave Macmillan, 2002.

Beschloss, Michael R., *The Crisis Years: Kennedy and Khrushchev 1960-1963,* New York: Edward Burlingame Books, 1991. ／マイケル・ベシュロス（筑紫哲也訳）『危機の年——ケネディとフルシチョフの闘い——』（2巻）飛鳥新社，1992.

Blight, James G. & Peter Kornbluh, eds., *Politics of Illusion: The Bay of Pigs Invasion Reexamined,* Boulder, Colo.: Lynne Rienner Publishers, 1998.

Chang, Gordon H., "JFK, China, and the Bomb," *Journal of American History,* vol. 74, no. 4 (March 1988).

Costigliola, Frank, "US Foreign Policy from Kennedy to Johnson," Melvyn P. Leffler & Odd Arne Westad, eds., *The Cambridge History of the Cold War,* vol. 2 (Crises and Détente), Cambridge, U. K.: Cambridge Univ. Press, 2010.

Cuervo, Robert F., "John F. Kennedy and the Munich Myth," Harper & Krieg, *John F. Kennedy*, 1988.

Dean, Robert D., "Masculinity as Ideology: John F. Kennedy and the Domestic Politics of Foreign Policy," *Diplomatic History,* vol. 22, no. 1 (Winter 1998).

Fetzer, James, "Clinging to Containment: China Policy," Paterson, *Kennedy's Quest for Victory,* 1989.

Firestone, Bernard J., *The Quest for Nuclear Stability: John F. Kennedy and the Soviet Union,* Westport, Conn.: Greenwood Press, 1982.

——, "Defense Policy as a Form of Arms Control: Nuclear Force Posture and Strategy under John F. Kennedy," Harper & Krieg, *John F. Kennedy*, 1988.

FitzSimons, Louise, *The Kennedy Doctrine,* New York: Random House, 1972.

Graham, James Thomas, Jr., *President John F. Kennedy's Information Strategy and Foreign Policy,* Ph.D. Dissertation, Univ. of Connecticut, 1996.

Gadney, Reg, *Kennedy,* New York: Holt, Rinehart & Winston, 1983.

Giglio, James N., *The Presidency of John F. Kennedy,* Lawrence: Univ. Press of Kansas, 1991.

—— & Stephen G. Rabe, *Debating the Kennedy Presidency,* Lanham, Md.: Rowman & Littlefield, 2003.

グロビュー社編『ケネディ　JFK　1917-1963』グロビュー社，1983.

Harper, Paul & Joann P. Krieg, eds., *John F. Kennedy: The Promise Revisited,* Westport, Conn.: Greenwood Press, 1988.

Hellmann, John, *The Kennedy Obsession: The American Myth of JFK,* New York: Columbia Univ. Press, 1997.

井上一馬『ケネディ——その実像を求めて——』講談社現代新書，1994.

Ions, Edmund S., *The Politics of John F. Kennedy,* New York: Barnes & Noble, 1967.

ジェンキンズ，ギャレス（Gareth Jenkins, 澤田澄江訳）『フォトバイオグラフィ　ジョン・F・ケネディ』原書房，2006.

Latham, Earl, ed., *J.F. Kennedy and Presidential Power,* Lexington, Mass.: D. C. Heath, 1972.

Leuchtenburg, William E., "Kennedy and the New Generation," J. Richard Snyder, ed., *John F. Kennedy: Person, Policy, Presidency,* Wilmington, Del.: Scholarly Resources, 1988.

Lord, Donald C., *John F. Kennedy: The Politics of Confrontation and Conciliation,* Woodbury, N.Y.: Barron's, 1977.

Martin, Ralph G., *A Hero for Our Time: An Intimate Story of the Kennedy Years,* New York: Fawcett Crest, 1983.

松尾弌之『ＪＦＫ——大統領の神話と実像——』ちくま新書，1994.

Matthews, Chris, *Jack Kennedy: Elusive Hero,* New York: Simon & Schuster, 2011.

Matthews, Christopher, *Kennedy & Nixon: The Rivalry That Shaped Postwar America,* New York: Simon & Schuster, 1996.

Mazlish, Bruce, "Kennedy: Myth and History," Snyder, *John F. Kennedy*, 1988.

Meagher, Michael & Larry D. Gragg, *John F. Kennedy: A Biography*, Santa Barbara, Ca.: ABC-CLIO, 2011.

Miroff, Bruce, *Pragmatic Illusions: The Presidential Politics of John F. Kennedy,* New York: David McKay, 1976.

Neustadt, Richard E., "Kennedy in the Presidency: A Premature Appraisal," *Political Science Quarterly,* vol. 79, no. 3 (Sept. 1964).

中屋健一『ケネディ——英知と勇気の大統領——』旺文社文庫，1965.

——編『ケネディの時代』東京大学出版会，1968.

——『Ｊ・Ｆ・ケネディ』清水書院，1971 [のち改題『ケネディとニューフロンティア』清水新書，1984].

O'Brien, Michael, *John F. Kennedy: A Biography,* New York: St. Martin's Press, 2005.

Parmet, Herbert S., *JFK: The Presidency of John F. Kennedy,* New York: Dial Press, 1983.

Paper, Lewis J., *The Promise and the Performance: The Leadership of John F. Kennedy,* New York: Crown Publishers, 1975.

Paterson, Thomas G., Garry Clifford & Kenneth J. Hagen, "JFK: A 'Can-Do' President," Jeffrey P. Kimball, ed., *To Reason Why: The Debate about the Causes of U. S. Involvement in the Vietnam War*, Philadelphia: Temple Univ. Press, 1990.

Reeves, Richard, *President Kennedy: Profile of Power,* New York: Touchstone, 1993.

Reeves, Thomas C., ed., *John F. Kennedy: The Man, the Politician, the President,* Malabar, Fla.: Robert E. Krieger, 1990.

——, *A Question of Character: A Life of John F. Kennedy,* New York: Free Press, 1991.

Rorabaugh, W. J., *Kennedy and the Promise of the Sixties,* Cambridge, U.K.: Cambridge Univ. Press, 2002.

Asian Studies, Cornell Univ., 1965.

Prochnau, William, *Once Upon a Distant War,* New York: Times Books, 1995.

Scigliano, Robert, "Vietnam: A Country at War," *Asian Survey,* vol. 3, no. 1 (Jan. 1963).

——, *South Vietnam: Nation Under Stress,* Boston: Houghton Mifflin, 1964 [orig. 1963].

——, "Vietnam: Politics and Religion," *Asian Survey,* vol. 4, no. 1 (Jan. 1964).

Shaw, Geoffrey D.T., *Ambassador Frederick Nolting's Role in American Diplomatic & Military Policy toward the Government of South Vietnam, 1961-1963,* Winnipeg, Manitoba, Canada: Univ. of Manitoba, Ph.D. Dissertation, 1999.

シーハン，ニール（Neil Sheehan, 菊谷匡祐訳）『輝ける嘘』（2 巻）集英社，1992.

Shultz, Richard H., Jr., *The Secret War Against Hanoi: Kennedy's and Johnson's Use of Spies, Saboteurs, and Covert Warriors in North Vietnam,* New York: HarperCollins, 1999.

竹内正右『モンの悲劇——暴かれた「ケネディの戦争」の罪——』毎日新聞社，1999.

"Untold Story of the Road to War in Vietnam," *U.S. News & World Report,* Oct. 10, 1983.

Warner, Geoffrey, "The United States and the Fall of Diem, Part I: The Coup That Never Was," *Australian Outlook,* vol. 28, no. 3 (Dec. 1974).

——, "The United States and the Fall of Diem, Part II: The Death of Diem," *ibid.,* vol. 29, no. 1 (April 1975).

Winters, Francis X., *The Year of the Hare: America in Vietnam January 25, 1963-February 15, 1964,* Athens: Univ. of Georgia Press, 1997.

Zasloff, Joseph J., "Rural Resettlement in South Viet Nam: The Agroville Program," *Pacific Affairs,* vol. 35, no. 4 (Winter 1962/63).

B　ケネディ

①　伝記・大統領時代

阿部斉「ジョン・F・ケネディ」綜合社編『PEOPLE AMERICA 7　ケネディの時代』（8 巻）集英社，1984.

Adler, Bill, ed., *The Kennedy Wit,* New York: Bantam Books, 1964. ／ビル・アドラー編（井坂清訳）『ケネディのウィット』扶桑社セレクト，2002.

バーンズ，ジョン・A（John A. Barnes, 比護富幸訳）『ケネディからの贈り物——若きリーダーたちへ——』バベルプレス，2011.

ブラドリー，ベンジャミン・C（Benjamin C. Bradlee, 大前正臣訳）『ケネディとの対話——その信念と栄光の軌跡——』徳間書店，1975.

Brogan, Hugh, *Kennedy,* London: Longman, 1996.

Brown, Thomas, *JFK: History of an Image,* London: I. B. Tauris, 1988.

Burner, David (Oscar Handlin, ed.), *John F. Kennedy and a New Generation,* Boston: Little, Brown, 1988.

Carleton, William G., "Kennedy in History: An Early Appraisal," Aïda DiPace Donald, ed., *John F. Kennedy and the New Frontier,* New York: Hill & Wang, 1966 [orig. 1964].

Clarke, Thurston, *Ask Not: The Inauguration of John F. Kennedy and the Speech That Changed America,* New York: Henry Holt, 2004. ／サーストン・クラーク（土田宏訳）『ケネディ　時代を変えた就任演説』彩流社，2006.

Cronin, Thomas E., "John F. Kennedy: President and Politician," Paul Harper & Joann P. Krieg, eds., *John F. Kennedy: The Promise Revisited,* Westport, Conn.: Greenwood Press, 1988.

Dallek, Robert, *An Unfinished Life: John F. Kennedy 1917-1963,* Boston: Little, Brown, 2003. ／ロバート・ダレク（鈴木淑美訳）『ＪＦＫ　未完の人生 1917-1963』松柏社，2009.

Donald, Aïda DiPace, ed., *John F. Kennedy and the New Frontier,* New York: Hill & Wang, 1966.

Press, 1996 [orig. 1992].

Rust, William J. (with Editors of U.S. New Books), *Kennedy in Vietnam*, New York: Charles Scribner's Sons, 1985.

佐藤成文「ベトナム・コミットメント」グロビュー社編『ケネディ　JFK 1917-1963』グロビュー社，1983.

Schwab, Orrin, *Defending the Free World: John F. Kennedy, Lyndon Johnson, and the Vietnam War, 1961-1965*, Westport, Conn.: Praeger, 1998.

スミス，ヘドリック「ケネディが決定した広範な介入」ニューヨーク・タイムス編集部編（New York Times, 杉辺利英訳）『ベトナム秘密報告――米国防総省の汚ない戦争の告白録――　上』（2 巻），サイマル出版会，1972.

Smith, R. B., *An International History of the Vietnam War*, vol. 2 (The Struggle for South-East Asia, 1961-1965) (3 vols.), London: Macmillan, 1985.

高松基之「ケネディ大統領の政策決定スタイルの特徴とリーダーシップについての一考察――ベトナム戦争への対応を事例として――」『同志社アメリカ研究』38 号 (2002).

VanDeMark, Brian, "A Way of Thinking: The Kennedy Administration's Initial Assumptions about Vietnam and Their Consequences," Gardner & Gittinger, *Vietnam*, 1997.

Varsori, Antonio, "Britain and US Involvement in the Vietnam War during the Kennedy Administration, 1961-63," *Cold War History*, vol. 3, no. 2 (Jan. 2003).

Warner, Geoffrey, "President Kennedy and Indochina: The 1961 Decisions," *International Affairs*, vol. 70, no. 4 (Oct. 1994).

――, "The United States and Vietnam: From Kennedy to Johnson," *ibid.*, vol. 73, no. 2 (April 1997).

Wehrle, Edmund F., "'A Good, Bad Deal': John F. Kennedy, W. Averell Harriman, and the Neutralization of Laos, 1961-1962," *Pacific Historical Review*, vol. 67, no. 3 (Aug. 1998).

②　ベトナムの政治・軍事情勢

朝日新聞調査研究室『激動するインドシナ』朝日新聞社，1963.

――『インドシナの新情勢』朝日新聞社社内用報告，1963.

Blair, Anne E., *Lodge in Vietnam: A Patriot Abroad*, New Haven, Conn.: Yale Univ. Press, 1995.

Catton, Philip E., *Diem's Final Failure: Prelude to America's War in Vietnam*, Lawrence: Univ. Press of Kansas, 2002.

Fisher, Ross A., "The Kennedy Administration and the Overthrow of Ngo Dinh Diem: What Happened, Why Did It Happen, and Was It a Good Idea?," Ross A. Fisher, John Norton Moore & Robert F. Turner, eds., *To Oppose Any Foe: The Legacy of U. S. Intervention in Vietnam*, Durham, N. C.: Carolina Academic Press, 2006.

ハルバスタム，デービッド（David Halbestam, 泉鴻之・林雄一郎訳）『ベトナム戦争』（現代史戦後篇 9）みすず書房，1968 [のち改題『ベトナムの泥沼から』1987].

Hammer, Ellen J., *A Death in November: America in Vietnam, 1963*, New York: E. P. Dutton, 1987.

Higgins, Marguerite, *Our Vietnam Nightmare*, New York: Harper & Row, 1965.

Ives, Christopher K., *US Special Forces and Counterinsurgency in Vietnam: Military Innovation and Institutional Failure, 1961-1963*, London: Routledge, 2007.

小沼新「解放闘争の組織化」谷川『ベトナム戦争の起源』1984.

――『ベトナム民族解放運動史――ベトミンから解放戦線へ――』法律文化社，1988.

Latham, Michael E., *Modernization as Ideology: American Social Science and "Nation Building" in the Kennedy Era*, Chapel Hill: Univ. of North Carolina Press, 2000.

Osborne, Milton E., *Strategic Hamlets in South Viet-Nam: A Survey and a Comparison*, New York: Dept. of

Galloway, John, ed., *The Kennedys & Vietnam,* New York: Facts on File, 1971.

Gardner, Lloyd C. & Ted Gittinger, eds., *Vietnam: The Early Decisions,* Austin: Univ. of Texas Press, 1997.

Gibbons, William Conrad, *The U.S. Government and the Vietnam War: Executive and Legislative Roles and Relationships,* Pt. Ⅱ (1961-1964) (4 vols.) Princeton, N.J.: Princeton Univ. Press, 1986.

Gustainis, J. Justin, "John F. Kennedy and the Green Berets: The Rhetorical Use of the Hero Myth," *Communication Studies,* vol. 40 (Spring 1989).

Halberstam, David, *The Best and the Brightest,* New York: Random House, 1969. ／デイヴィッド・ハルバースタム（浅野輔訳）『ベスト＆ブライテスト』（3 巻）二玄社，2009 [orig. サイマル出版会, 1976].

Hess, Gary R., "Commitment in the Age of Counterinsurgency: Kennedy's Vietnam Options and Decisions, 1961-1963," David L. Anderson, ed., *Shadow on the White House: Presidents and the Vietnam War, 1945-1975,* Lawrence: Univ. Press of Kansas, 1993.

Hill, Kenneth L., "President Kennedy and the Neutralization of Laos," *Review of Politics,* vol. 31, no. 3 (July 1969).

平田雅己「ケネディ・ベトナム撤退論の検証」『国際関係学部研究年報』（日本大学）19 集 (1998. 2).

――「ロジャー・ヒルズマンとベトナム戦争――ナショナリズムへの挑戦――」坂本正弘・滝田賢治編著『現代アメリカ外交の研究』（中央大学社会科学研究所研究叢書 7）中央大学出版部, 1999.

Jones, Howard, *Death of a Generation: How the Assassinations of Diem and JFK Prolonged the Vietnam War,* New York: Oxford Univ. Press, 2003.

Kaiser, David, *American Tragedy: Kennedy, Johnson, and the Origins of the Vietnam War,* Cambridge, Mass.: Belknap Press of Harvard Univ. Press, 2000.

Kochavi, Noam, "Opportunities Lost?: Kennedy, China, and Vietnam," Priscilla Roberts, ed., *Behind the Bamboo Curtain: China, Vietnam, and the World beyond Asia,* Washington, D. C.: Woodrow Wilson Center Press, 2006.

Logevall, Fredrik, "Vietnam and the Question of What Might Have Been," Mark J. White, ed., *Kennedy: the New Frontier Revisited,* London: Macmillan, 1998.

――, *Choosing War: The Lost Chance for Peace and the Escalation of War in Vietnam,* Berkeley: Univ. of California Press, 1999.

Mahajani, Usha, "President Kennedy and United States Policy in Laos, 1961-63," *Journal of Southeast Asian Studies,* vol. 2, no. 2 (Sept. 1971).

Maitland, Terrence, Stephen Weiss & Editors of Boston Publishing Company, *Raising the Stakes (The Vietnam Experience),* Boston: Boston Publishing, 1982.

丸山泉「ケネディ政権のベトナム政策」『政治研究』（九州大学）29 号 (1982).

――「内戦政策の破綻」谷川榮彦編著『ベトナム戦争の起源』勁草書房，1984.

松岡完『1961　ケネディの戦争――冷戦・ベトナム・東南アジア――』朝日新聞社，1999.

――『ケネディと冷戦――ベトナム戦争とアメリカ外交――』彩流社，2012.

Moise, Edwin E., "JFK and the Myth of Withdrawal," Marilyn B. Young & Robert Buzzanco, eds., *A Companion to the Vietnam War,* Malden, Mass.: Blackwell Publishing, 2006 [orig. 2002].

Newman, John M., *JFK and Vietnam: Deception, Intrigue, and the Struggle for Power,* New York: Warner Books, 1992.

Pelz, Stephen, "John F. Kennedy's 1961 Vietnam War Decisions," *Journal of Strategic Studies,* vol. 4 (Dec. 1981).

Post, Ken, *Revolution, Socialism and Nationalism in Viet Nam,* vol. 4 (The Failure of Counter-insurgency in the South) (5 vols.), Aldershot, U.K.: Dartmouth, 1990.

Prouty, L. Fletcher, *JFK: The CIA, Vietnam, and the Plot to Assassinate John F. Kennedy,* New York: Citadel

C　アメリカ以外

ドゴール，シャルル（Charles de Gaulle, 朝日新聞外報部訳）『希望の回想――第一部「再生」――』朝日新聞社，1971.

Dobrynin, Anatoly, *In Confidence: Moscow's Ambassador to America's Six Cold War Presidents (1962-1986),* New York: Times Books, 1995.

グロムイコ，アンドレイ（Andrei Gromyko, 読売新聞社外報部訳）『グロムイコ回想録――ソ連外交秘史――』読売新聞社，1989.

フルシチョフ，ニキータ（Nikita Khrushchev, ストローブ・タルボット編，タイム・ライフ・ブックス編集部訳）『フルシチョフ回想録』タイム・ライフ・インターナショナル，1972.

――（佐藤亮一訳）『フルシチョフ最後の遺言』（2 巻）河出書房新社，1975.

――（ジェロルド・シェクター＆ヴャチェスラフ・ルチコフ編，福島正光訳）『フルシチョフ　封印されていた証言』草思社，1991.

Nguyen Cao Ky, *How We Lost The Vietnam War,* New York: Scarborough House, 1978.

Thompson, Robert G. K., *Defeating Communist Insurgency: Experiences from Malaya and Vietnam,* London: Chatto & Windus, 1966.

――, *No Exit from Vietnam,* London: David McKay, updated ed. 1970 [orig. Chatto & Windus, 1969].

――, *Make for the Hills: Memories of Far Eastern Wars,* London: Leo Cooper, 1989.

Tran Van Don, *Our Endless War: Inside Vietnam,* San Rafael, Ca.: Presidio Press, 1978.

ボー・グエン・ザップ（Vo Nguyen Giap）「南ベトナム解放戦争――その基本的特徴――」ベトナミーズ・スタディズ編（長尾正良訳）『南ベトナム解放戦争の十一年』新日本新書，1967.

Ⅲ　二次資料

A　ケネディとベトナム戦争

①　ケネディのベトナム・ラオス政策

Bassett, Lawrence J. & Stephen E. Pelz, "The Failed Search for Victory: Vietnam and the Politics of War," Thomas G. Paterson, ed., *Kennedy's Quest for Victory: American Foreign Policy, 1961-1963,* New York: Oxford Univ. Press, 1989.

Berman, Larry, "NSAM 263 and NSAM 273: Manipulating History," Lloyd C. Gardner & Ted Gittinger, eds., *Vietnam: The Early Decisions,* Austin: Univ. of Texas Press, 1997.

Bostdorff, Denise M. & Steven R. Goldzwig, "Idealism and Pragmatism in American Foreign Policy Rhetoric: The Case of John F. Kennedy and Vietnam," *Presidential Studies Quarterly,* vol. 24, no. 3 (Summer 1994).

Busch, Peter, *All the Way with JFK?: Britain, the US, and the Vietnam War,* New York: Oxford Univ. Press, 2003.

Chomsky, Noam, *Rethinking Camelot: JFK, the Vietnam War, and U.S. Political Culture,* Montréal: Black Rose Books, 1993.

Dallek, Robert, "JFK Lives," Robert Cowley, ed., *What Ifs? of American History: Eminent Historians Imagine What Might Have Been,* New York: Berkley Books, 2003.

Draper, Theodore, "Kennedy's Decisions Regarding Vietnam," Earl Latham, ed., *J.F. Kennedy and Presidential Power*, Lexington, Mass.: D. C. Heath, 1972.

Freedman, Lawrence, *Kennedy's Wars: Berlin, Cuba, Laos, and Vietnam,* New York: Oxford Univ. Press, 2000.

—— (Daniel S. Papp, ed.), *As I Saw It: As Told to Richard Rusk,* New York: W. W. Norton, 1990.

Yost, Charles W., *History and Memory,* New York: W. W. Norton, 1980.

Young, Kenneth T., *Negotiating with the Chinese Communists: The United States Experience, 1953-1967,* New York: McGraw-Hill Book, 1968.

④　国防省・軍・ＣＩＡなど

Bundy, William P., “The Path to Viet Nam: Ten Decisions,”*Orbis,* vol. 11, no.3 (Fall 1967).

——, “Kennedy and Vietnam,” Thompson, *The Kennedy Presidency,* 1985.

クライン，レイ・Ｓ（Ray S. Cline, 室山正英訳）『ＣＩＡの栄光と屈辱——元副長官の証言——』学陽書房，1981.

Colby, William (with James McCargar), *Lost Victory: A Firsthand Account of America's Sixteen-Year Involvement in Vietnam,* Chicago: Contemporary Books, 1989.

コルビー，ウィリアム・Ｅ（William E. Colby, 大前正臣・山岡清二訳）『栄光の男たち——ウィリアム・コルビー元ＣＩＡ長官回顧録——』政治広報センター，1978.

Cooper, Chester L., *The Lost Crusade: America in Vietnam,* New York: Dodd, Mead, 1970.

エルズバーグ，ダニエル（Daniel Ellsberg, 梶谷善久訳）『ベトナム戦争報告』筑摩書房，1973.

Fay, Paul B., Jr., *The Pleasure of His Company,* New York: Popular Library, 1966. ／ポール・Ｂ・フェイ（大原寿人訳）『ケネディ』角川文庫，1967.

Lansdale, Edward G., “Viet Nam: Do We Understand Revolution?,” *Foreign Affairs,* vol. 43, no. 1 (Oct. 1964).

——, *In the Midst of Wars: An American's Mission to Southeast Asia,* New York: Harper & Row, 1972.

——, “Contradictions in Military Culture,” Thompson & Frizzell, *The Lessons of Vietnam,* 1977.

LeMay, Curtis E. (with Dale O. Smith), *America Is in Danger,* New York: Funk & Wagnalls, 1968.

McNamara, Robert S. (with Brian VanDeMark), *In Retrospect: The Tragedy and Lessons of Vietnam,* New York: Times Books, 1995 ／ロバート・Ｓ・マクナマラ（仲晃訳）『マクナマラ回顧録——ベトナムの悲劇と教訓——』共同通信社，1997.

——, James G. Blight & Robert K. Brigham, *Argument Without End: In Search of Answers to the Vietnam Tragedy,* New York: Public Affairs, 1999. ／ロバート・Ｓ・マクナマラ編著（仲晃訳）『果てしなき論争——ベトナム戦争の悲劇を繰り返さないために——』共同通信社，2003.

テーラー，マックスウェル（Maxwell D. Taylor, 入江通雅訳）『ベトナム戦争と世界戦略』時事新書，1967.

Taylor, Maxwell D., *Swords and Plowshares,* New York: W. W. Norton, 1972.

Westmoreland, William C., “Vietnam in Perspective,” Patrick J. Hearden, ed., *Vietnam: Four American Perspectives,* West Lafayette, Ind.: Purdue Univ. Press, 1990.

B　ケネディ政権外

マンスフィールド，マイク（Mike Mansfield, 小孫茂編著）『マンスフィールド　20世紀の証言』日本経済新聞社，1999.

McGovern, George S., “A Senator's View,” Thompson, *The Kennedy Presidency,* 1985.

——, “America in Vietnam,” Hearden, *Vietnam,* 1990.

ニクソン，リチャード（Richard M. Nixon, 松尾文夫・斎田一路訳）『ニクソン回顧録』（3巻）小学館，1978.

Nixon, Richard, *No More Vietnams,* New York: Arbor House, 1985. ／リチャード・ニクソン（宮崎緑・宮崎成人訳）『ノー・モア・ヴェトナム』講談社，1986.

③　国務省・国際開発庁など

Ball, George W., *Diplomacy for a Crowded World: An American Foreign Policy,* Boston: Little, Brown, 1976.

——, *The Past Has Another Pattern,* New York: W. W. Norton, 1982.

Bohlen, Charles E., *Witness to History: 1929-1969,* New York: W. W. Norton, 1973.

ガルブレイス，ジョン・ケネス（John Kenneth Galbraith, 西野照太郎訳）『大使の日記――ケネディ時代に関する私的記録――』河出書房新社，1973.

Garthoff, Raymond L., *A Journey through the Cold War: A Memoir of Containment and Coexistence,* Washington, D.C.: Brookings Institution Press, 2001.

ハリマン，エベリル（Averill Harriman, 吉沢清次郎訳）『米ソ―変わりゆく世界』時事通信社，1971.

Hilsman, Roger, *To Move a Nation: The Politics of Foreign Policy in the Administration of John F. Kennedy,* New York: Dell Publishing, 1967 [orig. Doubleday, 1964]. ／ロジャー・ヒルズマン（浅野輔訳）『ケネディ外交――ニュー・フロンティアの政治学――』（2巻）サイマル出版会，1968.

——, "McNamara's War," *Foreign Affairs,* vol. 74, no. 4 (July/Aug. 1995).

——, "McNamara's War-Against the Truth: A Review Essay," *Political Science Quarterly,* vol. 111, no. 1 (Spring 1996).

Hughes, Thomas L., "Experiencing McNamara," *Foreign Policy,* no. 100 (Fall 1995).

Johnson, U. Alexis (with Jef Olivarius McAllister), *The Right Hand of Power,* Englewood Cliffs, N.J.: Prentice-Hall, 1984. ／U・アレクシス・ジョンソン（増田弘抄訳）『ジョンソン米大使の日本回想――二・二六事件から沖縄返還・ニクソンショックまで――』草思社，1989.〈日本関係のみ抄訳〉

Kattenburg, Paul M., "Viet Nam and U.S. Diplomacy, 1940-1970," *Orbis,* vol. 15, no. 3 (Fall 1971).

——, *The Vietnam Trauma in American Foreign Policy, 1945-75,* New Brunswick, N.J.: Transaction Books, 1980.

Lodge, Henry Cabot, *The Storm Has Many Eyes: A Personal Narrative,* New York: W. W. Norton, 1973.

Manning, Robert, "Development of a Vietnam Policy: 1952-1965," Harrison E. Salisbury, ed., *Vietnam Reconsidered: Lessons from a War,* New York: Harper & Row, 1984.

Mecklin, John, *Mission in Torment: An Intimate Account of the U.S. Role in Vietnam,* Garden City, N.Y.: Doubleday, 1965.

Nolting, Frederick E., "Kennedy, NATO and Southeast Asia," Thompson, *The Kennedy Presidency,* 1985.

——, *From Trust to Tragedy: The Political Memoirs of Frederick Nolting, Kennedy's Ambassador to Diem's Vietnam,* New York: Praeger, 1988.

Phillips, Rufus, "Give Us TV," Al Santoli, *To Bear Any Burden:The Vietnam War and Its Aftermath in the Words of Americans and Southeast Asians,* Bloomington: Indiana Univ. Press, 1999 [orig. E. P. Dutton, 1985].

——, "The Cyclops," *ibid.*

Reischauer, Edwin O., *Beyond Vietnam: The United States and Asia,* New York: Vintage Books, 1967. ／エドウィン・O・ライシャワー（橋本福夫訳）『ベトナムを越えて』新潮選書，1968.

ライシャワー，エドウィン・O（Edwin O. Reischauer, 徳岡孝夫訳）『ライシャワー自伝』文藝春秋，1987.

Rostow, W. W., "The Third Round," *Foreign Affairs,* vol. 42, no. 1 (Oct. 1963).

——, *View from the Seventh Floor,* New York: Harper & Row, 1964.

——, *The Diffusion of Power: An Essay in Recent History,* New York: Macmillan, 1972.

Roy, Raj & John W. Young, ed., *Ambassador to Sixties London: The Diaries of David Bruce, 1961-1969,* Dordrecht, Netherland: Republic of Letters, 2009.

Rusk, Dean, "Reflections on Foreign Policy," Thompson, *The Kennedy Presidency,* 1985.

——, "America's Stake in Vietnam," Wesley R. Fishel, ed., *Vietnam: Anatomy of a Conflict,* Itasca, Ill.: F. E. Peacock, 1968 [orig. 1956].

Kennedy, Robert F., *To Seek a Newer World,* Garden City, N.Y.: Doubleday, 1967.

②　ホワイトハウス・副大統領など

Bundy, McGeorge, *Danger and Survival: Choices about the Bomb in the First Fifty Years,* New York: Random House, 1988.

Johnson, Lyndon Baines, *The Vantage Point: Perspectives of the Presidency 1963-1969,* New York: Holt, Rinehart & Winston, 1971.

Komer, Robert W., "Was There Another Way?," W. Scott Thompson & Donaldson D. Frizzell, eds., *The Lessons of Vietnam,* St. Lucia, Australia: Univ. of Queensland Press, 1977.

——, *Bureaucracy at War: U.S. Perfomance in the Vietnam Conflict,* Boulder, Colo.: Westview Press, 1986.

リンカーン，エベリン（Evelyn Lincoln, 宮川毅・倉田保雄訳）『ケネディとともに 12 年』恒文社，1966.

O'Donnell, Kenneth P. & David F. Powers (with Joe McCarthy), *"Johnny, We Hardly Knew Ye": Memories of John Fitzgerald Kennedy,* Boston: Little, Brown, 1972.

サリンジャー，ピエール（Pierre Salinger, 小谷秀二郎訳）『ケネディと共に』鹿島研究所出版会，1966.

——（——訳）『続ケネディと共に』鹿島研究所出版会，1966.

Salinger, Pierre, *John F. Kennedy: Commander in Chief,* New York: Penguin Studio, 1997.

Schlesinger, Arthur M., Jr., *A Thousand Days: John F. Kennedy in the White House,* Boston: Houghton Mifflin, 1965. ／A·M·シュレジンガー（中屋健一訳）『ケネディ——栄光と苦悩の一千日——』（2 巻）河出書房新社，改訂版 1974 [orig. 1966].

——, *Robert Kennedy and His Times,* New York: Ballantine Books, 1979 [orig. Houghton Mifflin, 1978].

——, "A Biographer's Perspective," Kenneth W. Thompson, ed., *The Kennedy Presidency: Seventeen Intimate Perspectives of John F. Kennedy,* Lanham, Md.: Univ. Press of America, 1985.

——, *The Cycles of American History,* New York: Mariner Books, 1999 [orig. New York: Houghton Mifflin, 1986]. ／アーサー・M・シュレシンジャー Jr.（猿谷要監修，飯野正子・高村宏子訳）『アメリカ史のサイクル』（2 巻）パーソナルメディア，1988.

—— (Andrew Schlesinger & Stephen Schlesinger, eds.), *Journals: 1952-2000,* New York: Penguin Press, 2007.

——, *The Bitter Heritage* [orig. Boston: Houghton Mifflin, 1966] in *The Politics of Hope and The Bitter Heritage: American Liberalism in the 1960s,* Princeton, N.J.: Princeton Univ. Press, 2008 ／アーサー・シュレジンガー Jr.（横川信義訳）『にがい遺産——ベトナム戦争とアメリカ——』毎日新聞社，1967.

Sorensen, Theodore C., *Decision-making in the White House: The Olive Branch or the Arrows,* New York: Columbia Univ. Press, 1963.

——, *Kennedy,* New York: Harper & Row, 1965. ／シオドア・C・ソレンセン（大前正臣訳）『ケネディの道』弘文堂，1987 [orig. 1966].

——, "Kennedy: Retrospect and Prospect," Thompson, *The Kennedy Presidency,* 1985.

Sorensen, Ted, *Counselor: A Life at the Edge of History,* New York: HarperCollins, 2008.

ソレンセン，シオドア・C（Theodore C. Sorensen, 山岡清二訳）『ケネディの遺産——未来を拓くために——』サイマル出版会，1970.

Wofford, Harris, *Of Kennedys and Kings: Making Sense of the Sixties,* Pittsburgh, Pa.: Univ. of Pittsburgh Press, 1992 [orig. 1980].

Nexis, 2004.〔*VWG*〕

Declassified Documents Reference System, Arlington, Va.: Carrolton Press, Retrospective Series〔RS〕/1975-/ Thomson Gale Database〔TG〕.〔*DDRS*〕

Documentary History of the John F. Kennedy Presidency (18 vols.+), Dayton, Ohio: Lexis Nexis, 2005-.〔*DHK*〕

John F. Kennedy and Foreign Affairs, 1961-1963, Part 1: National Security Files, Woodbridge, Conn.: Primary Source Media, 2008.〔*JFKFA*〕

President John F. Kennedy's Office Files, 1961-1963, Bethesda, Md.: Univ. Publications of America, 1989.〔*JFKOF*〕

The John F. Kennedy National Security Files, 1961-1963: Vietnam First Supplement, Bethesda, Md.: Univ. Publications of America, 2004.

The John F. Kennedy National Security Files, Asia and the Pacific: National Security Files, 1961-1963, Bethesda, Md.: Univ. Publications of America, 1992.〔*JFKAP*〕

The John F. Kennedy Presidential Oral History Collection, Frederick, Md.: Univ. Publications of America, 1988.

The Lyndon B. Johnson National Security Files, Vietnam: National Security Files, November 1963-June 1965, Bethesda, Md.: Univ. Publications of America, 1992.〔*LBJVN*〕

U.S. Dept. of State, *Foreign Relations of the United States, 1961-1963, Microfiche Supplement,* vols. 22/24 (Northeast Asia, Laos), Washington, D.C.: U.S. Dept. of State, 1997.〔*FRMS*〕

Vietnam: National Security Files, 1961-1963, Bethesda, Md.: Univ. Press of America, 1991.

C　未公刊資料

John F. Kennedy Library, Boston, Mass.〔JFKL〕

National Security Files.〔NSF〕

John F. Kennedy Oral History.〔OH JFKL〕

Robert F. Kennedy Oral History.〔RFKOH JFKL〕

Military History Institute, Carlisle, Va.〔MHI〕

Paul D. Harkins Papers.〔HP〕

Oral History.〔OH〕

Lyndon B. Johnson Library, Austin, Tex.〔LBJL〕

Oral History.〔OH〕

Ⅱ　回顧録・演説集・日記・インタビューなど

A　ケネディ政権参画者

①　ケネディ一族

Guthman, Edwin O. & Jeffrey Shulman, eds., *Robert Kennedy-In His Own Words: The Unpublished Recollections of the Kennedy Years,* New York: Bantam Books, 1988.

Kennedy, Edward M., *True Compass: A Memoir,* New York: Twelve, 2009.

Kennedy, Jacqueline, *Historic Conversations on Life with John F. Kennedy: Interviews with Arthur M. Schlesinger, Jr., 1964,* New York: Hyperion, 2011.

Kennedy, John F., "A Democrat Looks at Foreign Policy," *Foreign Affairs,* vol. 36, no. 1 (Oct. 1957).

——(Allan Nevins, ed.), *The Strategy of Peace,* New York: Harper & Brothers, 1960.／ジョン・ケネディ（細野軍治・小谷秀二郎訳）『平和のための戦略——新時代の探求——』日本外政学会，1961.

参考文献

I　一次資料

A　公刊資料

Public Papers of the Presidents of the United States, John F. Kennedy, 1961, Washington, D.C.: U.S. Government Printing Office［以下 USGPO と略記］, 1962.〔*PPP 1961*〕

Ibid., 1962, USGPO, 1963.〔*PPP 1962*〕

Ibid., 1963, USGPO, 1964.〔*PPP 1963*〕

The Pentagon Papers: The Defense Department History of United States Decision-making on Vietnam (Senator Gravel Edition, 5 vols.), Boston: Beacon Press, 1971-2.〔*PP*〕〈いわゆる『ペンタゴン・ペーパーズ』（グラベル版）〉

U.S. Dept. of Defense, *United States-Vietnam Relations 1945-1967: Study Prepared By the Department of Defense,* vols. 3 & 12 (12 vols.), USGPO, 1971.〔*USVR*〕〈いわゆる『ペンタゴン・ペーパーズ』（政府印刷局版）〉

U.S. Dept. of State, *Department of State Bulletin,* USGPO, 1961-3.〔*DSB*〕

——, *Foreign Relations of the United States, 1961-1963,* vol. 1(Vietnam 1961), USGPO, 1988.〔*FRUS*〕

——, *ibid.,* vol. 2 (Vietnam 1962), USGPO, 1990.

——, *ibid.,* vol. 3 (Vietnam January-August 1963), USGPO, 1991.

——, *ibid.,* vol. 4 (Vietnam August-December 1963), USGPO, 1991.

——, *ibid.,* vol. 13 (West Europe and Canada), USGPO, 1994.

——, *ibid.,* vol. 23 (Southeast Asia), USGPO, 1994.

——, *ibid.,* vol. 24 (Laos Crisis), USGPO, 1994.

——, *Foreign Relations of the United States, 1964-1968,* vol.1 (Vietnam 1964), USGPO, 1992.〔*FRUS 64-68*〕

——, Historical Office, *American Foreign Policy: Current Documents, 1961,* USGPO, 1967.〔*AFP 1961*〕

——, *ibid., 1962,* USGPO, 1966.〔*AFP 1962*〕

——, *ibid., 1963,* USGPO, 1967.〔*AFP 1963*〕

U.S. Senate, Committee on Foreign Relations, *U.S. Involvement in the Overthrow of Diem, 1963,* USGPO, 1972.

——, ——, *Causes, Origins, and Lessons of the Vietnam War,* USGPO, 1973.

B　マイクロ資料など

CIA Research Reports: Vietnam and Southeast Asia 1946-1976, Bethesda, Md.: Univ. Publications of America, 1983.〔*CIARR*〕

CIA Research Reports: Vietnam and Southeast Asia, Supplement, Frederick, Md.: Univ. Publications of America, 1986.〔*CIARRS*〕

Confidential U.S. State Department Central Files: Vietnam 1960-January 1963, Bethesda, Md.: Lexis Nexis, 2003.〔*SDCF*〕

Confidential U.S. State Deparmtnet Special Files: Vietnam Working Group, 1963-1966, Bethesda, Md.: Lexis

【ワ】

【マ】

【ハ】

【ナ】

【タ】

事項索引

【ヤ】

【ラ】

【マ】

【ナ】

【ハ】

55, 67, 71, 96, 106, 131, 260, 307, 337, 371, 372, 374, 388, 391
シャウプ　David M. Shoup　*105*
ジャノウ　Seymour J. Janow　*144, 164, 184, 325*
シャプレン　Robert Shaplen　*53, 56, 197, 313*
シュレジンガー　Arthur M. Schlesinger, Jr.　*5, 6, 175, 205, 206, 232, 240, 242, 247, 248, 251, 252, 263, 306, 307, 331, 341, 343, 358, 375, 388, 390*
ジョーデン　William Jorden　*85, 200, 265, 300, 368*
ジョンソン
——(アレクシス)　U. Alexis Johnson　*149, 249, 389*
枯葉作戦　*126*
グリーンベレー　*107*
軍事顧問　*51*
山岳民族　*48*
政治(的側面)　*220, 227*
政府と国民の絆　*161*
戦略村(計画)　*144, 160, 162, 198*
損害　*307*
土地改革　*198*
突然の逆転　*271*
農民　*270*
反乱鎮圧　*55, 144, 210, 212〜214, 217*
——聖書　*211*
——特別研究班　*209*
ベトコン　*270*
楽観　*260, 265*
——(リンドン)　Lyndon B. Johnson　*2, 4, 5, 119, 292, 298, 300〜302, 304, 344, 357, 359, 370, 387*
——(ロバート)　Robert H. Johnson　*147, 175, 237, 243, 309*
シルベスター　Arthur Sylvester　*270*

ズオン・バン・ミン　Duong Van Minh　*43, 58, 78〜82, 175, 180, 185, 196, 197, 277, 278, 284, 286, 296, 298, 303*
スタール　Elvis J. Stahr, Jr.　*92, 337*
スティルウェル　Richard G. Stilwell　*213*
スワンナ・プーマ　Souvanna Phouma　*66*

セロング　Francis P. Serong　*22, 23, 53, 67, 99, 118, 119, 164, 166, 167, 174, 183, 187, 261, 263, 276, 303, 366*

ソレンセン　Theodore C. Sorensen　*5〜7, 32, 89, 132, 203, 204, 209, 210, 215, 216, 229, 240, 241, 249〜251, 329, 359, 360, 370, 373, 392*
孫子　*142, 210*

【タ】

タイディングズ　Joseph Tydings　*344*
ダーブラウ　Elbridge Durbrow　*323*
ダンガン　Ralph A. Dungan　*15*
ダン・ドゥック・コイ　Dang Duc Khoi　*83, 121, 286*

チャン
——・カン・タン　Tran Chanh Thanh　*197*
——・ティエン・キエム　Tran Thien Khiem　*81, 200*
——・バン・チュオン　Tran Van Chuong　*305*
——・バン・トゥン　Tran Van Tung　*41*
——・バン・ドン　Tran Van Don　*7, 54, 56, 74, 76, 78, 88〜90, 137, 138, 156, 180, 187, 194, 235, 259, 279, 280, 303, 304, 387*
チュオン
——・コン・クー　Truong Cong Cuu　*334*
——・ニュー・タン　Truong Nhu Tang　*97, 138, 179, 296*

ティムズ　C. J. Timmes　*33, 287*
テイラー　Maxwell D. Taylor　*7, 24, 35, 42, 43, 50, 60, 77, 84, 117, 118, 123, 128, 151, 155, 159, 160, 162, 166, 188, 206, 215, 222, 228, 231, 282, 284, 285, 288,*

【サ】

索　　引

*必要に応じて関連する事項や状況などをサブ項目として２字分下げて立ててある。この場合は，必ずしも項目名そのものとは限らない。

**同一項目が２つ以上ある場合は，２番目以降の項目名を，１字分下げて——で示してある。

***——►は，矢印の右側の項目を見よ。

人 名 索 引

【ア】

【カ】

著者略歴

松岡　完（まつおか　ひろし）

1957 年　熊本県生まれ

1980 年　東京大学教養学部教養学科卒業

1986 年　筑波大学大学院社会科学研究科修了（法学博士）

1988 年　立命館大学専任講師

1991 年　立命館大学助教授

1994 年　筑波大学助教授

2002 年　筑波大学教授

現在　　筑波大学人文社会系教授

専門はアメリカ外交史

主な著書

『ダレス外交とインドシナ』（同文舘，1988 年）

『20 世紀の国際政治』（同文舘，1992 年，改訂増補版 2003 年）

『ワールドカップの国際政治学』（朝日選書，1994 年，増補版 1996 年）

『1961　ケネディの戦争』（朝日新聞社，1999 年）

『ベトナム戦争』（中公新書，2001 年）

『ベトナム症候群』（中公新書，2003 年）

『ケネディと冷戦』（彩流社，2012 年）

ほか

ケネディとベトナム戦争《せんそう》――反乱鎮圧戦略《はんらんちんあつせんりゃく》の挫折《ざせつ》――

平成二十五年二月　四日　印刷

平成二十五年二月十四日　発行

※定価はカバー等に表示してあります。

著　者　松岡　完

出版者　中藤　政文

発行所　錦　正　社

〒一六二―〇〇四一

東京都新宿区早稲田鶴巻町五四四―六

電　話　〇三（五二六一）二八九一

ＦＡＸ　〇三（五二六一）二八九二

ＵＲＬ　http://www.kinseisha.jp/

印　刷　㈱平河工業社

製　本　㈱ブロケード

ISBN978-4-7646-0336-3